User Interface Design

Ben Shneiderman

User Interface Design

Übersetzung aus dem Amerikanischen von
Jürgen Dubau & Arne Willner

Die Deutsche Bibliothek –
CIP-Einheitsaufnahme

Ein Titeldatensatz für diese Publikation ist bei
Der Deutschen Bibliothek erhältlich.

ISBN 3-8266-0753-8
3. Auflage 2002

Übersetzung der amerikanischen Originalausgabe:
Ben Shneiderman: Designing the User Interface
Copyright © der amerikanischen Originalausgabe 1998
by Addison Wesley Longman, Inc.

Printed in Germany
© Copyright 2002 by mitp-Verlag, Bonn
ein Geschäftsbereich der verlag moderne industrie Buch AG & CO. KG, Landsberg

Satz und Layout: reemers publishing services gmbh, Krefeld (www.reemers.de)
Umschlaggestaltung: Astrid Zellmann
Druck: Media-Print, Paderborn

Inhaltsverzeichnis

Vorwort

User Interface Design ist in erster Linie für Designer, Manager und Evaluatoren interaktiver Systeme gedacht. Es präsentiert eine umfassende Untersuchung über das Design, die Implementierung, Verwaltung, Wartung, Schulung und Überarbeitung der Benutzerschnittstellen von interaktiven Systemen. Die zweite Gruppe, an die sich das Buch wendet, besteht aus Forschern über Mensch-Computer-Interaktion, insbesondere denjenigen, die an der menschlichen Leistung mit interaktiven Systemen interessiert sind. Diese Forscher können einen Hintergrund in Computerwissenschaften, Psychologie, Informationssystemen, Bibliothekswissenschaft, Business, Bildungswesen, Human Factors, Ergonomie oder industriellem Ingenieurswesen haben. Alle teilen den Wunsch, die komplexe Interaktion von Menschen und Maschinen zu verstehen. Studenten in diesen Breichen werden ebenfalls von den Inhalten dieses Buches profitieren. Es ist meine Hoffnung, dass dieses Buch die Einführung von Kursen über das Design von Benutzerschnittstellen in allen diesen und anderen Disziplinen stimulieren wird. Schließlich werden ernsthafte Anwender von interaktiven Systemen finden, dass das Buch ihnen ein grundlegendes Verständnis der Designprobleme von Benutzerschnittstellen geben wird. Meine Ziele sind, zu einer größeren Aufmerksamkeit für die Benutzerschnittstelle zu ermuntern und dabei zu helfen, eine genaue Wissenschaft des Designs von Benutzerschnittstellen zu entwickeln.

Seit der Veröffentlichung der ersten beiden Ausgaben dieses Buches in den Jahren 1986 und 1992 hat die Zahl der Forscher im Bereich der Mensch-Computer-Interaktion und den Praktikern des Designs von Benutzerschnittstellen immens zugenommen und ebenfalls sehr an Bedeutung gewonnen. Die Qualität der Schnittstellen hat sich sehr verbessert, und die Anwendergemeinschaft ist dramatisch gewachsen. Forscher und Designer konnten Erfolge verbuchen, aber die Erwartungen der User sind gestiegen und die Anwendungen nehmen an Herausforderungen immer weiter zu. Die heutigen Interfaces sind gut, aber Anfänger und Experten verspüren immer noch viel zu oft Ängste und Frustrationen. Um das Ziel eines universellen Zugangs zu erreichen, werden die Designer damit fortfahren müssen, immer härter zu arbeiten. Dieses Buch soll ihnen dabei helfen, den Schwung zu behalten und somit weitere Fortschritte ermöglichen.

Bei den Innovation in der Mensch-Computer-Interaktion auf dem Laufenden zu bleiben, ist eine herausfordernde Aufgabe. Anfragen nach einer Überarbeitung meiner zweiten Ausgabe trafen kurz nach der Veröffentlichung ein, aber ich musste damit warten, bis ein Sabbat-Jahr es mir erlaubte, ausreichend Zeit zu finden, um diese dritte Ausgabe abzuschließen. Ich besuchte die Bibliothek, das World Wide Web, Konferenzen und Kollegen, um Informationen zu ernten, und kehrte dann an mein Keyboard zum Schreiben zurück. Meine ersten Entwürfe waren nur ein Anfangspunkt, um Feedback von Kollegen, Praktikern und Studenten zu generieren. Die Arbeit war intensiv und befriedigend.

Verwendung dieses Buches

Ich hoffe, dass Praktiker und Forscher, die dieses Buch lesen, es im Regal bereithalten, um es zu konsultieren, wenn sie an einem neuen Thema arbeiten oder Literaturhinweise suchen.

Dozenten können sich mit dem Text in der Reihenfolge beschäftigen, in den ich ihn geordnet habe, oder daraus eine Auswahl treffen. Das erste Kapitel ist ein guter Ausgangspunkt für die meisten Studenten, aber Dozenten können je nach Disziplin und Fach unterschiedliche Wege beschreiten. Beispielweise könnten Ausbilder folgende Kapitel betonen (nach Bereich geordnet):

- Computerwissenschaft: 2, 5, 6, 13, 14, 15
- Psychologie: 2, 4, 9, 10, 14
- Bibliotheks- und Informationswissenschaften: 2, 4, 12, 15, 16
- Business- und Informationssysteme: 3, 4, 14, 15
- Bildungstechnologie: 2, 4, 11, 12, 14, 16
- Medien-, Kunst- und Kommunikationswissenschaften: 4, 11, 12, 16
- Technische Autoren und grafisches Design: 3, 4, 11, 12, 15, 16
- Die Website des Buches stellt Lehrpläne vieler Ausbilder bereit und bietet ergänzendes Lehrmaterial

Danksagungen

Schreiben ist ein einsamer Prozess, Überarbeiten findet als sozialer Prozess statt. Ich bin den vielen Kollegen und Studenten dankbar, die ihre Vorschläge beitrugen. Meine engen Partner jeden Tag an der University of Maryland haben den größten Einfluss und meine tiefste Dankbarkeit: Gary Marchionini, Kent Norman, Catherine Plaisant und Anne Rose. Besonderer Dank gebührt Charles Kreitzberg und Jenny Preece für ihre persönliche und professionelle Unterstützung. Andere wichtige Mitarbeiter mit nützlichen Kommentaren sind Richard Bellaver, Tom Bruns, Stephan Greene, Jesse Heines, Eser Kandogan, Chris North, Arkady Pogostkin, Richard Potter, Marilyn Saltzman, Michael Spring, Egemen Tanin und Craig Wills. Die vielen Personen und Institutionen, die Abbildungen zur Verfügung stellten, werden in den jeweiligen Bildunterschriften dankenswerterweise erwähnt.

Ich möchte auch die vielen Studenten in aller Dank besonders würdigen, die mir ihre Kommentare und Vorschläge geschickt haben. Ihre provokativen Fragen über unsere wachsende Disziplin und Profession ermutigen mich jeden Tag.

Ben Shneiderman (ben@cs.umd.edu)

World Wide Web

Die Gegenwart des World Wide Web hat einen tiefgreifenden Effekt auf Forscher, Designer, Ausbilder und Studenten. Ich möchte zu einem intensiven Gebrauch des Internet durch alle diese Gruppen und zur Integration des Internet in die allgemein übliche Praxis aufrufen. Jedoch harmoniert die Flüchtigkeit des World Wide Web nicht mit der Dauerhaftigkeit gedruckter Bücher. Die Veröffentlichung von Websites und URLs wäre riskant, weil sich täglich Änderungen zutragen. Aus diesen und anderen Gründen haben wir in Kooperation mit meinem Verleger und Prof. Blaise Liffick (Millersville University) eine ehrgeizige Website etabliert, die dieses Buch begleitet – http://www.aw.com/DTUI. Sie enthält Links auf Websites zu den verschiedenen Kapiteln des Buches, Updates zu schnelllebigen Themen, interessante Besprechungen und Unterrichtshilfen. Übungen, Aufgabenstellungen für Hausaufgaben, Projekte und Prüfungsfragen sind nur einige der Elemente dieser sich entwickelnden Site. Beiträge von Professionellen, Lehrkräften und Studenten machen diese Quelle in steigendem Maße wertvoll, und die Gemeinschaft, die sie verwendet, wächst und gedeiht in lebendiger Weise. Ich hoffe, dass jeder Leser und jede Leserin diese Site besuchen, an Diskussionsgruppen teilnehmen und Beiträge zur Verfügung stellen wird. Senden Sie uns ihre Ideen und Vorschläge.

Anmerkung des Lektoratsteams der deutschen Ausgabe

Um die Schlüssigkeit in der Argumentation des Autors auch in der Übersetzung zu wahren, haben wir uns entschlossen, die im Original abgebildeten Screenshots beizubehalten. Natürlich gibt es inzwischen neuere Versionen von Benutzeroberflächen. Gleichwohl entspricht deren *Look and Feel* genau den vom Autor aufgestellten, allgemein gültigen Design-Richtlinien, die dieses Buch bei Studenten, Wissenschaftlern und Praktikern so berühmt gemacht haben. Wir sind uns sicher, dass dies auch im Interesse der Leser der deutschen Ausgabe ist.

Kapitel 1

Menschliche Faktoren interaktiver Software

Ein Objekt so zu designen, dass es einfach und klar ist, erfordert mindestens doppelt so viel Zeit wie es auf die übliche Art und Weise zu tun. Am Anfang benötigt es Konzentration darauf, wie ein einfaches und klares System zu arbeiten hat, danach folgen die Schritte, die nötig sind, um es auch so herzustellen – Schritte, die oft viel schwerer und komplexer sind als die gewöhnlichen. Es erfordert ebenfalls die unnachgiebige Verfolgung dieser Einfachheit, auch wenn Hindernisse auftauchen, die dieser angestrebten Einfachheit scheinbar im Wege stehen.

T.H. Nelson, The Home Computer Revolution, 1977

1.1   Einführung

Neue Technologien stellen denjenigen außergewöhnliche – fast übernatürliche – Kräfte zur Verfügung, die sie beherrschen. Computersysteme und zugängliche Schnittstellen (Interfaces) sind immer noch neue Technologien, die sich schnell verbreiten. Große Aufregung macht sich breit, wenn Designer bemerkenswerte Funktionen in sorgfältig geschaffenen interaktiven und vernetzten Systemen bereitstellen. Die Möglichkeiten für junge Systemerbauer und reife Unternehmer sind beträchtlich und die Auswirkungen auf Individuen und Organisationen weitreichend.

Wie bei den ersten Fotoausrüstungen oder Automobilen waren Computer nur denjenigen zugänglich, die bereit waren, große Anstrengungen zu investieren, um sich die Technologie anzueignen. Die Kräfte des Computers zu bändigen, ist eine Aufgabe für Designer, die die Technologie verstehen und für menschliche Möglichkeiten und Bedürfnisse empfindsam sind.

In den kommenden Jahrzehnten wird die menschliche Leistung in der Verwendung von Computer- und Informationssystemen weiterhin ein sich rapide ausbreitendes Thema für Forschung und Entwicklung bleiben. Diese interdisziplinäre Forschungsreise kombiniert Methoden der Datenerhebung und der intellektuellen Rahmenbedingungen der experimentellen Psychologie mit den mächtigen und weithin verwendeten Werkzeugen, die von den Computerwissenschaften entwickelt wurden. Beiträge dazu erwachsen auch von den Psychologen aus Bildung und Industrie, Designern von Gebrauchsanleitungen und aus dem grafischen Bereich, technischen Autoren, Experten in Human Factors oder der Ergonomie und abenteuerlustigen Anthropologen oder Soziologen.

Anwendungsentwickler, die Prinzipien und Prozesse aus den Human Factors anwenden, produzieren spannende interaktive Systeme. Provokative Ideen tauchen aus den Seiten zahlreicher dicker Computermagazine, den Regalen sich wuchernd vermehrender Computerläden und den Menüs der sich ausbreitenden Computernetzwerke auf. Benutzerschnittstellen produzieren Erfolgsgeschichten von Unternehmen und Sensationen in der Wall Street wie Netscape, America Online oder Lycos. Sie produzieren ebenfalls heftigen Wettbewerb (mit dem Lieblingsfeind Microsoft), Prozesse über Verstöße gegen das Copyright (wie z. B. der Klage von Apple gegen Microsoft über deren Windows-Schnittstelle), Mega-Fusionen (wie Bell Atlantic und NYNEX), Übernahmen (als IBM sich Lotus einverleibte) und internationale Beziehungen (wie die Verbindung von British Telecom mit MCI).

Auf einem persönlichen Level können Benutzerschnittstellen das Leben vieler Menschen verändern: Ärzte können präzisere Diagnosen stellen, Kinder können effektiver lernen, Grafiker können größere kreative Möglichkeiten erforschen, und Piloten können Flugzeuge deutlich sicherer fliegen. Einige Veränderungen sind jedoch störend: zu oft müssen Nutzer mit Frustrationen, Angst und Versagen fertig werden, wenn sie übermäßiger Komplexität, unverständlicher Terminologie oder chaotischen Layouts begegnen.

Das stetig wachsende Interesse am Design von Benutzerschnittstellen umfasst auffallend unterschiedliche Systeme. Textverarbeitung und Programme für Desktop Publishing werden routiniert genutzt, und viele Firmen wenden das Scannen von Photos und Bildbearbeitungssoftware an. Elektronische Post, Computer-Konferenzen und das World Wide Web stellen neue Kommunikationsmedien zur Verfügung. Digitale Bilderdatenbanken breiten sich in Anwendungen aus, die vom medizinischen Bereich bis zur Raumfahrt reichen. Wissenschaftliche Visualisierungen und Simulationssysteme erlauben sichere Experimente und kostengünstige Ausbildungen. Für Analysten aus unterschiedlichen Disziplinen dienen elektronische Spreadsheets und Systeme zur Entscheidungshilfe als Werkzeuge. Aus Bildungs- und allgemeinem Interesse breitet sich der Zugang zu Informationen in den Infoterminals von Museen oder aus Regierungsquellen immer mehr aus. Kommerzielle Systeme umfassen Kontrollen zur Inventarisierung, für Personal, Reservierungen, Flugverkehr und Energieverbrauch. Rechnerunterstützte Werkzeuge zur Software-Entwicklung und programmierbare Umgebungen erlauben das Rapid Prototyping und auch Workstations für computerunterstütztes Design (*computer-aided design – CAD*), Produktion (*computer-aided manufacturing – CAM*) und Maschinenbau (*computer-aided engineering – CAE*). Viele von uns nutzen verschiedene elektronische Geräte wie Videorecorder, Telefone, Kameras und andere Hilfsmittel. Kunst, Musik, Sport und Unterhaltung werden alle durch Computersysteme unterstützt oder erweitert.

Anwender und Forscher aus vielen Gebieten steuern wesentliche Anteile bei. Wissenschaftliche und industrielle Theoretiker aus der Computerwissenschaft, Psychologie und den Human Factors entwickeln Theorien über Wahrnehmung, Kognition, Bewegung und Modelle der menschlichen Leistungsfähigkeit, während Forscher empirische Daten zusammentragen.

Softwaredesigner erforschen, wie man Informationen grafisch am besten organisiert. Sie entwickeln Abfragesprachen und visuell ansprechende Einrichtungen zur Eingabe, Suche und Ausgabe. Sie nutzen Klänge (wie Musik und Sprache), dreidimensionale Wiedergaben, Animationen und Video, um Schnittstellen ansprechender und inhaltlich informativer zu gestalten. Techniken wie die direkte Manipulation, Telepräsenz und virtuelle Realitäten dürften die Art und Weise verändern, wie wir über Computer denken und mit ihnen interagieren.

Hardware-Entwickler und Systemeinrichter bieten neuartige Tastatur-Designs und Eingabegeräte sowie große hochauflösende Farbdisplays. Sie designen Systeme, die gleichzeitig schnelle Wiedergabezeiten für immer komplexere Aufgaben und schnelle Anzeigeraten und weiche Übergänge für immer komplexere dreidimensionale Manipulationen bereitstellen. Technologien zur Sprachein- und -ausgabe, gestischer Eingabe und mit taktiler oder Force-Feedback-Ausgabe erleichtern deutlich die Anwendung, so wie es auch Eingabegeräte wie der Touchscreen und der Griffel erreicht haben.

Entwickler mit Interesse an Lernpsychologie, Design von Instruktionen und technischem Schreiben schaffen einnehmende Online-Tutorials, Trainings, Nachschlagewerke, Anschauungs- und Verkaufsmaterial und erforschen neuartige

Herangehensweisen an Gruppenunterricht, Fernlehrgänge, personalisiertes Erfahrungslernen und Video-Präsentationen. Grafikdesigner sind aktiv mit visuellem Layout, Farbauswahl und Animation beschäftigt. Soziologen, Anthropologen, Philosophen, Politiker und Manager behandeln die Auswirkungen auf Organisationen, Ängste vor Computern, Veränderungen in der Arbeitswelt, neuerliche Ausbildung, verteilte Teamarbeit, Strategien zur computerunterstützten Zusammenarbeit, Heimarbeitsentwürfe und längerfristige soziale Veränderungen.

Wir leben in einer für Entwickler von Benutzerschnittstellen aufregenden Zeit. In Hard- und Software sind die »Fundamente« für Brücken und Tunnel gelegt. Nun kann der Fahrdamm ausgebaut und die Markierungen aufgebracht werden, damit neugierige Anwender die Wege bevölkern.

Das wachsende Interesse am Design von Benutzerschnittstellen ist international. Im Jahre 1997 hatte in den Vereinigten Staaten die *Association for Computing Machinery (ACM) Special Interest Group in Computer Human Interaction (SIGCHI)* mehr als 6.000 Mitglieder. Die jährlichen CHI-Konferenzen ziehen jedes Mal fast 2.500 Teilnehmer an. Die *Usability Professionals Association* legt ihren Schwerpunkt auf kommerzielle Anwendungen, und die *Human Factors & Ergonomics Society*, die *American Society for Information Science* und andere professionelle Gruppen forschen über die Interaktion zwischen Mensch und Computer. Regelmäßige Tagungen in Europa, Japan und anderswo ziehen eine stattliche Anzahl von Forschern und Praktikern an. In Europa wendet das ESPRIT-Projekt in jedem Jahr ungefähr 150 Mannjahre zu diesem Thema auf. In Japan wirbt das Ministerium für internationalen Handel und Industrie kommerziell ausgerichtete Projekte und Konsortien zwischen vielen Unternehmen.

Dieses Kapitel gibt einen breiten Überblick über Mensch-Computer-Interaktion aus der Perspektive von Praktikern und Forschern.

1.2 Ziele des System Engineerings

Das sehr anspruchsvolle Ziel, die Lebensqualität des Benutzers zu verbessern, muss man im Hinterkopf behalten, aber Designer haben konkretere Ziele. Jeder Designer will ein qualitativ hochwertiges interaktives System schaffen, das von Kollegen bestaunt, von Nutzern gefeiert, häufig nachgeahmt wird und weit verbreitet ist. Die Anerkennung rührt nicht von leuchtenden Versprechen oder schicker Werbung her, sondern aus den innewohnenden Qualitätsmerkmalen, die durch sinnvolle Planung, Berücksichtigung der Benutzerbedürfnisse und ausführliches Testen erzielt werden.

Manager können die Aufmerksamkeit auf die Thematik der Benutzerschnittstellen lenken, indem sie gezielt Personal auswählen, Ablaufpläne und Meilensteine vorbereiten, Richtliniendokumente erstellen und anwenden und sich zu ausführlichen Tests verpflichten. Designer schlagen dann verschiedene Design-Alternativen zur Begutachtung vor, und für weitere Entwicklung und Tests wendet man sich an die führenden Mitbewerber (siehe Kapitel 3 und 4). Tools zur Erstellung von Benutzerschnittstellen (siehe Kapitel 5) ermöglichen die zügige Implementierung und mühelose Überarbeitung. Eine Evaluation der Designs vertieft das Verständnis, ob eine Auswahl angemessen ist.

Erfolgreiche Designer überschreiten die vage Idee der »Benutzerfreundlichkeit« und gehen tiefer, als einfach nur eine Checkliste mit subjektiven Richtlinien zu erstellen. Sie haben ein tiefgehendes Verständnis der heterogenen Gemeinschaft von Nutzern und den Aufgaben, die erfüllt werden müssen. Darüber hinaus fühlen sie sich stark verpflichtet, den Nutzern zu dienen, was ihre Beharrlichkeit stärkt, wenn sie sich dem Druck kurzfristiger Deadlines, schmaler Budgets und wenig entschlussfreudiger Kompromißler stellen müssen.

Effektive Systeme generieren in der Gemeinschaft der Nutzer positive Gefühle von Erfolg, Kompetenz, Meisterschaft und Verständlichkeit. Die Nutzer werden durch den Computer nicht behindert und können das Ergebnis jeder ihrer Aktionen vorhersagen. Wenn ein interaktives System ein gutes Design hat, verschwindet die Schnittstelle beinahe, was die Nutzer in die Lage versetzt, sich auf ihre Arbeit, ihre Studien oder ihre Unterhaltung zu konzentrieren. Die Schöpfung einer Umgebung, in der Aufgaben gleichsam anstrengungslos ausgeführt werden und die Nutzer im »Fluss« sein können, fordert vom Designer ein ganz hartes Stück Arbeit.

Das Postulieren expliziter Ziele hilft den Designern, diese auch zu erreichen. Um ein vages Streben nach benutzerfreundlichen Systemen zu überwinden, können Manager und Designer sich auf spezifische Ziele konzentrieren, die klar umrissenes System Engineering und messbare Zielsetzungen der menschlichen Faktoren einschließen. Der *U.S. Military Standard for Human Engineering Design Criteria* (1989) führt die folgenden Ziele aus:

- Erreichen der erforderlichen Performance durch Anwender, Kontroll- und Wartungspersonal
- Minimierung von Kenntnissen und persönlichen Voraussetzungen und Zeit für Training
- Erreichen der erforderlichen Zuverlässigkeit der Kombination von Personal und Ausstattung
- Pflege der Standardisierung des Designs innerhalb des Systems und mit anderen Systemen

1.2.1 Korrekte Funktionalität

Der erste Schritt besteht in der Feststellung der benötigten Funktionalität – also welche Aufgaben und Unteraufgaben ausgeführt werden müssen. Die häufigen Aufgaben sind einfach zu bestimmen, aber die selteneren Aufgaben, also die außergewöhnlichen Aufgaben für Notfälle und die Reparatur-Aufgaben für Bedienungsfehler, sind schwieriger zu umreißen. Die Analyse der Aufgaben ist von zentraler Bedeutung, weil Systeme mit inadäquater Funktionalität den Nutzer frustrieren und oft abgelehnt oder wenig benutzt werden. Ist die Funktionalität inadäquat, ist es gleichgültig, wie gut man die menschliche Schnittstelle gestaltet hat. Ausufernde Funktionalität ist ebenfalls eine Gefahr, und dies ist eine möglicherweise eine der häufigeren Fehler von Designern, weil Durcheinander und Komplexität die Implementierung, Wartung, Nutzung und das Erlernen erschwert.

1.2.2 Zuverlässigkeit, Verfügbarkeit, Sicherheit und Datenintegrität

Ein wesentlicher zweiter Schritt ist die Sicherstellung eines korrekten, zuverlässigen Systems: Kommandos müssen wie beabsichtigt funktionieren, angezeigte Daten müssen die Inhalte der Datenbanken wiedergeben, und Updates müssen korrekt angewandt werden. Das Vertrauen der Nutzer in die Systeme ist zerbrechlich, ein Erlebnis mit irreführenden Daten oder unerwarteten Ergebnissen wird die Bereitschaft einer Person, ein System anzuwenden, auf lange Zeit untergraben. Software-Architektur, Hardware-Komponenten und Netzwerk-Unterstützung müssen hohe Verfügbarkeit gewährleisten. Wenn das System nicht verfügbar ist oder fehlerhaft funktioniert, ist es ohne Belang, wie gut die menschliche Schnittstelle entworfen wurde. Privatsphäre, Sicherheit und Datenintegrität müssen ebenfalls durch die Designer sichergestellt werden. Schutz vor nicht-autorisiertem Zugriff, unbeabsichtigter Zerstörung von Daten oder böswilligem Missbrauch muss sichergestellt werden.

1.2.3 Standardisierung, Integration, Konsistenz und Übertragbarkeit

In dem Maße, wie die Anzahl der Benutzer und der Software-Pakete zunimmt, wachsen der Bedarf und die Vorteile der Standardisierung. Kleine Unterschiede zwischen den Systemen erhöhen nicht nur die Zeit des Lernens, sondern können auch zu ärgerlichen und gefährlichen Fehlern führen. Gravierendere Unterschiede zwischen Systemen erfordern grundlegende Neuschulungen und belasten die Nutzer vielfältig. Inkompatible Speicherformate, Hard- und Software-Versionen verursachen Frustrationen, Ineffizienz und Verzögerungen. Designer müssen entscheiden, ob ihre Verbesserungen nützlich genug sind, um als Neuheit die Störungen der Nutzer wettzumachen.

Standardisierung bezieht sich auf allgemeine Merkmale der Benutzerschnittstellen über verschiedene Anwendungen hinweg. Apple Computer entwickelte erfolgreich einen frühen Standard, den Tausende von Entwicklern benutzten, und mit dem Nutzer unterschiedliche Anwendungen schnell erlernen konnten. Die Spezifikationen von IBMs Common User Access (1989, 1991, 1993) kamen später, und als die Windows-Schnittstelle von Microsoft zum Standard wurde, stellte sie sich als eine mächtige Kraft heraus.

Integration zwischen Anwendungspaketen und Software-Tools war eines der Schlüsselprinzipien beim Design von UNIX (die Übertragbarkeit zwischen Hardware-Plattformen war eine andere). Die Kommandosprache war von Anfang an ein Standard (mit einigen Abweichungen), aber es gibt nun wettstreitende grafische Benutzerschnittstellen (*graphical user interface – GUI*), viele davon bauen auf den X- und Motif-Standards auf.

Konsistenz bezieht sich zuerst innerhalb einer Anwendung auf allgemeine Handlungsabfolgen, Bedingungen, Einheiten, Layouts, Farben, Typografie und so weiter. Konsistenz ist ein entscheidender Faktor beim Erfolg eines Systems. Selbstverständlich gilt das auch für die Kompatibilität zwischen Anwendungsprogrammen und der Kompatibilität mit Papier oder nicht-computerbasierten Systemen. Kompatibilität zwischen verschiedenen Versionen ist eine schwierige Forderung, da der Wunsch, neue Funktionalitäten oder verbessertes Design unterzubringen, mit den Vorteilen der Konsistenz in Wettstreit tritt.

Übertragbarkeit bezieht sich auf das Potential, Daten zu konvertieren und gemeinsame Benutzerschnittstellen über verschiedene Soft- und Hardware-Umgebungen hinaus zu haben. Ein Auslegen auf Übertragbarkeit ist eine Herausforderung für Designer, die sich um unterschiedliche Bildschirmgrößen und -auflösungen, Farbkapazitäten, Zeigewerkzeuge, Datenformate und so weiter kümmern müssen.

Einige Tools zur Erstellung von Benutzerschnittstellen sind bei der Generierung von Code für Macintosh, Windows, OS/2, UNIX und anderen Umgebungen behilflich, so dass die Schnittstellen in allen Umgebungen gleich sind oder dem Stil dieser Umgebungen ähneln. Standard-Textdateien (in ASCII) können einfach zwischen diesen Umgebungen ausgetauscht werden, aber grafische Bilder, Spreadsheets, Videos und so weiter sind schwerer zu konvertieren.

1.2.4 Zeitpläne und Budgets

Sorgfältige Planung und beherztes Management sind nötig, wenn ein Projekt innerhalb eines Zeitplans und eines Budgets fertiggestellt werden soll. Verzögerungen bei der Ablieferung oder ein Überziehen der Kosten können ein System wegen der konfrontativen politischen Atmosphäre in einem Unternehmen bedrohen oder weil der Wettkampf im Markt potenziell überwältigende Kräfte enthält. Wenn ein System innerhalb einer Firma mit Verzögerungen ausgeliefert wird, sind andere Projekte betroffen, und diese Störung könnte Manager veranlassen, sich für die Installation eines alternativen Systems zu entscheiden. Wenn ein kommerzielles System zu kostenaufwändig ist, kann der Widerstand der Kunden eine umfassende Akzeptanz verhindern, und das erlaubt es anderen Konkurrenten, Marktanteile zu übernehmen.

Die angemessene Berücksichtigung der Prinzipien der Human Factors und konsequente Testphasen führen oft zu reduzierten Kosten und einer schnellen Entwicklung. Ein sorgfältig ausgetestetes Design zwingt seltener zu Veränderungen während der Implementierung und vermeidet so nach der Veröffentlichung kostenintensive Updates. Der Business Case durch die Human Factors in Computer- und Informationssystemen ist mächtig (Klemmer 1989, Chapanis 1991, Landauer 1995), und wird durch viele erfolgreiche Produkte demonstriert, deren Vorteil in ihren überlegenen Benutzerschnittstellen liegt.

1.3 Ziele des Benutzerschnittstellen-Designs

Wenn eine adäquate Funktionalität ausgewählt, Zuverlässigkeit sichergestellt, Standardisierung berücksichtigt wurde und der Zeit- und Budgetplan vollständig ist, können Entwickler ihre Aufmerksamkeit auf den Prozess des Entwerfens und Testens richten. Für eine Vielfalt von Benutzergemeinschaften und spezifische Benchmark-Aufgaben müssen verschiedene Design-Alternativen evaluiert werden. Ein kluges Design mag für eine Benutzergruppe passen, aber für eine andere ist es unangemessen. Ein effizientes Design für eine Klasse von Aufgaben ist vielleicht ineffizient für eine andere.

Die Relativität des Designs spielte eine zentrale Rolle in der Evolution von Informationsdiensten in der *Library of Congress* (Marchionini et al. 1993). Zwei der Hauptnutzungsbereiche von Computersystemen waren das Katalogisieren von Büchern und die Suche über einen Online-Buchkatalog. Für diese Aufgaben wurden unterschiedliche Systeme geschaffen, die das Design *einer* Aufgabe optimierten und die komplementäre Aufgabe erschwerten. Es war unmöglich festzustellen, welches das bessere war, weil beides ausgezeichnete Systeme waren, aber sie dienten unterschiedlichen Anforderungen. Eine solche Frage zu stellen bedeutet, das New York Philharmonic Orchestra mit dem Baseball-Team der New York Yankees zu vergleichen.

Die Situation verkomplizierte sich, als Kongressangestellte und danach die Öffentlichkeit eingeladen wurden, die Suchdienste anzuwenden. Für die Kongressbediensteten waren Trainings über drei bis sechs Stunden ausreichend, aber die ersten Bürger waren überwältigt von der Kommandosprache und den komplexen Regeln des Katalogisierens. Später entwickelte man eine Touchscreen-Schnittstelle mit reduziertem Funktionsumfang und einer besseren Präsentation von Informationen, die zu einem großen Erfolg in den öffentlichen Leseräumen wurde. Der nächste Schritt in der Evolution war die Entwicklung einer Katalog-Version für das World Wide Web, damit Nutzer weltweit auf den Katalog und andere Datenbanken zugreifen konnten. Dieser Wechsel von Nutzergemeinschaften und den damit verbundenen anderen Anforderungen führten jeweils zu Änderungen in den Schnittstellen, obwohl die Datenbanken und Dienste gleich blieben.

Die sorgfältige Bestimmung der Benutzergemeinschaft und die Benennung der Aufgabenbezugspunkte ist die Grundlage für das Erreichen von Zielen im Sinne der Human Factors. Für jeden Nutzer und jede Aufgabe leiten präzise messbare Zielsetzungen den Designer, Evaluator, Einkäufer oder Manager. Die folgenden fünf messbaren menschlichen Faktoren sind die Kernpunkte der Evaluation:

1. *Lernzeit* Wie lange braucht ein typisches Mitglied der Benutzergemeinschaft, um die relevanten Befehle einer Aufgabengruppe zu erlernen?

2. *Ausführungszeit* Wie lange benötigt man, um Benchmark-Aufgaben zu lösen?

3. *Fehlerquote bei Nutzern* Wie viele und welche Arten von Fehlern unterlaufen Personen bei der Ausführung der Benchmark-Aufgaben? Obwohl die Zeit, in der man Fehler macht und wieder korrigiert, in der Ausführungszeit berücksichtigt sein mag, ist die Fehlerkorrektur eine derart kritische Komponente bei der Systembedienung, dass sie ein ausführliches Studium verdient.

4. *Erinnerungsvermögen* Wie gut bewahren Nutzer ihre Kenntnisse nach einer Stunde, einem Tag, einer Woche? Das Erinnerungsvermögen ist möglicherweise eng mit der Lernzeit verbunden, und die Nutzungshäufigkeit spielt ebenfalls eine wichtige Rolle.

5. *Subjektive Befriedigung* Wie gerne benutzen Anwender verschiedene Aspekte des Systems? Die Antworten können durch Interviews oder schriftliche Umfragen festgestellt werden, die auch Skalen zur Zufriedenheit und Platz für persönliche Kommentare beinhalten.

Jeder Designer möchte gerne in allen Kategorien erfolgreich sein, aber stets muss man die Notwendigkeiten abwägen. Wenn ausführliches Lernen möglich ist, kann die Zeit zum Ausführen der Aufgaben durch komplexe Abkürzungen, Makros und Tastenkürzel reduziert werden. Wenn die Fehleranzahl auf jeden Fall besonders niedrig gehalten werden muss, kann die Geschwindigkeit geopfert werden. In manchen Anwendungen ist eine persönliche Befriedigung der Schlüsselfaktor für Erfolg, in anderen sind die schnelle Einarbeitungszeit oder zügige Aufgabenbewältigung das Wichtigste. Projektmanager und -designer müssen sich über diese Abwägungen im Klaren sein und ihre Auswahl explizit und öffentlich machen. Pflichtenhefte und Marketingbroschüren sollten verdeutlichen, welche Ziele vorrangig sind.

Nachdem verschiedene Design-Alternativen erarbeitet wurden, sollten die besten Möglichkeiten durch Designer und Anwender überprüft werden. Einfach ausgearbeitete verschriftete Modelle sind nützlich, aber maßstabsgerechte Online-Prototypen schaffen eine realistischere Umgebung zum Testen. Design-Teams erarbeiten ein Richtlinien-Dokument, um die erlaubten Formate, Sequenzen, Terminologien usw. festzuhalten. Dann wird das Schnittstellen-Design mit geeigneten Tools zur Erstellung von Prototypen geschaffen, und die Testphase beginnt, um sicherzustellen, dass die Design-Ziele für die Benutzerschnittstelle erreicht werden. Das Anwenderhandbuch und die technische Referenz können vor der Implementierung geschrieben werden, um ein weiteres Testen und eine andere Perspektive auf das Design zu ermöglichen. Als Nächstes kann die Implementierung mit den entsprechenden Software-Tools durchgeführt werden. Wenn das Design vollständig und präzise ist, sollte diese Aufgabe nicht schwer fallen. Zum Schluss zertifiziert der Akzeptanz-Test, dass das erarbeitete System den Zielen der Designer und Kunden entspricht. Der Entwicklungs- und Evaluationsprozess wird ausführlicher in den Kapiteln 3 und 4 beschrieben.

1.4 Motivationen für Human Factors im Design

Das enorme Interesse an Human Factors bei interaktiven Systemen rührt von der komplementären Erkenntnis her, wie schlecht viele Systeme derzeit gestaltet sind und wie sehr sich Entwickler wünschen, elegante Systeme zu schaffen, die die Anwender effektiv unterstützen. Diese steigende Sorge schöpft aus vier grundlegenden Quellen: lebenserhaltende Systeme, industrielle und kommerzielle Anwendungsbereiche, Büro-, Heim- und Unterhaltungsanwendungen und Systeme für Forschung, Kreativität und Zusammenarbeit.

1.4.1 Lebenserhaltende Systeme

Lebenserhaltende Systeme schließen die Kontrolle des Luftverkehrs, Nuklearreaktoren, Kraftwerke, bemannte Raumfahrt, Polizei- und Feuerwehreinsatz, militärische Operationen und medizinische Gerätschaften ein. Bei diesen Anwendungen werden hohe Kosten erwartet, aber sie sollten hohe Zuverlässigkeit und Effektivität erbringen. Ausführliche Einarbeitungszeiten werden akzeptiert, um eine schnelle, fehlerfreie Benutzung zu gewährleisten, auch wenn die Anwender unter Stress stehen. Persönliche Zufriedenheit ist weniger relevant, da die Anwender hochmotiviert sind. Das Erinnerungsvermögen wird durch häufige Wiederholungen der grundlegenden Funktionen und Übungseinheiten für Notfälle aufgebaut.

1.4.2 Industrielle und kommerzielle Anwendungen

Typische industrielle und kommerzielle Anwendungen schließen Bank- und Versicherungsgeschäfte, Auftragseingänge, Inventarisierungen, Flug- und Hotelbuchungen, Autoverleih, Nutzungsrechnungen, Kreditkartenmanagement und Point-of-Sales-Terminals ein. In diesen Fällen werden viele Entscheidungen von den Kosten bestimmt. Niedrige Kosten werden meist bevorzugt, auch wenn dafür Opfer im Bereich der Verlässlichkeit erbracht werden müssen. Die Lernzeit für Operatoren ist kostspielig, darum ist eine schnelle Einarbeitungszeit wesentlich. Die Abwägungen zwischen Arbeitsgeschwindigkeit und Fehlerquoten werden von den Kalkulationen über die Nutzungsdauer des Systems bestimmt. Persönliche Befriedigung ist von geringerer Bedeutung, das Erinnerungsvermögen wird durch regelmäßige Wiederholung aufgebaut. Die Performance ist bei den meisten dieser Anwendungen wegen des großen Umfangs der Transaktionen ein zentraler Punkt, aber auch die Ermüdung der Operatoren oder Burnout ist ein wichtiger Aspekt. Die Reduzierung von 10 % der durchschnittlichen Transaktionszeit bedeutet 10 %

weniger Operatoren, 10 % weniger Workstations und möglicherweise eine zehn-prozentige Reduktion der Hardware-Kosten. Eine Studie, die von Entwicklern eines Systems, mit dem die Unterstützung bei Telefonauskünften verwaltet wurde, durchgeführt wurde, wies darauf hin, dass eine Reduktion um 0,8 Sekunden der durchschnittlich 15 Sekunden pro Anruf eine Einsparung von $ 40 Millionen pro Jahr bedeutete (Springer 1987).

1.4.3   Büro-, Heim- und Unterhaltungsanwendungen

Die schnelle Ausdehnung von Büro-, Heim- und Unterhaltungsanwendungen ist die dritte Quelle von Interesse für Human Factors. Anwendungen für PCs können Textverarbeitung, Geräte für automatisierte Transaktionen, Videospiele, Lernan-wendungen, Informationsbeschaffung, E-Mail, Computer-Konferenzen und die Verwaltung für kleinere Betriebe beinhalten. Für diese Systeme sind leichte Erlern-barkeit, geringe Fehlerquoten und persönliche Befriedigung unabdingbar, weil der Gebrauch oftmals willkürlich ist und ein heftiger Wettbewerb herrscht. Wenn die Anwender nicht schnell erfolgreich sind, werden sie die Verwendung eines Com-puters ablehnen oder sich einem konkurrierenden Produkt zuwenden. In Fällen, bei denen die Anwendung periodisch auftritt, ist das Erinnerungsvermögen wahr-scheinlich lückenhaft, und somit erlangt die Online-Hilfe an Bedeutung.

Die Auswahl der richtigen Funktionalität ist schwierig. Anfänger kommen am bes-ten mit einem eingeschränkten, einfachen Satz von Befehlen zurecht, aber wenn die Erfahrung der Anwender zunimmt, wünschen sie ausführlichere Funktionali-tät und schnellere Bedienbarkeit. Ein Design mit Schichten oder Ebenen ist eine Herangehensweise, um die Entwicklung vom Anfänger zum Experten elegant zu begleiten. Niedrige Kosten sind aufgrund der regen Wettbewerbssituation sehr wichtig, aber über eine große Anzahl von Anwendern können die Kosten für aus-führliches Design und Testphasen amortisiert werden.

1.4.4   Systeme für Forschung, Kreativität und Teamarbeit

Ein steigender Anteil von Computernutzung widmet sich der Unterstützung menschlicher intellektueller und schöpferischer Unternehmungen. Elektronische Enzyklopädien, Surfen im World Wide Web, gemeinschaftliches Schreiben, die Zusammenstellung statistischer Hypothesen, geschäftliche Entscheidungspro-zesse und die grafische Präsentation der Ergebnisse wissenschaftlicher Simulatio-nen sind Beispiele für Forschungsumgebungen. Schöpferische Umgebungen beinhalten Werkzeuge oder Arbeitsumgebungen für Schriftsteller, Designsysteme für Architektur oder Fahrzeugbau, Workstations für Künstler oder Programmierer und Systeme zur Komposition von Musik. Werkzeuge zur Entscheidungshilfe unterstützen vorgebildete Anwender bei medizinischen Diagnosen, Finanzen, der Steuerung industrieller Prozesse, der Berechnung von Satellitenumlaufbahnen und militärischen Oberkommandos und Kontrollen. Kooperative Systeme ermöglichen die Zusammenarbeit zweier oder mehrerer Personen – auch wenn die Anwender durch Zeit und Raum getrennt sind – durch die Verwendung von elektronischen Botschaften mit Text, Stimme und Video, durch elektronische Konferenzsysteme, bei denen die Teilnehmer einander sehen können oder durch Groupware, mit der Mitarbeiter gemeinsam und gleichzeitig an einem Dokument, Spreadsheet oder Bild arbeiten können.

In diesen Systemen können die Anwender im Aufgabenbereich Erfahrungen haben, aber Anfänger bei den zugrunde liegenden Computerkonzepten sein. Ihre Motivation ist oft hoch, aber ebenso auch ihre Erwartungen. Benchmark-Aufgaben sind schwerer zu beschreiben, weil diese Anwendungen erst noch erforscht werden müssen. Die Benutzung hat die ganze Bandbreite von gelegentlich bis zu oft. Kurz gesagt ist es schwierig, diese Systeme zu entwerfen und zu evaluieren. Allenfalls können Designer das Ziel verfolgen, dass der Computer quasi in dem Maße verschwindet, in dem die Anwender völlig von ihrem Aufgabenbereich absorbiert werden. Es scheint, dass dieses Ziel am effektivsten erreicht wird, wenn der Computer eine direkt manipulierbare Repräsentation der Handlungswelt bereitstellt. Dann werden die Aufgaben durch schnelle, vertraute Auswahl oder Gesten ausgeführt, die zu einem sofortigen Feedback und einem neuen Satz von Auswahlmöglichkeiten führen.

1.5   Anpassung an die menschliche Vielfalt

Die bemerkenswerte Vielfalt von menschlichen Fähigkeiten, Hintergründen, Motivationen, Persönlichkeiten und Arbeitsstilen fordert die Designer von interaktiven Systemen heraus. Eine weibliche Designerin und Rechtshänderin mit Computererfahrung und dem Wunsch nach schneller Interaktion unter Verwendung vollgestopfter Bildschirmoberflächen hat es möglicherweise schwer, eine erfolgreiche Workstation für einen linkshändigen Künstler zu entwickeln, der einen gelasseneren und freieren Arbeitsstil bevorzugt. Es ist unentbehrlich, die physischen, intellektuellen und persönlichen Unterschiede zwischen verschiedenen Anwendern zu verstehen.

1.5.1 Physische Fähigkeiten und physische Arbeitsstätten

Die Anpassung an die verschiedenen menschlichen Fähigkeiten zur Wahrnehmung, Kognition und Beweglichkeit ist eine Herausforderung für jeden Designer. Zum Glück gibt es viel Literatur über die Erforschung und die Erfahrungen von Design-Projekten mit Automobilen, Flugzeugen, Schreibmaschinen, Heimanwendungen und so weiter, die man auch auf das Design von interaktiven Computersystemen anwenden kann. In gewisser Weise ist die Anwesenheit eines Computers für das Design nur eine Nebensächlichkeit, menschliche Bedürfnisse und Fähigkeiten sind die beherrschenden Kräfte.

Grundlegende Daten über menschliche Abmessungen kommen aus der Forschung der Anthropometrie (Dreyfus 1967, Roebuck et al. 1975). Tausende von Messreihen über Hunderte menschlicher Eigenschaften – männlich und weiblich, jung und erwachsen, europäisch und asiatisch, unter- und übergewichtig, groß und klein – ergaben Daten für Durchschnittswerte und Gruppierungen zwischen 5 und 95 %. Die Abmessungen von Kopf, Mund, Nase, Hals, Schultern, Brustkorb, Arm, Hand, Finger, Bein und Fuß sind für diverse Bevölkerungen katalogisiert worden. Die große Vielfalt dieser statischen Messungen erinnert uns daran, dass es kein Bild eines »Durchschnitts-Anwenders« geben kann, und dass Kompromisse eingegangen oder verschiedene Versionen eines Systems konstruiert werden müssen.

Die Auswahl von Parametern für das Tastenfeld-Design (siehe Abschnitt 9.2) entwickelte sich, um den physischen Fähigkeiten der Anwender in Bezug auf Abstand zwischen den Tasten, Größe der Tasten und dem nötigen Tastendruck zu entsprechen. Personen mit besonders großen oder kleinen Händen haben möglicherweise Schwierigkeiten bei der Benutzung von standardisierten Tastaturen, aber ein bedeutender Anteil der Bevölkerung kommt mit einem einzigen Design gut zurecht. Dagegen variieren die Vorlieben bei der Bildschirmhelligkeit sehr, und Designer müssen für die Einstellungen der Anwender einen Regler vorhalten. Kontrollen für die Höhe von Sitz und Rückenlehne oder den Winkel der Bildschirmanzeige erlauben ebenfalls individuelle Einstellungen. Wenn ein einzelnes Design sich nicht einem großen Bevölkerungsanteil anpassen kann, sind verschiedene Versionen oder Einstellungsmöglichkeiten hilfreich.

Physikalisches Messen statischer menschlicher Maße ist nicht ausreichend. Messreihen für dynamische Aktionen – wie Reichweite im Sitzen, Geschwindigkeit des Fingerdrucks oder der Kraftaufwand beim Anheben – sind ebenso notwendig (Bailey 1996).

Da so vieles an Arbeit mit der Wahrnehmung zusammenhängt, müssen sich Designer über die Bandbreite menschlicher Wahrnehmungsfähigkeiten im Klaren sein (Schiff 1980). Sehvermögen ist von besonderer Wichtigkeit und wurde ausführlich studiert (Wickens 1992). Beispielsweise berücksichtigen Forscher menschliche Reaktionszeiten auf unterschiedliche visuelle Stimuli oder die Adaptionszeit bei hellem oder geringem Licht. Sie untersuchen die menschliche Fähigkeit, ein Objekt in einem bestimmten Kontext zu identifizieren oder die Geschwindigkeit bzw. Richtung eines sich bewegenden Punktes zu bestimmen. Das visuelle System reagiert unterschiedlich auf verschiedene Farben, und einige Menschen sind farbenblind. Die Empfindlichkeit und Bandbreite des sichtbaren Spektrums variieren bei verschiedenen Personen. Periphere Wahrnehmung unterscheidet sich stark von der Bildwahrnehmung in der Fovea. Flimmern, Kontrast und Bewegungsempfindlichkeit müssen genauso beachtet werden wie die Auswirkungen von grellem Licht und Augenermüdung. Für die Tiefenwahrnehmung, die das dreidimensionale Sehen ermöglicht, muss sich das Auge nach verschiedenen Dingen richten. Einige Blickwinkel und Entfernungen erleichtern das Lesen auf dem Bildschirm. Schließlich müssen Designer auch die Bedürfnisse von Menschen mit Korrekturlinsen oder mit Augenfehlern durch Verletzungen und Krankheiten berücksichtigen.

Andere Sinne sind ebenfalls wichtig: Tastsinn für Tastatur- oder Touchscreen-Eingaben, Hörsinn für akustische Hinweise, Klänge und Sprachein- oder -ausgabe (siehe Kapitel 9). Schmerz, Temperaturempfindlichkeit, Geschmack und Geruch werden selten für Ein- und Ausgabe bei interaktiven Systemen angewandt, aber auch solche Applikationen sind vorstellbar.

Diese physischen Fähigkeiten beeinflussen Elemente des Designs interaktiver Systeme. Sie spielen ebenfalls eine gewichtige Rolle im Design von Arbeits- (oder Spiel-)plätzen oder Workstations. Der *American National Standard for Human Factors Engineering of Visual Display Terminal Workstations* zählt folgende Probleme auf:

- Höhe von Arbeitsflächen und Anzeigeunterstützung
- Beinfreiheit unter Arbeitsflächen
- Tiefe und Breite von Arbeitsflächen
- Einstellmöglichkeiten für Höhe und Winkel von Stühlen und Arbeitsflächen
- Körperhaltung – Sitztiefe und -winkel, Höhe von Rückenlehne und Rückgratunterstützung
- Verfügbarkeit von Hand-, Arm- und Fußstützen
- Nutzung von Stuhlrollen

Für eine hohe Arbeitszufriedenheit, niedrige Fehlerraten und gute Leistungen ist das Design von Arbeitsplätzen von großer Wichtigkeit. Falsche Tischhöhen, unbequeme Stühle oder mangelhafter Platz zum Ausbreiten von Papieren können die Arbeit beträchtlich behindern. Dieses Standard-Dokument thematisiert ebenfalls solche Begleiterscheinungen wie Beleuchtungsgrade (200 bis 500 Lux), Reduktion von Reflexionen (entspiegelnde Beschichtungen, Baffles, Maschen, Positionierung), Luminanzausgleich und Flimmern, Reflektion durch Geräte, akustischer Lärm und Vibrationen, Lufttemperatur, -bewegung und -feuchtigkeit und Temperatur der Ausstattung.

Das eleganteste Screendesign kann durch eine zu laute Umgebung, schlechte Beleuchtung oder einen vollgestopften Raum kompromittiert werden, was nach und nach die Leistung mindern, die Fehlerquote erhöhen und auch die motivierten Anwender entmutigen wird.

Andere Berücksichtigungen der physischen Umgebung beziehen sich auf die Lage und Anordnung der Räume und die Soziologie der menschlichen Interaktion. Bei verschiedenartigen Workstations für ein Klassenzimmer oder ein Büro können unterschiedliche Layouts die soziale Interaktion, das kooperative Arbeiten und die Unterstützung bei Problemen fördern oder behindern. Weil Anwender sich oft gegenseitig bei kleineren Problemen helfen können, sind Anordnungen von Vorteil, bei denen mehrere Terminals nahe beieinander gruppiert werden oder wenn Supervisoren oder Lehrer alle Bildschirme gleichzeitig von hinten sehen können. Andererseits bevorzugen Programmierer, Buchhaltungsangestellte oder Künstler möglicherweise die Ruhe und Privatsphäre einer eigenen Arbeitsumgebung.

Das physische Design von Arbeitsräumen wird oft unter der Bezeichnung »Ergonomie« diskutiert. Anthropometrie, Soziologie, Arbeitspsychologie, Verhaltensweisen in Organisationen und Anthropologie könnten nützliche Einsichten in diesen Bereich bieten.

1.5.2 Kognitive und perzeptorische Fähigkeiten

Eine unentbehrliche Grundlage für die Designer interaktiver Systeme ist das Verständnis der kognitiven und perzeptorischen Fähigkeiten der Anwender (Kantowitz und Sorkin 1983, Wickens 1992). Die menschliche Fähigkeit, sensorische Eingaben rasch zu interpretieren und daraus komplexe Handlungen zu initiieren, macht moderne Computersysteme möglich. Anwender erkennen in Millisekunden minimale Änderungen auf ihrer Anzeige und beginnen, eine Folge von Befehlen zu initiieren. Die Zeitschrift *Ergonomics Abstracts* bietet folgende Klassifikation menschlicher *kognitiver Prozesse* an:

- Kurzzeitgedächtnis
- Langzeitgedächtnis und Lernen
- Problemlösung
- Entscheidungen treffen
- Aufmerksamkeit und Bereitschaft (Bereich des Interesses)
- Absuchen und Ermitteln
- Zeitwahrnehmung

Sie unterbreiten ebenfalls diese Liste von *Faktoren, die perzeptorische und motorische Leistung beeinflussen*:

- Erregung und Wachsamkeit
- Ermüdung
- Perzeptorische (mentale) Belastung
- Kenntnis der Ergebnisse
- Eintönigkeit und Langeweile
- Sensorische Deprivation
- Angst und Schrecken
- Isolation
- Altern
- Drogen und Alkohol
- Tagesrhythmen

Diese grundlegenden Themen werden in diesem Buch nicht weitergehend diskutiert, aber sie haben einen profunden Einfluss auf die Qualität des Designs der meisten interaktiven Systeme. Der Begriff Intelligenz wird in dieser Liste nicht aufgeführt, weil er von seiner Natur her kontrovers und die Messung reiner Intelligenz schwierig ist.

Bei jeder Anwendung spielen der Erfahrungshintergrund und Kenntnisse in den Bereichen der Aufgabe und der Schnittstelle eine Schlüsselrolle für das Lernen und die Performance. Bestandsaufnahmen über die Fertigkeiten bezüglich der Aufgabe oder des Computers können bei der Vorhersage der Leistung hilfreich sein.

1.5.3 Unterschiede in der Persönlichkeit

Manche Menschen lehnen Computer ab oder ängstigen sich vor ihnen, andere werden von ihnen angezogen oder benutzen sie gerne. Oft lehnen Mitglieder einer dieser Gruppen die jeweils andere ab oder misstrauen ihnen. Auch Menschen, die gerne Computer benutzen, können sehr unterschiedliche Vorlieben für die Arten von Interaktion, für das Tempo der Interaktion, für grafische gegenüber tabellarische Präsentationen, dichte gegenüber spärlicher Präsentation von Daten, das Arbeiten Schritt für Schritt gegenüber »alles auf einmal« usw. haben. Diese Unterschiede sind wichtig. Ein klares Verständnis der Persönlichkeiten und der kognitiven Stile kann hilfreich sein, wenn man Systeme für eine spezifische Nutzergemeinschaft gestaltet.

Ein fundamentaler Unterschied ist der zwischen Frauen und Männern, aber es wurden keine eindeutige Muster in den Vorlieben dokumentiert. Oft wurde darauf hingewiesen, dass die Mehrzahl der Spieler in den Videoarkaden und der Designer junge Männer seien. Bei jedem Spiel gab es auch weibliche Spielerinnen, aber die beliebtesten bei den frühen Videospielen waren Pacman (und seine Varianten) und einige weitere Spiele wie Donkey Kong oder Tetris. Wir können nur spekulieren, warum Frauen diese Spiele bevorzugen. Eine weibliche Kommentatorin bezeichnete Pacman als »oral aggressiv« und meinte, dass es der weiblichen Art zu spielen entsprach. Andere Frauen haben das notwendige, säuberliche Entfernen eines jeden Punktes als anziehend charakterisiert. Diese Spiele zeichnen sich durch ihre kaum gewalttätige Aktion und ihren Soundtrack aus. Weiter ist das ganze Spielfeld sichtbar, die Charaktere haben eine Persönlichkeit, weichere Farbpaletten werden eingesetzt, und es entsteht ein Gefühl von Abgeschlossenheit und Vollständigkeit. Können diese formlosen Annahmen in messbare Kriterien konvertiert und dann ausgewertet werden? Können Designer sich über die Bedürfnisse und Wünsche von Frauen klar werden und Videospiele schaffen, die mehr Frauen als Männer interessieren?

Wenn man von den Spielen zu den Bürocomputern übergeht, ist den hauptsächlich männlichen Designern wahrscheinlich nicht der Effekt auf weibliche Anwender klar, wenn die Namen der Befehle es von den Anwendern erfordern, ein Programm abzubrechen oder zu killen (ABORT oder KILL). Diese und andere potenziell unglücklichen Fehlanpassungen zwischen Schnittstelle und Anwender könnten vermieden werden, wenn den individuellen Unterschieden zwischen den Anwendern durch aufmerksamere Sorgfalt mehr Achtung geschenkt wird. Huff (1987) entdeckte Vorurteile, als er Lehrer darum bat, Lernspiele für Jungen oder Mädchen zu gestalten. Die Designer schufen spielerische Wettkämpfe, als sie Jungen als Anwender annahmen, und gebrauchten mehr kommunikativen Dialog, wenn sie als Anwender Mädchen erwarteten. Als sie Designs für Studenten erstellen sollten, produzierten die Designer jungengemäße Spiele.

Leider gibt es keine einfach Klassifizierung der Persönlichkeitstypen von Anwendern. Eine populäre Technik ist die Verwendung des Myers-Briggs Type Indicator (MBTI) (Shneiderman 1980), der auf der Theorie der Persönlichkeitstypen nach C.G. Jung beruht. Jung nahm an, dass es vier Dichotomien gibt:

- *Extraversion vs. Introversion* Extravertierte richten sich mit ihrem Fokus auf externe Stimuli und bevorzugen Abwechslung und Aktion, wohingegen Introvertierte bekannte Muster bevorzugen, sich auf ihre inneren Ideen verlassen und zufrieden alleine arbeiten.
- *Empfindung vs. Intuition* Empfindungstypen werden von bewährten Routinen angezogen, leisten gute, präzise Arbeit und genießen es, vorhandene Fertigkeiten anzuwenden, während intuitive Typen es mögen, unbekannte Probleme zu lösen und neue Verbindungen zu entdecken, aber sich ungern die Zeit für Präzision nehmen.
- *Perzeptiv vs. Urteilend* Perzeptive Typen mögen es, in neuen Situationen zu lernen, aber haben u.U. Schwierigkeiten, Entscheidungen zu treffen, während urteilende Typen es bevorzugen, einen sorgfältigen Plan zu erstellen, und danach trachten, ihn auszuführen, auch wenn neue Fakten das Ziel verändern.
- *Fühlend vs. Denkend* Fühlende Typen sind sich der Gefühle anderer Menschen bewusst, bemühen sich, andere zufriedenzustellen, und kommen mit den meisten Menschen gut zurecht, während denkende Typen unemotional sind, mit anderen unpersönlich umgehen und es bevorzugen, Dinge in logische Ordnungen zu bringen.

Die Theorie hinter dem MBTI stellt Porträts der Beziehungen zwischen Berufen und Persönlichkeitstypen und zwischen Menschen mit unterschiedlichen Persönlichkeitstypen vor. Sie wurde auf Testreihen für Nutzergemeinschaften angewandt und bot Richtlinien für Designer.

Hunderte von psychologischen Skalen sind entwickelt worden, die u.a. Folgendes einander gegenüberstellen: die Risikobereitschaft der Risikovermeidung, internes vs. externes Zentrum der Kontrolle, reflektives vs. impulsives Verhalten, konvergentes vs. divergentes Denken, hohe vs. geringe Ängstlichkeit, Stresstoleranz, Toleranz für Mehrdeutigkeit, Motivation oder Zwanghaftigkeit, Feldabhängigkeit vs. -unabhängigkeit, selbstbewußte vs. passive Persönlichkeit oder die Rechts- bzw. Linksorientierung der Gehirnhälften. Bei der Erforschung von Computeranwendungen für Heim, Bildung, Kunst, Musik und Unterhaltung werden die Designer davon profitieren, den Persönlichkeitstypen größere Aufmerksamkeit zukommen zu lassen.

1.5.4 Kulturelle und internationale Vielfalt

Eine andere Perspektive, unter der man individuelle Unterschiede betrachten kann, hat mit dem kulturellen, ethnischen, rassischen oder linguistischen Hintergrund zu tun (Fernandes 1995). Es erscheint offenkundig, dass Anwender, die bei ihrer Erziehung Lesen in Japanisch oder Chinesisch gelernt haben, ihre Augen anders über einen Bildschirm wandern lassen als Anwender, die bei ihrer Erziehung Englisch oder Französisch lernten. Anwender aus Kulturen, die einen eher reflektiven Stil haben oder überlieferte Traditionen respektieren, können andere Schnittstellen bevorzugen als Anwender aus Kulturen, die mehr auf Aktionen oder Neuigkeiten ausgerichtet sind.

Über Computeranwender aus unterschiedlichen Kulturen ist wenig bekannt, aber Designer werden regelmäßig aufgefordert, Designs für andere Sprachen und Kulturen zu erarbeiten. Das Wachstum des weltweiten Computermarktes (viele US-amerikanische Firmen haben mehr als die Hälfte ihres Umsatzes in Übersee) bedeutet, dass sich die Designer auf die Internationalisierung vorbereiten müssen. Man sollte Softwarearchitekturen stärker in den Vordergrund rücken, die eine Anpassung lokaler Versionen von Benutzerschnittstellen erleichtern. Beispielsweise könnte der gesamte Text (Instruktionen, Hilfen, Fehlermeldungen, Bezeichnungen) in Dateien gespeichert werden, so dass Versionen in anderen Sprachen mit wenig oder gar keinem zusätzlichen Programmieraufwand generiert werden können. Bei der Hardware muss man u.a. für Zeichensätze, Tastaturen und besondere Eingabegeräte Sorge tragen. Beim Design von Benutzerschnittstellen für die Internationalisierung muss man u.a. Folgendes beachten:

- Ziffern und Zeichen, Sonderzeichen und diakritische Zeichen
- Eingabe und Lesen von links nach rechts vs. rechts nach links vs. vertikal
- Datums- und Zeitformate
- Numerische und Währungsformate
- Gewichte und Größenangaben
- Telefonnummern und Adressen
- Namen und Titel (Mr., Ms., Mme., M., Dr.)
- Sozialversicherungs- und Ausweisnummern sowie Identifikation der Nationalität
- Groß- und Kleinschreibung und Zeichensetzung
- Sortiersequenzen
- Icons, Schaltflächen, Farben
- Pluralisierung, Grammatik, Rechtschreibung
- Etikette, Politik, Tonfall, Förmlichkeiten, Metaphern

Die Liste ist lang und dennoch unvollständig. Während bei früheren Designern kulturelle und linguistische Fehler oft entschuldigt wurden, bedeutet die gegenwärtige große Wettbewerbssituation, dass eine effektivere Lokalisierung oft einen starken Vorteil bietet. Um effektive Designs zu begünstigen, sollen Unternehmen Anwendungsstudien mit Benutzern verschiedener Länder, Kulturen und Sprachgemeinschaften durchführen (Nielsen 1990).

1.5.5 Behinderte Anwender

Die Flexibilität von Computersoftware ermöglicht es Designern, behinderten Anwendern besondere Dienste bereitzustellen (Edwards 1995, McWilliams 1984, Glinert und York 1992). Der *U.S. General Services Administration's Guide (GSA) Managing End User Computing for Users with Disabilities* (1991) beschreibt effektive Anpassungen für Anwender, die schlecht sehen können oder blind sind, und für Anwender mit nachlassender Hör- und/oder Bewegungsfähigkeit. Die teilweise Vergrößerung der Bildschirmanzeige (Kline und Gilbert 1995) oder die Konvertierung von Bildschirminhalten in Braille-Schrift oder Sprachausgabe (Durre und Glander 1991) kann durch eine Hard- und Software ermöglicht werden, die von vielen Händlern angeboten wird. Die Konversion von Text in Sprache kann blinden Anwendern beim Lesen von E-Mails oder Textdateien helfen, und Geräte zur Spracherkennung ermöglichen die sprachgesteuerte Bedienung von Software. Grafische Benutzerschnittstellen waren ein Rückschlag für Anwender mit eingeschränktem Sehvermögen, aber eine innovative Technologie erleichtert die Konversion von räumlicher Information in nicht-visuelle Modi (Poll und Waterham 1995, Thatcher 1994, Mynatt und Weber 1994).

Anwender mit gemindertem Hörvermögen können Computer oft mit nur wenigen Änderungen benutzen (die Umwandlung von Tönen in visuelle Zeichen ist häufig leicht zu bewerkstelligen) und somit Nutzen aus Büroumgebungen ziehen, in denen viel mit E-Mail und Fax gearbeitet wird. Telekommunikationsdienste für Gehörlose ermöglichen die Nutzung von Informationen über Telefon (wie Zug- oder Flugpläne) und Diensten (staatliche Behörden und viele Unternehmen bieten einen Zugang für hörbehinderte Personen). Besondere Eingabegeräte für Anwender mit physischen Behinderungen hängen von der jeweiligen Einschränkung des Anwenders ab, es stehen zahlreiche unterstützende Geräte zur Verfügung. Spracherkennung, Kontrollen über Augenbewegungen, über Kopfbewegungen gesteuerte Mäuse und viele andere innovative Geräte (sogar das Telefon) wurden bahnbrechend für die Ansprüche behinderter Anwender eingesetzt (siehe Kapitel 9).

Designer können von frühzeitiger Planung für die Anpassung an behinderte Anwender profitieren, da wesentliche Verbesserungen mit nur wenig oder gar keinen Mehrkosten durchgeführt werden können. Der Ausdruck »*computer curbcuts*« (*curbcut* = abgesenkte Bordsteinkante) lässt das Bild von einem Bürgersteig mit abgesenktem Bordstein entstehen, über den man mit einem Rollstuhl fahren kann, und der preiswerter zu bauen ist als ein normaler Bürgersteig, wenn er vorher geplant wurde, anstatt ihn nachträglich einzusetzen. Entsprechend entstehen bei der Verlegung des Einschaltknopfes auf die Vorderseite des Computers minimale Kosten bei der Herstellung, aber das hilft nicht nur den Anwendern, die in ihren Bewegungen eingeschränkt sind. Die Motivation, sich an behinderte Anwender anzupassen, hat zugenommen, seit die *U.S. Public Laws* 99 – 506 und 100 – 542 erlassen wurden, die von staatlichen amerikanischen Behörden die Bereitstellung von Informationsumgebungen verlangen, die für behinderte Angestellte und Bürger geeignet sind. Jede Firma, die ihre Produkte an die amerikanische Regierung verkaufen will, sollte sich eng an die Empfehlungen der GSA halten (1991). Weitere Informationen über die Anpassung von Arbeitsplätzen, Schulen und des privaten Bereichs ist über viele Quellen zugänglich:

- Private Stiftungen (z.B. die *American Foundation for the Blind*)
- Verbände (z.B. die *Alexander Graham Bell Association for the Deaf*, die *National Association for the Deaf* und die *Blinded Veterans Association*)
- Regierungsbehörden (z.B. der *National Library Service for the Blind and Physically Handicapped of the Library of Congress* und das *Center for Technology in Human Disabilities* im *Maryland Rehabilitation Center*)
- Arbeitsgruppen an Universitäten (z.B. das *Trace Research and Development Center on Communications and the Control and Computer Access for Handicapped Individuals* an der Universität von Wisconsin)
- Hersteller

Zwei Prozent der schulpflichtigen Bevölkerung in den Vereinigten Staaten sind Kinder mit Lernbehinderungen. Ihre Ausbildung kann positiv beeinflusst werden durch das Design von besonderen Unterrichtsmaterialien mit Einschränkungen für weitschweifige Textanweisungen, verwirrende Grafiken, extensives Tippen und schwierige Präsentationsformate (Neuman 1991). Basierend auf Beobachtungen bei 62 Schülern, die 26 Lerneinheiten über den Zeitraum von 5,5 Monaten benutzten, gelten die Ratschläge von Neuman an die Designer von Lernmaterialien für lernbehinderte Schüler auch für andere Anwender:

- Präsentieren Sie Prozeduren, Anleitungen und verbalen Inhalt auf einem Level und in Formaten, die auch schlechten Lesern zugänglich sind.
- Stellen Sie sicher, dass die Erfordernisse für die Antworten es den Schülern nicht erlauben, Programme zu beenden, ohne sich mit den Zielkonzepten beschäftigt zu haben.
- Gestalten Sie Feedback-Sequenzen so, dass sie die Gründe für die Fehler der Schüler erklären und Schüler durch die Prozesse führen, die für eine korrekte Antwort notwendig sind.
- Nehmen Sie Verstärkungstechniken auf, die ihren Gewinn aus der Beschäftigung der Schüler mit elektronischem Material von außerhalb der Schule ziehen.

Unsere Studien bei Schülern mit geringen Lernbehinderungen aus der vierten, fünften und sechsten Klasse, die Textverarbeitung erlernen, verstärken den Bedarf der direkten Manipulation (siehe Kapitel 6) von interessanten sichtbaren Objekten (MacArthur und Shneiderman 1986). Eines der sich entfaltenden Geschenke des Computers ist das Potenzial großen Nutzens für behinderte Anwender. Die *Association for Computing Machinery (ACM) Special Interest Group on Computers and the Physically Handicapped (SIGCAPH)* veröffentlicht einen vierteljährlichen Rundbrief, der sich an interessierte Beschäftigte in diesem Bereich wendet, und leitet die jährliche Konferenz über *Assistive Technology (ASSETS)*.

1.5.6 Ältere Anwender

Die meisten Menschen werden alt. Das Alter kann viel Spaß und Befriedigung beinhalten, aber es gibt auch negative physische, kognitive und soziale Konsequenzen des Alterns. Das Verständnis der menschlichen Faktoren des Alterns kann uns zu Computerdesigns führen, die den Zugang für ältere Menschen erleichtern. Die Vorteile für ältere Menschen schließen praktische Bedürfnisse wie Schreiben, Buchführung und die ganze Bandbreite von Computer-Werkzeugen ein und mehr noch die Befriedigungen aus Bildung, Unterhaltung, sozialer Interaktion, Kommunikation und Herausforderung (Furlong und Kearsley 1990). Andere Vorteile beziehen sich auf den steigenden Zugang der Gesellschaft zu den Erfahrungen der älteren Menschen, erhöhte Teilnahme am gesellschaftlichen Leben durch Kommunikationsnetzwerke und verbesserte Chancen für eine produktive Beschäftigung.

Der Bericht des *National Research Council* über *Human Factors Research Needs for an Aging Population* beschreibt den Alterungsvorgang als

> *eine nichtuniforme Gruppe von fortschreitenden Veränderungen der physi-*
> *ologischen und psychologischen Funktionen ... Die durchschnittliche visu-*
> *elle und auditive Schärfe lässt mit dem Alter bemerkenswert nach, ebenso*
> *die durchschnittliche Kraft und das Reaktionsvermögen ... (Die Menschen*
> *erfahren) den Verlust von zumindest einigen Funktionen des Gedächtnis-*
> *ses, Nachlassen in flexibler Wahrnehmung, Verlangsamung des »stimulus*
> *encoding« und steigende Schwierigkeiten beim Neuerwerb komplexer men-*
> *taler Fertigkeiten ... visuelle Funktionen wie statisches visuelles Scharfse-*
> *hen, Dunkeladaption, Akkomodation, Kontrastempfindlichkeit und*
> *peripheres Sehen lassen im Allgemeinen mit dem Alter nach (Czaja 1987).*

Diese Liste mag einen entmutigen, aber bei vielen Menschen wirken sich diese Effekte nicht stark aus, und sie nehmen weiterhin teil an vielen Aktivitäten, sogar bis hoch in die Neunziger.

Weitere gute Neuigkeiten sind, dass die Designer von Computersystemen viel tun können, um älteren Anwendern die Anpassung zu erleichtern und ihnen somit den Zugang zu den nutzbringenden Aspekten der Computer und der Netzwerk-kommunikation zu ermöglichen. Wie viele junge Menschen könnten ihr Leben dadurch bereichern, dass sie über E-Mails im Kontakt zu ihren Groß- oder Urgroß-eltern stehen? Wie viele Firmen könnten davon profitieren, dass sie erfahrene Seni-oren elektronisch konsultieren? Wie viele Regierungsbehörden, Universitäten, medizinische Zentren oder Anwaltskanzleien könnten ihren Zielen dadurch näher kommen, dass sie leicht zugänglichen Kontakt zu gebildeten, älteren Bürgern haben? Wie könnte es uns als Gesellschaft insgesamt zugute kommen, wenn wir aus der kontinuierlichen kreativen Arbeit älterer Mitbürger in Literatur, Kunst, Musik, Wissenschaft oder Philosophie unseren Nutzen ziehen?

Während die amerikanische Bevölkerung älter wird, passen Designer aus vielen Bereichen ihre Arbeit für den Dienst an den Senioren an. Größere Straßenschilder, hellere Ampeln und bessere nächtliche Beleuchtung kann das Autofahren für Fahrer und Fußgänger sicherer machen. Entsprechend können größere Schrift, höherer Bildschirmkontrast, einfach zu benutzende Eingabegeräte, lautere Systemklänge und einfachere Befehlssprachen einige der Schritte sein, die Designer von Benutzer-schnittstellen zur Verbesserung des Zugriffs für ältere Menschen in Angriff nehmen können (Tobias 1987, Christiansen et al. 1989). Viele dieser Anpassungen können über softwarebasierte Schaltfelder vorgenommen werden, die Anwender dazu befähi-gen, das System auf ihre veränderten persönlichen Bedürfnisse zuzuschneiden. Sys-tementwickler müssen sich aktiv in die potenziell profitable Welt der »Golden Age Software« wagen, parallel zu dem wachsenden Markt der Kindersoftware. Fangt an, *bevor* Bill Gates 65 wird!

Elektronische Netzwerkprojekte wie das SeniorNet in San Francisco erforschen die Bedürfnisse von älteren Anwendern (das geht jeden über 55 Jahre an) bei Computer-Diensten, Netzwerken und Training. Computerspiele sind ebenfalls attraktiv für Senioren, weil sie soziale Interaktion stimulieren, die sensomotorischen Fertigkeiten wie die Auge-Hand-Koordination und die Geschicklichkeit erweitern und die Reaktionszeit verbessern. Sich einer Herausforderung zu stellen und das Gefühl zu bekommen, etwas vollbracht und gemeistert zu haben, ist für jedermann bei der Verbesserung des Selbstbildes hilfreich (Whitcomb 1990).

In unserer Forschungsgruppe haben wir gewisse Erfahrungen dabei gemacht, in zwei Seniorenwohnheimen Computer einzuführen, und fanden dabei heraus, dass die breitgefächerte Angst der Anwender vor den Computern und die Annahme, dass sie unfähig seien, Computer zu bedienen, sich nach einigen positiven Erfahrungen schnell verflüchtigt haben. Diese älteren Anwender, die Videospiele, Textverarbeitung und Lernspiele ausprobierten, waren sehr zufrieden mit sich selbst, wollten immer mehr lernen und übertrugen ihren neugefundenen Enthusiasmus auf Geldautomaten in der Bank oder Supermarktcomputer mit Touchscreens. Es entstanden Vorschläge für die Neugestaltung unter Berücksichtigung der Bedürfnisse älterer (und auch anderer) Nutzer, so wie hochpräzise Touchscreens verglichen mit der Maus reizvoller sind (siehe Kapitel 9).

Zusammenfassend stellt der Umgang mit Computern für ältere Menschen eine Chance für die Senioren, für Systementwickler und die gesamte Gesellschaft dar. Die *Human Factors & Ergonomics Society* veröffentlicht durch ihre *Technical Group on Aging* mindestens zweimal im Jahr einen Rundbrief und organisiert Tagungen bei Konferenzen.

1.6 Ziele unserer Profession

Klare Ziele sind nützlich – nicht nur für Systementwicklung, sondern auch für Unternehmungen in Bildung und Beruf. Drei grobe Ziele erscheinen denkbar:

1. Beeinflussung von akademischer und industrieller Forschung
2. Bereitstellung von Tools, Techniken und Wissen für die Implementoren kommerzieller Systeme
3. Steigerung des allgemeinen Verständnisses für Computer.

1.6.1 Die Beeinflussung von akademischer und industrieller Forschung

Die frühen Forschungsarbeiten über Mensch-Computer-Interaktion wurden weitgehend über Introspektion und Intuition durchgeführt, aber diese Herangehensweise ließ es an Validität, Generalität und Präzision mangeln. Die Techniken kontrollierter, psychologisch orientierter Experimente können zu einem tieferen Verstehen über die fundamentalen Prinzipien der menschlichen Interaktion mit Computern führen.

Die reduktionistische wissenschaftliche Methode hat folgendes grundlegende Modell:

- Verstehen eines praktischen Problems und der damit zusammenhängenden Theorie
- Verständliche Aussage einer testbaren Hypothese
- Manipulation einer kleinen Anzahl unabhängiger Variablen
- Messung von spezifischen abhängigen Variablen
- Sorgfältige Auswahl und Zuweisung von Testpersonen
- Kontrolle der Voreingenommenheit bei Testpersonen, Prozeduren und Materialien
- Anwendung statistischer Tests
- Interpretation der Ergebnisse, Verfeinerung der Theorie und Anleitung der Experimentatoren

Materialien und Methoden müssen durch Pilotexperimente getestet und die Ergebnisse durch Wiederholung in verschiedenen Situationen erhärtet werden.

Natürlich hat die hochentwickelte und strukturierte Methode der kontrollierten Experimente seine Schwächen. Es kann schwierig oder kostspielig sein, adäquate Testpersonen zu finden, und die Laborbedingungen können die Situation derart verzerren, dass die Schlussfolgerungen keine Anwendung finden. Wenn wir über die statistische Aggregation zu Ergebnissen für große Gruppen finden, könnte die besonders gute oder schlechte Leistung von Individuen übersehen werden. Überdies könnte die Beweiskraft von Anekdoten oder individuellen Einsichten wegen des maßgeblichen statistischen Einflusses zu wenig Berücksichtigung finden.

Trotz dieser Bedenken bietet das kontrollierte Experiment eine produktive Basis, die der jeweiligen Situation angepasst werden kann. Einzelne Berichte und subjektive Reaktionen sollten aufgezeichnet werden, lautes Denken oder protokollarische Herangehensweise sollten angewandt werden, Feld- oder Fallstudien mit einer ausführlichen Datensammlung über Performance sollten durchgeführt werden, und die individuellen Einsichten der Wissenschaftler, Designer und Teilnehmer der Experimente sollten festgehalten werden.

Innerhalb der Computerwissenschaft steigt die Bewusstheit für die Notwendigkeit einer stärkeren Berücksichtigung der Konsequenzen menschlicher Faktoren. Wissenschaftler, die neue Programmiersprachen oder Konstruktionen für Datenstrukturen vorstellen, haben mehr Verständnis für die Notwendigkeit, sich den menschlichen kognitiven Fähigkeiten anzupassen. Entwickler fortgeschrittener grafischer Systeme, schneller Produktionsanlagen oder computerunterstützter Designsysteme erkennen in immer stärkerem Maße, dass der Erfolg ihrer Entwürfe von der Konstruktion einer zweckmäßigen menschlichen Schnittstelle abhängt. Wissenschaftler in diesen und anderen Bereichen unternehmen verstärkt Anstrengungen, um die menschliche Leistung zu verstehen und zu messen.

Die Anwendung des Wissens und der Techniken der traditionellen Psychologie bieten eine großartige Möglichkeit, die Mensch-Computer-Interaktion zu studieren. Psychologen erforschen die menschliche Problemlösung mit Computern, um kognitive Prozesse und Gedächtnisstrukturen besser zu verstehen. Der Gewinn für die Psychologie ist beträchtlich, aber Psychologen haben ebenfalls die hervorragende Möglichkeit, eine wichtige und weitverbreitete Technologie dramatisch zu beeinflussen.

Forscher aus der Informationswissenschaft, Wirtschaft und Management, Bildung, Soziologie, Anthropologie und anderen Disziplinen profitieren von ihren Studien der Mensch-Computer-Interaktion und tragen gleichermaßen dazu bei (National Research Council 1983, Marchionini und Sibert 1991). Es gibt so viele fruchtbare Richtungen für die Forschung, dass eine jede Liste nur ein provokativer Ausgangspunkt sein kann. Hier sind einige:

- **Reduzierte Ängstlichkeit und Furcht vor der Verwendung von Computern**
  Obwohl Computer in vielen Bereichen genutzt werden, hat bisher nur ein Teil der Bevölkerung damit zu tun. Viele ansonsten kompetente Menschen wehren sich gegen die Nutzung von Computern. Einige ältere Anwender vermeiden hilfreiche, computerbasierte Geräte wie Bankterminals oder Textverarbeitungssysteme, weil sie Sorge – oder sogar Angst – haben, den Computer kaputt zu machen oder einen peinlichen Fehler zu begehen. Interviews mit Menschen, die keinen Computer verwenden, könnten uns helfen, die Ursachen dieser Ängste festzustellen und Richtlinien für das Design zu formulieren, um die Angst zu mindern. Es könnten Tests durchgeführt werden, um die Effektivität der neugestalteten Systeme und der verbesserten Trainingsmethoden zu bestimmen.

- **Elegante Evolution** Obwohl Anfänger die ersten Interaktionen mit einem Computer mittels Menüauswahl beginnen könnten, wollen sie sich möglicherweise bald zu schnelleren oder leistungsfähigeren Möglichkeiten hin entwickeln. Es werden Methoden benötigt, die den Übergang vom Anfänger über den Könner bis hin zum Experten reibungslos gestalten. Die unterschiedlichen Anforderungen des Anfängers und des Experten bei Befehlseingabe, Fehlermeldungen, Online-Hilfe, Komplexität der Anzeige, Ort der Kontrolle, Tempo und informativer Rückmeldung müssen untersucht werden. Das Design der Kontrollschaltflächen zur Unterstützung der Adaption und der Evolution ist ebenfalls ein offenes Gebiet.

- **Spezifikation und Implementierung von Interaktion** Tools zur Erstellung von Benutzerschnittstellen (Kapitel 5) reduzieren die Zeit der Implementierung um das Zehnfache, wenn sie zu der Aufgabe passen. Es gibt weiterhin viele Situationen, in denen extensives Programmieren in Prozesssprachen hinzugefügt werden muss. Spezifikationssprachen wurden vorgestellt, aber sie sind noch weit davon entfernt, vollständig und nützlich zu sein. Fortschrittliche Untersuchungen über Tools, die den Designern und den Implementoren von interaktiven Systemen helfen, könnten sich durch Kostenreduktion und Qualitätsverbesserung erheblich bezahlt machen. Tools für Designer des World Wide Web, die eine automatische Konvertierung auf verschiedene Computer, Bildschirmgrößen oder Modemgeschwindigkeiten ermöglichen, könnten wesentlich verbessert werden und somit universellen Zugang erlauben.

- **Direkte Manipulation** Visuelle Schnittstellen, in denen Anwender mit einer Repräsentation der Interessensobjekte operieren können, sind besonders ansprechend (Kapitel 6). Empirische Studien haben unser Verständnis dafür verbessert, welche analogen oder metaphorischen Repräsentationen angemessen sind und welche Rolle schnelle, inkrementale und umkehrbare Operationen spielen. Neuere Formen direkter Manipulation – wie visuelle Sprachen, räumliche Visualisierung, Fernbedienung, Telepräsenz und virtuelle Realität – sind weitere Forschungsgebiete.

- **Eingabegeräte** Die Schwemme an Eingabegeräten stellen für Systemdesigner Möglichkeiten und Herausforderungen dar (Kapitel 6). Es gibt hitzige Diskussionen über die relativen Verdienste von Hochpräzisions-Touchscreens, der Eingabe über Griffel, Stift, Stimme, Augenbewegungen und Gesten, der Maus, des Datenhandschuhs und der Force-Feedback-Joysticks. Diese Konflikte könnten durch ausführliche Experimente mit vielfältigen Aufgaben und Nutzergemeinschaften gelöst werden. Tieferliegende Themen umfassen Geschwindigkeit, Genauigkeit, Ermüdung, Fehlerkorrektur und persönliche Zufriedenheit.

- **Online-Hilfe** Obwohl viele Systeme Online-Hilfen oder tutorielle Systeme anbieten, haben wir nur ein begrenztes Verständnis davon, was ein effektives Design für Anfänger, erfahrene Benutzer und Experten ausmacht (Kapitel 12). Die Rolle dieser Assistenten und der Online-Ratgeber für Benutzer könnten studiert werden, um die Auswirkungen auf den Erfolg der Anwender und deren Zufriedenheit zu studieren. Das Ziel des Just-In-Time-Trainings ist schwer zu erlangen, aber reizvoll.

- **Informationssuche** In dem Maße, wie Navigation, Surfen und Suche in digitalen Multimedia-Bibliotheken und dem World Wide Web allgemein zugänglich werden, wird sich die Nachfrage nach effektiveren Strategien und Tools erhöhen (Kapitel 15). Nutzer wollen ihre Informationen schnell und mit möglichst wenig Anstrengungen filtern, auswählen und neu strukturieren, ohne Angst vor Desorientierung oder Irrwegen zu haben. Große Datenbanken mit Texten, Bildern, Grafiken, Klängen und wissenschaftlichen Daten werden durch die Entstehung von Tools zur Informationsvisualisierung einfacher zu durchforsten sein.

1.6.2 Bereitstellung von Tools, Techniken und Wissen für System-Implementoren

Entwicklung und Design von Benutzerschnittstellen ist gegenwärtig ein heißes Thema, und der internationale Wettbewerb ist lebhaft. Es gibt einen großen Wissensdurst nach Kenntnissen, Softwaretools, Design-Richtlinien und Testprozeduren. Neue Tools für die Erstellung von Benutzerschnittstellen (siehe Kapitel 5) ermöglichen die schnelle Produktion von Prototypen und Systementwicklung, wobei die Konsistenz des Designs und die Vereinfachung der evolutionären Verfeinerung unterstützt wird.

Dokumente mit Richtlinien werden für ein allgemeines Publikum und für besondere Anwendungen geschrieben. Viele Projekte nehmen den produktiven Weg, indem sie ihre eigenen Richtlinien festhalten, die insbesondere an die Probleme ihrer eigenen Anwendungsumgebung gebunden sind. Diese Richtlinien werden aus Forschungsergebnissen, Erfahrungen mit bestehenden nicht-computerbasierten Systemen, Bezugnahmen auf verwandte computerbasierte Systeme und kenntnisreiche Schätzungen erstellt.

Wiederholte Nutzbarkeitsstudien und Akzeptanztestung sind während der Entwicklung des Systems sinnvoll. Wenn das anfängliche System erst einmal verfügbar ist, können Verbesserungen auf der Basis von Online- oder schriftlichen Untersuchungen, individuellen oder Gruppen-Interviews oder stärker kontrollierten empirischen Tests zu neuen Strategien durchgeführt werden (siehe Kapitel 4).

Reaktionen von Anwendern während des Entwicklungsprozesses und für die Verbesserung während der Entwicklung können hilfreiche Einsichten und Anleitung bieten. Einrichtungen für elektronische Post erlauben es den Anwendern, Kommentare direkt an die Designer zu senden. Online-Ratgeber für Benutzer und Telefon-Hotlines können nicht nur schnelle Hilfestellung anbieten, sondern ebenso viel Informationen über die Aktivitäten und Probleme der Anwendergruppe sammeln.

1.6.3 Erhöhung des Verständnisses von Computern in der Allgemeinheit

Die Medien sind voller Geschichten über Computer, so dass scheinbar überflüssig ist, die Aufmerksamkeit der Öffentlichkeit auf diese Tools zu richten. Tatsächlich fühlen sich aber immer noch viele Menschen mit Computern unbehaglich. Wenn sie dann endlich einen Geldautomaten oder eine Textverarbeitung benutzen, haben sie wahrscheinlich Angst, Fehler zu machen, fürchten, die Geräte zu beschädigen, fühlen sich inkompetent oder bedroht, weil der Computer »schlauer ist als ich«. Diese Ängste entstehen teilweise durch schlechtes Design, bei dem komplexe Befehle, feindselige und ungenaue Fehlermeldungen, umständliche und unvertraute Befehlssequenzen oder ein irreführender anthropomorpher Stil vorkommen.

Eines meiner Ziele ist, die Anwender zu ermutigen, ihre inneren Ängste in empörte Aktion zu verwandeln. Statt sich schuldig zu fühlen, wenn sie eine Botschaft wie SYNTAX ERROR erhalten, sollten sie ihren Zorn über den Systemdesigner ausdrücken, der so unaufmerksam und gedankenlos war. Anstatt sich inadäquat oder dumm zu fühlen, weil sie sich eine komplexe Befehlssequenz nicht merken können, sollten sie sich bei dem Designer beschweren, der keinen brauchbareren Mechanismus erfinden konnte, oder sollten ein anderes Produkt wählen, das eben dieses tut.

In dem Maße, wie erfolgreiche und befriedigende Systeme erscheinen, werden krude Designs immer archaischer erscheinen und kommerziell versagen. Wenn die Designer die interaktiven Systeme verbessern, werden einige dieser Ängste nachlassen und die positiven Erfahrungen von Kompetenz, Können und Befriedigung einfließen. Dann werden sich die Vorstellungen der Allgemeinheit von Computerwissenschaftlern und professionellen Datenverarbeitern verändern. Das maschinenorientierte und technische Image wird einem Bild mit persönlicher Wärme, Einfühlungsvermögen und Sorge um den Anwender weichen.

1.7   Zusammenfassung für den Praktiker

Wenn Sie ein interaktives System designen, kann eine gründliche Analyse der Aufgabe die Informationen für ein zutreffendes funktionelles Design bereitstellen. Sie sollten Ihre Aufmerksamkeit auf Verlässlichkeit, Verfügbarkeit, Sicherheit, Integrität, Standardisierung, Übertragbarkeit, Integration und die administrativen Angelegenheiten von Zeitplänen und Budgets richten. Wenn alternative Designs vorgeschlagen werden, können sie in ihrer Bedeutung für kurze Einarbeitungszeiten, hohe Performance, niedrige Fehlerraten, leichte Erlernbarkeit und hohe Anwenderzufriedenheit ausgewertet werden. Wenn das Design verfeinert und implementiert wird, können Sie zum Erreichen dieser Ziele Pilotstudien, Expertenbesprechungen, Nutzbarkeits- und Akzeptanztests durchführen. Die schnell wachsende Literatur und die Rahmenbedingungen für Design-Richtlinien können Ihnen Unterstützung bei der Entwicklung Ihrer Projekt-Standards und -Praktiken und bei der Anpassung an die wachsenden und in zunehmenden Maße unterschiedlichen Anwendergruppen bieten.

1.8   Ausblick für die Forschung

Die Möglichkeiten für Forscher sind unbegrenzt. Es gibt so viele interessante, wichtige und durchführbare Projekte, dass es schwer fällt, eine Richtung auszusuchen. Jedes Experiment hat zwei Eltern: erstens die praktischen Probleme, die die Designer angehen, und zweitens die grundlegenden Theorien, die auf den psychologischen Prinzipien menschlichen Verhaltens beruhen. Beginnen Sie mit dem Vorschlag einer klaren, testbaren Hypothese. Dann erwägen Sie die angemessene Forschungsmethode, leiten das Experiment, sammeln die Daten und analysieren die Ergebnisse. Jedes Experiment hat auch drei Kinder: 1. Besondere Empfehlungen für das praktische Problem, 2. Verfeinerungen Ihrer Theorie der menschlichen Leistung, und 3. Ratschläge für zukünftige Experimentatoren. Jedes Kapitel dieses Buches endet mit besonderen Forschungsvorschlägen.

World Wide Web

Dieses Buch wird von einer ausführlichen Website begleitet, die von Blaise Liffik eingerichtet wurde (http://www.aw.com/DTUI), die Hinweise auf weitere Ressourcen zu den Inhalten jedes Kapitels bereitstellt. Zusätzlich enthält diese Website Informationen für Ausbilder, Studenten, Praktiker und Wissenschaftler. Die Links für Kapitel 1 beinhalten allgemeine Ressourcen über Mensch-Computer-Interaktion wie z.B. professionelle Vereinigungen, staatliche Behörden, Verbände, Bibliografien und Richtlinien-Dokumente.

Wer auf der Suche nach Verweisen auf wissenschaftliche Zeitschriften und Konferenzen ist, dem steht nun eine online Bibliografie für Mensch-Computer-Interaktion zur Verfügung. Aufgebaut unter der heroischen Führung von Gary Perlman an der Ohio State (perlman@turing.acm.org) sind darüber fast 8.000 Zusammenfassungen von Zeitschriften, Konferenzen und Büchern. Einige Bereiche kann man online durchsuchen, aber die meisten Benutzer laden die Dateien per FTP für ihren persönlichen Gebrauch herunter.

Drei wundervolle Sammlungen von Hinweisen auf Ressourcen im World Wide Web werden unterhalten von

1. Keith Instone (http://usableweb.com/hciel)
2. Hans de Graaf (http://is.twi.tudelft.nl/hci)
3. Mikael Ericsson (http://www.ida.liu.se/labs/aslab/groups/um/hci)

Eine ausgezeichnete elektronische Mailingliste (chi-announcements@acm.org) wird von SIGCHI vorgehalten. Um sie zu abonnieren, senden Sie eine E-Mail an listserv@acm.org mit dieser Zeile:

subscribe chi-announcements <Ihr vollständiger Name>.

Andrew Cohill (cohill@bev.net) pflegt verschiedene *listservs* für die *Human Factors & Ergonomics Society*, einschließlich der lebhaften CSTG-L. Abonnieren Sie diese durch eine E-Mail an listserv@listserv.vt.edu mit folgender Zeile:

subscribe cstg-L <Ihr vollständiger Name>.

```
http://www.aw.com/DTUI
```

Quellen

Spezielle Referenzen für dieses Kapitel erscheinen hier, allgemeine Informationsquellen werden im darauffolgenden Abschnitt aufgeführt.

Chapanis, Alphonse, The business case for human factors in informatics. In Shackel, Brian and Richardson, Simon (Editors), *Human Factors for Informatics Usability*, Cambridge University Press, Cambridge, U.K. (1991), 39–71.

Christiansen, M., Chaudhary, S., Gottshall, R., Hartman, J., and Yatcilla, D., EASE: A user interface for the elderly. In Salvendy, G. and Smith, M. J. (Editors), *Designing and Using Human–Computer Interfaces and Knowledge Based Systems*, Elsevier Science Publishers B.V., Amsterdam, The Netherlands (1989), 428–435.

Czaja, Sara J. (Editor), *Human Factors Research Needs for an Aging Population*, National Academy Press, Washington, D.C. (1990).

Durre, Karl P. and Glander, Karl W., Design considerations for microcomputer based applications for the blind. In Nurminen, M. I., Jarvinen, P., and Weir, G. (Editors), *Human Jobs and Computer Interfaces*, North-Holland, Amsterdam, The Netherlands (1991).

Edwards, Alistair D.N., *Extra-Ordinary Human–Computer Interaction: Interfaces for Users with Disabilities*, Cambridge University Press, Cambridge, U.K. (1995).

Furlong, Mary and Kearsley, Greg, *Computers for Kids Over 60*, SeniorNet, San Francisco, CA (1990).

General Services Administration, Information Resources Management Services (GSI, IRMS), *Managing End User Computing for Users with Disabilities*, GSI, IRMS, Washington, D.C. (1991).

Glinert, Ephraim, P. and York, Bryant W., Computers and people with disabilities, *Communications of the ACM*, 35, 5 (May 1992), 32–35.

Huff, C. W. and Cooper, J., Sex bias in educational software: The effect of designers' stereotypes on the software they design, *Journal of Applied Social Psychology*, 17, 6 (June 1987), 519–532.

Kline, Richard L. and Glinert, Ephraim P., Improving GUI accessibility for people with low vision, *Proc. CHI' 95 Human Factors in Computer Systems*, ACM, New York (1995), 114–121.

MacArthur, Charles and Shneiderman, Ben, Learning disabled students' difficulties in learning to use a word processor: Implications for instruction and software evaluation, *Journal of Learning Disabilities*, 19, 4 (April 1986), 248–253.

Marchionini, Gary, Ashley, Maryle, and Korzendorfer, Lois, ACCESS at the Library of Congress, In Shneiderman, Ben (Editor), *Sparks of Innovation in Human–Computer Interaction*, Ablex Publishers, Norwood, NJ (1993), 251–258.

Marchionini, Gary and Sibert, John (Editors), An agenda for human–computer interaction: Science and engineering serving human needs, *ACM SIGCHI Bulletin* (October 1991), 17–32.

Mynatt, Elizabeth D. and Weber, Gerhard, Nonvisual presentation of graphical user interfaces: Contrasting two approaches, *CHI' 94 Human Factors in Computer Systems,* ACM, New York (1994), 166–172

National Research Council Committee on Human Factors, *Research Needs in Human Factors,* National Academy Press, Washington, D.C. (1983).

Neuman, Delia, Learning disabled students' interactions with commercial courseware: A naturalistic study, *Educational Technology Research and Development,* 39, 1 (1991), 31–49.

Poll, Leonard H. D. and Waterham, Ronald P., Graphical user interfaces and visually disabled users, *IEEE Transactions on Rehabilitation Engineering,* 3, 1 (March 1995), 65–69.

Springer, Carla J., Retrieval of information from complex alphanumeric displays: Screen formatting variables' effect on target identification time. In Salvendy, Gavriel (Editor), *Cognitive Engineering in the Design of Human–Computer Interaction and Expert Systems,* Elsevier, Amsterdam, The Netherlands (1987), 375–382.

Thatcher, James W., Screen Reader/2: Access to OS/2 and the graphical user interface, *Proc. ACM SIGCAPH—Computers and the Physically Handicapped, ASSETS '94* (1994), 39–47.

Tobias, Cynthia L., Computers and the elderly: A review of the literature and directions for future research, *Proc. Human Factors Society Thirty-First Annual Meeting,* Santa Monica, CA (1987), 866–870.

Whitcomb, G. Robert, Computer games for the elderly, *Proc. Conference on Computers and the Quality of Life '90,* ACM SIGCAS, New York (1990), 112–115.

Allgemeine Informationsquellen

Zu den wichtigsten Zeitschriften gehören die folgenden:

ACM Transactions on Computer–Human Interaction. Vierteljährlich, ACM, 1515 Broadway, New York, NY 10036.

ACM Interactions: A Magazine for User Interface Designers. Vierteljährlich, ACM, 1515 Broadway, New York, NY 10036.

Behaviour & Information Technology (BIT). Sechs Mal jährlich, Taylor & Francis Ltd, 4 John Street, London WCIN 2ET, U.K.

Human–Computer Interaction. Vierteljährlich, Lawrence Erlbaum Associates, Inc., 365 Broadway, Hillsdale, NJ 07642.

Interacting with Computers. Vierteljährlich, Butterworth Heinemann Ltd, Linacre House, Jordan Hill, Oxford OX2 8DP U.K.

International Journal of Human–Computer Studies, früher *International Journal of Man–Machine Studies (IJMMS)*. Monatlich, Academic Press, 24–28 Oval Road, London NW1 7DX, U.K.

International Journal of Human–Computer Interaction. Vierteljährlich, Ablex Publishing Corporation, 355 Chestnut Street, Norwood, NJ 07648.

Andere Zeitschriften, die regelmäßig interessante Artikel veröffentlichen, sind folgende:

ACM Computing Surveys

Communications of the ACM (CACM)

ACM Transactions on Graphics

ACM Transactions on Information Systems

Cognitive Science

Computer Supported Cooperative Work

Computers and Human Behavior

Ergonomics

Human Factors (HF)

Hypermedia

IEEE Computer

IEEE Computer Graphics and Applications

IEEE Software

IEEE Transactions on Systems, Man, and Cybernetics (IEEE SMC)

Journal of Visual Languages and Computing

Die *Association for Computing Machinery (ACM)* hat eine *Special Interest Group on Computer & Human Interaction (SIGCHI)*, die vierteljährlich einen Newsletter veröffentlicht und regelmäßig Konferenzen veranstaltet. Andere *ACM Special Interest Groups* wie z.B. *Graphics (SIGGRAPH), Computers and the Physically Handicapped (SIGCAPH)* und *Hypertext plus Multimedia (SIGLINK)* decken ebenfalls dieses Thema in Konferenzen und Newsletters ab. *The American Society for Information Science (ASIS)* hat eine *Special Interest Group on Human–Computer Interaction (SIGHCI)*, die vierteljährlich einen Newsletter veröffentlicht und an der Organisation von Sitzungen beim jährlichen ASIS Kongress teilnimmt. Die *International Federation for Information Processing* betreut *Technical Committee and Working Groups on human–computer interaction*. Die *Human Factors & Ergonomics Society* hat ebenfalls eine *Computer Systems Technical Group* mit einem vierteljährlichen Newsletter.

Tagungen – so wie die, die von ACM (insbesondere der SIGCHI und SIGGRAPH), IEEE (insbesondere das *Visual Languages Symposium*), ASIS, *Human Factors & Ergonomics Society*, und IFIP durchgeführt werden – präsentieren und veröffentlichen im Verlauf der Veranstaltung oft relevante Schriften. Die INTERACT, die *Human–Computer Interaction International* und die Konferenzserie *Work with Display Units* (durchschnittlich alle zwei Jahre durchgeführt) stellen ebenfalls wichtige Quellen dar, die breit angelegt Themen der Benutzerschnittstellen abdecken. Einige andere spezialisiertere ACM Konferenzen könnten von Interesse sein: *User Interfaces Software and Technology, Hypertext* und *Computer-Supported Cooperative Work*.

Die Auflistung der Dokumente und Bücher über Richtlinien ist für die zahlreiche und wachsende Literatur in diesem Gebiet ein Ausgangspunkt. Das Buch aus dem Jahr 1971 von Gerald Weinberg, *The Psychology of Computer Programming*, bietet eine fortdauernde Inspiration für ein Nachdenken darüber, wie Menschen mit Computern interagieren. James Martin stellt in seinem Buch *Design of Man–Computer Dialogues* (1973) eine durchdachte und nützliche Untersuchung interaktiver Systeme dar. Mein Buch *Software Psychology: Human Factors in Computer and Information Systems* (1980) warb für den Gebrauch kontrollierter experimenteller Techniken und die reduktionistische wissenschaftliche Methode. Rubinstein und Hersh, *The Human Factor: Designing Computer Systems for People* (1984), boten eine ansprechende Einführung und viele nützliche Richtlinien. Die erste Ausgabe dieses 1987 veröffentlichten Buches besprach grundlegende Angelegenheiten, bot Richtlinien für Designer und schlug Forschungsrichtungen vor.

Don Normans Buch aus dem Jahre 1988, *The Psychology of Everyday Things*, ist ein erfrischender Blick auf die psychologischen Auswirkungen der uns alltäglich umgebenden Technologie. Als Leser forderten mich ebenso die Abschnitte heraus, die sich mit Türen oder Duschen beschäftigten, wie diejenigen über Computer oder Rechenmaschinen. Dieses Buch ist eine wundervolle Mischung aus Leichtigkeit und großer Gedankentiefe, praktischer Weisheit und durchdachter Theorie. Eine lebendige Sammlung von Essays wurde 1990 von Brenda Laurel in enger Kollaboration mit Apple unter dem Titel *The Art of Human–Computer Interface Design* zusammengestellt.

Kürzlich empfohlene Bücher sind *Developing User Interfaces* von Hix und Hartson (1993), *Usability Engineering* von Jakob Nielsen (1993), *Human–Computer Interaction* von Preece et al. (1994) und *The Trouble with Computers* von Landauer (1995). Zwei ambitionierte Schriftensammlungen erschienen 1995: Baecker et al. reichern ihre 950 Seiten in Neuauflage mit nachdenkenswerten und ausführlichen Kommentaren an, und die sorgfältige Auswahl der 79 Schriften über Mensch-Computer-Interaktion von Perlman et al. aus den Konferenzen der *Human Factors & Ergonomic Society* decken die meisten Gebiete ab.

Eine wichtige Entwicklung für diesen Bereich war die Gründung (gegen Ende 1991) einer professionellen Gruppe für Usability-Tester, der *Usability Professionals Association* (UPAdallas@aol.com), und eines Rundbriefes mit dem Titel *Common Ground*. Anfang 1994 erschien das professionelle Magazin von ACM mit dem Titel *interactions* und das akademische Journal von ACM *Transactions on Computer–Human Interaction*.

Richtlinien-Dokumente

Allgemeine Richtlinien

American National Standard for Human Factors Engineering of Visual Display Terminal Workstations, ANSI/HFS Standard No. 100–1988, Human Factors Society, Santa Monica, CA (February 1988).

– Sorgfältig abgewogene Standards für Design, Installation und Gebrauch von visuellen Anzeigeterminals. Stellt Ergonomie und Anthropometrie in den Vordergrund.

Engel, Stephen E. and Granda, Richard E., *Guidelines for Man/Display Interfaces*, Technical Report TR 00.2720, IBM, Poughkeepsie, NY (December 1975).

– Ein frühes und einflußreiches Dokument, das die Basis für eine Vielzahl der anderen Richtlinien-Dokumente darstellt.

Human Engineering Design Criteria for Military Systems, Equipment and Facilities, Military Standard MIL-STD–1472D, U.S. Government Printing Office, Washington, D.C. (March 14, 1989, und spätere Änderungen). ftp://archive.cis.ohiostate.edu/pub/hci/1472/

– Fast 300 Seiten (mit 100 Seiten Index) über Themen aus der traditionellen Ergonometrie und Anthropometrie. Spätere Ausgaben richten ihre Aufmerksamkeit mehr auf die Benutzer-Computer-Schnittstellen. Interessant und anregend, aber stellenweise veraltet und aufgrund einer sechsstufigen Struktur schwer zu lesen.

International Standards Organization, ISO 9241. Ergonomic Requirements for Office Work with Visual Display Terminals (VDT)s. Erhältlich beim American National Standards Institute, 11 West 42nd Street, New York, NY.

– Allgemeine Einführung, Dialogprinzipien, Nutzbarkeitsrichtlinien, Informationspräsentation, Anwenderunterstützung, Menü-, Befehls- und Dialoge zur direkten Manipulation und zum Ausfüllen von Formularen.

NASA User-Interface Guidelines, Goddard Space Flight Center-Code 520, Greenbelt, MD (January 1996). http://groucho.gsfc.nasa.gov/Code_520/Code_522/Documents/HCI_Guidelines/

– Die Absicht dieses Dokumentes ist die Darreichung von Richtlinien für Benutzerschnittstellen, die sich insbesondere auf grafische und objektorientierte Schnittstellen entweder in verteilten oder unabhängigen Systemumgebungen beziehen. Prinzipien und allgemeine Richtlinien werden zusätzlich zu vielen Beispielen von grafischen Schnittstellen für eine Vielzahl an Plattformen bereitgestellt.

National Institute of Standards and Technology (NIST), *The User Interface Component of the Applications Portability Profile (FIPS PUB 158–1).* Erhältlich beim National Technical Information Service, U.S. Department of Commerce, Springfield, VA 22161.

– Dieser Standard richtet sich an den Gebrauch durch Computer-Professionelle, die mit der Entwicklung und Implementierung von System- und Anwendungssoftware für netzwerkbasierte grafische Bitmap-Systeme beschäftigt sind. Er ist Teil einer Serie von Spezifikationen, die für die Übertragbarkeit von Anwendungen benötigt werden, und deckt *Data Stream Encoding, Data Stream Interface* und *Subroutine Foundation-Schichten* des Referenzmodells ab.

Smith, Sid L. and Mosier, Jane N., *Guidelines for Designing User Interface Software*, Report ESD-TR–86–278, Electronic Systems Division, MITRE Corporation, Bedford, MA (August 1986). Erhältlich vom National Technical Information Service, Springfield, VA.

–   Dieses detaillierte Dokument, das einigen Überarbeitungen unterzogen wurde, beginnt mit einer guten Diskussion von Problemen der Human Factors im Design. Es wendet sich dann der Dateneingabe, der Datenanzeige und der Sequenzkontrolle zu. Richtlinien werden mit Kommentaren, Beispielen, Ausnahmen und Referenzen angeboten. Fangen Sie bei *diesem* Dokument als Startpunkt an, wenn Sie Ihre eigenen Richtlinien schaffen wollen.

Spezielle Richtlinien

Apple Human Interface Guidelines: The Apple Desktop Interface, Addison-Wesley, Reading, MA (1987), 144 Seiten.

–   Die *Human Interface Group* und die *Technical Publications Group* haben sich für die Produktion dieses gut lesbaren Buches voller Beispiele zusammengeschlossen, das mit einer wohlüberlegten Philosophie beginnt und sich dann in präzise Details vertieft. Für jeden, der Software für den Macintosh entwickelt, ist es Pflichtlektüre und eine Inspiration für alle, die ihre eigenen Richtlinien-Dokumente entwickeln. Es regt auch interessante Reflektionen über Wissenschaftler an.

Apple Computer, Inc., *Macintosh Human Interface Guidelines*, Addison-Wesley, Reading, MA (1992), 384 Seiten.

–   Eine große Erweiterung des vorher zitierten Werkes und ein wunderschön produziertes farbiges Buch. Eine gut gestaltete CD-ROM, *Making it Macintosh*, führt diese Mac-Richtlinien aus. Addison-Wesley, Reading, MA (1993).

Bellcore, *Design Guide for Multiplatform Graphical User Interfaces LP-R13*, Bellare, Piscataway, NJ (December 1995).

–   Dieses Dokument bemüht sich gewissenhaft, Richtlinien für Schnittstellen-Designer bei der Implementierung auf verschiedenen Plattformen einschließlich Windows und Motif zu geben.

IBM, *Object-Oriented Interface Design: IBM Common User Access Guidelines*, Que Corp., Carmel, IN (December 1992), 708 Seiten.

–   Dieses Buch ist die kommerziell veröffentlichte Version von IBMs *CUA Guidelines*.

IBM Systems Application Architecture: Common User Access Guide to User Interface Design, IBM Document SC34-4289-00, (Oktober 1991), 163 Seiten.

– Diese gut lesbare Einführung in das Design von Benutzerschnittstellen ist ein Lehrbuch für Designer von Software und Benutzerschnittstellen, das sich mit Prinzipien, Komponenten und Techniken beschäftigt.

IBM Systems Application Architecture: Common User Access Advanced Interface Design Reference, IBM Document SC34-4290-00, (Oktober 1991), 401 Seiten.

– Dieser Band ist die letzte Ausgabe des IBM-*Guide* für Anwendungsprogrammierer, die sich an das CUA Design halten wollen. Es identifiziert die Schnittstellenkomponenten und ihre Verwendung.

IBM System Application Architecture: Common User Access, Advanced Interface Design Guide, IBM Document SC26-4582-0, Boca Raton, FL (Juni 1989), 195 Seiten.

– Diese jetzt veraltete Version der IBM Standards zeigt den Fortschritt im Vergleich zu dem Dokument von 1987. Es legt verstärktes Augenmerk auf grafische Interaktion, die Verwendung von Zeigegeräten und Fenstern. Internationale Standards für zahlreiche Sprachen finden ebenfalls Beachtung.

IBM System Application Architecture: Common User Access, Panel Design and User Interaction, IBM Document SC26-4351-0, Boca Raton, FL (Dezember 1987), 328 Seiten.

– Diese ältere Version der IBM-Standards brauchte Jahre zur Fertigstellung. Sie beeinflusste die Entwicklung aller IBM-Produkte in besonderem Maße und somit auch viele Firmen-Standards.

Microsoft, *The Windows Interface Guidelines for Software Design*, Microsoft Press, Redmond, WASHINGTON (1995), 556 Seiten.

– Diese tiefschürfende Analyse von Nutzbarkeitsprinzipien (Anwender in Kontrolle, Direktheit, Konsistenz, Vergebung, Ästhetik und Einfachheit) gibt detaillierte Anleitungen für die Entwickler von Windows-Software, damit sie lernen, wie man es macht.

Open Software Foundation, *OSF/Motif Style Guide* and *OSF/Motif User's Guide*, Prentice-Hall, Englewood Cliffs, NJ (1990).

– Dieses Buch bietet gut lesbare Erklärungen für Designer und Anwender zur Erstellung und Benutzung von Applikationen in der OSF/Motif-Umgebung. Deckt Menüs, Fenster, Dialogboxen und Hilfeeinrichtungen ab.

Bücher

Klassische Bücher

Bolt, Richard A., *The Human Interface: Where People and Computers Meet*, Lifelong Learning Publications, Belmont, CA (1984), 113 Seiten.

Cakir, A., Hart, D. J., and Stewart, T. F. M., *Visual Display Terminals: A Manual Covering Ergonomics, Workplace Design, Health and Safety, Task Organization*, John Wiley and Sons, New York (1980).

Card, Stuart K., Moran, Thomas P., and Newell, Allen, *The Psychology of Human–Computer Interaction*, Lawrence Erlbaum Associates, Hillsdale, NJ (1983), 469 Seiten.

Coats, R. B. and Vlaeminke, I., *Man–Computer Interfaces: An Introduction to Software Design and Implementation*, Blackwell Scientific Publications, Oxford, U.K. (1987), 381 Seiten.

Crawford, Chris, The Art of Computer Game Design: Reflections of a Master Game Designer, Osborne/McGraw-Hill, Berkeley, CA (1984), 113 Seiten.

Dreyfus, W., *The Measure of Man: Human Factors in Design* (Second Edition), Whitney Library of Design, New York (1967).

Dumas, Joseph S., *Designing User Interfaces for Software*, Prentice-Hall, Englewood Cliffs, NJ (1988), 174 Seiten.

Ehrich, R. W. and Williges, R. C., *Human–Computer Dialogue Design*, Elsevier Science Publishers B.V., Amsterdam, The Netherlands (1986).

Galitz, Wilbert O., *Human Factors in Office Automation*, Life Office Management Association, Atlanta, GA (1980), 237 Seiten.

Galitz, Wilbert O., *Handbook of Screen Format Design* (Third Edition), Q. E. D. Information Sciences, Wellesley, MA (1989), 307 Seiten.

Gilmore, Walter E., Gertman, David I., and Blackman, Harold S., *User–Computer Interface in Process Control: A Human Factors Engineering Handbook*, Academic Press, San Diego, CA (1989) 436 Seiten.

Hiltz, Starr Roxanne, *Online Communities: A Case Study of the Office of the Future*, Ablex, Norwood, NJ (1984), 261 Seiten.

Hiltz, Starr Roxanne and Turoff, Murray, *The Network Nation: Human Communication via Computer,* Addison-Wesley, Reading, MA (1978).

Kantowitz, Barry H. and Sorkin, Robert D., *Human Factors: Understanding People-System Relationships,* John Wiley and Sons, New York (1983), 699 Seiten.

Kearsley, Greg, *Online Help Systems: Design and Implementation,* Ablex, Norwood, NJ (1988), 115 Seiten.

Martin, James, *Design of Man–Computer Dialogues,* Prentice-Hall, Englewood Cliffs, NJ (1973), 509 Seiten.

Mehlmann, Marilyn, *When People Use Computers: An Approach to Developing an Interface,* Prentice-Hall, Englewood Cliffs, NJ (1981).

Mumford, Enid, *Designing Human Systems for New Technology,* Manchester Business School, Manchester, U.K. (1983), 108 Seiten.

National Research Council, Committee on Human Factors, *Research Needs for Human Factors,* National Academy Press, Washington, D.C. (1983), 160 Seiten.

Nickerson, Raymond S., *Using Computers: Human Factors in Information Systems,* MIT Press, Cambridge, MA (1986), 434 Seiten.

Norman, Donald A., *The Psychology of Everyday Things,* Basic Books, New York (1988), 257 Seiten.

Oborne, David J., *Computers at Work: A Behavioural Approach,* John Wiley and Sons, Chichester, U.K. (1985), 420 Seiten.

Roebuck, J. A., Kroemer, K. H. E., and Thomson, W. G., *Engineering Anthropometry Methods,* Wiley, New York (1975).

Rubinstein, Richard and Hersh, Harry, *The Human Factor: Designing Computer Systems for People,* Digital Press, Maynard, MA (1984), 249 Seiten.

Schiff, W., *Perception: An Applied Approach,* Houghton Mifflin, New York (1980).

Sheridan, T. B. and Ferrel, W. R., *Man–Machine Systems: Information, Control, and Decision Models of Human Performance,* MIT Press, Cambridge, MA (1974).

Shneiderman, Ben, *Software Psychology: Human Factors in Computer and Information Systems,* Little, Brown, Boston (1980), 320 Seiten.

Tichauer, E. R., *The Mechanical Basis of Ergonomics,* John Wiley and Sons, New York (1978).

Turkle, Sherry, *The Second Self: Computers and the Human Spirit,* Simon and Schuster, New York (1984).

Weinberg, Gerald M., *The Psychology of Computer Programming,* Van Nostrand Reinhold, New York (1971), 288 Seiten.

Weizenbaum, Joseph, *Computer Power and Human Reason: From Judgment to Calculation,* W. H. Freeman, San Francisco (1976), 300 Seiten.

Winograd, Terry and Flores, Fernando, *Understanding Computers and Cognition,* Ablex, Norwood, NJ (1986), 207 Seiten.

Zuboff, Shoshanna, *In the Age of the Smart Machine: The Future of Work and Power,* Basic Books, New York (1988), 468 Seiten.

Aktuelle Bücher

Bailey, Robert W., *Human Performance Engineering: Using Human Factors/Ergonomics to Achieve Computer Usability* (Third Edition), Prentice-Hall, Englewood Cliffs, NJ (1996), 636 Seiten.

Barfield, Lon, *The User Interface: Concepts & Design,* Addison-Wesley, Reading, MA (1993), 353 Seiten.

Bass, Len and Coutaz, Joelle, *Developing Software for the User Interface,* Addison-Wesley, Reading, MA (1991), 256 Seiten.

Brown, C. Marlin »Lin,« *Human–Computer Interface Design Guidelines,* Ablex, Norwood, NJ (1988), 236 Seiten.

Brown, Judith R. and Cunningham, Steve, *Programming the User Interface: Principles and Examples,* John Wiley and Sons, New York (1989), 371 Seiten.

Carroll, John M., *The Nurnberg Funnel: Designing Minimalist Instruction for Practical Computer Skill,* MIT Press, Cambridge, MA (1990), 340 Seiten.

Carroll, John, M., *Scenario-Based Design: Envisioning Work and Technology in System Development,* John Wiley and Sons, New York (1995), 406 Seiten.

Cooper, Alan, *About Face: The Essentials of User Interface Design,* IDG Books Worldwide, Foster City, CA (1995), 580 Seiten.

Dix, Alan, Finlay, Janet, Abowd, Gregory, and Beale, Russell, *Human–Computer Interaction,* Prentice Hall, New York (1993), 570 Seiten.

Druin, Allison and Solomon, Cynthia, *Designing Multimedia Environments for Children: Computers Creativity and Kids,* John Wiley and Sons, New York (1996), 263 Seiten.

Duffy, Thomas M., Palmer, James E., and Mehlenbacher, Brad, *Online Help: Design and Evaluation,* Ablex, Norwood, NJ (1993), 260 Seiten.

Dumas, Joseph S. and Redish, Janice C., *A Practical Guide to Usability Testing,* Ablex, Norwood, NJ (1993), 304 Seiten.

Eberts, Ray E., *User Interface Design,* Prentice Hall, Englewood Cliffs, NJ (1993), 649 Seiten.

Fernandes, Tony, *Global Interface Design: A Guide to Designing International User Interfaces,* Academic Press Professional, Boston, MA (1995), 191 Seiten.

Foley, James D., van Dam, Andries, Feiner, Steven K., and Hughes, John F., *Computer Graphics: Principles and Practice* (Second Edition), Addison-Wesley, Reading, MA (1990), 1174 Seiten.

Galitz, Wilbert O., *It's Time to Clean Your Windows: Designing GUIs that Work,* John Wiley and Sons, New York (1994), 477 Seiten.

Heckel, Paul, *The Elements of Friendly Software Design (The New Edition),* SYBEX, San Francisco (1991), 319 Seiten.

Hix, Deborah, and Hartson, H. Rex, *Developing User Interfaces: Ensuring Usability Through Product and Process,* John Wiley and Sons, New York (1993), 381 Seiten.

Kantowitz, Barry H. *Experimental Psychology: Understanding Psychological Research* (Fifth Edition), West, Minneapolis/St. Paul, MN (1994).

Kobara, Shiz, *Visual Design with OSF/Motif,* Addison-Wesley, Reading, MA (1991), 260 Seiten.

Krueger, Myron, *Artificial Reality II,* Addison-Wesley, Reading, MA (1991), 304 Seiten.

Landauer, Thomas K., The Trouble with Computers: *Usefulness, Usability, and Productivity,* MIT Press, Cambridge, MA (1995), 425 Seiten.

Laurel, Brenda, *Computers as Theater,* Addison-Wesley, Reading, MA (1991), 211 Seiten.

Marchionini, Gary, *Information Seeking in Electronic Environments*, Cambridge University Press, Cambridge, U.K. (1995), 224 Seiten.

Marcus, Aaron, *Graphic Design for Electronic Documents and User Interfaces*, ACM Press, New York (1992), 266 Seiten.

Mayhew, Deborah J., *Principles and Guidelines in Software User Interface Design*, Prentice Hall, Englewood Cliffs, NJ (1992), 619 Seiten.

Mullet, Kevin and Sano, Darrell, *Designing Visual Interfaces: Communication Oriented Techniques*, Sunsoft Press, Englewood Cliffs, NJ (1995), 277 Seiten.

Myers, Brad, *Creating User Interfaces by Demonstration*, Academic Press, New York (1988), 320 Seiten.

Newman, William M. and Lamming, Michael G., *Interactive Systems Design*, Addison-Wesley, Reading, MA (1995), 468 Seiten.

Nielsen, Jakob, *Designing User Interfaces for International Use*, Elsevier Science Publishers, Amsterdam, The Netherlands (1990).

Nielsen, Jakob, *Multimedia and Hypertext: The Internet and Beyond*, Academic Press, Cambridge, MA (1995), 480 Seiten.

Nielsen, Jakob, *Usability Engineering*, Academic Press, Boston, MA (1993), 358 Seiten.

Norman, Kent, *The Psychology of Menu Selection: Designing Cognitive Control at the Human/Computer Interface*, Ablex, Norwood, NJ (1991), 350 Seiten.

Olsen, Jr., Dan R., *User Interface Management Systems: Models and Algorithms*, Morgan Kaufmann, San Mateo, CA (1991), 256 Seiten.

Preece, Jenny, *A Guide to Usability: Human Factors in Computing*, Addison-Wesley, Reading, MA (1993), 144 Seiten.

Preece, Jenny, Rogers, Yvonne, Sharp, Helen, Benyon, David, Holland, Simon, and Carey, Tom, *Human–Computer Interaction*, Addison-Wesley, Reading, MA (1994), 773 Seiten.

Ravden, Susannah and Johnson, Graham, *Evaluating Usability of Human–Computer Interfaces*, Halsted Press Division of John Wiley and Sons, New York (1989), 126 Seiten.

Sanders, M. S. and McCormick, Ernest J., *Human Factors in Engineering and Design* (Seventh Edition), McGraw-Hill, New York (1993).

Schuler, Douglas, *New Community Networks: Wired for Change,* ACM Press, New York, and Addison-Wesley, Reading, MA (1996), 528 Seiten.

Shneiderman, Ben and Kearsley, Greg, *Hypertext Hands-On! An Introduction to a New Way of Organizing and Accessing Information,* Addison-Wesley, Reading, MA (1989), 165 Seiten and two disks.

Thimbleby, Harold, *User Interface Design,* ACM Press, New York (1990), 470 Seiten.

Thorell, L. G. and Smith, W. J., *Using Computer Color Effectively,* Prentice-Hall, Englewood Cliffs, NJ (1990), 258 Seiten.

Tognazzini, Bruce, *Tog on Interface,* Addison-Wesley, Reading, MA (1992), 331 Seiten.

Travis, David, *Effective Color Displays: Theory and Practice,* Academic Press, Harcourt Brace Jovanovich, London, U.K. (1991), 301 Seiten.

Turkle, Sherry, *Life on the Screen: Identity in the Age of the Internet,* Simon and Schuster, New York (1995).

Vaske, Jerry and Grantham, Charles, *Socializing the Human–Computer Environment,* Ablex, Norwood, NJ (1990), 290 Seiten.

Wickens, Christopher D., *Engineering Psychology and Human Performance: Second Edition,* HarperCollins, New York (1992), 560 Seiten.

Dokumentationen

Brockmann, R. John, *Writing Better Computer User Documentation: From Paper to Hypertext: Version 2.0,* John Wiley and Sons, New York (1990), 365 Seiten.

Haramundanis, Katherine, *The Art of Technical Documentation,* Digital Press, Maynard, MA (1992), 267 Seiten.

Horton, William K., *Designing and Writing Online Documentation: Help Files to Hypertext,* John Wiley and Sons, New York (1990), 372 Seiten.

Price, Jonathan, *How to Write a Computer Manual,* Benjamin/Cummings, Menlo Park, CA (1984), 295 Seiten.

Weiss, Edmond H., *How to Write a Usable User Manual,* ISI Press, Philadelphia, PA (1985), 197 Seiten.

Referenzquelle

ACM, *Resources in Human–Computer Interaction*, ACM Press, New York (1990), 1197 Seiten.

Sammlungen

Proceedings Human Factors in Computer Systems, Washington, D.C., ACM (March 15–17, 1982), 399 Seiten.

Die folgenden Bände sind erhältlich bei ACM Order Dept., P. O. Box 64145, Baltimore, MD 21264, oder bei Addison-Wesley Publishing Co., One Jacob Way, Reading, MA 01867.

Proceedings ACM CHI '83 Conference: Human Factors in Computing Systems, Ann Janda (Editor), Boston, MA (December 12–15, 1983).

Proceedings ACM CHI '85 Conference: Human Factors in Computing Systems, Lorraine Borman and Bill Curtis (Editors), San Francisco (April 14–18, 1985).

Proceedings ACM CHI '86 Conference: Human Factors in Computing Systems, Marilyn Mantei and Peter Orbeton (Editors), Boston, MA (April 13–17, 1986).

Proceedings ACM CHI + GI '87 Conference: Human Factors in Computing Systems, John M. Carroll and Peter P. Tanner (Editors), Toronto, Canada (April 5–9, 1987).

Proceedings ACM CHI '88 Conference: Human Factors in Computing Systems, Elliot Soloway, Douglas Frye, and Sylvia B. Sheppard (Editors), Washington, D.C. (May 15–19, 1988).

Proceedings ACM CHI '89 Conference: Human Factors in Computing Systems, Ken Bice and Clayton Lewis (Editors), Austin, TX (April 30–May 4, 1989).

Proceedings ACM CHI '90 Conference: Human Factors in Computing Systems, Jane Carrasco Chew and John Whiteside (Editors), Seattle, WA (April 1–5, 1990).

Proceedings ACM CHI '91 Conference: Human Factors in Computing Systems, Scott P. Robertson, Gary M. Olson, and Judith S. Olson (Editors), New Orleans, LA (April 27–May 2, 1991).

Proceedings ACM CHI '92 Conference: Human Factors in Computing Systems, Penny Bauersfeld, John Bennett, and Gene Lynch (Editors), Monterey, CA (May 3–7, 1992)

Proceedings ACM INTERCHI '93 Conference: Human Factors in Computing Systems, Stacey Ashlund, Kevin Mullet, Austin Henderson, Erik Hollnagel, and Ted White (Editors), Amsterdam, The Netherlands (April 24–29, 1993).

Proceedings ACM CHI '94 Conference: Human Factors in Computing Systems, Beth Adelson, Susan Dumais, and Judith Olson (Editors), Boston, MA (April 24–28, 1994).

Proceedings ACM CHI '95 Conference: Human Factors in Computing Systems, Irvin R. Katz, Robert Mack, and Linn Marks (Editors), Denver, CO (May 7–11, 1995).

Proceedings ACM CHI '96 Conference: Human Factors in Computing Systems, Michael J. Tauber, Victoria Bellotti, Robin Jeffries, Jock D. Mackinlay, and Jakob Nielsen (Editors), Vancouver, Canada (April 13–18, 1996).

Proceedings ACM CHI '97 Conference: Human Factors in Computing Systems, Steven Pemberton, Jennifer J. Preece, and Mary Beth Rosson (Editors), Atlanta, GA (March 22–27, 1997).

INTERACT '84: IFIP International Conference on Human–Computer Interaction, North-Holland, Amsterdam, The Netherlands (1984).

INTERACT '87: IFIP International Conference on Human–Computer Interaction, North-Holland, Amsterdam, The Netherlands (1987).

INTERACT '90: IFIP International Conference on Human–Computer Interaction, North-Holland, Amsterdam, The Netherlands (1990).

INTERACT '93: IFIP International Conference on Human–Computer Interaction, North-Holland, Amsterdam, The Netherlands (1993).

INTERACT '96: IFIP International Conference on Human–Computer Interaction, North-Holland, Amsterdam, The Netherlands (1996).

INTERACT '97: IFIP International Conference on Human–Computer Interaction, North-Holland, Amsterdam, The Netherlands (1996).

Klassische Sammlungen

Badre, Albert and Shneiderman, Ben (Editors), *Directions in Human–Computer Interaction,* Ablex, Norwood, NJ (1980), 225 Seiten.

Blaser, A. and Zoeppritz, M. (Editors), *Enduser Systems and Their Human Factors,* Springer-Verlag, Berlin (1983), 138 Seiten.

Carey, Jane (Editor), *Human Factors in Management Information Systems*, Ablex, Norwood, NJ (1988), 289 Seiten.

Coombs, M. J. and Alty, J. L. (Editors), *Computing Skills and the User Interface*, Academic Press, New York (1981).

Carroll, John M. (Editor), *Interfacing Thought: Cognitive Aspects of Human–Computer Interaction*, MIT Press, Cambridge, MA (1987), 324 Seiten.

Curtis, Bill (Editor), *Tutorial: Human Factors in Software Development*, IEEE Computer Society, Los Angeles (1981), 641 Seiten.

Durrett, H. John (Editor), *Color and the Computer*, Academic Press (1987), 299 Seiten.

Guedj, R. A., Hagen, P. J. W., Hopgood, F. R. A., Tucker, H. A., and Duce, D. A. (Editors), *Methodology of Interaction*, North-Holland, Amsterdam, The Netherlands (1980), 408 Seiten.

Hartson, H. Rex (Editor), *Advances in Human–Computer Interaction*, Volume 1, Ablex, Norwood, NJ (1985), 290 Seiten.

Hartson, H. Rex and Hix, Deborah (Editors), *Advances in Human–Computer Interaction*, Volume 2, Ablex, Norwood, NJ (1988), 380 Seiten.

Helander, Martin (Editor), *Handbook of Human–Computer Interaction*, North-Holland, Amsterdam (1988), 1167 Seiten.

Hendler, James A. (Editor), *Expert Systems: The User Interface*, Ablex, Norwood, NJ (1987), 336 Seiten.

Klemmer, Edmund T. (Editor), *Ergonomics: Harness the Power of Human Factors in Your Business*, Ablex, Norwood, NJ (1989), 218 Seiten.

Larson, James A. (Editor), *Tutorial: End User Facilities in the 1980's*, IEEE Computer Society Press (EHO 198–2), New York (1982).

Monk, Andrew (Editor), *Fundamentals of Human–Computer Interaction*, Academic Press, London, U.K. (1984), 293 Seiten.

Muckler, Frederick A. (Editor), *Human Factors Review: 1984*, Human Factors Society, Santa Monica, CA (1984), 345 Seiten.

Nielsen, Jakob (Editor), *Coordinating User Interfaces for Consistency*, Academic Press, San Diego, CA (1989), 142 Seiten.

Norman, Donald A. and Draper, Stephen W. (Editors), *User Centered System Design: New Perspectives on Human–Computer Interaction*, Lawrence Erlbaum Associates, Hillsdale, NJ (1986).

Salvendy, Gavriel (Editor), *Human–Computer Interaction, Proceedings of the First USA–Japan Conference on Human–Computer Interaction*, Elsevier Science Publishers, Amsterdam, The Netherlands (1984), 470 Seiten.

Salvendy, Gavriel (Editor), *Handbook of Human Factors*, John Wiley and Sons, New York (1987), 1874 Seiten.

Salvendy, Gavriel (Editor), *Cognitive Engineering in the Design of Human–Computer Interaction and Expert Systems*, Elsevier, Amsterdam, The Netherlands (1987), 592 Seiten.

Salvendy, Gavriel, Sauter, Steven L., and Hurrell, Jr., Joseph J. (Editors), *Social, Ergonomic and Stress Aspects of Work with Computers*, Elsevier, Amsterdam, The Netherlands (1987), 373 Seiten.

Salvendy, Gavriel, Smith, Michael J. (Editors), *Designing and Using Human–Computer Interfaces and Knowledge Based Systems*, Elsevier, Amsterdam, The Netherlands (1989), 990 Seiten.

Shackel, Brian (Editor), *Man–Computer Interaction: Human Factors Aspects of Computers and People*. Sijthoff and Noordhoof Publishers, Amsterdam, The Netherlands (1981), 560 Seiten.

Sime, M. and Coombs, M. (Editors), *Designing for Human–Computer Communication*, Academic Press, New York (1983), 332 Seiten.

Smith, H. T. and Green, T. R. G. (Editors), *Human Interaction with Computers*, Academic Press, New York (1980).

Smith, Michael J. and Salvendy, Gavriel (Editors), *Work with Computers: Organizational, Management, Stress and Health Aspects*, Elsevier Science Publishers B.V., Amsterdam, The Netherlands (1989), 698 Seiten.

Thomas, John C. and Schneider, Michael L. (Editors), *Human Factors in Computer Systems*, Ablex, Norwood, NJ (1984), 276 Seiten.

Van Cott, H. P. and Kinkade, R. G. (Editors), *Human Engineering Guide to Equipment Design*, U.S. Superintendent of Documents, Washington, D.C. (1972), 752 Seiten.

Vassiliou, Yannis (Editor), *Human Factors and Interactive Computer Systems*, Ablex, Norwood, NJ (1984), 287 Seiten.

Sherr, Sol (Editor), *Input Devices,* Academic Press, San Diego, CA (1988), 301 Seiten.

Wiener, Earl L., and Nagel, David C. (Editors), *Human Factors in Aviation,* Academic Press, New York (1988), 684 Seiten.

Aktuelle Sammlungen

Adler, Paul S. and Winograd, Terry (Editors), *Usability: Turning Technologies into Tools,* Oxford University Press, New York (1992), 208 Seiten.

Baecker, R., Grudin, J., Buxton, W., and Greenberg, S. (Editors), *Readings in Human–Computer Interaction: Towards the Year 2000,* Morgan Kaufmann, Los Altos, CA (1995), 950 Seiten.

Bias, Randolph, and Mayhew, Deborah (Editors), *Cost-Justifying Usability,* Academic Press, New York (1994).

Bullinger, H.-J. (Editor), *Human Aspects of Computing: Design and Use of Interactive Systems and Information Management,* Elsevier Science Publishers B.V., Amsterdam, The Netherlands (1991), 1367 Seiten.

Carey, Jane (Editor), *Human Factors in Information Systems: An Organizational Perspective,* Ablex, Norwood, NJ (1991), 376 Seiten.

Carey, Jane (Editor), *Human Factors in Information Systems: Emerging Theoretical Bases,* Ablex, Norwood, NJ (1995), 381 Seiten.

Carroll, John M. (Editor), *Designing Interaction: Psychology at the Human–Computer Interface,* Cambridge University Press, Cambridge, U.K. (1991), 333 Seiten.

Cockton, G., Draper, S. W., and Weir, G. R. S. (Editors), *People and Computers IX,* Cambridge University Press, Cambridge, U.K. (1994), 428 Seiten.

Greenberg, Saul (Editor), *Computer-Supported Cooperative Work and Groupware,* Academic Press, London, U.K. (1991), 423 Seiten.

Greenberg, Saul, Hayne, Stephen, and Rada, Roy (Editors), *Groupware for Real Time Drawing: A Designer's Guide,* McGraw-Hill, New York (1995).

Hartson, H. Rex and Hix, Deborah (Editors), *Advances in Human–Computer Interaction,* Volume 3, Ablex, Norwood, NJ (1992), 288 Seiten.

Hartson, H. Rex and Hix, Deborah (Editors), *Advances in Human–Computer Interaction,* Volume 4, Ablex, Norwood, NJ (1993), 292 Seiten.

Laurel, Brenda (Editor), *The Art of Human–Computer Interface Design,* Addison Wesley, Reading, MA (1990), 523 Seiten.

MacDonald, Lindsay and Vince, John (Editors), *Interacting with Virtual Environments*, John Wiley and Sons, New York (1994), 291 Seiten.

Myers, Brad A. (Editor), *Languages for User Interfaces*, Jones and Bartlett Publishers, Boston, MA (1992).

Nielsen, Jakob (Editor), *Advances in Human–Computer Interaction*, Volume 5, Ablex, Norwood, NJ (1993), 258 Seiten.

Perlman, Gary, Green, Georgia K., and Wogalter, Michael S., *Human Factors Perspectives on Human–Computer Interaction: Selections from Proceedings of Human Factors and Ergonomics Society Annual Meetings 1983–1994*, Santa Monica, CA (1995), 381 Seiten.

Rudisill, Marianne, Lewis, Clayton, Polson, Peter B., and McKay, Timothy D., *Human–Computer Interface Design: Success Stories, Emerging Methods and Real-World Context*, Morgan Kaufmann, San Francisco (1995), 408 Seiten.

Shackel, Brian and Richardson, Simon (Editors), *Human Factors for Informatics Usability*, Cambridge University Press, Cambridge, U.K. (1991), 438 Seiten.

Winograd, Terry (Editor), *Bringing Design to Software*, ACM Press, New York, and Addison-Wesley, Reading, MA (1996), 321 Seiten.

Videos

Video ist ein effektives Medium für die Präsentation der dynamischen, grafischen und interaktiven Natur moderner Benutzerschnittstellen. Das Technical Video Program der ACM SIGCHI Konferenzen ermöglichen das Erleben exzellenter Demonstrationen von vielzitierten, aber selten gezeigten Systemen.

Alle CHI-Videos können direkt bei ACM bestellt werden:

ACM Member Service Department, 1515 Broadway, New York, NY 10036. Email: acmhelp@acm.org Tel: (800) 342–6626 or (212) 626–0613. Versionen in VHS, NTSC und PAL sind erhältlich (http://www.acm.org/sigchi/ video):

Jahr	(Veranstaltungsort)
CHI'97	(Atlanta, GA)
CHI'96	(Vancouver, CA)
CHI'95	(Denver, CO)

Ältere Ausgaben (1994 und früher) wurden bei ACM SIGGRAPH Video Review veröffentlicht:

SVR Nummer der Ausgabe	Jahr	(Veranstaltungsort)
97	CHI'94	(Boston)
88/89	CHI'93	(Amsterdam, Netherlands)
76/77	CHI'92	(Monterey, Kalifornien)
78/79	CHI'92 Special Videos and Future Scenarios	
63/64/65	CHI'91	(New Orleans, Louisiana)
55/56	CHI'90	(Seattle, Washington)
57	CHI'90 All the Widgets (Special Instructional Issue)	
45/46	CHI'89	(Austin, Texas)
47/48	CHI'89	(Austin, Texas)
58/59	CHI'88	(Washington, Columbia)
33/34	CHI+GI'87	(Toronto, Canada)
26/27	CHI'86	(Boston, Massachusetts)
18/19	CHI'85	(San Francisco, Kalifornien)
12/13	CHI'83	(Boston, Massachusetts)

Strategien für Benutzerschnittstellen Das *University of Maryland Instructional Television* produziert live ein Satelliten-Fernsehprogramm und verkauft die Aufzeichnungen. Telefon (301) 405-4905

Email: itv@eng.umd.edu. http://www.glue.umd.edu/itv

Die Programme werden vom Autor dieses Buches koordiniert, der jeweils eine mindestens einstündige Eröffnungsvorlesung hält, die von einstündigen Gastvorlesungen und einer Stunde Diskussion gefolgt werden:

1996 Charles Kreitzberg und Edward Yourdon

1995 Frank Stein, Kent Norman, H. Rex Hartson und Deborah Hix

1994 Jakob Nielsen, Judith Olson und Myron Krueger

1993 Marilyn Mantei, Tom Furness und James Martin

1992 Tom Landauer, Brad Myers und Brenda Laurel

1991 Andries Van Dam, Elliot Soloway und Bill Curtis

1990 Aaron Marcus, John Carroll und Joy Mountford

1988 Tom Malone, Don Norman und James Foley

Firmen für Beratung und Design

Aaron Marcus and Associates, Emeryville, CA

American Institutes for Research, Washington, D.C.

Cognetics Corp., Princeton Junction, NJ; Washington, D.C.

Dray & Associates, Minneapolis, MN

Ergo Research Group, Inc., Norwalk, CT

Human Factors International, Inc., Fairfield, IA

Preface User Interface Design, Burbank, CA

Usability Engineering Services, Inc., Kirkland, WA

Usernomics, Foster City, CA

UserWorks, Rockville, MD

Kapitel 2

Theorien, Prinzipien und Richtlinien

Wir wollen Prinzipien, die nicht nur hergeleitet sind – Arbeit aus der Studienzeit – sondern angewendet werden, denn das ist Arbeit des Lebens.

Horace Mann, Gedanken, 1867

Es kommt niemals der Punkt, an dem man von einer Theorie sagen kann, sie sei wahr. Über jede Theorie kann man bestenfalls sagen, dass sie so erfolgreich wie ihre Rivalen war und wenigstens einen Test bestanden hat, in dem die anderen versagten.

A.J. Ayer, Philosophie des 20. Jahrhunderts, 1982

2.1 Einführung

Erfolgreiche Designer interaktiver Systeme wissen, dass sie intuitive Entscheidungen, die schnell beim Entstehen von Designproblemen zur Hand sind, überwinden können und müssen. Glücklicherweise bekommen Designer Anleitungen in dreierlei Form: 1. Anspruchsvolle Theorien und Modelle auf einem hohen, übergeordneten Level, 2. Prinzipien auf einem mittleren Level und 3. spezifische und praktische Richtlinien. Die Theorien und Modelle bieten einen Rahmen bzw. eine Sprache, um die Problematik unabhängig von Anwendungen zu diskutieren, wogegen Prinzipien auf einem mittleren Level nützlich bei der Erstellung und beim Vergleich von Design-Alternativen sind. Die praktischen Richtlinien stellen hilfreiche Erinnerungen an Regeln bereit, die nicht von Designern entdeckt wurden.

In vielen heutigen Systemen gibt es großartige Möglichkeiten, die Benutzerschnittstellen zu verbessern. Unübersichtliche Bildschirmanzeigen, komplexe und weitschweifige Prozeduren, inadäquate Funktionalität, inkonsistente Handlungssequenzen und unzureichend informatives Feedback können ermüdenden Stress und Ängstlichkeit entstehen lassen, die zu schlechten Leistungen, wiederholten leichteren und gelegentlich auch ernsthafteren Fehlern und zu Arbeitsunzufriedenheit führen können.

Dieses Kapitel beginnt mit einer Besprechung verschiedener Theorien, die sich auf das Modell des Objekt-Aktions-Interface konzentrieren. Abschnitt 2.4 beschäftigt sich mit der Benutzungshäufigkeit, Aufgabenprofilen und Interaktionsstilen. Acht goldene Regeln des Schnittstellen-Designs werden in Abschnitt 2.5 angeboten. Strategien für Fehlerverhütung werden in Abschnitt 2.6 beschrieben. Spezifische Richtlinien für Dateneingabe und Anzeige erscheinen in den Abschnitten 2.7 und 2.8. Abschnitt 2.9 wendet sich der schwierigen Frage zu, wie man automatische und menschliche Kontrolle ausbalanciert.

2.2 High Level-Theorien

Viele Theorien werden bei der Beschreibung der vielfältigen Aspekte interaktiver Systeme gebraucht. Einige Theorien sind *erläuternd*: Sie sind hilfreich bei der Beobachtung von Verhalten, beim Beschreiben von Aktivitäten, beim Ersinnen von Designs, beim Vergleichen von High-Level-Konzepten zweier Designs und für das Training. Andere Theorien sind *vorhersagend*: Sie befähigen Designer, zwei vorgeschlagene Designs auf Ausführungszeit oder Fehlerraten hin zu vergleichen. Einige Theorien können ihren Fokus auf perzeptorische oder kognitive Unteraufgaben legen (die Zeit, die man braucht, um auf einem Display ein Item zu finden oder die Planung zur Konversion eines fett gedruckten Zeichens in ein kursiv gedrucktes), wogegen andere sich auf die Leistungszeiten bei einer motorischen Aufgabe konzentrieren. Die Vorhersagen für motorische Aufgaben sind am besten erforscht und präzise für die Vorhersage der Dauer von Tastatureingaben oder der Anwahl auf dem Bildschirm (siehe Fitts' Gesetz in Abschnitt 9.3.5). Perzeptorische Theorien waren erfolgreich bei der Vorhersage von Lesezeiten bei freien Texten, Listen und formatierten Anzeigen. Die Vorhersage von Leistungen bei komplexen kognitiven Aufgaben (Kombinationen von Unteraufgaben) ist besonders schwierig wegen der vielen Strategien, die benutzt werden könnten, und der vielen Möglichkeiten, in die Irre zu gehen. Die Zeit, die man zur Durchführung komplexer Aufgaben aufwendet, kann sich zwischen Anfängern und Experten oder zwischen erstmaligen und periodischen Anwendern um den Faktor 100 unterscheiden. Aber eigentlich ist der Kontrast noch dramatischer, weil Anfänger und erstmalige Anwender oft nicht in der Lage sind, die Aufgaben vollständig auszuführen.

Eine *Taxonomie* ist Teil einer erläuternden Theorie. Eine Taxonomie ist das Ergebnis des Versuches, Ordnung in eine komplexe Gruppe von Phänomenen zu bringen, z.B. könnte eine Taxonomie für Eingabegeräte erstellt werden (direkt vs.

indirekt, linear vs. rotierend) (Card et al., 1990), für Aufgaben (strukturiert vs. unstrukturiert, kontrollierbar vs. unveränderlich) (Norman, 1991), für Persönlichkeitsstile (konvergent vs. divergent, feldabhängig vs. -unabhängig), für technische Begabungen (räumliches Sehen, Folgerichtigkeit) (Egan, 1988), für die Erfahrungslevel von Anwendern (Anfänger, Könner, Experte) oder für Stile von Benutzerschnittstellen (Menüs, Formulare, Befehle). Taxonomien erleichtern nützliche Vergleiche, organisieren einen Themenbereich für Neulinge, leiten Designer an und zeigen oft Möglichkeiten für neuartige Produkte auf.

Jede Theorie, die Designern bei der Vorhersage der Leistungsfähigkeit auch einer nur begrenzten Anzahl von Anwendern, Aufgaben oder Designs helfen kann, wäre ein Geschenk (Card, 1989). Momentan ist das Feld mit Hunderten von Theorien angefüllt, die um Aufmerksamkeit wetteifern, während sie von ihren Vertretern ständig verbessert, von Kritikern ausgeweitet und von eifrigen und hoffnungsvollen, aber skeptischen Designern angewandt werden. Diese Entwicklung ist für die entstehende Disziplin der Mensch-Computer-Interaktion sehr gesund, aber es bedeutet auch, dass die Praktiker mit den schnellen Entwicklungen Schritt halten müssen, nicht nur bei den Software-Tools, sondern auch den Theorien.

Eine andere Richtung für Theoretiker wäre der Versuch, subjektive Zufriedenheit oder emotionale Reaktionen vorherzusagen. Medien- und Werbungsforscher haben erkannt, wie schwer emotionale Reaktionen vorherzusagen sind, und ergänzen darum theoretische Vorhersagen mit ihren intuitiven Beurteilungen und ausführlichen Markttests. Breiter angelegte Theorien über das Verhalten kleinerer Gruppen, Organisationsdynamiken, Wissenssoziologie und Technologieadaption können sich als nützlich herausstellen. Entsprechend können die Methoden aus der Anthropologie oder Sozialpsychologie hilfreich beim Verständnis und bei der Überwindung von Barrieren gegenüber neuer Technologien und dem Widerstand gegen Wandel sein.

Es mag »nichts Praktischeres als eine gute Theorie« geben, aber eine effektive Theorie zu erarbeiten, ist oft sehr schwer. Per Definition ist eine Theorie, eine Taxonomie oder ein Modell eine Abstrahierung der Realität und muss von daher unvollständig sein. Jedoch sollte eine gute Theorie wenigstens verständlich sein, ähnliche Schlüsse bei allen ihren Anwendern hervorbringen und bei der Lösung spezieller praktischer Probleme behilflich sein.

2.2.1 Konzeptuelle, semantische, syntaktische und lexikalische Modelle

Ein ansprechendes und leicht verständliches Modell ist die vierstufige Methode, die Foley und van Dam in den späten Siebzigern entwickelten (Foley et al., 1990):

1. Die konzeptuelle Ebene ist das mentale Modell des Anwenders vom interaktiven System. Zwei konzeptuelle Modelle für Textausgabe sind Zeilen- und Bildschirmeditoren.

2. Die semantische Ebene beschreibt die Bedeutungen, die durch die Kommandoeingaben des Anwenders und durch die Bildschirmausgaben des Computers übertragen werden.

3. Die syntaktische Ebene definiert, wie die Einheiten (Worte), die semantische Inhalte übertragen, zu einem vollständigen Satz zusammengestellt werden, der den Computer beauftragt, eine bestimmte Aufgabe durchzuführen.

4. Die lexikalische Ebene beschäftigt sich mit den Abhängigkeiten von Geräten und den genauen Mechanismen, mit denen ein Anwender die Syntax spezifiziert.

Dieser Ansatz ist für Designer wegen seiner von oben nach unten durchstrukturierten Weise griffig, passt auf die Software-Architektur und ermöglicht während des Designs eine sinnvolle Modularität. Von Designern wird erwartet, dass sie sich vom Konzeptuellen zum Lexikalischen bewegen, und dass sie sorgfältig die Mappings (Zuordnungen) zwischen den Ebenen aufzeichnen.

2.2.2 GOMS und das Tasteneingabe-Modell

Card, Moran und Newell (1980, 1983) schlugen das GOMS-Modell (»*goals, operators, methods and selection rules*« = Ziele, Operatoren, Methoden und Auswahlregeln) und das Tasteneingabe-Modell vor. Sie postulierten, dass Anwender Ziele (Dokument erstellen) und Unterziele (Wort einsetzen) formulieren, und jedes durch den Gebrauch von Methoden oder Prozeduren erreichen (bewege den Cursor durch Betätigen einer Sequenz von Pfeiltasten zur gewünschten Stelle). Die Auswahlregeln sind die Kontrollstrukturen zur Auswahl der verschiedenen Methoden, die zur Erfüllung der Aufgabe zur Verfügung stehen (Löschen durch wiederholtes Betätigen der Rück-Taste vs. eine Auswahl markieren und dann die Entfernen-Taste drücken).

Das Tasteneingabe-Modell versucht, Zeiten für die fehlerfreie Durchführung von Aufgaben bei Experten vorauszusagen, indem die Zeiten für Tasteneingaben, Zeigen, Rückkehr, Zeichnen, Denken und Warten auf die Rückmeldungen des Systems zusammengerechnet werden. Diese Modelle konzentrieren sich auf Experten-Anwender und fehlerfreie Leistung und betonen Erlernen, Problemlösung, Umgang mit Fehlern, persönliche Zufriedenheit und Erinnerung nicht so sehr.

Kieras und Polson (1985) bauten auf dem GOMS-Ansatz auf und benutzten Produktionsregeln, um die Bedingungen und Aktionen in einem interaktiven Texteditor zu beschreiben. Die Anzahl und Komplexität der Produktionsregeln ermöglichten zutreffende Voraussagen über Lernen und Leistungszeiten für fünf Operationen bei der Textverarbeitung: Einfügen, Löschen, Kopieren, Verschieben und Austauschen. Andere Strategien für die Nachbildung des Gebrauchs interaktiver Systeme beinhalten *Transitionsdiagramme* (Abb. 2.1). Diese Diagramme sind während des Designs, bei Instruktionen und zur Vorhersage von Lern- und Leistungszeiten und Fehlern hilfreich.

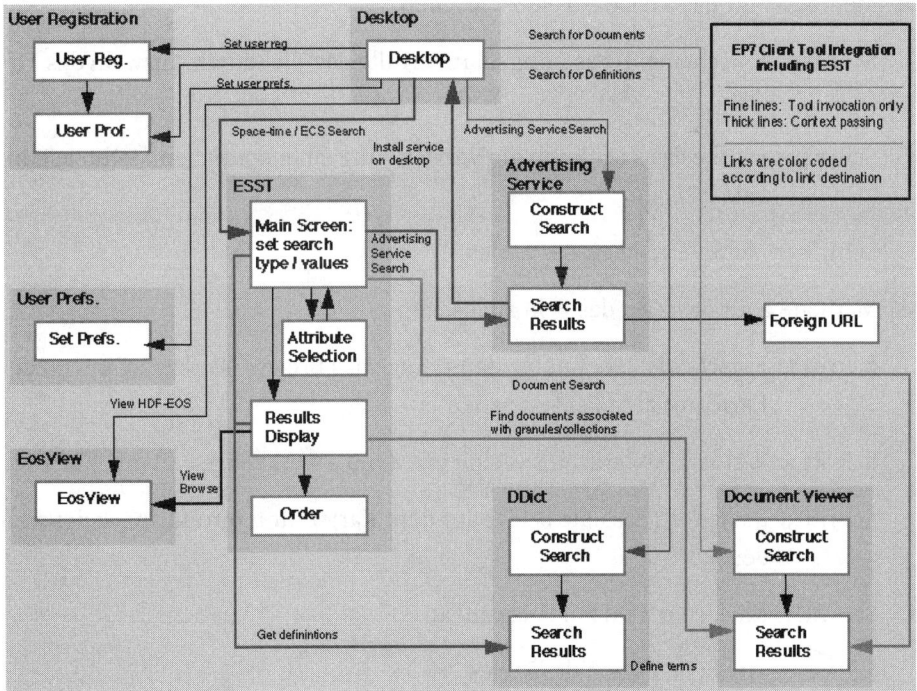

Abb. 2.1: Transitionsdiagramm aus dem Suchsystem der NASA

Kieras (1988) merkt jedoch kritisch an, dass die Präsentation von Card, Moran und Newell »nicht im Detail erklärt, wie die Notation funktioniert, und sie erscheint auch unpraktisch in der Handhabung. Weiterhin hat die Notation nur eine lockere Verbindung zu der zugrunde liegenden kognitiven Theorie.« Kieras bietet eine Verbesserung mit seiner *Natural GOMS Language* (NGOMSL) an und zeigt eine Analysemethode, mit der man GOMS-Modelle niederschreiben kann. Er versucht, die Situationen zu klären, in denen der Analysator der GOMS-Aufgaben eine Beurteilung vornehmen muss, Annahmen darüber zu machen hat, wie Anwender das System betrachten, eine komplexe, schwer zu analysierende Aufgabe bewältigen muss (Formulierungen für einen Satz suchen, einen Bug in einem Programm finden) oder auf Konsistenz hin prüfen muss. Indem sie NGOMSL für den Prozess der Schaffung einer Online-Hilfe nutzten, entwickelten Elkerton und Palmiter (1991) *Methodenbeschreibungen* für ihre Schnittstelle, in denen die zur Erfüllung eines Zieles notwendigen Handlungen in kleinere Schritte aufgelöst werden. Sie entwickelten ebenfalls Auswahlregeln, mit denen ein Anwender unter alternativen Methoden wählen kann. Beispielsweise kann es zwei alternative Methoden zur Löschung von Feldern und eine Auswahlregel geben:.

- Methode 1 für das Ziel, das Feld zu löschen

  Schritt 1: Entscheide: Ist es nötig, dann erfülle das Ziel durch Auswahl des Feldes.

  Schritt 2: Erfülle das Ziel durch die Verwendung einer speziellen Methode zum Feld löschen

  Schritt 3: Melde Erreichen des Zieles.

- Methode 2 für das Ziel, das Feld zu löschen

  Schritt 1: Entscheide: Ist es nötig, dann nutze das Browse-Werkzeug, um zu der Karte mit dem Feld zu gehen

  Schritt 2: Wähle das Werkzeug »Feld« im Menü »Werkzeuge«

  Schritt 3: Stelle fest, dass die Felder auf dem Kartenhintergrund angezeigt werden.

  Schritt 4: Klicke das Feld zur Auswahl an.

  Schritt 5: Melde Erreichen des Zieles.

- Satz an Auswahlregeln für das Ziel, eine spezielle Methode zum Feld löschen auszuwählen
  - Wenn du das Feld an eine andere Stelle kopieren willst, wähle »Feld ausschneiden« aus dem Menü »Bearbeiten«
  - Wenn du das Feld vollständig entfernen willst, wähle »Feld löschen« aus dem Menü »Bearbeiten«.
  - Melde Erreichen des Zieles.

Die empirische Auswertung mit 28 Testpersonen demonstrierte, dass die NGOMSL-Version der Hilfe die Zeit der Anwender halbierte, die sie zur Vollendung der Informationssuche in den ersten von vier Versuchsblöcken benötigten.

Eine auf Produktionsregeln basierende kognitive Architektur namens Soar stellt einen computerbasierten Ansatz zur Implementierung von GOMS-Modellen bereit. Dieses Software-Werkzeug ermöglicht die komplexe Voraussage von Leistungszeiten von Experten, die auf perzeptorischen und kognitiven Parametern beruhen. Soar wurde für das Modelllernen bei der in hohem Maße interaktiven Aufgabe des Videospielens angewandt (Bauer und John, 1995). John und Kieras (1996a, 1996b) vergleichen vier mit GOMS verwandte Techniken und stellen zehn Fallstudien mit praktischen Anwendungen vor.

2.2.3 Aktionsstufenmodell

Ein anderer Ansatz zur Formulierung von Theorien ist die Beschreibung von Aktionsstufen, durch die ein Anwender bei der Nutzung eines Systems gehen muss. Norman (1988) schlägt für ein Modell der Mensch-Computer-Interaktion sieben Aktionsstufen vor:

1. Bildung des Zieles

2. Bildung der Absicht

3. Nähere Bestimmung der Aktion

4. Ausführung der Aktion

5. Wahrnehmung des Systemstatus

6. Interpretation des Systemstatus

7. Auswertung des Ergebnisses

Einige der Stufen von Norman beziehen sich entfernt auf die Trennung der Probleme nach Foley und van Dam. Damit ist gemeint, dass der Anwender eine konzeptuelle Absicht formuliert, sie in die Semantik verschiedener Kommandos überträgt,

die erforderliche Syntax konstruiert und zum Schluss durch die Aktion der Maus-
bewegung zur Auswahl eines Bildschirmpunktes das lexikalische Zeichen produziert. Norman liefert einen neuen Beitrag, indem er seine Stufen in den Kontext
von *Aktionszyklen* und *Evaluation* platziert. Dieser dynamische Aktionsprozess
unterscheidet den Ansatz von Norman von anderen Modellen, die sich hauptsächlich mit dem Wissen beschäftigen, das sich im Gehirn des Anwenders befinden
muss. Außerdem führt das siebenstufige Modell auf natürliche Weise zur Identifikation der »Kluft der Ausführung« (die Absichten des Benutzers passen nicht zu
den erlaubten Aktionen) und der »Kluft der Auswertung« (die Darstellung des Systems passt nicht zu den Erwartungen des Anwenders).

Dieses Modell führt Norman dazu, vier Prinzipien guten Designs vorzuschlagen.
Erstens sollten Status und Handlungsalternativen sichtbar sein. Zweitens sollte ein
gutes konzeptuelles Modell mit einem konsistenten Systemabbild vorhanden sein.
Drittens sollte die Schnittstelle gute Zuordnungen beinhalten, die die Zusammenhänge zwischen den Stufen offenbaren. Viertens sollte der Anwender kontinuierlich Rückmeldungen erhalten. Norman legt verstärkten Nachdruck auf die
Untersuchung von Fehlern. Er beschreibt, wie oftmals Fehler entstehen, wenn man
sich von Zielen zu Absichten bewegt und dann zu Handlungen und Ausführungen.

Ein Aktionsstufenmodell hilft uns, die Art und Weise zu beschreiben, wie Anwender eine Schnittstelle erforschen (Polson und Lewis, 1990). Wenn Anwender ihre
Ziele erreichen wollen, gibt es vier kritische Punkte, an denen Anwenderfehler entstehen können:

1. Anwender können ein inadäquates Ziel formulieren.

2. Anwender könnten das richtige Schnittstellenobjekt nicht finden, weil es ein
   unverständliches Etikett oder Icon hat.

3. Anwendern könnte die richtige Spezifizierung oder Ausführung einer
   gewünschten Aktion unbekannt sein.

4. Rückmeldungen an den Anwender könnten unangemessen oder irreführend
   sein.

Die letzten drei Fehler könnten durch verbessertes Design verhindert oder durch
zeitraubende Beschäftigung mit der Schnittstelle überwunden werden (Franzke,
1995).

2.2.4 Konsistenz durch Grammatik

Ein wichtiges Ziel für Designer ist eine konsistente Benutzerschnittstelle. Die Definition von Konsistenz ist jedoch schwer zu fassen und hat mehrere Ebenen, die manchmal miteinander in Konflikt geraten, und manchmal ist Inkonsistenz auch vorteilhaft. Das Argument für Konsistenz ist, dass eine Befehlssprache oder eine Folge von Aktionen geordnet, vorhersagbar, durch wenige Regeln beschreibbar und von daher leicht zu erlernen und zu erinnern sein sollte. Diese überlappenden Konzepte werden durch ein Beispiel verdeutlicht, das zwei Arten von Inkonsistenz zeigt (A veranschaulicht das Fehlen eines jeglichen Versuches zur Konsistenz, und B zeigt Konsistenz mit nur einem Verstoß):

Konsistent	Inkonsistent A	Inkonsistent B
Zeichen löschen / einfügen	Zeichen löschen / einfügen	Zeichen löschen / einfügen
Wort löschen / einfügen	Wort entfernen / bringen	Wort entfernen / einsetzen
Zeile löschen / einfügen	Zeile zerstören / schaffen	Zeile löschen / einfügen
Absatz löschen / einfügen	Absatz töten / erschaffen	Absatz löschen / einfügen

Jede der Aktionen in der konsistenten Version ist die gleiche, hingegen variieren die Aktionen bei der inkonsistenten Version A. Die Verben der inkonsistenten Aktion sind alle akzeptabel, aber ihre Vielfalt suggeriert, dass man zum Erlernen länger braucht, mehr Fehler machen kann, Anwender langsamer werden und es schwerer haben, sich an sie zu erinnern. Die inkonsistente Version B ist in gewisser Weise noch boshafter, weil es eine einzelne unvorhersehbare Inkonsistenz gibt, die so dramatisch hervorsticht, dass diese Sprache wahrscheinlich gerade wegen ihrer Inkonsistenz behalten wird. Um diese Vorstellungen festzuhalten, schlug Reisner (1981) eine *Aktionsgrammatik* vor, um zwei Versionen einer grafischen Systemschnittstelle zu beschreiben. Sie zeigte, dass die Version mit der einfacheren Grammatik leichter zu erlernen war. Payne und Green (1986) erweiterten ihre Arbeit, indem sie sich den vielfältigen Ebenen der Konsistenz (Lexik, Syntaktik und Semantik) mittels eines strukturierten Zeichensystems, das sie Aufgabenaktions-Grammatik (*task-action grammars* – TAGs) nannten, zuwandten. Sie beschäftigen sich ebenfalls mit einigen Aspekten der Vollständigkeit einer Sprache, indem sie versuchen, einen vollständigen Satz an Aufgaben zu charakterisieren. Beispielsweise stellt *hoch, runter* und *links* einen unvollständigen Satz von Bewegungsaufgaben für den Pfeil-Cursor dar, weil *rechts* fehlt. Wenn erst einmal der vollständige Satz der Zuordnungen von Aktionen und Aufgaben niedergeschrieben wurde, kann die Grammatik der Befehlssprache dagegen getestet werden, um Vollständigkeit zu demonstrieren. Natürlich kann ein Designer etwas aus der Zuordnung von Aktionen und Aufgaben auslassen, und dann kann die Grammatik nicht akkurat geprüft werden, aber es erscheint nützlich, einen Ansatz zur Prüfung auf Vollständigkeit und Konsistenz zu haben. Z.B. könnte eine TAG-Definition der Cursor-Kontrolle ein Wörterbuch der Aufgaben aufweisen:

Bewege-Cursor-ein-Zeichen-vorwärts	[Richtung = vorwärts, Einheit = Zeichen]
Bewege-Cursor-ein-Zeichen-rückwärts	[Richtung = rückwärts, Einheit = Zeichen]
Bewege-Cursor-ein-Wort-vorwärts	[Richtung = vorwärts, Einheit = Wort]
Bewege-Cursor-ein-Zeichen-rückwärts	[Richtung = rückwärts, Einheit = Wort]

Dann sind die Schemata der High-Level-Regeln, die die Syntax der Befehle beschreiben, wie folgt:

1. Aufgabe [Richtung, Einheit] → Symbol [Richtung] + Buchstabe [Einheit]

2. Symbol [Richtung = vorwärts] → »STRG«

3. Symbol [Richtung = rückwärts] → »ESC«

4. Buchstabe [Einheit = Wort] → »W«

5. Buchstabe [Einheit = Zeichen] → »Z«

Dieses Schema generiert eine konsistente Grammatik:

Bewege Cursor ein Zeichen vorwärts	STRG-Z
Bewege Cursor ein Zeichen zurück	ESC-Z
Bewege Cursor ein Wort vorwärts	STRG-W
Bewege Cursor ein Wort rückwärts	ESC-W

Payne und Green legen sorgfältig dar, dass ihre Notation und ihr Ansatz flexibel und erweiterbar ist, und sie stellen ansprechende Beispiele vor, bei denen ihr Ansatz das Denken der Designer geschärft hat.

Reisner (1990) baut diese Arbeit weiter aus, indem sie Konsistenz mehr formal definiert, aber Grudin (1989) zeigt Fehler in einigen Argumenten für Konsistenz auf. Sicherlich ist Konsistenz subtil und hat vielfältige Ebenen; es gibt widersprüchliche Formen der Konsistenz, und manchmal ist Inkonsistenz sehr wertvoll (um beispielsweise bei einem gefährlichen Vorgang die Aufmerksamkeit auf sich zu lenken). Nichtsdestotrotz ist das Verständnis von Konsistenz ein wichtiges Ziel für Designer und Wissenschaftler.

2.2.5 Theorien auf Widgetebene

Hierarchische Zergliederung ist oft ein nützliches Werkzeug, um mit Komplexität umzugehen, aber viele der Theorien und Vorhersagemodelle folgen einem extrem reduktionistischen Ansatz, der nicht immer gültig sein mag. In einigen Situationen ist es schwer, das geringe Maß an Details, die genauen Zahlen, die manchmal den Unteraufgaben zugeordnet sind, und die Validität von einfachen Zusammenfassungen von Zeitabschnitten zu akzeptieren. Obendrein werfen Modelle, die mehrere subjektive Beurteilungen erfordern, die Frage auf, ob verschiedene Analytiker zu den gleichen Ergebnissen kämen.

Ein alternativer Ansatz ist, den Simplifikationen zu folgen, die in den Higher-Level-Tools zur Erstellung von Benutzerschnittstellen gemacht werden (siehe Kapitel 5). Warum sollte man nicht, anstatt sich mit atomisierten Leveleigenschaften herumzuschlagen, ein Modell schaffen, das auf den Widgets (Schnittstellenkomponenten) beruht, die von dem Tool unterstützt werden? Wenn erst einmal ein Widget mit einer Scroll-Liste getestet wurde, um die Anwenderleistung als eine Funktion der Anzahl von Items und der Größe des Fensters zu bestimmen, könnte dann bei zukünftigen Widget-Anwendern die Leistungsvorhersage automatisch generiert werden. Die Vorhersage müsste dann aus einer Bekanntgabe der Aufgabenhäufigkeit hergeleitet werden, aber die Beschreibung der Schnittstelle entstünde aus dem Prozess des Schnittstellendesigns.

Eine Messung der Zweckmäßigkeit des Layouts (häufig benutzte Widget-Paare sollten nebeneinander liegen, und die Von-links-nach-rechts-Sequenz sollte mit der Beschreibung der Aufgabensequenz harmonieren) wäre dann ebenfalls zu erstellen, um die Designer bei einer möglichen Überarbeitung des Designs anzuleiten. Schätzungen der perzeptorischen und kognitiven Komplexität plus der motorischen Belastung würden automatisch generiert (Sears, 1992). Wenn Widgets anspruchsvoller werden und weitere Verbreitung finden, wird die Investition in die Bestimmung der Komplexität jedes Widgets sich über die vielen Designer und Projekte amortisieren.

Nach und nach erscheinen Nutzungsmuster auf höheren Ebenen in ähnlicher Weise, wie Alexander (1977) dies für die Architektur beschreibt. Gebräuchliche Muster der Errichtung von Kaminen, Treppen oder Dächern werden zu modularen Komponenten, die Namen bekommen und zu noch größeren Mustern zusammengesetzt werden.

2.3   Objekt-Aktions-Interfacemodell

Unterscheidungen zwischen Syntax und Semantik wurden schon vor langer Zeit von Compiler-Schreibern vorgenommen, die versuchten, die Zergliederung des Eingabetextes von den Operationen, die von diesem Text aufgerufen werden, zu trennen. Ein syntaktisch-semantisches Modell menschlichen Verhaltens wurde ins Leben gerufen, um das Programmieren zu beschreiben (Shneiderman, 1980) und auf Einrichtungen zur Manipulation von Datenbanken (Shneiderman, 1983) ebenso angewendet wie auf direkte Manipulation (Shneiderman, 1983). Die frühen syntaktisch-semantischen Modelle machten eine klare Unterscheidung zwischen bedeutungsvoll erworbenen semantischen Konzepten und auswendig gelernten syntaktischen Details. Semantische Konzepte der Anwenderaufgaben waren im Gedächtnis gut organisiert und stabil, wogegen syntaktische Details von Befehls-sprachen arbiträr waren und zum Erhalt regelmäßig wieder geübt werden muss-ten.

Das ausgereifte Modell, das in der ersten Ausgabe dieses Buches beschrieben wurde, betonte die Trennung von Konzepten der Aufgabenbereiche (z.B. Aktien-portfolios) und den Konzepten der Computerbereiche, die diese repräsentieren (z.B. Ordner, Spreadsheets oder Datenbanken). Dann verstärkte die zweite Ausgabe dieses Buches die wichtige Unterscheidung zwischen Objekten und Aktionen. Mittlerweile sind die Objekte und Aktionen die dominanten Eigenschaften gewor-den. In dieser dritten Ausgabe wird die zugrunde liegende Designtheorie das *Objekt-Aktions-Interface-(OAI)Modell* genannt.

So wie GUIs Befehlszeilensprachen ersetzt haben, hat eine verwickelte Syntax Platz für eine relativ einfache direkte Manipulation der visuellen Repräsentationen von Objekten und Aktionen gemacht. Die Betonung liegt nunmehr auf der visuellen Anzeige von Objekten und Aktionen für Benutzeraufgaben. Beispielsweise könnte eine Sammlung von Aktienportfolios durch Icons von Lederordnern mit eingepräg-ten Teilhaberzertifikaten repräsentiert werden. Dann werden die Aktionen reprä-sentiert – Mülltonnen für das Löschen oder Aktenschrank-Icons für die Repräsentation von Bestimmungsorten für das Kopieren der Portfolios. Natürlich gibt es syntaktische Aspekte der direkten Manipulation, so wie das Wissen, ob man die Datei auf die Mülltonne oder die Mülltonne auf den Ordner ziehen muss, aber die Syntaxmenge ist klein und kann auf der untersten Ebene der Schnittstellen-aktionen gedacht werden. Sogar syntaktische Formen wie Doppelklick, Maus nach unten und warten oder Gesten erscheinen simpel – verglichen mit den seitenlan-gen Grammatiken der frühen Befehlssprachen.

Objekt-Aktions-Design beginnt mit dem Verstehen der Aufgabe. Diese Aufgabe beinhaltet das Universum der Objekte aus der realen Welt, mit denen die Anwender arbeiten, um ihre Absichten und die auf die Objekte angewandten Aktionen zu verwirklichen. Das Ziel dieser Aufgabenobjekte könnte eine Statistik der Aktienbörsen sein, eine Bildersammlung oder ein wissenschaftliches Journal (Abb. 2.2). Diese Objekte können in Informationen über eine einzelne Aktie zerlegt werden und weiter noch in atomare Einheiten wie den Kaufpreis der Aktie. Aufgabenaktionen beginnen bei den Intentionen der obersten Ebene, die auf Zwischenziele und einzelne Schritte heruntergebrochen werden.

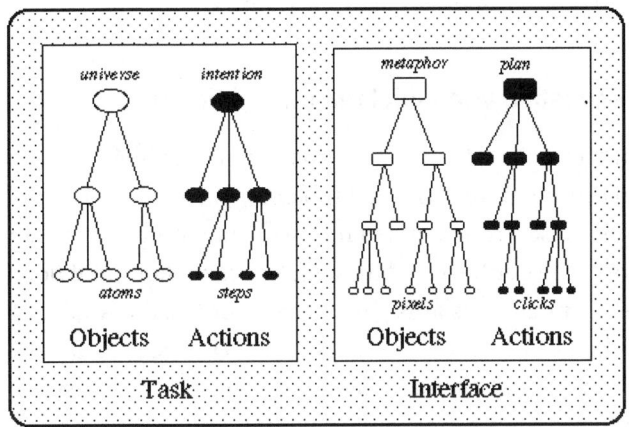

Abb. 2.2: Aufgaben- und Schnittstellenkonzepte, getrennt nach Hierarchien von Objekten und Aktionen

Wenn es eine Vereinbarung über die Objekte und Aktionen der Aufgabe und ihre Zerlegung gibt, kann der Designer die metaphorischen Repräsentationen der Objekte und Aufgaben in der Schnittstelle schaffen. Schnittstellenobjekte haben weder Gewicht noch Größe, es sind Pixel, die auf Arten und Weisen bewegt oder kopiert werden können, die den Aufgabenobjekten aus der realen Welt entsprechen und Feedback zur Orientierung der Anwender geben. Schließlich muss der Designer die Schnittstellenaktionen für die Anwender sichtbar machen, damit die Anwender ihren Plan in eine Serie von dazwischen liegenden Aktionen zerlegen können, so wie das Öffnen einer Dialogbox bis hin zu einer Serie von einzelnen Tasteneingaben und Klicks.

Kurz gesagt ist das OAI-Modell ein explanatorisches Modell, das sich auf Objekte und Aktionen von Aufgaben und auch auf Objekte und Aktionen von Schnittstellen konzentriert. Weil die syntaktischen Details minimal sind, können Anwender, die

die Objekte und Aktionen der Aufgabenbereiche kennen, relativ leicht die Schnittstelle erlernen (siehe Kapitel 12). Das OAI-Modell bildet ebenfalls die höheren Ebenen des Designs ab, auf dem sich die meisten Designer bewegen, wenn sie die Widgets in den Tools zum Erstellen der Benutzerschnittstellen anwenden. Die Standard-Widgets haben eine vertraute und einfache Syntax (Klicken, Doppelklicken, Ziehen oder Fallenlassen (*drag or drop*)), und einfache Formen des Feedbacks (Hervorhebungen, Scrolling oder Bewegung) und lassen den Designer sich mehr auf die Verwendung dieser Widgets zur Schaffung einer Business-orientierten Lösung konzentrieren. Das OAI-Modell harmonisiert bei der Programmierung von Software mit den Trends zum objektorientierten Design und Programmiermethoden, die im vergangenen Jahrzehnt immer populärer wurden.

2.3.1 Hierarchien der Aufgaben von Objekten und Aktionen

Der grundlegende Weg, mit großen und komplexen Problemen umzugehen, ist die hierarchische Zergliederung in mehrere kleinere Probleme, bis jedes Unterproblem handhabbar ist. Beispielsweise kann über den menschlichen Körper in seinen Beziehungen zu den Subsystemen der Nerven, Muskeln, Knochen, Reproduktionsorgane, Verdauungsorgane oder des Kreislaufs gesprochen werden, die wiederum als Organe, Gewebe und Zellen beschrieben werden können. Die meisten Objekte aus der wirklichen Welt haben entsprechende Untergliederungen: beispielsweise Gebäude, Städte, Computerprogramme und Spiele. Einige Objekte sind feiner untergliedert als andere, einige Objekte sind einfacher zu verstehen als andere.

Entsprechend können Intentionen in kleinere Handlungsschritte untergliedert werden. Ein Konstruktionsplan für ein Gebäude kann auf eine Serie von Schritten reduziert werden – wie z.B. Geländevermessung, Fundamentierung, Außenaufbau, Dachdeckerei und Innenausbau. Eine Symphonie-Aufführung hat Sätze, Tempi und Noten, ein Baseballspiel hat Innings, Outs und Pitches.

Menschen lernen die Objekte und Aktionen von Aufgaben unabhängig von ihrer Implementierung auf einem Computer. Menschen lernen über Häuser oder Bücher durch die entwicklungsgemäßen Erfahrungen in ihrer Jugend, aber viele Aufgaben erfordern spezialisiertes Training, wie man z.B. Aktiendepots handhabt, wie man Gebäude designt oder medizinische Diagnosen erstellt. Es kann Jahre dauern, bis man die Terminologie erlernt und sich die für Entscheidungen nötigen Fertigkeiten angeeignet hat und kompetent geworden ist.

Designer, die Computersysteme für die Unterstützung von Profis entwickeln, müssen möglicherweise Lehrgänge besuchen, Fachbücher lesen und Anwender befragen. Dann können sich die Designer zusammensetzen und eine Hierarchie von Objekten und Aktionen entwerfen, um die Aufgaben der Anwender nachzubilden. Dieses Modell stellt die Basis für das Design der Schnittstellen-Objekte und -Aktionen dar plus ihrer Repräsentation als Pixel auf einem Bildschirm, als physisches Gerät oder als Stimme oder andere auditive Hinweise.

Anwender, die für die Erfüllung von Aufgaben aus der wirklichen Welt den Gebrauch von Computern zu erlernen haben, müssen erst im jeweiligen Aufgabenbereich kompetent werden. Ein Computerexperte, der nicht Architektur studiert hat, wird so wenig in der Lage sein, Software für Gebäude-Design zu nutzen, wie ein pfiffiger Computerfreak verlässliche medizinische Diagnosen erstellen kann.

Aufgaben beinhalten also Hierarchien von Objekten und Aktionen auf hohem und niedrigem Level. Hierarchien sind nicht perfekt, aber sie sind einleuchtend und nützlich. Die meisten Anwender akzeptieren eine Aufteilung ihrer Aufgaben in Objekte und Aktionen auf hohem und niedrigem Niveau.

2.3.2   Schnittstellenhierarchien von Objekten und Aktionen

Die *Schnittstelle* beinhaltet Hierarchien von Objekten und Aktionen auf hohem und niedrigem Level. Beispielsweise bezieht sich ein zentraler Satz von *Schnittstellenobjekten* auf Speicherung. Anwendern kann man das übergeordnete Konzept verständlich machen, dass jeder Computer Informationen speichern kann. Die gespeicherte Information kann in Objekte aufbereitet werden – wie das Verzeichnis und die Informationsdateien. Das Verzeichnis-Objekt wird wiederum in einen Satz von Verzeichnis-Einträgen aufbereitet, von denen jedes einen Namen, Größe, Erstellungsdatum, Eigentümer, Zugriffskontrolle usw. hat. Jede Datei ist ein Objekt, das eine untergeordnete Struktur mit Zeilen, Feldern, Zeichen, Schriftarten, Zeigern und binären Zahlen hat.

Die Interface-Aktionen kann man ebenfalls in untergeordnete Aktionen aufgliedern. Die übergeordneten Pläne wie die Erstellung einer Textdatei könnten Lade-, Einfüge- und Speicheraktionen erfordern. Auf mittlerem Level wird die Aktion der Datensicherung verfeinert in die Aktionen des Speicherns einer Datei und des Erstellens einer Sicherungskopie, Vergabe von Zugriffsrechten, Überschreiben älterer Versionen, Namensvergabe an die Datei usw. Weiter gibt es viele untergeordnete Details über erlaubte Dateitypen oder -größen, Fehlerbedingungen wie mangelnder Speicherplatz oder Antworten auf Hard- oder Softwarefehler. Schließlich wird die untergeordnete Aktion, einen speziellen Befehl auszuführen, durch den Klick auf einen Punkt eines Pull-down-Menüs ausgeführt.

Designer formen Schnittstellenobjekte und -aktionen anhand von vertrauten Mustern und verändern diese Objekte und Aktionen, damit sie zu der Aufgabe passen. Beispielsweise könnte der Designer, der ein System zum Managen von Aktiendepots entwickelt, die Verwendung von Spreadsheets, Datenbanken, Textverarbeitung oder ein spezielles grafisches Design erwägen, das es den Anwendern erlaubt, Aktiensymbole zu verschieben, um den Ankauf oder Verkauf darzustellen.

Anwender können Schnittstellenobjekte und -aktionen mittels einer Vorführung, einer mündlichen Erklärung der Eigenschaften oder mit Versuch und Irrtum über eigenes Verhalten erlernen. Die metaphorische Repräsentation – abstrakt, konkret oder analog – transportiert die Objekte und Aktionen von Schnittstellen. Beispielsweise kann ein Instruktor zum Erklären der Datenspeicherung ein Bild von einem Diskettenlaufwerk und einem Verzeichnis zeichnen, um zu zeigen, wohin die Datei geht und wie Verzeichnis und Datei sich zueinander verhalten. Alternativ dazu könnte der Instruktor beschreiben, dass in einem Inventarkatalog einer Bücherei die Bücher wie in einem Verzeichnis gespeichert sind.

Wenn Schnittstellenobjekte und -aktionen eine logische Struktur haben, die mit vertrauten Aufgabenobjekten und -aktionen verankert sind, erwarten wir von dieser Struktur, dass sie im Gedächtnis stabil bleibt. Wenn Anwender sich an das übergeordnete Konzept der Dateispeicherung erinnern, werden sie in der Lage sein, daraus zu folgern, dass die Datei einen Namen, eine Größe und einen Speicherort haben muss. Die Verbindung zu anderen Objekten und die visuelle Präsentation unterstützen das Memorieren dieses Wissens.

Diese Schnittstellenobjekte und -aktionen waren einmal neuartig und nur einer kleinen Anzahl von Wissenschaftlicher, Ingenieuren und datenverarbeitenden Professionellen bekannt. Heute werden diese Konzepte auf Grundschulebene gelehrt, während der Kaffeepause im Büro diskutiert und in den Gängen von Firmenjets ausgetauscht. Wenn Ausbilder von »computer literacy« sprechen, decken Teile ihrer Pläne diese Schnittstellenkonzepte ab.

Das OAI-Modell hilft uns, den vielfältigen, komplexen Prozess zu verstehen, den Anwender durchlaufen müssen, wenn sie eine Schnittstelle erfolgreich zur Erfüllung einer Aufgabe nutzen wollen. Beispielsweise müssen beim Schreiben eines Geschäftsbriefes unter Verwendung von Computersoftware die Anwender mühelos ihr Wissen über die Aufgabenobjekte und -aktionen und über die Schnittstellenobjekte und -aktionen zusammenführen. Sie müssen das übergeordnete Konzept des Schreibens (Aufgabenaktion) eines Briefes (Aufgabenobjekt) haben, erkennen, dass der Brief als ein Dokument (Schnittstellenobjekt) gespeichert wird und die Details des Speichern-Befehles (Schnittstellenaktion) kennen. Anwender müssen flüssig mit dem Konzept auf mittlerer Ebene, einen Satz abzufassen, umgehen können und die Mechanismen erkennen, um einen Satz zu beginnen, zu schreiben und zu beenden. Schließlich müssen Anwender die untergeordneten, zutreffenden Details der Rechtschreibung (untergeordnetes Aufgabenobjekt) kennen und wissen, wo die Tasten für jeden Buchstaben sich befinden (untergeordnetes Schnittstellenobjekt). Das Ziel, Interface-Konzepte (wie die Syntax einer Befehlssprache) zu minimalisieren, während eine visuelle Repräsentation der Aufgabenobjekte und -aktionen angezeigt wird, ist der Kern des Design-Ansatzes der direkten Manipulation (siehe Kapitel 6).

Die Integration der multiplen Ebenen der Aufgaben- und Interface-Konzepte ist eine wesentliche Herausforderung, die große Motivation und Konzentration erfordert. Ausbildungsmaterialien, die die Beschaffung dieses Wissens erleichtern, sind schwer zu designen, insbesondere wegen der Vielfalt des Hintergrundwissens und der Motivationslevel der typischen Lerner. Das OAI-Modell des Anwenderwissens kann für Designer von Lernmitteln eine Richtschnur darstellen, indem die unterschiedlichen Arten des für Anwender nötigen Wissens hervorgehoben werden (siehe Kapitel 12), und ebenso für Designer von Websites (siehe Kapitel 16).

Designer von interaktiven Systemen können das OAI-Modell anwenden, um ihre Arbeit zu systematisieren. Wo immer möglich, sollten die Aufgabenobjekte explizit benannt und die Aufgabenaktionen des Anwenders klar entworfen werden. Dann können die Schnittstellenobjekte und -aktionen identifiziert und angemessene Repräsentationen geschaffen werden. Diese Designs erhöhen aller Wahrscheinlichkeit nach die Verständlichkeit für die Anwender und die Unabhängigkeit von besonderer Hardware.

2.3.3 Das Verschwinden der Syntax

In den frühen Tagen des Computers hatten die Anwender eine Vielzahl von geräteabhängigen Details in ihren Köpfen zu behalten. Diese untergeordneten syntaktischen Details enthalten das Wissen, welche Aktion ein Zeichen löscht (Entf-Taste, Rücktaste, STRG-H, STRG-G, STRG-D, die äußerste rechte Maustaste oder ESCAPE), welche Aktion eine neue nach der dritten Zeile einer Textdatei einfügt (I3, I 3 oder 3I), welche Abkürzungen zulässig sind und welche der nummerierten Funktionstasten den vorigen Bildschirm wiederherstellt.

Das Erlernen, die Verwendung und das Erinnern dieses Wissens wird durch zwei Probleme behindert. Erstens variieren diese Details bei verschiedenen Systemen auf unvorhersagbare Weise. Zweitens ist das Erarbeiten syntaktischen Wissens oft ein Kampf, weil die Willkürlichkeit dieser eher unwichtigen Designmerkmale die Effektivität des gepaart assoziativen Lernens reduziert. Auswendig lernen erfordert wiederholte Übungen, damit Kompetenz erreicht wird, und längeres Erinnern wird schwächer, wenn das Wissen nicht regelmäßig angewandt wird. Syntaktisches Wissen wird gewöhnlich durch Beispiele und wiederholte Verwendung übertragen. Formale Notationen wie Backus-Naur-Formulare sind für kenntnisreiche Computerwissenschaftler nützlich, aber verwirren die meisten anderen Anwender.

In einigen Fällen liegt ein weiteres Problem mit dem syntaktischen Wissen in der Schwierigkeit, die Komplexität in eine hierarchische Struktur oder wenigstens eine modulare Struktur abzubilden. Wie soll beispielsweise ein Anwender diese Details der Benutzung eines Systems für E-Mails erinnern: »Betätigen Sie RETURN, um einen Absatz zu beenden, STRG-D, um einen Brief zu beenden, Q für das Beenden des E-Mail-Subsystems, und logout zum Beenden der Sitzung.«? Der erfahrene Computeruser versteht diese vier Formen der Beendigung als Befehle im Kontext des gesamten Systems, aber der Anfänger könnte verwirrt sein, weil er vier vermeintlich ähnliche Situationen vorfindet, die radikal unterschiedliche syntaktische Formen haben.

Eine letzte Schwierigkeit ist, dass syntaktisches Wissen systemabhängig ist. Ein Anwender, der von einer Maschine zu einer anderen wechselt, kann auf ein anderes Tastaturlayout, andere Kommandos oder andere Verwendung von Funktionstasten und Handlungssequenzen treffen. Sicherlich gibt es Überlappungen. Z.B. sind arithmetische Ausdrücke in zwei Sprachen gleich, unglücklicherweise können die kleinen Unterschiede aber gerade die ärgerlichsten sein. Ein System nutzt K zum Behalten der Datei und ein anderes nutzt K zum Löschen der Datei, oder S zum Speichern vs. S zum Senden.

Experten unter den periodischen Usern können diese Schwierigkeiten überwinden, und sie haben weniger Probleme beim syntaktischen Wissen. Anfänger und Anwender mit einigen Kenntnissen haben aber auf jeden Fall Ärger mit syntaktischen Unregelmäßigkeiten. Ihre Belastung kann durch die Verwendung von Menüs (siehe Kapitel 7), durch die Reduktion der Willkürlichkeit von Tasteneingaben, durch die Verwendung von konsistenten Befehlsmustern, aussagekräftigen Befehlsnamen und Etiketten auf den Tasten und weniger Details, die erinnert werden müssen (siehe Kapitel 8), erleichtert werden.

Die Minimierung dieser Lasten ist das Ziel der meisten Schnittstellendesigner. Moderne Stile zur direkten Manipulation (siehe Kapitel 6) unterstützen den Prozess, indem sie den Anwendern Bildschirme zeigen, die mit vertrauten Objekten und Aktionen gefüllt sind, die ihre Aufgabenobjekte und -aktionen repräsentieren. Moderne Tools zur Erstellung von Benutzerschnittstellen (siehe Kapitel 5) erleichtern den Designprozess, indem sie Standard-Widgets leicht verfügbar machen. Innovative Designer könnten die Möglichkeiten für neuartige Widgets wahrnehmen, die besser von der Bildschirmrepräsentation auf den Arbeitsplatz des Users passen.

2.4   Prinzip 1: Erkenne die Vielfalt

Wenn die menschliche Vielfalt (siehe Abschnitt 1.5) mit der großen Bandbreite an Situationen, Aufgaben und Anwendungshäufigkeiten multipliziert wird, vervielfältigt sich das Sortiment von Designmöglichkeiten enorm. Der Designer kann sich durch die Auswahl aus einem Spektrum von Interaktionsstilen darauf einstellen.

Ein Vorschüler, der sich mit einem grafischen Computerspiel amüsiert, ist weit entfernt von einem Bibliothekar in einer Auskunftsabteilung, der bibliografische Nachforschungen für eilige und nervöse Kunden durchführt. Entsprechend hat ein professioneller Programmierer, der ein neues Betriebssystem anwendet, wenig Gemeinsamkeiten mit einem hochtrainierten und erfahrenen Fluglotsen. Schließlich ist ein Student, der im Netz nach Liebesgedichten sucht, weit entfernt von einem Angestellten in der Hotelrezeption, der viele Stunden pro Tag Kunden bedient.

Diese Skizzen heben die Unterschiede bei den Anwendern bezogen auf Hintergrundwissen, Übung in der Nutzung des Systems, Häufigkeit der Nutzung, ihre Ziele und die Auswirkungen eines Anwenderfehlers hervor. Kein einzelnes Design kann alle diese Anwender zufrieden stellen und alle Situationen abdecken, also müssen wir vor Beginn eines Designs die Anwender und die Situation so präzise und vollständig wie möglich charakterisieren.

2.4.1   Benutzerprofile

»Kenne Deinen Benutzer« war das erste Prinzip aus Hansens (1971) klassischer Liste der Prinzipien für Anwendungsprogrammierung. Es ist eine einfache Idee, aber ein schwieriges und leider oft unterbewertetes Ziel. Niemand würde etwas gegen dieses Prinzip einwenden, aber viele Designer unterstellen, dass sie die Anwender und ihre Aufgaben verstehen. Erfolgreiche Designer sind sich darüber klar, dass andere Menschen auf unterschiedliche Arten lernen, denken und Probleme lösen. Einige Anwender ziehen es vor, mit Tabellen statt mit Grafiken zu arbeiten, mit Worten statt mit Nummern oder mit einer rigiden Form statt mit einer offenen Struktur.

Es ist schwer für die meisten Designer zu beurteilen, ob Boolesche Operatoren ein zu schwieriges Konzept für Bibliotheksbesucher einer Grundschule, für Viertklässler, die Programmieren lernen, oder für professionelle Kontrolleure eines Kraftwerkes sind.

Jedes Design sollte mit dem Verstehen des Endanwenders beginnen und Bevölkerungsprofile berücksichtigen, die Alter, Geschlecht, körperliche Fähigkeiten, Ausbildung, kulturellen oder ethnischen Hintergrund, Vorkenntnisse, Motivation, Ziele und Persönlichkeiten mit einbeziehen. Es gibt oft verschiedene Gemeinschaften von Anwendern für ein System, und so vervielfacht sich die Anstrengung für das Design. Bei typischen Anwendergruppen – wie Hochschullehrer, Krankenpflegepersonal, Doktoren, Computerprogrammierer, Museumsbesucher oder Bibliothekare – kann man unterschiedliche Kombinationen von Wissen und Nutzungsmustern voraussetzen. Anwender aus verschiedenen Ländern können ebenfalls besondere Aufmerksamkeit verdienen, und auch in einem Land existieren regionale Unterschiede. Andere Variablen, die Anwender charakterisieren, schließen die Gegend (z.B. Stadt vs. Land), ökonomische Profile, körperliche Einschränkungen und die generelle Haltung gegenüber dem Gebrauch von Technologien ein.

Zusätzlich zu diesen Profilen könnten die User auf solche Fertigkeiten wie das Verständnis von Booleschen Ausdrücken, Kenntnisse der Mengenlehre, flüssige Kenntnisse in einer Fremdsprache oder Fähigkeiten in menschlichen Beziehungen getestet werden. Andere Tests könnten aufgabenspezifische Fähigkeiten wie die Kenntnis von Codes für Flughäfen, Terminologie der Börsenwelt, Konzepte von Versicherungsansprüchen oder Landkartensymbole abdecken.

Der Prozess des Kennenlernens der Anwender hört niemals auf, weil es so viel zu erfahren gibt und weil die Anwender sich dauernd ändern. Jeder Schritt zu einem besseren Verständnis der Anwender und zu der Erkenntnis, dass es Individuen sind, deren Betrachtungsweise sich von der des Designers unterscheidet, ist wahrscheinlich ein Schritt näher zu einem erfolgreichen Design.

Beispielsweise könnte eine generische Unterscheidung zwischen einem Anfänger oder erstmaligen Anwender, einem erfahreneren Anwender und einem Experten, der in dauerndem Training ist, zu diesen unterschiedlichen Design-Zielen führen:

- *Anfänger oder erstmaliger Anwender* Bei echten Anfängern wird unterstellt, dass sie wenig von der Aufgabe oder den Schnittstellenkonzepten wissen. Im Kontrast dazu sind erstmalige Anwender Professionelle, die die Aufgabenkonzepte kennen, aber nur geringe Kenntnisse der Schnittstellenkonzepte haben. Beide Gruppen von Anwendern könnten Bedenken über die Verwendung von Computern haben, die das Lernen behindern. Die Überwindung dieser Begrenzungen ist eine große Herausforderung für die Designer des Interface, das Instruktionen, Dialogboxen und Online-Hilfe mit einschließt. Um die Kenntnisse des Anwenders weiterzuentwickeln, ist die Begrenzung des Vokabulars auf eine kleine Zahl vertrauter, konsequent benutzter Konzeptausdrücke essenziell notwendig. Die Anzahl der Handlungen sollte ebenfalls gering sein, damit Anfänger und erstmalige Anwender einfache Aufgaben erfolgreich durchführen können und somit Ängste reduzieren, Vertrauen aufbauen und positive Verstärkung erhalten. Informatives Feedback über die Fertigstellung jeder Aufgabe ist hilfreich, und konstruktive, spezifische Fehlermeldungen sollten bereitgestellt werden, wenn Anwender Fehler machen. Sorgfältig ausgearbeitete gedruckte Handbücher und Online-Tutorials, die Schritt für Schritt vorgehen, können effektiv sein.

- *Erfahrene periodische Anwender* Viele Menschen sind erfahrene, aber periodische Anwender einer Vielzahl von Systemen. Sie haben stabile Konzepte der Aufgaben und eine breite Kenntnis von Interface-Konzepten, aber es fällt ihnen schwer zu behalten, wie die Struktur von Menüs ist oder wo sich bestimmte Eigenschaften befinden. Die Belastung ihres Gedächtnisses wird durch eine strukturierte Ordnung in den Menüs, konsistente Terminologie und hohe Offensichtlichkeit der Schnittstelle gemindert, die den Nachdruck auf Wiedererkennen statt auf Erinnern legt. Konsistente Sequenzen von Handlungen, aussagekräftige Botschaften und Richtlinien zu häufigen Verwendungsmustern helfen den erfahrenen periodischen Anwendern wiederzuentdecken, wie sie ihre Aufgaben richtig ausführen. Der Schutz vor Gefahren ist nötig, um eine entspannte Erforschung von Eigenschaften oder die Versuche, sich teilweise vergessene Handlungssequenzen ins Gedächtnis zu rufen, zu unterstützen. Diese Anwender werden von Online-Hilfen profitieren, die fehlende Teile des nötigen Wissens über die Aufgabe oder die Schnittstelle bereitstellen. Gut organisierte Referenzhandbücher sind ebenfalls sinnvoll.

- *Experten durch regelmäßige Anwendung* »Power-User« sind vollständig mit den Konzepten von Aufgaben und Schnittstellen vertraut und wollen ihre Arbeit schnell fertiggestellt haben. Sie verlangen schnelle Reaktionszeiten, kurzes und nicht ablenkendes Feedback und die Möglichkeit, Handlungen nur durch wenige Tastatureingaben oder durch Anwahl auszuführen. Wenn eine Sequenz von drei oder vier Befehlen regelmäßig wiederholt werden muss, will der häufige Benutzer ein Makro oder andere verkürzende Formen erstellen, um die Anzahl der Schritte zu reduzieren. Befehlsfolgen, Shortcuts in Menüs, Abkürzungen und andere Beschleuniger werden erforderlich.

Diese Charakteristiken dieser drei Benutzungsklassen müssen in jeder Umgebung angepasst und verfeinert werden. Das Design für eine Klasse ist leicht, aber für mehrere viel schwieriger.

Wenn multiple Benutzungsklassen in einem System untergebracht werden müssen, ist die grundlegende Strategie, das Lernen in einer Struktur von Ebenen (manchmal auch Schichten- oder spiralförmiger Ansatz genannt) zu ermöglichen. Anfängern kann man eine minimale Untergruppe von Objekten und Aktionen beibringen, von der aus sie starten können. Es ist wahrscheinlicher, dass sie die richtige Auswahl treffen, wenn sie nur wenige Optionen haben und vor Fehlern bewahrt werden – wenn sie eine Art Interface »mit Stützrädern« bekommen. Nachdem sie Selbstvertrauen durch eigene Erfahrungen gewonnen haben, können diese Anwender nach und nach zu höheren Aufgabenkonzepten und den diese begleitenden Interface-Konzepten fortschreiten. Der Lernplan sollte durch die Fortschritte der Anwender bei den Aufgabenkonzepten geregelt werden, indem neue Interface-Konzepte erst dann eingeführt werden, wenn sie zur Durchführung einer komplexeren Aufgabe gebraucht werden. Für Anwender mit guten Kenntnissen der Aufgabe und der Schnittstelle ist ein schneller Fortschritt möglich.

Beispielsweise könnte Neulingen bei einem System zur bibliografischen Suche gesagt werden, dass sie zuerst nach Autoren oder Titeln zu suchen haben, und danach eine Schlagwortsuche durchführen können, die eine Kombination von Booleschen Abfragen erfordert. Ihr Fortschritt wird durch den Aufgabenbereich geregelt und nicht durch eine alphabetische Liste von Befehlen, die man schwer den einzelnen Aufgaben zuordnen kann. Dieser nach Erfahrungslevel strukturierte Ansatz muss nicht nur im Design der Software ausgeführt werden, sondern auch bei den Handbüchern, Hilfesystemen, Fehlermeldungen und Anleitungen.

Ein anderer Ansatz, sich an verschiedene Benutzerklassen anzupassen, ist es, den Anwender die Dichte des vom System ausgegebenen informativen Feedbacks selbst kontrollieren zu lassen. Neulinge wollen häufiger informative Rückmeldungen, um ihre Aktionen bestätigen zu lassen, wogegen periodische Anwender weniger ablenkendes Feedback wünschen. Gleichermaßen scheint es, dass regelmäßige Anwender eher als Neulinge eine vollere Bildschirmanzeige bevorzugen. Schließlich kann das Tempo der Interaktion variiert werden – von langsam für Neulinge bis hin zu schnell für regelmäßige Anwender.

2.4.2 Aufgabenprofile

Nachdem sie sorgfältig ein Profil des Anwenders gezeichnet haben, müssen die Entwickler die Aufgaben festlegen. Die Aufgabenanalyse hat eine lange, aber wechselhafte Geschichte (Bailey, 1996). Jeder Designer würde zustimmen, dass der Satz an Aufgaben bestimmt werden muss, bevor das Design fortschreiten kann, aber die Aufgabenanalyse wird zu oft implizit oder zu unbefangen vorgenommen. Wenn Implementatoren herausfinden, dass ein anderer Befehl hinzugefügt werden kann, sind die Designer oft versucht, diesen Befehl einzubauen in der Hoffnung, dass einige Anwender ihn hilfreich finden. Bequemlichkeiten beim Design oder bei der Implementierung sollten für die Systemfunktionalität oder den Eigenschaften der Befehle nicht bestimmend sein.

Übergeordnete Aufgabenaktionen können in viele Aufgabenaktionen auf mittlerer Ebene zerlegt werden, die dann wiederum in atomisierte Aktionen verfeinert werden können, die der Anwender mit einem einzelnen Befehl, einer Menüauswahl usw. ausführt. Den am ehesten angemessenen Set von atomisierten Aktionen auszuwählen, ist eine schwierige Aufgabe. Wenn die atomisierten Aktionen zu klein sind, werden die Anwender durch die große Anzahl von Aktionen, die für die Erfüllung einer übergeordneten Aufgabe nötig sind, frustriert. Wenn die atomisierten Aktionen zu groß und zu umfassend sind, werden die Anwender viele solcher Aktionen mit besonderen Optionen brauchen, oder sie werden nicht in der Lage sein, vom System genau das zu bekommen, was sie brauchen.

Die relativen Aufgabenhäufigkeiten erweisen sich als wichtig beim Formen z.B. einer Befehlsgruppe oder eines Menübaums. Häufig wiederkehrende Aufgaben sollten einfach und schnell auszuführen sein, auch wenn dann einige nicht so häufige Aufgaben ausgedehnt werden. Die relative Häufigkeit der Aufgabe ist eine der Grundlagen für Entscheidungen über die Design-Architektur. Beispielsweise könnten in einem Texteditor

- regelmäßige Aufgaben durch spezielle Tasten ausgeführt werden – wie z.B. den vier Cursortasten, EINF und ENTF

- mittelfristig wiederkehrende Aufgaben durch einen einzelnen Buchstaben plus STRG oder durch eine Auswahl aus einem Pull-down-Menü ausgeführt werden – wie z.B. unterstreichen, zentrieren, einrücken, hoch oder niedrig stellen
- seltenere oder komplexe Aktionen es erfordern, dass man durch eine Sequenz von Auswahlmenüs oder Eingabefelder geht – z.B. für den Wechsel des Druckformats oder die Durchsicht von Parametern für das Netzwerkprotokoll

Eine Matrix von Anwendern und Aufgaben können dabei helfen, diese Themen auseinander zu halten (Abb. 2.3). In jeder Auswahlbox kann der Designer markieren, ob dieser Anwender diese Aufgabe ausführt. Eine präzisere Analyse würde auch die Häufigkeit einbinden, statt Aufgaben nur an- oder abzuwählen.

Aufgabenhäufigkeit nach Berufen

Abb. 2.3: Hypothetische Daten der Benutzungshäufigkeit für ein Informationssystem einer medizinischen Klinik. Die Beantwortung von Abfragen der Arzthelferinnen über einzelne Patienten ist die häufigste Aufgabe.

| Berufsbezeichnung | Aufgaben | | | | |
	Abfrage nach Patient	Daten aktualisieren	Abfrage alle Patienten	Relationen hinzufügen	Systemauswertung
Krankenschwester	0.14	0.11			
Arzt	0.06	0.04			
Supervisor	0.01	0.01	0.04		
Arzthelferin	0.26				
Patientenaktenverwaltung	0.07	0.04	0.04	0.01	
Klinischer Forscher			0.08		
Datenbankprogrammierer			0.02	0.02	0.05

2.4.3 Interaktionsstile

Wenn die Aufgabenanalyse vollständig ist und die Aufgabenobjekte und -aktionen festgelegt wurden, kann der Designer aus diesen primären Interaktionsstilen wählen: Menüauswahl, Eingabefelder, Befehlssprache, natürliche Sprache und direkte Manipulation (Tabelle 2.1). In den Kapiteln 6 bis 8 werden diese Stile detailliert besprochen, hier geben wir eine vergleichende Übersicht als Vorbereitung.

Tabelle 2.1: Vor- und Nachteile der fünf grundlegenden Interaktionsstile

Vorteile	Nachteile
Direkte Manipulation	
Präsentiert Aufgabenkonzepte visuell	Kann schwer zu programmieren sein
Erlaubt leichtes Erlernen	Kann grafische Anzeige und Zeigegeräte erfordern
Erlaubt leichtes Erinnern	
Erlaubt Fehlervermeidung	
Ermutigt zur Exploration	
Gewährt hohe subjektive Befriedigung	
Menüauswahl	
Verkürzt das Lernen	Birgt die Gefahr zu vieler Menüs
Reduziert Tastatureingaben	Kann regelmäßige Anwender bremsen
Strukturiert die Entscheidungsfindung	Beansprucht Platz auf dem Bildschirm
Erlaubt die Verwendung von Tools zum Dialog-Management	Erfordert hohe Bildwiederholrate
Erlaubt einfache Unterstützung von Fehlerkorrekturen	
Eingabefeld	
Vereinfacht Dateneingabe	Beansprucht Platz auf dem Bildschirm
Erfordert maßvolles Training	
Gibt passende Hilfen	
Erlaubt die Verwendung von Tools für Formularmanagement	
Befehlssprache	
Ist flexibel	Hat schlechte Fehlerkorrektur
Spricht »Power-User« an	Erfordert häufiges Training und Memorieren
Unterstützt die Initiative von Anwendern	
Erlaubt bequeme, anwenderdefinierte Makros	
Natürliche Sprache	
Enthebt von der Notwendigkeit, Syntax zu lernen	Erfordert klärenden Dialog
	Kann zu mehr Tastatureingaben führen
	Kontextanzeige kann fehlen
	Ist unvorhersagbar

Direkte Manipulation Wenn ein cleverer Designer eine visuelle Repräsentation der Handlungswelt erschaffen kann, können die Aufgaben der Anwender enorm vereinfacht werden, weil die direkte Manipulation vertrauter Objekte möglich wird. Beispiele dieser Systeme schließen die bekannte Desktop-Metapher, computerunterstützte Design-Tools, Flugleitsysteme und Videospiele ein. Durch das Zeigen auf oder das Anwählen von visuellen Repräsentationen von Objekten und Aktionen führen Anwender Aufgaben schnell aus und können die Ergebnisse sofort beobachten. Die Befehlseingabe über Tastatur oder Auswahlmenüs wird durch die Verwendung von Geräten zur Cursorbewegung ersetzt, um aus einer sichtbaren Anzahl von Objekten und Aktionen auszuwählen. Direkte Manipulation spricht besonders Neulinge an, kann von periodischen Anwendern leicht erinnert werden und mit einem sorgfältigen Design für häufige Anwender sehr schnell sein. Kapitel 6 beschreibt die direkte Manipulation und seine Anwendung.

Auswahlmenüs In Systemen mit Auswahlmenüs lesen Anwender eine Liste von Items, wählen das zu ihrer Aufgabe passende aus und beobachten die Auswirkungen. Wenn Terminologie und Bedeutung dieser Items verständlich und unterscheidbar sind, können Anwender ihre Aufgaben mit wenigen Aktionen ausführen und brauchen wenig Zeit für Erlernen oder Memorieren. Der größte Vorteil mag sein, dass es eine klare Struktur für die Entscheidungen gibt, weil alle Auswahlmöglichkeiten gleichzeitig angezeigt werden. Dieser Interaktionsstil ist für Neulinge und periodische Anwender angemessen und kann auch häufige Anwender ansprechen, wenn die Anzeige und Auswahlmechanismen schnell sind.

Für Designer erfordern Systeme mit Auswahlmenüs eine sorgfältige Aufgabenanalyse, um sicherzustellen, dass alle Funktionen komfortabel unterstützt werden und dass die Terminologie sorgfältig ausgewählt und konsistent angewandt wird. Anspruchsvolle Tools zum Erstellen von Benutzerschnittstellen mit Auswahlmenüs sind ein enormer Vorteil beim Sicherstellen von konsistenten Screendesigns, der Gewähr von Vollständigkeit und der Wartungsunterstützung.

Eingabefelder Wenn Dateneingabe erforderlich wird, werden Auswahlmenüs in der Regel beschwerlich, und Eingabefelder (auch »*fill in the blanks*« genannt) sind das Mittel der Wahl. Anwender sehen eine Anzeige von aufeinander bezogenen Feldern, bewegen einen Cursor zwischen den Feldern und geben die Daten an den gewünschten Stellen ein. Mit dem Interaktionsstil Eingabefelder müssen die Anwender die Feldbezeichnungen verstehen, die möglichen Werte und die Methode zur Dateneingabe kennen und auf Fehlermeldungen reagieren können. Da Kenntnisse der Tastatur, Bezeichnungen und der zulässigen Felder erforderlich sind, kann Training vonnöten sein. Dieser Interaktionsstil ist am ehesten für erfahrene periodische Anwender oder regelmäßige Anwender geeignet. Kapitel 7 behandelt Menüs und Eingabefelder eingehend.

Befehlssprache Für regelmäßige Anwender stellen Befehlssprachen ein starkes Gefühl von Kontrolle und Initiative dar. Anwender erlernen die Syntax und können oft komplexe Möglichkeiten schnell ausdrücken, ohne ablenkende Eingabeaufforderungen zu lesen. Jedoch sind die Fehlerraten typischerweise hoch, Training ist erforderlich und das Erinnern kann schlecht sein. Fehlermeldungen und Online-Unterstützung sind wegen der Vielfalt der Möglichkeiten schwer bereitzustellen, hinzu kommt die Komplexität des Mappings von Aufgaben zu Schnittstellenkonzepten und Syntax. Befehlssprachen und ausführliche Abfrage- oder Programmiersprachen sind die Domäne von erfahrenen Expertenanwendern, die aus dem Meistern eines komplexen Sets von Semantiken und Syntax oft eine große Befriedigung ziehen.

Natürliche Sprache Die Hoffnung, dass Computer korrekt auf willkürliche natürlichsprachige Sätze oder Ausdrücke reagieren, treibt viele Forscher und Systementwickler voran, obwohl es bisher nur begrenzte Erfolge gab. Interaktion in natürlicher Sprache stellt gewöhnlich wenig Kontext für die Eingabe des nächsten Befehls bereit, erfordert regelmäßig einen *klärenden Dialog* und kann langsamer oder unbeholfener sein als die Alternativen. Wenn Anwender aber Kenntnisse über einen Aufgabenbereich haben, der klar abgegrenzt ist und in dem das Training in einer Befehlssprache durch die nicht regelmäßige Anwendung gehemmt wird, gibt es Möglichkeiten für natürlichsprachliche Interfaces (dies wird am Ende von Kapitel 8 diskutiert).

Die Mischung verschiedener Interaktionsstile kann angemessen sein, wenn die erforderlichen Aufgaben und Anwender unterschiedlich sind. Befehle können den Anwender zu einem Eingabefeld führen, wo Dateneingabe erwartet wird, oder über Menüs kann eine Umgebung zur direkten Manipulation kontrolliert werden, wenn eine passende Visualisierung von Aktionen nicht gefunden werden kann.

2.5 Prinzip 2: Wende die acht Goldenen Regeln des Schnittstellendesigns an

Die nachfolgenden Kapitel decken eine konstruktive Hilfe für das Design von direkter Manipulation, Auswahlmenüs, Befehlssprachen usw. ab. Dieser Abschnitt stellt die zugrunde liegenden Designprinzipen vor, die in den meisten interaktiven Systemen Anwendung finden können. Diese zugrunde liegenden Prinzipien des

Schnittstellendesigns, die heuristisch aus der Erfahrung hergeleitet wurden, sollten bekräftigt und ausgefeilt werden.

1. *Streben Sie nach Konsistenz* Diese Regel wird am häufigsten missachtet, aber sie zu befolgen, kann ganz schön heikel sein, weil es viele Formen der Konsistenz gibt. Konsistente Handlungssequenzen sollten in ähnlichen Situationen erforderlich sein, identische Terminologie sollte bei Eingabeaufforderungen, Menüs und Hilfeanzeigen benutzt werden, und Farbauswahl, Layout, Großschreibung, Schriftarten usw. sollte durchgehend konsistent angewandt werden. Ausnahmen wie Nicht-Wiederholung von Passwörtern oder Bestätigungen des Löschkommandos sollten nachvollziehbar sein und begrenzt eingesetzt werden.

2. *Ermöglichen Sie regelmäßigen Benutzern die Verwendung von Shortcuts* Wenn die Nutzungshäufigkeit steigt, wünscht der Anwender, die Anzahl der Interaktionen zu reduzieren und das Tempo zu steigern. Abkürzungen, besondere Tasten, versteckte Kommandos und Makros werden von regelmäßigen erfahrenen Anwendern gerne genutzt. Kurze Antwortzeiten und schnelle Anzeigeraten besitzen ebenfalls eine große Anziehungskraft für regelmäßige Anwender.

3. *Bieten Sie informatives Feedback* Für jede Anwenderhandlung sollte es ein Feedback des Systems geben. Für regelmäßige und weniger wichtige Handlungen kann die Antwort knapp ausfallen, wogegen die Antwort bei weniger häufigen und wichtigeren Aktionen ausführlicher sein sollte. Visuelle Präsentationen der interessanten Objekte stellen eine komfortable Umgebung für die explizite Anzeige von Änderungen dar (Sehen Sie sich die Diskussion der direkten Manipulation in Kapitel 6 an).

4. *Entwerfen Sie in sich geschlossene Dialoge* Handlungssequenzen sollten in Gruppen mit Anfang, Mitte und Ende organisiert werden. Das informative Feedback nach der Vollendung einer Folge von Aktionen gibt dem Operator die Zufriedenheit der Beendigung, ein Gefühl von Erleichterung, das Signal, Pläne von Möglichkeiten und Optionen aus dem Kopf zu streichen, und ein Anzeichen, dass der Weg frei ist, sich auf die nächste Folge von Aktionen vorzubereiten.

5. *Bieten Sie Fehlervermeidung und einfaches Umgehen mit Fehlern* Das System sollte so stark wie irgend möglich derartig eingerichtet sein, dass Anwender keinen ernsthaften Fehler machen können. Man kann z.B. Auswahlmenüs den Eingabefeldern vorziehen und keine alphabetischen Zeichen in Feldern für numerische Eingaben erlauben. Wenn Anwender einen Fehler machen, sollte

das System den Fehler erkennen und einfache, konstruktive und spezifische Instruktionen zur Wiederherstellung anbieten. Beispielsweise sollten Anwender nicht einen Befehl erneut komplett eintippen müssen, sondern es sollte reichen, den fehlerhaften Teil zu korrigieren. Fehlerhafte Aktionen sollten den Status des Systems nicht beeinflussen, oder das System sollte Anweisungen geben, wie der Status wiederherzustellen ist.

6. *Erlauben Sie eine leichte Umkehr von Aktionen* So oft wie möglich sollten Aktionen umkehrbar sein. Diese Eigenschaft ist angstmindernd, weil die Anwender wissen, dass Fehler rückgängig gemacht werden und sie es somit wagen können, nicht vertraute Optionen einfach auszuprobieren. Die Einheiten der Umkehrbarkeit könnten eine einzelne Aktion sein, eine Dateneingabe oder eine vollständige Gruppe von Handlungen so wie die Eingabe eines Namens und eines Adress-Blocks.

7. *Unterstützen Sie das interne Kontrollbedürfnis* Erfahrene Operatoren legen sehr viel Wert auf das Gefühl, dass sie das System vollständig kontrollieren und dass sich das System nach ihren Anweisungen richtet. Überraschende Aktionen des Systems, ermüdende Sequenzen der Dateneingabe, Unmöglichkeit oder Komplikationen beim Erlangen notwendiger Informationen und die Unfähigkeit, die gewünschte Aktion zustande zu bringen, schaffen Angst und Unzufriedenheit. Mit seiner Regel *Vermeiden Sie Akausalität* und mit seiner Anregung, die Anwender sollten Aktionen *auslösen*, statt nur auf sie zu *reagieren*, fing Gaines (1981) einen Teil dieses Prinzips ein.

8. *Reduzieren Sie die Belastung für das Kurzzeitgedächtnis* Die Begrenzung der menschlichen Informationsverarbeitung im Kurzzeitgedächtnis (die Faustregel ist, dass Menschen sich an »sieben plus oder minus zwei Brocken« von Informationen erinnern können) erfordert es, dass die Anzeigen einfach gehalten, multiple Anzeigeseiten zusammengelegt, die Frequenz der Fenster-Bewegungen reduziert und ausreichende Trainingszeiten für Codes, Eselsbrücken und Aktionssequenzen zugestanden werden. Wo es angemessen erscheint, sollte ein Online-Zugang zu den Formen der Befehlssyntax, Abkürzungen, Codes und anderen Informationen ermöglicht werden.

Diese grundlegenden Prinzipien müssen für jede Umgebung interpretiert, verfeinert und ausgebaut werden. Die Prinzipien, die in den folgenden Abschnitten vorgestellt werden, konzentrieren sich auf die Steigerung der Produktivität der Anwender durch die Bereitstellung vereinfachter Prozeduren zur Dateneingabe, verständliche Anzeigen und schnelles informatives Feedback, und das erhöht die Gefühle von Kompetenz, Meisterschaft und Kontrolle über das System.

2.6 Prinzip 3: Verhindere Fehler

Es gibt keine Medizin gegen den Tod, und gegen Fehler fand noch niemand eine Regel.

Sigmund Freud (Widmung, die er auf sein Porträt schrieb)

Anwender von Textverarbeitungssystemen, Spreadsheets, Einrichtungen zur Datenbankabfrage, Flugleitsystemen und anderen interaktiven Systemen machen weit häufiger Fehler, als man annehmen sollte. Card et al. (1980) berichteten, dass erfahrene professionelle Anwender von Textverarbeitung und Betriebssystemen in 31 % der Aufgaben, die ihnen gestellt wurden, Fehler machten oder ineffektive Strategien nutzten. Brown und Gould (1987) fanden heraus, dass sogar erfahrene Autoren in fast der Hälfte ihrer Spreadsheets Fehler machten. Andere Studien enthüllten, wie problematisch Anwenderfehler sind und welches Ausmaß der dadurch entstehende Produktivitätsverlust annimmt.

Eine Möglichkeit, den durch Fehler entstehenden Produktivitätsverlust zu reduzieren, ist die Verbesserung der durch das Computersystem angezeigten Fehlermeldungen. Shneiderman (1982) berichtete von fünf Experimenten, in denen Änderungen bei den Fehlermeldungen zu verbesserten Erfolgen bei der Fehlerbewältigung, geringeren Fehlerraten und verbesserter individueller Befriedigung führte. Überlegene Fehlermeldungen waren präziser, im Tonfall positiv und konstruktiv (der Anwender erhielt Hinweise, was zu tun sei, anstatt einfach nur auf das Problem aufmerksam gemacht zu werden). Die Designer wurden angehalten, statt vage oder feindselige Meldungen wie SYNTAX ERROR oder ILLEGAL DATA zu benutzen, informative Botschaften wie FEHLENDE RECHTE KLAMMER oder AUSWAHLMÖGLICH-KEITEN LIEGEN IM BEREICH 1 BIS 6 zu verwenden.

Verbesserte Fehlermeldungen sind jedoch nur Stückwerk. Ein effektiverer Ansatz ist die generelle Vermeidung von Fehlermöglichkeiten. Dieses Ziel ist für viele Systeme einfacher zu erreichen, als es den Anschein haben mag.

Der erste Schritt ist das Verständnis von der Natur der Fehler. Eine Perspektive ist, dass Menschen Fehler oder »Ausrutscher« (Norman, 1983) unterlaufen, und Designer können ihnen helfen, diese zu vermeiden, indem sie Anzeigen und Menüs funktional anordnen, Befehle oder Menüauswahl klar unterscheidbar designen und es den Anwendern schwer machen, unumkehrbare Aktionen auszuführen. Norman bietet andere Richtlinien an wie Nicht-Möglich-Modi, Feedback über den Status des Systems geben und das Design nach der Konsistenz der Befehle ausrichten. Normans Analyse stellt praktische Beispiele und eine nützliche Theorie vor.

Drei Techniken können Fehler reduzieren, indem vollständige und richtige Aktionen sichergestellt werden: korrekt passende Paare, vollständige Sequenzen und korrekte Befehle.

2.6.1 Korrekt passende Paare

Ein häufiges Problem sind fehlende korrekt passende Paare. Es hat viele Ausprägungen und einige einfache Präventionsstrategien. Ein Beispiel ist der Fehler, nach einer linken Klammer die schließende rechte Klammer zu vergessen. Wenn ein bibliografisches Suchsystem Boolesche Ausdrücke wie COMPUTER UND (PSYCHOLOGIE ODER SOZIOLOGIE) erlaubt, und der Anwender vergisst die rechte Klammer, gäbe das System eine Botschaft wie SYNTAX ERROR aus oder hilfreicher noch eine aussagekräftigere Botschaft wie RECHTE KLAMMER FEHLT.

Entsprechend sind andere paarweise Markierungen nötig, um Fettdruck, Kursivschreibung oder unterstrichenen Text in einer Textverarbeitung oder beim Webprogrammieren ein- und auszuschalten. Wenn die Textdatei <B>Dies ist Fettdruck</B> enthält, erscheinen die drei Worte zwischen den Markierungen fett gedruckt. Wenn das nachfolgende </B> fehlt, könnte der nachfolgende Text unbeabsichtigt fett gedruckt werden.

In jedem dieser Fälle ist eine paarweise Markierung für die vollständige und korrekte Operation nötig. Unterlassung der abschließenden Markierung kann durch die Verwendung eines Editors, vorzugsweise bildschirmorientiert, verhindert werden, der die öffnende und die schließende Komponente eines Paares auf dem Bildschirm in eine Handlung legt. Beispielsweise erstellt das Eintippen einer linken Klammer gleichzeitig eine linke und rechte Klammer und setzt den Cursor dazwischen, um die Eingabe von Inhalt zu erlauben. Ein Versuch, eine der beiden Klammern zu löschen, führt zur Löschung der anderen Klammer (und möglicherweise auch des Inhaltes dazwischen). Somit kann der Text nie in syntaktisch inkorrekter Form erscheinen. Einige mögen diesen rigiden Ansatz zu restriktiv finden. Für sie mag eine mildere Form des Schutzes angemessen erscheinen. Beispielsweise könnte beim Eingeben einer linken Klammer in der linken unteren Ecke des Bildschirms eine Botschaft mit dem Hinweis erscheinen, dass die rechte Klammer fehlt, bis dieses Zeichen eingetippt wurde.

2.6.2 Vollständige Sequenzen

Manchmal erfordert eine Handlung mehrere Schritte oder Befehle zur Vervollständigung. Da einige vergessen könnten, alle Schritte einer Aktion durchzuführen, versuchen Designer, eine Sequenz von Schritten als eine einzelne Aktion anzubieten. In einem Automobil muss der Fahrer nicht zwei Schalter betätigen, um das Fahren nach links anzuzeigen. Ein einzelner Schalter betätigt beide (vorne und hinten) Blinklichter auf der linken Seite des Wagens. Wenn ein Pilot einen Hebel umlegt, um die Landevorrichtung auszufahren, werden Hunderte von Schritten und Kontrollen automatisch ausgelöst.

Dieses gleiche Konzept kann zur interaktiven Nutzung des Computers angewendet werden. Beispielsweise wird die Sequenz von Einwahl, Einstellung der Kommunikationsparameter, Login und Dateien laden von vielen Anwendern häufig gebraucht. Glücklicherweise gestatten es die meisten Softwarepakete zur Kommunikation den Anwendern, diese Prozesse einmal einzustellen und dann einfach durch die Auswahl des entsprechenden Namens auszuführen.

Anwender bei einer Textverarbeitung sollten in der Lage sein, die Überschriften der Abschnitte zentrieren und in unterstrichener Großschrift anzeigen zu lassen, ohne jedes Mal bei der Erstellung eines Titels für den Abschnitt eine Reihe von Befehlen eingeben zu müssen. Wenn dann der Anwender den Stil der Überschriften ändern möchte – wenn er z.B. das Unterstreichen herausnehmen will –, wird ein einzelner Befehl garantieren, dass alle Überschriften von Abschnitten konsistent überarbeitet werden.

Ein abschließendes Beispiel: Fluglotsen könnten Pläne formulieren, um in zwei Phasen die Höhe eines Flugzeuges von 14.000 auf 18.000 Fuß zu steigern. Nachdem er das Flugzeug auf 16.000 Fuß geleitet hat, könnte der Kontrolleur abgelenkt werden und somit die Aktion nicht vollständig ausführen. Der Kontrolleur sollte in der Lage sein, den Plan aufzuzeichnen und den Computer dann die Durchführung bestätigen lassen.

Die Vorstellung vollständiger Sequenzen von Aktionen könnte schwierig zu implementieren sein, weil es erfordern kann, dass Anwender ebenso kleinste Aktionen wie komplette Sequenzen eingeben müssen. In diesem Fall sollte es den Anwendern erlaubt sein, ihre eigenen Sequenzen zu definieren. Das Konzept von Makros und Subroutinen solle auf jeder Benutzungsebene verfügbar sein.

Designer können Informationen über potenziell vollständige Sequenzen erhalten, indem sie Befehle, die tatsächlich von Personen eingegeben wurden, und reale, von Menschen gemachte Fehlermuster studieren.

2.6.3 Korrekte Befehle

Industrielle Designer erkennen, dass erfolgreiche Produkte sicher sein und den Anwender davor bewahren müssen, gefährlichen falschen Gebrauch vom Produkt zu machen. Flugzeugmotoren können nicht eher in den Rückwärtsgang geschaltet werden, bis die Landevorrichtungen vollständigen Bodenkontakt haben, und bei Autos kann man den Rückwärtsgang nicht einlegen, wenn man schneller als 5 Meilen pro Stunde fährt. Viele einfache Kameras verhindern Doppelbelichtungen (auch wenn der Fotograf ein Bild zweimal belichten möchte), und Geräte haben Sicherheitsvorkehrungen, damit man nicht daran herumbasteln kann, während der Strom eingeschaltet ist (auch wenn Experten gelegentlich Untersuchungen durchführen müssen).

Die gleichen Prinzipien können bei interaktiven Systemen angewendet werden. Schauen wir uns diese typischen Fehler bei der Benutzung von Befehlssprachen an: es werden nicht verfügbare Befehle eingegeben, nicht existente Dateien angefordert oder nicht akzeptable Datenwerte eingegeben. Diese Fehler werden oft durch ärgerliche typografische Fehler verursacht, wie z.B. einer unrichtigen Befehlsabkürzung, das Betätigen einer Reihe von Tasten statt der gewünschten einzelnen Taste, Verschreiben beim Dateinamen oder kleinere Fehler wie Auslassen, Einfügen oder Vertauschen von Zeichen. Fehlermeldungen reichen vom lästigen ? oder WHAT? über das vage UNRECOGNIZED COMMAND oder SYNTAX ERROR bis zum tadelnden BAD FILE NAME oder ILLEGAL COMMAND. Das kurze »?« ist geeignet für Experten, die einen trivialen Fehler gemacht haben und ihn erkennen können, wenn sie die Befehlszeile auf dem Bildschirm sehen. Aber wenn ein Experte es gewagt hat, einen neuen Befehl auszuprobieren, und seine Durchführung falsch verstanden hat, ist die kurze Botschaft nicht hilfreich. Sie müssen Ihre Planung unterbrechen, um sich der Korrektur des Problems zuzuwenden – und Ihrer Frustration, nicht das zu bekommen, was Sie wollten.

Einige Systeme bieten eine automatische Vervollständigung der Befehle an, die den Benutzern erlaubt, nur einige Buchstaben eines sinnvollen Befehls einzutippen. Sie könnten den Computer durch das Betätigen der Leertaste auffordern, den Befehl zu vervollständigen, oder der Computer kann das übernehmen, wenn die Eingabe ausreicht, um diesen Befehl von anderen zu unterscheiden. Automatische Befehlskomplettierung kann Tastatureingaben ersparen und wird von vielen Anwendern gewünscht, aber es kann auch unterbrechend wirken, weil der Anwender überlegen muss, wie viele Zeichen für jeden Befehl eingegeben werden müssen, und sicherzustellen hat, dass der Computer die beabsichtigte Vervollständigung durchgeführt hat.

Eine effektivere Fehlervorsorge ist der Einsatz von direkt manipulativen Strategien, bei der einer Auswahl der Vorzug vor dem Eintippen von Befehlen gegeben wird. Der Computer präsentiert zulässige Kommandos, Auswahlmenüs oder Dateinamen auf dem Bildschirm, und die Anwender wählen mit einem Eingabegerät aus. Dieser Ansatz ist effektiv, wenn der Bildschirm genügend Platz vorhält, die Anzeigerate flott und das Eingabegerät schnell und akkurat ist.

2.7 Richtlinien für Datenanzeige

Die Trennung zwischen grundlegenden Prinzipien und eher informellen Richtlinien hat keine scharfe Grenze. Jedoch können umsichtige Designer zwischen psychologischen Prinzipen (Wickens, 1993; Bridger, 1995) und praktischen Richtlinien, die aus den Erfahrungen mit einer speziellen Anwendung herrühren, unterscheiden. Richtlinien für Datenanzeige werden durch viele Organisationen entwickelt. Ein Richtlinien-Dokument kann für die Konsistenz bei verschiedenen Designern, die Aufzeichnung praktischer Erfahrungen, die Verwertung von Ergebnissen empirischer Studien und die Bereitstellung sinnvoller Faustregeln sorgen (siehe Kapitel 3 und 11). Die Erstellung eines Richtlinien-Dokumentes verwickelt die Gemeinschaft der Designer in eine lebhafte Diskussion über Eingabe- und Ausgabeformate, Befehlssequenzen, Terminologie und Hardware (Brown, 1988; Galitz, 1993). Inspirationen für Design-Richtlinien können auch von Grafikdesignern kommen (Tufte 1983, 1990, 1997; Mullet und Sano, 1995).

2.7.1 Die Organisation des Displays

Smith und Mosier (1986) offerieren fünf übergeordnete Ziele für die Datenanzeige, die wesentlich bleiben:

1. *Konsistenz des Datendisplays* Während des Designprozesses sollte die Terminologie, die Abkürzungen, Formate, Farben, Großschreibungen usw. alle durch die Verwendung eines schriftlichen (oder computerunterstützten) Lexikons dieser Items standardisiert und kontrolliert werden.

2. *Effiziente Informationsanpassung durch den Anwender* Das Format sollte dem Operator vertraut sein und sich auf die Aufgaben beziehen, die mit diesen Daten durchgeführt werden sollen. Diesem Ziel wird man gerecht durch Regeln für säuberliche Datenreihen, Ausrichtung nach links für alphanumeri-

sche Daten, Ausrichtung nach rechts für Summen, Ausrichtung nach Dezimalpunkten, passende Raumaufteilung, Verwendung verständlicher Label und angemessene Maßeinheiten und Stellen bei Dezimalzahlen.

3. *Minimale Gedächtnisbelastung der Anwender* Man sollte nicht gezwungen sein, sich Informationen von einem Screen für die Verwendung auf einem anderen Screen merken zu müssen. Aufgaben sollten so arrangiert werden, dass die Erfüllung mit wenigen Aktionen möglich ist, dadurch wird die Möglichkeit minimiert, dass ein Schritt vergessen wird. Label und übliche Formate sollten Neulingen oder periodischen Anwendern zur Verfügung stehen.

4. *Kompatibilität von Datendisplay mit Dateneingabe* Das Format der angezeigten Information sollte klar mit dem Format der Dateneingabe verbunden sein. Wo möglich und angemessen, sollten die Ausgabefelder sich wie editierbare Eingabefelder verhalten.

5. *Flexible Kontrolle des Datendisplays durch Anwender* Die Informationen auf dem Display sollten dem Anwender in der für die Aufgabe, an der sie arbeiten, am besten passenden Form zur Verfügung stehen. Beispielsweise sollte die Reihenfolge von Spalten und das Sortieren von Reihen durch den Anwender leicht beeinflussbar sein.

Dieser kompakte Satz von übergeordneten Zielen ist ein hilfreicher Ausgangspunkt, aber jedes Projekt muss ihn durch von der Hardware abhängige und anwendungsspezifische Standards und Praktiken erweitern. Beispielsweise entstammen die folgenden generischen Richtlinien einem Bericht über das Design von Kontrollräumen für elektrische Einrichtungen (Lockheed, 1981):

- Seien Sie konsistent bei der Etikettierung und grafischen Konventionen.
- Standardisieren Sie Abkürzungen.
- Benutzen Sie konsistente Formate in allen Displays (Kopf- und Fußzeilen, Seitennummerierungen, Menüs usw.).
- Zeigen Sie für jede Displayseite eine Seitenzahl an und erlauben Sie die Möglichkeit, eine Seite durch Eingabe einer Nummer direkt aufzurufen.
- Zeigen Sie Daten nur an, wenn sie den Operator unterstützen.
- Zeigen Sie Informationen grafisch an, wo es angemessen ist, indem Sie unterschiedlich breite Linien, die Position von Markierungen auf einer Skala und andere Techniken einsetzen, die einem das Lesen und Interpretieren von alphanumerischen Daten abnehmen.
- Zeigen Sie digitale Werte nur an, wenn die Kenntnis von numerischen Werten notwendig und hilfreich ist.

- Verwenden Sie hochauflösende Monitore, und warten Sie diese, um ein Maximum an Anzeigequalität zu erhalten.

- Gestalten Sie ein Display monochrom, indem Sie Abstände und Arrangements für die Organisation nutzen, und geben Sie Farben hinzu, wo es dem Operator helfen wird.

- Beziehen Sie Anwender in die Entwicklung von neuen Displays und Prozeduren mit ein.

Kapitel 11 diskutiert diese Themen der Datenanzeige eingehender.

2.7.2 Die Aufmerksamkeit des Anwenders erlangen

Da wesentliche Informationen für die normale Arbeit des Anwenders angezeigt werden, müssen außergewöhnliche Bedingungen oder zeitabhängige Informationen so präsentiert werden, dass sie die Aufmerksamkeit anziehen (Wickens, 1992). Dafür gibt es verschiedene Techniken:

- *Intensität* Verwenden Sie nur zwei Level, und begrenzen Sie die Verwendung hoher Intensität nur auf das Erlangen von Aufmerksamkeit.

- *Markierung* Nutzen Sie Unterstreichungen, Umschließen mit einem Kasten, darauf Zeigen mit einem Pfeil oder einen Indikator wie Sternchen, Gliederungspunkte, Gedankenstriche, Plus- oder X-Zeichen.

- *Größe* Verwenden Sie bis zu vier Größen, die größeren für mehr Aufmerksamkeit.

- *Schriftauswahl* Verwenden Sie bis zu drei Schriftarten.

- *Invertierte Anzeige* Verwenden Sie invertierte Farbgebung.

- *Blinken* Wenden Sie blinkende Anzeigen (2 bis 4 Hertz) mit großer Sorgfalt und in ausgewählten Bereichen an.

- *Farbe* Verwenden Sie bis zu vier Standardfarben, wobei Sie zusätzliche Farben für gelegentlichen Gebrauch reservieren.

- *Blinkende Farben* Verwenden Sie Farbwechsel (Blinken mit zwei Farben) mit großer Sorgfalt und in ausgewählten Bereichen.

- *Klänge* Verwenden Sie weiche Töne für reguläres, positives Feedback und grelle Töne für seltene Notfallsituationen.

Einige Worte der Vorsicht sind nötig. Es besteht die Gefahr, durch ein Übermaß dieser Techniken vollgestopfte Displays zu schaffen. Neulinge brauchen einfache, logisch organisierte und gut beschriftete Displays, die ihre Aktionen leiten. Experten brauchen keine extensive Feldbeschriftungen, subtile Hervorhebungen oder

Präsentationen an bestimmten Positionen genügen. Anzeigeformate müssen durch Anwender auf Verständlichkeit getestet werden.

Gleich hervorgehobene Items werden als miteinander verbunden wahrgenommen. Farbkodierung ist beim Verlinken verwandter Items besonders wirksam, aber diese Verwendung macht es schwieriger, Items über Farbkodierungen zu gruppieren. Eine Kontrolle der Anwender über die Hervorhebungen – beispielsweise die Möglichkeit für einen Fluglotsen, sich Darstellungen von Flugzeugen über 18.000 Fuß Höhe in orange anzeigen zu lassen – kann eine nützliche Lösung für persönliche Vorlieben darstellen. Hervorhebungen können durch verstärkte Intensität, Blinken oder andere Methoden erreicht werden.

Klänge wie die Tastenklicks oder Klingeln in Telefonen können ein informatives Feedback über den Fortschritt darstellen. Ein Signal in Notfällen alarmiert die Anwender rasch, aber es sollte ein Mechanismus zur Unterdrückung eines Alarms vorhanden sein. Wenn verschiedene Alarmtypen verwendet werden, sind Tests nötig, um sicherzustellen, dass die Anwender die Alarmlevel unterscheiden können. Aufgezeichnete oder synthetische Stimmen sind eine interessante Alternative, aber da sie mit der Kommunikation zwischen den Anwendern in Konflikt geraten können, sollten sie behutsam eingesetzt werden.

2.8 Richtlinien für Dateneingabe

Aufgaben, die Dateneingaben erfordern, können einen wesentlichen Bestandteil der Zeit eines Operators einnehmen und sind die Quelle von frustrierenden und potenziell gefährlichen Fehlern. Smith und Mosier (1986) schlagen fünf übergeordnete Ziele für die Dateneingabe vor:

1. *Konsistenz der Transaktionen zur Dateneingabe* Gleichartige Aktionssequenzen sollten unter allen Bedingungen verwendet werden; es sollten gleichartige Trennzeichen, Abkürzungen usw. angewandt werden.

2. *Minimale Eingabeaktionen durch den Anwender* Weniger Eingabeaktionen bedeuten größere Produktivität des Operators und – meistens – weniger Fehlermöglichkeiten. Es ist auf jeden Fall vorteilhafter, eine Auswahl durch einen einzelnen Tastendruck, Mausauswahl oder Fingerdruck vorzunehmen, als eine langatmige Folge von Zeichen einzutippen. Die Auswahl aus einer vorgegebenen Liste enthebt einen von der Notwendigkeit der Erinnerung, strukturiert die Aufgabe der Entscheidungen und eliminiert die Möglichkeit typografischer

Fehler. Jedoch verringert sich der Vorteil, wenn Anwender ihre Hände von der Tastatur zu einem separaten Eingabegerät bewegen müssen, weil die Ausgangsposition verloren geht. Erfahrene Anwender ziehen es oft vor, sechs bis acht Zeichen einzutippen, statt einen Lightpen, Joystick oder ein ähnliches Auswahlgerät zu bedienen.

3. Ein zweiter Aspekt dieser Richtlinie ist, dass redundante Dateneingabe verhindert werden sollte. Es ist lästig für die Anwender, die gleiche Information an zwei Stellen einzutragen, weil der doppelte Eintrag als Zeitverschwendung und Möglichkeit für Fehler betrachtet wird. Wenn die selbe Information an zwei Stellen benötigt wird, sollte das System die Information für den Anwender kopieren, der weiter die Option hat, dies durch erneute Eingabe zu überschreiben.

4. *Minimale Gedächtnisbelastung der Anwender* Bei der Dateneingabe sollte von Anwendern nicht gefordert sein, langwierige Listen von Codes oder komplexe syntaktische Befehlsfolgen zu erinnern.

5. *Kompatibilität der Dateneingabe mit der Datenanzeige* Das Format der eingetragenen Dateninformation sollte eng verbunden sein mit dem Format der angezeigten Information.

6. *Flexibilität der Anwenderkontrolle von Dateneingabe* Erfahrene Operatoren können es bei der Dateneingabe vorziehen, die Informationen in einer Sequenz einzugeben, die sie kontrollieren können. Beispielsweise kann manchmal in einer Fluglotsenumgebung das vorrangige Feld in der Aufmerksamkeit des Operators die Ankunftszeit sein, bei anderen Gelegenheiten ist es das Feld für die Flughöhe. Flexibilität sollte sorgsam angewandt werden, weil es gegen das Prinzip der Konsistenz geht.

2.9 Balance zwischen Automatisierung und menschlicher Kontrolle

Die in den vorherigen Abschnitten beschriebenen Prinzipien befinden sich in Harmonie mit dem Ziel der Vereinfachung der Aufgaben des Anwenders – die Eliminierung menschlicher Aktionen, wo keine Beurteilung erforderlich ist. Anwender können somit störende Routinehandlungen und ermüdende, fehleranfällige Aufgaben vermeiden und sich auf wichtige Entscheidungen, Planungen und die Bewältigung von unerwarteten Situationen konzentrieren (Sanders und McCormick, 1993). Computer sollten dazu eingesetzt werden, die Spur von großen Daten-volumen zu verfolgen und wiederzufinden, voreingestellten Handlungsmustern zu folgen und komplexe mathematische oder logische Operationen auszuführen (Tabelle 2.2 zeigt einen detaillierten Vergleich zwischen menschlichen und Maschi-nenfähigkeiten).

Tabelle 2.2: Relative Fähigkeiten von Menschen und Maschinen
Quelle: zusammengestellt aus Brown, 1988; Sanders und McCormick, 1993

Menschen können im Allgemeinen besser	Maschinen können im Allgemeinen besser
Leichte Reize fühlen	Reize außerhalb menschlicher Wahrneh-mung registrieren
Reize in einer lauten Umgebung orten	Physikalische Mengen zählen oder messen
Konstante Muster in unterschiedlichen Situationen erkennen	Einheiten kodierter Informationen akkurat abspeichern
Ungewöhnliche und unerwartete Vorkomm-nisse spüren	Vorher spezifizierte Ereignisse überwachen, insbesondere selten vorkommende
Prinzipien und Strategien erinnern	Schnelle und konsistente Reaktionen auf Eingabesignale durchführen
Passende Details ohne vorherige Verbindung einholen	Große Mengen detaillierter Information akkurat aufrufen
Aus Erfahrungen Schlüsse ziehen und Ent-scheidungen an Situationen anpassen	Datenmengen in vorher festgelegter Weise verarbeiten
Induktiv begründen: Beobachtungen genera-lisieren	Deduktiv begründen: aus einem allgemeinen Prinzip herleiten
Alternativen auswählen, wenn der erste Ver-such schief geht	Sich wiederholende, vorher programmierte Aktionen verlässlich ausführen
In unvorhersehbaren Notfällen und neuarti-gen Situationen handeln	Große physische Kraft äußerst kontrolliert ausüben
Prinzipien zur Lösung von unterschiedliche Probleme anwenden	Mehrere Aktivitäten simultan ausführen
Subjektive Evaluationen durchführen	Operationen unter großer Informationsbe-lastung durchführen
Neue Lösungen entwickeln	Leistungen über eine lange Zeit aufrecht erhalten
Sich auf wichtige Aufgaben konzentrieren, wenn Überlastung eintritt	
Physische Reaktionen an Änderungen der Situation anpassen	

Der Grad der Automatisierung wird sich über die Jahre immer mehr erhöhen, wenn Prozeduren immer standardisierter werden, die Verlässlichkeit von Hardware steigt und sich die Verifikation und Validation von Software verbessert. Bei Routineaufgaben sollte man der Automatisierung den Vorzug geben, weil das Fehlerpotenzial gesenkt werden kann. Jedoch bin ich der Meinung, dass der Mensch stets eine ausschlaggebende Rolle spielen wird, da die reale Welt ein *offenes System* ist (es gibt eine unzählbare Anzahl unvorhersehbarer Ereignisse und Systemfehler). Im Kontrast dazu bilden Computer ein *geschlossenes System* (es gibt nur eine zählbare Anzahl von normalen und Fehlersituationen, die man in Hard- und Software unterbringen kann). Menschliches Urteilsvermögen wird bei den unvorhersagbaren Ereignissen benötigt, in denen einige Handlungen durchgeführt werden müssen, um die Sicherheit zu bewahren, teure Fehler zu vermeiden oder die Produktqualität zu erhöhen (Hancock und Scallen, 1996).

Beispielsweise beinhalten alltägliche Aktionen bei Flugleitsystemen die Veränderungen von Flughöhe, Richtung oder Geschwindigkeit. Mit diesen Aktionen kennt man sich gut aus, und sie können potenziell durch Algorithmen zur Zeitplanung und Richtungszuordnung automatisiert werden, aber die Kontrolleure müssen anwesend sein, um mit stark variierenden, unvorhersagbaren Notfallsituationen umzugehen. Ein automatisiertes System könnte erfolgreich ein hohes Flugaufkommen managen, aber was würde passieren, wenn der Manager des Flughafens zwei Startbahnen wegen stürmischem Wetter sperrt? Die Kontrolleure müssten die Flugzeuge schnell umleiten. Nehmen wir an, es gibt nur eine freie Startbahn, und ein Pilot fordert eine besondere Landeerlaubnis an, weil ein Motor ausgefallen ist, während ein anderer Pilot in einem anderen Flugzeug einen Fluggast mit einem potenziellen Herzversagen meldet. Menschliches Urteilsvermögen ist zur Entscheidung nötig, welches Flugzeug zuerst landen soll, und wie viel kostenaufwändige und riskante Umleitung des normalen Flugverkehrs angemessen ist. Fluglotsen können nicht einfach in den Notfall hinein springen, sie müssen sich intensiv mit der Situation beschäftigen, während sie entsteht, wenn sie eine begründete und schnelle Entscheidung machen sollen. Kurzum, Situationen aus der realen Welt sind so komplex, dass es unmöglich ist, jede Gelegenheit zu antizipieren und daraufhin zu programmieren. Menschliches Urteilsvermögen und Werte werden im Prozess der Entscheidungsfindung benötigt.

Ein anderes Beispiel der Komplexität von Situationen aus der realen Welt stammt aus einem Vorfall an Bord einer Boeing 727, auf der in der Nähe eines Flughafens ein Feuer ausbrach. Der Kontroller räumte den anderen Verkehr aus dem Flugweg und begann, das Flugzeug in den Landeanflug zu begleiten. Der Rauch war so dick, dass der Pilot kaum noch seine Instrumente lesen konnte. Dann brannte der Sender an Bord aus, so dass die Fluglotsen die Flughöhe nicht mehr auf ihren Anzeigen ablesen konnten. Trotz dieser vielfältigen Fehler konnten der Kontroller und der Pilot das Flugzeug schnell genug auf den Boden bringen, um viele Leben – aber nicht alle – zu retten. Ein Computer hätte nicht so programmiert werden können, dass er mit dieser besonderen Serie von Vorfällen hätte umgehen können.

Ein tragisches Ergebnis übermäßiger Automatisierung fand 1995 auf einem Flug nach Cali, Colombia, statt. Die Piloten verließen sich auf den Autopiloten und bemerkten nicht, dass das Flugzeug eine große Kehrtwende machte und zu einer Stelle zurückkehrte, die sie schon passiert hatten. Als der Alarm für die Bodenkollision ertönte, waren die Piloten zu desorientiert, um das Flugzeug rechtzeitig hochzuziehen. Sie prallten 70 Meter unterhalb der Bergspitze auf.

Das Ziel des Systemdesigns in vielen Applikationen ist, den Operatoren ausreichend Informationen über den gegenwärtigen Status und die momentanen Aktivitäten zu geben, damit sie, wenn eine Intervention erforderlich ist, das Wissen und das Vermögen haben, sich richtig zu verhalten, auch wenn es teilweise Ausfälle oder Fehler gibt. In immer stärkerem Maße ist es die Rolle des Menschen, auf unvorhergesehene Situationen, Ausfall des Equipments, menschliches Versagen und unvollständige oder fehlerhafte Daten zu reagieren (Eason, 1980; Sheridan, 1988; Billings, 1997).

Das gesamte System muss nicht nur für normale Situationen designt und getestet werden, sondern auch für so viel anomale Situationen wie möglich. Ein umfangreicher Satz von Testbedingungen könnte als Teil des Pflichtenheftes aufgenommen werden. Operatoren müssen genug Informationen haben, damit sie die Verantwortung für ihre Handlungen übernehmen können.

Jenseits der Durchführung von produktiven Aufgaben der Entscheidungsfindung und der Fehlerbewältigung wird die Rolle des menschlichen Operators die Verbesserung des Systemdesigns sein. In komplexen Systemen besteht immer die Möglichkeit einer Verbesserung, so werden Systeme, die sich der Verfeinerung zur Verfügung stellen, sich über kontinuierliches inkrementales Redesign durch die Operatoren weiterentwickeln.

Die Balance zwischen Automatisierung und menschlicher Kontrolle tritt auch im privaten wie beruflichen Bereich als Angelegenheit für Systeme zur Automatisierung auf. Einige Designer werben für die Idee von autonomen, adaptiven oder menschenähnlichen Agenten, die die Absichten der Anwender ausführen oder ihre Bedürfnisse vorausahnen (Maes, 1994, 1995; Hayes-Roth, 1995; Hendler, 1996).

Ihre Szenarien zeigen zur Repräsentation des Agenten oft ein verständnisvolles, an einen Butler erinnerndes menschliches Wesen (so wie der hilfreiche junge Mann mit Schlips im Video über den *Knowledge Navigator* aus dem Jahr 1987 von Apple Computer) oder sprechen den Agenten mit Vornamen an (so wie Sue oder Bill 1990 im Video von Hewlett-Packard über die Zukunft des Computers). Microsofts erfolgloses BOB-Programm benutzte Cartoon-Charaktere, um Partner auf dem Bildschirm zu schaffen. Andere haben *knowbots* oder *softbots* beschrieben – Agenten, die auf der Suche nach interessanter Information (wie man z.B. günstig an eine Reise nach Hawaii kommt) durch das World Wide Web kreuzen.

Viele Menschen fühlen sich von der Idee angezogen, dass ein mächtiger Bediensteter ihre Besorgungen erledigt und auf ihre Bedürfnisse achtet. Der Wunsch nach einem autonomen Agenten, der die Vorlieben und Abneigungen der Leute kennt, richtige Schlussfolgerungen zieht, sich an neuartige Situationen anpasst und sich mit wenig Anleitung kompetent aufführt, hat für manche Designer eine starke Anziehungskraft. Sie glauben daran, dass zwischenmenschliche Interaktion ein gutes Modell für Mensch-Computer-Interaktion ist, und sie trachten danach, computerbasierte Partner, Assistenten oder Agenten zu schaffen. Sie verkünden, dass ihre Designs intelligent und adaptiv sind, und oft verfolgen sie anthropomorphe Repräsentationen des Computers (siehe Besprechung im Abschnitt 11.3) bis zu dem Punkt, dass artifizielle Gesichter zum Anwender sprechen. Anthropomorphe Repräsentationen von Computern waren in Bankterminals, computerunterstützter Anweisung, sprechenden Autors und Poststationen ein Flop, trotzdem glauben diese Designer, dass sie einen Weg finden können, um Anwender anzulocken.

Eine Variante des Agenten-Szenarios, die keine anthropomorphe Realisierung beinhaltet, ist die Verwendung eines *Anwendermodells* durch den Computer, um ein adaptives System zu leiten. Das System verfolgt die Leistungen des Anwenders und passt sein Verhalten an die Bedürfnisse des Anwenders an. Beispielsweise bringen mehrere Vorschläge vor, dass wenn Anwender bei der Menüauswahl schneller werden und damit bessere Fertigkeiten andeuten, fortgeschrittene Menü-Items oder ein Interface mit einer Befehlszeile erscheinen könnten. Automatische Adaptionen wurden für folgende Bereiche vorgeschlagen: Reaktionszeiten, Länge der Botschaften, Häufigkeit des Feedback, Menüinhalte, Ordnung der Menü-Items (siehe Abschnitt 7.3 für Beweise gegen die Nützlichkeit dieser Strategie), Art des Feedbacks (grafisch oder tabellenförmig) und Inhalte von Hilfanzeigen. Befürworter weisen auf Videospiele hin, bei denen die Geschwindigkeit oder die Anzahl der Gefahren zunehmen, während der Anwender Fortschritte bei den Leveln des Spiels macht. Jedoch unterscheiden sich Spiele bemerkenswert von den meisten Arbeitssituationen, in denen Anwender externe Ziele und Motivationen haben, um ihre Aufgaben durchzuführen. Es gibt eine große Diskussion um Anwendermodelle, aber wenig empirische Beweise ihrer Effizienz.

Es gibt einige Gelegenheiten, bei denen adaptive Anwendermodelle Reaktionen des System zuschneiden können, aber auch nur gelegentlich unerwartetes Verhalten hat negative Begleiterscheinungen und schreckt von der Verwendung ab. Wenn adaptive Systeme überraschende Wechsel vornehmen, müssen Anwender pausieren, um nachzusehen, was passiert ist. Dann könnten sie ängstlich werden, weil sie nicht in der Lage sind vorherzusehen, was sich als Nächstes ändern wird, wie sie das Geschehene interpretieren sollen oder das System in den ursprünglichen Zustand zurückversetzen können. Vorschläge sind hilfreich, dass Anwender vor einem Wechsel konsultiert werden sollten, aber diese Störungen könnten doch problemlösende Prozesse unterbrechen und Anwender belästigen.

Die Agenten-Metapher basiert auf einer Design-Philosophie, die annimmt, Anwender werden von »autonomen, adaptiven, intelligenten« Systemen angezogen. Designer glauben, sie schaffen ein lebensähnliches und kluges System, trotzdem könnten sich Anwender bei diesen Systemen unbehaglich fühlen und diese nicht kontrollieren können. Erfolgsgeschichten von Befürwortern adaptiver Systeme schließen einige Trainings- und Hilfesysteme ein, die extensiv studiert und verfeinert wurden, um den Anwendern ein angemessenes Feedback für unterlaufene Fehler zu geben. Von diesen Systemen aus zu generalisieren, hat sich als schwieriger erweisen, als die Befürworter erhofft haben.

Diese Schwierigkeiten haben viele Befürworter von Agenten dazu gebracht, sich auf verteiltes Suchen und *Collaborative Filtering* (siehe Abschnitt 15.5) zu verlegen. Es gibt keinen sichtbaren Agenten und keine Adaption im Interface, aber die Applikationen sammeln Informationen aus vielen Quellen auf eine oft proprietäre Weise. Solche Blackbox-Ansätze haben einen großen Unterhaltungswert und sogar praktischen Wert in Fällen wie der Auswahl von Filmen, Büchern oder Musik. Jedoch wollen Mediziner bei der Suche nach einem Gegengift in einer toxikologischen Datenbank mehr vorhersagbares Verhalten und mehr Kontrolle darüber, was passiert, wenn sie ihre Suche einengen.

Die philosophische Alternative zu Agenten ist *Anwenderkontrolle, Verantwortlichkeit und Erfüllung*. Designer, die ihren Schwerpunkt auf einen direkt manipulativen Stil legen, glauben, dass Anwender ein starkes Bedürfnis danach haben, ein System zu kontrollieren und es zu beherrschen. Dann können Anwender Verantwortung für ihre Handlungen übernehmen und daraus ein Gefühl der Vollendung herleiten

(Lanier, 1995; Shneiderman, 1995). Historische Belege weisen darauf hin, dass Anwender nach verständlichen und vorhersagbaren Systemen suchen und vor denen zurückschrecken, die komplex oder nicht vorhersagbar sind; Piloten könnten Autopiloten abschalten, wenn sie den Eindruck gewinnen, dass diese Systeme nicht so arbeiten, wie sie es erwarten.

Verständliche und vorhersagbare Benutzerschnittstellen sollten die zugrunde liegende Komplexität der Berechnungen abdecken, auf die gleiche Art und Weise, wie das Einschalten der Zündung beim Auto für die Anwender verständlich ist, aber komplexe Algorithmen im Computer, der den Motor kontrolliert, aufruft. Diese Algorithmen können sich verschiedenen Motortemperaturen oder dem Luftdruck anpassen, aber die Aktionen auf der Ebene der Benutzerschnittstelle bleibt vorhersagbar.

Eine kritische Angelegenheit für Designer ist die klare Platzierung der Verantwortlichkeit für Fehler. Die Befürworter von Agenten vermeiden gewöhnlich das Thematisieren von Verantwortlichkeit, sogar für grundlegende Fragen wie die Verletzung von Copyrights oder schlimmere Mängel wie Bugs, die Zerstörung von Daten zur Folge haben können. Ihre Designs erlauben es selten, die Leistung des Agenten zu überwachen, und Feedback für die Anwender über das aktuelle Anwender-Modell wird oft wenig Berücksichtigung geschenkt. Jedoch erkennen und akzeptieren die meisten menschlichen Operatoren ihre Verantwortung für die Arbeitsvorgänge des Computers, und darum sorgen die Designer von medizinischen, militärischen oder Finanzanwendungen dafür, dass detailliertes Feedback zur Verfügung gestellt wird.

Eine Alternative zu Agenten und Anwendermodellen könnte sein, die Metapher des Armaturenbretts zu erweitern. Anwender nutzen aktuelle Kontrollpaneele, um physikalische Parameter einzustellen, so wie die Blinkrate des Cursors, Mausgeschwindigkeit oder Lautstärke eines Lautsprechers, und persönliche Präferenzen wie Datums- und Zeitformate, Platzierung und Formate der Menüs oder Farbpaletten einzustellen (Abb. 2.4 und 2.5). Einige Softwarepakete erlauben es den Anwendern, solche Parameter wie die Geschwindigkeit eines Spieles oder wie bei HyperCard den Anwendungslevel (vom Browsen zum Erstellen von Buttons, Skripten und Grafiken) einzustellen. Anwender beginnen auf Level 1 und können dann auswählen, wann sie auf höhere Ebenen wechseln. Oft sind Anwender zufrieden damit, bei einem komplexen System Experten auf Level 1 zu bleiben, anstatt sich mit den Unwägbarkeiten höherer Ebenen auseinander zu setzen. Weiter ausgearbeitete Schaltflächen existieren in den Formatvorlagen von Textverarbeitungssystemen, Spezifikationskästen bei Abfrageeinrichtungen und Tools zur Visualisierung von Informationen. Entsprechend kann Software für Zeitplanung ausgefeilte Kontrollmöglichkeiten anbieten, um Anwendern die Ausführung geplanter Prozeduren in regelmäßigen Intervallen oder ausgelöst durch andere Prozesses zu ermöglichen.

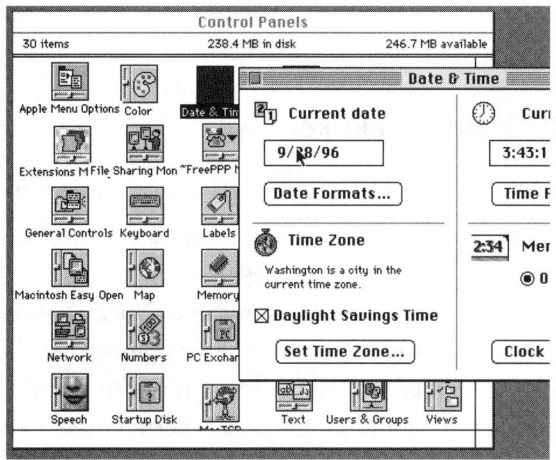

Abb. 2.4:   Kontrollschaltflächen des Macintosh MacOS 7.5 mit der Auswahl von Datum und Zeit (Verwendung mit Erlaubnis von Apple Computer, Inc., Cupertino, CA)

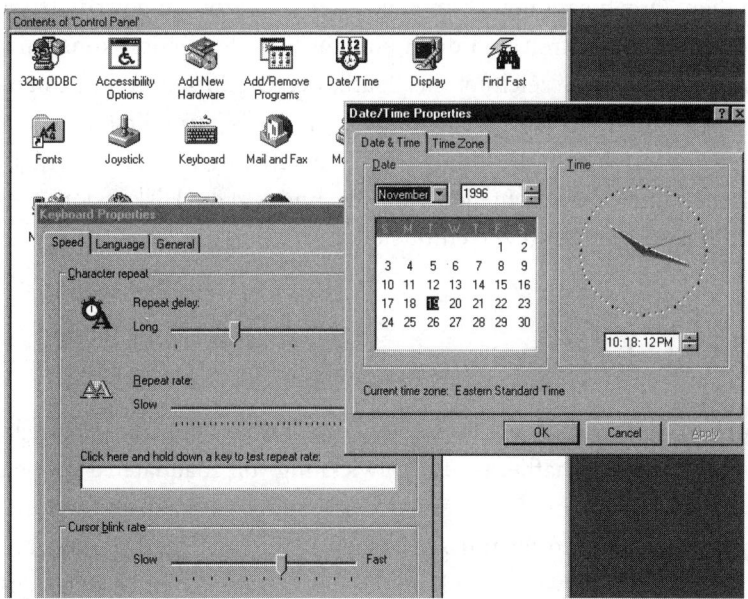

Abb. 2.5:   Systemeinstellungen bei Microsoft Windows 95 (Verwendung mit Erlaubnis von Microsoft Corp., Redmond, WA)

Kontrollpaneele bei Computern – so wie Fahrtensteuerung bei Automobilen und Fernbedienungen beim Fernsehen – sind so designt, dass sie das Gefühl von Kontrolle übertragen, die Anwender zu erwarten scheinen. Immer mehr werden komplexe Prozesse durch direkt manipulatives Programmieren (siehe Kapitel 6) oder durch grafische Beschreibungen von planmäßigen Prozeduren, Formatvorlagen und Schablonen spezifiziert.

2.10 Zusammenfassung für den Praktiker

Das Design von Benutzerschnittstellen ist ein komplexer und in höchstem Maße kreativer Prozess, in den Intuition, Erfahrung und eine sorgsame Abwägung verschiedener technischer Angelegenheiten eingehen. Von Designern wird erwartet, dass sie mit einer gründlichen Aufgabenanalyse und einer sorgsamen Spezifikation der Anwendergruppen beginnen. Ausführliche Aufzeichnungen von Aufgabenobjekten und -aktionen können zur Konstruktion hilfreicher Metaphern für Schnittstellenobjekte und -aktionen führen, von denen Neulinge und Experten unter den Anwendern gleichermaßen profitieren. Ausführliches Testen und wiederholte Überarbeitung sind notwendige Bestandteile eines jeden Entwicklungsprojektes.

Design-Prinzipien und -Richtlinien entstehen aus praktischer Erfahrung und empirischen Studien. Organisationen können von der Überarbeitung verfügbarer Richtlinien-Dokumente profitieren und dann eine lokalisierte Version konstruieren. Ein Richtlinien-Dokument zeichnet die Politik der Organisation auf, unterstützt die Konsistenz, hilft bei der Verwendung von Tools zum Erstellen von Benutzerschnittstellen, erleichtert die Einarbeitung neuer Designer, hält die Ergebnisse von praktischen und experimentellen Tests fest und regt die Diskussion über Themen aus dem Bereich der Benutzerschnittstellen an.

2.11 Ausblick für die Forschung

Das zentrale Problem für Psychologen, Professionelle aus dem Bereich der Human Factors und Computerwissenschaftler ist die Entwicklung von adäquaten Theorien und Modellen des Verhaltens von Menschen bei der Nutzung interaktiver Systeme. Traditionelle psychologische Theorien müssen ausgebaut und verfeinert werden, um den in diesen Applikationen notwendigen Komplex des menschlichen Lernens, des Erinnerungsvermögens und des Problemlösens einzubinden. Sinnvolle Ziele beinhalten beschreibende Taxonomien, erklärende Theorien und Vorhersagemodelle.

Ein erster Schritt kann die gründliche Erforschung einer abgegrenzten Aufgabe für eine einzelne Gruppe von Anwendern und die Entwicklung einer formalen Notation sein, mit der Aufgabenobjekte und -aktionen beschrieben werden können. Dann kann das Mapping zu Schnittstellenobjekten und -aktionen präzise durchgeführt werden. Dieser Prozess führt dann zu Vorhersagen über Lernzeiten, Leistungsgeschwindigkeiten, Fehlerquoten, persönlicher Befriedigung oder das menschliche Erinnerungsvermögen über längere Zeit, was in konkurrierenden Designs ausgewertet werden kann.

Als Nächstes könnte die Bandbreite von Aufgaben- und Anwendergruppen auf andere interessante Bereiche wie Textverarbeitung, Informationsbeschaffung oder Dateneingabe ausgedehnt werden. Mit jedem der vielen Hundert bisher vorgeschlagenen Design-Prinzipien oder -Richtlinien sind mehr begrenzte und angewandte Forschungsprobleme verbunden. Jede Bestätigung dieser Prinzipien und jede Klärung der Bandbreite von Anwendungsmöglichkeiten wäre ein kleiner, aber dienlicher Beitrag zum entstehenden Mosaik des menschlichen Verhaltens mit interaktiven Systemen.

World Wide Web

Websites beinhalten Theorien und Informationen über Anwender-Modelle. Ein großes Thema vieler Websites sind Agenten, die auch kritisch besprochen werden. Heiße Debatten finden in vielen Newsgroups statt, die über viele Standarddienste wie Lycos oder Infoseek gefunden werden können.

```
http://www.aw.com/DTUI
```

Quellen

Alexander, Christopher, Ishikawa, Sara, and Silverstein, Murray, *A Pattern Language: Towns, Buildings, Construction*, Oxford University Press, New York (1977).

Bailey, Robert W., *Human Performance Engineering: Using Human Factors/Ergonomics to Achieve Computer Usability* (Third Edition), Prentice-Hall, Englewood Cliffs, NJ (1996).

Bauer, Malcolm I., and John, Bonnie E., Modeling time-constrained learning in a highly interactive task, *Proc. CHI '95 Conference: Human Factors in Computing Systems*, ACM, New York (1996), 19–26

Billings, Charles E., *Animation Automation: The Search for a Human-Centered Approach*, Lawrence Erlbaum Assoc., Publishers, Mahwah, NJ (1997).

Bridger, R. S., *Introduction to Ergonomics*, McGraw-Hill, New York (1995).

Brown, C. Marlin, *Human–Computer Interface Design Guidelines*, Ablex, Norwood, NJ (1988).

Brown, P., and Gould, J., How people create spreadsheets, *ACM Transactions on Office Information Systems*, 5 (1987), 258–272.

Card, Stuart K., Theory-driven design research, in McMillan, Grant R., Beevis, David, Salas, Eduardo, Strub, Michael H., Sutton, Robert, and Van Breda, Leo (Editors), *Applications of Human Performance Models to System Design*, Plenum Press, New York (1989), 501–509.

Card, Stuart K., Mackinlay, Jock D., and Robertson, George G., The design space of input devices, *Proc. CHI '90 Conference: Human Factors in Computing Systems*, ACM, New York (1990), 117–124.

Card, Stuart, Moran, Thomas P., and Newell, Allen, The keystroke-level model for user performance with interactive systems, *Communications of the ACM*, 23 (1980), 396–410.

Card, Stuart, Moran, Thomas P., and Newell, Allen, *The Psychology of Human–Computer Interaction*, Lawrence Erlbaum Associates, Hillsdale, NJ (1983).

Eason, K. D., Dialogue design implications of task allocation between man and computer, *Ergonomics*, 23, 9 (1980), 881–891.

Eberts, Ray E., *User Interface Design*, Prentice Hall, Englewood Cliffs, NJ (1993).

Egan, Dennis E., Individual differences in human–computer interaction. In Helander, Martin (Editor), *Handbook of Human–Computer Interaction*, Elsevier Science Publishers, Amsterdam, The Netherlands (1988), 543–568.

Elkerton, Jay and Palmiter, Susan L., Designing help using a GOMS model: An information retrieval evaluation, *Human Factors*, 33, 2 (1991), 185–204.

Foley, James D., van Dam, Andries, Feiner, Steven K., and Hughes, John F., *Computer Graphics: Principles and Practice* (Second Edition), Addison-Wesley, Reading, MA (1990).

Franzke, Marita, Turning research into practice: Characteristics of display-based interaction, *Proc. CHI '95 Conference: Human Factors in Computing Systems*, ACM, New York (1995), 421–428.

Gaines, Brian R., The technology of interaction: Dialogue programming rules, *International Journal of Man–Machine Studies*, 14, (1981), 133–150.

Galitz, Wilbert O., *It's Time to Clean Your Windows: Designing GUIs that Work*, John Wiley and Sons, New York (1994).

Gilbert, Steven W., Information technology, intellectual property, and education, *EDUCOM Review*, 25, (1990), 14–20.

Grudin, Jonathan, The case against user interface consistency, *Communications of the ACM*, 32, 10 (1989), 1164–1173.

Hancock, P. A. and Scallen, S. F., The future of function allocation, *Ergonomics in Design*, 4, 4 (October 1996), 24–29.

Hansen, Wilfred J., User engineering principles for interactive systems, *Proc. Fall Joint Computer Conference*, 39, AFIPS Press, Montvale, NJ (1971), 523–532.

Hayes-Roth, Barbara, An architecture for adaptive intelligent systems, *Artificial Intelligence: Special Issue on Agents and Interactivity*, 72, (1995), 329–365.

Hendler, James A. (Editor), Intelligent agents: Where AI meets information technology, Special Issue, *IEEE Expert: Intelligent Systems & Their Applications* 11, 6 (December 1996), 20–63.

John, Bonnie and Kieras, David E., Using GOMS for user interface design and evaluation: Which technique? *ACM Transactions on Computer–Human Interaction* 3, 4 (December 1996a), 287–319.

John, Bonnie and Kieras, David E., The GOMS family of user interface analysis techniques: Comparison and contrast, *ACM Transactions on Computer–Human Interaction* 3, 4 (December 1996b), 320–351.

Kieras, David, Towards a practical GOMS model methodology for user interface design. In Helander, Martin (Editor), *Handbook of Human–Computer Interaction*, Elsevier Science Publishers, Amsterdam, The Netherlands (1988), 135–157.

Kieras, David, and Polson, Peter G., An approach to the formal analysis of user complexity, *International Journal of Man–Machine Studies*, 22, (1985), 365–394.

Lanier, Jaron, Agents of alienation, *ACM interactions*, 2, 3 (1995), 66–72

Lockheed Missiles and Space Company, *Human Factors Review of Electric Power Dispatch Control Centers. Volume 2: Detailed Survey Results*, (Prepared for) Electric Power Research Institute, Palo Alto, CA (1981).

Maes, Pattie, Agents that reduce work and information overload, *Communications of the ACM*, 37, 7 (July 1994), 31–40.

Maes, Pattie, Artificial life meets entertainment: Lifelike autonomous agents, *Communications of the ACM*, 38, 11 (November 1995), 108–114.

Mullet, Kevin and Sano, Darrell, *Designing Visual Interfaces: Communication Oriented Techniques*, Sunsoft Press, Englewood Cliffs, NJ (1995).

National Research Council, *Intellectual Property Issues in Software*, National Academy Press, Washington, D.C. (1991).

Norman, Donald A., Design rules based on analyses of human error, *Communications of the ACM*, 26, 4 (1983), 254–258.

Norman, Donald A., *The Psychology of Everyday Things*, Basic Books, New York (1988).

Norman, Kent L., Models of the mind and machine: Information flow and control between humans and computers, *Advances in Computers*, 32, (1991), 119–172.

Panko, Raymond R. and Halverson, Jr., Richard P., Spreadsheets on trial: A survey of research on spreadsheet risks, *Proc. Twenty-Ninth Hawaii International Conference on System Sciences* (1996).

Payne, S. J., and Green, T. R. G., Task-action grammars: A model of the mental representation of task languages, *Human–Computer Interaction*, 2, (1986), 93–133.

Payne, S. J., and Green, T. R. G., The structure of command languages: An experiment on task-action grammar, *International Journal of Man–Machine Studies*, 30, (1989), 213–234.

Polson, Peter, and Lewis, Clayton, Theory-based design for easily learned interfaces, *Human–Computer Interaction*, 5, (1990), 191–220.

Reisner, Phyllis, Formal grammar and design of an interactive system, *IEEE Transactions on Software Engineering*, SE–5, (1981), 229–240.

Reisner, Phyllis, What is consistency? In Diaper et al. (Editors), *INTERACT '90: Human–Computer Interaction*, North-Holland, Amsterdam, The Netherlands (1990), 175–181.

Sanders, M. S. and McCormick, Ernest J., *Human Factors in Engineering and Design* (Seventh Edition), McGraw-Hill, New York (1993).

Sears, Andrew, *Widget-Level Models of Human–Computer Interaction: Applying Simple Task Descriptions to Design and Evaluation*, PhD. Dissertation, Department of Computer Science, University of Maryland, College Park, MD (1992).

Sheridan, Thomas B., Task allocation and supervisory control. In Helander, M. (Editor), *Handbook of Human–Computer Interaction*, Elsevier Science Publishers, Amsterdam, The Netherlands (1988), 159–173.

Shneiderman, Ben, *Software Psychology: Human Factors in Computer and Information Systems*, Little, Brown, Boston, MA (1980).

Shneiderman, Ben, A note on the human factors issues of natural language interaction with database systems, *Information Systems*, 6, 2 (1981), 125–129.

Shneiderman, Ben, System message design: Guidelines and experimental results. In Badre, A. and Shneiderman, B. (Editors) *Directions in Human–Computer Interaction*, Ablex, Norwood, NJ (1982), 55–78.

Shneiderman, Ben, Direct manipulation: A step beyond programming languages, *IEEE Computer*, 16, 8 (1983), 57–69.

Shneiderman, Ben, Looking for the bright side of agents, *ACM Interactions*, 2, 1 (January 1995), 13–15.

Smith, Sid L. and Mosier, Jane N., *Guidelines for Designing User Interface Software*, Report ESD-TR–86–278, Electronic Systems Division, MITRE Corporation, Bedford, MA (1986). Available from National Technical Information Service, Springfield, VA.

Tufte, Edward, *The Visual Display of Quantitative Information*, Graphics Press, Cheshire, CT (1983).

Tufte, Edward, *Envisioning Information*, Graphics Press, Cheshire, CT (1990).

Tufte, Edward, *Visual Explanations*, Graphics Press, Cheshire, CT (1997).

Wickens, Christopher D., *Engineering Psychology and Human Performance* (Second Edition), HarperCollins Publishers, New York (1992).

Kapitel 3

Management von Designprozessen

So, wie wir versichern können, dass kein Produkt jemals in einem einzigen Moment der Inspiration geschaffen wurde ... hat niemals jemand auf ähnlich exzeptionelle Weise die Rahmenbedingungen für ein Produkt erzeugt. Diese Anforderungen mögen mit einem inspirativen Moment beginnen, aber fast unweigerlich wird die hervortretende großartige Idee immer wieder in Evaluationsprozessen überarbeitet und weiterentwickelt, bis man der Meinung ist, es sei an der Zeit, den Stift auf das Papier zu setzen. Besonders, wenn das Produkt völlig neu ist, wird die Entwicklung der Rahmenbedingungen wahrscheinlich von einem tiefgreifenden Test der ursprünglichen Ideen abhängen.

W.H. Mayall, Principles in Design, 1979

Der Plan ist der Generator. Ohne Plan gibt es Starrsinn und zuwenig Ordnung. Der Plan birgt die Essenz der Empfindung in sich.

Le Corbusier, Towards a New Architecture, 1931

3.1   Einführung

In den ersten Jahrzehnten der Entwicklung von Computersoftware entwickelten technisch orientierte Programmierer Texteditoren, Programmiersprachen und Anwendungen für sich selbst. Die grundlegenden Kenntnisse und Motivation dieser Anwender führte dazu, dass komplexe Schnittstellen akzeptiert und sogar geschätzt wurden. Heute sind die Benutzergruppen für Anwendungen für das Büro, den privaten Bereich und digitale Bibliotheken so völlig anders als am Anfang, dass die Eingebungen von Programmierern unangemessen erscheinen. Heutzutage widmen sich die Anwender nicht mehr hauptsächlich der Technologie, ihr Hintergrund ist mehr mit dem Workflow verbunden, und ihre Verwendung von Computern ist eher willkürlich. Designs sollten auf der sorgfältigen Beobachtung von heutigen Anwendern beruhen, durch die aufmerksame Analyse von Aufgabenhäufigkeiten und -sequenzen verfeinert und durch frühzeitige, gründliche und vollständige Tests mit Prototypen zur Anwendbarkeit und Akzeptanz bestätigt werden.

In den besten Designs macht der technikverliebte Stil der Vergangenheit einem echten Wunsch nach Anpassung an die Fertigkeiten, Ziele und Vorlieben der Anwender Platz. Designer suchen direkte Interaktion mit Anwendern während der Design-Phase, des Entwicklungsprozesses und während des gesamten Lebenszyklus des Systems. Iterative Design-Methoden erlauben ein frühzeitiges Testen von Prototypen, auf Feedback von Anwendern basierende Revisionen und von den Administratoren der Anwendungstests vorgeschlagene inkrementale Verbesserungen. Sie werden somit zu Katalysatoren für Systeme mit höchster Qualität. Weltweit wird *Usability Engineering* eine anerkannte Disziplin mit etablierten Praktiken und mehreren Standards. Die 1991 gegründete *Usability Professionals Association* ist eine respektierte Gemeinschaft geworden, in der neben großen Korporationen auch eine Vielzahl von kleinen Design-, Test- und Produktionsfirmen aktiv mitarbeiten.

Die Vielzahl von Design-Situationen schließt eine allgemeine Strategie aus. Manager werden die in diesem Kapitel vorgeschlagenen Strategien an ihre Organisationen, Projekte, Zeitpläne und Budgets anpassen müssen. Diese Strategien beginnen mit einem organisatorischen Design, das die Unterstützung der Anwendbarkeit angemessen betont. Daran schließen sich die drei Säulen erfolgreicher Entwicklung von Benutzerschnittstellen an: Richtlinien-Dokumente und -Prozesse, Software-Tools für Benutzerschnittstellen und die Überarbeitung durch Experten und Anwendungstests. Die Methodologie des Logischen userzentrierten Interaktionsdesign (*Logical User-Centered Interaction Design (LUCID)*) bietet ein vorbereitendes Rahmenwerk, auf das Strategien wie ethnografische Observation, partizipatives Design, Entwicklung von Szenarien und möglicherweise eine Besprechung der sozialen Auswirkungen gespannt werden können. Schließlich sollte man während des Design-Prozesses auch rechtliche Probleme bedenken.

3.2 Organisatorisches Design zur Unterstützung der Anwendbarkeit

Die Abteilungen für Corporate Marketing und Kundendienst werden sich immer bewusster, wie wichtig Anwendbarkeit (*Usability*) ist, und bilden damit eine Quelle des konstruktiven Ansporns. Wenn konkurrierende Produkte die gleiche Funktionalität zur Verfügung stellen, ist das Usability Engineering für die Produktakzeptanz von höchster Wichtigkeit. Viele Organisationen haben Laboratorien für die Anwendbarkeit geschaffen, um die Prüfung durch Fachleute sicherzustellen und Anwendbarkeitstests der Produkte während der Entwicklung durchzuführen. Experten von außerhalb können erfrischende Einsichten beitragen, während unter sorgsam überwachten Bedingungen Testpersonen Benchmark-Aufgaben zur Anwendbarkeit durchführen (Whiteside et al., 1988; Klemmer, 1989; Nielsen, 1993; Dumas und Redish, 1993). Diese und andere Evaluationsstrategien werden in Kapitel 4 abgedeckt.

Unternehmen haben jetzt vielleicht noch keinen *Chief Usability Officer (CUO)* oder einen Vizepräsidenten für Usability, aber sie beschäftigen oft Architekten für Benutzerschnittstellen und *Usability Engineering Manager*. Wenn sich die höchste Ebene für diese Themen zuständig fühlt, hilft das, die Aufmerksamkeit auf jeder Ebene zu erlangen. Eine Bewusstwerdung im gesamten Unternehmen kann durch Präsentationen zu einem »Tag der Anwendbarkeit«, interne Seminare, Newsletter und Prämien stimuliert werden. Natürlich können der Widerstand gegen neue Techniken und eine sich ändernde Rolle der Softwareentwickler für Probleme in den Organisationen sorgen. Ein Wechsel in den Organisationen ist schwierig, aber wenn ein Leiter kreativ ist, verbindet er Inspiration und Provokation. Der beste Weg ist, an den Wunsch nach Qualität zu appellieren, den die meisten Professionellen teilen. Wenn ihnen Daten über verkürzte Lernzeiten, schnellere Performance oder geringere Fehlerquoten auf gut gestalteten Interfaces gezeigt werden, wird ihnen die Anwendung von Methoden des Usability Engineerings gleich sympathischer. Die andere Herangehensweise ist das Aufzeigen von Frustration, Verwirrung und hohen Fehlerquoten, die mit dem aktuellen komplexen Design einhergehen, wobei man auf die Erfolge von Konkurrenten hinweist, die Methoden des Usability Engineering anwenden.

Die meisten großen und viele kleinere Organisationen unterhalten eine zentralisierte Gruppe zum Thema »Human Factors« oder ein Anwendbarkeitslabor als eine Quelle von Expertisen über Design und Techniken von Testreihen (Gould et al., 1991; Nielsen, 1994). Jedoch sollte jedes Projekt seinen eigenen Benutzerschnittstellen-Architekten haben, der die erforderliche Sachkenntnis entwickelt, die Arbeit der anderen verwaltet, Budgets und Zeitpläne vorbereitet und die Koordination mit internen und externen Fachleuten für Human Factors übernimmt, wenn weitere Gutachten, Verweise auf Fachliteratur oder Anwendbarkeitstests nötig werden. Diese duale Strategie schafft einen Ausgleich zwischen dem Bedarf an zentralisierten Expertisen und dezentralisierter Anwendung. Sie ermöglicht professionelles Wachstum im Bereich der Benutzerschnittstellen und im Bereich der Anwendung (beispielsweise in Systemen für geografische Information oder zur Bildgebung).

Dieser Bereich ist nun in seiner Reife an den Punkt gekommen, dass viele Projekte an Komplexität, Größe und Wichtigkeit zugenommen haben. Es entsteht eine Rollenspezialisierung so wie in der Architektur, Raumfahrt und im Buchdesign. Nach und nach qualifizieren sich Einzelne immer mehr für spezielle Themen wie Tools zur Erstellung von Benutzerschnittstellen, Strategien für grafisches Display, Design von Stimmen und Klängen und Texterstellung für Bildschirmbotschaften oder Online-Tutorials. Man erwartet die Konsultation von Grafikern, Buchdesignern, Werbeschriftstellern, Autoren von Anleitungshandbüchern oder Schöpfern von Filmanimationen. Entwickler perzeptiver Systeme erkennen die Notwendigkeit, Psychologen für Aufbau und Durchführung experimenteller Tests hinzuzuziehen, Soziologen für die Evaluation der Auswirkungen auf Organisationen, Lernpsychologen für verfeinerte Trainingsprozeduren und Sozialarbeiter für die Anleitung von Kundendienstmitarbeitern.

Wenn sich das Design der Implementierung nähert, ist die Wahl von Tools zur Erstellung von Benutzerschnittstellen für den Erfolg lebenswichtig. Diese rasch entstehenden Tools ermöglichen es den Designern, neuartige Systeme schnell aufzubauen und den iterativen Kreislauf von Design – Test – Verfeinerung zu unterstützen.

Richtlinien-Dokumente wurden ursprünglich als die Antwort auf alle Fragen der Anwendbarkeit gesehen, aber nun schätzt man sie als einen breiter angelegten sozialen Prozess ein, bei dem die anfängliche Sammlung nur der erste Schritt ist. Die Management-Strategien für Durchführung, Freistellung und Verbesserung befinden sich erst im Anfangsstadium der Entstehung und Institutionalisierung.

Ein Business Case für die Fokussierung auf die Anwendbarkeit ist im vergangenen Jahrzehnt einflussreich und wiederholt gefordert worden (Mantei und Teorey, 1988; Karat, 1990; Chapanis, 1991). Offensichtlich sind regelmäßige Wiederholungen nötig, weil traditionelle Manager und Ingenieure sich oft gegen Änderungen wehren, die den Bedürfnissen der Anwender mehr Aufmerksamkeit entgegenbringen. Die IBM-internen Reportagen von Karat (1990, 1994) wurden zu einflussreichen Dokumenten, als sie extern veröffentlich wurden. Sie berichtete, dass sich jeder für Usability aufgewandte Dollar bis zu $ 100 Gewinn brachte, mit erkennbaren Vorteilen durch reduzierte Kosten für Programmentwicklung, reduzierte Programmwartungskosten, höhere Einkünften durch gesteigerte Kundenzufriedenheit und verbesserte Effizienz und Produktivität bei Anwendern. Andere ökonomische Analysen zeigten fundamentale Änderungen in der Produktivität einer Organisation (bis zu 720 % Steigerung), wenn man von Anfang an bei der Projektentwicklung die Anwendbarkeit berücksichtigt (Landauer, 1995). Auch minimale Anwendung von Usability Tests, nach denen man die 20 am leichtesten zu reparierenden Fehler korrigierte, verbesserten die Effizienz der Anwender von 19 bis zu 80 Prozent.

Usability Engineers und *User-Interface-Architekten* sammeln Erfahrungen im Managen von organisatorischen Änderungen. In dem Maße, wie die Aufmerksamkeit sich von Software Engineering oder Systemen für Management-Information abwendet, manifestieren sich die Kämpfe um Kontrolle und Macht in den Budget- und Personalzuteilungen. Gut vorbereitete Manager, die einen konkreten organisatorischen Plan, vertretbare Kosten-Nutzen-Analysen und praktische Methoden zur Entwicklung vorweisen können, sind höchstwahrscheinlich die Gewinner.

Es ist dem Design eigen, dass es kreativ und unvorhersagbar ist. Designer von interaktiven Systemen müssen eine tiefgehende Kenntnis der technischen Möglichkeiten mit einem mystischen ästhetischen Verständnis davon, was Anwender anzieht, vereinen. Carroll und Rosson (1985) charakterisieren Design auf diese Art:

- Design ist ein Prozess, es ist kein Zustand und kann nicht adäquat statisch repräsentiert werden.
- Der Design-Prozess ist nicht hierarchisch, er ist weder strikt von unten nach oben noch von oben nach unten.
- Der Prozess ist radikal transformatorisch; er beinhaltet die Entwicklung von Teil- und Interimslösungen, die im finalen Design vielleicht nicht mehr erscheinen.
- Design schließt wesentlich die Entdeckung neuer Ziele ein.

Diese Charakterisierungen von Design vermitteln die dynamische Natur des Prozesses. Aber in jedem kreativen Bereich gibt es ebenso disziplinierte und verfeinerte Techniken, richtige und falsche Methoden und Erfolgsmessungen. Wenn erst die anfänglichen Datensammlungen und vorbereitenden Erfordernisse etabliert sind, können das detailliertere Design und die ersten Entwicklungen beginnen. Dieses Kapitel deckt Strategien für das Management von frühen Stufen des Projekts ab und bietet Methodiken des Designs an. Kapitel 4 konzentriert sich auf Evaluationsmethoden.

3.3 Die drei Säulen des Designs

Wenn die Standardisierung humanisiert und im Design flexibel gemacht und die Ökonomie dem Hausbesitzer nahegebracht werden kann, erweist dies unserem modernen Way of Life den größten Dienst. Sie wird wirklich geboren werden – diese Demokratie, die ich meine.

Frank Lloyd Wright, The Natural House, 1954

Die drei Säulen, die in diesem Abschnitt beschrieben werden, können den Architekten der Benutzerschnittstellen dabei helfen, gute Ideen in ein erfolgreiches System zu verwandeln (Abb. 3.1). Es besteht keine Garantie, dass sie funktionieren, aber die Erfahrung hat gezeigt, dass jede Säule eine immense Beschleunigung des Verlaufs bewirken und die Schöpfung exzellenter Systeme erleichtern kann.

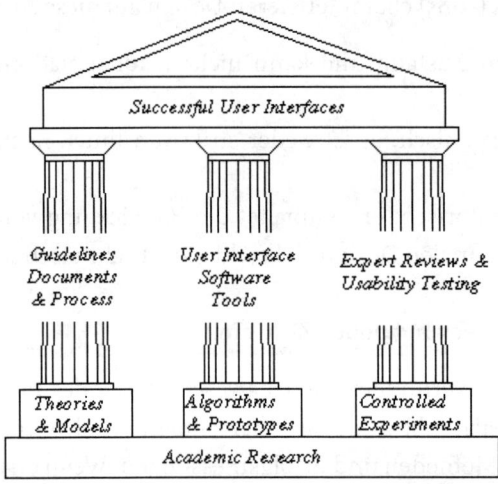

Abb. 3.1: Die drei Säulen zum erfolgreichen Entwickeln der Benutzerschnittstelle

3.3.1 Richtlinien-Dokumente und -Prozesse

Zu Beginn des Design-Prozesses sollte der Architekt der Benutzerschnittstelle einen Satz an Arbeitsrichtlinien erstellen oder erstellen lassen. Zwei Personen könnten eine Woche an einem zehnseitigen Dokument arbeiten, oder ein Dutzend Leute könnten zwei Jahre für ein Dokument mit 300 Seiten benötigen. Eine Komponente von Apples Erfolg mit dem Macintosh waren die frühzeitigen und leicht lesbaren Richtlinien-Dokumente für die Maschine, deren klaren Satz an Prinzipien die vielen Anwendungsentwickler zu befolgen hatten und der somit eine Harmonie im Design über die verschiedenen Produkte hinweg sicherstellte. Die Richtlinien für Windows wurden ebenso über die Jahre verfeinert, und sie stellen einen guten Ausgangspunkt und eine lehrreiche Beschäftigung für viele Programmierer dar. Auf diese und andere Richtlinien-Dokumente wird sich in den kurzen Beschreibungen am Ende des allgemeinen Referenzabschnittes am Ende von Kapitel 1 bezogen.

Jedes Projekt hat andere Anforderungen, aber Richtlinien sollten ausgearbeitet werden für

- Worte und Icons
  - Terminologie (Objekte und Aktionen), Abkürzungen und Großschreibung
  - Schriftsatz, Schriftarten, Schriftgrößen und -stile (fett, kursiv, unterstrichen)
  - Icons, Grafiken und Liniendicke
  - Verwendung von Farben, Hintergründen, Hervorhebungen und Blinken
- Bildschirmlayout
  - Auswahlmenüs, Eingabefelder und Formate für Dialogboxen
  - Formulierungen von Eingabeaufforderungen, Feedback und Fehlermeldungen
  - Ausrichtungen, leere Räume und Abstände
  - Dateneingabe und Anzeigeformate für Items und Listen
  - Verwendung und Inhalte von Kopf- und Fußzeilen
- Ein- und Ausgabegeräte
  - Tastaturen, Displays, Cursor-Kontrolle und Zeigegeräte
  - Hörbare Klänge, Feedback durch Stimme, Touch-Input oder andere Input-Arten oder -Geräte
  - Reaktionszeiten für eine Vielzahl von Aufgaben
- Handlungssequenzen
  - Direkte Manipulation durch Klicken, Drag and Drop und Gesten
  - Befehlssyntax, Semantiken und Sequenzen
  - Programmierte Funktionstasten
  - Prozeduren zur Fehlerbeseitigung und Wiederherstellung
- Training
  - Online-Hilfen und Tutorials
  - Schulungsunterlagen und Nachschlagewerke

Die Erstellung von Richtlinien sollte innerhalb einer Organisation einen sozialen Prozess darstellen, um Sichtbarkeit zu erlangen und für eine Unterstützung zu sorgen. Kontroverse Richtlinien (beispielsweise über das Thema, wann man Alarmmeldungen über Sprache ausgibt) sollten mit Kollegen besprochen oder empirisch getestet werden. Prozeduren sollten etabliert werden, wie man die Richtlinien verteilt, die Durchführung sicherstellt, Ausnahmen zulässt und Verbesserungen erlaubt. Richtlinien-Dokumente müssen lebendige Texte sein, die an sich verändernde Bedingungen angepasst und durch Erfahrungen verfeinert werden. Die Akzeptanz kann durch einen dreistufigen Ansatz mit strengen Standards, akzeptierten Praktiken und flexiblen Richtlinien erhöht werden. Dieser Ansatz klärt, welche Items feststehend sind und welche einer Änderung offen stehen.

Die Schaffung eines Richtlinien-Dokuments (Rahmen 3.1) zu Beginn eines Implementierungsprojektes richtet die Aufmerksamkeit auf das Interface-Design und bietet Möglichkeiten für die Diskussion kontroverser Themen. Wenn die Richtlinie durch das Entwicklungsteam angenommen wurde, kann der Implementierungsprozess schnell und mit wenigen Änderungen im Design fortschreiten. Für größere Organisationen könnte es zwei oder mehr Levels an Richtlinien geben, um die Identität der Organisation sicherzustellen, während es den Projekten erlaubt ist, einen unterschiedlichen Stil und eine jeweils eigene Kontrolle der Terminologie zu besitzen.

Rahmen 3.1: Empfehlungen für Richtlinien-Dokumente

Sichert einen sozialen Prozess für Entwickler
Zeichnet für alle Parteien einsehbar Entscheidungen auf
Sichert Konsistenz und Vollständigkeit
Erleichtert Automatisierung des Designs
    Erlaubt mehrere Level
    Rigide Standards
    Akzeptierte Praktiken
    Flexible Richtlinien
Macht Methoden bekannt für
    Durchführung: wer rezensiert?
    Freistellung: wer entscheidet?
    Erweiterung: wie oft?

3.3.2 Softwaretools für die Benutzerschnittstelle

Eine Schwierigkeit beim Design von interaktiven Systemen ist, dass Kunden und Anwender möglicherweise keine klare Vorstellung davon haben, wie das fertiggestellte System aussehen wird. Da interaktive Systeme in vielen Anwendungsgebieten neuartig sind, könnten die Nutzer nicht realisieren, welche Implikationen unterschiedliche Entscheidungen beim Design haben könnten. Leider ist es schwierig, kostenintensiv und zeitraubend, nach der Implementierung der Systeme größere Änderungen anzubringen.

Auch wenn es für dieses Problem keine vollständige Lösung gibt, können einige der ernsthafteren Schwierigkeiten vermieden werden, wenn Kunden und Nutzer in einem frühen Stadium einen realistischen Eindruck erhalten können, wie das endgültige System aussehen mag (Gould und Lewis, 1985). Ein Ausdruck der vorgeschlagenen Displays ist für Pilot-Tests hilfreich, aber ein Onscreen-Display mit einem aktiven Keyboard und einer Maus ist realistischer. Statt der Tausenden geplanten Pfade für das finale System sind bei einem Prototyp eines Menü-Systems eventuell nur ein oder zwei Pfade aktiv. Für ein System mit Eingabefeldern zeigt der Prototyp vielleicht nur die Felder, aber verarbeitet sie nicht. Prototypen wurden mit einfachen Zeichen- oder Textverarbeitungstools entwickelt, aber vielfach werden Umgebungen zum grafischen Design wie HyperCard und MacroMind Director angewandt. Entwicklungsumgebungen wie Microsofts Visual Basic / C ++ und Borlands Delphi sind trotz leichter Erlernbarkeit sehr mächtig. Anspruchsvollere Tools wie Galaxy von Visix und Java von Sun ermöglichen die plattformunabhängige Entwicklung und eine große Vielfalt an Diensten. Diese Tools werden in Kapitel 5 besprochen.

3.3.3 Expertenreviews und Tests zur Usability

In der Theaterwelt ist bekannt, dass Previews für Kritiker und ausführliche Proben für eine erfolgreiche Premiere unerlässlich sind. Bei den ersten Proben sind vielleicht nur ein oder zwei Schauspieler in Alltagskleidung nötig, aber wenn die Premiere heranrückt, werden Kostümproben mit der gesamten Besetzung, mit Requisiten und Beleuchtung erwartet. Flugzeugdesigner führen Tests in Windkanälen durch, bauen Sperrholzmodelle des Kabinenlayouts, konstruieren vollständige Simulationen des Cockpits und machen intensive Testflüge mit dem ersten Prototypen. Ebenso erkennen Designer von interaktiven Systemen, dass sie vor der Veröffentlichung an die Kunden viele kleine und einige große Pilot-Tests der Systemkomponenten durchführen müssen (Dumas und Redish, 1993). Zusätzlich zu einer Reihe von Methoden zur Überprüfung durch Experten haben sich Tests mit den anvisierten Nutzern, Inspektionen und Tools zur automatischen Analyse als wertvoll herausgestellt. Abhängig von den Zielen der Anwendbarkeits-Studie, der Zahl der erwarteten Nutzer, den Gefahren durch Fehler und dem Investitionslevel variieren die Prozeduren sehr stark. Das Kapitel 4 beschäftigt sich eingehen mit Reviews durch Experten, Anwendbarkeitstests und anderen Evaluationsmethoden.

3.4 Entwicklungsmethodik

Viele Projekte bei der Software-Entwicklung erreichen nicht ihre Ziele. Einige Schätzungen sprechen von einer Misserfolgsrate bis zu 60 Prozent, wobei 25 Prozent der Projekte nie abgeschlossen wurden und vielleicht weitere 35 Prozent nur Teilerfolge erreichten. Ein Großteil dieses Problems kann auf einen Mangel an Aufmerksamkeit für die Angelegenheiten des Designs in den frühen Entwicklungsstadien zurückgeführt werden. Sorgfältige Beachtung der mit den Nutzern zusammenhängenden Themen des Designs in den frühen Phasen der Software-Entwicklung hat gezeigt, dass Kosten und Entwicklungszeiten gleichermaßen dramatisch reduziert werden können. Gut designte Systeme sind weniger kostspielig in der Entwicklung und erfordern geringere Wartungsausgaben im Laufe ihrer Lebenszeit. Sie sind leichter zu erlernen, ermöglichen eine schnellere Performance, reduzieren beträchtlich die Anwender-Fehler und geben den Nutzern ein Gefühl von Meisterschaft und das Vertrauen, Leistungsmerkmale zu erforschen, die über das für das Zurechtkommen eben nötige Minimum hinausgehen.

Das Verhältnis zwischen Software-Entwickler und Nutzer war nicht immer reibungslos. Entwicklungsmethoden zum Software Engineering halfen den Entwicklern, sich an Budgets und Zeitpläne zu halten (Boehm, 1988; Sutcliffe und McDermott, 1991; Preece und Rombaugh, 1994; Humphrey, 1995), aber sie haben nicht immer eine Anleitung für die Entwicklung einer brauchbaren Schnittstelle geboten (Chapanis und Budurka, 1990). Eine Reihe von Wissenschaftlern mit Beratungserfahrung produzierten eine erste Generation von Design-Methoden, die sich auf Benutzerschnittstellen fokussierten (Hix und Hartson, 1993; Nielsen, 1993). Kommerzielle Firmen, die sich auf ein nutzerzentriertes Design spezialisiert haben, gründeten auf diesem Fundament und schufen eine zweite Generation von Design-Methoden.

Diese kommerziell orientierten Ansätze spezifizieren detailliert, was für die verschiedenen Stufen des Designs und der enthaltenen Kosten-Nutzen- und *Return-On-Investment(ROI)*-Analysen geliefert werden muss, um die Problemlösungen zu ermöglichen. Zusätzlich zu den Elementen des Interface-Designs, auf denen die akademischen Systeme gründeten, heben die kommerziellen Methoden Managementstrategien hervor, die zur Einhaltung der Zeitpläne und des Budgets verwendet werden. Jede nutzerzentrierte Design-Methode muss sich auch mit der angewandten Methode des Software Engineerings verzahnen.

Die *Logical User-Centered Interactive Design Methodology* (LUCID), früher *Quality Usability Engineering (QUE)* (Kreitzberg, 1996) identifiziert sechs Stufen (siehe Tabelle 3.1):

Stufe 1: Entwicklung des Produkt-Konzeptes

Stufe 2: Durchführung von Forschungs- und Bedarfsanalysen

Stufe 3: Design-Konzepte und Prototypen mit zentral wichtigen Screens

Stufe 4: Wiederholtes Design mit Verfeinerungen

Stufe 5: Implementierung der Software

Stufe 6: Sicherstellung des Supports beim Rollout

Tabelle 3.1: Entwicklungsstufen nach der Logical User-Centered Interactive Design Methodology von Cognetics Corporation, Princeton Junction, New Jersey (Kreitzberg, 1996)

Stufe 1: Entwicklung des Produkt-Konzeptes

Schaffen Sie ein umfassendes Konzept.
Etablieren Sie geschäftliche Ziele.
Stellen Sie das Design-Team zur Usability zusammen.
Identifizieren Sie die Anwendergruppe.
Identifizieren Sie technische und Umgebungs-Fragen.
Erstellen Sie ein Budget und einen Personal- und Zeitplan.

Stufe 2: Durchführung von Forschungs- und Bedarfsanalysen

Teilen Sie die Anwendergruppe in homogene Segmente auf.
Zerlegen Sie Jobaktivitäten in Aufgabeneinheiten.
Leiten Sie Bedarfsanalysen durch die Konstruktion von Szenarien und partizipativem Design.
Skizzieren Sie den Prozessverlauf nach Aufgabensequenzen.
Legen Sie die wesentlichen Objekte und Strukturen fest, die im Software-Interface benutzt werden sollen.
Erforschen und bestimmen Sie technische Erfordernisse und andere Bedingungen.

Stufe 3: Design-Konzepte und Prototypen mit zentral wichtigen Screens

Erstellen Sie auf Basis der Nutzeranforderungen spezifische Zieldefinitionen zur Usability.
Initiieren Sie den Leitfaden für Richtlinien und Stile.
Wählen Sie ein Modell zur Navigation und eine Design-Metapher.
Identifizieren Sie den Satz von zentral wichtigen Screens: Login, Home und die wichtigsten Prozesse.
Entwickeln Sie einen Prototyp der Schlüssel-Screens mithilfe eines Tools zum Rapid Prototyping.
Führen Sie erste Untersuchungen und Tests zur Usability durch.

Tabelle 3.1: Entwicklungsstufen nach der Logical User-Centered Interactive Design
Methodology von Cognetics Corporation, Princeton Junction, New Jersey
(Kreitzberg, 1996) (Forts.)

Stufe 4: Wiederholtes Design mit Verfeinerungen

Erweitern Sie den Prototyp mit den Schlüssel-Screens auf das ganze System.
Führen Sie heuristische und Experten-Besprechungen durch.
Führen Sie vollständige und umfassende Tests zur Usability durch.
Liefern Sie den Prototypen und die Spezifikation aus.

Stufe 5: Implementierung der Software

Entwickeln Sie standardisierte Praktiken.
Verwalten Sie Modifikationen in der Schlussphase.
Entwickeln Sie die Online-Hilfe, Dokumentationen und Tutorials.

Stufe 6: Sicherstellung des Supports beim Rollout

Stellen Sie Training und Unterstützung sicher.
Erstellen Sie Verlaufsberichte und führen Sie Evaluation und Wartung durch.

Auf der ersten Stufe wird ein Produktkonzept entwickelt. Überraschenderweise werden viele Unternehmungen in der Softwareentwicklung ohne ein klares Konzept des Produktes vom Stapel gelassen. Im Zentrum der LUCID-Methodik steht die Schöpfung eines »High Concept« des Produktes – ein kurzes Statement, das die Ziele, Funktionalität und den Nutzen des Produktes umreißt. Ein Beispiel:

> *Das neue System für das Homebanking wird den Kunden einen einheitli-*
> *chen Zugang zu ihren Konten bieten. Es wird Kontostandabfragen, die Ver-*
> *waltung von Konten für Kredite und Darlehen, den Transfer von Kapital*
> *zwischen den Konten und elektronische Zahlungsvorgänge und Invest-*
> *ments in die Anlagefonds der Bankgruppe ermöglichen. Das System stellt*
> *dem Kunden eine Jahresendabrechnung für Steuerzwecke zur Verfügung.*

Als Teil der Stufe des Produktkonzeptes definieren die Projektleiter unternehmerische Zielvorstellungen, stellen das Design-Team zusammen, legen technische, juristische oder Umgebungsbedingungen fest, spezifizieren die Anwendergruppe und bereiten einen Projektplan und ein Budget vor. Während der ersten Stufe wird das Produktkonzept durch einfache Skizzen des Screens illustriert (die auf Papier oder auf dem Bildschirm erstellt werden können). Mit diesen Skizzen soll das Konzept des Systems nicht-technischen Anwendern nahegebracht werden.

Wenn der Projektplan an Ort und Stelle ist, setzt sich das Design-Team mit den Anwendern zusammen, um deren Bedürfnisse und Kompetenzen zu verstehen und um sich über den zu unterstützenden geschäftlichen Prozess und die erforderlichen Systemfunktionalitäten klar zu werden. LUCID nutzt partizipative Design-

Sessions, um Input durch die Anwender zu erbitten, Szenarien für den Workflow zu konstruieren und die zentral wichtigen Objekte für das Design zu definieren.

Ein charakteristischer Aspekt von LUCID ist der Fokus auf Prototypen mit Schlüssel-Screens, die die wichtigsten Navigationspfade des Systems beinhalten. Dieser Prototyp wird gebraucht, um den Anwendern das Design des angestrebten Systems zu zeigen und ihnen die Auswertung und die Verfeinerung zu ermöglichen. Weiter wird er für Tests zur Usability und für heuristische Reviews verwendet. Schlüssel-Screens rufen gewöhnlich starke Reaktionen hervor, schaffen frühzeitige Bereitschaft zur Mitarbeit und bringen das Projekt in Schwung.

Wie die meisten anwenderzentrierten Design-Methodiken nutzt LUCID Rapid Prototyping und iterative Usability-Tests (Kapitel 4).Weil Rapid Prototyping der Schlüssel zum Einhalten von Zeit- und Budgetplänen ist, stützt sich LUCID auf Tools zur Erstellung von Benutzerschnittstellen (Kapitel 5). Die Prototypen werden gewöhnlich von einem Programmierer entwickelt, der Mitglied im Team zur Softwareentwicklung ist. In seinen Verantwortungsbereich fällt die Erkennung von Themen für das Interface, die Auswirkungen auf die technische Architektur des Produktes haben. Wenn der Prototyp fertiggestellt und von den Anwendern gutgeheißen wird, dient er als Teil der Programmierungsspezifikation für die Softwareentwickler.

Schließlich beschreibt LUCID eine stufenweise Herangehensweise an das Rollout, die auf den Theorien des organisatorischen Wandels gründet. Projektleiter identifizieren Hindernisse gegen eine Annahme der Software und konstruieren Anreize zur Überwindung dieser Hindernisse. Das Ziel ist, eine positive Rezeption durch Kunden, Anwender und Manager sicherzustellen.

Als Management-Strategie legt LUCID den expliziten Nachdruck auf ein anwenderzentriertes Design und hebt die Rolle des Usability Engineerings bei der Softwareentwicklung durch die Konzentration auf Aktivitäten, Überlieferungen und Reviews hervor. Auf jeder Stufe von LUCID werden 12 Bereiche der Aktivität ausgewertet; jede ist mit spezifizierten Überlieferungen und zeitnahem Feedback durch Reviews verbunden:

1. *Produktdefinition*: Übergeordnete Konzepte für Management und Marketing

2. *Geschäftlicher Rahmen*: Preisgestaltung, erwartete Einnahmen, *Return on Investment*, Konkurrenz

3. *Ressourcen*: Dauer, Leistungslevel, Teammitglieder, Pläne zur Hintergrundunterstützung

4. *Physische Umgebung*: Ergonomisches Design, physische Installation, Kommunikationsstränge

5. *Technische Umgebung*: Hard- und Software für Entwicklung und Integration

6. *Anwender*: Verschiedenartige Gemeinschaften für Interviews, Anwender-Tests und Marketing

7. *Funktionalität*: Für Anwender bereitgestellte Dienste

8. *Prototypen*: frühe Prototypen auf Papier, Schlüssel-Screens, funktionsfähige Prototypen

9. *Anwendbarkeit*: messbare Ziele aufstellen, Tests durchführen, Schnittstellen und Ziele verfeinern

10. *Design-Richtlinien*: Modifikation bestehender Richtlinien, Implementierung des Prozesses von Besprechungen und Kritiken

11. *Inhaltsmaterialien*: Identifikation und Anschaffung von Texten, Klängen und Videos mit Copyright

12. *Dokumentation, Training und Hilfe*: Spezifizierung, Entwicklung und Tests von Versionen auf Papier, Video und Online.

Die Sorgfalt und Gründlichkeit von LUCID stammt aus der Bestätigung und Verfeinerung in vielen Projekten. Jedoch hat jedes Projekt besondere Anforderungen, und so ist jede Methodik des Designs für das Projektmanagement nur ein Ausgangspunkt. LUCID ist so gestaltet, dass es einen geordneten Prozess ermöglicht, mit Wiederholungen innerhalb einer Stufe und einem vorhersagbaren Fortschritt von einer Stufe zur nächsten. Die Realität ist manchmal komplexer, insbesondere für neuartige Projekte, bei denen für einige Teile des Designs eine Rückkehr zu früheren Stufen erforderlich sein kann.

3.5 Ethnografische Beobachtungen

Die anfänglichen Stufen der meisten Methodiken schließen die Beobachtung von Anwender mit ein. Da die Anwender von Schnittstellen eine einzigartige Kultur darstellen, wird es wahrscheinlich in immer steigenderem Maße wichtig, für ihre Beobachtung am Arbeitsplatz ethnografische Methoden einzusetzen. Ein »Ethnograph nimmt für einen ausgedehnten Zeitraum offen oder heimlich am Alltagsleben der Menschen teil und beobachtet, was passiert, hört, was gesagt wird, und stellt Fragen« (Hammersley und Atkinson, 1983). Als Ethnographen erhalten Designer von Benutzerschnittstellen Einsichten in individuelles Verhalten und den organisatorischen Kontext. Designer von Benutzerschnittstellen unterscheiden sich von traditionellen Ethnographen, zusätzlich zum Verstehen ihrer Testpersonen beobachten die Designer von Benutzerschnittstellen die Schnittstellen selbst mit der Absicht, diese zu verändern und zu verbessern. Während traditionelle Ethnographen für Wochen oder Monate in andere Kulturen eintauchen, brauchen Schnittstellen-Designer dies nur bis zu einigen Tagen oder gar Stunden zu tun, um die relevanten Daten zu erheben, die für ein Re-Design benötigt werden (Hughes et. al., 1995). Ethnografische Methoden wurden bei Büroarbeit (Suchman, 1983), Flugleitkontrollen (Bentley et. al., 1992) und anderen Bereichen (Vaske und Grantham, 1989) eingesetzt.

Das Ziel einer Beobachtung ist, die nötigen Daten zu erheben, mit denen man ein Re-Design der Schnittstelle beeinflussen kann. Unglücklicherweise können Beobachtungen leicht falsch interpretiert werden, man kann die normale Praxis stören und wichtige Informationen übersehen. Einem stichhaltigen ethnografischen Prozess zu folgen, kann die Wahrscheinlichkeit dieser Probleme reduzieren. Richtlinien für die Vorbereitung der Evaluation, die Durchführung der Feldstudie, die Analyse der Daten und die Auswertung der Ergebnisse können Folgendes beinhalten (Rose et al., 1995):

Vorbereitung

- Erfassen Sie Politik und Arbeitskultur des Unternehmens.
- Machen Sie sich mit dem System und seiner Geschichte vertraut.
- Erstellen Sie erste Ziele und bereiten Sie Fragen vor.
- Kümmern Sie sich um Zugang und Genehmigung, dass Sie beobachten oder interviewen dürfen.

Feldstudie

- Schaffen Sie eine enges Verhältnis zu den Managern und den Anwendern.
- Beobachten oder interviewen Sie die Anwender an ihrem Arbeitsplatz, und sammeln Sie subjektive und objektive quantitative und qualitative Daten.
- Folgen Sie den Spuren, die sich aus den Besuchen ergeben.
- Zeichnen Sie Ihre Besuche auf.

Analyse

- Übertragen Sie die gesammelten Daten in numerische, textliche und Multimedia-Datenbanken.
- Quantifizieren Sie die Daten, und stellen Sie Statistiken zusammen.
- Reduzieren und interpretieren Sie die Daten.
- Verfeinern Sie die Ziele und den verwendeten Prozess.

Auswertung

- Erwägen Sie verschiedene Bezugsgruppen und Ziele.
- Bereiten Sie einen Bericht vor und präsentieren die Befunde.

Diese Ideen erscheinen offensichtlich, wenn sie vorgestellt werden, aber sie erfordern in jeder Situation Interpretation und Aufmerksamkeit. Beispielsweise führt Sie das Verstehen der andersartigen Wahrnehmungen von Managern und Anwendern bezogen auf die Wirksamkeit des aktuellen Interfaces zu einer Sensibilisierung für die unterschiedlichen Frustrationen, die jede Gruppe hat. Manager könnten sich z. B. darüber beschweren, dass das Personal kaum bereit ist, zügig Informationen zu aktualisieren, aber das Personal nutzt das Interface nur widerwillig, weil der Prozess des Login sechs bis acht Minuten dauert. Bei den Vorbereitungen für eine Observation wussten wir es zu schätzen, dass der Manager uns anrief, um uns zu warnen, dass die graduierten Studenten keine Jeans tragen sollten, weil dies den Usern verboten war. Das Erlernen der technischen Sprache ist ebenso grundlegend wichtig für die Herstellung einer Beziehung. Es ist hilfreich, eine lange Liste mit Fragen vorzubereiten, die Sie dann kürzen können, um sich auf die beabsichtigten Ziele zu konzentrieren. Sich über die Unterschiede zwischen den Anwendergruppen im Klaren zu sein, wie sie in Abschnitt 1.5 erwähnt wurden, wird dabei helfen, den Prozess der Observation und des Interviews effektiver zu machen.

Datensammlungen können eine große Bandbreite von subjektiven Eindrücken beinhalten, die qualitativ sind, oder von subjektiven Reaktionen, die quantitativ sind, wie z.B. Beurteilungsskalen oder Rankings. Objektive Daten können qualitative Anekdoten oder kritische Vorfälle beinhalten, die die Aufmerksamkeit der Anwender binden, oder es können auch quantitative Berichte beispielsweise über die Anzahl der Fehler sein, die sechs Anwender während einer einstündigen Observation machen. Im Voraus zu entscheiden, was man einfangen will, ist in höchstem Maße vorteilhaft, aber es ist ebenso wertvoll, auf unerwartete Vorkommnisse zu achten. Aufzeichnungen mit Berichtszusammenfassungen haben sich über die Erwartungen hinaus als wertvoll herausgestellt; in den meisten Fällen sind Rohfassungen von Transkripten aus jedem Gespräch zu umfangreich, um von Nutzen zu sein.

Den Prozess explizit zu gestalten und sorgfältig zu planen, mag vielen, deren Training aus der Welt der Computer und der Informationstechnologie stammt, unpraktisch erscheinen. Jedoch hat sich herausgestellt, dass ein überlegt angewandter ethnografischer Prozess viele Vorteile hat. Er kann Zuverlässigkeit und Glaubwürdigkeit steigern, weil Designer über die Komplexität einer Organisation aus erster Hand lernen können, indem sie den Arbeitsplatz besuchen. Persönliche Anwesenheit erlaubt es den Designern, eine Arbeitsbeziehung mit verschiedenen Endusern zu entwickeln, um Ideen zu diskutieren, aber am wichtigsten ist, dass die Anwender einwilligen können, aktiv am Design ihres neuen Interface teilzuhaben.

3.6   Partizipatives Design

Viele Autoren haben auf Strategien für partizipatives Design gedrängt (Olson und Ives, 1981; Mumford, 1983; Ives und Olson, 1984; Gould und Lewis, 1985; Gould et al., 1991; Damodaran, 1996), aber das Konzept bleibt kontrovers. Die Argumente dafür beschreiben, dass eine höhere Beteiligung der Anwender größere akkurate Informationen über die Aufgaben bringen, eine Möglichkeit für Anwender, Designentscheidungen zu beeinflussen, das Gefühl des Teilhabens, das die Selbstbeteiligung des Anwenders bei einer erfolgreichen Implementierung hebt, und das Potenzial für eine gesteigerte Anwenderakzeptanz des endgültigen Systems (Baroudi et al., 1986; Greenbaum und Kyng, 1991; Monk et al., 1993).

Andererseits kann ein ausführliches Hinzuziehen der Anwender kostenintensiv sein und die Phase der Implementierung verlängern, es kann den Widerspruch der Personen hervorrufen, die nicht beteiligt oder deren Vorschläge verworfen wurden, es kann Designer dazu zwingen, in ihrem Design Kompromisse einzugehen, um inkompetente Teilnehmer zufriedenzustellen und schlicht einen Widerstand gegenüber der Implementierung aufbauen (Ives und Olson, 1984).

Erfahrungen beim partizipativen Design sind in der Regel positiv, und deren Befürworter können auf viele wichtige Beiträge verweisen, die ohne es nicht berücksichtigt worden wären. Abgeneigte Personen können den mehr oder weniger formalisierten *Multiple Case Study*-Ansatz des *plastic interface for collaborative technology initiatives through video exploration (PICTIVE)* (Muller, 1992) schätzen lernen. Anwender skizzieren Schnittstellen und verwenden dann Papierschnipsel, Plastikstücke und Klebeband, um ganz schlichte, einfache, frühe Prototypen zu schaffen. Ein Durchlauf durch das ganze Szenario wird dann auf Video aufgezeichnet und

Managern, Anwendern und anderen Designern vorgeführt. Mit entsprechender Anleitung kann PICTIVE neue Ideen ans Licht bringen und allen Beteiligten viel Spaß machen (Muller et al., 1993).

Die sorgfältige Auswahl der Anwender hilft, eine erfolgreiche Erfahrung mit dem partizipativen Design zu schaffen. Eine konkurrenzfähige Auswahl steigert das Empfinden der Teilnehmer von Wichtigkeit und verstärkt die Ernsthaftigkeit des Projektes. Die Teilnehmer sollten angehalten werden, an regelmäßigen Treffen teilzunehmen, und darüber informiert werden, was sie in Bezug auf ihre Rolle und ihren Einfluss erwarten können. Sie müssen möglicherweise mehr über die Technologie und die Geschäftspläne der Organisation erfahren und lernen, sich als Kommunikationskanal für die größere Gruppe der Anwender, die sie repräsentieren, zu verhalten.

Die soziale und politische Umgebung einer Implementierung von komplexen Schnittstellen ist einem Studium durch rigide definierte Methoden oder kontrollierte Experimente nicht zugänglich. Sozial- und Betriebspsychologen interessieren sich für diese Fragestellungen, aber es ist möglich, dass keine zuverlässigen Strategien für Forschung und Implementierung entstehen. Ein feinfühliger Projektleiter muss jeden Fall für sich beurteilen und entscheiden, welches das richtige Maß für eine Beteiligung der Anwender sein kann. Die Persönlichkeiten der Mitglieder eines Design-Teams und der Anwender sind derart kritische Determinanten, dass Experten in Gruppendynamik und Sozialpsychologie als Berater hilfreich sein können.

Ein erfahrener Architekt von Benutzerschnittstellen weiß, dass bei der Arbeit an einem erfolgreichen interaktiven System die Politik eines Unternehmens und die Vorlieben Einzelner unter Umständen wichtiger sind als die technischen Angelegenheiten. Die Verwalter von Lagerhäusern, die ihre Position durch ein interaktives System bedroht sehen, das die leitenden Manager über Desktop Displays mit aktuellen Informationen versorgt, werden sicher dafür sorgen, dass das System versagt, indem sie sich wenig um rechtzeitige und genaue Dateneingabe kümmern. Der Interface-Designer sollte die Auswirkungen auf die Anwender mit einbeziehen und um ihre Anteilnahme ersuchen, um sicherzustellen, dass früh genug alle wichtigen Angelegenheiten deutlich gemacht werden, damit kontraproduktive Aktivitäten und Widerstände gegen Änderungen vermieden werden können. Für viele Menschen sind Neuerungen bedrohlich, und so können klare Aussagen darüber, was wann zu erwarten ist, Ängste reduzieren.

3.7   Entwicklung von Szenarien

Wenn ein aktuelles Interface neu designt oder ein ausgefeiltes manuelles System automatisiert wird, gibt es oft verlässliche Daten über die Bandbreite und Verteilung von Aufgabenhäufigkeiten und -sequenzen. Wenn es keine aktuellen Daten gibt, kann die Verwendung von Ereignisberichten schnellen Einblick gewähren. Wenn einschneidende Veränderungen erwartet werden wie bei einer Neugestaltung geschäftlicher Prozesse oder wenn eine neuartige Applikation geplant wird, ist die Identifizierung der Aufgaben und die Abschätzung ihrer Häufigkeit schwerer.

Eine Tabelle ist hilfreich, in der die Anwendergruppen in der Kopfzeile und die Aufgaben an der Seite nach unten aufgelistet werden. Jede Zelle kann dann mit der relativen Häufigkeit ausgefüllt werden, mit der jeder Anwender jede Aufgabe ausführt. Ein anderes Darstellungs-Tool ist eine Tabelle der Aufgabensequenzen, aus der ersichtlich wird, welche Aufgaben anderen nachfolgen. Oft helfen Flowcharts oder Transitionsdiagramme den Designern, Sequenzen möglicher Aktionen aufzuzeichnen und zu übertragen. Die Stärke der Verbindungslinien zeigt die Frequenz der Übergänge an.

In weniger gut definierten Projekten fanden viele Designer Alltagsszenarien hilfreich, um zu charakterisieren, was passiert, wenn Anwender typische Aufgaben ausführen. Um eine Grundlinie zu bekommen, sollten in den frühen Stadien des Designs Daten über die aktuelle Performance erhoben werden. Informationen über ähnliche Systeme können gesammelt und Interviews mit interessierten Beteiligten wie Anwendern und Managern durchgeführt werden (Carroll, 1995).

Ein früher und einfacher Weg, ein neuartiges System zu beschreiben, ist die Abfassung von Nutzungsszenarien, um sie dann, wenn möglich, als eine Art Theater aufzuführen. Diese Technik kann besonders dann sehr effektiv sein, wenn eine Vielzahl von Usern kooperieren müssen (z.B. in Kontrollräumen, Cockpits oder im Börsenhandel) oder wenn mehrere unterschiedliche Gegenstände benutzt werden (z.B. im Kundendienstbereich, medizinischen Laboratorien oder Hotelrezeptionen). Szenarien können alltägliche oder Notfallsituationen sowohl mit Usern als Neulingen und auch Experten abbilden.

Bei der Entwicklung der *National Digital Library* begann das Design-Team mit dem Schreiben von 81 Szenarien, die typische Bedürfnisse potenzieller Anwender porträtierten. Hier ist ein Beispiel:

> *K-16 Anwender: Ein Sozialkundelehrer einer siebten Klasse unterrichtet eine Einheit über die Industrielle Revolution. Er will dabei Quellenmaterial aus erster Hand verwenden, das die Faktoren illustriert, die die Industriali-*

> *sierung erleichterten, die Art und Weise, in der sie passierte, und die Auswirkungen, die sie auf die Gesellschaft und die aufgebaute Umgebung hatte. Aufgrund seiner Unterrichtsbelastung hat er nur ungefähr vier Stunden zur Verfügung, um das unterstützende Material für den Unterricht zu finden und einzupacken.*

Andere Szenarien könnten beschreiben, wie Anwender ein System erforschen, so wie diese für das *U.S. Holocaust Museum and Education Center* geschriebene optimistische Vision:

> *Eine Großmutter hatte schon einmal mit ihren zehn- und zwölfjährigen Enkeln das Museum besucht. Sie sind diesmal zum Learning Center zurückgekehrt, um zu erforschen, wie das Leben in ihrem Shtetl im Polen der dreißiger Jahre war. Ein Enkel berührt ganz gespannt die Buttons auf dem Willkommen-Bildschirm, und sie schauen sich das 45 Sekunden dauernde Video mit der Einführung durch den Museumsdirektor an. Sie suchen sich dann den Button über »Geschichte vor dem Holocaust« aus und wählen, sich eine Liste mit Orten anzuschauen. Ihre kleine Stadt ist nicht auf der Liste, aber sie erkennt eine größere in der Nähe, und sie erhalten einen kurzen beschreibenden Text, eine Karte der Region und ein Foto des Marktplatzes. Sie lesen von der Geschichte der Stadt und schauen sich 15sekündige Videos der Aktivitäten auf dem Markt und einer jiddischen Theaterproduktion an. Sie überspringen Beschreibungen von wichtigen Gebäuden und Institutionen und wählen statt dessen, sich Biografien eines berühmten Gemeindevorstandes und eines Dichters vorlesen zu lassen. Zum Schluss wählen sie »Gästebuch« und setzen ihre Namen auf die Liste der Personen, die auf ihre Zugehörigkeit zur dieser Stadt hingewiesen haben. Weiter oben auf der Liste erkennt die Großmutter den Namen eines Jugendfreundes wieder, von dem sie seit sechzig Jahren nichts mehr gehört hat – glücklicherweise hat der Besucher eine Adresse hinterlassen.*

Dieses Szenario wurde geschrieben, um den nicht-technischen Museumsplanern und der Geschäftsführung eine Idee davon zu geben, was mit Sponsorengeldern erstellt werden könnte. Solche Szenarien sind den meisten Menschen leicht zugänglich, und sie beinhalten auch Design-Themen wie die materielle Installation (Raum und Sitzplätze mit Schalldämpfung für drei oder mehr Kunden) und Entwicklungsanforderungen (Videoproduktion für die Einführung des Direktors und die Überspielung von Archiv-Filmen auf Video).

Einige Szenarienschreiber gehen einen Schritt weiter und produzieren ein Videoband, um ihre Absichten zu verdeutlichen. Es gibt berühmte Zukunftsszenarien wie den *Knowledge Navigator* von Apple aus dem Jahre 1988, der eine Vielzahl von Kontroversen produzierte. Es zeigte einen Professor, der unter Verwendung von Sprachkommandos mit einem schlipstragenden Preppie auf dem Bildschirm kommunizierte und mit Hilfe von Berührungskommandos ökologische Simulationen entwickelte. Viele Zuschauer hatten Spaß an dem Video, aber meinten, dass es unrealistisch sei, dass der Preppie-Agent den Gesichtsausdruck des Professors, ein Zögern beim Sprechen und emotionale Reaktionen erkennen können sollte. 1994 gab das »Starfire«-Szenario von Bruce Tognazzini für Sun Microsystems einen kunstvollen, aber realistischen Eindruck einer Arbeitsumgebung mit Großbildschirmen, die eine ergiebige Zusammenarbeit mit Fernanwendern ermöglichte. Auf der Comdex Show im November 1994 ging Bill Gates mit den Videoszenarien noch einen Schritt weiter, indem er ein einstündiges Polizeischauspiel zeigte, das im Jahre 2005 spielt, um digitale Geldbörsen, interaktives Heimfernsehen, Bildungsdatenbanken und medizinische Kommunikationsmöglichkeiten zu illustrieren.

3.8 Berichte über soziale Auswirkungen für erste Design-Reviews

Interaktive Systeme haben oft dramatische Auswirkungen für eine große Anzahl von Nutzern. Um Risiken zu minimieren, kann ein durchdachtes Statement über die erwarteten Auswirkungen, das bei den Beteiligten in Umlauf gebracht wird, nützlich für den Prozess sein, zu Beginn der Entwicklung produktive Vorschläge ans Licht zu bringen, wenn Änderungen am leichtesten durchzuführen sind.

Von Informationssystemen wird in immer stärkerem Maße gefordert, dass sie Dienste für staatliche Stellen, öffentliche Versorgung und öffentlich regulierte Industrien bereitstellen. Trotzdem haben einige Kritiker eine sehr negative Einstellung gegenüber modernen Technologien: »Technologische Evolution führt zu etwas Neuartigem: ein weltweites, ineinander verschachteltes, monolithisches, technisch-politisches Netz beispielloser negativer Implikationen. Und sicherlich werden damit schreckliche und möglicherweise katastrophale Auswirkungen auf die Erde geschaffen« (Mander, 1991).

Diese negative Sichtweise hilft uns nicht, eine effektivere Technologie zu formen oder uns vor Schaden bei fehlerhafter Technologie zu bewahren. Konstruktive Kritik und Design-Richtlinien können hilfreich für ein Gegensteuern gegen die lange

Geschichte von Störungen in den Telefon-, Bank- oder Kreditkartensystemen, Unzufriedenheit mit dem Schutz der Privatsphäre oder falschen Bankabrechnungen, Verschiebungen durch Entprofessionalisierung oder Entlassungen und Todesfälle durch fehlerhafte medizinische Instrumente sein. Da man Perfektion unmöglich garantieren kann, können Methoden und Prozesse entwickelt werden, die eher mehr als weniger zu befriedigenden Ergebnissen führen können.

Ein Statement über soziale Auswirkungen kann ähnlich wie ein Statement über Auswirkungen auf die Umwelt (Battle et al., 1994) dazu beitragen, qualitativ hochwertige Systeme in mit der Regierung verbundenen Anwendungen zu fördern. Reviews für Unternehmensprojekte aus dem privaten Sektor wären optional und könnten selbst verwaltet werden. Eine frühzeitige und weitreichende Diskussion kann Schwierigkeiten aufdecken und Beteiligte dazu befähigen, ihre Positionen offen darzulegen (Ralls, 1994). Natürlich besteht die Gefahr, dass diese Diskussionen Ängste auslösen oder Designer dazu zwingen, unvernünftige Kompromisse einzugehen, aber diese Risiken erscheinen in einem gut geführten Projekt zumutbar. Huff (1996) wandte sich der Wirksamkeit des Erarbeitens von Statements über soziale Auswirkungen zu und nutzte sie als ein Lehrinstrument. Ein Abriss für ein solches Statement könnte folgende Abschnitte beinhalten (Shneiderman und Rose, 1996):

- Beschreiben Sie das neue System und seine Vorzüge.
  - Vermitteln Sie die übergreifenden Ziele des neuen Systems.
  - Identifizieren Sie die Beteiligten.
  - Identifizieren Sie spezifische Vorzüge.
- Wenden Sie sich Schwierigkeiten und potenziellen Hindernissen zu.
  - Nehmen Sie Veränderungen in Arbeitsfunktionen und potenzielle Kündigungen vorweg.
  - Sprechen Sie Themen aus Sicherheit und Datenschutz an.
  - Diskutieren Sie Haftung und Verantwortlichkeit für Missbrauch und Versagen des Systems.
  - Vermeiden Sie potenzielle Vorurteile.
  - Wägen Sie individuelle Rechte gegen soziale Vorzüge ab.
  - Schätzen Sie wechselseitige Abhängigkeiten zwischen Dezentralisierung und Zentralisierung ab.
  - Bewahren Sie demokratische Prinzipien.
  - Stellen Sie vielfältige Zugangsmöglichkeiten sicher.
  - Fördern Sie Einfachheit und bewahren Sie, was funktioniert.

- Umreißen Sie den Entwicklungsprozess.
  - Veranschlagen Sie einen Projektzeitplan.
  - Unterbreiten Sie Vorschläge für Entscheidungsprozeduren.
  - Diskutieren Sie die Erwartungen, wie Beteiligte eingebunden sein werden.
  - Erkennen Sie die Bedürfnisse für mehr Personal, Training und Hardware.
  - Schlagen Sie Pläne für Datensicherungen und Equipment vor.
  - Stecken Sie einen Plan für die Migration auf das neue System ab.
  - Beschreiben Sie einen Plan für die Erfolgsmessung des neuen Systems.

Ein Statement über die sozialen Auswirkungen sollte möglichst frühzeitig im Entwicklungsprozess erstellt werden, um den Projektzeitplan, die Systemerfordernisse und das Budget beeinflussen zu können. Es könnte durch das Systemdesignteam, in dem sich Endanwender, Manager, interne oder externe Softwareentwickler und möglicherweise Klienten befinden, entwickelt werden. Auch bei großen Systemen sollte das Statement eine Größe und Komplexität behalten, mit der es für User mit einem relevanten Hintergrund zugänglich bleibt.

Nachdem dieses Statement geschrieben wurde, wird es durch ein entsprechendes Review-Forum ausgewertet, in dem u.a. Manager, andere Designer, Endanwender und jeder, der durch das vorgeschlagene System betroffen sein wird, sitzen sollten. Mögliche Review-Foren beinhalten staatliche Einrichtungen (beispielsweise Bundesrechnungshof, öffentliche Personalverwaltungen), gesetzgebende Organe, Regulierungsbehörden (beispielsweise Bundeskartellamt oder Luftfahrtbundesamt), professionelle Gesellschaften und Gewerkschaften. Das Review-Forum erhält den schriftlichen Bericht, hält öffentliche Anhörungen und beantragt Modifikationen. Bürgergruppen erhalten ebenfalls die Möglichkeit, ihre Bedenken vorzubringen und Alternativen vorzuschlagen.

Wenn das Statement über die sozialen Auswirkungen erst angenommen wurde, muss es durchgeführt werden. Dieses Statement dokumentiert die Absichten für das neue System, und die Beteiligten müssen erkennen, dass diese Absichten von Aktionen gefolgt werden. Typischerweise ist das Review-Forum eine angemessene Autorität für die Durchsetzung.

Aufwand, Kosten und Zeit sollten dem Projekt angemessen sein und eine durchdachte Besprechung erleichtern. Der Prozess kann immense Verbesserungen bieten, indem Probleme vermieden werden, die in der Reparatur kostspielig wären, indem der Datenschutz verbessert wird, rechtliche Probleme minimiert und befriedigendere Arbeitsumgebungen geschaffen werden. Die Designer von Informationssystemen leisten keinen Hippokratischen Eid, aber die Selbstverpflichtung, nach dem edlen Ziel eines exzellenten Designs zu streben, verschafft Respekt und inspiriert andere.

3.9 Rechtliche Probleme

In dem Maße, wie Benutzerschnittstellen an Einfluss zugenommen haben, sind ernsthafte rechtliche Fragen aufgetaucht. Jeder Entwicklungsprozess sollte eine Besprechung der rechtlichen Bedenken enthalten, die sich auf Design, Implementierung oder Marketing auswirken könnten.

Der Schutz der Privatsphäre ist stets eine Sorge, wenn Computer zur Datenspeicherung oder Überwachung von Aktivitäten eingesetzt werden. Medizinische, juristische, finanzielle, militärische oder bestimmte andere Daten müssen oft vor unberechtigtem Zugang, illegaler Nutzung, versehentlichem Verlust oder bösartigem Unfug geschützt werden. Die physische Sicherheit zum Unterbinden von Zugang ist erst einmal grundlegend, zusätzlich kann der Datenschutz Mechanismen der Benutzerschnittstelle zur Kontrolle durch Identitätsprüfung und passwortgeschützten Zugang, des Datenzugriffs und der Datenüberprüfung beinhalten. Nutzer einer öffentlichen Workstation oder eines Kiosk wollen die Sicherheit, dass ihr Passwort nicht durch andere eingesehen werden kann. Ein effektiver Schutz sollte ein hohes Maß an Privatsphäre mit einem Minimum an Verwirrung und Störungen der Arbeit verbinden. Prozesse von Ver- und Entschlüsselung könnten komplexe Dialogboxen beinhalten, um die Schlüssel zu bestimmen.

Ein zweites Problem umschließt die Sicherheit und Zuverlässigkeit. Benutzerschnittstellen für Flugzeuge, Automobile, medizinische Instrumente, militärische Systeme oder Kontrollbereiche von Atomkraftwerken können Entscheidungen über Leben und Tod beeinflussen. Wenn ein Fluglotse zeitweise durch die Inhalte seiner Bildschirmanzeige verwirrt wird, könnte das zu einer Katastrophe führen. Wenn die Benutzerschnittstelle eines solchen Systems sich als schwer verständlich herausstellt, könnte das den Designer, Entwickler und den Operator zu einer Anklage wegen unsachgemäßem Design führen. Designer sollten danach streben, hochqualifizierte und gut getestete Schnittstellen zu schaffen, die sich eng an die Design-Richtlinien nach dem neuesten Stand der Technik halten. Dokumentationen von Testreihen und Nutzung sollten aufrechterhalten werden, um zutreffende Daten der aktuellen Performance vorhalten zu können. Anders als Architektur oder Maschinenbau ist das Design von Benutzerschnittstellen noch keine etablierte Profession mit klaren Standards.

Ein drittes Problem ist der Copyright-Schutz für Software und Information (Gilbert, 1990; *Computer Science and Telecommunications Board*, 1991; Samuelson, 1995; 1996). Softwareentwickler, die Zeit und Geld aufgewendet haben, um ein Softwarepaket zu entwickeln, werden in ihren Bemühungen frustriert, ihre Kosten wieder einzuholen und einen Gewinn zu erzielen, wenn potenzielle Nutzer von ihrem Paket illegale Kopien ziehen, anstatt es zu kaufen. Vielerlei technische Pläne wurden ausprobiert, um Kopien zu verhindern, aber clevere Hacker können in der Regel die Hindernisse umgehen. Es ist für eine Organisation unüblich, eine Einzelperson wegen der Kopie eines Programms zu belangen, aber gegen Unternehmen oder Universitäten wurden schon Prozesse angestrengt. Einzelplatzlizenzen sind eine Lösung, weil sie das Kopieren an einem Ort (z.B. der Firma) erlauben, wenn die Gebühren bezahlt worden sind. Kompliziertere Situationen entstehen im Zusammenhang mit dem Zugang zu Online-Informationen. Wenn ein Kunde eines Online-Informationsdienstes für die Zugangszeit zu einer Datenbank zahlt, hat der Kunde dann das Recht, sich die erhaltenen Informationen herunterzuziehen und zur späteren Verwendung elektronisch zu speichern? Kann der Kunde seinem Kollegen eine elektronische Kopie zusenden oder eine Bibliografie verkaufen, die er sorgfältig aus einer großen, kommerziellen Datenbank zusammengetragen hat? Besitzen Einzelpersonen, ihre Arbeitgeber oder Netzwerk-Operatoren die Informationen, die sich in E-Mails befinden? Das Erscheinen des World Wide Webs und die Bemühungen, riesige digitale Bibliotheken zu schaffen, haben die Hitzigkeit und das Tempo von Diskussionen um das Copyright gesteigert. Verleger wollen ihr intellektuelles Kapital schützen, und Bibliothekare sind hin- und hergerissen zwischen ihren Verpflichtungen gegenüber den Verlagen und dem Wunsch, ihre Kunden zu bedienen. Wenn Werke mit Copyright kostenlos verbreitet werden, welche Anreize gibt es dann noch für Verleger und Autoren? Wenn es illegal ist, Werke ohne Erlaubnis oder Bezahlung weiterzugeben, die dem Schutz des Copyright unterliegen, werden darunter die Wissenschaften, Literatur und andere Bereiche leiden. Die Doktrin des *Fair Use* für begrenztes Kopieren für persönliche und Ausbildungszwecke hat geholfen, mit den durch die Technologien des Fotokopierens aufgeworfenen Fragen fertig zu werden, aber das perfekte und schnelle Kopieren und die Verbreitung über Netzwerke verlangt nach einem durchdachten Update.

Ein viertes Problem ist die Freiheit der Rede in elektronischen Umgebungen. Haben Anwender das Recht, kontroverse oder potenziell anstößige Äußerungen in E-Mails oder Newsgroups zu machen? Sind diese Äußerungen durch das *First Amendment* geschützt? Sind Netzwerke wie Straßenecken, an denen Redefreiheit garantiert wird, oder sind Netzwerke wie Fernsehen, wo die Standards der Gemeinschaft geschützt werden müssen? Sind die Betreiber von Netzwerken dafür verantwortlich zu machen oder muss ihnen verboten werden, anstößige oder obszöne Witze, Geschichten oder Bilder zu eliminieren? Es gab heftige Kontroversen darüber, ob Netzwerkbetreiber ein Recht dazu haben, E-Mails zu verbieten, die benutzt wurden, eine Rebellion gegen die Provider selbst zu organisieren. Eine andere Kontroverse entstand zu dem Thema, ob ein Netzwerkbetreiber die Pflicht hat, rassistische E-Mails oder Postings in einem Bulletin Board zu unterdrücken. Wenn verleumderische Äußerungen übertragen werden, kann jemand auch das Netzwerk als deren Quelle verklagen?

Andere rechtliche Probleme beinhalten das Einhalten von Gesetzen, die den gleichberechtigten Zugang für behinderte Anwender vorschreiben, und das Beachten von sich weltweit ändernden Gesetzen.

Das am meisten kontroverse Problem für die Designer von Benutzerschnittstellen ist der Copyright- und Patent-Schutz für Benutzerschnittstellen. Als Benutzerschnittstellen sich noch aus kodierten Befehlen nur in Großbuchstaben zusammensetzten, die über Teletype übertragen wurden, gab es wenig, was geschützt werden konnte. Aber das Erscheinen von künstlerisch gestalteten GUIs mit Animationen und ausführlicher Online-Hilfe führte dazu, dass die Entwickler den Schutz durch Copyright forderten. Diese Aktivität führte zu vielen Kontroversen:

- *Welches Material kommt für Copyright in Frage?* Da für Fonts, Linien, Kästen, Schraffierungen und Farben gewöhnlich kein Copyright bewilligt werden kann, behaupten einige, dass die meisten Interfaces nicht zu schützen sind. Befürworter eines starken Schutzes behaupten, dass der Gesamteindruck der Komponenten eine kreative Arbeit ist, genau wie ein Lied, das aus nicht copyrightgeschützten Noten besteht, oder ein aus nicht copyright-geschützten Worten bestehendes Gedicht. Obwohl Standardarrangements wie das Format des gedrehten L bei Spreadsheets nicht über Copyright zu schützen sind, ist bei einer Sammlung von Worten wie dem Menü-Baum in Lotus 1-2-3 dieser Schutz akzeptiert worden, aber solche Entscheidungen wurden später von höheren Gerichten verworfen. Apple verlor seinen Prozess über Verletzungen des Copyrights gegen Microsoft für deren Windows-Schnittstelle, und dies zum Teil deswegen, weil der Richter darauf bestand, das Interface in Elemente zu zerlegen, statt auf das allgemeine *Look and Feel* zu achten. Das möglicherweise verwirrendste Konzept ist die Unterscheidung zwischen Ideen (nicht schützbar) und Äußerungen (schützbar). Generationen von Richtern und Rechtsanwälten haben mit diesem Problem gerungen, sie stimmen nur darin überein, dass es keine klare Trennungslinie zwischen Idee und Äußerung gibt, und dass über die Unterscheidung in jedem Einzelfall entschieden werden muss. Die meisten informierten Kommentatoren würden zustimmen, dass die Idee der gleichzeitigen Arbeit an mehreren Dokumenten durch das gleichzeitige Darstellen mehrerer Fenster nicht schützbar ist, aber dass spezifische Symbole der Fenster (Randdekorationen, Animationen in der Bewegung usw.) es doch sein sollen. Ein Kernpunkt ist, dass es eine Vielzahl von Wegen geben sollte, eine bestimmte Idee auszudrücken. Wenn es nur einen Weg gibt, eine Idee auszudrücken – beispielsweise ein Kreis für den Begriff des Eheringes – ist das Symbol nicht schützbar.

- *Sind Copyrights oder Patente für Benutzerschnittstellen angemessener?* Traditionell wird das Copyright für den künstlerischen, literarischen und musikalischen Ausdruck benutzt, wogegen Patente für funktionale Geräte gebraucht wird. Es gibt interessante Kreuzungen wie Copyrights für Landkarten, Ingenieurszeichnungen und Dekorationen auf Teetassen und Patente für Software-Algorithmen. In den Vereinigten Staaten sind Copyrights leicht und schnell zu bekommen (setzen Sie einfach eine Copyright-Notiz auf die Benutzerschnittstelle und reichen Sie einen Copyright-Antrag ein) und werden nicht überprüft. Patente sind komplex, langsam und kostspielig zu erwerben, weil sie durch das *U.S. Patent and Trademark Office* verifiziert werden müssen. Copyrights haben eine Dauer von 75 Jahren für Unternehmen und Lebensdauer plus 50 Jahre für Einzelpersonen. Patente halten nur 17 Jahre, aber werden als leichter durchsetzbar angesehen. Die Wirksamkeit des Patentschutzes hat bei Patenten Besorgnis erregt, die für als fundamental angesehene Algorithmen bei Datenkompression und Displaymanagement gewährt wurden. Für gedruckte Handbücher und Online-Hilfe können ebenfalls Copyrights erworben werden.

- *Was macht eine Copyright-Verletzung aus?* Wenn ein anderer Entwickler Ihre mit einem gültigen Copyright versehene Benutzerschnittstelle kopiert, ist dies eine klarer Fall eines Verstoßes. Subtilere Probleme entstehen, wenn ein Konkurrent eine Benutzerschnittstelle schafft, bei der einige Elemente Ihrer Ansicht nach frappierend Ihrer eigenen Schnittstelle ähneln. Um einen Prozess wegen Verletzung des Copyrights zu gewinnen, müssen Sie eine Jury von »normalen Beobachtern« davon überzeugen, dass der Konkurrent tatsächlich Ihr Interface gesehen hat und dass das andere Interface Ihrem eigenen »wesentlich ähnlich« ist.

- *Sollten Benutzerschnittstellen den Schutz des Copyrights genießen?* Es gibt eine Reihe angesehener Kommentatoren, die nicht der Meinung sind, dass man Benutzerschnittstellen unter den Schutz des Copyrights stellen sollte. Sie vertreten die Meinung, dass Benutzerschnittstellen geteilt werden sollten und dass es den Fortschritt aufhielte, wenn Entwickler bei jeder Eigenschaft von Benutzerschnittstellen, die sie sehen, für die Erlaubnis bezahlen sollten, dies in ihr Interface einzubauen. Sie behaupten weiterhin, dass Copyrights die nutzbringende Standardisierung behindern und dass unnötige künstlerische Variationen Verwirrung und Inkonsistenz schaffen würden. Befürworter eines Copyrights für Benutzerschnittstellen wünschen, dass kreative Errungenschaften anerkannt werden, und dass durch die Erlaubnis, diese zu schützen, Innovationen gefördert werden, wobei sichergestellt bleibt, dass Designer für ihre Arbeit entlohnt werden. Obwohl Ideen nicht schützbar sind, müsste man besondere Ausprägungen vom Schöpfer lizenzieren lassen, vermutlich durch eine Gebühr, auf die gleiche Art, wie jedes Foto in einem Kunstbuch lizenziert und anerkannt oder jegliche Verwendung eines Liedes, eines Theaterstücks oder eines Zitates erlaubt werden muss. Die Sorge über die Komplexität und die Kosten dieses Prozesses und die mangelnde Bereitschaft der Copyright-Eigentümer, ihre Werke zu teilen, sind legitim, aber die Alternative, keinen Schutz zu bieten, könnte Innovationen verlangsamen.

Im gegenwärtigen juristischen Klima müssen die Interface-Designer existierende Ausdrücke respektieren und sind gut beraten, sich um Lizenzen oder Vereinbarungen zur Kooperation zu kümmern, um Benutzerschnittstellen zu teilen. Eine Notiz über das Copyright auf den Titelbildschirm eines Systems und in die Anwender-Handbücher zu stellen, erscheint angemessen. Selbstverständlich sollte man sich auch um umfassende juristische Beratung kümmern.

3.10 Zusammenfassung für den Praktiker

Usability Engineering reift schnell, und einst neuartige Ideen sind zu Standard-Praktiken geworden. Die Anwendbarkeit ist in immer stärkerem Maße in der organisatorischen und der Produktplanung in den Mittelpunkt gerückt. Entwicklungsmethoden wie Cognetics LUCID helfen Designern, indem sie einen stichhaltigen Prozess mit einem vorhersagbaren Zeitplan und sinnvollen Lieferzeiten bereitstellen. Ethnografische Beobachtungen können Informationen beschaffen, mit denen die Analyse der Aufgaben durchgeführt und sorgfältig überwachte partizipative Design-Prozesse vervollständigt werden können. Protokolle der Nutzung stellen wertvolle Daten über die Aufgabensequenzen und -häufigkeiten bereit. Das Schreiben von Szenarien hilft beim allgemeinen Verständnis der Design-Ziele und ist nützlich bei Präsentationen vor Managern und Auftraggebern. Für Interfaces, die von Regierungsbehörden, öffentlichen Einrichtungen und staatlich regulierten Industrien entwickelt werden, kann ein frühzeitiger Bericht über die sozialen Auswirkungen eine öffentliche Diskussion auslösen, durch die wahrscheinlich Probleme erkannt und Interfaces produziert werden können, die eine hohe allgemeine soziale Nützlichkeit haben. Designer und Manager sollten sich juristische Beratung besorgen, um sicherzustellen, dass man sich an die Gesetz und den Schutz des geistigen Eigentums hält.

3.11 Ausblick für die Forschung

Die Richtlinien für menschliche Schnittstellen basieren oft mehr auf Mutmaßungen nach bestem Wissen und Gewissen als auf experimentellen Daten. Mehr Experimente könnten zu genaueren Standards, die vollständiger und verlässlicher sind, und zu einem präziseren Wissen darüber führen, wie viel Verbesserung von Änderungen im Design zu erwarten sind. Durch die sich ständig ändernde Technologie werden wir niemals einen stabilen und kompletten Satz von Richtlinien haben, aber für die Zuverlässigkeit und die Qualität der Entscheidungsfindung über Benutzerschnittstellen werden die Vorteile wissenschaftlicher Studien enorm sein. Die Designprozesse, die ethnografischen Methoden, die Aktivitäten zum partizipativen Design, das Schreiben von Szenarien und Berichte über die sozialen Auswirkungen entwickeln sich rasend schnell. Durchdachte Fallstudien von Erfolgen und Fehlschlägen werden zu Verbesserungen und weiterer Anwendungsverbreitung führen. Kreative Prozesse sind notorisch schwer zu studieren, aber gut dokumentierte Beispiele von Erfolgsstories könnten informieren und inspirieren.

World Wide Web

Von Unternehmen und Standard-Organisationen unterstützte Designmethoden werden hier abgedeckt, dazu gibt es Informationen, wie Stil-Richtlinien entwickelt werden sollen. Die Referenzen auf Richtlinien-Dokumente sind in Kapitel 1 aufgeführt.

```
http://www.aw.com/DTUI
```

Quellen

Baroudi, Jack J., Olson, Margrethe H., and Ives, Blake, An empirical study of the impact of user involvement on system usage and information satisfaction, *Communications of the ACM*, 29, 3 (March 1986), 232–238.

Battle, Jackson, Fischman, Robert, and Squillace, Mark, (1994), *Environmental Law. Volume 1: Environmental Decision making NEPA and the Endangered Species Act*, Anderson Publishing, (1994). World Wide Web version prepared in April 1994 by

Robert Fischman, Indiana University, School of Law, Bloomington, IN, http://www.law.indiana.edu/envdec

Bentley, R., Hughes, J., Randall, D., Rodden, T., Sawyer, P., Shapiro, D., and Sommerville, I., Ethnographically-informed systems design for air traffic

control, *Proc. CSCW '92—Sharing Perspectives* (1992), 123–129.

Boehm, Barry, A spiral model of software development and enhancement, *IEEE Computer*, 21, 5 (May 1988), 61–72.

Carroll, John, M., *Scenario-Based Design: Envisioning Work and Technology in System Development*, John Wiley and Sons, New York (1995).

Carroll, John M. and Rosson, Mary Beth, Usability specifications as a tool in iterative development. In Hartson, H. Rex (Editor), *Advances in Human–Computer Interaction 1*, Ablex, Norwood, NJ (1985), 1–28.

Chapanis, Alphonse, The business case for human factors in informatics. In Shackel, Brian and Richardson, Simon (Editors), *Human Factors in Informatics Usability*, Cambridge University Press, Cambridge, U.K. (1991), 39–71.

Chapanis, Alphonse and Budurka, William J., Specifying human–computer interface requirements, *Behaviour and Information Technology*, 9, 6 (1990), 479–492.

Computer Science and Telecommunications Board, National Research Council, *Intellectual Property Issues in Software*, National Academy Press, Washington, D.C. (1991).

Damodaran, Leela, User involvement in the systems design process—a practical guide for users, *Behaviour & Information Technology*, 15, 6 (1996), 363–377.

Dumas, Joseph and Redish, Janice, *A Practical Guide to Usability Testing*, Ablex, Norwood, NJ (1993).

Gilbert, Steven W., Information technology, intellectual property, and education, *EDUCOM Review*, 25, (1990), 14–20.

Gould, John, How to design usable systems. In Helander, Martin (Editor), *Handbook of Human–Computer Interaction*, North-Holland, Amsterdam, The Netherlands (1988), 757–789.

Gould, John D., and Lewis, Clayton, Designing for usability: Key principles and what designers think, *Communications of the ACM*, 28, 3 (March 1985), 300–311.

Gould, John D., Boies, Stephen J., and Lewis, Clayton, Making usable, useful productivity-enhancing computer applications, *Communications of the ACM,* 34, 1 (January 1991), 75–85.

Greenbaum, Joan and Kyng, Morten (Editors), *Design at Work: Cooperative Design of Computer Systems,* LEA Publishers, Hillsdale, NJ (1991).

Hammersley, M., and Atkinson, P., *Ethnography Principles and Practice,* Routledge, London (1983).

Hix, Deborah and Hartson, H. Rex, *Developing User Interfaces: Ensuring Usability Through Product and Process,* John Wiley and Sons, New York (1993).

Huff, Chuck, Practical guidance for teaching the Social Impact Statement, *Proc. CQL '96, ACM SIGCAS Symposium on Computers and the Quality of Life* (Feb. 1996), 86–89.

Hughes, J., King, V., Rodden, T., and Anderson, H., The role of ethnography in interactive systems design, *Interactions,* 2, 2 (1995), 56–65.

Humphrey, Watts, *A Discipline for Software Engineering,* Addison-Wesley, Reading, MA (1995).

Ives, Blake, and Olson, Margrethe H., User involvement and MIS success: A review of research, *Management Science,* 30, 5 (May 1984), 586–603.

Karat, Claire-Marie, Cost-benefit analysis of usability engineering techniques, *Proc. Human Factors Society Annual Meeting* (1990), 839–843.

Karat, Claire-Marie, A business case approach to usability. In Bias, Randolph, and Mayhew, Deborah (Editors), *Cost-Justifying Usability,* Academic Press, New York (1994), 45–70.

Klemmer, Edmund T. (Editor), Ergonomics: *Harness the Power of Human Factors in Your Business,* Ablex, Norwood, NJ (1989).

Kreitzberg, Charles, Managing for usability. In Alber, Antone F. (Editor), *Multimedia: A Management Perspective,* Wadsworth, Belmont, CA (1996), 65–88.

Landauer, Thomas K., *The Trouble with Computers: Usefulness, Usability, and Productivity,* MIT Press, Cambridge, MA (1995).

Mander, Jerry, *In the Absence of the Sacred: The Failure of Technology and the Survival of the Indian Nations,* Sierra Club Books, San Francisco, CA (1991).

Mantei, Marilyn and Teorey, Toby, Cost-benefit analysis for incorporating human factors in the software life cycle, *Communications of the ACM*, 31, 4 (1988), 428–439.

Monk, A., Wright, P., Haber, J., and Davenport, L., *Improving Your Human–Computer Interface: A Practical Technique*, Prentice-Hall, Englewood Cliffs, NJ (1993).

Muller, Michael J., Retrospective on a year of participatory design using the PICTIVE technique, *Proc. CHI '92 – Human Factors in Computing Systems*, ACM, New York (1992), 455–462.

Muller, M., Wildman, D., and White, E., Taxonomy of PD practices: A brief practitioner's guide, *Communications of the ACM*, 36, 4 (1993), 26–27.

Mumford, Enid, *Designing Participatively*, Manchester Business School, Manchester, U.K. (1983).

Nielsen, Jakob (Editor), Special Issue on Usability Laboratories, *Behaviour & Information Technology*, 13, 1 & 2 (January–April 1994).

Nielsen, Jakob, *Usability Engineering*, Academic Press, New York (1993).

Olson, Margrethe H. and Ives, Blake, User involvement in system design: An empirical test of alternative approaches, *Information and Management*, 4, (1981), 183–195.

Preece, Jenny and Rombach, Dieter, A taxonomy for combining Software Engineering (SE) and Human–Computer Interaction (HCI) measurement approaches: Towards a common framework, *International Journal of Human–Computer Studies*, 41, 4 (1994), 553–583.

Ralls, Scott, *Integrating Technology with Workers in the New American Workplace*, U.S. Department of Labor, Office of the American Workplace, Washington, D.C. (1994).

Rose, Anne, Plaisant, Catherine, and Shneiderman, Ben, Using ethnographic methods in user interface re-engineering, *Proc. DIS '95: Symposium on Designing Interactive Systems*, ACM Press, New York (August 1995), 115–122.

Samuelson, Pamela, Copyright and digital libraries, *Communications of the ACM*, 38, 3 (1995), 15–21, 110.

Samuelson, Pamela, Legal protection for database contents, *Communications of the ACM*, 39, 12 (1996), 17–23.

Shneiderman, Ben and Rose, Anne, Social impact statements: Engaging public participation in information technology design, *Proc. CQL '96, ACM SIGCAS Symposium on Computers and the Quality of Life* (Feb. 1996), 90–96.

Sutcliffe, A. G. and McDermott, M., Integrating methods of human–computer interface design with structured systems development, *International Journal of Man–Machine Studies*, 34, 5 (1991), 631–656.

Thomas, John C., Organizing for human factors. In Vassiliou, Y. (Editor), *Human Factors in Interactive Computer Systems,* Ablex, Norwood, NJ (1984), 29–46.

Suchman, L., Office Procedure as practical action: Models of work and system design, *ACM Transactions on Office Information Systems*, 1, 4 (1983), 320–328.

Vaske, Jerry and Grantham, Charles, *Socializing the Human–Computer Environment,* Ablex, Norwood, NJ (1989).

Whiteside, John, Bennett, John, and Holtzblatt, Karen, Usability engineering: Our experience and evolution. In Helander, Martin (Editor), *Handbook of Human–Computer Interaction,* North-Holland, Amsterdam, The Netherlands (1988), 791–817.

Kapitel 4

Expertenreviews, Usability-Tests, Untersuchungen und fortlaufende Auswertungen

Ein realer Test ist schwer und hart ... Angenehmes gehört in die Träume.

Simone Weil, Gravity and Grace, 1947

4.1   Einführung

Designer können von ihren Schöpfungen so hingerissen sein, dass es ihnen nicht gelingt, diese Objekte adäquat zu evaluieren. Erfahrene Designer haben die Weisheit und Demut erlangt, dass sie von der Notwendigkeit ausführlicher Tests wissen. Wenn Feedback das »Breakfast of Champions« ist, dann ist der Test das »Dinner of the Gods«. Jedoch muss es eine umsichtige Auswahl vom großen Menü der Evaluationsmöglichkeiten geben, um ein ausgewogenes Mahl zu schaffen.

Die Determinanten des Evaluationsplanes umfassen (Nielsen, 1993; Hix und Hartson, 1993; Preece et al., 994, Newman und Lamming, 1995)

- die Stufe des Designs (Anfang, Mitte, Ende)
- die Neuartigkeit des Projektes (klar strukturiert vs. explorativ)
- die Anzahl der erwarteten Anwender
- der Anspruch des Interface (beispielsweise lebenswichtiges medizinisches System vs. Unterstützung einer Museumssausstellung)
- die Produktkosten und für Tests ausgewiesene Gelder
- die verfügbare Zeit
- die Erfahrung des Design- und Evaluationsteams.

Die Bandbreite der Evaluationspläne können von einem ehrgeizigen Test für ein neues nationales Flugleitsystem mit verschiedenen Phasen über zwei Jahre bis zu einem dreitägigen Test mit sechs Anwendern für ein kleines, internes Buchführungssystem reichen. Die Kosten können von zehn Prozent eines Projektes bis hinunter zu einem Prozent reichen.

Vor einigen Jahren war es nur eine gute Idee, sich durch das Konzentrieren auf Usability und das Durchführen der Testreihen einen Vorteil zu verschaffen, aber heutzutage ist durch das schnelle Wachstum des Interesses an der Anwendbarkeit ein Unterlassen von Tests in der Tat riskant. Die Gefahren bestehen nicht nur in der zunehmenden Konkurrenz, sondern auch darin, dass die übliche Praxis des Engineering nun adäquates Testen erfordert. Wenn man keine Testreihen durchführt und dokumentiert, kann das zu Vertragsverletzungen oder zu von Anwendern angestrengten Prozessen wegen Vernachlässigung der beruflichen Sorgfalt führen, wenn Fehler entstehen. An diesem Punkt ist es verantwortungslos, Anwendbarkeitstests zu umgehen.

Ein beunruhigender Aspekt des Testens ist die Ungewissheit, die sogar nach umfassenden Tests mit verschiedenen Methoden noch bleiben kann. In komplexen menschlichen Bemühungen ist eine Perfektion nicht möglich, so muss die Planung kontinuierliche Methoden zur Auswertung und Reparatur von Problemen während der Lebenszeit eines Interface einschließen. Zweitens muss, auch wenn kontinuierlich Probleme auftauchen, an einem bestimmten Punkt eine Entscheidung getroffen werden, die Tests der Prototypen abzuschließen und das Produkt auszuliefern. Drittens sind die meisten Testmethoden für den normalen Gebrauch angemessen, aber Performance mit Input auf höchstem Level so wie bei Notfällen in Atomkraftwerken oder Flugleitsystemen ist extrem schwierig zu testen. Die Entwicklung von Testmethoden für Situationen unter Stress und sogar mit teilweisen Systemausfällen werden durchgeführt werden müssen, wenn Benutzerschnittstellen für eine steigende Anzahl von lebenswichtigen Anwendungen entwickelt werden.

- Die *Usability Professionals Association* wurde 1991 für den Informationsaustausch von in diesem Bereich Beschäftigten gegründet. Die jährliche Konferenz konzentriert sich auf Formen der Evaluation von Anwendbarkeit und bietet ein Forum für den Ideenaustausch unter den mehr als 4.000 Mitgliedern.

4.2 Expertenreviews

Während informelle Demonstrationen für Kollegen oder Kunden einiges an nützlichem Feedback bereitstellen können, haben sich eher formale Expertenreviews als effektiv herausgestellt (Nielsen und Mack, 1994). Diese Methoden hängen davon ab, ob man Experten im Team oder als Berater zur Verfügung hat, die Fachleute im Bereich der Applikation oder von Benutzerschnittstellen sind. Expertenreviews können kurzfristig und schnell zusammengestellt werden.

Expertenreviews können am Anfang oder gegen Ende der Design-Phase stattfinden, und die Ergebnisse können sich in einem formalen Bericht über die festgestellten Probleme oder die Empfehlungen für Änderungen niederschlagen. Die Expertenreviewer sollten empfindsam dafür sein, dass das Design-Team Aussagen z. B. über professionelle Fertigkeiten persönlich nehmen kann, darum sollten Vorschläge behutsam gemacht werden: Es ist schwierig für jemanden, der gerade frisch ein System inspiziert, die ganzen Design-Grundprinzipien und die Entwicklungsgeschichte zu verstehen. Die Rezensenten halten mögliche Probleme zur Diskussion mit den Designer fest, aber die Lösungen sollten generell den Designern überlassen werden. Expertenreviews erfordern gewöhnlich einen halben Tag bis zu einer Woche, obwohl eine ausgedehnte Trainingsperiode erforderlich sein kann, um Aufgabenbereich oder Bedienungsprozeduren verständlich zu machen. Es kann hilfreich sein, wenn man die gleichen und auch neue Expertenreviewer hat, während das Projekt fortschreitet. Man kann von einer Vielzahl von Methoden für Expertenreviews auswählen:

- *Heuristische Evaluation* Die Expertenreviewer besprechen ein Interface, um eine Übereinstimmung mit einer kurzen Liste von Design-Heuristiken wie z.B. den acht Goldenen Regeln (Kapitel 2) festzustellen. Es macht einen enormen Unterschied, ob die Experten mit den Regeln vertraut und in der Lage sind, sie zu interpretieren und anzuwenden.
- *Richtlinien-Review* Das Interface wird auf Übereinstimmung mit den Richtlinien-Dokumenten der Organisation oder anderen Richtlinien geprüft. Weil Richtlinien-Dokumente an die tausend Items enthalten können, kann es die Expertenreviewer einige Zeit kosten, die Richtlinien zu meistern, und das bedeutet Tage oder Wochen für die Rezension eines großen Systems.
- *Konsistenzinspektion* Die Fachleute verifizieren die Konsistenz innerhalb einer Familie von Schnittstellen, prüfen die Konsistenz von Terminologie, Farben, Layout, In- und Output-Formaten gleichermaßen innerhalb des Interface als auch in den Schulungsunterlagen und der Online-Hilfe.
- *Kognitiver Durchgang* Die Experten simulieren Anwender, die sich beim Durchführen typischer Aufgaben der Schnittstelle bedienen. Häufige Aufgaben sind ein Ausgangspunkt, aber seltene wesentliche Aufgaben so wie das Rückgängigmachen von Fehlern sollten ebenso überprüft werden. Eine Form von Simulation des Anwender-Alltags sollte ebenfalls Teil der Expertenreviews sein. Kognitive Durchgänge wurden für Interfaces entwickelt, die mittels explorativem Browsing erlernt werden können (Wharton et al., 1994), aber sie sind auch nützlich für Interfaces, die grundlegendes Training erfordern. Ein Experte

könnte den Durchgang für sich alleine erforschen, aber es müsste auch ein Treffen mit der Gruppe der Designer, Anwender oder Manager geben, um den Durchgang anzuleiten und eine Diskussion anzuschieben. Dieser öffentliche Durchgang basiert auf den erfolgreichen Code Walkthroughs, die sich bei der Softwareentwicklung herausgebildet haben (Yourdon, 1989).

■ *Formale Anwendbarkeitsinspektion* Die Experten führen ein anhörungsähnliches Treffen mit einem Moderator oder Richter durch, um das Interface vorzustellen und seine Verdienste und Schwächen zu diskutieren. Mitglieder des Design-Teams könnten die Beweise für Probleme in Form einer Gegenrede entkräften. Formale Anwendbarkeitsinspektionen können Lernerfahrungen für neue Designer und Manager sein, aber sie benötigen eine längere Vorbereitungszeit und mehr Personal zur Durchführung als andere Arten der Reviews.

Expertenreviews können an verschiedenen Punkten des Entwicklungsprozesses eingeplant werden, wenn die Experten verfügbar sind und wenn das Design-Team für Feedback bereit ist. Die Anzahl der Expertenreviews wird von der Größenordnung des Projektes und den zugewiesenen Ressourcen abhängen.

Aufgrund der vielen unkontrollierbaren Variablen ist eine vergleichende Evaluation von Methoden für Expertenreviews und Anwendbarkeitstestreihen schwierig, jedoch geben die Studien, die zusammengestellt wurden, Beweismaterial für die Vorzüge von Expertenreviews her (Jeffries et al., 1991; Karat et al., 1992). Unterschiedliche Fachleute tendieren dazu, unterschiedliche Probleme in den Schnittstellen zu finden, und so können drei bis fünf Rezensenten höchst produktiv sein – ebenso wie ein komplementäres Testen der Anwendbarkeit.

Expertenreviewer sollten sich in einer Situation befinden, die möglichst genau derjenigen ähnelt, in der sich der beabsichtigte Anwender befinden wird. Die Expertenreviewer sollten an Lehrgängen teilnehmen, Handbücher lesen, Einzelunterricht nehmen und das System in einer Umgebung ausprobieren, die so genau wie möglich ein realistisches Arbeitsumfeld nachstellt – vollständig mit Lärm und Ablenkungen. Zusätzlich können Expertenreviewer sich auch in eine ruhigere Umgebung zurückziehen, um jeden Screen detaillierter untersuchen zu können.

Aus einer Vogelperspektive auf ein Interface zu schauen, indem man einen vollständigen Satz von Bildschirmausdrucken auf den Boden legt oder an die Wand hängt, hat sich als enorm fruchtbar herausgestellt, wenn man nach Inkonsistenzen sucht oder ungewöhnliche Muster finden will.

Die Gefahren der Expertenreviews liegen darin, dass die Fachleute möglicherweise kein adäquates Verständnis des Aufgabenbereiches oder der Anwendergruppe haben könnten. Auch Experten haben verschiedene Geschmacksrichtungen, und widerstreitende Ratschläge könnten eine Situation noch mehr verkomplizieren (Zyniker sagen, für jeden Doktor gibt es einen anderen, der zustimmt, und einen, der dagegen ist). Um die Möglichkeit erfolgreicher Expertenreviews zu verstärken, hilft die Auswahl von kenntnisreichen Fachleuten, die mit der Projektsituation vertraut sind und die eine lange Beziehung zur Organisation haben. Diese Leute kann man zurückrufen, damit sie sich die Ergebnisse ihrer Interventionen ansehen, und sie dafür verantwortlich machen. Darüber hinaus haben sogar erfahrene Expertenreviewer große Schwierigkeiten damit, sich das Verhalten von typischen Anwendern, insbesondere erstmaligen Anwendern, vorzustellen.

4.3 Anwendbarkeitstests und Labors

Das Erscheinen von Anwendbarkeitstests und Labors seit den frühen achtziger Jahren ist ein Indikator für den grundlegenden Wandel bei der Beachtung der Bedürfnisse von Anwendern. Traditionelle Manager und Entwickler waren anfangs dagegen und behaupteten, dass die Durchführung von Anwendbarkeitstests ihnen als nette Idee erscheine, aber dass Zeitdruck oder begrenzte Ressourcen sie davon abhielte, es damit mal zu versuchen. In dem Maße, wie Erfahrung wuchs und erfolgreiche Projekte dem Testprozess den Rücken stärkten, wuchsen die Forderungen, und die Design-Teams traten in Wettstreit um die rare Ressource des Personals der Usability-Labors. Den Managern wurde klar, dass es ein mächtiger Ansporn für die Beendigung einer Design-Phase war, einen Anwendbarkeitstest auf dem Zeitplan zu haben. Der Bericht aus dem Anwendbarkeitstest stellte eine unterstützende Bestätigung des Fortschritts und spezifische Änderungsempfehlungen bereit. Als Anleitung ihrer Arbeit suchten Designer das helle Licht des evaluativen Feedbacks, und Manager mussten weniger Katastrophen mit ansehen, wenn sich die Projekte dem Datum der Auslieferung näherten. Die bemerkenswerte Überraschung war, dass die Anwendbarkeitstests nicht nur viele Projekte beschleunigten, sondern auch dramatische Kostenreduzierungen mit sich brachten (Gould, 1988; Gould et al., 1991; Karat, 1994).

Befürworter von Usability-Labors entfernten sich von ihren akademischen Wurzeln, als diese Praktiker innovative Ansätze entwickelten, die durch Werbung und Marktforschung beeinflusst waren. Während die Akademiker kontrollierte Experimente zur Überprüfung von Hypothesen und zur Bekräftigung von Theorien entwickelten, bauten die Praktiker Methoden für Tests zur Anwendbarkeit auf, damit Benutzerschnittstellen schnell verfeinert werden konnten. Kontrollierte Experimente haben mindestens zwei Verfahren und trachten danach, statistisch signifikante Unterschiede zu zeigen; Anwendbarkeitstests sind so gestaltet, dass sie schwache Punkte bei den Benutzerschnittstellen finden können. Beide Strategien nutzen einen sorgfältig vorbereiteten Satz an Aufgabenstellungen, aber Anwendbarkeitstests haben weniger Testpersonen (vielleicht bis zu drei), und das Ergebnis ist ein Bericht mit Überarbeitungsempfehlungen im Gegensatz zu einer Bestätigung oder Ablehnung von Hypothesen. Natürlich gibt es ein nutzbares Spektrum der Möglichkeiten zwischen rigiden Kontrollen und informellen Tests, und manches Mal ist eine Kombination der verschiedenen Ansätze angebracht.

Die Bewegung in Richtung Anwendbarkeitstests trieb die Einrichtung von Usability-Labors voran (Dumas und Redish, 1993; Nielsen, 1993). Viele Organisationen gaben für den Bau eines einzelnen Usability-Labors in Maßen Geld aus, wogegen IBM in Boca Raton, Florida, eine ausgefeilte Forschungseinrichtung mit 16 kreisförmig angeordneten Labors und einer zentralen Datenbank für Protokolldateien von Benutzungen und Aufzeichnungen von Performance einrichtete. Ein reales Labor zu besitzen, verdeutlicht den Angestellten, Kunden und Nutzern einer Organisation die Ausrichtung auf die Usability (Nielsen, 1994) (Abb. 4.1). Ein typisches durchschnittliches Usability-Labor hat zwei ungefähr 9 qm große Bereiche, in dem einen führen die Teilnehmer ihre Arbeit durch, und auf der anderen Seite eines Einwegspiegels sitzen die Tester und Beobachter (Designer, Manager, Kunden) (Abb. 4.2). IBM führte schon früh die Entwicklung von Usability-Labors an, Microsoft stieg später ein, aber beschäftigte sich intensiv mit dieser Idee, und Hunderte von Firmen aus der Softwareentwicklung zogen nach. Eine beratende Gemeinschaft, die man für Usability-Tests einstellen kann, ist ebenfalls entstanden.

Abb. 4.1: Test im Usability-Labor mit Testperson und Beobachter an einer Workstation. Videokameras schneiden die Aktionen des Users und den Bildschirminhalt mit, und Mikrofone zeichnen die laut gedachten Kommentare auf (Mit Erlaubnis von Sun Microsystems, Mountain View, CA).

Abb. 4.2: Kontrollraum eines Usability-Labors, in dem Testkontrolleure und Beobachter die Testperson durch einen Einwegspiegel überwachen. Videokontrollen ermöglichen das Zoomen und Schwenken von Kameras, um einzelne Handlungen des Users genauer zu betrachten (Mit Erlaubnis von Sun Microsystems, Mountain View, CA).

Das Usability-Labor ist in der Regel mit einem oder mehreren Personen ausgestattet, die Erfahrungen in Tests und im Benutzerschnittstellen-Design haben und im Jahr zehn bis fünfzehn Projekte im Unternehmen begleiten. Das Laborpersonal trifft sich zu Beginn des Projektes mit dem Architekten oder dem Manager der Benutzerschnittstelle, um einen Testplan mit festgelegten Zeiten und Budgetzuweisungen festzulegen. Das Personal des Usability-Labors nimmt an frühen Aufgabenanalysen oder Design-Reviews teil, stellt Informationen über Software-Tools oder Literaturquellen bereit und hilft dabei, den Satz an Aufgaben für den Usability-Test zu entwickeln. Zwei bis sechs Wochen vor dem Usability-Test wird der detaillierte Testplan entwickelt, der sich aus einer Liste der Aufgaben plus subjektiver Zufriedenheit und den Testfragen zusammensetzt. Die Anzahl, Typen und die Herkunft der Teilnehmer werden festgelegt – sie können z.B. in Websites für Kunden, Agenturen für Zeitarbeiter oder über Zeitungsannoncen gefunden werden. Ein Pilottest mit den Prozeduren, Aufgaben und Fragebögen wird mit ein bis drei Testpersonen eine Woche vorher durchgeführt, damit es noch genügend Zeit für Überarbeitungen gibt. Dieser stereotype Vorbereitungsprozess kann vielfältig modifiziert und damit an die jeweiligen Bedürfnisse des Projektes angepasst werden.

Nachdem die Änderungen genehmigt wurden, werden die Teilnehmer unter Berücksichtigung des Hintergrundes in Computer- und Aufgabenerfahrung, Motivation, Ausbildung und Befähigung für die natürliche Sprache, die im Interface benutzt wird, ausgewählt, die dann die beabsichtigte Anwendergruppe repräsentieren sollen. Das Personal der Usability-Labors sollte dann auch physische Gegebenheiten (wie Augenstärke, Links- bzw. Rechtshändigkeit, Alter und Geschlecht) und andere Umstände des Experiments (wie Tageszeit, Wochentag, räumliche Umgebung, Lärm, Raumtemperatur und Ablenkungsgrade) kontrollieren.

Teilnehmer sollten stets mit Respekt behandelt und darüber informiert werden, dass nicht *sie* getestet werden, sondern dass die Software und die Benutzerschnittstelle unter Beobachtung stehen. Ihnen sollte gesagt werden, was sie tun werden (beispielsweise Text in einen Computer tippen, mit einer Maus zeichnen oder sich Informationen aus einem Infosystem mit Touchscreen beschaffen), und wie lange von ihnen Anwesenheit erwartet wird. Die Teilnahme sollte stets freiwillig sein, und informierte Zustimmung sollte vorhanden sein. Eine professionelle Praktik ist, dass man von allen Testpersonen ein Statement wie das folgende lesen und unterschreiben lässt:

- Ich nehme freiwillig an diesem Experiment teil.
- Mir wurde im Voraus mitgeteilt, worin meine Aufgaben bestehen und welche Verfahren durchgeführt werden.
- Mir wurde die Möglichkeit gegeben, Fragen zu stellen, die zu meiner Zufriedenheit beantwortet wurden.
- Mir ist klar, dass ich jederzeit das Recht habe, meine Zustimmung zurückzuziehen und die Teilnahme abzubrechen, ohne dass es Auswirkungen auf ein weiteres Umgehen mit mir haben wird.
- Durch meine Unterschrift bestätige ich alle obigen Aussagen. Sie wurde vor der Teilnahme an dieser Studie geleistet.

Eine effektive Technik während der Usability-Tests ist, die Anwender aufzufordern, laut darüber nachzudenken, was sie gerade tun. Designer oder Tester sollten die Teilnehmer unterstützen, nichts übernehmen oder Anweisungen geben, sondern anspornen und auf Hinweise achten, wie sie mit dem Interface zurechtkommen. Nach einer angemessenen Zeit für die Fertigstellung der Aufgabenliste – gewöhnlich nach ein bis drei Stunden – können die Teilnehmer eingeladen werden, allgemeine Kommentare oder Vorschläge abzugeben oder auf spezifische Fragen zu antworten. Die informelle Atmosphäre einer Sitzung, bei der laut gedacht werden kann, ist angenehm und führt oft zu vielen spontanen Verbesserungsvorschlägen. Im Bemühen, das laute Denken zu fördern, haben einige Usability-Labors herausgefunden, dass die gemeinsame Arbeit von zwei Teilnehmern das Sprechen fördert, weil ein Teilnehmer dem anderen Prozeduren und Entscheidung erklärt.

Die Videoaufzeichnung von mit den Aufgaben beschäftigten Teilnehmern ist oft wertvoll für spätere Besprechungen und dafür, dass sich Designer oder Manager die Probleme ansehen, denen die Anwender begegneten (Lund, 1985). Das Durchsehen von Videoaufzeichnungen ist ein ermüdender Job, und so ist während der Tests sorgfältiges Protokollieren und Notizen schreiben besonders wichtig, um später die Zeit zum Auffinden kritischer Vorfälle zu reduzieren (Harrison, 1991). Zu Beginn der Tests könnte den Teilnehmern die Anwesenheit von Videokameras unangenehm sein, aber gewöhnlich konzentrieren sie sich nach wenigen Minuten auf ihre Aufgaben und ignorieren die Videoaufzeichnung. Die Reaktionen der Designer beim Anschauen der Videobänder, auf denen Anwender mit ihrem System nicht zurechtkommen, sind manchmal sehr stark und können hochmotivierend wirken. Wenn Designer sehen, dass Testpersonen regelmäßig die falschen Items aus den Menüs auswählen, erkennen sie, dass das Label oder die Anordnung geändert werden muss. Die meisten Usability-Labors haben Software erworben oder entwickelt, mit denen das Protokollieren von Anwenderaktivitäten (Tippen, Maus bewegen, Screens und Handbücher lesen usw.) durch Beobachter mit automatischen Zeitstempeln erleichtert werden kann.

In jeder Designphase kann das Interface iterativ verfeinert und die verbesserte Version getestet werden. Wichtig ist, möglichst schnell auch kleinere Schwachstellen wie Rechtschreibfehler oder inkonsistentes Layout auszumerzen, weil sie die Erwartungen der Anwender beeinflussen.

Viele unterschiedliche Formen von Usability-Tests sind durchgeführt worden. Das *discount usability engineering* von Nielsen (1993), das eine »*quick and dirty*« Herangehensweise an die Aufgabenanalyse, die Entwicklung von Prototypen und das Testen befürwortet, hat große Bereiche beeinflusst, weil es die Barrieren für Newcomer gesenkt hat.

Feldstudien versuchen, neue Schnittstellen für einen vorher festgelegten Zeitraum der Arbeit in einer realistischen Umgebung auszusetzen. Feldstudien können dadurch fruchtbarer gemacht werden, dass man Protokoll-Software einsetzt, um Fehler, die Häufigkeit von Befehlen und Hilfebedarf aufzuzeichnen und zusätzlich die Produktivität misst. Tragbare Usability-Labors mit Videoaufzeichnung und Protokollmöglichkeiten wurden entwickelt, um gründlichere Feldstudien zu ermöglichen. Eine andere Art von Feldstudien führt Anwender an Testversionen neuer Software heran. Die größte Feldstudie aller Zeiten war wahrscheinlich der Beta-Test von Microsofts Windows 95, bei dem angeblich international 400.000 Anwender erste Versionen erhielten und um ihre Kommentare gebeten wurden.

Frühe Usability-Studien können durchgeführt werden, indem man Papiermodelle von Bildschirmdarstellungen nutzt, um die Reaktionen von Anwendern auf Wortwahl, Layout und Sequenzierungen einzuschätzen. Ein Test-Administrator übernimmt die Rolle des Computers, indem er die Seiten umblättert, während er einen Teilnehmer auffordert, typische Aufgaben auszuführen. Diese informellen Tests sind kostengünstig und schnell und in der Regel sehr produktiv.

Spieledesigner waren die Pioniere bei dem sogenannten *can-you-break-this* Ansatz (kannst du mich knacken?), bei dem dynamische Teenager herausgefordert wurden, neue Spiele zu schlagen. Diese destruktive Testmethode, in der die Anwender versuchen, fatale Schwächen im System zu finden oder es andernfalls zu zerstören, wurde auch in anderen Projekten genutzt und sollte ernsthaft bedacht werden. Die Käufer von Software haben wenig Geduld mit fehlerhaften Produkten, und die Kosten für das Versenden von Zehntausenden von Ersatzdisketten oder -CD-ROMs ist etwas, was nur wenige Unternehmen verkraften können.

Vergleichende Usability-Tests können eingesetzt werden, um ein neues Interface mit älteren Versionen oder mit ähnlichen Produkten anderer Anbieter zu vergleichen. Dieser Ansatz ähnelt einer Studie mit kontrollierten Experimenten, und das Team muss sorgfältig dabei vorgehen, parallele Sätze von Aufgaben zu konstruieren und die Reihenfolge der Schnittstellenpräsentation auszubalancieren. Den einzelnen Testpersonen erscheinen die Designs viel mächtiger, weil die Teilnehmer Vergleiche zwischen den konkurrierenden Schnittstellen machen können, und so werden weniger Teilnehmer gebraucht, allerdings für eine längere Zeitperiode.

Trotz aller Erfolge haben Usability-Tests zumindest zwei ernstzunehmende Einschränkungen: sie legen den Schwerpunkt auf die Erstbenutzung und decken die Vielfalt der Schnittstelleneigenschaften nur begrenzt ab. Da Usability-Test in der Regel zwei bis vier Stunden dauern, wird es schwierig festzustellen, wie die Performance nach einer Woche oder einem Monat regelmäßiger Benutzung sein wird. Innerhalb der typischen zwei bis vier Stunden eines Usability-Tests werden die Teilnehmer wahrscheinlich nur einen kleinen Bruchteil der Features, Menüs, Dialogboxen oder Hilfe-Screens kennen lernen. Diese und andere Bedenken haben Design-Teams dazu gebracht, Usability-Tests mit den verschiedenen Formen der Expertenreviews zu ergänzen.

4.4 Umfragen

Schriftliche Anwender-Umfragen sind eine vertraute, kostengünstige und generell akzeptable Begleitung für Usability-Tests und Expertenreviews. Manager und Anwender begreifen die Absicht von Umfragen, und die typischerweise große Anzahl von Antworten (Hunderte bis Tausende von Anwendern) bieten ein Gefühl von Autorität – verglichen mit den potenziell einseitigen und höchst unterschiedlichen Ergebnissen aus der kleinen Zahl von Teilnehmern aus den Usability-Tests oder den Expertenreviews. Der Schlüssel für erfolgreiche Umfragen liegt in vorher festgehaltenen klaren Zielen und dann der Entwicklung von bestimmten Items, die beim Erreichen dieser Ziele helfen. Erfahrene Umfragefachleute wissen, dass auch während der Administration und der Datenauswertung Sorgfalt geboten ist (Oppenheim, 1992).

Eine Vorlage für die Umfrage sollte vorbereitet und unter Kollegen besprochen werden, danach kann man einen Test mit einem kleinen Sample von Anwendern durchführen, bevor die Umfrage in großem Stil angewandt wird. Entsprechend sollten ebenfalls statistische Analysen (jenseits der Mittel und Regelabweichungen) und Präsentationen (Histogramme, Punktwolken usw.) entwickelt werden, bevor die endgültige Umfrage verteilt wird. Kurz gesagt sind angeleitete Aktivitäten erfolgreicher als planlose Expeditionen zum Statistiken sammeln (keine Schnellschüsse, bitte!). Meine Erfahrung ist, dass angeleitete Aktivitäten ebenfalls den produktivsten Rahmen für unerwartete Entdeckungen zu bieten scheinen.

Umfrageziele können mit den Komponenten aus dem OAI-Modell des Interface-Designs (siehe Abschnitt 2.3) verbunden werden. Anwender könnten nach ihren subjektiven Eindrücken über bestimmte Aspekte des Interface gefragt werden, wie die Repräsentationen von

- Objekte und Aktionen der Aufgabenbereiche
- Bereichsmetaphern und die Handhabe von Aktionen
- Syntax von Input und Design des Displays
- Folgende andere Ziele sollten bei den Anwender ermittelt werden:
- Hintergrund (Alter, Geschlecht, Herkunft, Bildung, Einkommen)
- Erfahrung mit Computern (besondere Applikationen oder Softwarepakete, Dauer, Wissenstiefe)
- Verantwortlichkeiten im Job (Einfluss auf Entscheidungen, Manager-Rollen, Motivationen)
- Persönlichkeitsstil (introvertiert vs. extravertiert, Risikobereitschaft vs. Risikovermeidung, *early* vs. *late adopter*, systematisch vs. opportunistisch)

- Gründe für Vermeidung einer Schnittstelle (inadäquate Dienste, zu komplex, zu langsam)
- Vertrautheit mit den Features (Drucken, Makros, Kurztasten, Tutorials)
- Gefühle nach Nutzung einer Schnittstelle (verwirrt vs. klar, frustriert vs. in Kontrolle, gelangweilt vs. freudig erregt).

Online-Umfragen vermeiden die Kosten und Mühen von Druck, Verteilung und Einsammeln von Formularen aus Papier. Viele Menschen ziehen es eher vor, an einer kurzen Umfrage an einem Bildschirm teilzunehmen, als ein ausgedrucktes Formular auszufüllen und zurückzusenden, obwohl es eine potenzielle Schieflage im selbstgewählten Sample geben mag. Eine Umfrage über die Nutzung des World Wide Web ergab mehr als 13.000 Antworten. Obwohl also die Kosten niedrig gehalten werden, erreichen Umfragen nur einen Bruchteil der Anwendergruppe.

In einer Umfrage wurden die Anwender gebeten, auf acht Aussagen zu antworten, indem sie die folgende allgemein übliche Skala benutzen sollten:

1. Stimme sehr zu

2. Stimme zu

3. Neutral

4. Lehne ab

5. Lehne sehr ab

Die Items aus der Umfrage waren folgende:

1. Ich finde, dass die Systembefehle leicht zu benutzen sind.

2. Ich fühle mich bei den Systembefehlen kompetent und kenntnisreich.

3. Wenn ich einen Satz von Systembefehlen für eine neue Applikation schreibe, habe ich die Gewissheit, dass sie gleich beim ersten Mal korrekt sind.

4. Wenn ich eine Fehlermeldung erhalte, finde ich, dass sie beim Identifizieren des Problems hilfreich ist.

5. Ich glaube, dass es zu viele Optionen und Sonderfälle gibt.

6. Ich glaube, dass die Befehle wesentlich vereinfacht werden könnten.

7. Ich habe Schwierigkeiten, die Befehle und Optionen zu erinnern, und muss regelmäßig im Handbuch nachschlagen.

8. Wenn ein Problem auftritt, frage ich jemanden um Hilfe, der das System wirklich kennt.

Diese Liste mit Fragen kann Designern dabei helfen, die Probleme der Anwender zu identifizieren und um die Verbesserung des Interface zu demonstrieren, wenn Änderungen beim Training, der Online-Unterstützung, den Befehlsstrukturen usw. vorgenommen werden. Der Fortschritt zeichnet sich durch verbesserte Werte bei nachfolgenden Umfragen ab.

In einer Studie über Fehlermeldungen bei der Verwendung von Texteditoren sollten die Anwender die Meldungen auf einer Skala von 1 bis 7 bewerten:

Feindselig	1 2 3 4 5 6 7	Freundlich
Ungenau	1 2 3 4 5 6 7	Präzise
Irreführend	1 2 3 4 5 6 7	Hilfreich
Abschreckend	1 2 3 4 5 6 7	Ermutigend

Wenn in einer Umfrage – im Gegensatz zu allgemeinen – präzise Fragen gestellt werden, besteht eine größere Chance, dass die Ergebnisse zu hilfreicher Orientierung für weitere Aktionen führen.

Coleman und Williges (1985) entwickelten einen Satz bipolarer, semantisch verankerter Items (erfreulich vs. irritierend, einfach vs. kompliziert, knapp vs. redundant), mit dem Anwender aufgefordert wurden, ihre Reaktionen bei der Benutzung einer Textverarbeitung zu beschreiben. Ein anderer Ansatz ist, die Anwender zu bitten, Aspekte des Interface-Designs auszuwerten – wie die Lesbarkeit der Zeichen, die Aussagekräftigkeit von Befehlsbezeichnungen oder die Nützlichkeit von Fehlermeldungen. Wenn Anwender einen Aspekt des interaktiven Systems als schlecht bewerten, wissen die Designer ganz genau, was überarbeitet werden muss.

Der *Questionnaire for User Interaction Satisfaction* (QUIS – Fragebogen für die Zufriedenheit von Anwender-Interaktion) wurde von Shneiderman entwickelt und von Norman und Chin verfeinert (Chin et al., 1988) (http://www.lap.umd.edu/QUISFolder/quisHome.html). Er war auf den frühen Versionen des OAI-Modells aufgebaut und deckte darum Folgendes ab: Schnittstellendetails wie Lesbarkeit der Zeichen und Anzeigelayout, Interfaceobjekte wie die Aussagekräftigkeit der Icons, Interface-Aktionen wie Shortcuts für regelmäßige Anwender, Probleme der Aufgaben wie angemessene Terminologie oder Abfolge der Screens. Es hat sich als nützlich erwiesen für die Demonstration der Vorteile bei der Verbesserung eines Programms zum Auffinden von Videodisks, beim Vergleich von zwei Programmierungsumgebungen für Pascal, beim Einschätzen von Textverarbeitungen und beim Erstellen von Anforderungen für das Re-Design eines Online-Bibliothekkatalogs mit öffentlichem Zugriff. Seitdem haben wir QUIS in vielen Projekten mit Tausenden von Anwendern eingesetzt und schufen neue Versionen mit Items, die sich auf das Design von Websites und auf Videokonferenzen beziehen. Das *University of Maryland Office of Technology Liaison* (College Park, Maryland 20742; (301)405-4209) lizenziert QUIS in elektronischer und gedruckter Form für über Hundert internationale Organisationen und stellt zusätzlich kostenlose Lizenzen für studentische Forscher bereit. Die Lizenznehmer haben QUIS vielfältig angewendet, in einigen Fällen nur auszugsweise oder mit Ergänzung von bereichsspezifischen Items.

Die Tabelle 4.1 enthält die lange Form, die derart gestaltet war, dass man zwei Ebenen von Fragen hat: allgemeine und detaillierte. Wenn Teilnehmer bereit waren, auf jedes Item zu antworten, kann der ausführliche Fragebogen eingesetzt werden. Wenn Teilnehmer wahrscheinlich ungeduldig werden, brauchen nur die allgemeinen Fragen in Kurzform abgefragt zu werden.

Andere Skalen schließen den von IBM entwickelten *Post-Study System Usability Questionnaire* ein, dessen 48 Items sich auf die Nützlichkeit des Systems, die Qualität der Informationen und der Schnittstelle konzentrieren (Lewis, 1995). Das *Software Usability Measurement Inventory* enthält 50 Items, die zur Messung der Wirkung, Effektivität und Kontrolle in der Wahrnehmung der Anwender gestaltet wurden (Kirakowski und Corbett, 1993).

Tabelle 4.1: Fragebogen zur Zufriedenheit von Anwendern bei der Interaktion (© University of Maryland, 1997)

Identifikationsnummer: _____ System: _____

Alter: _____ Geschlecht: ___ männlich ___ weiblich

Teil 1: Systemerfahrung

1.1 Wie lange haben Sie mit diesem System gearbeitet?

___ weniger als 1 Stunde	___ 6 Monate bis zu einem Jahr
___ 1 Stunde bis 1 Tag	___ 1 bis 2 Jahre
___ 1 Tag bis 1 Woche	___ 2 bis 3 Jahre
___ 1 Woche bis 1 Monat	___ mehr als 3 Jahre
___ 1 Monat bis 6 Monate	

1.2 Wie lange arbeiten Sie durchschnittlich pro Woche mit diesem System?

___ weniger als 1 Stunde	___ 4 bis 10 Stunden
___ 1 bis 4 Stunden	___ über 10 Stunden

Tabelle 4.1: Fragebogen zur Zufriedenheit von Anwendern bei der Interaktion
(© University of Maryland, 1997) (Forts.)

Teil 2: Frühere Erfahrungen

2.1 Mit wie vielen Betriebssystemen haben Sie schon gearbeitet?

___ mit keinem   ___ 3 – 4

___ 1   ___ 5 – 6

___ 2   ___ mehr als 6

2.2 Kreuzen Sie bei den folgenden Geräten, Systemen und Software diejenigen an, die Sie persönlich schon verwendet haben und mit denen Sie vertraut sind

___ Computer-Terminal	___ Personal Computer	___ Laptop
___ Farbmonitor	___ Touchscreen	___ Disketten laufwerk
___ CD-ROM-Laufwerk	___ Tastatur	___ Maus
___ Trackball	___ Joystick	___ Stifteingabe beim Rechner
___ Grafiktablett	___ Datenbrille	___ Modem
___ Scanner	___ Textverarbeitung	___ Grafiksoftware
___ Spreadsheet-Software	___ Datenbanken-Software	___ Computer spiele
___ Spracherkennung	___ Videoschnittsysteme	___ Internet
___ CAD	___ Systeme für Rapid Prototyping	___ E-Mail

Teil 3: Allgemeine Anwender-Reaktionen

Bitte kreisen Sie die Ziffern ein, die am ehesten Ihren Eindruck vom Gebrauch dieses Computersystems wiedergeben. Nicht zutreffend = NZ

3.1 Allgemeine Reaktionen zum System   Schrecklich   Wundervoll

                                                    1 2 3 4 5 6 7 8 9   NZ

3.2   Frustrierend   Befriedigend

                                                      1 2 3 4 5 6 7 8 9   NZ

3.3   Langweilig   Stimulierend

                                                      1 2 3 4 5 6 7 8 9   NZ

3.4   Schwierig   Leicht

                                                      1 2 3 4 5 6 7 8 9   NZ

Tabelle 4.1: Fragebogen zur Zufriedenheit von Anwendern bei der Interaktion (© University of Maryland, 1997) (Forts.)

3.5	Inadäquates Leistungsvermögen	Adäquates Leistungsvermögen	
	1 2 3 4 5 6 7 8 9		NZ
3.6	Rigide	Flexibel	
	1 2 3 4 5 6 7 8 9		NZ

Teil 4: Bildschirm

4.1 Zeichen auf dem Bildschirm	Schwer zu lesen	Leicht zu lesen	
	1 2 3 4 5 6 7 8 9		NZ
4.1.1 Anzeige des Zeichens	Verschwommen	Scharf	
	1 2 3 4 5 6 7 8 9		NZ
4.1.2 Form der Zeichen (Fonts)	Kaum lesbar	Sehr gut lesbar	
	1 2 3 4 5 6 7 8 9		NZ
4.2 Hervorhebungen auf dem Bildschirm	Nicht hilfreich	Hilfreich	
	1 2 3 4 5 6 7 8 9		NZ
4.2.1 Inverse Anzeige	Nicht hilfreich	Hilfreich	
	1 2 3 4 5 6 7 8 9		NZ
4.2.2 Blinken	Nicht hilfreich	Hilfreich	
	1 2 3 4 5 6 7 8 9		NZ
4.2.3 Fettgedruckte Darstellung	Nicht hilfreich	Hilfreich	
	1 2 3 4 5 6 7 8 9		NZ
4.3 Das Layout des Bildschirms war hilfreich	Nie	Immer	
	1 2 3 4 5 6 7 8 9		NZ
4.3.1 Anzahl von Informationen, die auf dem Bildschirm angezeigt werden können	Inadäquat	Adäquat	
	1 2 3 4 5 6 7 8 9		NZ
4.3.2 Anordnung von Informationen, die auf dem Bildschirm angezeigt werden können	Unlogisch	Logisch	
	1 2 3 4 5 6 7 8 9		NZ
4.3 Abfolge der Screens	Verwirrend	Nachvollziehbar	
	1 2 3 4 5 6 7 8 9		NZ

Tabelle 4.1: Fragebogen zur Zufriedenheit von Anwendern bei der Interaktion
(© University of Maryland, 1997) (Forts.)

4.3.1 Nächster Screen in einer Sequenz	Nicht vorhersehbar	Vorhersehbar	
	1 2 3 4 5 6 7 8 9		NZ
4.4.3 Fortschritt bei arbeitsbezogenen Aufgaben	Verwirrend	Klar markiert	
	1 2 3 4 5 6 7 8 9		NZ

Bitte notieren Sie hier Ihre Kommentare über die Screens:

Teil 5: Terminologie und Systeminformationen

5.1 Verwendung der Terminologie innerhalb des Systems	Inkonsistent	Konsistent	
	1 2 3 4 5 6 7 8 9		NZ
5.1.2 Arbeitsbezogene Terminologie	Inkonsistent	Konsistent	
	1 2 3 4 5 6 7 8 9		
5.1.3 Computerterminologie	Inkonsistent	Konsistent	
	1 2 3 4 5 6 7 8 9		
5.2 Bezieht sich die Terminologie angemessen auf Ihre Arbeit?	Nie	Immer	
	1 2 3 4 5 6 7 8 9		NZ
5.2.1 Computerterminologie wird verwendet	Zu häufig	Angemessen	
	1 2 3 4 5 6 7 8 9		NZ
5.2.2 Terminologie auf dem Bildschirm	Mehrdeutig	Präzise	
	1 2 3 4 5 6 7 8 9		NZ
5.3 Botschaften, die auf dem Bildschirm erscheinen, sind	Inkonsistent	Konsistent	
	1 2 3 4 5 6 7 8 9		NZ
5.3.1 Position von Instruktionen auf dem Bildschirm	Inkonsistent	Konsistent	
	1 2 3 4 5 6 7 8 9		NZ
5.4 Botschaften, die auf dem Bildschirm erscheinen, sind	Verwirrend	Klar	
	1 2 3 4 5 6 7 8 9		NZ
5.4.1 Instruktionen für Befehle oder Funktionen sind	Verwirrend	Klar	
	1 2 3 4 5 6 7 8 9		NZ
5.4.2 Instruktionen zur Fehlerkorrektur sind	Verwirrend	Klar	
	1 2 3 4 5 6 7 8 9		NZ

Tabelle 4.1: Fragebogen zur Zufriedenheit von Anwendern bei der Interaktion (© University of Maryland, 1997) (Forts.)

5.5 Der Computer informiert Sie darüber, was er macht	Niemals	Immer	
		1 2 3 4 5 6 7 8 9	NZ
5.5.1 Animierte Cursor informieren Sie	Niemals	Immer	
		1 2 3 4 5 6 7 8 9	NZ
5.5.2 Durchführen einer Operation führt zu einem vorhersagbaren Ergebnis	Niemals	Immer	
		1 2 3 4 5 6 7 8 9	NZ
5.5.3 Menge des Feedbacks kontrollieren	Unmöglich	Leicht	
		1 2 3 4 5 6 7 8 9	NZ
5.5.4 Dauer der Verzögerung zwischen Operationen	Unakzeptabel	Akzeptabel	
		1 2 3 4 5 6 7 8 9	NZ
5.6 Fehlermeldungen	Nicht hilfreich	hilfreich	
		1 2 3 4 5 6 7 8 9	NZ
5.6.1 Fehlermeldungen klären das Problem	Niemals	Immer	
		1 2 3 4 5 6 7 8 9	NZ
5.6.2 Formulierungen von Fehlermeldungen	Unangenehm	Angenehm	
		1 2 3 4 5 6 7 8 9	NZ

Bitte notieren Sie hier Ihre Kommentare über Terminologie und Systeminformationen:

Teil 6: Lernen

6.1 Erlernen der Systembedienung	Schwierig	Leicht	
		1 2 3 4 5 6 7 8 9	NZ
6.1.1 Erste Schritte	Schwierig	Leicht	
		1 2 3 4 5 6 7 8 9	NZ
6.1.2 Erlernen fortgeschrittener Features	Schwierig	Leicht	
		1 2 3 4 5 6 7 8 9	NZ
6.1.3 Zeit für das Erlernen der Systembedienung	Schwierig	Leicht	
		1 2 3 4 5 6 7 8 9	NZ
6.2 Erforschen der Features durch Versuch und Irrtum	Entmutigend	Ermutigend	
		1 2 3 4 5 6 7 8 9	NZ
6.2.1 Erforschen der Features ist	Riskant	Sicher	
		1 2 3 4 5 6 7 8 9	NZ

Tabelle 4.1: Fragebogen zur Zufriedenheit von Anwendern bei der Interaktion
(© University of Maryland, 1997) (Forts.)

6.2.2 Entdecken neuer Features	Schwierig	Leicht	
	1 2 3 4 5 6 7 8 9		NZ
6.3 Erinnern von Namen und Gebrauch von Befehlen	Schwierig	Leicht	
	1 2 3 4 5 6 7 8 9		NZ
6.3.1 Erinnern besonderer Regeln über Befehlseingabe	Schwierig	Leicht	
	1 2 3 4 5 6 7 8 9		NZ
6.4 Aufgaben können geradlinig ausgeführt werden	Niemals	Immer	
	1 2 3 4 5 6 7 8 9		NZ
6.4.1 Anzahl der Schritte bei einer Aufgabe	Zu viele	Gerade richtig	
	1 2 3 4 5 6 7 8 9		NZ
6.4.2 Die Schritte für die Erledigung einer Aufgabe folgen einer logischen Sequenz	Niemals	Immer	
	1 2 3 4 5 6 7 8 9		NZ
6.4.3 Feedback bei der Erledigung einer Sequenz von Schritten	Unklar	Klar	
	1 2 3 4 5 6 7 8 9		NZ

Bitte notieren Sie Ihre Kommentare über das Erlernen hier:

Teil 7: Systemleistungsmerkmale

7.1 Systemgeschwindigkeit	Zu langsam	Schnell genug	
	1 2 3 4 5 6 7 8 9		NZ
7.1.1 Antwortzeit für die meisten Operationen	Zu langsam	Schnell genug	
	1 2 3 4 5 6 7 8 9		NZ
7.1.2 Tempo, mit dem Informationen angezeigt wird	Zu langsam	Schnell genug	
	1 2 3 4 5 6 7 8 9		NZ
7.2 System ist verlässlich	Niemals	Immer	
	1 2 3 4 5 6 7 8 9		NZ
7.2.1 Operationen	Unzuverlässig	Zuverlässig	
	1 2 3 4 5 6 7 8 9		NZ

Tabelle 4.1: Fragebogen zur Zufriedenheit von Anwendern bei der Interaktion (© University of Maryland, 1997) (Forts.)

7.2.2 Systemfehler geschehen	Dauernd	Selten	
		1 2 3 4 5 6 7 8 9	NZ
7.2.3 System warnt vor potenziellen Problemen	Niemals	Immer	
		1 2 3 4 5 6 7 8 9	NZ
7.3 System neigt dazu	Laut zu sein	Leise zu sein	
		1 2 3 4 5 6 7 8 9	NZ
7.3.1 Mechanische Geräte wie Ventilatoren, Laufwerke und Drucker	Laut	Leise	
		1 2 3 4 5 6 7 8 9	NZ
7.3.2 Computerklänge sind	Unangenehm	Angenehm	
		1 2 3 4 5 6 7 8 9	NZ
7.4 Ihre Fehler zu korrigieren, ist	Schwierig	Einfach	
		1 2 3 4 5 6 7 8 9	NZ
7.4.1 Tippfehler zu korrigieren ist	Komplex	Einfach	
		1 2 3 4 5 6 7 8 9	NZ
7.4.2 Fähigkeit, Operationen rückgängig zu machen, ist	Inadäquat	Adäquat	
		1 2 3 4 5 6 7 8 9	NZ
7.5 Leichtigkeit, eine Operation durchzuführen, beruht auf Ihrem Erfahrungslevel	Nie	Immer	
		1 2 3 4 5 6 7 8 9	NZ
7.5.1 Sie können Aufgaben durchführen und nur wenige Kommandos kennen	Mit Schwierigkeiten	Ganz leicht	
		1 2 3 4 5 6 7 8 9	NZ
7.5.2 Sie können Features / Shortcuts benutzen	Mit Schwierigkeiten	Ganz leicht	
		1 2 3 4 5 6 7 8 9	NZ

Bitte notieren Sie hier Ihre Kommentare über die Systemtauglichkeit:

Teil 8: Technische Handbücher und Online-Hilfe

8.1 Technische Handbücher sind	Verwirrend	Klar	
		1 2 3 4 5 6 7 8 9	NZ
8.1.1 Die Terminologie im Handbuch ist	Verwirrend	Klar	
		1 2 3 4 5 6 7 8 9	NZ
8.2 Informationen aus dem Handbuch sind leicht verständlich	Nie	Immer	
		1 2 3 4 5 6 7 8 9	NZ

Tabelle 4.1: Fragebogen zur Zufriedenheit von Anwendern bei der Interaktion
(© University of Maryland, 1997) (Forts.)

8.2.1 Mit dem Handbuch eine Lösung zu finden, ist	Unmöglich	Leicht	
		1 2 3 4 5 6 7 8 9	NZ
8.3 Die Menge der geleisteten Hilfe ist	Inadäquat	Adäquat	
		1 2 3 4 5 6 7 8 9	NZ
8.3.1 Die Platzierung der Hilfe-Botschaften auf dem Screen ist	Verwirrend	Klar	
		1 2 3 4 5 6 7 8 9	NZ
8.3.2 Der Zugang zu den Hilfe-Botschaften ist	Schwierig	Leicht	
		1 2 3 4 5 6 7 8 9	NZ
8.3.3 Der Inhalt der Online-Hilfe-Botschaften ist	Verwirrend	Leicht	
		1 2 3 4 5 6 7 8 9	NZ
8.3.4 Die Menge der gegebenen Hilfe ist	Inadäquat	Adäquat	
		1 2 3 4 5 6 7 8 9	NZ
8.3.5 Die Hilfe definiert spezifische Aspekte des Systems	Inadäquat	Adäquat	
		1 2 3 4 5 6 7 8 9	NZ
8.3.6 Spezielle Informationen mit der Online-Hilfe zu finden, ist	Schwierig	Leicht	
		1 2 3 4 5 6 7 8 9	NZ
8.3.7 Online-Hilfe ist	Nutzlos	nützlich	
		1 2 3 4 5 6 7 8 9	NZ

Bitte notieren Sie hier Ihre Kommentare über die technischen Handbücher und die Online-Hilfe:

Teil 9: Online-Tutorials

9.1 Das Tutorial war	Nutzlos	Hilfreich	
		1 2 3 4 5 6 7 8 9	NZ
9.1.1 Zugang zum Online-Tutorial war	Schwierig	Einfach	
		1 2 3 4 5 6 7 8 9	NZ
9.2 Manövrieren durch das Tutorial war	Schwierig	Einfach	
		1 2 3 4 5 6 7 8 9	NZ
9.2.1 Das Tutorial war sinnvoll strukturiert	Nie	Immer	
		1 2 3 4 5 6 7 8 9	NZ
9.2.2 Das Tempo der Präsentation war	Unakzeptabel	Akzeptabel	
		1 2 3 4 5 6 7 8 9	NZ

Tabelle 4.1: Fragebogen zur Zufriedenheit von Anwendern bei der Interaktion
(© University of Maryland, 1997) (Forts.)

9.3 Inhalt des Tutorials war	Nutzlos	Hilfreich
	1 2 3 4 5 6 7 8 9	NZ
9.3.1 Informationen über besondere Aspekte des Systems waren vollständig und informativ	Nie	Immer
	1 2 3 4 5 6 7 8 9	NZ
9.3.2 Information war kurz und prägnant	Nie	Immer
	1 2 3 4 5 6 7 8 9	NZ
9.4 Aufgaben können vollendet werden	Mit Schwierigkeiten	Leicht
	1 2 3 4 5 6 7 8 9	NZ
9.4.1 Instruktionen für die Vollendung von Aufgaben waren	Verwirrend	Klar
	1 2 3 4 5 6 7 8 9	NZ
9.4.2 Die für die Durchführung von Aufgaben gewährte Zeit war	Inadäquat	Adäquat
	1 2 3 4 5 6 7 8 9	NZ
9.5 Das Erlernen der Systembedienung mit dem Tutorial war	Schwierig	Einfach
	1 2 3 4 5 6 7 8 9	NZ
9.5 Durchführen von Systemaufgaben nach alleiniger Verwendung des Tutorials war	Schwierig	Einfach
	1 2 3 4 5 6 7 8 9	NZ

Bitte notieren Sie hier Ihre Kommentare über Online-Tutorials:

Teil 10: Multimedia

10.1 Qualität von Bildern / Fotografien	Schlecht	Gut
	1 2 3 4 5 6 7 8 9	NZ
10.2 Bilder / Fotografien	Unscharf	Klar
	1 2 3 4 5 6 7 8 9	NZ
10.1.1 Helligkeit von Bildern / Fotografien	Trübe	Hell
	1 2 3 4 5 6 7 8 9	NZ
10.2 Qualität von Filmen	Unscharf	Klar
	1 2 3 4 5 6 7 8 9	NZ
10.2.1 Fokus von Filmbildern	Unscharf	Klar
	1 2 3 4 5 6 7 8 9	NZ
10.2.2 Helligkeit von Filmbildern	Trübe	Hell
	1 2 3 4 5 6 7 8 9	NZ

Tabelle 4.1: Fragebogen zur Zufriedenheit von Anwendern bei der Interaktion
(© University of Maryland, 1997) (Forts.)

10.2.3 Fenstergröße der Filme ist adäquat	Nie	Immer	
		1 2 3 4 5 6 7 8 9	NZ
10.3 Klangausgabe	Unhörbar	Hörbar	
		1 2 3 4 5 6 7 8 9	NZ
10.3.1 Klangausgabe	Abgehackt	Flüssig	
		1 2 3 4 5 6 7 8 9	NZ
10.3.2 Klangausgabe	Verzerrt	Klar	
		1 2 3 4 5 6 7 8 9	NZ
10.4 Die verwendeten Farben sind	Unnatürlich	Natürlich	
		1 2 3 4 5 6 7 8 9	NZ
10.4.1 Menge der verfügbaren Farben	Inadäquat	Adäquat	
		1 2 3 4 5 6 7 8 9	NZ

Bitte notieren Sie hier Ihre Kommentare über Multimedia:

Teil 11: Telekonferenzen

11.1 Anberaumen einer Konferenz ist	Schwierig	Einfach	
		1 2 3 4 5 6 7 8 9	NZ
11.1.1 Zeit zum Aufbau der Verbindung zu anderen ist	Zu lang	Gerade richtig	
		1 2 3 4 5 6 7 8 9	NZ
11.1.2 Anzahl der möglichen Verbindungen	Zu wenig	Ausreichend	
		1 2 3 4 5 6 7 8 9	NZ
11.2 Anordnung der Fenster mit den verbundenen Gruppen ist	Verwirrend	Klar	
		1 2 3 4 5 6 7 8 9	NZ
11.2.1 Fenster mit Bild der eigenen Gruppe ist von angemessener Größe	Nie	Immer	
		1 2 3 4 5 6 7 8 9	NZ
11.2.2 Fenster mit Bild der verbundenen Gruppe(n) ist von angemessener Größe	Nie	Immer	
		1 2 3 4 5 6 7 8 9	NZ
11.3 Den Fokus der Aufmerksamkeit während der Konferenz zu bestimmen, war	Verwirrend	Klar	
		1 2 3 4 5 6 7 8 9	NZ
11.3.1 Zu bestimmen, wer gerade spricht, ist	Schwierig	Einfach	
		1 2 3 4 5 6 7 8 9	NZ

Tabelle 4.1: Fragebogen zur Zufriedenheit von Anwendern bei der Interaktion (© University of Maryland, 1997) (Forts.)

11.4 Fluss des Videobildes ist	Abgehackt	Gleichmäßig	
		1 2 3 4 5 6 7 8 9	NZ
11.4.1 Fokus des Videobildes ist	Unscharf	Scharf	
		1 2 3 4 5 6 7 8 9	NZ
11.5 Audioausgabe	Unhörbar	Hörbar	
		1 2 3 4 5 6 7 8 9	NZ
11.5.1 Audio ist synchron mit Videobild	Niemals	Immer	
		1 2 3 4 5 6 7 8 9	NZ
11.6 Datenaustausch	Schwierig	Leicht	
		1 2 3 4 5 6 7 8 9	NZ
11.6.1 Daten übertragen	Schwierig	Leicht	
		1 2 3 4 5 6 7 8 9	NZ
11.6.2 Daten bekommen	Schwierig	Leicht	
		1 2 3 4 5 6 7 8 9	NZ
11.6.3 Gebrauch von Online-Chat	Schwierig	Leicht	
		1 2 3 4 5 6 7 8 9	NZ
11.6.4 Arbeitsbereiche teilen	Schwierig	Leicht	
		1 2 3 4 5 6 7 8 9	NZ

Bitte notieren Sie hier Ihre Kommentare über Telekonferenzen:

Teil 12: Software-Installation

12.1 Installationsgeschwindigkeit	Langsam	Schnell	
		1 2 3 4 5 6 7 8 9	NZ
12.2 Anpassung	Schwierig	Leicht	
		1 2 3 4 5 6 7 8 9	NZ
12.2.1 Nur die gewünschte Software installieren	Verwirrend	Klar	
		1 2 3 4 5 6 7 8 9	NZ
12.3 Information über den Fortschritt	Nie	Immer	
		1 2 3 4 5 6 7 8 9	NZ
12.4 Sinnvolle Erklärung, wenn Fehler vorkommen	Nie	Immer	
		1 2 3 4 5 6 7 8 9	NZ

4.5 Akzeptanztests

Für große Implementierungsprojekte setzen die Kunden oder die Manager gewöhnliche objektive und messbare Ziele für die Performance von Hard- und Software. Viele Autoren der Pflichtenhefte sind sogar so mutig, dass sie Intervalle zwischen Fehlern ebenso spezifizieren wie die Zeiten für die Reparatur der Hardware und in manchen Fällen auch der Software. Typischer ist die Spezifikation einer Anzahl von Testfällen für die Software mit möglichen Anforderungen für Reaktionszeiten für Hardware / Software-Kombinationen. Wenn das fertiggestellte Produkt diese Akzeptanzkriterien nicht erfüllt, muss das System überarbeitet werden, bis sich der Erfolg einstellt.

Diese Absichten können fein säuberlich auch auf die menschliche Schnittstelle ausgedehnt werden. Explizite Akzeptanzkriterien sollten festgehalten werden, wenn das Pflichtenheft geschrieben oder ein Vertrag angeboten wird.

Eher als das vage und irreführende Kriterium der »Benutzerfreundlichkeit« kann man messbare Kriterien für die Benutzerschnittstelle durch Folgendes festhalten:

- Die Zeit, die Anwender brauchen, spezifische Funktionen zu erlernen
- Geschwindigkeit der Aufgaben-Performance
- Fehlerrate der Anwender
- Erinnerungsvermögen der Anwender für Befehle
- Subjektive Zufriedenheit der Anwender

Ein Akzeptanztest könnte das Folgende spezifizieren:

Die Testpersonen werden 35 Sekretäre und Sekretärinnen sein, die über eine Agentur eingestellt wurden. Sie haben keine Erfahrung mit Textverarbeitung, aber ihre Tippgeschwindweit liegt bei 35 bis 50 Worten pro Minute. Sie erhalten 45 Minuten lang eine grundlegende Einführung. Mindestens 30 der 35 Personen sollten in der Lage sein, innerhalb von 30 Minuten 80 % der Tipp- und Editier-Aufgaben beim eingeschlossenen Benchmark-Test korrekt auszuführen.

Eine andere testfähige Anforderung für das gleiche System könnte Folgendes sein:

Nach vier halben Tagen normaler Benutzung des Systems sollten 25 dieser 35 Sekretäre und Sekretärinnen in der Lage sein, innerhalb von 20 Minuten die fortgeschrittenen Editier-Aufgaben aus dem zweiten Benchmark-Test auszuführen, ohne dabei mehr als 6 Fehler zu machen.

Dieser zweite Akzeptanz-Test fängt die Performance nach regelmäßigem Gebrauch ein. Die Auswahl der Benchmark-Tests ist entscheidend und in höchstem Maße vom System abhängig. Die Testmaterialien und Prozeduren müssen ebenfalls durch Pilot-Tests vor Gebrauch verfeinert werden.

Ein drittes Item im Testplan zur Akzeptanz könnte sich auf das Erinnern konzentrieren:

Nach drei Wochen sollten mindestens 15 der Testsubjekte erneut eingeladen werden, damit sie den dritten Benchmark-Test ausführen können. In 40 Minuten sollten mindestens 10 der Testpersonen in der Lage sein, 75 % der Aufgaben korrekt auszuführen.

Bei einem großen System könnte es acht bis zehn solcher Tests geben, die anhand verschiedener Komponenten des Interface und mit unterschiedlichen Anwendergruppen durchgeführt werden sollten. Andere Kriterien wie subjektive Zufriedenheit, Verständlichkeit des Output, Antwortzeiten des Systems, Installationsprozeduren, gedruckte Dokumentation oder die Attraktivität der Grafiken könnten ebenfalls in den Akzeptanztests fertiggestellter kommerzieller Produkte berücksichtigt werden.

Wenn beide präzise Akzeptanzkriterien festlegen, können sowohl der Kunde als auch der Entwickler der Schnittstelle davon profitieren. Streitereien über die Anwenderfreundlichkeit werden vermieden, und die Erfüllung des Vertrages kann objektiv demonstriert werden. Akzeptanztests unterscheiden sich von Usability-Tests insofern, dass die Atmosphäre eher konfrontativ sein kann, und so ist es oft angemessen, dass Organisationen von außen, die Tests durchführen, die Neutralität sicherstellen können. Das zentrale Ziel der Akzeptanztests ist nicht, Schwachstellen zu entdecken, sondern eher zu verifizieren, dass man sich an die Anforderungen gehalten hat.

Wenn die Akzeptanztests erst einmal erfolgreich waren, kann es vor der nationalen oder internationalen Auslieferung eine Phase mit Feldversuchen geben. Zusätzlich zu einer weiteren Verfeinerung der Benutzerschnittstelle können Feldversuche die Trainingsmethoden, Schulungsunterlagen, Prozeduren bei der telefonischen Hilfe, Marketingmethoden und Werbestrategien verbessern.

Das Ziel früher Expertenreviews, Usability-Tests, Umfragen, Akzeptanztests und Feldversuchen ist, soviel von der evolutionären Entwicklung wie möglich in der Phase vor der Veröffentlichung unterzubringen, wenn Änderungen relativ leicht und kostengünstig durchzuführen sind.

4.6 Evaluation im aktiven Gebrauch

Ein sorgfältig designtes und ausführlich getestetes System ist ein wundervolles Kapital, aber erfolgreiche aktive Nutzung nötigt den engagierten Managern, dem Kundendienst und dem Wartungspersonal fortdauernde Aufmerksamkeit ab. Jeder, der mit der Unterstützung der Anwendergruppe zu tun hat, kann zu den Verfeinerungen des Systems beitragen und somit auch ein höheres Level an Service bieten. Man kann nicht alle Anwender jederzeit zufrieden stellen, aber ernsthafte Anstrengungen werden durch die Anerkennung einer dankbaren Anwendergemeinschaft belohnt. Perfektion ist nicht erreichbar, aber prozentuale Verbesserungen sind möglich und es wert, danach zu streben.

Graduelle Verbreitung des Systems ist nützlich, damit Probleme mit minimalen Störungen repariert werden können. Wenn mehr und mehr Personen das System nutzen, sollten größere Änderungen auf eine adäquat angekündigte Systemrevision alle sechs bis zwölf Monate beschränkt werden. Wenn die Nutzer des Systems sich auf die Änderungen einstellen können, wird der Widerstand reduziert, insbesondere wenn sie bezüglich der Verbesserung positive Erwartungen hegen. Häufigere Änderungen werden in der sich schnell entwickelnden Umgebung des World Wide Web erwartet, aber eine Ausgeglichenheit zwischen stabilem Zugang zu Kernressourcen, auch wenn neuartige Dienste hinzugefügt werden, kann die gewinnbringende Politik sein.

4.6.1 Interviews und Zielgruppendiskussionen

Interviews mit einzelnen Anwendern können produktiv sein, weil der Interviewer speziell interessante Themen verfolgen kann. Nach einer Serie mit individuellen Diskussionen sind Zielgruppendiskussionen wertvoll, um die Allgemeingültigkeit der Kommentare zu ermitteln. Die Durchführung von Interviews kann kostenintensiv und zeitraubend sein, und so ist nur ein kleiner Bruchteil der Anwendergruppe beteiligt. Andererseits führt der direkte Kontakt zu den Anwendern oft zu speziellen, konstruktiven Vorschlägen.

Eine große Organisation führte 45minütige Interviews mit 66 der 4.300 Anwender eines internen Nachrichtensystems durch. Die Interviews enthüllten, dass die Anwender mit einigen Aspekten der Funktionalität sehr zufrieden waren, wie z.B. der Möglichkeit, an jeder Stelle Nachrichten abzufragen, mit der Lesbarkeit gedruckter Nachrichten und der Bequemlichkeit, nach Geschäftsschluss noch Zugang zu haben. Jedoch stellte man bei den Interviews ebenfalls fest, dass 23,6 %

der Anwender der Verlässlichkeit nicht trauten, 20,2 % fanden das System verwirrend und 18,2 % sagten, dass der Komfort und die Zugänglichkeit verbessert werden könnten, wogegen nur 16,0 % kein Anliegen hatten. Im Interview betrafen gegen Ende einige Fragen besondere Features. Als ein Ergebnis dieses Interviewprojektes wurde ein Satz von 42 Verbesserungen am System vorgeschlagen und implementiert. Die Designer des Systems hatten vorher einen alternativen Set von Verbesserungen vorgeschlagen, aber die Ergebnisse der Interviews führten zu einem veränderten Satz an Prioritäten, der die Bedürfnisse der Anwender besser widerspiegelte.

4.6.2 Fortlaufende Datenprotokolle über Performance der Anwender

Die Software-Architektur sollte es Systemmanagern erleichtern, Daten über die Muster der Systemnutzung, die Geschwindigkeit der Performance der Anwender, die Fehlerraten oder die Häufigkeit der Anfragen für Online-Hilfen zu sammeln. Protokolldaten stellen eine Hilfe bei der Akquisition neuer Hardware, bei Änderungen der Betriebsprozeduren, Verbesserungen beim Training, Plänen für Systemerweiterungen usw. dar.

Wenn beispielsweise die Häufigkeit jeder einzelnen Fehlermeldung aufgezeichnet wird, ist der Fehler mit der größten Häufigkeit ein Kandidat, der Aufmerksamkeit braucht. Die Aussage könnte neu formuliert werden, Schulungsmaterialien könnten überarbeitet werden, die Software könnte geändert werden, um genauere Informationen bereitzustellen, oder die Befehlssyntax könnte vereinfacht werden. Ohne spezielle Protokolldaten kann das Personal für die Systemwartung nicht wissen, welche der vielen Hundert Situationen mit Fehlermeldungen für die Anwender die größten Probleme darstellen. Gleichermaßen sollte das Personal Botschaften untersuchen, die niemals erscheinen, um zu prüfen, ob es einen Fehler im Code gibt oder ob die Anwender den Gebrauch einer Möglichkeit vermeiden.

Wenn es für jeden Befehl, jeden Hilfe-Bildschirm und jeden Datenbankeintrag Protokolldaten gibt, können Änderungen an der Mensch-Computer-Schnittstelle vorgenommen werden, um den Zugang zu häufig benutzten Features zu vereinfachen. Manager sollten ebenfalls wenig oder gar nicht benutzte Möglichkeiten untersuchen, um zu verstehen, warum Anwender diese Features vermeiden. Die Protokollierung des Thomas-Systems für den Zugang zur Gesetzgebung des amerikanischen Kongress' enthüllte besonders häufig abgefragte Begriffe wie Abtreibung, Waffenkontrolle und ausgeglichenes Budget, die in einer Auswahlliste für häufige Themen benutzt werden konnten (Croft et al., 1995). Die Protokollierung in einer Datenbank für Ausbildung identifizierte häufig und wenig genutzte Wege und Features (Marchionini und Crane, 1994).

Ein besonderer Vorteil der Daten über die Nutzungshäufigkeit ist die Hilfestellung, die sie dem Systemwartungspersonal geben, um die Performance zu optimieren und die Kosten für alle Teilnehmer zu reduzieren. Dieses letztere Argument kann den größten Vorteil für kostenbewusste Manager darstellen, während die verbesserte Qualität des Interface für den serviceorientierten Manager sehr attraktiv ist.

Eine Protokollierung kann mit bester Absicht vorgenommen werden, aber die Rechte der Anwender auf Datenschutz verdienen es, geschützt zu werden. Verbindungen mit bestimmten Anwendernamen sollten nur wenn notwendig gesammelt werden. Wenn die Anhäufung von Protokollierungen der Performance in eine Überwachung individueller Aktivitäten übergeht, müssen die Manager die Anwender darüber informieren, was überwacht wird und wie die Informationen benutzt werden. Auch wenn Organisationen vielleicht ein Recht darauf haben, die Performance ihrer Angestellten zu ermitteln, sollten die Angestellten die Möglichkeit haben, die Ergebnisse einzusehen und die Implikationen zu diskutieren. Wenn die Überwachung heimlich geschieht und später entdeckt wird, kann das daraus entstehende Misstrauen der Angestellten gegenüber dem Management mehr Schaden bringen, als die gesammelten Daten von Vorteil sind. Die Kooperation von Managern und Angestellten zur Verbesserung der Produktivität und die Beteiligung der Angestellten im Prozess und dem Nutzen ist angeraten.

4.6.3 Beratung online oder am Telefon

Online- oder Telefonberater können besonders effektive und persönliche Unterstützung für Anwender bieten, die mit Schwierigkeiten zu kämpfen haben. Viele Anwender fühlen sich beruhigt, wenn sie wissen, dass es ein menschliches Wesen gibt, an das sie sich wenden können, wenn sie nicht mehr zurecht kommen. Diese Berater sind eine exzellente Informationsquelle über die Probleme, mit denen die User zu tun haben, und können Verbesserungen und potenzielle Erweiterungen vorschlagen.

Viele Organisationen bieten eine gebührenfreie Nummer, über die Anwender einen ausgebildeten Berater erreichen können; andere berechnen die Beratung pro Minute. In manchen Netzwerken können die Berater den Computer des Anwenders überwachen und das gleiche Display wie der User sehen, während sie per Telefon im Kontakt stehen. Dieser Service kann außergewöhnlich beruhigend sein: Die

Anwender wissen, dass sie jemand durch die richtige Abfolge von Screens begleiten kann, damit sie ihre Aufgabe erfüllen können.

America Online bietet Live-Chats (in Echtzeit) für die Diskussion von Userproble-
men. Die User können ihre Fragen eingeben und erhalten prompt eine Antwort.
Viele Gruppen unterhalten eine standardisierte E-Mail-Adresse wie kunden-
dienst@<organisation>, die es den Anwendern erlaubt, Hilfe von demjenigen zu
bekommen, der gerade Dienst hat. Eigene Erfahrungen, bei denen ich mehrfach
selbst spät in der Nacht erfolgreich und schnell Hilfe durch Personal unserer Abteilung bekommen habe, bleiben mir gut in Erinnerung. Bei einer Gelegenheit halfen
sie mir, eine Datei in einem unvertrauten Format zu entpacken, ein anderes Mal
stellten sie eine versehentlich gelöschte Datei wieder her.

4.6.4 Online-Briefkästen für Verbesserungsvorschläge oder Pannenreports

E-Mail kann benutzt werden, damit Anwender Botschaften an die Wartungsleute
oder Designer schicken können. So ein Online-Briefkasten ermutigt manchen
Anwender, produktive Kommentare einzuschicken, denn einen Brief aufzusetzen,
erscheint manchen als zu aufwändig.

Eine Website der *Library of Congress*, auf der um Vorschläge gebeten wird, erhält täglich zehn bis zwanzig Rückmeldungen, darunter auch so durchdachte wie diese:

> *Ich finde, während ich so die verschiedenen Webseiten durchsuche ... , dass
> ich mit einem unzufriedenen Gefühl zurückbleibe. Ich sitze nun schon fast
> eine Stunde vor dem PC ... und wurde durch Items unterbrochen oder auf-
> gehalten, die direkt mit dem Design von Webservern zu tun haben.*

> *Zuallererst sind die Eingabeseiten viel zu groß und desorganisiert. Die
> Links, die dort vorkommen, haben keine ausreichend adäquate Beschrei-
> bung, um einen User zur gewünschten Information zu dirigieren. Zusätz-
> lich würde die Verwendung einer Suchmaschine es ganz erheblich
> erleichtern, den Überfluss an Informationen durchzusieben, der über den
> User mit jedem dieser Links ausgeschüttet wird. Links sollten kurz, knackig
> und spezifisch sein. Auf einem vielgenutzten Server sollten keine Berge von
> Informationen in einem Dokument enthalten sein ...*

> *Diese größeren Dokumente in kleinere, gut organisierte aufzuteilen,
> kommt einem als zusätzliche Belastung für die Programmierung vor.
> Wenn man jedoch Intelligenz bei der Schaffung dieser Systeme walten
> ließe, brauchte es nicht viel ...*

Tatsächlich war die Suchmaschine, die dieser User haben wollte, schon vorhanden, aber er konnte sie nicht finden, und größere Dokumente wurden in kleinere aufgeteilt. Eine Antwort half diesem User, das Gewünschte zu finden, und seine Botschaft führte auch zu Designänderungen, die die Interface-Features besser ersichtlich machten.

Ein Dienst für Internetverzeichnisse für persönliche Namen, *Knowbot Information Service (KIS)*, bietet einen Befehl namens GRIPE mit der Einladung »Schreiben Sie Komplimente oder Beschwerden in die KIS-Protokolldatei«. Ein anderer Service hat einfach einen Button, auf dem steht: »Sagen Sie uns, was Sie denken.«

Eine große Firma installierte einen ganzseitigen Bildschirm mit einem Formular mit Eingabemöglichkeiten für Berichte von Anwenderproblemen und erhielt innerhalb von drei Monaten 90 Rückmeldungen über ein neues internes System. Identifikationsnummer und Name des Users wurden automatisch eingetragen, und der User bewegte den Cursor, um anzuzeigen, welches Untersystem ein Problem verursachte und worin die Bedeutung des Problems lag (*showstopper* – (schwerwiegende Softwarefehler), Missfallen, Verbesserung, anderes). Jeder Problembericht erhielt eine datierte und unterzeichnete Antwort und wurde in einer Datei für allgemeine Einsicht gespeichert.

4.6.5   Online Bulletin Boards oder Newsgroups

Manche Anwender haben vielleicht eine Frage über die Eignung eines Softwarepakets für ihre Anwendung oder suchen nach jemandem, der Erfahrungen mit einem bestimmten Interface-Feature gemacht hat. Sie haben nicht jemand ganz bestimmtes im Sinn, und so ist E-Mail für sie sinnlos. Viele Interface-Designer bieten den Usern ein *Online Bulletin Board (Schwarzes Brett)* oder eine *Newsgroup* (siehe Abschnitt 14.3) an, das ein Posten von offenen Botschaften und Fragen erlaubt. Diese Newsgroups decken Programmiersprachen, Software-Tools oder Aufgabenbereiche ab. Es gibt auch Mailing Lists für Interface-Designer wie die durch die *Human Factors and Ergonomics Society's Computer System Technical Group* im Internet eingerichtete (schicken Sie eine E-Mail an listserv@listserv.vt.edu mit der Zeile `subscribe cstg-L <Ihr voller Name>`).

Manche professionelle Gesellschaften bieten Bulletin Boards über ihre Netzwerke an wie America Online, Prodigy und CompuServe. Diese Bulletin Boards können Informationsdienste anbieten oder das Herunterladen von Software erlauben.

Softwaresysteme mit Bulletin Boards bieten gewöhnlich eine Liste mit Item-Überschriften an, die es den Usern erlaubt, Items zur Anzeige auszuwählen. Neue Items können jederzeit ergänzt werden, aber normalerweise überwacht jemand das Bulletin Board, um aggressive, nutzlose oder wiederholte Items zu entfernen.

4.6.6 Newsletter und Online-Konferenzen für User

Wenn eine beträchtliche Anzahl der Anwender geografisch weit verteilt ist, müssen Manager u. U. härter daran arbeiten, ein Gemeinschaftsgefühl zu schaffen. *Newsletter*, die Informationen über neuartige Interfacemöglichkeiten, Vorschläge für verbesserte Produktivität, Anfragen nach Unterstützung, Fallstudien erfolgreicher Applikationen oder Geschichten über einzelne User bieten, können die Zufriedenheit und Kenntnisse der Anwender fördern. Gedruckte Newsletter sind traditioneller und haben den Vorteil, dass man sie von der Workstation mitnehmen kann. Ein gedruckter Newsletter hat einen ansprechenden Flair von Solidität. Online Newsletter sind weniger kostspielig und schneller verteilt. Die Newsletter im World Wide Web oder auf CD-ROM sind ansprechend, wenn Bildersammlungen enthalten sind oder große Datensammlungen erwartet werden.

Persönliche Beziehungen, die über Treffen von Angesicht zu Angesicht etabliert werden, erhöhen ebenfalls den Gemeinschaftssinn unter den Anwendern. Konferenzen erlauben es den Angestellten, Erfahrungen mit Kollegen auszutauschen, neuartige Ansätze vorzustellen, die Motivation anzustacheln, eine höhere Produktivität zu stimulieren und eine tiefe, vertrauensvolle Beziehung zu entwickeln. Letzten Endes sind es die Menschen, die in einer Organisation wichtig sind, und die menschlichen Bedürfnisse nach sozialer Interaktion sollten zufriedengestellt werden. Jedes technische System ist ebenfalls ein soziales System, das bestärkt und versorgt werden muss.

Durch das Einholen von Anwender-Feedback auf irgendeine dieser Arten können Manager die Haltungen der Anwender abschätzen und nützliche Vorschläge hervorlocken. Weiter können die Anwender eine positivere Einstellung gegenüber dem Interface einnehmen, wenn sie erkennen, dass die Manager Kommentare und Vorschläge tatsächlich wünschen.

4.7 Kontrollierte psychologische Experimente

Fortschritte in der Wissenschaft und der Ingenieurskunst werden oft durch verbesserte Präzisionsmesstechniken angeregt. Ein schneller Fortschritt im Design von Schnittstellen wird stimuliert, indem Forscher und Praktiker geeignete Messtechniken für die menschliche Leistung entwickeln. Wir sind es gewohnt, dass in Autofenstern der Benzinverbrauch klebt, Haushaltsgeräte Auskunft über den Energieverbrauch geben und Lehrbücher Bezeichnungen für den Schwierigkeitsgrad haben; bald werden wir ebenso auf Software-Paketen Aussagen über Lernzeiten und Hinweise über die Zufriedenheit von Anwendern aus angemessenen Evaluationsquellen erwarten.

Akademische und industrielle Forscher entdecken, dass die Wirksamkeit der traditionellen wissenschaftlichen Methode im Studium der Schnittstellen fruchtbar eingesetzt werden kann (Barnard, 1991). Sie führen zahlreiche Experimente durch, die grundlegende Design-Prinzipien enthüllen. Der Rahmen der wissenschaftlichen Methode, die auf die Mensch-Computer-Interaktion angewandt werden kann, könnte folgende Aufgaben enthalten:

- Gehen Sie mit einem praktischen Problem um und berücksichtigen Sie den theoretischen Rahmen.
- Stellen Sie eine klare und testbare Hypothese auf.
- Legen Sie eine kleine Anzahl unabhängiger Variablen fest, die manipuliert werden sollen.
- Wählen Sie sorgfältig die abhängigen Variablen aus, die gemessen werden.
- Wählen Sie klug die Testpersonen aus und ordnen Sie diese sorgfältig oder zufällig Gruppen zu.
- Kontrollieren Sie auf einseitige Faktoren (nicht-repräsentatives Sample von Testpersonen oder der Auswahl von Aufgaben, inkonsistente Testprozeduren).
- Wenden Sie statistische Methoden für die Datenanalyse an.
- Lösen Sie das praktische Problem, verfeinern Sie die Theorie und geben Sie zukünftigen Forschern Ratschläge.

Die klassischen experimentellen Methoden der Psychologie werden erweitert, um mit den komplexen kognitiven Aufgaben der menschlichen Performance mit Informations- und Computersystemen umzugehen. Die Transformation von Aristotelischer Introspektion zu Galileieschen Experimenten, die in der Physik zwei Jahrtausende währte, wird in zwei Jahrzehnten durch das Studium der Mensch-Computer-Interaktion erfüllt.

Der für kontrollierte Experimente erforderliche reduktionistische Ansatz liefert beschränkte, aber verlässliche Ergebnisse. Verlässlichkeit und Validität kann durch mehrfache Wiederholungen mit ähnlichen Aufgaben, Testpersonen und experimentellen Bedingungen erweitert werden. Jedes kleine experimentelle Ergebnis verhält sich wie ein Steinchen im Mosaik der menschlichen Performance mit computer-basierten Informationssystemen.

Manager von aktiv genutzten Systemen kommen ebenfalls dazu, die Kraft von kontrollierten Experimenten beim Feintuning der Mensch-Computer-Schnittstelle zu erkennen. Wenn Vorschläge für neue Menüstrukturen, neuartige Geräte zur Cursorkontrolle und neuorganisierte Anzeigeformate gemacht werden, kann ein sorgfältig kontrolliertes Experiment die Daten für die Unterstützung von Managemententscheidungen liefern. Teilen der Anwendergemeinschaft können beabsichtigte Verbesserungen eine begrenzte Zeit zugänglich gemacht werden, und dann kann die Performance mit einer Kontrollgruppe verglichen werden. Abhängige Messungen können die Performance-Zeiten, subjektive Anwenderzufriedenheit, Fehlerraten und das Erinnern über längere Zeit beinhalten.

Experimentelles Design und statistische Analyse sind komplexe Themen (Hays, 1988; Cozby, 1996; Runyon und Haber, 1996; Winer et al., 1991). Anfänger unter den Experimentatoren sind wohlberaten, wenn sie mit erfahrenen Sozialwissenschaftlern und Statistikern zusammenarbeiten.

4.8 Zusammenfassung für den Praktiker

Entwickler von Schnittstellen werten ihre Designs über die Durchführung von Expertenreviews, Usability-Tests, Umfragen und rigorosen Akzeptanztests aus. Wenn die Systeme erst veröffentlicht wurden, führen die Entwickler kontinuierliche Performance-Evaluationen mit Interviews oder Umfragen durch und protokollieren die Performance der User auf eine Art, die den Schutz der Privatsphäre der User respektiert. Wenn Sie nicht messen, dann wenden Sie auch keine Human Factors an!

Erfolgreiche Systemmanager verstehen, dass sie hart daran arbeiten müssen, eine vertrauensvolle Beziehung zu der Anwendergemeinschaft aufzubauen. Zusätzlich zur Bereitstellung eines korrekt funktionierenden Systems erkennen die Manager von Computer-Services und die Direktoren von Informationssystemen den Bedarf an sozialen Mechanismen für das Feedback wie z.B. Online-Umfragen, Interviews, Diskussionen, Berater, Online-Briefkästen, Bulletin Boards, Newsletter und Konferenzen.

4.9   Ausblick für die Forschung

Forscher können ihre Erfahrung mit Experimenten dazu beisteuern, Techniken für Systemauswertungen zu entwickeln. Kommerzielle Entwicklungsgruppen profitieren von Anleitungen zur Durchführung von Pilot-Studien, Akzeptanztests, Umfragen, Interviews und Diskussionen. Experten in der Erstellung psychologischer Tests sind extrem hilfreich in der Vorbereitung von gültigen und verlässlichen Testinstrumenten für die subjektive Evaluation interaktiver Systeme. Solch ein standardisierter Test erlaubte es unabhängigen Gruppen, die Annehmbarkeit ihrer Systeme zu vergleichen. Zusätzlich sind Auswertungsmethoden für die Fähigkeitslevel der Software-Anwender sehr hilfreich bei Programmen zur Schulung und Arbeitszuweisung.

Klinische Psychologen, Psychotherapeuten und Sozialarbeiter könnten bei Online-Training oder als Telefonberater beitragen – schließlich ist die Hilfe für verwirrte Anwender ein Thema zwischenmenschlicher Beziehungen. Und zum Schluss würde mehr Input von experimentellen, kognitiven und klinischen Psychologen den Computerspezialisten helfen, die Bedeutung der menschlichen Aspekte der Computerverwendung zu erkennen. Welche Techniken können die Ängste neuer Anwender reduzieren? Wie können lebenswichtige Anwendungen für erfahrene Professionelle verlässlich getestet werden?

World Wide Web

Sie finden hier Testmethoden für Prototyping und Usability und weitere Infos über Evaluationsmethoden wie z.B. Umfragen. Der vollständige Test unseres QUIS in englischer Sprache ist online verfügbar.

```
http://www.aw.com/DTUI
```

Quellen

Barnard, Phil, The contributions of applied cognitive psychology to the study of human–computer interaction. In Shackel, B. and Richardson, S. (Editors), *Human Factors for Informatics Usability*, Cambridge University Press, Cambridge, U.K. (1991), 151–182.

Chin, John P., Diehl, Virginia A., and Norman, Kent L., Development of an instrument measuring user satisfaction of the human–computer interface, *Proc. CHI '88—Human Factors in Computing Systems*, ACM, New York (1988), 213–218.

Coleman, William D. and Williges, Robert C., Collecting detailed user evaluations of software interfaces, *Proc. Human Factors Society—Twenty-Ninth Annual Meeting*, Santa Monica, CA (1985), 204–244.

Cozby, Paul C., *Methods in Behavioral Research* (Sixth Edition), Mayfield, Mountain View, CA (1996).

Croft, W. Bruce, Cook, Robert, and Wilder, Dean, Providing government information on the internet: Experiences with THOMAS, *Proc. Digital Libraries '95 Conference*, ACM, New York (1995). Also available at http://www.csdl.tamu.edu/DL95/papers/croft/croft.html

Curtis, Bill, Defining a place for interface engineering, *IEEE Software*, 9, 2 (March 1992), 84–86.

Dumas, Joseph and Redish, Janice, *A Practical Guide to Usability Testing*, Ablex, Norwood, NJ (1993).

Gould, John, How to design usable systems. In Helander, Martin (Editor), *Handbook of Human–Computer Interaction*, North-Holland, Amsterdam, The Netherlands (1988), 757–789.

Gould, John D., Boies, Stephen J., and Lewis, Clayton, Making usable, useful productivity-enhancing computer applications, *Communications of the ACM*, 34, 1 (January 1991), 75–85.

Harrison, Beverly L., Video annotation and multimedia interfaces: From theory to practice, *Proc. Human Factors Society Thirty-Fifth Annual Meeting* (1991), 319–322.

Hays, William L., *Statistics* (Fourth Edition), Holt, Rinehart and Winston, New York (1988).

Hix, Deborah and Hartson, H. Rex, *Developing User Interfaces: Ensuring Usability Through Product and Process*, John Wiley and Sons, New York (1993).

Jeffries, R., Miller, J. R., Wharton, C., and Uyeda, K. M., User interface evaluation in the real world: A comparison of four techniques, *Proc. ACM CHI91 Conf.* (1991), 119–124.

Karat, Claire-Marie, A business case approach to usability. In Bias, Randolph, and Mayhew, Deborah (Editors), *Cost-Justifying Usability*, Academic Press, New York (1994), 45–70.

Karat, Claire-Marie, Campbell, Robert, and Fiegel, T., Comparison of empirical testing and walkthrough methods in user interface evaluation, *Proc. CHI '92—Human Factors in Computing Systems*, ACM, New York (1992), 397–404.

Kirakowski, J. and Corbett, M. SUMI: The Software Usability Measurement Inventory, *British Journal of Educational Technology*, 24, 3 (1993), 210–212.

Landauer, Thomas K., *The Trouble with Computers: Usefulness, Usability, and Productivity*, MIT Press, Cambridge, MA (1995).

Lewis, James R., IBM computer usability satisfaction questionnaires: Psychometric evaluation and instructions for use, *International Journal of Human–Computer Interaction*, 7, 1 (1995), 57–78.

Lund, Michelle A., Evaluating the user interfaces: The candid camera approach, *Proc. CHI '85—Human Factors in Computing Systems*, ACM, New York (1985), 93–97.

Marchionini, Gary and Crane, Gregory, Evaluating hypermedia and learning: Methods and results from the Perseus Project, *ACM Transactions on Information Systems*, 12, 1 (1994), 5–34.

Newman, William M. and Lamming, Michael G., *Interactive System Design*, Addison-Wesley, Reading, MA (1995).

Nielsen, Jakob (Editor), Special Issue on Usability Laboratories, *Behaviour & Information Technology*, 13, 1 & 2 (January–April 1994).

Nielsen, Jakob, *Usability Engineering*, Academic Press, New York (1993).

Nielsen, Jakob and Mack, Robert (Editors), *Usability Inspection Methods*, John Wiley and Sons, New York (1994).

Oppenheim, Abraham N., *Questionnaire Design, Interviewing, and Attitude Measurement*, Pinter Publishers, New York (1992).

Preece, Jenny, Rogers, Yvonne, Sharp, Helen, Benyon, David, Holland, Simon, and Carey, Tom, *Human–Computer Interaction*, Addison-Wesley, Reading, MA (1994).

Runyon, Richard P. and Haber, Audrey, *Fundamentals of Behavioral Statistics* (Eighth Edition), McGraw-Hill, New York (1996).

Wharton, Cathleen, Rieman, John, Lewis, Clayton, and Polson, Peter, The cognitive walkthrough method: A practitioner's guide. In Nielsen, Jakob and Mack, Robert (Editors), *Usability Inspection Methods*, John Wiley and Sons, New York (1994).

Winer, B. J., Brown, Donald R., and Michels, Kenneth M., *Statistical Principles in Experimental Design*, McGraw-Hill, New York (1991).

Yourdon, Edward, *Structured Walkthroughs* (Fourth Edition), Yourdon Press, Englewood Cliffs, NJ (1989).

Kapitel 5

Software-Tools

Es bereitet große Zufriedenheit, gute Werkzeuge herzustellen, die andere benutzen sollen.

Freeman Dyson, Disturbing The Universe, 1979

5.1 Einführung

Blockhäuser wurden von Siedlern der *American Frontier* oft für ihren eigenen Gebrauch erbaut, so wie frühe Benutzerschnittstellen von den Programmierern für die eigene Verwendung erstellt wurden. Als sich die Ansprüche änderten, wurden in einem Prozess stetiger Überarbeitung und Verfeinerung Fenster und weitere Räume hinzugefügt, und festgestampfte Lehmböden wichen einem Bretterboden. Blockhäuser werden immer noch von raubeinigen Individualisten nach ihrem persönlichen Geschmack gebaut, aber moderne Privathaushalte, Apartmentgebäude, Schulen, Krankenhäuser und Büros erfordern eine Spezialistenausbildung, sorgfältige Planung und besonderes Equipment.

Das Aufkommen von Architekten für Benutzerschnittstellen, Design- und Spezifikationsmethoden, Standardkomponenten und automatisierten Tools für die Konstruktion sind Indikatoren, dass unser Bereich weiter reift. Es wird immer Platz für den Erfinder und den Exzentriker geben, aber die Anforderungen des modernen Lebens erfordern Architekten für Benutzerschnittstellen, die nach einem vorhersagbaren Zeitplan verlässliche, standardisierte, sichere, kostengünstige, effektive und weithin akzeptierte Benutzerschnittstellen schaffen (Carey, 1988).

Architekten für Gebäude und Benutzerschnittstellen benötigen einfache und schnelle Methoden der Skizzierung, um ihren Klienten eine Möglichkeit zu geben, Bedürfnisse und Vorlieben zu erkennen. Dann brauchen sie präzise Methoden für das Ausarbeiten der Details mit den Klienten (detaillierte Grundrisse werden zu Transitionsdiagrammen, Bildschirmlayouts und Menübäumen), für die Koordination mit Kollegen anderer Fachrichtungen (Klempner und Elektriker werden zu Grafikdesignern und technischen Autoren), und um den Bauleuten (oder Softwareentwicklern) zu sagen, was sie machen sollen.

Wie Häuserarchitekten wissen erfolgreiche Benutzerschnittstellen-Architekten, dass es sehr sinnvoll ist, vor Baubeginn das Design fertig zu stellen, auch wenn klar ist, dass während der Konstruktion einige Änderungen vorgenommen werden müssen. Bei großen Projekten sind mehrere Designer erforderlich – Statiker für die Stahlrahmen, Innenarchitekten für die Raumplanung und Dekorateure für die Ästhetik. Durch die Größe und Wichtigkeit eines jeden Projektes werden der Designaufwand und die Anzahl der Teilnehmer bestimmt. Genau wie es Spezialisten für Flughäfen, Krankenhäuser und Schulen gibt, haben wir Spezialisten für die Benutzerschnittstellen von Flugleitsystemen, medizinischen und schulischen Applikationen.

Dieses Kapitel beginnt mit Spezifikationsmethoden für Benutzerschnittstellen, geht über zu Softwaretools zur Unterstützung von Design und Software Engineering und schließt ab mit Tools zur Evaluation und kritischer Besprechung. Diese Tools sind bei ihren Interfaces in steigendem Maße grafisch ausgelegt und ermöglichen es so den Designern und Programmierern, Schnittstellen schnell durch Verschieben von Komponenten und Verlinken von Funktionen zu bauen. Erstellungstools für Benutzerschnittstellen sind in den vergangenen Jahren sehr gereift und haben die Natur der Softwareentwicklung radikal geändert. Produktivitätssteigerungen von 50 bis 500 Prozent gegenüber früheren Methoden sind für viele Standard-GUIs dokumentiert worden. Aber auch wenn die Power-Tools für etablierte Stile sich weiter verbessern und größere Akzeptanz erlangen, werden Programmierer für neuartige Interface-Stile stets selbst Hand anlegen müssen.

5.2 Spezifikationsmethoden

Die erste große Hilfe beim Erstellen von Designs ist eine gute Notation, um alternative Möglichkeiten aufzuzeichnen und zu diskutieren. Die Standardsprache für Spezifikationen in einem beliebigen Feld ist die natürliche Sprache des Designers, z.B. Englisch, und ein Skizzenblock oder eine Tafel. Aber *Spezifikationen in Standardsprachen* neigen dazu, langatmig, vage und mehrdeutig zu sein, und sind darum in Bezug auf Konsistenz oder Vollständigkeit oft schwierig nachzuvollziehen. *Formale* und *semi-formale* Sprachen haben ihren Wert in vielen Bereichen bewiesen, z.B. Mathematik, Physik, Design von Kreisläufen, Musik und sogar beim Stricken. Formale Sprachen haben eine bestimmte Grammatik, und es existieren effektive Prozeduren zur Bestimmung, ob eine Zeichenfolge sich an die Grammatik einer Sprache hält. Grammatiken für Befehlssprachen sind effektiv, aber für

GUIs ist die Syntaxmenge klein. Im Falle einer GUI kann eine Grammatik zur Beschreibung von Aktionssequenzen benutzt werden, aber Grammatiken dieser Art neigen zur Verknappung, und darum sind Transitionsdiagramme und grafische Spezifikationen ansprechender.

Baumstrukturen in Menüs sind populär, und so verdient das einfache Zeichnen des Baumes, um die Menülayouts aufzuzeigen und die Menübäume zu spezifizieren, unsere Aufmerksamkeit. Die eher allgemeinere Methode der *Transitionsdiagramme* findet beim Benutzerschnittstellen-Design weite Verwendung. Verbesserungen wie Statecharts haben Features, die in Übereinstimmung mit den Erfordernissen eines interaktiven Systems und für die Spezifikation von Widgets stehen. Neue Ansätze wie die *user action notation* (UAN) (Hartson et al., 1990; Chase et al., 1994) sind beim Charakterisieren des Nutzerverhaltens und einiger Aspekte von Systemreaktionen hilfreich.

5.2.1 Grammatiken

In der Computerprogrammierung wird oft die Backus-Naur-Form (BNF), auch (Backus Normal-Form) genannt, für die Beschreibung von Programmiersprachen verwendet. Übergeordnete Komponenten werden durch Nicht-Terminalsymbolen (Nonterminals), spezifische Zeichenfolgen durch Terminalsymbole (Terminals) dargestellt. Nehmen wir das Beispiel eines Eintrages in ein Telefonbuch. Die Nonterminals beschreiben den Namen der Person (zusammengesetzt aus dem Nachnamen, gefolgt von einem Komma und dem Vornamen) und einer Telefonnummer (in Amerika zusammengesetzt aus dem Area Code, der Exchange Number und der Local Number). Namen setzen sich aus Zeichenfolgen zusammen. Die Telefonnummer hat drei Komponenten: einen dreistelligen Area Code, eine dreistellige Exchange und eine vierstellige Local Number

```
<Telephone book entry> ::= <Name> <Telephone number>
<Name> ::= <Last name>, <First name>
<Last name> ::= <string>
<First name> ::= <string>
<string> ::= <character>|<character><string>
<character> ::=
   A|B|C|D|E|F|G|H|I|J|K|L|M|N|O|P|Q|R|S|T|U|V|W|X|Y|Z
<Telephone number> ::= (<area code>) <exchange>-<local number>
<area code> ::= <digit><digit><digit>
<exchange> ::= <digit><digit><digit>
<local number> ::= <digit><digit><digit><digit>
<digit> ::= 0|1|2|3|4|5|6|7|8|9
```

Die linke Seite jeder Spezifikationslinie ist ein Nonterminal (in spitzen Klammern), der von der rechten Seite definiert wird. Vertikale Striche zeigen Alternativen für Nonterminals und Terminals an. Akzeptable Telefonbucheinträge sehen wie folgt aus:

```
WASHINGTON, GEORGE (301) 555-1234
BEEF, STU (726) 768-7878
A, Z (999) 111-1111
```

Die BNF-Notation ist weit verbreitet, obwohl sie unvollständig ist und durch ad hoc Techniken zur Spezifikation der Semantik z.B. von zulässigen Namen oder Area Codes ergänzt werden muss. Die Vorteile sind, dass einige Aspekte präzise aufgeschrieben und dass Softwaretools eingesetzt werden können, die einige Aspekte der Vollständigkeit und Richtigkeit der Grammatik und der Strings in der Sprache verifizieren. Andererseits sind Grammatiken bei zunehmender Größe schwer nachzuvollziehen und für viele Benutzer verwirrend.

Befehlssprachen sind fein säuberlich durch BNF-ähnliche Grammatiken spezifiziert, so wie die Aufgabenaktions-Grammatik *(task-action grammar)* (Abschnitt 2.2.4). Reisner (1981) übertrug die Idee von BNF auf Sequenzen von Aktionen wie das Klicken eines Buttons, die Auswahl einer Farbe oder das Zeichnen einer Form.

Für die Anpassung an spezifische Situationen sind abweichende Formen von BNF geschaffen worden. Beispielsweise wird der Unix-Befehl für das Kopieren von Dateien oder Verzeichnissen durch diesen Auszug aus dem Online-Handbuch zusammengefasst:

```
cp [ -ip ] filename1 filename2
cp -rR [ -ip ] directory1 directory2
cp [ -iprR ] filename ... directory
```

wobei die eckigen Klammern anzeigen, dass 0 oder mehr Optionen eingefügt werden können, und −rR anzeigt, dass eine dieser Optionen für rekursives Kopieren beim Kopieren von Verzeichnissen benötigt wird.

Um die Vielfalt von interaktiver Software zu berücksichtigten, besitzen mehrteilige Grammatiken *(multiparty grammars* – Shneiderman, 1982) Nonterminals, die vom Erzeuger der Zeichenkette gekennzeichnet werden (normalerweise dem User, *U*, oder dem Computer, *C*). Während des Parsings nehmen die Nonterminals Werte an, die von anderen benutzt werden; darum lassen sie sich problemlos um Regeln zur Fehlerbehandlung ergänzen. Die folgende Grammatik beschreibt die ersten Schritte in einem Login-Prozess:

```
<Session> ::= <U: Opening> <C: Responding>
<U: Opening> ::= LOGIN <U: Name>
<U: Name> ::= <U: string>
<C: Responding> ::= HELLO [<U: Name>]
```

Hier zeigen die eckigen Klammern, dass der Wert für den Usernamen als Antwort auf den Login-Befehl durch den Computer erstellt werden soll.

Multiparty Grammars sind effektiv bei textorientierten Befehlssequenzen, die wiederholten Dialog beinhalten, so wie bei Bankterminals. Leider sind zweidimensionale Stile wie Eingabefelder oder direkte Manipulation und grafische Layouts mit Multiparty Grammars schwieriger zu beschreiben. Eine Menüauswahl kann zwar mit einer mehrteiligen Grammatik beschrieben werden, aber zentrale Aspekte wie die Baumstruktur, und wie man diese durchläuft, lassen bei einem grammatikbasierten Ansatz nicht auf praktische Art darstellen.

5.2.2 Baumstrukturen für Menüoptionen und Dialogboxen

Für viele Anwendungen ist ein Baum zur Darstellung der Menüoptionen ein ausgezeichneter Auswahlstil, weil die einfache Struktur Designer und Anwender gleichermaßen gut führt. Richtlinien für die Inhalte des Menübaums werden in Kapitel 7 besprochen. Spezifikationsmethoden schließen Onlinetools, die die Konstruktion von Menübäumen erleichtern, und einfache Zeichentools ein, mit denen Designer und Anwender den gesamten Baum auf einmal sehen können.

Menübäume sind als Spezifikationstools sehr wirksam, weil sie den Anwendern, Managern, Implementoren und anderen interessierten Beteiligten den vollständigen und detaillierten Umfang des Systems zeigen. Wie jede Karte zeigt ein Menübaum übergeordnete Beziehungen und kleinste Details. Bei großen Systemen kann es nötig sein, den Menübaum auf einer großen Wand oder dem Boden auszubreiten, aber es ist wichtig, die gesamte Struktur auf einmal im Blick zu haben, um ihre Konsistenz und Vollständigkeit überprüfen sowie ihre Mehrdeutigkeit und Redundanz ausschließen zu können.

Dies gilt gleichermaßen für Dialogboxen. Indem man die Dialogboxen ausdruckt und an der Wand anbringt, kann man ihre gegenseitigen Beziehungen anschauen, was enorm hilfreich ist, um sich einen Überblick über das gesamte System verschaffen und die Konsistenz sowie Vollständigkeit sicherstellen zu bekommen.

5.2.3 Transitionsdiagramme

Menübäume sind unvollständig, weil sie nicht die gesamte Struktur der möglichen Anwenderhandlungen zeigen – wie z.B. der Rücksprung zum vorigen Menü, Sprünge zum Startmenü oder Verzweigungen aufgrund der Fehlerbehandlung oder von Hilfe-Bildschirmen. Wenn man jedoch alle diese Übergänge hinzufügt, bringt man höchstens die klare Struktur des Menübaums durcheinander. Für einige Aspekte des Designprozesses ist eine genauere Spezifikation jeder möglichen Transition erforderlich. Auch gibt es für viele Interaktionsstile, die nicht über Menüs abgebildet werden, einen Menge möglicher Zustände und zulässiger Transitionen zwischen diesen Zuständen, die zur Bildung einer Baumstruktur ungeeignet sind. Für diese und andere Sachverhalte wird vielfach eine eher allgemeine Designnotation angewandt, die man als *Transitionsdiagramme* bezeichnet.

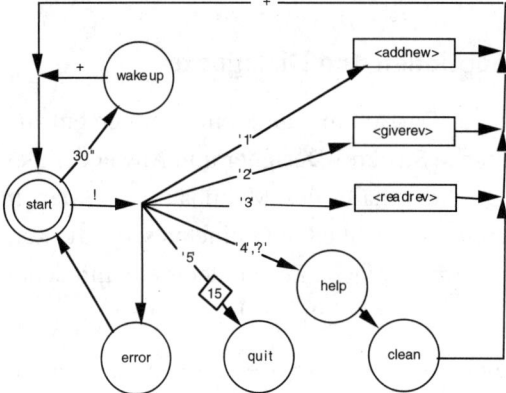

Abb. 5.1:   Transitionsdiagramm für ein einfaches Menüsystem (Wasserman und Shewmake, 1985)

Üblicherweise umfasst ein Transitionsdiagramm eine Gruppe von Knoten, die den Status des Systems repräsentieren, und einen Gruppe von Links zwischen den Knoten, die mögliche Transitionen darstellen. Jeder Link trägt die Bezeichnung der Useraktion, die diesen Link auswählt, und den möglichen Reaktionen des Computers. Das einfache Transitionsdiagramm in Abb. 5.1 (Wasserman und Shewmake, 1985) stellt ein nummeriertes System zur Menüauswahl für Restaurant-Kritiken dar. Hier wird gezeigt, was passiert, wenn der Anwender eine nummerierte Auswahl trifft: 1 (Füge ein Restaurant in die Liste ein), 2 (Zeige eine Kritik des Restaurants), 3 (Lese eine Kritik), 4 (Hilfe – kann auch über »?« gewählt werden), 5 (Ende), bei jedem anderen Zeichen gibt es eine Fehlermeldung. Abb. 5.2 zeigt die Textform. Abb. 5.3 zeigt eine andere Form eines Transitionsdiagramms, das neben den Links die Häufigkeit anzeigt.

```
node start
    cd, r2,  rv, c_´ Interactive Restaurant Guide`, sv,
    r6, c5,  `Please make a choice:`,
    r+2, c10, `1: Add new restaurant to database`,
    r+2, c10, `2: Give review of a restaurant `,
    r+2, c10, `3: Read reviews of a given restaurant`,
    r+2, c10, `4: Help`, r+2,  c10,  `5:  Quit`, r+3,c5,  `Your choice:  `,
mark_A

node help
    cs,  r5,  c0, `This program stores and retrieves information on`,
    r+1, c0,  `restaurants, with emphasis on San Francisco.`,
    r+1, c0,  `You cann add or update information about restaurants`,
    r+1, c0,  `already in the database, or obtain information about`,
    r+1, c0,  `restaurants, including the reviews of others.`,
    r+2, c0,  `To continue, type RETURN.`,

node error
    r$-1, rv, `Illegal command.`, sv,  `Please type a number from 1 to
5.`,
    r$,   `Press RETURN to continue.`
node clean
    r$-1, cl,r$,cl
node wakeup
    r$,cl,rv,`Please make a choice`,sv,  tomark_A
node quit
    cs,  `Thank you very much. Please try this program again`,
    nl,  `and continue to add information on restaurants.`
arc start single_key
    on ´1´  to <addnew>
    on ´2´  to <giverev>
    on ´3´  to <readrev>
    on ´4´  `?` to help
    on ´5´  to quit
    alarm 30 to wakeup
    else to error
arc error
    else to start
arc help
    skip to clean
arc clean
    erste to start
arc <addnew>
    skip to start
arc <readrev>
    skip to start
arc <giverev>
    skip to start
```

Abb. 5.2:   Textform der Abb. 5.1. Über Kommentarzeilen werden zusätzliche Informationen bereitgestellt.

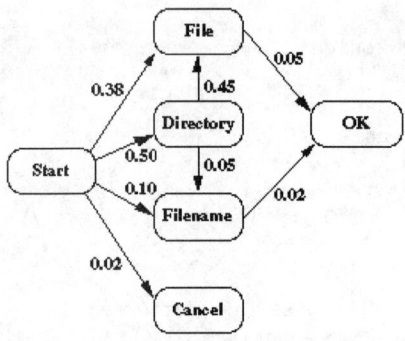

Abb. 5.3:   Muster eines Transitionsdiagramms für Aktionen zur Dateimanipulation
Labels an den Links deuten an, wie oft jede Transition gemacht wird.

Viele Formen von Transitionsdiagrammen wurden mit speziellen Notationen geschaffen, um den Anforderungen der Applikationsbereiche gerecht zu werden. Dazu zählen beispielsweise Flugleitsysteme oder Textverarbeitung. Tools für die Erstellung und die Wartung von Transitionsdiagrammen, Datenflussdiagrammen und anderen grafischen Darstellungen sind Bestandteil der meisten Umgebungen für *computer-assisted software engineering* (CASE), so wie *Software Through Pictures* (Interactive Development Enviroments, Inc., http://www.ide.com). Bei den meisten Systemen wird das Diagramm durch direkt manipulative Aktionen erstellt, aber Designer können auch eine textbasierte Ausgabe des Transitionsdiagramms erhalten.

Leider werden Transitionsdiagramme bei zunehmender Komplexität des Systems immer unhandlicher, und zu viele Transitionen können zu komplizierten »spaghetti-ähnlichen« Displays führen. Um dieses Problem zu lösen, können Transitionsknoten durch Screenshots ersetzt werden, um den Lesern ein besseres Gefühl dafür zu vermitteln, wie es ist, sich durch die Displays und Dialogboxen zu bewegen. Beim Design und zu Schulungszwecken ist ein solcher Überblick sehr hilfreich.

Designs für Schnittstellen mit Hunderten von Dialogboxen oder für Websites mit Hunderten von Screens sind leichter zu studieren, wenn sie an einer Wand aufgehängt werden. Bei einem denkwürdigen Zusammentreffen wurden 350 Screens eines Satellitenkontrollsystems an die drei Wände eines Konferenzsaales gehängt, und dadurch wurde schnell der sehr unterschiedliche Stil der Design-Teams der sechs Module deutlich. Komprimierte Übersichtsdiagramme kann man in Handbüchern auf ein einzelnes Blatt Papier setzen oder als Poster beilegen, den die Benutzer bei Bedarf an die Wand hängen können.

5.2.4 Statecharts

Obwohl Transitionsdiagramme sehr gut geeignet sind, um dem Bewegungsfluss oder Aktionen zu folgen und um den aktuellen Status sowie Optionen zu überwachen, können sie doch schnell zu groß und verwirrend werden. Um die Modularität zu gewährleisten, müssen Knoten mit ihren untergeordneten Graphen abgebildet werden, aber diese Strategie geht nur auf bei gerichteten Graphen mit einem Eingang und einem Ausgang. Transitionsdiagramme werden außerdem leicht verwirrend, wenn jeder Knoten Links auf einen Hilfestatus, Rücksprünge auf einen vorhergehenden oder Ausgangsstatus sowie eine Endbedingungen abbilden muss. Gleichzeitige Ausführung und Synchronisierung lassen sich in Transitionsdiagrammen schlecht darstellen, obwohl Variationen wie Petrinetze helfen können. Eine ansprechende Alternative sind *Statecharts* (Harel, 1988), die beim Spezifizieren von Interfaces einige Vorteile bieten. Weil durch verschachtelte Roundangle (Rechtecke mit abgerundeten Ecken) eine Gruppierungsmöglichkeit (Abb. 5.4) angeboten wird, können wiederholte Transitionen an das umgebende Roundangle ausgeklammert werden. Erweiterungen zu Statecharts, die sich durch Parallelausführung, externe Interrupt-Aufrufe und Benutzeraktionen ergeben, können mit Statemaster dargestellt werden, einem Tool für Benutzerschnittstellen, das auf Statecharts beruht (Wellner, 1989).

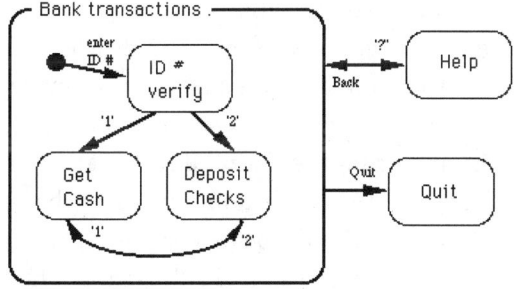

Abb. 5.4:   Statechart eines vereinfachten Systems für Banktransaktionen mit Gruppierungen von Zuständen

Statecharts können auch um definierte Datenflüsse und Begrenzungen erweitert sowie mit Screenshots ergänzt werden, um die visuellen Zustände der grafischen Widgets zu zeigen (Carr, 1994). Im einfachen Fall eines Sicherheitskippschalters gibt es beispielsweise fünf Zustände. Die Darstellung des visuellen Feedbacks im Statechart mit den Begriffen der User-Aktions-Notation (siehe Abschnitt 5.2.5) hilft dem Leser, die Vorgänge zu verstehen.

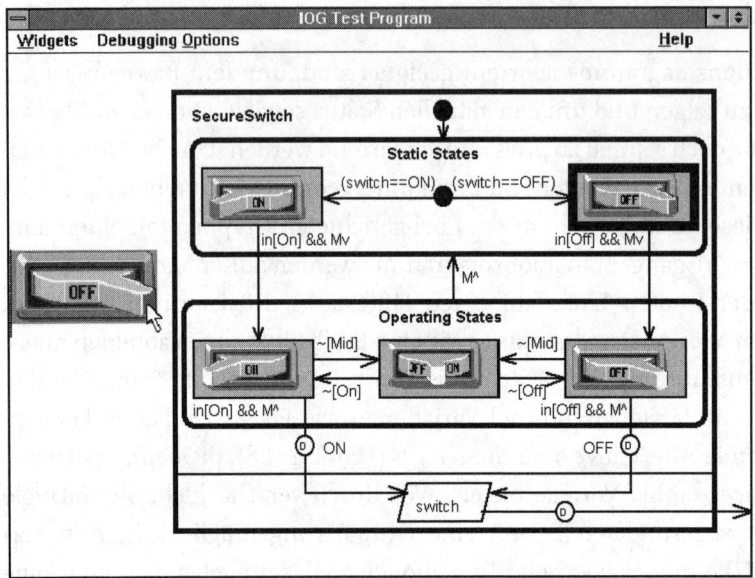

Abb. 5.5:   Interaktion-Objekt-Graphen erweitern Statecharts um Datenfluss-Merkmale und die User-Aktions-Notation. Dieses Beispiel zeigt einen Sicherheitsschalter mit Bitmaps der Zustände an jedem Knoten (Carr, 1994).

5.2.5   User-Aktions-Notationen (UAN)

Grammatik- oder diagrammbasierte Ansätze der Spezifikation sind zwar für Menüs, Befehle oder Eingabefelder geeignet, aber im Falle von Schnittstellen zur direkten Manipulation unhandlich, weil sie nicht in der Lage sind, die verschiedenen zulässigen Aktionen und das vom System bereitgestellte visuelle Feedback auf praktische Art zu bewältigen. Obendrein sind Schnittstellen zur direkten Manipulation stark kontextabhängig, wenn es darum geht, die Bedeutung einer Eingabe zu bestimmen. Je nachdem, wo sich der Cursor beim Klicken befindet kann ein Mausklick beispielsweise bedeuten, dass eine Datei ausgewählt, ein Fenster geöffnet oder eine Anwendung gestartet wird. Dementsprechend schwierig ist es, die Ergebnisse zu beschreiben, wenn ein Symbol verschoben wird, weil sie davon abhängen, wo das Symbol wieder losgelassen wird.

Um die vielfältige Welt der direkt-manipulativen Schnittstellen in den Griff zu bekommen, sind übergeordnete Notationen hilfreicher, die sich auf die Anwenderaufgaben beziehen, die Aktionen wie Zeigen, Ziehen und Klicken verarbeiten und das Feedback der Schnittstelle beschreiben. Um ein Symbol auszuwählen muss der Anwender beispielsweise den Cursor auf die Position des Symbols bewegen, dort mit der Maus klicken und die Maustaste wieder loslassen. Die Bewegung zu einem Symbol hin wird durch ~ [icon] dargestellt und die Bewegung des Maus-Buttons durch Mv (Maus-Button drücken), gefolgt von M^ (Maus-Button loslassen). Die Antwort des Systems, die eine Hervorhebung des Symbols sein soll, wird durch icon! dargestellt. Die Sequenz wird mittels einer vollständigen *User-Aktions-Notation (UAN)* (Hartson et al., 1990; Hix und Hartson, 1993) wie folgt abgebildet:

Aufgabe: Wähle ein Symbol aus

User-Aktion   Interface-Feedback

```
~ [icon] Mv      icon!
M^
```

Eine komplexere Aufgabe könnte das Löschen einer Datei sein. Um diese Aufgabe zu bewältigen muss der User, ein Dateisymbol über das Display zu einem Papierkorbsymbol ziehen, während er die Maustaste gedrückt hält. Das Feedback des Interface besteht darin, die ausgewählte Datei hervorzuheben und die Markierung bei anderen Dateien zu entfernen (file-! zeigt an: Markierung der Datei aufheben), dann den Umriss des Dateisymbols zum Papierkorbsymbol zu ziehen (outline (file) > ~ bedeutet, der Umriss wird vom Cursor gezogen). Dann lässt der Anwender den Umriss des Dateisymbols auf das Papierkorbsymbol fallen, das Dateisymbol wird gelöscht und das Papierkorbsymbol blinkt. Die ausgewählte Datei wird in der Spalte des Interface-Status gezeigt:

Aufgabe: Wähle ein Icon

User-Aktionen Interface-Feedback Interface-Status

```
~[file] Mv  file!, forall(file!): file-! selected = file~[x,y]*
outline (file) > ~
~[trash]    outline (file) > ~
M^          erase (file), trash!!     selected = null
```

Die UAN hat schnittstellenspezifische Symbole für Aktionen (so wie Cursorbewegung, Button drücken, Eingabe von Strings oder einen Wert einstellen) und für gleichzeitige Aktivitäten, Interrupts und Feedback (so wie hervorheben, blinken, ziehen, zurückschnelle lassen und löschen). Diese Symbole wurden so ausgewählt, dass sie die Aktionen nachbilden – so wie v für Button drücken, ^ für Button loslassen und ~ für die Cursorbewegung – aber man braucht immer noch eine gewisse Zeit, bis man sich an diese neuartige Notation gewöhnt hat. Darüber hinaus werden komplexere Grafiken, wie sie in Zeichenprogrammen oder Animationen vorkommen, die gegenseitigen Beziehungen der Aufgaben und das Verhalten bei Interrupts nicht ausreichend von UAN berücksichtigt. Nichtsdestotrotz ist UAN ein kompakter und wirksamer Ansatz auf hohem Level, um Systemverhalten zu spezifizieren und User-Aktionen zu beschreiben (Chase et al., 1994).

5.3 Tools für das Erstellen von Interfaces

Spezifikationsmethoden sind wichtig für das Design von Systemkomponenten wie Befehlssprachen, Dateneingabesequenzen und Widgets. Auf Papier gezeichnete oder ausgedruckte Transitionsdiagramme bieten eine hervorragende Möglichkeit, sich einen Überblick über das System zu verschaffen. Sie erlauben es den Architekten der Benutzerschnittstelle, Designern, Managern, Anwendern und Softwareentwicklern, sich an einen Tisch zu setzen, das Design zu diskutieren und sich auf die große Aufgabe vorzubereiten, die vor ihnen liegt. Designs auf Papier stellen eine gute Ausgangsbasis dar, aber die detaillierte Spezifikation kompletter Benutzerschnittstellen erfordert Software-Tools.

Die gute Nachricht ist, dass die Software-Tools, mit denen die meisten Designer und Anwendungsentwickler viele Design-Ziele erreichen können, wachsen und gedeihen. Diese Tools werden in Plastikfolie eingeschweißt in bunten Kartons verkauft, die das bequeme und schnelle Erstellen von Onscreen-Prototypen betonen. Sie erlauben in der Regel visuelles Editieren, und so können Designer sofort den »Look« des Systems beurteilen und ganz einfach Farben, Fonts und Layouts ändern. Diese direkt-manipulativen Design-Tools haben es einer großen Anzahl von Experten für Aufgabenbereiche mit nur bescheidenem technischem Training erlaubt, Designer von Benutzerschnittstellen zu werden.

Andere Tools sind mächtige Programmiersprachen mit umfassenden Toolkits, die es erfahrenen Softwareentwicklern ermöglichen, vielfältiger Features zu erstellen, aber das erfordert oft doppelt so viel oder sogar zwanzigmal mehr Code und Aufwand. Natürlich wird es immer besondere Designs geben, die das Programmieren in Sprachen wie C oder C++ oder sogar in Assemblersprache erfordern, um präzises Timing oder besonderen Hardware-Features zu berücksichtigen.

Die Terminologie der Produkte hängt stark vom Anbieter ab. Populäre Ausdrücke sind *Rapid Prototyper, User Interface Builder, User Interface Management System, User Interface Development Environment, Rapid Application Developer* etc. Ein Schlüsselmerkmal ist die Antwort auf die Frage, inwiefern das System komfortables, visuelles Programmieren unterstützt: Wird eine leicht verständliche (ereignis- oder objektorientierte) Skriptsprache oder eine leistungsfähigere, universelle Programmiersprache benutzt?

Die Verwendung dieser Software-Tools bringt große Vorteile (Rahmen 5.1) und greift immer mehr um sich, genau wie die Tools auch in nachfolgenden Versionen rapide verbessert werden. Der zentrale Vorteil basiert auf dem Konzept der Unabhängigkeit der Benutzerschnittstelle, der Entkopplung des Schnittstellendesigns von den Komplexitäten der Programmierung. Diese Entkopplung ermöglicht es den Designern, in nur wenigen Stunden Darstellungssequenzen zu layouten, die in Minutenschnelle überarbeitet werden können und zur Revision durch Experten oder zur Beurteilung des Bedienkomforts bereitzustellen. Die für die Fertigstellung des zugrunde liegenden Systems nötige Programmierarbeit kann durchgeführt werden, wenn erst einmal das Schnittstellendesign festgelegt worden ist. Die Prototypen der Benutzerschnittstelle können als Spezifikationen dienen, nach denen die Autoren Handbücher schreiben und die Anwendungsentwickler das System mit Hilfe anderer Tools bauen können. Letztere sind erforderlich, um ein System zu schaffen, das genau wie der Prototyp arbeitet. In der Tat können Prototypen als Grundlagenspezifikation ins Pflichtenheft bei der Vergabe von Regierungs- oder kommerziellen Verträgen für neuartige Software aufgenommen werden.

Rahmen 5.1: Eigenschaften von Tools zum Erstellen von Benutzerschnittstellen

Unabhängigkeit vom User-Interface
- Trennung des Interface-Designs von den inneren Eigenschaften
- Möglichkeit verschiedener Strategien für User-Interfaces
- Möglichkeit des Multiplattform-Supports
- Etablierung der Funktion des User-Interface-Designers
- Durchsetzung von Standards

Methodik und Notation
- Entwicklung von Design-Prozeduren
- Wege finden, über das Design zu sprechen
- Schaffung von Projekt-Management

Schnelle Entwicklung von Prototypen
- Sehr frühes Ausprobieren von Ideen
- Testen, überarbeiten, testen, überarbeiten...
- Beteiligung von Endanwendern, Managern und Kunden

Softwaresupport
- Steigerung der Produktivität
- Überprüfung von Grenzen und der Konsistenz
- Team-orientierte Herangehensweise fördern
- Pflege vereinfachen

Einige frühe Tools waren nur auf das Prototyping beschränkt, aber die meisten modernen Tools erlauben schnelles Prototyping und dann die Entwicklung des Systems. Die Design-Tools ermöglichen die Konstruktion vollständiger Systeme, aber die Ausführungsgeschwindigkeit kann mangelhaft und die Größe der Datenbanken begrenzt sein, oder der Anwender wird auf unterschiedliche Art in seiner Aktivität eingeschränkt. Software Engineering-Tools ermöglichen den Aufbau robusterer Systeme, was sich jedoch in der Regel auf die Komplexität, die Kosten und die Entwicklungszeiten negativ auswirkt.

Eine wichtige Überlegung bei der Auswahl der Tools ist die Frage, ob sie eine plattformunabhängige Entwicklung ermöglichen sollen, eine Strategie, bei der das Interface in verschiedenen Umgebungen wie Windows oder Unix laufen kann. Es ist von großem Vorteil, wenn nur ein Programm geschrieben und gewartet werden muss, aber das Produkt für verschiedene Plattformen verfügbar ist.

Eine andere wichtige Überlegung ist, ob es die Applikation der Benutzerschnittstelle erlaubt, unter einem Webbrowser wie Netscape Navigator oder dem Microsoft Internet Explorer zu laufen. Da diese Browser plattformübergreifend geschrieben wurden, wird das Ziel der Plattformunabhängigkeit gleich automatisch erreicht. Das World Wide Web ist eine so mächtige Kraft, dass web-orientierte Tools wahrscheinlich am zukunftsträchtigsten sind.

5.3.1 Design-Tools

User-Interface-Designer sind sich einig, dass es in der frühen Phase des Designs sehr wichtig ist, Skizzen schnell erstellen zu können, um verschiedene Alternativen zu erforschen, die Kommunikation innerhalb des Design-Teams zu ermöglichen und dem Kunden verständlich zu machen, wie das Produkt aussehen wird. Modelle der Benutzerschnittstellen können mit handschriftlich, mit einer Textverarbeitung oder Präsentationssoftware (Adobe Persuasion oder Microsoft PowerPoint) erstellt werden. Findige Designer haben auch Prototypen von User Interfaces mit computerunterstützter Instruktionssoftware wie Authorware, IconAuthor oder Quest und mit Multimedia-Konstruktionstools wie Apple Hypercard, MacroMind Director oder Asymetrix Toolbook geschaffen.

Im einfachsten Fall erstellen die Designer eine Diashow mit statischen Bildern, die vom Anwender nach Wunsch weitergeblättert werden. Die meisten Tools unterstützen raffiniertere Prototypen, die es dem Anwender ermöglichen, Menüoptionen auszuwählen, auf Buttons zu klicken, Listen herunter zu scrollen und sogar Symbole zu ziehen. Anwender können durch Screens navigieren und zu vorherigen Screens zurückgehen. Der Prototyp hat vielleicht keine vollständige Datenbank, vielleicht fehlen die Hilfe oder andere Merkmale, aber er zeigt einen sorgfältig ausgewählten Weg auf, der einen realistischen Eindruck der Fähigkeiten des Interface vermittelt.

In der Regel können Designer mit Hilfe von visuellen Editiertools, Layouts mit Cursorbewegungen oder Mausklicks entwerfen und Bereiche zur Auswahl, Hervorhebung oder Dateneingabe markieren. Anschließend können die Designer festlegen, welche Button-Auswahl mit welchem Display oder welcher Dialogbox verbunden sein soll. Prototypen sind exzellente Hilfsmittel, wenn es um die Besprechung des Designs geht und führen oft zum gewünschten Vertragsabschluß, weil sie dem Klienten eine ungefähre Vorstellung des fertigen Systems vermitteln können.

Der frühe Erfolg von Apples HyperCard inspirierte viele Mitbewerber. In diesem System werden visuelles Editieren – bei dem Designer Buttons und andere Felder einfügen können – und automatisch bereitgestellte und einfache Interface-Aktionen kombiniert (beispielsweise bringt ein Klick auf einen Rückwärts-Pfeil den Benutzer auf die vorige Karte). Für komplexere Aktionen ermöglicht HyperCard mit der innovativen Skriptsprache HyperTalk vielen Anwendern, nützliche Schnittstellen mit minimalem Lernaufwand zu schaffen. Designer können Programme mit leicht verständlichen Begriffen schreiben:

```
on mouseUp
    play „boing"
    wait for 3 seconds
    visual effect wipe left very fast to black
    click at 150,100
    type „goodbye"
end mouseUp
```

Natürlich kann das Programmieren in solchen Sprachen komplex werden, wenn die Anzahl der kurzen Code-Segmente wächst und ihre Beziehungen untereinander schwieriger auszuloten sind.

Tools zum visuellen Programmieren mit direkter Manipulation wie Prograph (Pictorius Systems) sind eine fesselnde Alternative. Prograph erlaubt es den Anwendern zu editieren, auszuführen, zu debuggen und Änderungen während der Ausführung vorzunehmen. Zu diesem Zweck werden visuelle Programmiertools bereitgestellt, die Flussdiagrammen ähneln, sich nach dem Datenfluss orientiern und eine tief verschachtelte modulare Struktur aufweisen (Abb. 5.6). Die visuelle Programmierung von Laborinstrumenten war der Auslöser für das Programm LabVIEW (National Instruments) (Abb. 5.7), das eine flache Struktur mit Funktionskästen aufweist (arithmetische, Boolesche usw.), die virtuell verdrahtet sind (Green und Petre, 1996).

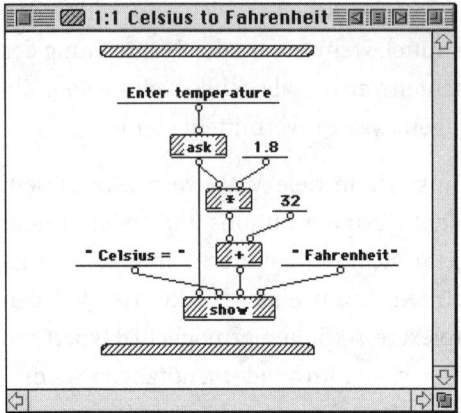

Abb. 5.6: Prograph CPX, eine visuelle Sprache, die objekt-orientierte Programmierungstechniken einschließlich Vererbung, Verkapselung und Polymorphismus nutzt. Dieses einfache Beispiel zeigt ein typische Programmieraufgabe. (Verwendung mit Erlaubnis von Pictorius Inc., Halifax, Nova Scotia, Canada.)

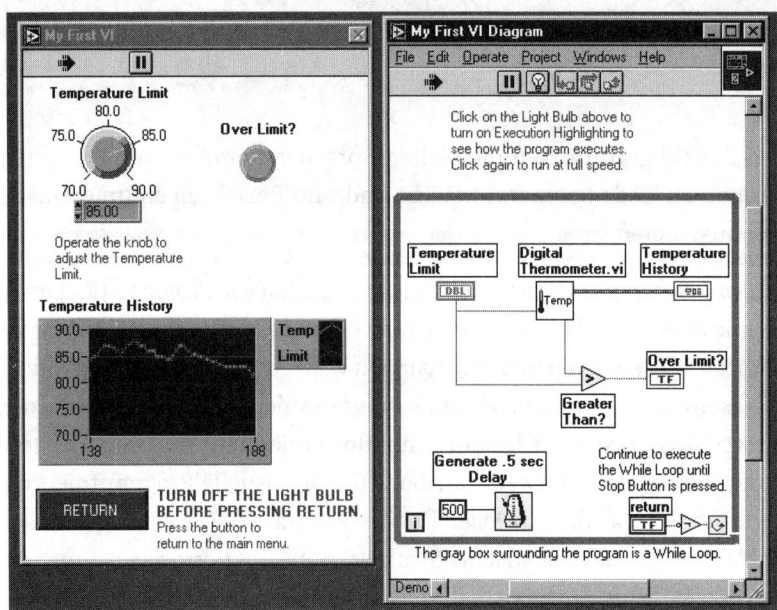

Abb. 5.7: LabVIEW gibt dem Anwender die Möglichkeit, virtuelle Instrumente in einer visuellen Entwicklungsumgebung zu programmieren. In diesem einfachen Demo-Programm wird das virtuelle Instrument links vom Programm auf der rechten Seite gesteuert, das eine Animation der Ausführung zeigen kann (Abdruck mit Erlaubnis des Copyright-Besitzers, National Instruments Corporation (Austin, Texas). LabVIEW ist ein eingetragenes Warenzeichen von National Instruments.)

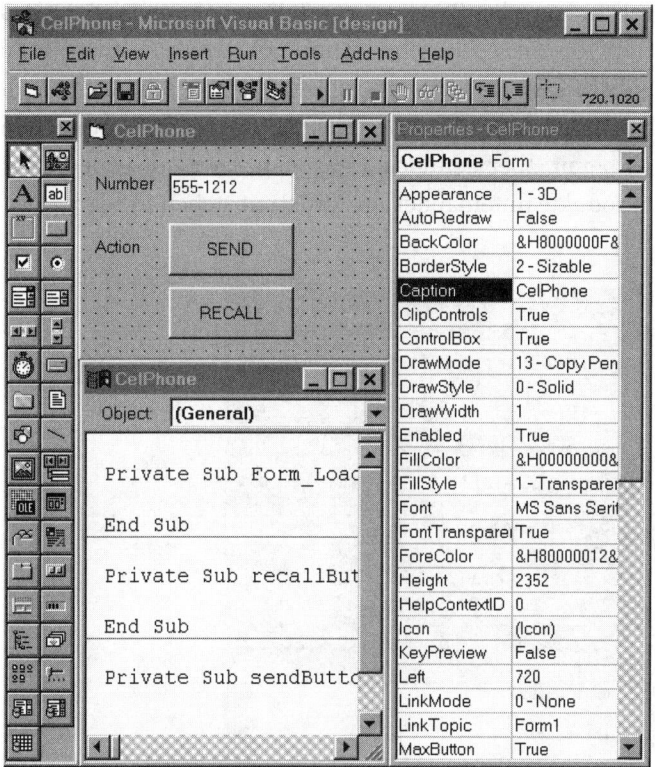

Abb. 5.8: Dieses Design in Microsoft Visual Basic zeigt die Simulation einer Schnittstelle für ein Handy mit einer Textbox für die Telefonnummer und zwei Aktionsflächen. Die Werkzeugpalette der Tools links umfasst Label, TextBox, Frame, CommandButton, CheckBox, RadioButton, ComboBox, ListBox und Scroll-Leisten. Das Fenster mit dem Code ist in der Mitte unten. Das Eigenschaften-Fenster rechts ermöglicht es dem User, Eigenschaften für die Objekte einzutragen. (Abb. 5.8, 5.9 und 5.10 wurden von Stephan Greene, University of Maryland, aufbereitet) (Verwendung mit Erlaubnis von Microsoft Corp., Redmond, Washington)

Aktuelle Tools für die visuelle Entwicklung wie Microsoft Visual Basic (Abb. 5.8), Borland Delphi (Abb. 5.9) und Symantec Cafe (Abb. 5.10) bieten benutzerfreundliche und intuitive Design-Tools für das Ziehen von Buttons, Labels, Feldern für Dateneingabe, Dialogboxen und mehr in einen Arbeitsbereich, in dem das visuelle Interface zusammengesetzt werden kann. Anschließend wird der Code in einer Skriptsprache geschrieben, die eine Erweiterung von Basic, objekt-orientiertem Pascal oder Java darstellt, um die gewünschten Aktionen zu implementieren. Die visuellen Editoren in diesen Produkten führen zu einer deutlichen Reduzierung des Designaufwands für Benutzerschnittstellen, vorausgesetzt die Designer geben sich mit der Nutzung der mitgelieferten Widgets wie Label, Kästen zur Dateneingabe, Scroll-Leisten, Scroll-Listen oder Bereiche zur Texteingabe zufrieden. Das Hinzufügen neuer Widgets erfordert zwar Programmierkenntnisse, aber große kommerzielle Widget-Bibliotheken sind erhältlich. Delphis kompilierter Pascal-Code läuft schneller als Interpreter-Basic, und Delphi bietet ausgereifte Funktionen für den Datenbankzugriff bereit, aber dennoch kann man davon ausgehen, dass neuere Versionen dieser Produkte miteinander im Wettstreit stehen werden.

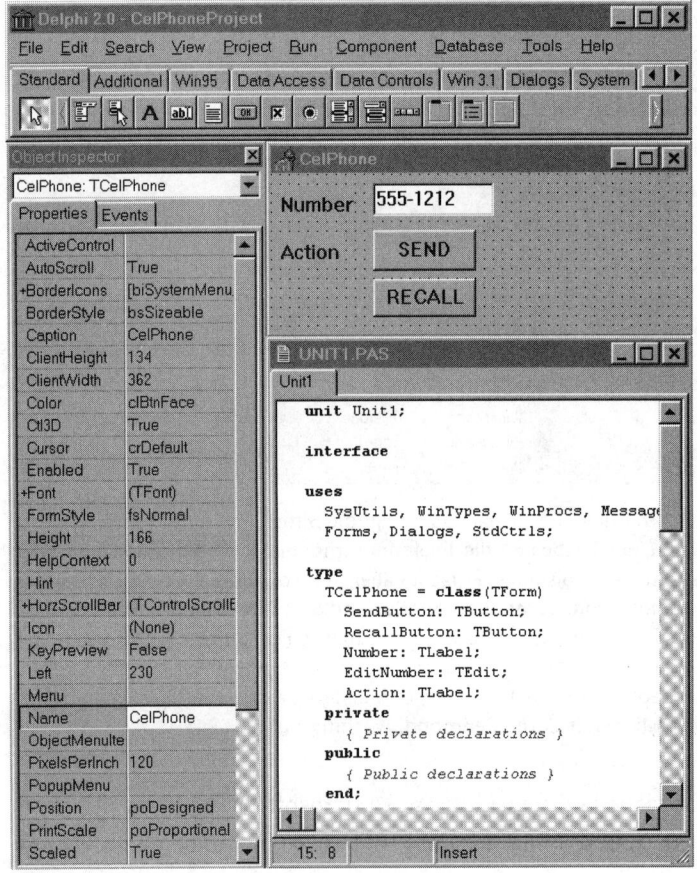

Abb. 5.9: Dieses Design in Borland Delphi zeigt die gleiche Handy-Attrappe wie in Abb. 5.8. Die Werkzeugpalette quer über den oberen Bereich beinhaltet MainMenu, PopupMenu, Label, Edit, Memo Button, CheckBox, RadioButton, ListBox, ComboBox, ScrollBar, GroupBox, RadioGroup und Panel. Das Fenster des Object Inspectors, in dem Anwender Eigenschaften einstellen können, ist links, und das Fenster mit dem Code ist unten rechts. (Verwendung mit Erlaubnis von Borland International, Inc., Scotts Valley, CA.)

Abb. 5.10: Dieses Design in Symantec Visual Cafe zeigt die gleiche Handy-Attrappe wie in Abb. 5.8. Die Werkzeugpalette quer über den oberen Bereich beinhaltet Button, RadioButton, CheckBox, Label, Panel, Choice, MenuBar, TextArea, TextField, List, Vertical Scrollbar und Horizontal Scrollbar. Die Objekthierarchie im Formular ist oben links, der Code ist unten links, das Eigenschaften-Fenster oben rechts und die Objekt-Bibliothek ist unten rechts. (Verwendung mit Erlaubnis von Symantec Corp., Cupertina, CA.)

5.3.2 Software Engineering-Tools

Erfahrene Programmierer erstellen oft Benutzerschnittstellen in universellen Programmiersprachen wie C oder C++, aber diese Herangehensweise geht langsam zurück. An ihre Stelle treten Techniken, die sich besonders gut für die Entwicklung von Benutzerschnittstellen und für den Webzugriff eignen (Olsen, 1991; Myers, 1995).

Einige Produkte beinhalten Programmbibliotheken für User Interfaces, die oft Toolkits genannt werden und allgemein übliche Widgets wie Fenster, Scroll-Leisten, Pull-down- oder Pop-up-Menüs, Dateneingabefelder, Buttons und Dialogboxen beinhalten. Programmiersprachen mit integrierten Bibliotheken sind erfahrenen Programmieren vertraut und gewähren eine große Flexibilität. Toolkits können jedoch komplex werden, und dafür geeignete Entwicklungsumgebungen wie das Microsoft Windows Developer´s Toolkit, Apple Macintosh MacApp und das Unix X-Windows Toolkit (Xtk) erfordern eine oft Monate andauernde Einarbeitung der Programmierer, bevor professionelle Ergebnisse erwartet werden können. Auch dann ist der für die Entwicklung einer Applikation erforderliche Aufwand immens und die Pflege schwierig. Der Vorteil besteht darin, dass der Programmierer eine umfassende Kontrolle und große Flexibilität bei der Erstellung des Interface hat. Obwohl Toolkits unter den Programmierern populär geworden sind, ist die Konsistenz der Ergebnisse nur teilweise gewährleistet. Designer und Manager müssen sich weiterhin sehr auf erfahrene Programmierer verlassen. Das Motif-Beispiel in Abb. 5.11 verdeutlicht die Herausforderung beim Programmieren von Benutzerschnittstellen in X.

```
X/* Written by Dan Heller. Copyright 1991, O'Reilly & Associates.
X * This program is freely distributable without licensing fees and
X * is provided without guarantee or warrantee expressed or implied.
X * This program is -not- in the public domain.
==========================================================
X    /* main window contains a MenuBar and a Label displaying a pixmap */
X    main_w = XtVaCreateManagedWidget("main_window",
X       xMainWindowWidgetClass,   toplevel,
X       XmNscrollBarDisplayPolicy, XmAS_NEEDED,
X       XmNscrollingPolicy,       XmAUTOMATIC,
X       NULL);
X
X    /* Create a simple MenuBar that contains three menus */
X    file = XmStringCreateSimple("File");
X    edit = XmStringCreateSimple("Edit");
X    help = XmStringCreateSimple("Help");
X    menubar = XmVaCreateSimpleMenuBar(main_w, "menubar",
X       XmVaCASCADEBUTTON, file, 'F',
X       XmVaCASCADEBUTTON, edit, 'E'
X       XmVaCASCADEBUTTON, help, 'H',
X       NULL);
X  XmStringFree(file);
X  XmStringFree(edit);
X  /* don't free "help" compound string yet - reuse it for later */
X
```

Abb. 5.11:   Programmieren von Benutzerschnittstellen in Motif

```
X    /* Tell the menubar which button is the help menu */
X    if (widget - XtNameToWidget(menubar, "button_2"))
X        XtVaSetValues(menubar, XmNmenuHelpWidget, widget, NULL);
```

Abb. 5.11:   Programmieren von Benutzerschnittstellen in Motif (Forts.)

Um die Last der Programmierung zu erleichtern, entwickelte Ousterhout eine einfachere Skriptsprache mit dem Namen *Tcl* und einem begleitenden Toolkit namens
Tk (Ousterhout, 1994). Ihr großer Erfolg rührte aus der relativ einfachen Verwendung von Tcl und den nützlichen Widgets aus Tk wie z.B. Text und Canvas. Als
Interpreter-Sprache ermöglicht Tcl kurze Entwicklungszeiten; weitere Pluspunkte
ergeben sich durch die Multiplattform-Fähigkeit. Das Fehlen eines visuellen Editors entmutigt einige Anwender, aber durch die bequeme Art und Weise, wie Tcl
Komponenten zusammenfügt, konnten die Einwände der meisten Kritiker überwunden werden. Das folgende Programm, mit dem ein Menü aufgebaut wird, ist
beispielhaft für die Skripting-Funktionalität von Tcl (Martland, 1994, http://
http2.brunel.ac.uk:8080/~csstddm/TCL2/TCL2.html):

```
#First make a menu button
menubutton .menu1 -text „Unix commands" -menu .menu1.m
-underline 0

#Now make the menu, and add the lines one at a time
menu .menu1.m
.menu1.m add command -label „List Files" -command {ls}
.menu1.m add command -label „Get date" -command { date}
.menu1.m add command -label „Start calendar" -command { xcalendar}

pack .menu1
```

Eine ausgereifte kommerzielle Alternative ist Galaxy (Visix, Reston, VA), ein Tool-
kit, das durch die Emulation der GUIs von Macintosh, Windows, Motif und ande-
ren Plattformen multiplattformfähig ist. Der visuelle Editor hat eine reichhaltige
Funktionalität, die es den Anwendern erlaubt, anpassungsfähige Layouts festzule-
gen, damit die Vorstellungen des Designers auch dann erhalten bleiben, wenn die
Bildschirm- oder Widget-Größe geändert wird (Hudson und Mohamed, 1990).
Galaxy beinhaltet umfangreiche, objektorientierte Bibliotheken, die von C- oder
C++-Programmen aufgerufen werden können sowie Tools für die Verwaltung von
Netzwerkdiensten und Dateiverzeichnissen. Obwohl Programmierkenntnisse vor-
ausgesetzt werden, ermöglicht der visuelle Editor die schnelle Konstruktion von
Prototypen.

Durch die Veröffentlichung von Java und Javascript löste Sun Microsystems das wohl größte Beben aller Zeiten im Internet aus. Java ist eine vollständige System-programmiersprache, die speziell für das World Wide Web designt wurde. Sie wird auf dem Server kompiliert und in Form von Bytecodes an die Clients geschickt. Um die Multiplattform-Fähigkeit zu gewährleisten, wird Java clientseitig vom Browser interpretiert und zwar unabhängig von der Plattform, auf welcher der Browser läuft. Java kann benutzt werden, um vollständige Applikationen zu schaffen, die ebenso wie andere Programme verteilt werden, aber eine der Reize von Java ist sicherlich die Fähigkeit, so genannte »Applets« zu schaffen. Diese kleinen Pro-grammfragmente können von einer Webseite heruntergeladen und auf dem Rech-ner des Anwenders ausgeführt werden. Dieser Aspekt ermöglicht es den Programmieren, Webseiten ohne großen Aufwand dynamisch zu gestalten und Animationen oder Fehlerbehandlungsroutinen für Eingabeformulare bereitzustel-len. Diese extreme Form der Modularität erlaubt es, Softwarepakete über das World Wide Web zu aktualisieren, wobei die Anwender nur die tatsächlich benötigten Komponenten übernehmen.

Java ist objektorientiert, wobei jedoch bewusst auf einige der komplexeren Ele-mente von C++ wie das Überladen von Operatoren, multiple Vererbung, Zeigerope-rationen und weitgehend auf Zwangskonvertierungen verzichtet wurde. Durch *automatisches garbage collection* (das Aufsammeln von nicht weiter referenzierten Objekten und deren Vernichtung) und der Verzicht auf Zeiger werden typische Fehlerquellen ausgeschlossen. Die Ziele der Sicherheit und der Robustheit werden durch Techniken wie die feste Typifizierung, die eine genaue Deklaration der Daten erfordert und statische Bindungen erreicht, was bedeutet, dass während der Kom-pilierung Referenzen gemacht werden müssen. Softwareentwickler haben Java wegen der Features und des vertrauten Stils der Programmiersprache, der in die-sem kurzen Beispiel aus dem Online-Handbuch belegt wird, begrüßt:

```
class Test {
    public static void main(String[] args) {
        for (int i = 0; i < args.length; i++)
            System.out.print(i == 0 ? args[i] : " " + args[i]);
            System.out.println();
    }
}
```

Javascript von Netscape ist eine viel einfachere Skriptsprache, die in den Hypertext Markup Language-(HTML-)Code eingebettet ist, aus dem Webseiten generiert wer-den. Javascript erreicht die Ziele der Verteilung im Netzwerk und der Plattformunabhängigkeit, weil es mit dem HTML-Code einer Webseite verbreitet und durch den Browser des Clients auf dem lokalen Rechner interpretiert wird – Macintosh, Windows oder Unix. Javascript ist relativ einfach zu erlernen, besonders für Programmierer mit HTML-Kenntnissen und bietet gängige Features. Dieses Beispiel zeigt ein Skript, mit dem der Wert einer vom User eingegebenen Zahl ins Quadrat gesetzt wird:

```
<HEAD>
<SCRIPT LANGUAGE="JavaScript">
<!-- to hide script contents from old browsers
  function square(i) {
    document.write("The call passed ", i ," to
      the function.",<BR>)
    return i * i
  }

  document.write("The function returned ",square(5),".")
// end hiding contents from old browsers  -->
</SCRIPT>
</HEAD>
<BODY>
<BR>
All done.
</BODY>
```

Beim Laden der Webseite wird die folgende Ausgabe produziert:

```
The call passed 5 to the function.
The function returned 25.
All done.
```

Obwohl Java und Javascript ursprünglich keine visuellen Editoren beinhalteten, werden andere Entwickler diese Tools bereitstellen. Sicherheitsprobleme sind zwar bekannt, man kann aber davon ausgehen, dass Java eine ausreichende Sicherheit bereitstellt, um die Entwicklung kommerzieller Prozesse wie finanzielle Transaktionen, Kreditkartenabrechnungen oder den Austausch von persönlichen Daten anzukurbeln. Die Verarbeitungsgeschwindigkeit von Java lässt noch zu wünschen übrig, weil die Bytecodes interpretiert werden müssen, aber vielversprechende Kompilierungstechniken unterstützen eine schnelle Performance, und sogar Änderungen der Hardware werden in Betracht gezogen.

Das immense Tempo der Änderungen im Internet wird durch den einfachen Austausch von Code und der Möglichkeit, schnell und problemlos auf der Arbeit anderer Programmierer aufzubauen, angestachelt. Manchmal ist dieses rasende Tempo alarmierend, aber in der Regel unwiderstehlich. Die Bedeutung des World Wide Web hat die Entwickler vieler Tools – einschließlich Tcl/Tk, Galaxy, MacroMind Director und Visual Basic – dazu gebracht, ihre Programme für den Einsatz im Web zu gestalten.

5.4 Tools zur Auswertung und Beurteilung

Software-Tools sind geradezu für die Integration von Prozeduren zur Auswertung oder Beurteilung prädestiniert. Einfache Metriken, welche die Anzahl der Displays, Widgets oder Links zwischen den Displays anzeigen, halten die Größe eines Benutzerschnittstellenprojektes fest. Aber der Einsatz von ausgefeilteren Bewertungsprozeduren gibt uns die Möglichkeit festzustellen, ob ein Menübaum zu tief verschachtelt ist oder Redundanzen enthält, ob die Labels von Widgets konsistent angewandt wurden, ob alle Buttons mit den dazugehörigen Aktionen verknüpft wurden usw. (Olsen und Halversen, 1988). Auch simple Tools, die eine Rechtschreibprüfung durchführen oder die Konkordanz der Bezeichnungen überprüfen, sind von Vorteil.

Eine zweite Reihe von Tools bildet die Echtzeit-Protokollierungssoftware, welche die Verhaltensmuster der Anwender festhält. Einfache Berichte – wie über die Häufigkeit jeder Fehlermeldung, Auswahl von Menü-Optionen, Erscheinen von Dialogboxen, Hilfeaufrufen, Nutzung von Formularfeldern oder Zugriff auf Webseiten – sind eine große Unterstützung für das Wartungspersonal und die Revisoren des ursprünglichen Designs. Experimentelle Forscher können ebenfalls Leistungsdaten für alternative Designs sammeln, um sich bei ihrer Entscheidungsfindung danach zu richten. Begrüßenswert ist weiterhin Software für die Analyse und die Zusammenfassung der Leistungsdaten.

Ein frühes Beispiel ist das *Display Analysis Program* von Tullis, das sich alphanumerische Screen-Designs vornimmt (keine Farben, Hervorhebungen, Trennlinien oder Grafiken) und Tullis' Metrik über die Display-Komplexität ausgibt, wie im Folgenden mit einigen Ratschlägen versehen (Tullis, 1988):

Großbuchstaben: 77 % Der Prozentsatz an Großbuchstaben ist hoch.
Erwägen Sie die Verwendung von mehr Kleinbuchstaben, weil Text, der in
    normalen Groß- und Kleinbuchstaben gedruckt wird, ca. 13 % schneller
    gelesen werden kann als Text nur in Großbuchstaben. Sparen Sie sich alle
    Großbuchstaben für Items auf, die Aufmerksamkeit erfordern.
Maximale lokale Dichte = 89,9 % in Reihe 9, Spalte 8.
Durchschnittliche Dichte = 67,0 %.
Der Bereich mit der höchsten lokalen Dichte ist identifiziert worden ...
    Sie können die lokale Dichte reduzieren, indem Sie die Zeichen so
    gleichmäßig wie möglich über den gesamten Bildschirm verteilen.

Totale Layout-Komplexität = 8,02 Bits
Die Layout-Komplexität ist hoch.
Dies bedeutet, dass die Items auf dem Display (Label und Daten) nicht
    zueinander ausgerichtet sind ... Horizontale Komplexität kann redu-
    ziert werden, indem man Items in weniger verschiedenen Spalten auf dem
    Bildschirm beginnen lässt (das wird durch eine vertikale Ausrichtung
    erreicht).

Die Konzentrierung auf GUIs mit reichhaltigeren Font- und Layout-Optionen hat das Interesse an den Metriken von Tullis reduziert, aber bessere Analysen von Layouts erscheinen möglich (siehe Abschnitt 11.4). Auswertungen, die auf formalen Beschreibungen von Anwenderaufgaben unter Verwendung von NGOMSL (Byrne et al., 1994) beruhen, oder einfachere Aufgabensequenzen und -häufigkeiten (Sears, 1993; 1995) sind möglich. Aufgabenabhängige Metriken sind wahrscheinlich genauer, aber die Mühe und fehlende Verlässlichkeit, die bei der Protokollierung der Sequenzen und Aufgabenhäufigkeiten zu verzeichnen ist, kann die potenzielle Nutzer dieser Methode entmutigen.

Aufgabenunabhängige Messungen und Auswertungsstools können im Entwicklungsprozess problemlos frühzeitig und mit geringen Kosten eingesetzt werden (Mahajan und Shneiderman, 1996). Einfache Messungen wie die Anzahl der Widgets pro Dialogbox, Dichte der Widgets, Bereiche ohne Widgets, Seitenverhältnisse und die Ausgeglichenheit zwischen oberem und unterem bzw. linkem und rechtem Bereich sind hilfreich, um eine Vorstellung vom Stil des Designers zu bekommen, aber sie haben nur begrenzten Wert beim Entdecken von Anomalien. Berichte über die oberen, unteren, linken und rechten Ränder und die Liste unterschiedlicher Farben und Schriftarten produzierten oft unzumutbare Variationen in vier Systemen, die unter Verwendung von Visual Basic entwickelt wurden. Getrennte Tools für die Rechtschreibkontrolle und die Gewährleistung von Interface-Konkordanzen waren beim Auffinden von Fehlern und Inkonsistenzen hilfreich. Softwaretools, mit denen man die Größe, Position, Farbe und Beschriftung von Buttons prüfen kann, stellten ebenfalls Inkonsistenzen fest, die dadurch entstanden sind, dass sich das Design-Team nur mangelhaft auf einen allgemeinen Stil abgestimmt hat sind. Eine empirische Studie mit 60 Usern demonstrierte, dass erhöhte Variationen in der Terminologie – beispielsweise das Wechseln zwischen *Suchen* und *Browsen* und *Abfragen* – die Performancezeiten zwischen 10 und 25 % verlangsamten.

Webpage- und Website-Analysetools bieten den Designern ebenfalls Richtlinien. Doctor HTML (http://imagiware.com/RxHTML/) bietet Rechtschreibung- und Link-Checks, überprüft Formulare, Tabellen und Bilder, wertet den Code aus und versieht ihn mit Kommentaren wie diesem:

> *Die erforderlichen öffnenden und schließenden HEAD-Tags konnten nicht gefunden werden. Sie sollten den HEAD-Tag öffnen und wieder schließen, um bei allen Browsern konsistente Performance zu erhalten. Zusätzliche close-STRONG-Tags wurden in diesem Dokument gefunden. Bitte entfernen Sie diese.*

5.5   Zusammenfassung für den Praktiker

Es wird immer einen Bedarf dafür geben, einige Benutzerschnittstellen mit traditionellen Programmiertools zu schreiben, aber die Vorteile von spezialisierten Softwaretools für User Interfaces sind für Designer und Softwareentwickler sehr groß. Sie ermöglichen eine immense Produktivitätssteigerung, kürzere Entwicklungszeiten, Revision durch Experten und Tests des Bedienkomforts. Sie erleichtern außerdem die Durchführung von Änderungen, stellen die Konsistenz sicher, ermöglichen eine genauere Steuerung und weniger Einarbeitungszeit für die Designer.

Der Überfluss an aktuellen Tools und die Ankündigungen von verbesserten Tools zwingt Manager, Designer und Programmierer dazu, sich auf dem Laufenden zu halten, und für jedes Projekt Entscheidungen auf der Basis von frischen Tatsachen zu treffen. Dieser Prozess der Weiterbildung kann sehr erhellend sein, weil die Vorteile von verbesserten und angemessenen Tools enorm sind, wenn man sie richtig auswählt (Hix und Schulman, 1991) (Rahmen 5.2).

Rahmen 5.2: Faktoren für die Auswahl von Tools für die Schnittstellenerstellung

Unterstützte Widgets
- Fenster und Dialogboxen
- Pull-down- oder Pop-up-Menüs
- Buttons (Rechtecke – teilweise mit gerundeten Ecken etc.)
- Auswahl- und Kontrollkästchen
- Scroll-Leisten (horizontal und vertikal)
- Felder für die Dateneingabe
- Feldbezeichnungen
- Kästen und Trennlinien
- Schieberegler, Maßstäbe, Zähler

Features für das Interface
- Farben, Grafiken, Bilder, Animationen, Videos
- Unterschiedliche Anzeigegrößen (niedrige bis hohe Auflösung)
- Klänge, Musik, Spracheingabe und -ausgabe
- Maus, Pfeiltasten, Touchscreen, Stylus

Software-Architektur
- Nur Prototyp, Prototyp plus Support für Programmierung von Applikationen, Entwicklungsumgebungen von Benutzerschnittstellen
- Interface-Stil (Befehlssprache, Menü, Formulareingabe oder direkte Manipulation)
- Ebenen und Grad der Unabhängigkeit vom User Interface
- Programmiersprache (spezialisiert, Standard (C, Pascal etc.), visuell)
- Tools zur Auswertung und Dokumentation
- Einfache Schnittstellen mit Datenbanken, Grafiken, Netzwerken, Tabellen etc.
- Protokollierung bei Tests und Nutzung

Managementaufgaben
- Anzahl der zufriedenen Nutzer des Tools
- Verlässlichkeit und Stabilität des Herstellers
- Kosten
- Dokumentation, Schulung und technischer Support
- Support für Projektmanagement
- Integration von existierenden Tools und Prozessen

Aus Sicht der Tool-Hersteller bieten sich immer noch großartige Möglichkeiten, effektive Tools zu schaffen, die mit mehr Situationen bei den Benutzerschnittstellen umgehen können, die Output für multiple Soft- und Hardwareplattformen produzieren, leichter zu erlernen und leistungsfähiger sind und sinnvollere sowie genauere Auswertungen ermöglichen. Existierende CASE-Tools können erweitert werden, um mehr Features für Benutzerschnittstellen integrieren zu können.

5.6 Ausblick für die Forschung

Der enge Fokus auf formale Modelle für Benutzerschnittstellen und Spezifikations-sprachen bedeutet, dass diese Modelle nur für kleine Komponenten zuträglich sind. Skalierbare formale Methoden und die automatische Prüfung der Merkmale der Benutzerschnittstelle wären von Vorteil. Innovative Methoden der Spezifikation, die grafische Einschränkungen oder visuelle Programmierung umfassen, sind die logische Wahl, wenn es um die Erstellung von GUIs geht. Verbesserte Softwarearchitekturen sind erforderlich, um die Last der Revision und Pflege der Benutzerschnittstellen zu erleichtern. Tools für kooperatives Computing lassen sich unter Umständen zu wirksamen Authoring-Tools ausbauen, mit deren Hilfe mehrere Designer gemeinsam an großen Projekten arbeiten können. Andere Möglichkeiten existieren, um Tools für Interface-Designer in neuartigen Umgebungen unter Verwendung von Sound, Animation, Video und virtueller Realität zu schaffen und die Manipulation von physischen Geräten wie in flexiblen Produktionssystemen oder in der Haushaltsautomatisierung zu ermöglichen. Weitere Herausforderungen gibt es bei der Spezifizierung dynamischer Prozesse (gestische Eingaben), Verarbeitung von kontinuierlichem Input (Datenströme von einem Sensor) und der Synchronisierung von Aktivitäten (eine Erinnerungsmeldung für 10 Sekunden erscheinen lassen, wenn eine Datei nach 30 Minuten Bearbeitung noch nicht gespeichert wurde). In dem Maße, wie neue Interface-Stile entstehen, wird die Entwicklung neuer Tools immer notwendig sein, um die Konstruktion dieser Schnittstellen zu erleichtern. Metriken und Auswertungstools sind für die Entwickler von Benutzerschnittstellen und Websites weiterhin offene Themen. Spezifikation durch Demonstration ist zwar ein ansprechendes Konzept (Myers, 1992), aber die praktische Anwendung bleibt schwer zu fassen.

World Wide Web

Benutzerschnittstellentools werden im Web weltweit durch Unternehmen und andere gefördert. Das World Wide Web ist dafür eine großartige Quelle, weil sich die Technologie derartig schnell wandelt, dass Bücher sofort veraltet sind. Online-Weißbücher, -Handbücher und -Tutorials sind oft sehr effektiv und ermöglichen den Kontakt mit den Entwicklern. Eine phantasievolle Idee wären Websites, welche die eigene Website analysieren. Solche Online-Dienste werden sich wahrscheinlich in den kommenden Jahren ausbreiten.

```
http://www.aw.com/DTU
```

Quellen

Carey, Tom, The gift of good design tools. In Hartson, H. R. and Hix, D. (Editors), *Advances in Human–Computer Interaction*, Volume II, Ablex, Norwood, NJ (1988), 175–213.

Byrne, Michael D., Wood, Scott D., Sukaviriya, Piyawadee »Noi,« Foley, James D., and Kieras, David E., Automating interface evaluation, *Proc. CHI '94 Conference—Human Factors in Computing Systems*, ACM, New York (1994), 232–237.

Carr, David, Specification of interface interaction objects, *Proc. CHI '94 Conference—Human Factors in Computing Systems*, ACM, New York (1994), 372–378.

Chase, J. D., Schulman, Robert S., Hartson, H. Rex, and Hix, Deborah, Development and evaluation of a taxonomical model of behavioral representation techniques, *Proc. CHI '94 Conference—Human Factors in Computing Systems*, ACM, New York (1994), 159–165.

Green, Thomas R. G. and Petre, Marian, Usability analysis of visual programming environments: A »cognitive dimensions« framework, *Journal of Visual Languages and Computing*, 7, (1996), 131–174.

Harel, David, On visual formalisms, *Communications of the ACM*, 31, 5 (May 1988), 514–530.

Hartson, H. Rex, Siochi, Antonio C., and Hix, Deborah, The UAN: User-oriented representation for direct manipulation interface designs, *ACM Transactions on Information Systems*, 8, 3 (July 1990), 181–203.

Hix, Deborah and Hartson, H. Rex, *Developing User Interfaces: Ensuring Usability Through Product and Process*, John Wiley and Sons, New York (1993).

Hix, Deborah and Schulman, Robert S., Human–computer interface development tools: A methodology for their evaluation, *Communications of the ACM*, 34, 3 (March 1991), 74–87.

Hudson, Scott E. and Mohamed, Shamim P., Interactive specification of flexible user interface displays, *ACM Transactions on Information Systems*, 8, 3 (July 1990), 269–288.

Jacob, Robert J. K., An executable specification technique for describing human–computer interaction. In Hartson, H. Rex (Editor), *Advances in Human–Computer Interaction*, Volume I, Ablex, Norwood, NJ (1985), 211–242.

Mahajan, Rohit and Shneiderman, Ben, Visual and textual consistency checking tools for graphical user interfaces, Dept. of Computer Science Tech Report CS-TR-3639, University of Maryland, College Park, MD (1996).

Myers, Brad A., Demonstrational interfaces: A step beyond direct manipulation, *IEEE Computer*, 25, 8 (August 1992), 61–73.

Myers, Brad A., User interface software tools, *ACM Transactions on Computer–Human Interaction*, 2, 1 (March 1995), 64–103.

Olsen, Jr., Dan R., *User Interface Management Systems: Models and Algorithms*, Morgan Kaufmann Publishers, San Mateo, CA (1991).

Olsen, Jr., Dan R. and Halversen, Bradley W., Interface usage measurement in a User Interface Management System, *Proc. ACM SIGGRAPH Symposium on User Interface Software and Technology*, ACM Press, New York (1988), 102–108.

Ousterhout, John, *Tcl and the Tk Toolkit*, Addison-Wesley, Reading, MA (1994).

Reisner, Phyllis, Formal grammar and design of an interactive system, *IEEE Transactions on Software Engineering*, SE-5, (1981), 229–240.

Shneiderman, Ben, Multi-party grammars and related features for defining interactive systems, *IEEE Systems, Man, and Cybernetics*, SMC-12, 2 (March–April 1982), 148–154.

Sears, Andrew, Layout appropriateness: Guiding user interface design with simple task descriptions, *IEEE Transactions on Software Engineering*, 19, 7 (1993), 707–719.

Sears, Andrew, AIDE: A step towards metrics-based interface development tools, *Proc. UIST '95 User Interface Software and Technology*, ACM, New York (1995), 101–110.

Tullis, Thomas, A system for evaluating screen formats: research and application. In Hartson, H. Rex and Hix, D. (Editors), *Advances in Human–Computer Interaction*, Volume II, Ablex, Norwood, NJ (1988), 214–286.

Wasserman, Anthony I., and Shewmake, David T., The role of prototypes in the User Software Engineering (USE) methodology. In Hartson, Rex (Editor), *Advances in Human–Computer Interaction*, Volume I, Ablex, Norwood, NJ (1985), 191–210.

Wellner, Pierre D., Statemaster: A UIMS based on statecharts for prototyping and target implementation, *Proc. CHI '89 Conference—Human Factors in Computing Systems*, ACM, New York (1989), 177–182.

Kapitel 6

Direkt manipulative und virtuelle Umgebungen

Leibniz trachtete danach, die Form eines Symbols ihren Inhalt widerspiegeln zu lassen. »In den Zeichen«, schrieb er, »sieht man einen Vorteil für die Entdeckung, der dann am größten ist, wenn sie die exakte Natur eines Dinges knapp ausdrücken, sozusagen abbilden; damit wird in der Tat die Arbeit der Gedanken auf wunderbare Weise verringert.«

Frederick Kreiling, »Leibniz«

Scientific American, Mai 1968

6.1   Einführung

Gewisse interaktive Systeme lassen bei den Anwendern eine glühende Begeisterung entstehen, die in starkem Kontrast zu der üblicheren Reaktion von widerwilliger Akzeptanz oder vollständiger Feindseligkeit stehen. Die enthusiastischen Anwender berichten von den folgenden positiven Gefühlen:

- Beherrschung des Interface
- Kompetenz bei der Durchführung der Aufgaben
- Leichtigkeit beim Erlernen des ursprünglichen Systems und der Aneignung der fortgeschritteneren Eigenschaften
- Vertrauen in die Fähigkeit, auch nach längerer Zeit die Meisterung noch bewahrt zu haben
- Freude bei der Verwendung des Systems
- Bei Neulingen eifrig mit dem System angeben
- Wunsch nach Erforschung der leistungsfähigeren Aspekte des Systems

Diese Gefühle transportieren das Bild eines wirklich zufriedenen Users. Die zentralen Ideen in den Systemen, die ein solches Vergnügen inspirieren, sind die Sichtbarkeit der bedeutungsvollen Objekte und Aktionen; schnelle, umkehrbare und inkrementale Aktionen und die Ersetzung von komplexer Befehlssprachensyntax durch direkte Manipulation des Interessensobjektes (Shneiderman, 1983). Das Objekt-Aktions-Interfacemodell (OAI) stellt eine verlässliche Grundlage für das Verstehen der direkten Manipulation bereit, weil es Designer dahin steuert, die Objekte und Aktionen der Aufgabenbereiche zu repräsentieren, während die Konzepte der Schnittstelle und die Belastung, sich an Syntax zu erinnern, verringert werden. Das Denken in direkter Manipulation hat die neue Strategie der Visualisierung von Information (siehe Kapitel 15) hervorgebracht, die auf dem Bildschirm Tausende von Objekten mit dynamischer Kontrolle durch die User darstellen können.

6.2 Beispiele direkt manipulativer Systeme

Kein einzelnes System hat jedes bewundernswerte Attribut oder Design-Feature – so ein System ist wohl unmöglich. Jedes der folgenden Beispiele hat jedoch eine ausreichende Anzahl davon, um die enthusiastische Unterstützung der Anwender zu erlangen.

Mein Lieblingsbeispiel für die Verwendung direkter Manipulation ist das Autofahren. Die Szene ist durch die Frontscheibe direkt sichtbar, und die Durchführung von Aktionen wie Bremsen oder Lenken ist in unserer Kultur zum Allgemeingut geworden. Um nach links zu fahren, dreht der Fahrer einfach das Lenkrad nach links. Die Antwort kommt sofort, und die Szene ändert sich und stellt damit ein Feedback bereit, mit dem der Richtungswechsel sofort verfeinert werden kann. Stellen Sie sich vor, die Richtung zu wechseln, indem Sie einen Befehl wie 30 GRAD LINKS ausgeben und dann einen anderen Befehl, um die neue Szene zu sehen – aber das ist heutzutage der Operationslevel vieler Büroanwendungen! Ein anderes, gut etabliertes Beispiel ist die Flugleitkontrolle, in der die Anwender eine Darstellung des Luftraumes mit knappen Datenblocks an jedem Flugzeug sehen. Die Kontroller zeigen mittels Trackball auf einzelne Flugzeuge und führen Aktionen durch.

6.2.1 Befehlszeilen vs. Bildschirmeditoren vs. Textverarbeitung

Für heutige Neulinge bei der Textverarbeitung mag es schwer zu glauben sein, aber in den frühen achtziger Jahren wurden die Texte mit zeilenorientierten Befehlssprachen erstellt. Dabei konnten die Anwender nur eine Zeile zur Zeit sehen, und man musste Befehle eintippen, um das Anzeigefenster zu bewegen oder Veränderungen durchzuführen. Die Anwender von neuartigen *ganzseitigen Bildschirmedito-*

ren waren begeisterte Befürworter dieser Systeme. Ein typischer Kommentar war: »Wenn Sie sich erst einmal an einen Bildschirmeditor gewöhnt haben, wollen Sie nie wieder zu einem Zeileneditor zurückkehren – dafür sind Sie dann verdorben.« Ähnliche Kommentare kamen von den Anwendern früher Textverarbeitungen auf Personal Computern wie WORDSTAR oder Bildschirmeditoren wie *emacs* oder *vi* (für *visual editor*) auf dem UNIX-System. Ein begeisterter Befürworter nannte emacs »den einzig wahren Editor«. Bei diesen Systemen konnten die Anwender Text auf dem ganzen Bildschirm betrachten und mittels Rücktaste bearbeiten oder durch Tippen direkt einfügen.

Die Forscher fanden heraus, dass mit den Bildschirmeditoren die Performance verbessert und die Schulungszeiten reduziert wurden, und so wurde die Begeisterung der Fans für die Bildschirmeditoren mit Beweisen unterfüttert. Außerdem bevorzugten die Evaluationen für die Büroautomatisierung einheitlich ganzseitige Bildschirmeditoren für die Sekretariats- und Geschäftsführungsnutzung. Es gibt einige Vorteile für den Einsatz von Befehlssprachen, z.B. ist die Aufzeichnung der History einfacher, es gibt flexiblere Markup-Sprachen (beispielsweise SGML), Makros können viel mächtiger sein, und einige Aufgaben können einfacher ausgedrückt werden (z.B. »Ändere alle kursiven Zeichen in fett«). Strategien, um diese Anforderungen aufzunehmen, finden ihren Weg in die modernen, direkt manipulativen Textverarbeitungssysteme.

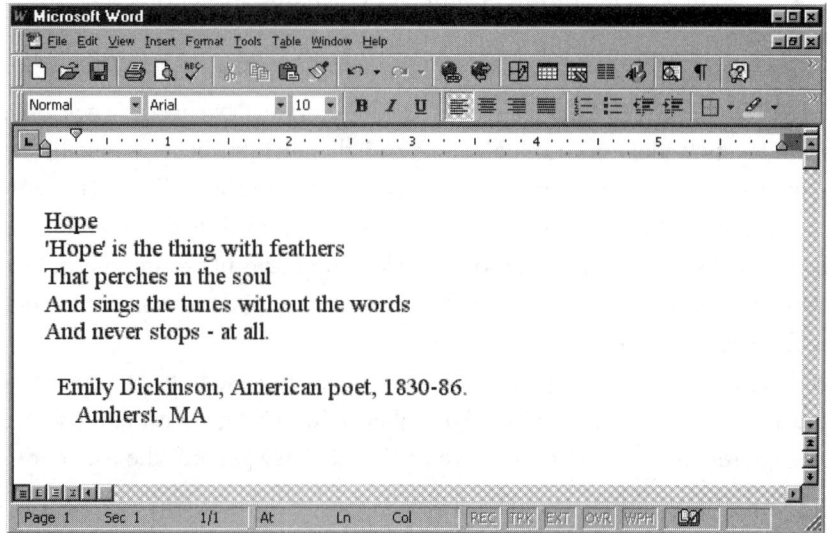

Abb. 6.1: Ein Beispiel eines WYSIWYG-Editors (What You See Is What You Get): Microsoft Word für Office 97 (Verwendung mit Genehmigung von Microsoft Corp., Redmond, Washington).

Anfang der neunziger Jahre wurde Textverarbeitung mit »Sie bekommen, was Sie sehen« (*What You See Is What You Get – WYSIWYG*) zum Standard. Microsoft Word wurde auf dem Macintosh und den IBM-kompatiblen PCs dominierend, auf dem zweiten Platz befanden sich Lotus Word Pro und WordPerfect von Corel (Abb. 6.1). Die Vorteile von WYSIWYG-Textverarbeitung sind u.a.:

- *Ganzseitige Textanzeige* Die Sichtbarkeit von 20 bis 60 Textzeilen auf einmal gibt dem Leser eine klarere Vorstellung vom Kontext jedes Satzes und erlaubt einfacheres Lesen und Durchsehen des Dokumentes. Im Kontrast dazu ist die Arbeiten mit der Ansicht einer Zeile auf einmal, mit denen die Zeileneditoren arbeiteten, als ob man die Welt durch eine enge Pappröhre betrachtet. Große Bildschirme können zwei vollständige Textseiten gut lesbar nebeneinander darstellen.

- *Dokumentenanzeige in der Form des Ausdrucks* Das Entfernen des Durcheinanders der Formatierungsbefehle vereinfacht ebenfalls das Lesen und Durchsehen des Dokumentes. Tabellen, Listen, Seitenumbrüche, übersprungene Zeilen, Abschnittsüberschriften, zentrierter Text und Abbildungen können in ihrer endgültigen Form betrachtet werden. Ärger und Verzögerungen beim Ausmerzen von Fehlern in den Formatierungsbefehlen werden praktisch vollständig beseitigt, weil die Fehler gewöhnlich sofort sichtbar werden.

- *Anzeige der Cursoraktion* Die Anzeige eines Pfeils, einer Unterstreichung oder einer blinkenden Box auf dem Bildschirm gibt dem Operator eine klare Vorstellung davon, wohin er seine Aufmerksamkeit richten und wo er etwas ausführen muss.

- *Kontrolle der Cursorbewegung durch physikalisch offensichtliche und intuitiv natürliche Art* Pfeiltasten oder Eingabegeräte für die Cursor-Bewegung – wie eine Maus, ein Joystick oder ein Grafiktablett – ermöglichen natürliche physikalische Mechanismen für die Cursorbewegung. Diese Einstellung befindet sich in deutlichem Kontrast zu Befehlen wie »UP 6«, die es erfordern, dass ein Operator die physikalische Aktion in eine korrekte syntaktische Form überträgt, die möglicherweise schwierig zu lernen und schwer zu erinnern ist und somit zu einer Quelle frustrierender Fehler werden kann.

- *Verwendung von Icon-Bezeichnungen für Aktionen* Die meisten Textverarbeitungen haben etikettierte Icons in einer Symbolleiste für häufige Benutzung. Diese Buttons agieren als dauerhafte Anzeige für Menü-Auswahl, um die Anwender an die Features zu erinnern und eine schnelle Auswahl zu ermöglichen.

- *Sofortige Ergebnisanzeige einer Aktion* Wenn der Anwender einen Button drückt, um den Cursor zu bewegen oder Text zu zentrieren, werden die Ergebnisse sofort auf dem Bildschirm angezeigt. Streichungen sind sofort sichtbar: Zeichen, Wort oder Zeile wird gelöscht und der verbleibende Text neu arrangiert. Entsprechend werden Einfügungen oder Textverschiebungen nach jeder Tasteneingabe oder Betätigung einer Funktionstaste gezeigt. Im Gegensatz dazu müssen Anwender bei Zeileneditoren Print- oder Anzeigebefehle eingeben, um die Ergebnisse der Änderungen sehen zu können.

■ *Schnelle Anzeige und Antwort* Die meisten Bildschirmeditoren operieren mit Höchstgeschwindigkeit, eine komplette Textseite erscheint im Bruchteil einer Sekunde. Diese hohe Anzeigerate, verbunden mit schnellen Antwortzeiten, produziert ein befriedigendes Gefühl von Macht und Geschwindigkeit. Cursor können schnell bewegt, große Mengen Text können zügig durchgesehen und die Ergebnisse der Aktionen fast zeitgleich anzeigt werden. Schnelle Antwortzeiten reduzieren auch die Notwendigkeit von zusätzlichen Befehlen und vereinfachen so Design und Training. Zeileneditoren mit langsamen Anzeigeraten und langen Antwortzeiten bringen den Anwender ins Stocken. Eine Beschleunigung von Zeileneditoren brächte diesen mehr Attraktivität, aber ihnen fehlten weiterhin solche Features wie direktes Überschreiben, Löschen und Einfügen.

■ *Leicht umkehrbare Aktionen* Wenn Anwender Text eingeben, reparieren sie eine fehlerhafte Tasteneingabe durch einfaches Betätigen der Rücktaste und Überschreiben. Sie können einfache Änderungen durchführen, indem sie den Cursor zum Problembereich bewegen und dort Zeichen, Worte oder Zeilen überschreiben, einfügen oder löschen. Eine hilfreiche Design-Strategie ist die Bereitstellung von natürlich umkehrbaren Operationen für jede Tätigkeit (beispielsweise für das Vergrößern oder Verkleinern von Schriftgrößen). Bei vielen Bildschirmeditoren wird alternativ einfach ein RÜCKGÄNGIG-Befehl angeboten, um den Text in den vorigen Zustand zu versetzen. Die leichte Umkehrbarkeit reduziert die Befürchtung des Users, einen Fehler zu machen oder die Datei zu zerstören.

Von diesen Problemen sind so viele empirisch studiert worden, dass jemand gescherzt hat, die Textverarbeitung sei die Laborratte für die Forscher der Mensch-Computer-Interaktion. Führen wir eine andere Metapher ein und sagen, dass für die kommerziellen Entwickler die Textverarbeitung die Wurzel für viele Sprösslinge ist:

■ *Integration* von Grafiken, Spreadsheets, Animationen, Fotografien usw. kann in einem einzelnen Dokument stattfinden. Fortgeschrittene Designs wie OpenDoc erlauben sogar »*hot links*«, so dass bei einer Änderung von Grafiken oder Spreadsheets die Kopie im Dokument ebenfalls geändert wird.

- *Software für Desktop Publishing* produziert anspruchsvolle ausgedruckte Formate mit mehreren Spalten und lässt die Ausgabe auf hochauflösenden Druckern zu. Viele Fonts, Graustufen und Farben erlauben die Vorbereitung von qualitativ hochwertigen Dokumenten, Newsletter, Berichten, Zeitungen oder Büchern. Beispiele für diese Software sind Adobe PageMaker und QuarkXpress.

- *Software für Diashow-Präsentationen* erstellen farbige Text- und Grafik-Layouts, die als Overhead-Folien, 35 mm Dias oder mit einem Großbildprojektor direkt aus dem Computer projiziert werden können, um den Einsatz von Animationen zu ermöglichen.

- *Hypermedia-Umgebungen* mit anwählbaren Buttons oder eingebetteten Menü-Items erlauben es den Anwendern, von einem Artikel zu einem anderen zu springen. Links zwischen den Dokumenten, Lesezeichen, Anmerkungen und Touren können durch den Leser ergänzt werden.

- *Verbesserte Makro-Eigenschaften* versetzen den Anwender in die Lage, Sequenzen von häufig benutzte Aktionen zu konstruieren, abzuspeichern und zu bearbeiten. Ein damit zusammenhängendes Feature ist ein Stylesheet (Formatvorlage), mit dem Anwender einen Satz von Optionen für Zeilenabstände, Fonts, Ränder usw. festlegen und abspeichern können. Eine andere Eigenschaft ist das Speichern von Templates, das es den Anwender erlaubt, die Formatierungsvorarbeiten eines Kollegen zum Ausgangspunkt ihrer Dokumente zu nehmen. Die meisten Textverarbeitungsprogramme stellen schon Dutzende von Standard-Templates für Geschäftsbriefe, Newsletter oder Broschüren bereit.

- *Rechtschreibprüfung und Thesauri* sind bei den meisten vollausgestatteten Textverarbeitungsprogrammen Standard. Rechtschreibprüfung kann schon während der Eingabe den Text prüfen oder automatische Änderungen für übliche Fehler machen – wie das Verbessern von »dei« in »die«.

- *Grammatikprüfung* bietet den Usern Kommentare über potenzielle Probleme beim Schreibstil, so wie der Gebrauch der indirekten Rede, exzessive Verwendung bestimmter Worte oder das Fehlen einer Parallelkonstruktion. Einige Autoren – ebenso Anfänger wie Fortgeschrittene – begrüßen die Kommentare und wissen, dass sie selbst entscheiden können, ob sie die Vorschläge umsetzen. Kritiker merken jedoch an, dass der Rat oft unangemessen ist und darum Zeit verschwendet.

- *Dokumentenmontage* erlaubt den Anwendern das Zusammensetzen komplexer Dokumente wie Verträge oder Testamente aus Standard-Paragraphen unter Verwendung der richtigen Sprache für Frauen und Männer, Staatsbürger oder Ausländer, für Menschen mit hohem, mittlerem und geringem Einkommen, Mieter oder Eigentümer usw.

6.2.2 Das VisiCalc-Spreadsheet und seine Nachfolger

Das erste elektronische Tabellenkalkulationsprogramm, VisiCalc, war das Produkt von Dan Bricklin, eines Studenten der Harvard Business School, der von den sich ständig wiederholenden Kalkulationen eines Graduiertenkurses in Business frustriert war. Er und ein Freund, Bob Frankston, schufen ein »sofort berechnetes elektronisches Arbeitsblatt« (wie das Handbuch es beschrieb), das die Berechnung und sofortige Anzeige der Ergebnisse über 254 Reihen und 63 Spalten ermöglichte.

Das *Spreadsheet* kann so programmiert werden, dass Spalte 4 die Summe der Spalten 1 bis 3 anzeigt, und wenn ein Wert in einer der ersten drei Spalten verändert wird, ändert sich die vierte Spalte entsprechend. Komplexe Abhängigkeiten zwischen Herstellungs- und Vertriebskosten, Umsatz, Bestellungen und Profite können für verschiedene Verkaufsbezirke und über unterschiedliche Monate gespeichert werden, so dass sich die Auswirkungen auf die Profite sofort sichtbar sind.

Diese Simulation eines Arbeitsblattes einer Buchhaltung vereinfacht es den Neulingen, die Objekte und erlaubten Aktionen zu verstehen. Spreadsheet-User können alternative Pläne ausprobieren und die Auswirkungen auf Verkäufe oder Profit erkennen. Der Herausgeber von VisiCalc erklärte die Anziehungskraft des Systems mit »es springt« und bezog sich damit auf das Vergnügen der User, die Verbreitung der Änderungen über den Bildschirm beobachten zu können.

Bald entstanden Konkurrenzprodukte für VisiCalc; sie verbesserten die Benutzerschnittstellen auf ansprechende Weise und erweiterten die unterstützten Aufgaben. LOTUS 1-2-3 dominierte den Markt in den achtziger Jahren (Abb.6.2), aber der momentane Anführer ist Microsofts Excel (Abb. 6.3), das eine große Menge von Eigenschaften und speziellen Zusätzen beinhaltet. Excel und andere moderne Spreadsheets bieten Grafikeinbindung, dreidimensionale Darstellungen, mehrere Fenster und Datenbankeigenschaften. Die Features werden einfach über Befehlsmenüs oder Symbolleisten aufgerufen und können in mächtige Makros eingebunden werden.

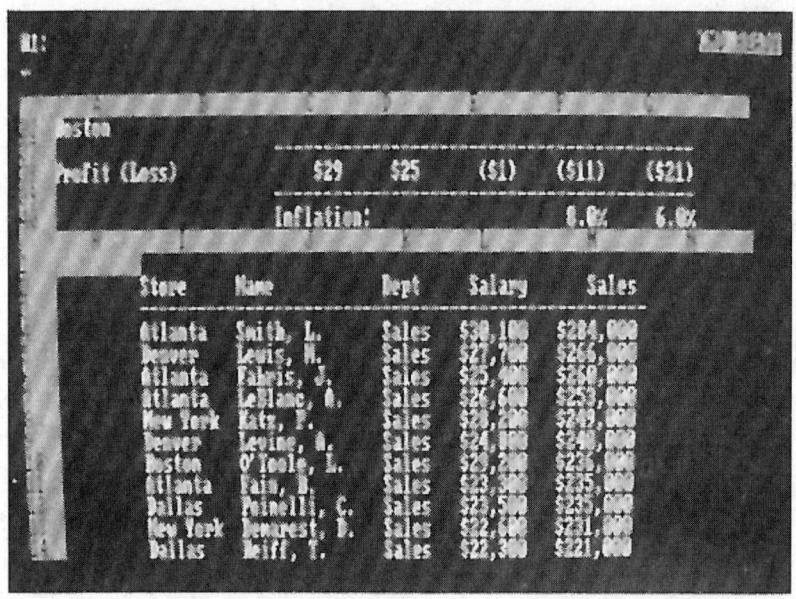

Abb. 6.2: Frühe Version von Lotus 1-2-3, das in den achtziger Jahren führende Tabellenkalkulations-Programm. (Abdruck mit Erlaubnis der Lotus Development Corporation, Cambridge, Massachusetts)

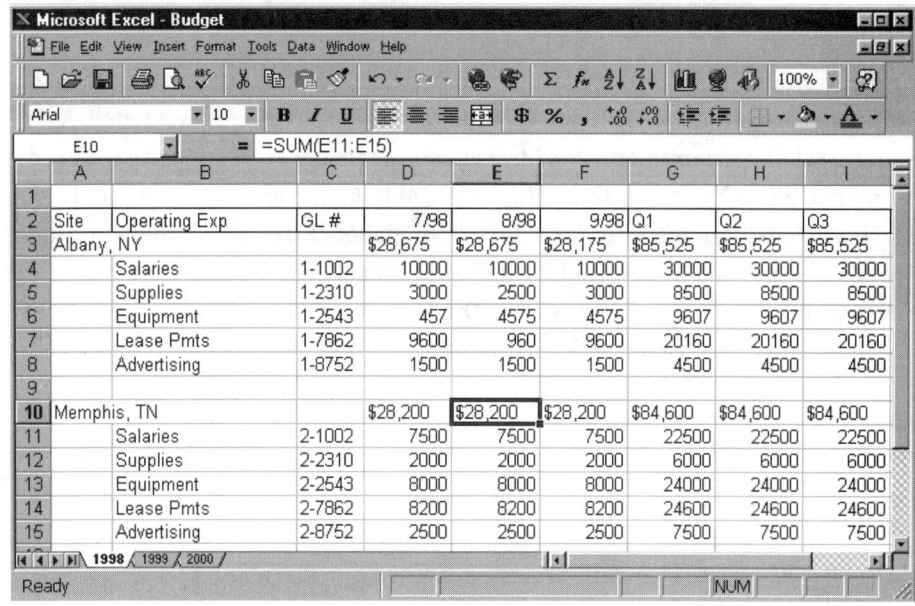

Abb. 6.3: Microsoft Excel Spreadsheet für Office 97. (Verwendung mit Erlaubnis von Microsoft Corp., Redmond, Washington)

6.2.3 Räumliches Datenmanagement

In geografischen Anwendungen erscheint es naheliegend, eine räumliche Darstellung in Form einer Karte zu geben, die ein vertrautes Modell der Realität abbildet. Die Entwickler des Prototypen *Spatial Data Management System* (Herot, 1980; 1984) führen die ursprüngliche Idee auf Nicholas Negroponte vom MIT zurück. In einem frühen Szenario wurde der Anwender vor eine farbige, grafische Darstellung der Welt gesetzt und konnte in den Pazifischen Ozean hineinzoomen, um Markierungen für Konvois mit militärischen Schiffen zu sehen (Abb. 6.4). Durch Bewegen eines Joysticks rief der Anwender auf dem Bildschirm Silhouetten von einzelnen Schiffen auf und zoomte in die Anzeige detaillierter Daten hinein bis schlussendlich zu einem Farbfoto des Kapitäns.

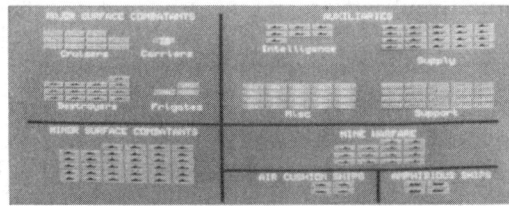

Abb. 6.4: Das Spatial Data Management System. Auf drei Bildschirmen werden verschiedene Detaillevel oder aufeinander bezogene Informationen angezeigt. Der Anwender bewegt einen Joystick, um über Informationsbereiche zu gehen oder um in eine Karte hineinzuzoomen, um mehr Details über Schiffkonvois zu erkennen (mit Genehmigung der Computer Corporation of America, Cambridge, MA.)

In einem anderen Szenario wurden Icons gezeigt, die solch unterschiedliche Aspekte einer Firma wie das Personal, einen Organisationsplan, Reiseinformationen, Produktionsdaten und Zeitpläne auf einem Bildschirm anzeigten. Durch Joystick-Bewegungen und Zoomen auf interessante Objekte konnte der User durch komplexe Informationsräume (*I-Spaces*) reisen, um den Zielgegenstand zu lokalisieren. Ein Gebäudeplan mit Etagengrundrissen zeigte die Abteilungen; war eine Abteilung angewählt, wurden einzelne Büros sichtbar. Wenn der Cursor in einen Raum bewegt wurde, erschienen Details des Besitzers auf dem Bildschirm. Wenn User den falschen Raum anwählten, zogen sie sich einfach zurück und probierten einen anderen aus. Vertane Anstrengungen waren minimal, und Fehler waren keine Schande. Der Xerox *PARC Information Visualizer* ist ein Ensemble von Tools, das ein dreidimensionales animiertes Erforschen von Gebäuden, kegelförmige Dateiverzeichnisse, Organisationscharts, eine perspektivische Wand, auf der gekennzeichnete Items im Vordergrund zentriert gezeigt werden, und verschiedene zwei- und dreidimensionale Informationslayouts ermöglicht (Robertson et al., 1993).

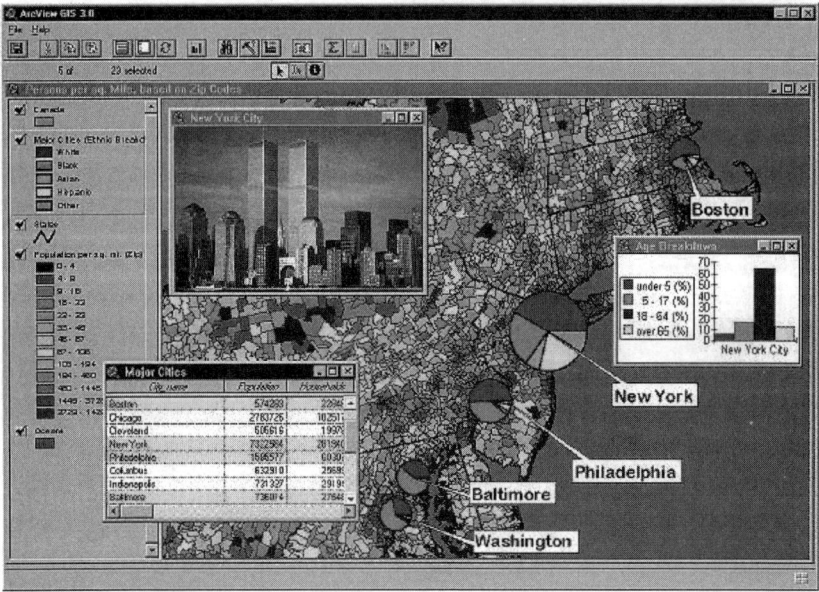

Abb. 6.5:   Das geografische Informationssystem (GIS) ArcView® stellt verständliche Mapping-Funktionen und das Management von verwandten Daten bereit. Diese Karte vom Nordosten der Vereinigten Staaten zeigt eine Farbkodierung für die Bevölkerungsdichte für jeden PLZ-Bereich, ethnische Zusammensetzungen großer Städte und ein Foto von New York City (Bilder wurden mit Genehmigung von Environmental Systems Research Institute, Inc., Redlands, Kalifornien, zur Verfügung gestellt. Copyright 1996).

ArcView (ESRI, Inc.) ist ein weitverbreitetes geografisches Informationssystem, das reichhaltige, mehrschichtige Datenbanken mit auf Karten bezogenen Informationen anbietet (Abb. 6.5). Die User können in interessante Bereiche hineinzoomen, die gewünschte Art der Information anwählen (Straßen, Bevölkerungsdichte, Topografie, Niederschlag, politische Grenzen und vieles mehr) und begrenzte Suchabfragen durchführen. Deutlich einfachere, aber sehr populäre Highway-Karten sind für die gesamten Vereinigten Staaten auf einer einzelnen CD-ROM erhältlich. Karten-Server im World Wide Web werden immer beliebter, um Stadttouren zu machen, Wetterberichte abzufragen oder ein Haus zu kaufen.

Der Erfolg räumlicher Datenmanagementsysteme hängt vom Geschick der Designer bei der Auswahl von Icons, grafischen Darstellungen und Datenlayouts ab, die natürlich und für den User verständlich sein sollten. Die Freude am Hinein- und Herauszoomen oder am Überfliegen der Daten mit dem Joystick reizt sogar ängstliche User, die schnell zusätzliche Möglichkeiten und Daten fordern.

6.2.4 Videospiele

Für viele Menschen liegen die aufregendsten, gut erdachten und kommerziell erfolgreichsten Applikationen der hier diskutierten Konzepte in der Welt der Videospiele (Provenzo, 1991). Das frühe, aber einfache und beliebte Spiel PONG erforderte vom User, dass er einen Knopf drehte, der auf dem Bildschirm ein weißes Rechteck bewegte. Ein weißer Punkt fungierte als Pingpong-Ball, der von den Wänden abprallte und mit dem beweglichen weißen Rechteck zurückgeschlagen werden musste. Die User entwickelten Geschwindigkeit und Genauigkeit beim Platzieren des »Paddels«, um den immer schneller werdenden Ball zu treffen, während der Computerlautsprecher ein ploppendes Geräusch von sich gab, wenn der Ball abprallte. Man braucht nur jemandem 30 Sekunden beim Spielen zuzuschauen, um ein kompetenter Novize zu werden, aber es benötigte viele Trainingsstunden, um ein geschickter Experte zu werden.

Spätere Spiele wie Missile Command, Donkey Kong, Pacman, Tempest, TRON, Centipede oder Space Invaders waren anspruchsvoller bei den Regeln, Farbgrafiken und Soundeffekten. Aktuelle Spiele schließen Wettkämpfe mehrerer Personen in Tennis oder Karate ein und bieten dreidimensionale Grafiken, noch höhere Auflösungen und Stereosound. Die Designer dieser Spiele liefern eine stimulierende Unterhaltung, Herausforderungen für Neulinge und Experten und viele fesselnde Lektionen für die Human Factors des Schnittstellendesigns – sie haben irgendwie einen Weg gefunden, dass Menschen Geld in Computer einwerfen. 40 Millionen

Nintendo-Spieler finden sich in 70 % der amerikanischen Haushalte, in denen Acht- bis Zwölfjährige leben. Lebhafte Verkäufe der Mario-Serien bezeugen die starke Anziehungskraft dieses Spiels, was in starkem Kontrast zu der Ängstlichkeit und dem Widerstand stehen, die viele Anwender bezogen auf die Automatisierung der Bürogeräte haben (Abb. 6.6). SEGA Game Player, Nintendo 64 und Sony Play-station brachten mächtige dreidimensionale Grafikhardware in die Haushalte und schufen einen bemerkenswerten internationalen Markt. Kleine Handgeräte wie der Game Boy® bieten den Kids auf der Straße und den Geschäftsleuten in ihren 10.000 Meter hohen Büros tragbaren Spaß.

Abb. 6.6:   Heimvideospiele sind eine enormer Erfolg und setzen fortgeschrittene Grafik-Hardware für schnelle Bewegungen in vielfältigen dreidimensionalen Welten ein. Der Nintendo 64 Player kann mit einer Vielzahl von Spielen einschließlich der beliebten Super Mario Serie genutzt werden. (© 1997 Nintendo. Bilder mit Genehmigung von Nintendo of America Inc.).

Diese Spiele bieten einen berauschenden visuellen Aktionsbereich. Die Befehle sind physikalische Aktionen wie Buttons drücken, Joystick bewegen oder Knöpfe drehen, dessen Ergebnisse sofort auf dem Bildschirm angezeigt werden. Es gibt keine zu merkende Syntax und darum auch keine Syntax-Fehlermeldungen. Wenn die User ihr Raumschiff zu weit nach links lenken, nutzen sie die naheliegende Umkehr-Operation, indem sie zurück nach rechts steuern. Fehlermeldungen sind unnötig, weil die Ergebnisse der Aktionen offensichtlich und einfach umkehrbar sind. Diese Prinzipien können auf Computer im Bürobereich, Heimcomputer oder andere interaktive Umgebungen angewandt werden.

Die meisten Spiele zeigen fortlaufend einen numerischen Punktestand an, so dass die User ihren Fortschritt messen und mit ihrer vorigen Performance, mit Freunden oder dem höchsten Punktestand in Wettstreit treten können. Üblicherweise erhalten die zehn Personen mit der höchsten Punktzahl die Möglichkeit, ihre Initialen im Spiel zu speichern, damit andere sie sehen können. Diese Strategie gibt eine Form positiver Verstärkung, die einen zur Meisterschaft ermutigt. Malones (1981), Provenzos (1991) und unsere Studien mit Kindern aus der Grundschule haben gezeigt, dass eine kontinuierliche Anzeige des Punktestandes extrem wertvoll ist. Maschinengeneriertes Feedback – so wie »sehr gut« oder »das machst du großartig!« – ist längst nicht so effektiv, weil der gleiche Punktestand unterschiedliche Bedeutungen für verschiedene Personen hat. Die meisten User ziehen es vor, ihre eigenen persönlichen Bewertungen zu treffen und nehmen die maschinengenerierten Botschaften als Störung und Irreführung wahr.

Viele Lernspiele nutzen die direkte Manipulation sehr effektiv. Schüler aus Grund- und Oberschule können etwas über Stadtplanung lernen, indem sie SimCity und seine Varianten spielen, das visuell städtische Umgebungen zeigt und die Schüler Straßen, Flughäfen, Gebäude usw. durch direkt manipulative Aktionen bauen lässt.

Das ästhetisch ansprechende MYST und sein Nachfolger Riven (Broderbund) haben sogar in einigen literarischen Kreisen weite Anerkennung gefunden, während die brutalere, aber ungeheuer erfolgreiche DOOM-Serie kontroverse Diskussionen über seine psychologischen Auswirkungen auf Teenager provoziert hat. Das Studium des Game Designs macht Spaß, aber es gibt Grenzen in der Anwendbarkeit der Lektionen. Spieler suchen Unterhaltung und konzentrieren sich auf die Herausforderung, das Spiel zu meistern, während die User von Applikationen sich auf ihre Aufgaben konzentrieren und zu viele spielerische Ablenkungen übel nehmen könnten. Die zufälligen Ereignisse, die in den meisten Spielen passieren, sollen den User herausfordern; in nicht-spielerischen Designs wird jedoch eine Vorhersagbarkeit des Systemverhaltens bevorzugt. Spieler stehen im Wettstreit mit dem System oder anderen Spielern, wohingegen die User von Applikationssystemen es vorziehen, die Kontrolle zu behalten, was ihnen das Gefühl der Beherrschung des Systems gibt.

6.2.5 Computer-aided Design

Viele computerunterstützte Design-Systeme (*computer-aided design* – *CAD*) für Automobile, elektronische Kreisläufe, Architektur, Flugzeuge (siehe Abb. 1.3) oder Folien-Layouts (Abb. 6.7) nutzen Prinzipien der direkten Manipulation. Der Operator sieht ein Schema eines Regelkreislaufs auf dem Bildschirm und kann mit Mausklicks die Widerstände oder Kondensatoren in den geplanten Kreislauf aufnehmen oder wieder entfernen. Wenn das Design vollständig ist, kann der Computer Informationen über den Strom, Spannungsabfälle und Herstellungskosten und Warnungen über Inkonsistenzen oder Herstellungsprobleme liefern. Entsprechend können Künstler beim Zeitungslayout oder Designer von Automobilkarossen verschiedene Designs innerhalb von Minuten ganz einfach ausprobieren und vielversprechende Ansätze aufzeichnen, bis sie noch bessere finden.

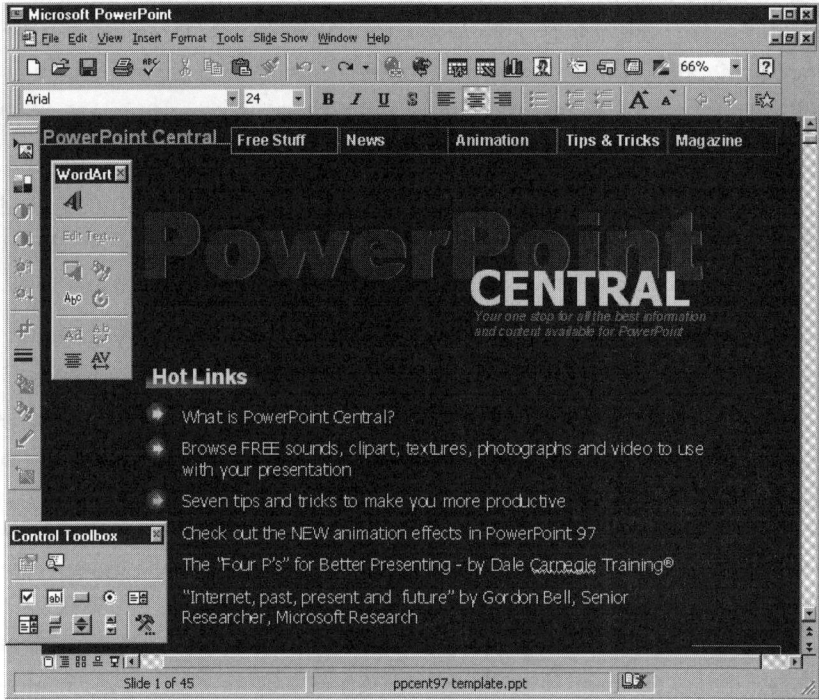

Abb. 6.7: Programme für Präsentationsgrafiken oder Diashows wie Microsofts PowerPoint für Office 97 haben verschiedene Symbolleisten und Paletten, die einen direkt manipulativen Stil zur Auswahl, Bewegung und Größenveränderung der Objekte bieten (Verwendung mit Erlaubnis von Microsoft Corp., Redmond, Washington).

Das Vergnügen, diese Systeme anzuwenden, stammt von der Eigenschaft, das zu bearbeitende Objekt direkt manipulieren und schnell verschiedene Alternativen bereitstellen zu können. Einige Systeme haben komplexe Befehlssprachen, die meisten sind zu Cursor-Aktionen und grafisch orientierten Befehlen übergegangen.

Verwandte Applikationen sind computer-unterstützte Herstellung (*computer-aided manufacturing – CAM*) und Prozesskontrolle. Das Prozesskontrollsystem von Honeywell bietet dem Manager einer Ölraffinerie, einer Papiermühle oder eines Kraftwerkes eine farbige, schematische Ansicht der Fabrik. Das Schema kann auf acht Bildschirmen oder auf einer wandgroßen Karte gezeigt werden, auf der dann rote Linien einen Sensorwert außerhalb des normalen Bereichs darstellen. Mit einem einzigen Klick kann der Operator eine detailliertere Ansicht der problematischen Komponente aufrufen, mit einem zweiten Klick kann der Operator individuelle Sensoren überprüfen oder Ventile und Kreisläufe auf Null zurückstellen.

Eine grundlegende Strategie für dieses Design ist das Eliminieren der Notwendigkeit von komplexen Befehlen, die der Operator bei einer vielleicht einmal im Jahr stattfindenden Notlage sich in Erinnerung rufen muss. Die visuelle Übersicht, die durch das Schema vorgelegt wird, erleichtert die Problemlösung durch Analogie, weil die Verknüpfung zwischen den Bildschirmdarstellungen und den Temperaturen oder Druckzuständen der Fabrik so naheliegend eng ist.

6.2.6 Büroanwendungen

Designer fortschrittlicher Systeme von Büroanwendungen nutzten direkt manipulative Prinzipien. Der Pionier *Xerox Star* (Smith et al., 1982) bot raffinierte Optionen zur Textformatierung, Grafiken, viele Fonts und eine hochauflösende, cursor-basierte Benutzerschnittstelle (Abb. 6.8). Anwender konnten ein Dokument-Icon zu einem Printer-Icon bewegen (aber nicht ziehen), um einen Papier-Ausdruck herzustellen. Das System *Apple Lisa* setzte elegant viele der Prinzipien direkter Manipulation ein; obwohl es kein kommerzieller Erfolg war, legte es doch den Grundstein für den erfolgreichen Macintosh. Die Macintosh-Designer lernten aus den Erfahrungen bei Star und Lisa, aber trafen viele vereinfachende Entscheidungen unter Erhaltung der adäquaten Leistungsfähigkeit für die User (Abb. 6.9). Die Designs für Hard- und Software unterstützten schnelle und kontinuierliche grafische Interaktion für Pull-down-Menüs, Fenstermanipulationen, Editieren von Grafiken und Text und für das Ziehen von Icons. Variationen des Macintosh erschienen daraufhin schnell für andere populäre Personal Computer, und mittlerweile dominiert Windows den Markt der Bürocomputerisierung (Farbtafel 1). Das Design von Windows ist immer noch ein enger Verwandter des Macintosh-Designs, und beide sind Kandidaten für grundlegende Verbesserungen im Fenstermanagement (Kapitel 13), die Vereinfachungen für Neulinge und bessere Leistung für anspruchsvolle User bieten.

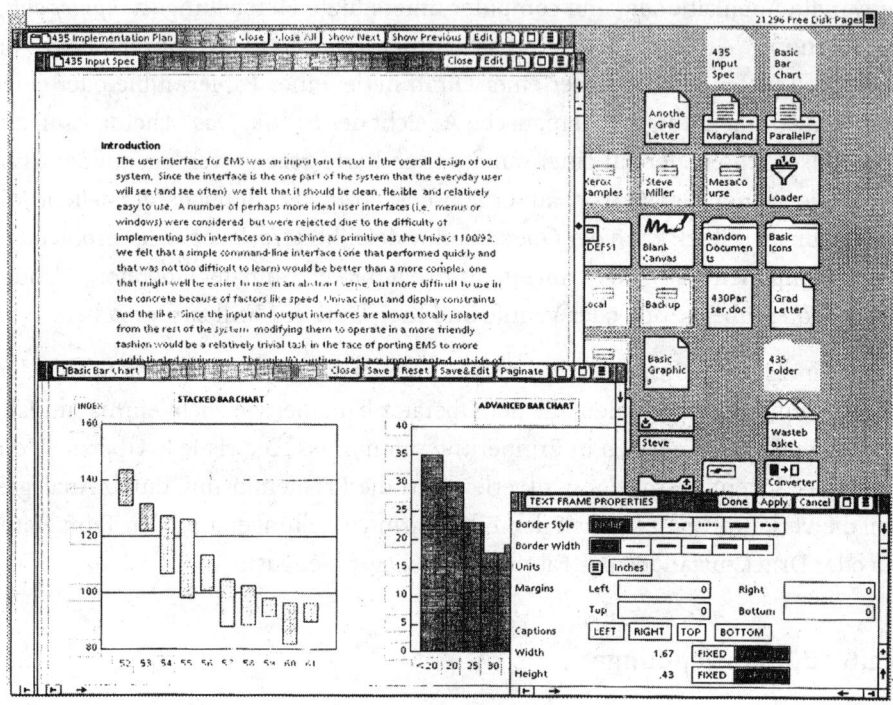

Abb. 6.8: Der Xerox Star 8010 mit dem ViewPoint-System ermöglicht es den Anwendern, Dokumente mit verschiedenen Fonts und Grafiken zu erstellen. Diese Session zeigt das Blatt für die Eigenschaften des Textrahmens über Muster-Balkendiagrammen, mit einem Dokument im Hintergrund und vielen Desktop-Icons, die zur Auswahl bereitstehen (Aufbereitung von Steve Miller, University of Maryland).

Untersuchungen mit Anwendern direkt manipulativer Interfaces haben die Vorzüge für zumindest einige Anwender und Aufgaben bestätigt. In einer Studie mit 30 Anfängern wurden MS-DOS-Befehle für das Erstellen, Kopieren, Umbenennen und Löschen von Dateien in Kontrast zu direkt manipulativen Aktionen beim Macintosh gesetzt. Nach Schulung und Praxis der Anwender waren die durchschnittlichen Aufgabenzeiten 5,8 Minuten gegenüber 4,8 Minuten, und die durchschnittliche Fehlerquote war 2,0 zu 0,8 (Margono und Shneiderman, 1987). Subjektive Präferenzen favorisierten das direkt manipulative Interface ebenfalls. In einer Untersuchung über Datenbankschnittstellen mit Befehlszeilen und direkt manipulativer Oberfläche machten »computer-naive, aber tastaturerfahrene« Anwender mehr als doppelt so viele Fehler mit dem Befehlszeilenformat. Bei der Zeit wurden keine signifikanten Unterschiede gefunden (Morgan et al., 1991). Diese Anwender bevorzugten insgesamt die direkt manipulative Schnittstelle und bewerteten sie als stimulierender, einfacher und angemessener leistungsfähig.

Beide Berichte warnen vor einer Übertragung der Ergebnisse auf erfahrenere User. Bei einer Untersuchung mit Anfängern und erfahrenen Usern waren Microsoft und Zenith Data Systems die Co-Sponsoren (Temple, Barker und Sloane, Inc., 1990). Obwohl keine Details über Testpersonen, Schnittstellen und Aufgaben veröffentlicht wurden, zeigten die Ergebnisse eine verbesserte Produktivität und reduzierte Ermüdung für erfahrene User mit einem GUI, verglichen mit einem zeichen-basierten User Interface. Die Vorteile direkter Manipulation wurden in anderen Studien bestätigt (Benbasat und Todd, 1993); eine dieser Studien demonstrierte ebenfalls, dass die Vorteile für erfahrene User größer waren als für Anfänger (Ulich et al., 1991).

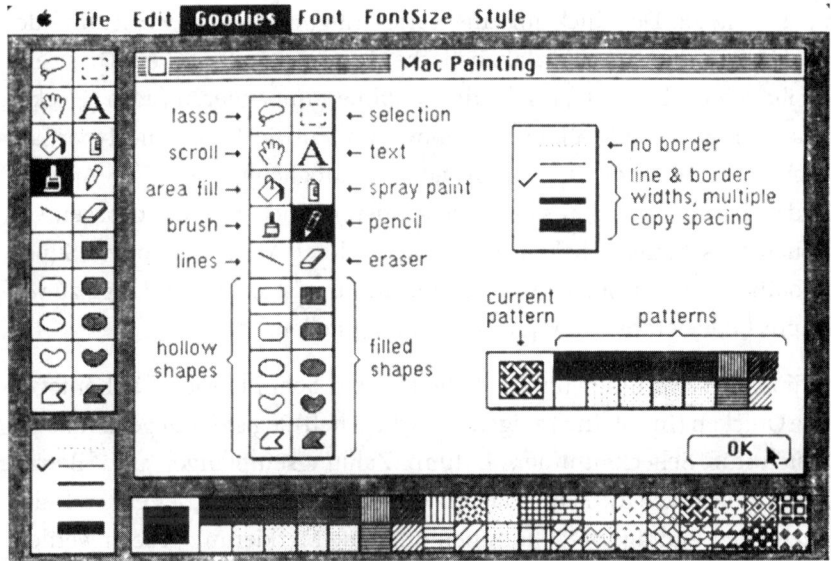

Abb. 6.9: Apple Macintosh MacPaint im Original. Dieses Programm bietet oben ein Befehlsmenü, links ein Menü für Aktionsicons, unten links Auswahlmöglichkeiten für Strichstärken und ganz unten eine Palette mit Texturen. Alle Aktionen können nur mit Maus durchgeführt werden (Foto mit freundlicher Genehmigung von Apple Computer, Inc., Cupertino, Kalifornien).

6.2.7 Weitere Beispiele direkter Manipulation

Der Trick bei der Schaffung eines direkt manipulativen Systems ist das Finden einer angemessenen Repräsentation oder eines Modells für die Realität. Einige Designer könnten sich damit schwer tun, über Informationsprobleme in einer visuellen Form nachzudenken, mit ein wenig Übung werden sie es jedoch eher natürlich finden. Bei vielen Applikationen kann der Sprung zu einer visuellen Sprache schwierig werden, später jedoch können sich User und Designer kaum noch vorstellen, warum jemand eine komplexe syntaktische Notation benutzen wollte, um einen im Wesentlichen visuellen Prozess zu beschreiben. Tatsächlich ist es schwer, nach 1990 an die Entwicklung neuer Befehlssprachen zu denken. Es ist schwer sich vorzustellen, Befehle für die enorme Menge an Features in modernen Textverarbeitungssystemen, Zeichenprogrammen oder Spreadsheets zu erlernen, aber die visuellen Hinweise, Icons, Menüs und Dialogboxen ermöglichen auch unregelmäßigen Anwendern den Erfolg.

Verschiedene Designer nutzten die direkte Manipulation im Gebrauch der Metapher eines Kartenstapels, um einen Satz von Adressen, Telefonnummern, Ereignisse usw. abzubilden. Der Klick auf eine Karte bringt diese nach vorne, und der Kartenstapel bewegt sich, um die alphabetische Ordnung zu bewahren. Diese einfache Metapher eines Kartenstapels führte kombiniert mit anderen Ideen (Heckel, 1991) im Jahre 1987 zu Bill Atkinsons innovativer Entwicklung von HyperCard (siehe Abschnitt 15.4). Bekannt gemacht als eine Möglichkeit, »eigene Applikationen für das Sammeln, Organisieren, Präsentieren, Suchen und Anpassen von Informationen zu schaffen«, bekam HyperCard schnell Varianten so wie Super-Card und ToolBook. Alle haben eine Skriptsprache, um die User in die Lage zu versetzen, ansprechende grafische Applikationen zu erstellen.

Direkt manipulative Wartung von Scheckheften und Schnittstellen für Kontoverwaltung wie Quicken (Intuit, Inc.) zeigen ein Scheckheft-Register mit gekennzeichneten Spalten für Schecknummer, Datum, Zahlungsempfänger und Betrag. Änderungen können gleich an Ort und Stelle gemacht werden, in der ersten freien Zeile können neue Einträge vorgenommen und eine Markierung gesetzt werden, um eine Prüfung mit einem monatlichen Bericht oder einen Vergleich mit dem Kontoauszug anzuzeigen. User können nach einem bestimmten Zahlungsempfänger suchen, indem sie ein leeres Feld für Zahlungsempfänger einfügen und dann ein »?« eintippen.

Warum sollte es keine webbasierten Systeme zur Flugreservierung geben, die dem Anwender eine Karte zeigen und dann zu einer Cursor-Bewegung von Abflug- und Ankunftsort auffordern? Dann kann der Anwender das Datum von einem Kalender und die Zeit von einer Uhr auswählen. Die Platzwahl könnte über die Anzeige der Sitzplätze im Flugzeug laufen, wobei eine diagonale Linie einen schon reservierten Platz anzeigt.

»Direkte Manipulation« ist eine akkurate Beschreibung der Programmierung bestimmter industrieller Robot-Werkzeuge. Der Operator hält die »Hand« des Roboters und führt ihn durch die Aufgabe einer Spritzlackierung oder Schweißung, während der kontrollierende Computer jede Aktion aufzeichnet. Der Kontroll-Computer kann dann den Roboter automatisch steuern und so die präzise Aktion so oft wie nötig wiederholen.

Warum sollte man Schülern nicht polynome Gleichungen beibringen, indem man sie über Schieberegler Werte für Koeffizienten eingeben und dann beobachten lässt, wie der Graph sich ändert, wo der Schnitt der y-Achse stattfindet oder wie die Funktionsgleichung reagiert. Entsprechend ist die direkte Manipulation von Schiebereglern für Rot, Grün und Blau eine zufriedenstellende Weise, Farbräume zu erforschen. Dynamische Abfragen über Schieberegler sind ein mächtiges Tool für die Exploration von Information (siehe Abschnitt 15.5).

Direkte Manipulation hat die Kraft, User anzuziehen, weil sie verständlich, schnell und sogar erfreulich ist. Wenn die Aktionen einfach sind, Umkehrbarkeit sichergestellt und Erinnerung leicht gemacht wird, weicht die Ängstlichkeit zurück, die User fühlen sich federführend, und Zufriedenheit stellt sich ein.

6.3 Erklärungen direkter Manipulation

Verschiedene Autoren haben versucht, die Prinzipien zu beschreiben, aus denen die direkte Manipulation sich zusammensetzt. Ein phantasiereicher, früher Designer von interaktiven Systemen, Ted Nelson (1980), erkannte die Aufregung der User, wenn das Interface mit etwas konstruiert wurde, was er das *Prinzip der Virtualität* nannte – eine Repräsentation der Realität, die manipuliert werden konnte. Rutkowski (1982) transportierte ein ähnliches Konzept in seinem *Prinzip der Transparenz*: »Der User ist in der Lage, Intellekt direkt auf die Aufgabe anzuwenden; das Tools selbst scheint zu verschwinden.« Heckel (1991) beklagt sich, dass »unsere Instinkte und unser Training als Ingenieure uns darin bestärken, logisch anstatt visuell zu denken, und für freundliches Design ist dies kontraproduktiv.« Seine Beschreibung harmoniert mit den populären Vorstellungen von logischen, symbolischen, sequenziellen Problemlösungsstrategien der linken Gehirnhälfte und den visuellen, künstlerischen, »alles auf einmal« Strategien der rechten Hirnhälfte.

Hutchins et al. (1986) besprechen die Konzepte der direkten Manipulation und bieten eine durchdachte Untergliederung der Angelegenheit. Sie beschreiben das »Gefühl von direkter Verbundenheit mit einer Welt von Objekten, anstatt über einen Mittler damit zu kommunizieren«, und klären, wie direkte Manipulation die *Kluft der Ausführung* und die *Kluft der Erklärung* durchbricht.

Diese und andere Autoren (Ziegler und Fahnrich, 1988; Thimbleby, 1990; Phillips und Apperley, 1991; Frohlich, 1993) unterstützen die Erkenntnis, dass eine neue Form eines interaktiven Systems aufgetaucht ist. Viel Anerkennung gebührt auch den einzelnen Designern, die Systeme schufen, die als Beispiel für Aspekte der direkten Manipulation dienen können.

Eine andere Perspektive bezüglich direkter Manipulation kommt aus der psychologischen Literatur über Problemlösung und Lernforschung. Es ist klar gezeigt worden, wie angemessene Darstellungen von Problemen essenziell für das Finden von Lösungen und für Lernen sind. Polya (1957) schlägt vor, ein Bild zu zeichnen, um mathematische Probleme darzustellen. Dieser Ansatz harmoniert mit den Lehrmethoden, die Maria Montessori für Kinder entwickelte (Montessori, 1964). Sie schlug vor, physische Objekte wie Perlen oder Holzstöcke zu verwenden, um mathematische Prinzipien wie Addition, Multiplikation oder Größenvergleich zu verdeutlichen. Der beständige Abakus ist sehr ansprechend, weil er eine direkt manipulative Darstellung von Zahlen gibt.

Bruner (1966) dehnte die Idee der physischen Repräsentation aus, um polynominale Faktoren und andere mathematische Prinzipien abzudecken. Carroll, Thomas und Malhotra (1980) fanden heraus, dass Testpersonen, denen räumliche Darstellungen gegeben wurden, bei Problemlösungen schneller und erfolgreicher waren als die Testpersonen, die ein ähnliches Problem mit einer zeitlichen Darstellung bekamen. Entsprechend fand Te'eni (1990) heraus, dass das Feedback aus direkt manipulativen Designs darin effektiv war, die logischen Fehler der Anwender bei einer Aufgabe zu reduzieren, die eine statistische Analyse der Zensuren von Schülern erforderte. Der Vorteil scheint daher zu rühren, dass man die Dateneingabe und die Anzeige kombiniert auf dem Bildschirm betrachten kann.

Physikalische, räumliche oder visuelle Darstellungen erscheinen auch leichter erinnerbar und manipulierbar zu sein als textliche oder numerische Darstellungen (Arnheim, 1972; McKim, 1980). Wertheimer (1959) entdeckte, dass Testpersonen, die die Formel für die Fläche eines Parallelogramms, $A = h \times b$, erinnern konnten, bei solchen Berechnungen schnell erfolgreich waren. Auf der anderen Seite konnten Testpersonen, denen man ein strukturelles Verständnis davon gab, dass man ein Dreieck von einem Ende abschneiden und am anderen Ende platzieren kann, dieses Wissen effektiver erinnern und es generalisieren, um damit verwandte Probleme zu lösen. Bei den Beweisen der Theoreme der Ebenen-Geometrie erleichtert die räumliche Darstellung das Auffinden von Beweisverfahren mehr als eine streng axiomatische Darstellung der Euklidischen Geometrie. Das Diagramm bietet Heuristiken, die schwer aus den Axiomen zu extrahieren sind. Entsprechend werden Studenten oft dazu ermutigt, algebraische Wortprobleme zu lösen, indem sie Bilder zeichnen, die diese Probleme darstellen.

Paperts (1980) Sprache LOGO schuf einen mathematischen Mikrokosmos, in denen die Prinzipien der Geometrie sichtbar sind. Basierend auf der Theorie des Schweizer Psychologen Jean Piaget über Kindesentwicklung, bietet LOGO Schülern die Möglichkeit, leicht Linienzeichnungen mit einer auf dem Bildschirm angezeigten elektronischen Schildkröte zu schaffen. In dieser Umgebung leiten die User schnelles Feedback über ihre Programme her, können problemlos bestimmen, was passiert ist, schnell Fehler entdecken und reparieren und aus der kreativen Produktion von Zeichnungen Zufriedenheit gewinnen. Diese Features sind alle charakteristisch für eine direkt manipulative Umgebung.

6.3.1 Probleme mit direkter Manipulation

Räumliche oder visuelle Darstellungen sind nicht notwendigerweise eine Verbesserung gegenüber Text, weil sie zu ausgedehnt sein können, im Ausdruck über mehrere Seiten verteilte Verbindungszeichen oder ermüdendes Scrollen auf den Bildschirmen verursachen können. Bei professionellem Programmieren kann für einige Aufgaben die Verwendung von High Level Flowcharts und Diagrammen für Datenbankenschemata hilfreich sein, aber es besteht die Gefahr, dass sie verwirrend wirken. Entsprechend können direkt manipulative Designs wertvollen Bildschirmplatz verbrauchen und somit wertvolle Informationen aus der Anzeige vertreiben, was Scrolling oder verschiedene Aktionen erforderlich macht. Eine Untersuchung von grafischen Ausdrucken im Vergleich zu tabellarischen Business-Daten und Flowcharts im Vergleich zu Programmtext demonstrieren die Vorteile für grafische Ansätze, wenn es bei den Aufgaben um die Erkennung von Mustern geht, aber Nachteile, wenn die Grafik zu groß wird und die Aufgaben detaillierte Information erfordern. Für erfahrene User kann eine tabellarische Textanzeige mit 50 Dokumentennamen angemessener sein als nur 10 grafische Dokumentenicons, bei denen die Namen abgekürzt werden, um zur Icon-Größe zu passen.

Ein zweites Problem ist, dass die User die Bedeutung der Komponenten der visuellen Darstellung erlernen müssen. Ein grafisches Icon kann für den Designer bedeutungsvoll sein, kann aber mindestens so viel oder mehr Lernzeit erfordern wie ein Wort. Einige Flughäfen, die mehrsprachige Gemeinschaften bedienen müssen, nutzen grafische Icons extensiv, aber die Bedeutungen dieser Icons sind möglicherweise nicht offensichtlich. Entsprechend haben einige Computer-Terminals, die international genutzt werden sollen, Icons statt der Namen, aber die Bedeutung ist nicht immer klar. Icons, bei denen der Titel erscheint, wenn der Cursor sich auf ihnen befindet, stellen nur eine teilweise Lösung dar.

Ein drittes Problem ist, dass die visuelle Darstellung irreführend sein kann. Anwender können die analoge Darstellung schnell begreifen, aber daraus dann inkorrekte Schlüsse über erlaubte Aktionen ziehen. Anwender können die Funktionen der computer-basierten Analogie über- oder unterschätzen. Ausgiebige Testreihen müssen ausgeführt werden, um die angezeigten Objekte und Aktionen zu verfeinern und die negativen Begleiterscheinungen zu minimieren.

Ein viertes Problem ist, dass es für erfahrene Typisten langsamer sein kann, die Hand von der Tastatur zu nehmen, um eine Maus zu bewegen oder mit einem Finger zu zeigen, als wenn das relevante Kommando eingetippt wird. Dieses Problem wird wahrscheinlich besonders dann auftreten, wenn der User mit einer kompakten Notation vertraut ist, so wie arithmetische Ausdrücke, die einfacher über eine Tastatur einzugeben, aber schwerer mit einer Maus auszuwählen sind. Die Tastatur bleibt für einige Aufgaben das effektivste Gerät für die direkte Manipulation.

Die Wahl der richtigen Objekte und Aktionen ist nicht notwendigerweise eine einfache Aufgabe. Einfache Metaphern, Analogien oder Modelle mit einem minimalen Satz an Konzepten sind ein guter Ausgangspunkt. Das Vermischen von Metaphern aus zwei verschiedenen Quellen kann eine Komplexität hinzufügen, die der Verwirrung Vorschub leistet. Der emotionale Ton der Metapher sollte eher einladend sein als unangenehm oder unangemessen (Carroll und Thomas, 1982) – Systeme zur Abwasserbeseitigung sind als Metapher für elektronische Nachrichtensysteme denkbar unpassend. Da die Anwender die Metapher, die Analogie oder das konzeptuelle Modell des Designers vielleicht nicht nachvollziehen können, werden ausführliche Testungen erforderlich. Als Unterstützung bei der Schulung wird eine explizite Darstellung des Modells, der Annahmen und der Begrenzungen notwendig.

6.3.2   Die Erklärung der direkten Manipulation über das OAI-Modell

Die Anziehungskraft der direkten Manipulation wird durch den Enthusiasmus der User augenscheinlich. Die Designer der Beispiele in Abschnitt 6.2 hatten eine innovative Inspiration und intuitiv begriffen, was Usern gefiele. Jedes Beispiel hat Eigenschaften, die wir kritisieren könnten, aber für uns wird es produktiver sein, ein integriertes Portrait der direkten Manipulation mit drei Prinzipien zu konstruieren.

1. Fortlaufende Darstellung der interessanten Objekte und Aktionen mit bedeutungsvollen visuellen Metaphern

2. Physische Aktionen oder Drücken von gekennzeichneten Buttons statt komplexer Syntax.

3. Schnelle, inkrementale, umkehrbare Operationen, deren Effekte auf dem Zielobjekt sofort sichtbar sind.

Mit der Verwendung dieser drei Prinzipien ist es möglich, Systeme zu gestalten, die folgende vorteilhafte Attribute besitzen:

- Anfänger können die grundlegenden Funktionalitäten schnell lernen, gewöhnlich durch eine Demonstration eines erfahrenen Users.
- Experten können schnell arbeiten, um eine große Bandbreite von Aufgaben auszuführen, sogar indem sie neue Funktionen und Eigenschafen definieren.
- Kenntnisreiche periodische User können die operationalen Konzepte erinnern.
- Fehlermeldungen werden selten benötigt.
- User können sofort sehen, ob ihre Aktionen sie bei ihren Zielen weiterbringen und, wenn die Aktionen kontraproduktiv sind, einfach die Richtung ihrer Aktivität ändern.
- User spüren weniger Ängstlichkeit, weil das System verständlich ist und die Aktionen leicht umkehrbar sind.
- User erlangen Vertrauen und Meisterschaft, weil sie die Initiatoren der Aktion sind, sich in Besitz der Kontrolle fühlen und die Antworten des Systems vorhersagen können.

Der Erfolg direkter Manipulation ist im Kontext des OAI-Modells verständlich. Das Interessensobjekt wird angezeigt, so dass die Interface-Aktionen dicht beim übergeordneten Aufgabenbereich liegen. Es gibt wenig Bedarf an mentaler Zergliederung der Aufgaben in verschiedene Interface-Befehle mit einer komplexen syntaktischen Form. Im Gegenteil, jede Aktion produziert im Aufgabenbereich ein verständliches Ergebnis, das im Interface sofort sichtbar wird. Die Nähe vom Aufgabenbereich zum Interfacebereich reduziert für den Operator Stress und Belastung durch Problemlösung. Dieses Grundprinzip hängt zusammen mit der Reiz-Reaktions-Kompatibilität, wie sie in der Literatur zu den Human Factors diskutiert wird. Die Aufgabenobjekte und -aktionen dominieren die Aufmerksamkeit des Anwenders, und die Ablenkung durch das Bedienen eines ermüdenden Interface wird reduziert (Abb. 6.10).

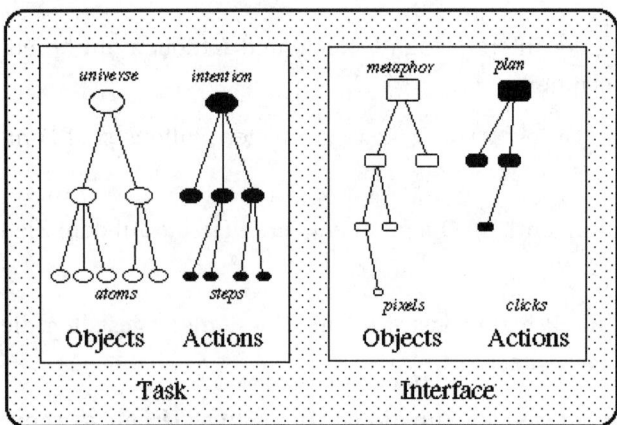

Abb. 6.10:   Direkt manipulative Systeme können vom Anwender erfordern, wesentliche Kenntnisse über die Aufgabe zu erlernen. Jedoch müssen Anwender nur eine bescheidene Menge von Kenntnissen über das Interface und syntaktische Details erwerben.

Im Kontrast zu textlichen Beschreibungen kann das Umgehen mit visuellen Darstellungen von Objekten viel »natürlicher« und näher an angeborenen menschlichen Fähigkeiten sein: Aktionen und visuelle Fertigkeiten tauchten lange vor der Sprache in der menschlichen Evolution auf. Psychologen wussten schon lange, dass Menschen räumliche Beziehungen und Aktionen schneller begreifen, wenn diese eher visuelle als linguistische Darstellungen bekommen. Weiterhin werden Intuition und Erfindung oft durch geeignete visuelle Repräsentationen von formalen mathematischen Systemen begünstigt.

Der Schweizer Psychologe Jean Piaget beschrieb *vier Stufen der Entwicklung: sensomotorisch* (von der Geburt bis zum Alter von etwa 2 Jahren), *präoperational* (2 bis 7 Jahre), *konkret operational* (7 bis 11 Jahre) und *formale Operationen* (beginnt bei etwa 11 Jahren) (Copeland, 1979). Nach dieser Theorie sind physikalische Aktionen an einem Objekt während des konkret operationalen Stadiums verständlich, und Kinder erlangen das Konzept der *Konservierung* oder *Invarianz*. Etwa im Alter von 11

Jahren treten Kinder in das Stadium der formalen Operationen ein, in denen sie *Symbolmanipulationen* verwenden, um die Aktionen an Objekts darzustellen. Weil Mathematik und Programmieren abstraktes Denken erfordern, ist es für Kinder schwierig, und Designer müssen die symbolischen Repräsentationen mit tatsächlichen Objekten verbinden. Direkte Manipulation bringt Aktivität in das konkret operationale Stadium und erleichtern so gewisse Aufgaben für Kinder und Erwachsene.

6.4 Visuelles Denken und Icons

Die Konzepte einer *visuellen Sprache* und des *visuellen Denkens* wurden von Arnheim (1972) verbreitet und akzeptiert von kommerziellen Grafikdesignern (Verplank, 1988; Mullet und Sano, 1995), semiotisch orientierten Akademikern (*Semiotik* ist das Studium von Zeichen und Symbolen) und Gurus der Datenvisualisierung. Der Computer stellt eine bemerkenswerte Umgebung für die Enthüllung von Strukturen, die Anzeige von Beziehungen und die Möglichkeit der Interaktivität bereit, von der Anwender angezogen werden, die künstlerische, auf die rechte Gehirnhälfte bezogene, holistische und intuitive Persönlichkeiten besitzen. Die in immer stärkerem Maße visuelle Natur der Computer-Schnittstellen können manchmal die logischen, linearen, textorientierten, auf die linke Gehirnhälfte bezogenen, zwanghaften, rationalen Programmierer herausfordern oder gar bedrohen, die zum Kern der ersten Hacker-Generation gehörten. Obwohl diese Stereotypen – oder Karikaturen – einer wissenschaftlichen Analyse nicht standhalten werden, verdeutlichen sie doch die zweierlei Pfade, denen das Computerisieren folgt. Die neuen visuellen Richtungen werden manchmal von den Traditionalisten als *WIMP*- (Windows, Icons, Maus und Pull-down-Menü) Schnittstellen geringgeschätzt (*wimp* = Feigling – A.d.Ü.), wogegen die Fans der Befehlszeile als unflexibel oder gar starrköpfig angesehen werden.

Es gibt Beweise dafür, dass unterschiedliche Menschen unterschiedliche kognitive Stile haben, und es ist sehr verständlich, dass die individuellen Vorlieben sich unterscheiden. Genauso wie es verschiedene Geschmacksrichtungen bei Eiscreme oder Automodellen gibt, wird es auch verschiedene Interface-Stile geben. Es kann sein, dass die Präferenzen sich je nach User und nach Aufgabe unterscheiden. So schuldet man jeder Community den nötigen Respekt, und das Ziel des Designers ist, das Beste von jedem Stil hervorzubringen und auf die andere Seite zu gehen, wenn es gewünscht wird.

Der Konflikt zwischen Text und Grafiken wird besonders hitzig, wenn es um das Thema *Icons* geht. Vielleicht ist es nicht erstaunlich, dass die Definition im Wörterbuch sich gewöhnlich auf religiöse Darstellungen bezieht, aber die zentrale Idee beim Computerisieren ist, dass ein Icon ein Bildnis, eine bildliche Darstellung oder ein Symbol ist, das ein Konzept repräsentiert (Rogers, 1989; Marcus, 1992). In der Welt der Computer ist ein Icon in der Regel die kleine Darstellung eines Objektes oder einer Aktion (weniger als 3 cm² oder 64 x 64 Pixel). Kleinere Icons werden oft benutzt, um Platz zu sparen oder in andere Objekte integriert zu werden, so wie ein Fensterrand oder eine Symbolleiste. Es ist nicht erstaunlich, dass Icons oft in Zeichenprogrammen eingesetzt werden, um die Tools oder Aktionen zu repräsentieren (Lasso oder Schere zum Ausschneiden eines Bildes, Pinsel für das Malen, Bleistift zum Zeichnen, Radiergummi zum Löschen), wogegen die Textverarbeitung gewöhnlich textliche Menüs für die Aktionen hat. Dieser Unterschied erweckt den Eindruck, dass so die unterschiedlichen kognitiven Stile von visuell und textlich orientierten Usern – oder zumindest die Unterschiede in den Aufgaben – widergespiegelt werden. Vielleicht ist es hilfreich, wenn man an visuell orientierten Aufgaben arbeitet, »visuell zu bleiben«, indem man Icons benutzt, wogegen es hilfreich ist, durch die Verwendung von textlichen Menüs »textlich zu bleiben«, während man an einem Textdokument arbeitet.

Für Situationen, bei denen sowohl ein visuelles Icon als auch ein textliches Item möglich sind – beispielsweise in einem Verzeichnis-Listing –, begegnen den Designern zwei miteinander verbundene Probleme: wie man sich zwischen Icons und Text entscheidet, und wie man das Design für ein Icon schafft. Die gut etablierten Highway-Schilder sind eine nützliche Erfahrungsquelle. Icons sind unschlagbar, wenn sie Ideen wie eine Straßenkurve zeigen sollen, aber manchmal ist eine Phrase wie ONE WAY – DO NOT ENTER verständlicher als ein Icon. Der Eintopf-Ansatz wäre, ein wenig von allem zu haben (wie z.B. beim oktagonalen STOP-Schild), und es gibt Beweise dafür, dass es beim Computer Situationen gibt, bei denen Icons plus Worte effektiv sind (Norman, 1991). So hängt die Antwort auf die erste Frage (Entscheidung zwischen Icons und Text) nicht nur von den Usern und den Aufgaben ab, sondern auch von der Qualität der Icons oder der Worte, die vorgeschlagen werden. Textliche Menü-Auswahl werden in Kapitel 7 abgedeckt, viele der Prinzipien treten hier schon auf. Zusätzlich sollten folgende Icon-spezifischen Richtlinien berücksichtigt werden:

- Stellen Sie das Objekt oder die Aktion in einer vertrauten und erkennbaren Weise dar.
- Begrenzen Sie die Anzahl der verschiedenen Icons.

- Heben Sie das Icon vor dem Hintergrund hervor.
- Erwägen Sie die Verwendung von dreidimensionalen Icons; es sind Blickfänger, aber sie können auch ablenkend wirken.
- Stellen Sie sicher, dass ein einzelnes ausgewähltes Icon klar sichtbar ist, wenn es von nicht ausgewählten Icons umgeben wird.
- Gestalten Sie jedes Icon klar unterscheidbar von den anderen Icons.
- Stellen Sie die Harmonie jedes Icons als Teil einer Familie von Icons sicher.
- Erstellen Sie ein Design der Bewegungsanimation: wenn der User das Icon zieht, kann er das ganze Icon bewegen, nur den Rahmen oder vielleicht eine grau gefärbte oder transparente Version oder einen schwarzen Kasten.
- Fügen Sie detaillierte Information hinzu, so wie einen Schatten, um die Größe der Datei anzuzeigen (ein größerer Schatten zeigt eine größere Datei an), Dicke, um die Breite eines Verzeichnisordners anzuzeigen (das Alter kann man über eine gelblichere oder grauere Farbe darstellen), oder eine Animation, um anzuzeigen, wie viel eines Dokumentes schon ausgedruckt ist (ein Dokumentenordner wird nach und nach in ein Drucker-Icon hineingezogen).
- Erforschen Sie die Verwendung von Kombinationen von Icons, um neue Objekte oder Aktionen zu schaffen – beispielsweise ist das Ziehen eines Dokument-Icons in Icons für einen Ordner, einen Papierkorb, einen Ausgangskasten oder einen Drucker sehr anschaulich. Kann ein Dokument einem anderen angehängt oder vorangestellt werden, indem benachbarte Icons zusammengeklebt werden? Kann ein User Sicherheitslevel einstellen, indem er ein Dokument oder ein Ordner auf einen Wachhund, ein Polizeiauto oder ein Tresor-Icon zieht? Können zwei Datenbank-Icons durch das Überlappen der Icons gemischt werden?

Marcus (1992) wendet die Semiotik als einen Führer auf vier Level des Icon-Designs an:

1. *Lexikalische Qualitäten* Maschinen-generierte Zeichen – Form, Farbe, Helligkeit, Blinken der Pixel

2. *Syntaktiken* Erscheinung und Bewegung – Linien, Muster, modulare Teile, Größe, Form

3. *Semantiken* Dargestellte Objekte – konkret vs. abstrakt, teilweise vs. vollständig

4. *Pragmatiken* Insgesamt lesbar, Nutzen, identifizierbar, erinnerbar, erfreulich.

Er empfiehlt, mit schnellen Skizzen zu beginnen, nach einem konsistenten Stil zu streben, ein Layout-Gitter zu gestalten, die Erscheinung zu vereinfachen, und die Designs durch Tests mit Usern zu auszuwerten. Wir könnten einen fünften Level des Icon-Designs hinzufügen:

5. Dynamiken Empfänglichkeit für Klicks – Hervorhebung, Ziehen, Kombinieren

Die Dynamiken der Icons können auch einen vielfältigen Satz an Gesten mit einer Maus, mit dem Touchscreen oder dem Stift mit einschließen. Die Gesten könnten das Kopieren (nach oben und nach unten), das Löschen (ein Kreuz), das Editieren (ein Kreis) usw. beinhalten. Icons könnten auch mit Klängen verbunden werden. Wenn beispielsweise jedes Dokument-Icon mit einem Ton verbunden wäre (je tiefer der Ton, desto größer das Dokument), könnte beim Öffnen des Verzeichnisses jeder Ton simultan oder nacheinander abgespielt werden. User könnten sich an die Symphonie gewöhnen, die von jedem Verzeichnis gespielt wird, und gewisse Eigenschaften oder Anomalien erkennen, so wie wir oft Telefonnummern durch die Töne erkennen und falsches Wählen als nicht übereinstimmende Töne wahrnehmen.

Icon-Design wird interessanter, je mehr sich die Hardware der Computer verbessert und die Designer kreativer werden. Animierte Icons, die ihre Funktion anzeigen, verbessern die Fähigkeiten der Online-Hilfe (siehe Abschnitt 12.4.2). Über einfache Icons hinaus sehen wir nun eine steigende Anzahl von visuellen Programmiersprachen (siehe Abschnitt 5.3.1) und spezialisierte Sprachen für mechanische Ingenieursaufgaben, Schaltkreisdesign und Datenbankabfragen.

6.5   Direkt manipulatives Programmieren

Die Bewältigung von Aufgaben durch direkte Manipulation ist nicht das einzige Ziel. Es sollte möglich sein, durch direkte Manipulation auch Programmieren zu können, zumindest für gewisse Probleme. Manchmal werden Roboter dadurch programmiert, dass man den Roboter-Arm in einer gewissen Reihenfolge bewegt, die später wieder abgespielt wird, möglicherweise auch in einer höheren Geschwindigkeit. Dieses Beispiel scheint ein guter Kandidat für eine Generalisierung zu sein. Wie wäre es, wenn ein Druckbohrer oder ein chirurgisches Instrument durch eine komplexe Serie von Bewegungen geführt wird, die dann exakt wiederholt werden? Tatsächlich sind diese Ideen zum Programmieren mit direkter Manipulation schon in bescheidenem Maße in Autoradios implementiert, die vom Anwender so eingestellt werden, dass er den gewünschten Sender wählt und dann einen Button drückt und festhält. Wenn dann später der Button gedrückt wird, stellt sich das Radio auf die voreingestellte Frequenz. Einige professionelle Fernsehkameras erlauben es dem Operator, eine Folge von Kameraschwenks oder Zooms zu programmieren und sie dann reibungslos wieder abzuspielen, wenn sie benötigt werden.

Das Programmieren von physikalischen Geräten durch direkte Manipulation erscheint ganz natürlich, und eine adäquate visuelle Darstellung der Information kann das Programmieren über direkte Manipulation auch in anderen Bereichen ermöglichen. Verschiedene Systeme zur Textverarbeitung erlauben es den Anwendern, Makros zu erstellen, indem sie einfach eine Sequenz von Befehlen durchführen und sie zur späteren Verwendung abspeichern. WordPerfect ermöglicht die Erstellung von Makros, die nichts anderes als Sequenzen von Text, speziellen Funktionstasten wie TAB und anderen Befehlen aus WordPerfect sind. Emacs erlaubt es, dass seine reichhaltigen Funktionen einschließlich einer Suche nach regulären Ausdrücken in Makros aufgezeichnet werden. Makros können andere Makros aufrufen, was zu komplexen Möglichkeiten der Programmierung führt. Diese und andere Systeme erlauben es den Anwendern, mit direkter Manipulation Programme mit nicht variierenden Handlungssequenzen zu schreiben, aber Strategien für den Einbau von Schleifen und Variablen variieren. Emacs erlaubt es, dass Makros in einer Schleife mit einfachen Wiederholungsfaktoren eingebaut werden können. WordPerfect und emacs ermöglichen es den Anwendern ebenfalls, mehr generelle Kontrollstrukturen anzubringen, indem man zu textuellen Programmiersprachen Zuflucht nimmt.

Tabellenkalkulationspakete wie Lotus 1-2-3 und Excel haben reichhaltige Programmiersprachen und erlauben es den Usern, Teile von Programmen zu schaffen, indem Standard-Spreadsheet-Operationen ausgeführt werden. Die Ergebnisse der Operationen werden in einem anderen Teil des Spreadsheet gespeichert und können editiert, ausgedruckt und in einer textlichen Form gespeichert werden.

Makro-Einrichtungen in GUIs sind eine größere Herausforderung für das Design als Makro-Einrichtungen in traditionellen Kommando-Interfaces. Der MACRO-Befehl des *Direct Manipulation Disk Operating System* (DMDOS) (Iseki und Shneiderman, 1986) war ein früher Versuch, eine limitierte Form des Programmierens für Datei-Bewegungen, Kopieren und Verzeichnisbefehle zu unterstützen.

Smith (1977) inspirierte die Arbeit in diesem Bereich mit seinem Pygmalion-System, das die visuelle Spezifikation von arithmetischen Programmen mit Icons erlaubte. Mehrere frühe Forschungsprojekte haben versucht, direkt manipulative Programmiersysteme zu schaffen (Rubin et al., 1985). Maulsby und Witten (1989) entwickelten ein System, dass ein Programm über Beispiele starten oder ableiten konnte, wobei es beim Anwender nachfragte, um Mehrdeutigkeiten aufzulösen. In begrenzten Bereichen werden Folgerungen vorhersagbar und nützlich, aber wenn die Folgerungen bisweilen falsch sind, werden die Anwender ihnen schnell misstrauen.

Myers (1992) prägte den Ausdruck *demonstrielles Programmieren*, um die Technik zu charakterisieren, bei der die User Makros einfach dadurch erstellen, dass sie ihre Aufgaben erledigen, und das System die richtige Generalisierung automatisch konstruiert. Cypher (1991) schuf einen Usability-Test und führte ihn mit sieben Testpersonen für sein EAGER-System durch, dass die Aktionen von Usern innerhalb von HyperCard überwachte. Wenn EAGER zwei gleiche Sequenzen erkannte, erschien eine kleine, lächelnde Katze auf dem Bildschirm und bot dem User Hilfe bei der Durchführung weiterer Iterationen an. Cyphers Erfolg bei zwei spezifischen Aufgaben ist ermutigend, aber es hat sich als schwierig erwiesen, diesen Ansatz zu generalisieren.

Es wäre hilfreich, wenn der Computer verlässlich sich wiederholende Muster erkennen und daraus automatisch nützliche Makros erstellen könnte, während der Anwender damit beschäftigt ist, eine sich wiederholende Interface-Aufgabe durchzuführen. Wenn dann der Anwender die Erlaubnis gibt, könnte der Computer übernehmen und den Rest der Aufgabe automatisch ausführen. Diese Hoffnung auf automatisches Programmieren ist sehr anziehend, aber ein effektiverer Ansatz könnte es sein, den Anwendern visuelle Tools zu geben, um ihre Absichten genau zu spezifizieren und aufzuzeichnen. Regelbasiertes Programmieren mit grafischen Konditionen und Aktionen bietet eine unverbrauchte Alternative, die für Kinder und Erwachsene gleichermaßen ansprechend wäre (Abb. 6.11) (Smith et al., 1994). Der Bildschirm wird als ein Satz von Kacheln angezeigt, und die Anwender bestimmen grafisch die Überarbeitungsregeln, indem sie Beispiele der Kacheln vorher und nachher zeigen. Eine andere innovative, ursprünglich für Kinder entwickelte Umgebung ist ToonTalk (Kahn, 1996), die animierte Zeichentrickfiguren anbietet, die Aktionen in Gebäuden ausführen und dabei eine Vielzahl von fantasiereichen Instrumenten benutzen.

Um ein verlässliches Tool ohne unvorhersehbares automatisches Programmieren zu schaffen, das in vielen Situationen funktioniert, müssen sich die Designer den fünf Herausforderungen des *Programmierens im User Interface (programming in the user interface – PITUI)* stellen (Potter, 1993):

1. Ausreichende Computer-Generalisierung (Konditionen, Iterationen)

2. Zugang zu angemessenen Datenstrukturen (Dateistrukturen für Verzeichnisse, strukturelle Repräsentationen grafischer Objekte) und Operatoren (Selektoren, Boolesche Operatoren, spezialisierte Operatoren von Applikationen)

Abb. 6.11: Cocoa-Bildschirm, der die Welt »Blumengarten« mit der Kontrollschaltfläche, den Garten-Datentypen und den grafischen Regeln für fallenden Regen und seine Absorption durch beliebige Objekte anzeigt (Mit freundlicher Genehmigung von Apple Computers Inc., Cupertino, Kalifornien.).

3. Leichte Programmierbarkeit (durch Spezifikationen, Beispiele oder Demonstrationen, mit Modularität, Argument Passing usw.) und Editierbarkeit von Programmen

4. Einfachheit beim Aufrufen und Zuweisen von Argumenten (direkte Manipulation, einfache Bibliothek-Strategien mit aussagekräftigen Namen oder Icons, Ausführung im Kontext und Verfügbarkeit der Ergebnisse)

5. Geringes Risiko (hohe Wahrscheinlichkeit von fehlerfreien Programmen, Halt- und Neubeginn-Möglichkeiten, um teilweise Ausführung zu erlauben, Rückgängig-Operationen für die Reparatur unbeabsichtigter Fehler).

Das Ziel von PITUI ist, den Anwendern zu erlauben, verlässlich und einfach die Aktionen, die sie manuell in der Benutzerschnittstelle durchführen, automatisch zu wiederholen. Mehr als sich auf unvorhersagbare Schlussfolgerungen zu verlassen, werden die Anwender in der Lage sein, ihre Absichten explizit durch das Manipulieren von Objekten und Aktionen anzuzeigen. Das Design direkt manipulativer

Systeme wird unzweifelhaft beeinflusst von der Notwendigkeit, PITUI zu unter-stützen. Dieser Einfluss wird einen positiven Schritt darstellen, der ebenfalls das Nachvollziehen der History, ein Rückgängig machen und die Online-Hilfe erleich-tern wird.

Der kognitiv-dimensionale Rahmen kann uns dabei helfen, Design-Probleme der Umgebungen zum visuellen Programmieren zu analysieren, so wie solche, die wir für PITUI benötigen (Green und Petre, 1996). Der Rahmen bietet ein Vokabular, um die Diskussion von Design-Problemen auf höchstem Level zu erleichtern, beispiels-weise wird *Viskosität* benutzt, um die Schwierigkeiten zu beschreiben, Änderungen in einem Programm vorzunehmen, und *progressive Evaluation* beschreibt die Kapazi-tät, Teile des Programms auszuführen. Andere Dimensionen sind Konsistenz, Streu-ung, versteckte Abhängigkeiten, vorzeitige Übergabe und Sichtbarkeit.

Direkt manipulatives Programmieren bietet eine Alternative zu den Agenten-Sze-narien (siehe Abschnitt 2.9). Die Befürworter von Agenten glauben, dass der Com-puter die Absichten des Anwenders automatisch herausfinden oder basierend auf einer vagen Zielaussage handeln kann. Ich bezweifle, dass die Absichten der Anwender so leicht bestimmbar sind oder dass vage Zielaussagen in der Regel effektiv sind. Wenn aber die Anwender mit verständlichen Aktionen, die von einem visuellen Display ausgewählt werden, genau deutlich machen können, was sie wol-len, dann können sie oft und schnell ihre Ziele erreichen, während sie ihr Gefühl von Kontrolle und Vollendung bewahren können.

6.6 Computer im privaten Bereich

Viele Unternehmen sagen international einen großen Markt für weitreichende Steuerung im privaten Bereich voraus, aber nur, wenn die Benutzerschnittstellen einfach gestaltet werden können. Fernbedienung der Geräte (entweder innerhalb des Hauses, von außerhalb oder durch programmierbare Einstellungen) wird auf Kabelfernsehen und -radio im gesamten Haus ausgedehnt, da wird der Garten vorgeplant als Funktion der Bodenfeuchtigkeit gewässert, es führt zu Video-überwachung und Einbruchalarmanlagen und zur Bereitstellung von Umgebungs-kontrollen für viele Bereiche und dazu noch detaillierte Wartungsberichte.

Einige Designer setzen auf Sprachkontrollen, aber die kommerziell erfolgreichen Systeme nutzen traditionelle Buttons zum Drücken, Fernbedienungen, Telefontas-taturen und Touchscreens, wobei letztere sich als die populärsten erwiesen haben.

Installationen mit zwei bis zehn im Haus verteilten Touchscreens sollten die meisten Hauseigentümer zufrieden stellen. Die Möglichkeit zur direkt manipulativen Kontrolle mit ausführlichem Feedback ist bei diesen Applikationen wesentlich. Die Anwender sind gerne bereit, sich zu schulen, aber die Bedienung muss schnell und leicht zu erinnern sein, auch wenn die jeweilige Option nur ein oder zweimal im Jahr genutzt wird (so wie Einstellungen, die bei der Umstellung von Sommer- auf Winterzeit notwendig werden).

Untersuchungen von vier Touchscreen-Designs, die alle auf direkter Manipulation beruhen, erforschten das Einstellen von Aufnahmezeiten für Videorecorder und für Lichtkontrollen (Plaisant et al., 1990; Plaisant und Shneiderman, 1991). Die vier Designs waren

1. eine Digitaluhr, die vom Benutzer durch das Drücken von Schritt-Tasten eingestellt wird (ähnlich wie das Programmieren bei aktuellen Videorecordern),

2. eine 24-Stunden-Uhr mit analogem Zifferblatt, deren Zeiger die Benutzer per Hand verschieben können,

3. eine 12-Stunden-Uhr mit analogem Zifferblatt (plus A.M.-P.M.-Umschalter), deren Zeiger die Benutzer per Hand verschieben können (Abb.6.12)

4. eine 24-Stunden-Zeitlinie, auf der Ein-Aus-Fahnen platziert werden können, um Anfangs- und Endzeiten anzuzeigen (Abb. 6.13)

Die Ergebnisse weisen daraufhin, dass die 24-Stunden-Zeitlinie am einfachsten zu verstehen und zu benutzen war. Für dieses Design waren die Prinzipien der direkten Manipulation zentral; die User wählten ein Datum aus, indem sie einen Monatskalender antippten, und die Zeiten, indem sie die ON- und OFF-Fähnchen auf der 24-Stunden-Zeitlinie verschoben. Die Fähnchen waren eine effektive Art der Darstellung von EIN und AUS Funktionen und der Festlegung der Zeit ohne die Tastatur. Die Kapazität, die Standpunkte der Fähnchen inkremental einzustellen, und die Leichtigkeit, mit der sie wieder entfernt werden können, waren zusätzliche Pluspunkte. Wir weiten das Design aus, damit wir es an komplexere Aufgaben anpassen können, so wie das zeitliche Einstellen und das Synchronisieren verschiedener Geräte, das Suchen in Zeitplänen nach einem Datum mit einem speziellen Ereignis, die Planung von sich wiederholenden Ereignissen (Vorhänge jede Nacht bei Dämmerung schließen, Licht immer Freitag nachts um 19 Uhr einschalten, monatlich den Status aufzeichnen) und lang andauernden Ereignissen. Eine Verallgemeinerung der Idee der Fähnchen auf einer Linie wurde bei einer Heizkontrolle angewandt, bei denen die Anwender obere und untere Richtwerte durch das Ziehen von Fähnchen auf einem Thermometer einstellten.

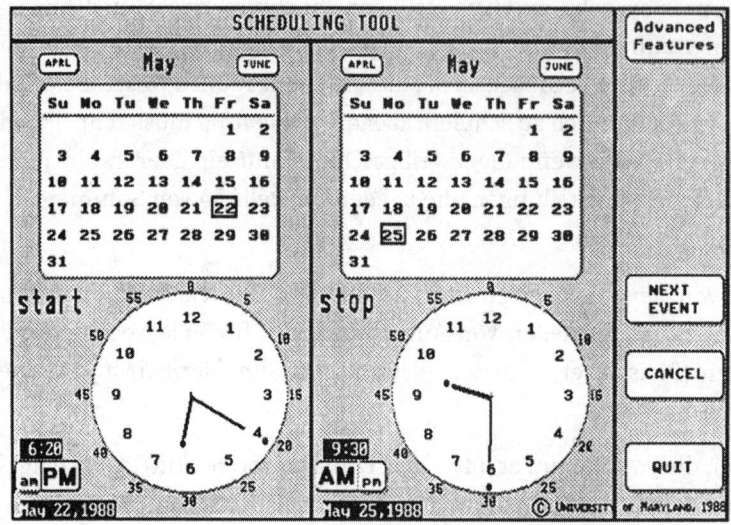

Abb. 6.12: Dieser Zeitplaner zeigt zwei Kalender für die Start- und Stoppzeiten plus zwei 12-Stunden-Uhren mit analogem Zifferblatt, deren Zeiger die Benutzer verschieben können, um die Anfangs- und Endzeiten einstellen zu können (Mit freundlicher Genehmigung der University of Maryland, College Park, Maryland)

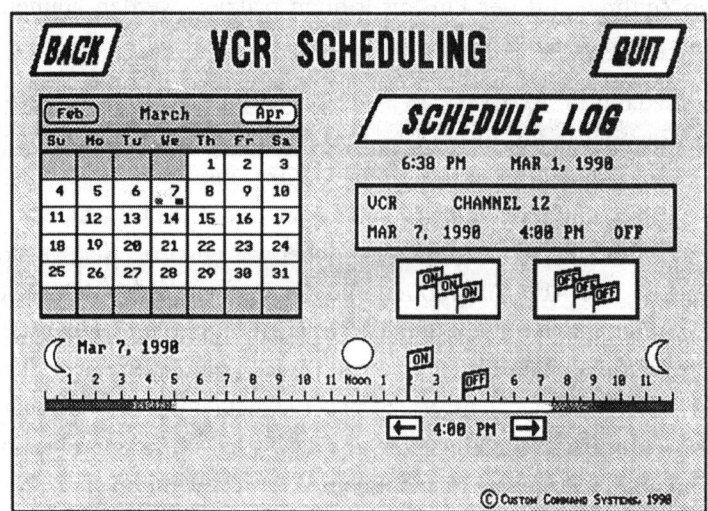

Abb. 6.13: Dieser 24-Stunden-Zeitplaner war in unseren Usability-Tests am erfolgreichsten. Die Benutzer wählten ein Datum durch Zeigen auf den Kalender und das Verschieben der ON- und OFF-Fähnchen auf der 24-Stunden-Zeitlinie. Das Feedback ist eine rote Linie auf dem Kalender und der Zeitlinie. (Mit freundlicher Genehmigung der University of Maryland, College Park, Maryland)

Weil so viel der Kontrollen im häuslichen Bereich auch mit der Raumanordnung und den Grundrissen zu tun hat, finden viele direkt manipulative Aktionen auf einer Anzeige des Grundrisses statt (Abb. 6.14), wobei auswählbare Icons für jeden Statusanzeiger (wie Einbrecheralarm, Temperaturfühler oder Rauchdetektoren) und für jeden Einschalter (wie die für das Schließen und Öffnen von Vorhängen oder Jalousien zuständigen Motoren, Kontrollen für Aircondition oder Heizlüftung oder Lautsprecher und Bildschirme für Audio und Video) stehen. Man könnte Sound von einem CD-Player, der im Wohnzimmer steht, einfach ins Schlafzimmer oder in die Küche umleiten, indem man das CD-Icon auf diese Räume zieht. Die Lautstärke könnte über einen Schieberegler auf einer linearen Skala geändert werden.

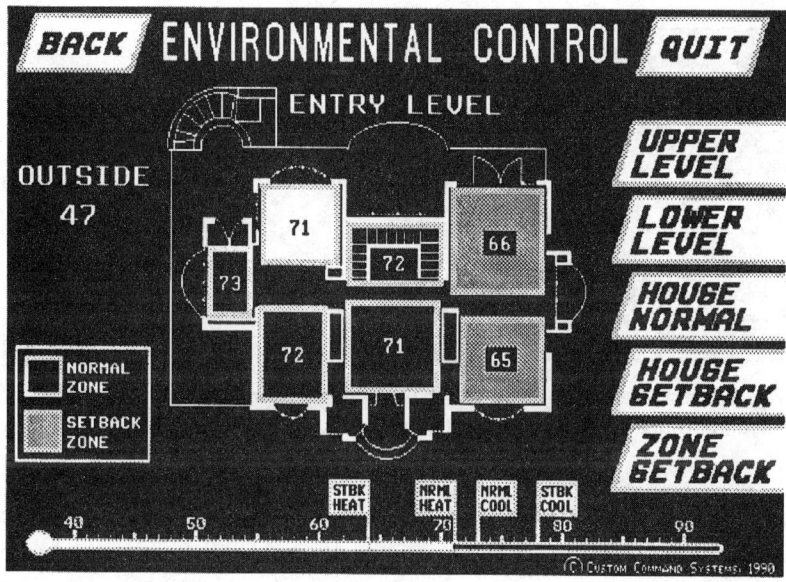

Abb. 6.14: Grundriss eines Hauses, über den man die Temperaturen einstellen kann. Direkt manipulative Designs betonen aufgabenspezifische Grafiken (mit freundlicher Genehmigung von Custom Command Systems, College Park, Maryland).

Die einfache Aktion, ein Gerät ein- oder auszuschalten, hat sich als interessantes Problem herausgestellt. An der Wand angebrachte Lichtschalter zeigen ihren Status typischerweise dadurch, dass sie bei EIN nach oben zeigen und bei AUS nach unten. Die meisten Menschen kennen diesen Standard und können das Gewünschte bei ersten Versuch bekommen, wenn sie wissen, welchen Schalter sie bedienen müssen, um ein bestimmtes Licht einzuschalten. Die Schalter so anzuordnen, dass sie dem Grundriss entsprechen, löst das Problem auf eine schöne Weise (Norman, 1988). Besucher könnten Probleme bekommen, weil in einigen Ländern EIN und AUS vertauscht sind oder die Schalter durch zu drückende Knöpfe ersetzt wurden. Um die verschiedenen Möglichkeiten zu erforschen, konstruierten wir sechs Arten von EIN-AUS-Knöpfen auf einem Touchscreen mit dreidimensionaler Animation und Sound (Abb. 6.15). Es gab signifikante Unterschiede in den Vorlieben der User, mit hohen Werten für den einfachen Button, den Kippschalter, und verschieden hohe Buttons zum Drücken. Die multiplen Buttons zum Drücken haben eine schnell verständliche visuelle Darstellung, und man kann sie schön auf Geräte mit verschiedenen Zuständen übertragen (AUS, NIEDRIG, MITTEL, HOCH).

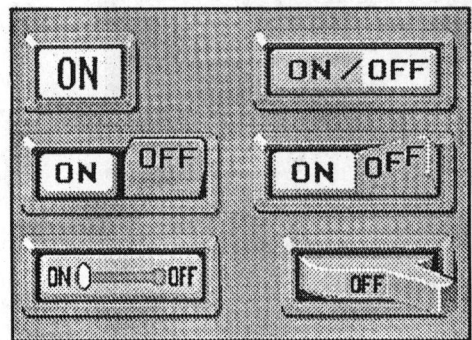

Abb. 6.15:   Verschiedene Designs für Wechselschalter unter Verwendung von dreidimensionalen grafischen Attributen. Design von Catherine Plaisant.

Ein Kontrollieren komplexer Geräte im Heimbereich über ein Touchscreen durch direkte Manipulation formt unser Denken über den privaten Bereich und seine Bewohner neu. Es entstehen neue Fragestellungen, ob z.B. die Bewohner sich sicherer fühlen, glücklicher sind, mehr Geld sparen oder entspannter sein können, wenn sie diese Geräte haben. Gibt es neue Notationen, so wie Varianten von Petrinetzen oder Diagramme mit Rollenaufgaben, um die Computerisierung des Privathaushalts und die sozialen Beziehungen unter den Bewohnern zu beschreiben? Die Vorteile für die behinderten oder älteren User kamen uns oft in den Sinn, als wir am Design dieser Systeme arbeiteten, weil gerade diese Menschen wesentlich von dieser Technologie profitieren können, auch wenn die ersten Implementierungen für die Reichen und Gesunden designt sind.

6.7   Ferngesteuerte direkte Manipulation

Es gibt viele Möglichkeiten für die Fernbedienung oder Fernsteuerung von Geräten, wenn akzeptable Benutzerschnittstellen konstruiert werden können. Wenn Designer ein adäquates Feedback in annehmbarer Zeit bereitstellen können, um effektive Entscheidungsfindung zu ermöglichen, können attraktive Applikationen im Bereich der Büroanwendungen, computerunterstützte Teamarbeit, Bildung und Informationsdienste lebensfähig werden. Ferngesteuerte Umgebungen in der Medizin können Spezialisten dazu befähigen, Konsultationen schneller durchzuführen oder es Chirurgen erlauben, komplexere Prozeduren während der Operationen zu leiten. Applikationen für den Heimbereich könnten sich auf die ferngesteuerte Bedienung von Anrufbeantwortern für Sicherheits- und Zugangssysteme, Energieüberwachung und Betrieb von Haushaltsgeräten ausdehnen. Wissenschaftliche Applikationen im Weltraum, in der Tiefsee oder in lebensfeindlichen Umgebungen können neue Forschungsprojekte zulassen, die ökonomisch und sicher geleitet werden können (Uttal, 1989; Sheridan, 1992).

In traditionellen direkt manipulativen Systemen werden die wichtigen Objekte und Aktionen fortlaufend angezeigt; die User zeigen, klicken und ziehen eher, als dass sie etwas eintippen; und Feedback, das eine Änderung anzeigt, kommt sofort. Wenn aber die Geräte, die bedient werden, woanders stehen, sind diese Ziele vielleicht nicht realisierbar, und Designer müssen zusätzliche Anstrengungen aufwenden, um den Usern dabei zu helfen, mit langsameren Antwortzeiten, unvollständigem Feedback, höherer Wahrscheinlichkeit von Pannen und komplexerer Fehlerbehebung umzugehen. Die Probleme sind eng mit der Hardware, der physischen Umgebung, dem Netzwerk-Design und den Aufgabenbereichen verbunden.

Eine typische Fern-Applikation ist die Telemedizin: medizinische Versorgung, die über Kommunikationskanäle verteilt wird (Satava und Jones, 1996). In einem Szenarium sind der konsultierte medizinische Spezialist und der Arzt oder Techniker des Patienten an unterschiedlichen Standorten. Dann erlaubt es beispielsweise ein effektives telepathologisches System (Weinstein et al., 1989) einem Pathologen, Gewebeproben oder Körperflüssigkeiten unter einem sich an anderer Stelle befindlichen Mikroskop zu untersuchen (Abb. 6.16 und 6.17). Die sendende Workstation hat eine hochauflösende Kamera, die an einem motorisierten Lichtmikroskop angebracht ist. Der konsultierte Pathologe an der empfangenden Workstation kann das Mikroskop über ein Keypad manipulieren und ein hochauflösendes Bild der vergrößerten Probe betrachten. Die beiden behandelnden Ärzte sprechen über das

Telefon, um die Bedienung zu koordinieren und Objektträger mit der Hand unter das Mikroskop legen zu lassen. Die Bedienung schließt Folgendes ein:

- Vergrößerung (drei oder sechs Objektive)
- Fokus (bidirektionale Grob- und Feineinstellung)
- Beleuchtung (bidirektionale stufenweise oder stufenlose Einstellung)
- Positionierung (zweidimensionales Platzieren des Objektträgers unter dem Mikroskop-Objektiv)

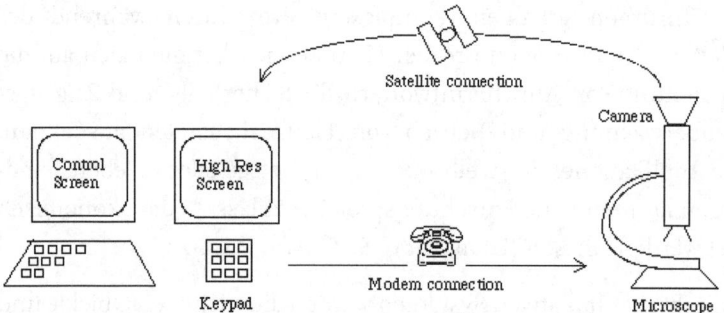

Abb. 6.16: Ein vereinfachtes Diagramm eines telepathologischen Systems, bei dem die Kontrollaktionen über Telefon und die Bilder über Satellit geschickt werden.

Abb. 6.17: Telepathologische Komponenten beinhalten ein Mikroskop mit einer Kamera, die an einer Workstation angebracht sind. Dieses Setup ermöglicht es dem Pathologen, die Objektträger mit der Fernbedienung zu untersuchen (Mit freundlicher Genehmigung von William J. Chimiak und Robert O. Rainer, The Bowman Gray School of Medicine of Wake Forest University, Winston Salem, North Carolina).

Die Architektur von entfernt gelegenen Umgebungen führt einige komplizierende Faktoren ein:

- *Zeitverzögerung* Die Netzwerk-Hardware und -Software verursacht Verzögerungen beim Senden der User-Aktionen und dem Empfangen von Feedback: eine Übertragungsverzögerung – das ist die Zeit, die der Befehl braucht, um das Mikroskop zu erreichen (in unserem Beispiel die Übertragung des Befehls durch das Modem) – und die Bedienungsverzögerung – das ist die Zeit, bis das Mikroskop reagiert – (Van de Vegte et al., 1990). Diese Verzögerungen im System verhindern, dass der Bediener den genauen Status des Systems kennt. Wenn z.B. ein Positionierungsbefehl ausgeschickt wurde, kann es mehrere Sekunden dauern, bis der Objektträger beginnt, sich zu bewegen. Wenn das Feedback über die Bewegung erscheint, könnte der Bediener erkennen, dass man über das Ziel hinausschießt, aber wiederum vergehen einige Sekunden, bis der Stopp-Befehl greift.

- *Unvollständiges Feedback* Geräte, die ursprünglich für direkte Kontrolle gestaltet wurden, haben möglicherweise keine angemessenen Sensoren oder Statusanzeiger. Beispielsweise kann das Mikroskop seine momentane Position übertragen, aber es operiert so langsam, dass es nicht kontinuierlich benutzt werden kann. So ist es nicht möglich, auf dem Kontrollbildschirm die exakte aktuelle Position relativ zum Start und zu den gewünschten Positionen anzuzeigen.

- *Feedback von verschiedenen Quellen* Unvollständiges Feedback unterscheidet sich von fehlendem Feedback. Das Bild auf einem hochauflösenden Bildschirm ist das Haupt-Feedback, um das Resultat einer Aktion zu bewerten. Zusätzlich kann das Mikroskop gelegentlich seine exakte Position melden, um eine Neukalibrierung der Statusanzeige zu ermöglichen. Es ist ebenfalls möglich, die geschätzte Stufenposition bei der Ausführung einer Bewegung anzuzeigen. Dieses geschätzte Feedback kann als Fortschrittsanzeige genutzt werden, dessen Genauigkeit von der Veränderlichkeit der Zeitverzögerungen abhängt. Um der physikalischen Inkompatibilität zwischen dem hochauflösenden Feedback (analoges Bild) und dem Rest des Systems (digital) zu entsprechen, verteilen wir die mehrfachen Feedbacks über mehrere Bildschirme. So wird der Pathologe gezwungen, zwischen mehreren Feedbackquellen hin und her zu springen, was seine kognitive Belastung erhöht.

- *Unerwartete Interferenzen* Weil die Geräte über Distanz bedient werden und möglicherweise auch von anderen Personen an diesem oder noch einem anderen Ort bedient werden, können unerwartete Interferenzen noch wahrscheinlicher entstehen als in traditionellen direkt manipulativen Umgebungen. Wenn beispielsweise der Objektträger unter dem Mikroskop (aus Versehen) vom Bediener vor Ort bewegt wird, könnten die angezeigten Position verkehrt sein. Es kann auch eine Panne während der Durchführung der Fernbedienung passieren, ohne dass ein gutes Anzeichen dafür an die andere Stelle gesandt wird. Solche Pannen erfordern erhöhte Statusinformationen für entfernte User und zusätzliche Aktionen, die eine Korrektur erlauben.

Eine Lösung dieser Probleme ist, die Netzwerkverzögerungen und Pannen explizit zu einem Teil des Systems zu machen. Der User sieht ein Modell vom Anfangsstatus des Systems, die Aktion, die initiiert wurde, und den gegenwärtigen Status des Systems, während die Aktion ausgeführt wird. Möglicherweise sollte man Positionierungsbefehle in räumlichen Parametern angeben (z.B. gehe über die Distanz $+x$, $+y$, oder gehe zu einem bestimmten Punkt (x,y) in einem zweidimensionalen Raum), statt zeitlich abhängige Befehle zu geben (z.B. gehe anfangs nach rechts in einem Winkel von 36 aus der Horizontale). Der User legt also mit anderen Worten einen Zielpunkt (und keine Bewegung) fest und wartet, bis die Aktion vollführt wurde, bevor er, falls nötig, den Zielpunkt neu einstellt.

Ferngesteuerte direkte Manipulation wurzelt in zwei Bereichen, die bislang voneinander unabhängig waren. Die erste Wurzel erwächst aus der direkten Manipulation in PCs und wird oft mit der Desktop-Metapher und der Büro-Computerisierung identifiziert. Die zweite Wurzel stammt aus der Prozesskontrolle, in der menschliche Operatoren physikalische Prozesse in komplexen Umgebungen kontrollieren. Typische Aufgaben sind die Bedienung von Kraftwerken oder chemischen Fabriken, Produktionskontrolle und das Lenken von Flugzeugen oder Fahrzeugen. Wenn der physikalische Prozess an einem anderen Ort stattfindet, sprechen wir von *Teleoperation* oder *Fernbedienung (Remote Control)*. Um die Kontrollaufgabe durchzuführen, kann der menschliche Operator mit einem Computer interagieren, der dann wiederum einige der Kontrollaufgaben ohne Interferenzen durch den menschlichen Operator durchführt. Diese Idee wird in der Bezeichnung der *supervisorischen Kontrolle (Supervisory Control)* eingefangen (Sheridan, 1992). Obwohl supervisorische Kontrolle und direkte Manipulation aus unterschiedlichen Problembereichen stammen und gewöhnlich in unterschiedlichen Systemarchitekturen eingesetzt werden, ähneln sie sich doch sehr.

6.8 Virtuelle Umgebungen

Die Designer von Flugsimulatoren nutzen viele Tricks, um für die Piloten von Kampf- oder Passagierflugzeugen eine möglichst realistische Erfahrung zu schaffen. Die Anzeigen und Kontrollen im Cockpit werden aus der gleichen Produktionslinie entnommen, die auch die echten bauen. Die Fenster werden dann durch hochauflösende Computer-Bildschirme ersetzt, und die Töne werden derartig in Einklang gebracht, dass der Eindruck vom Maschinenstart oder Umkehrschub entsteht. Schließlich werden die Vibrationen und die Schieflage beim Abheben oder Wenden durch hydraulische Hebebühnen und komplizierte Aufhängesysteme erzeugt. Diese durchdachte Technologie kann bis zu 100 Millionen Dollar kosten, aber sogar das ist deutlich billiger, sicherer und nützlicher bei der Schulung als der Jet für 400 Millionen Dollar, den es simuliert. Natürlich haben die Videospieler zu Hause Millionen von Flugsimulatoren für jeweils 30 Dollar gekauft, die auf ihren PCs laufen. Ein Flugzeug zu fliegen, ist eine komplizierte und spezialisierte Fähigkeit, aber Simulatoren sind unter dem verlockenden Begriff *virtuelle Realität* (*virtual reality*) oder dem mehr beschreibenden *virtuelle Umgebungen* (*virtual environments*) auch für allgemein verbreitete – und einige überraschende – Aufgaben erhältlich.

Weit über dem Büro-Desktop, jenseits von Multimedia und weit entfernt von der Hype über Hypermedia, versprechen die Gurus und Lieferanten der Virtualität Erfahrungen, in die man eintauchen kann (Abb. 6.18). Ob man über Seattle Segelfliegen möchte, in bronchialen Röhren nach Lungenkrebs sucht oder komplexe Moleküle *begreifen* möchte, die Erforscher des Cyberspace sind schon weit über ihre anfänglichen Fantasien hinausgegangen, um brauchbare Technologien zu schaffen. Die an der virtuellen Realität beteiligten Persönlichkeiten und die bildliche Sprache sind oft sehr farbenfroh (Rheingold, 1991), aber viele Forscher haben versucht, einen ausgeglicheneren Blick zu bieten, indem sie ihre Begeisterung mitteilten, während sie von Problemen berichteten (MacDonald und Vince, 1994; Bryson, 1996).

Seit zwei Jahrzehnten nutzen Architekten die Computer, um dreidimensionale Darstellungen von Gebäuden zu zeichnen. Die meisten ihrer Design-Systeme zeigen das Gebäude auf einem Standard- oder etwas größeren Display, aber wenn man einen Großbildschirmprojektor nutzt, um ein großes Bild auf die Wand zu werfen, bekommen die potenziellen Kunden einen realistischeren Eindruck. Nun füge man Animationen hinzu, um es den Klienten zu ermöglichen zu sehen, was passiert, wenn sie sich nach links oder rechts bewegen oder in das Bild eintreten. Dann erlaube man den Klienten, die Animation durch Gehen auf einem Laufband zu kontrollieren (schnelleres Gehen bringt einen rascher zum Gebäude), und erlaube ihnen, die Treppe hoch oder durch die Türen zu gehen. Schließlich ersetze man den Großbildprojektor durch ein Head-Mounted-Display und überwacht die Kopfbewegungen mit Polhemus-Trackern. Jede Änderung nimmt die User ein kleines Stück weiter in der Bandbreite von »anschauen« bis hin zu »drin sein«. Auf die Wände stoßen, (sachte) die Treppe hinunterfallen, andere Leute treffen oder auf einen Fahrstuhl warten zu müssen, könnten die nächsten Variationen sein.

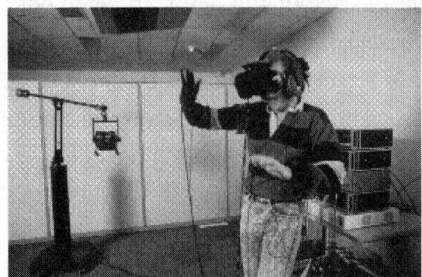

Abb. 6.18: Bei der Verwendung von Datenbrille und -handschuh verfolgt das System die Bewegungen von Kopf und Händen des Users und auch die Gesten der Finger, um die Bewegungen und Manipulationen der Szene zu kontrollieren. Um diese virtuelle Umgebung betreten zu können, wird eine spezielle Ausrüstung benötigt. Jedes der verschiedenen Arten von stereoskopischen Geräten transformiert ansonsten zweidimensionale Bilddaten in dreidimensionale Bilder. Einige dreidimensionale Betrachter, genannt head-mounted displays, gleichen Helmen mit kleinen Bildschirmen, wo sonst das Visier wäre. (NCSA / University of Illinois).

Eine Anwendung im Bereich der Architektur ist ein überzeugendes Argument für das »drin sein«, weil wir daran gewöhnt sind, »in« Gebäuden zu sein und um sie herum zu gehen. Andererseits ist es bei vielen Applikationen oft effektiver, wenn man »anschauen« kann, und darum platzieren Workstations für Flugleitsysteme den Betrachter über die Anzeige der Situation. Entsprechend ist das Betrachten von Filmen auf großen, gebogenen Bildschirmen, die den Betrachter »in« Rennwagen oder Flugzeuge setzt, ein besonderes Erlebnis verglichen mit der üblicheren Fernseherfahrung, bei der man etwas »anschaut«. Das Living Theater aus den sechziger Jahren schuf eine Theatererfahrung, bei der man mitten drin steckte, und »be-ins« waren sehr populär, aber die meisten Theaterbesucher ziehen es vor, ihre Erfahrungen einer »Pause vom Zweifel« aus der Perspektive des »Anschauens« zu machen (Laurel, 1991).

Es bleibt abzuwarten, ob Ärzte, die daran gewöhnt sind, einen Patienten »anzuschauen«, wirklich durch die Lungen des Patienten kriechen oder »im« Gehirn des

Patienten sein wollen. Moderne chirurgische Prozeduren und Technologien können davon profitieren, indem sie Videobilder aus dem Herzen eines Patienten »anschauen«, die über fiber-optische Kameras aufgenommen wurden, und fernbedienbare direkt manipulative Geräte verwenden, die die invasive Chirurgie minimieren. Die Planung von chirurgischen Eingriffen kann ebenfalls mit dreidimensionalen »Anschauungs«-Visualisierungen vorgenommen werden, die auf einem traditionellen Desktopbildschirm gezeigt und über manuelle Einrichtungen geführt werden (Hinckley et al., 1994). Es gibt weltlichere Anwendungen für solch magische Video- und fiberoptischen Geräte; stellen Sie sich die Vorzüge für einen Klempner vor, der in der Lage ist, verlorene Eheringe im Knie eines Abflusses zu sehen oder ein Kinderspielzeug zu finden und herauszuholen, das in die Toilette gefallen ist und nun die Abflussröhre verstopft.

Andere Konzepte, die zu Quellen der momentanen Aufregung wurden, schließen die artifizielle Realität ein, der Myron Krueger (1991) den Weg ebnete. Seine Installationen VideoPlace und VideoDesk mit Großbildschirmen und Videosensoren kombinierten Bewegungen des gesamten Körpers mit projizierten Bildern von Lichtwesen, die auf dem Arm eines Künstlers entlang liefen, oder vielfarbigen Mustern und Klängen, die durch die Bewegungen des Künstlers generiert wurden. Gleichermaßen führten die Demonstrationen des Mandala-Systems durch Vincent Vincent die Performancekunst zu einem neuen Level von Raffinesse und Fantasie. *The CAVE*, ein Raum mit mehreren Wänden von hochauflösenden Displays, auf die von hinten projiziert wurde, mit dreidimensionaler Audioeinrichtung, können für mehrere Menschen gleichzeitig befriedigende Erfahrungen ermöglichen (Cruz-Neira et al., 1993) (Abb. 6.19).

Der Aspekt der Telepräsenz der Virtuellen Realität bricht die physikalischen Begrenzungen des Raumes auf und erlaubt den Usern, sich so zu verhalten, als wären sie an einem anderen Ort. Praktische Denker begreifen sofort die Verbindung zwischen direkter Manipulation, Kontrolle und Sehen über große Distanzen, aber fantasiereiche Leute sehen das Potenzial, der gegenwärtigen Realität zu entfliehen und Science-Fiction-Welten, Zeichentrickländer, frühere Zeiten in der Geschichte, Galaxien mit anderen physikalischen Gesetzen oder unerforschte emotionale Territorien zu besuchen. Virtuelle Welten können benutzt werden, um Patienten mit Höhenangst zu behandeln, indem man ihnen das Eintauchen in eine Erfahrung ermöglicht, in der sie Kontrolle über ihren Blickwinkel besitzen, während sie ihren Sinn für die physische Sicherheit bewahren (Abb. 6.20) (Hodges et al., 1995).

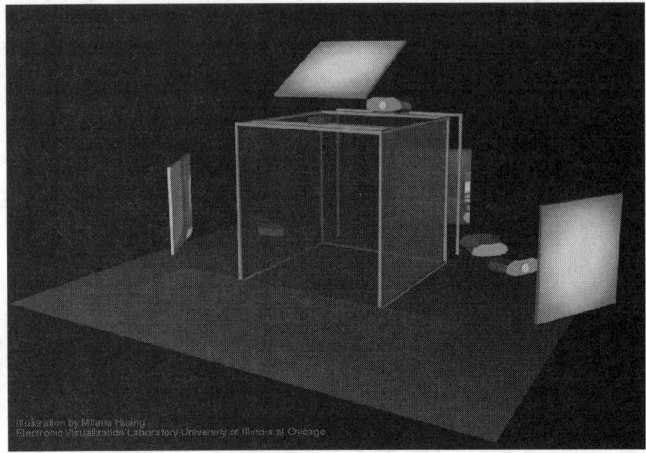

Abb. 6.19: The CAVE ™, eine raumgroße Einrichtung für mehrere Personen mit hochauflösender 3D-Video- und Audio-Umgebung an der University of Illinois in Chicago. The CAVE ist ein 3 x 3 x 2,70 m großes Theater mit drei rückwärtigen Projektionsflächen als Wände und einem Projektionsschirm nach unten als Boden. Die Projektoren werfen farbige Workstation-Felder (1024 x 768 Stereo) mit 96 Hz auf die Bildschirme. (© 1992. Mit freundlicher Genehmigung von Lewis Siegel und Kathy O'Keefe, Electronic Visualization Laboratory, University of Illinois in Chicago)

Abb. 6.20: Therapie mit virtueller Realität für Patienten mit Akrophobie. Diese User können sich an Höhen gewöhnen, indem sie in diesem virtuellen Fahrstuhl, der ein Geländer in Hüfthöhe aufweist, nach oben fahren. Die Kontrollen für den Fahrstuhl befinden sich auf dem Geländer: ein grüner Pfeil für nach oben, ein grüner Pfeil für nach unten, und ein rotes Quadrat für Stopp. (Hodges et al,. 1995) (Mit freundlicher Genehmigung von Larry F. Hodges, Rob Kooper und Tom Meyer, Georgia Tech, Atlanta, GA.)

Die Prinzipien der direkten Manipulation und das OAI-Modell könnten für Personen hilfreich sein, die virtuelle Umgebungen designen und überarbeiten. Anwender sollten in der Lage sein, Aktionen schnell durch Zeigen oder Gesten mit inkrementaler und umkehrbarer Kontrolle auswählen zu können, und Feedback auf dem Display sollte sich sofort einstellen, damit man ein Gefühl für Kausalität bekommt. Objekte und Aktionen des Interface sollten einfach gehalten sein, so dass die Anwender die Objekte des Aufgabenbereiches sehen und manipulieren können. Die Instrumente des Chirurgen sollten unschwer zur Verfügung stehen oder einfach durch gesprochene Befehle oder Gesten aufgerufen werden können. Entsprechend sollte ein Designer für Innenausstattungen, der mit einem Klienten durch ein Haus geht, in der Lage sein, ein Tool für die Größenveränderung der Fenster aufzunehmen oder an einem Hebel ziehen können, um ein größeres Fenster auszuprobieren, oder ein Tool für das Bemalen der Räume nutzen können, um die Wandfarbe zu ändern, während Fenster und Möbel unberührt bleiben. Die Navigation in großen virtuellen Räumen bietet weitere Herausforderungen, aber Übersichtskarten haben sich als hilfreich bei der Bereitstellung von Informationen zur Orientierung erwiesen (Darken und Sibert, 1996).

Alternativen zu einer Umgebung, in die man eintauchen kann, die oft als Virtuelle Umgebungen mit dem Zusatz *Desktop* oder *Fishtank* bezeichnet werden (beides Referenzen darauf, dass man Standard-Displays »anschaut«), verbreiten sich immer mehr und werden immer mehr akzeptiert. Die lange während aktive Arbeit an dreidimensionalen Grafiken führte zu Benutzerschnittstellen, die anwenderkontrollierte Erforschung von realen Orten, wissenschaftlichen Visualisierungen oder Fantasy-Welten unterstützen. Viele Applikationen laufen auf Hochleistungsworkstations, die zu schnellem Rendering in der Lage sind, aber einige finden sogar über das Web Anklang, wobei die populäre *Virtual Reality Modeling Language (VRML)* benutzt wird (Goralski, 1996).

Wissenschaftler aus dem grafischen Bereich haben die Bildanzeige perfektioniert, um Lichteffekte, Oberflächentexturen, Reflektionen und Schatten zu simulieren. Datenstrukturen und Algorithmen für das schnelle und flüssige Zoomen oder Schwenken über ein Objekt oder einen Raum werden auch auf normalen Computern anwendbar. Eine Erfindung namens »*augmented reality*« (verstärkte Realität) ermöglicht es den Anwendern, die reale Welt mit einer Einblendung von zusätzlichen Informationen zu sehen; wenn beispielsweise die Anwender auf die Wände eines Gebäudes schauen, zeigen ihre semitransparenten Brillengläser, wo sich die Strom- oder Wasserleitungen befinden. *Augmented reality* könnte den Anwendern zeigen, wo und wie sie ihre elektrischen Geräte oder Automotoren reparieren müssen (Feiner, 1993).

Eine andere Variante mit dem Namen *situative Kenntnis* (*situational awareness*) benutzt einen Palmtop-Computer mit einem Lagesensor, um das Display zu kontrollieren. Wenn der Anwender den Palmtop über eine Karte, in einem Museum oder einem Maschinenteil bewegt, zeigen sich auf dem Display Informationen über die Stadtteile, die Gemälde oder die zurückliegenden Reparaturen (Fitzmaurice, 1993). Einkaufswagen, die über Displays für Produkte werben, während Sie die Gänge im Supermarkt entlanggehen, sind schon längst installiert.

Abb. 6.21: Ein am Kopf angebrachtes stereoskopisches Display in Farbe. Das Fakespace BOOM3C (Binocular Omni-Orientation Monitor) verfügt über hochauflösende Displays und Tracking, integriert mit einem Gelenkarm mit Gegengewicht für eine freie Rundum-Bewegung (x, y, z, drehen, neigen, gieren). Abgebildet ist ein Computer-Modell der Basilika des Heiligen Franz von Assisi mit Fresken von Giotto aus dem 14. Jahrhundert (Zusammengestelltes Photo von BOOM3C® mit freundlicher Genehmigung von Fakespace, Inc. (241 Polaris Avenue, Mountain View, CA 94043) und Infobyte).

Erfolgreiche virtuelle Umgebungen werden von der nahtlosen Integration verschiedener Technologien abhängen:

■ *Visuelles Display* Das normal große (12 bis 15 Zoll in der Diagonale) Computerdisplay liegt in einer normalen Sichtweite (70 cm) in einem Winkel von 5 Grad gegenüber; Großbildschirme (15 bis 22 Zoll) können einen Bereich von 20 bis 30 Grad und die Head-Mounted-Displays bis zu 100 Grad horizontal und 60 Grad vertikal abdecken. Die Head-Mounted-Displays versperren die Sicht auf andere Bilder, was den Effekt noch dramatischer macht, und die Kopfbewegung produziert neue Bilder, wodurch der Anwender den Eindruck bekommt, dass 360 Grad abgedeckt werden. Flugsimulatoren blockieren ebenfalls nicht dazugehörige Bilder, aber sie tun dies, ohne den User zu zwingen, diese manchmal klobigen Head-Mounted-Displays zu tragen. Eine andere Möglichkeit ist ein an einem Auslegearm angebrachtes Display, das die Position des User wahrnimmt, ohne dass er oder sie schwere Brillen tragen muss (Abb. 6.21).

Bei weiterer Verbesserung der Technologie wird es möglich sein, schnellere Bilder mit noch besserer Auflösung bereitzustellen. Die meisten Forscher stimmen überein, dass die Displays eine Echtzeit-Anzeige der Bilder für die Anwender erreichen müssen (mit einer Verzögerung unterhalb von 100 Millisekunden). Niedrig auflösende Displays sind akzeptabel, wenn die Anwender oder die Objekte sich bewegen, aber wenn die Anwender innehalten, um zu schauen, wird höhere Auflösung nötig, um das Gefühl des »drinnen seins« zu erhalten. Verbesserte Hardware und Algorithmen sind nötig, um unregelmäßige Formen schnell darzustellen und die Details dann nachzuliefern, wenn die Bewegung anhält. Weiter ist eine flüssige Bewegung erforderlich, inkrementale Veränderungen und fortlaufende Anzeige der Objekte, die die Aufmerksamkeit auf sich ziehen, sind grundlegend notwendig (Hendrix und Barfield, 1996).

- *Erkennen der Kopfhaltung* Head-Mounted-Displays können je nach Kopfhaltung unterschiedliche Ansichten bieten. Schauen Sie nach rechts, und Sie sehen einen Wald; schauen Sie nach links, und der Wald weicht zurück, eine Stadt wird sichtbar. Die Polhemus-Tracker erfordern eine Halterung am Kopf des Anwenders, aber es sind auch andere Geräte möglich, die in einen Hut oder in eine Brille eingebaut sind. Die Videoerkennung der Kopfhaltung ist auch möglich. Die Präzision der Sensoren sollte hoch (innerhalb von 1 Grad) und schnell (innerhalb von 100 Millisekunden) sein. Das Tracking der Augen kann hilfreich sein, um den Fokus der Aufmerksamkeit zu erkennen, aber dies ist schwer zu erreichen, wenn der Anwender sich bewegt und ein Head-Mounted-Display trägt.

- *Erkennen der Handhaltung* Der Datenhandschuh ist eine höchst innovative Erfindung; er wird sicherlich noch raffinierter und mehr verbessert, als er es jetzt mit seiner niedrigen Auflösung ist. Bryson (1996) stellt fest, dass »die Probleme mit Handschuhgeräten Ungenauigkeiten beim Messen beinhalten und ihnen eine Standard-Vokabular der Gesten fehlt«. Es könnte sich herausstellen, dass eine genaue Messung der Fingerpositionen nur für ein oder zwei Finger oder nur für ein oder zwei Gelenke notwendig ist. Die Position der Hand im Raum wird durch einen Polhemus-Tracker ermöglicht, der auf dem Handschuh oder dem Handgelenk angebracht ist. Sensoren für andere Körperbereiche wie Knie, Arme oder Beine könnten auch Verwendung finden. Auf das Potenzial für Sensoren und taktiles Feedback an eher erotischen Körperteilen wurde von mehr als einem Journalisten hingewiesen.

- *Force Feedback* Über die Hände kontrollierte und geführte Geräte für Fernbedienung geben bei Experimenten in chemischen Labors oder für das Arbeiten mit nuklearen Materialien Force Feedback, das den Usern ein gutes Gespür dafür geben, wenn sie ein Objekt ergreifen oder darauf prallen. Force Feedback für Autofahrer und Piloten wird sorgfältig konfiguriert, um eine realistische und nützliche taktile Information zu ermöglichen. Simuliertes Feedback über Software war erfolgreich bei der Beschleunigung von Docking-Aufgaben mit komplexen Molekülen (Brooks, 1988). Es könnte Chirurgen bei der Durchführung von schwierigen Operationen helfen, Force Feedback zu bekommen. Bei einem Palmtop-Display, das auf einem Auslegearm angebracht war, konnte nachgewiesen werden, dass durch Hinzufügen von haptischem (Touch und Force) Feedback eine schnellere und genauere Performance bei Fernmanipulationsaufgaben erzielt werden kann (Noma et al., 1996). Ein Händeschütteln über Distanz könnte als Teil einer Videokonferenz denkbar sein, aber es ist nicht klar, ob diese Erfahrung so befriedigend ist wie ein echtes Händeschütteln.

■ *Soundein- und ausgabe* Soundausgabe fügt springenden Bällen, schlagenden Herzen oder fallenden Vasen Realismus hinzu, wie die Designer von Videospielen schon vor langer Zeit herausfanden. Überzeugende Klänge im richtigen Moment mit einem dreidimensionalen Effekt herzustellen, ist möglich, aber auch das ist harte Arbeit. Die digitale Soundhardware ist passend, aber die Softwaretools sind immer noch inadäquat. Die Musikausgabe von virtuellen Instrumenten ist vielversprechend, frühe Arbeiten simulieren existierende Instrumente wie eine Violine, aber es sind auch schon neuartige Instrumente aufgetaucht. In einigen Anwendungen kann Spracherkennung Gesten der Hände ergänzen.

■ *Andere sinnliche Wahrnehmungen* Das Schlingern und Vibrieren von Flugsimulatoren kann eine Inspirationsquelle für einige Designer darstellen. Könnte eine sich schief legende und vibrierende virtuelle Achterbahn populär werden, wenn die User mit 100, 1.000 oder 10.000 Stundenkilometern reisen und durch Berge brechen oder in den Orbit rasen können? Andere Effekte wie pulsierender Disco-Sound und Stroboskoplicht könnten auch einige virtuelle Erfahrungen verstärken. Warum sollte man nicht echte Luftstöße einbauen, die warm oder kühl das virtuelle Wetter transportieren? Schließlich ist die Macht der Düfte, starke Reaktionen hervorzurufen, bei Dichtern von Proust bis Gibson bekannt. Olfaktorisches Computerisieren wurde diskutiert, aber passende und praktische Anwendungen müssen noch gefunden werden.

■ *Kooperative und rivalisierende virtuelle Realität* Computer-unterstütztes kooperatives Arbeiten (siehe Kapitel 14) ist ein lebendiger Forschungsbereich, so wie kooperative virtuelle Umgebungen, oder wie es ein Entwickler nannte, »Virtualität gebaut für zwei«. Zwei Personen an unterschiedlichen Orten arbeiten zusammen, sehen gegenseitig ihre Aktionen und teilen ihre Erfahrungen. Wettkampfspiele wie virtuelles Squash sind schon für zwei Spieler geschaffen worden. Die Software für die Schulung der Besatzungen für Armeepanzer bekam eine viel überwältigendere Atmosphäre, als die Designs vom Spielen gegen einen Computergegner zum Beschuss anderer Panzerbesatzungen und dem Achten auf deren Angriffe wechselten. Die realistischen Sounds schufen ein so starkes Gefechtsgefühl, dass bei den Besatzungen der Herzschlag zunahm, sie schneller atmeten und zunehmend schwitzten. Es ist anzunehmen, dass virtuelle Umgebungen ebenso Entspannung und angenehme Begegnungen mit anderen Menschen bringen können.

6.9 Zusammenfassung für den Praktiker

Unter den interaktiven Systemen, die äquivalente Funktionalität und Verlässlichkeit bieten, tauchen einige Systeme auf, die den Wettkampf dominieren. Oft haben die ansprechendsten Geräte ein angenehmes User Interface, das eine natürliche Darstellung der Aufgabenobjekte und -aktionen bietet – daher der Ausdruck direkte Manipulation (Rahmen 6.1). Diese Systeme sind einfach zu erlernen, zu benutzen und über längere Zeit zu erinnern. Anfänger können sich eine einfache Teilmenge der Befehle aneignen und dann zu anspruchsvolleren Operationen übergehen. Aktionen sind schnell, inkremental und umkehrbar und können mit physischen Aktionen statt mit komplexen syntaktischen Formen durchgeführt werden. Die Ergebnisse der Operationen sind sofort sichtbar, und Fehlermeldungen werden nicht mehr so oft benötigt.

Rahmen 6.1: Definition, Vorzüge und Nachteile direkter Manipulation

Definition
- Visuelle Repräsentation (Metapher) der »Handlungswelt«
  - Objekte und Aktionen werden gezeigt
  - Analoges Denken wird angezapft
- Schnelle, inkrementale und umkehrbare Aktionen
- Eintippen wird durch Zeigen und Auswählen ersetzt
- Sofortige Sichtbarkeit der Resultate von Aktionen

Vorteile gegenüber Befehlen
- Kompatibilität von Kontrollen und Display
- Weniger Syntax reduziert Fehlerraten
- Fehlern kann man besser vorbeugen
- Schnelleres Lernen und besseres Erinnern
- Bestärkung des Erforschens

Rahmen 6.1: Definition, Vorzüge und Nachteile direkter Manipulation (Forts.)

Probleme
- Gesteigerte Ressourcenansprüche des Systems (möglicherweise)
- Einige Aktionen könnten schwerfällig sein
- Makro-Techniken sind oft schwach
- History und das Verfolgen anderer Abläufe kann schwierig sein
- Anwender mit Sehproblemen könnten größere Schwierigkeiten haben

Nur weil direkt manipulative Prinzipien in einem System eingesetzt werden, ist der Erfolg des Systems noch nicht sicher. Ein schlechtes Design, langsame Implementierung oder inadäquate Funktionalität können die Akzeptanz untergraben. Für einige Anwendungen können Menüauswahl, Eingabefelder oder Befehlssprachen angemessener sein. Jedoch ist das Potenzial für direkt manipulatives Programmieren, ferngesteuertes direktes Manipulieren und virtuelle Realität und die Varianten immens. Sicherlich werden viele neue Produkte entstehen. Iteratives Design (siehe Kapitel 3) ist beim Testen von direkt manipulativen Systemen besonders wichtig, weil die Neuartigkeit dieses Ansatzes für die Designer und Anwender zu unerwarteten Problemen führen könnte.

6.10   Ausblick für die Forschung

Wir brauchen Forschung, um unser Verständnis des Beitrags eines jeden Features der direkten Manipulation zu verfeinern: analoge Repräsentation, inkrementale Operation, Umkehrbarkeit, physikalische Aktion statt Syntax, sofortige Sichtbarkeit der Ergebnisse und grafische Form. Umkehrbarkeit wird leicht durch ein allgemeines Rückgängig-Kommando erreicht, aber es könnte attraktiver sein, natürliche Umkehrungen für jede Aktion zu designen. Komplexe Aktionen sind durch direkte Manipulation sehr gut dargestellt, aber auf Stufen aufbauende Design-Strategien für eine elegante Entwicklung vom Anfänger zum Experten wären ein besonders vorteilhafter Beitrag. Für Experten unter den Anwendern ist das direkt manipulative Programmieren immer noch eine Möglichkeit, aber es werden gute Methoden für das Nachhalten der History und für das Editieren von Handlungssequenzen gebraucht. Softwaretools zum Erstellen von direkt manipulativen Umgebungen werden heftig gebraucht, um die explorativen Entwicklungen zu unterstützen.

Jenseits der Desktops und Laptops gibt es die Verlockungen der Telepräsenz, der virtuellen Umgebungen, der augmentativen Realitäten und der Geräte mit situativer Kenntnis. Die spielerischen Aspekte werden sicherlich weiter verfolgt, aber die

Herausforderung liegt darin, praktische Designs für dreidimensionale Welten zu finden, in denen man sich aufhalten und die man anschauen kann. Für Unternehmer erscheinen neuartige Geräte für einen Museumsspaziergang oder einen Besuch im Supermarkt oder für Telebedienung bei Reparaturen gute Kandidaten zu sein.

World Wide Web

Es gibt einige Links zu Diensten und Tools über direkte Manipulation, aber die Mehrheit der Links decken direkt manipulatives Programmieren, Teleoperation und virtuelle Umgebungen ab. Die webbasierte *Virtual Reality Modeling Language* ermöglicht die Schaffung dreidimensionaler Umgebungen auf Webseiten, und es gibt eine Vielzahl von visuell ansprechenden Websites.

```
http://www.aw.com/DTUI
```

Quellen

Arnheim, Rudolf, *Visual Thinking*, University of California Press, Berkeley, CA (1972).

Benbasat, Izak and Todd, P., An experimental investigation of interface design alternatives: Icon versus text and direct manipulation versus menus, *International Journal of Man–Machine Studies*, 38, 3 (1993), 369–402.

Brooks, Frederick, Grasping reality through illusion: Interactive graphics serving science, *Proc. CHI '88 Conference—Human Factors in Computing Systems*, ACM, New York (1988), 1–11.

Bruner, James, *Toward a Theory of Instruction*, Harvard University Press, Cambridge, MA (1966).

Bryson, Steve, Virtual reality in scientific visualization, *Communications of the ACM*, 39, 5 (May 1996), 62–71.

Carroll, John M. and Thomas, John C., Metaphor and the cognitive representation of computing systems, *IEEE Transactions on Systems, Man, and Cybernetics*, SMC-12, 2 (March–April 1982), 107–116.

Carroll, J. M., Thomas, J. C., and Malhotra, A., Presentation and representation in design problem-solving, *British Journal of Psychology*, 71, (1980), 143–153.

Copeland, Richard W., *How Children Learn Mathematics* (Third Edition), MacMillan, New York (1979).

Cruz-Neira, C., Sandin, D. J., and DeFanti, T., Surround-screen projection-based virtual reality: The design and implementation of the CAVE, *Proc. SIGGRAPH '93 Conference*, ACM, New York (1993), 135–142.

Cypher, Allen, EAGER: Programming repetitive tasks by example, *Proc. CHI '91 Conference—Human Factors in Computing Systems*, ACM, New York (1991), 33–39.

Darken, Rudolph, P. and Sibert, John L., Navigating large virtual spaces, *International Journal of Human–Computer Interaction*, 8, 1 (1996), 49–71.

Feiner, Steven MacIntyre, Blair, and Seligmann, Doree, Knowledge-based augmented reality, *Communications of the ACM*, 36, 7 (1993), 52–62.

Fitzmaurice, George, Situated information spaces and spatially aware palmtop computers, *Communications of the ACM*, 36, 7 (1993), 39–49.

Frohlich, David M., The history and future of direct manipulation, *Behaviour and Information Technology*, 12, 6 (1993), 315–329.

Goralski, Walter, *VRML: Exploring Virtual Worlds on the Internet*, Prentice Hall, Englewood Cliffs, NJ (1996).

Green, T. R. G. and Petre, M., Usability analysis of visual programming environments: A »cognitive dimensions« framework, *Journal of Visual Languages and Computing*, 7, (1996), 131–174.

Heckel, Paul, *The Elements of Friendly Software Design*: The New Edition, SYBEX, San Francisco (1991).

Hendrix, C., and Barfield, W., Presence within virtual environments as a function of visual display parameters, *Presence: Teleoperators and Virtual Environments*, 5, 3 (1996), 274–289.

Herot, Christopher F., Spatial management of data, *ACM Transactions on Database Systems*, 5, 4, (December 1980), 493–513.

Herot, Christopher, Graphical user interfaces. In Vassiliou, Yannis (Editor), *Human Factors and Interactive Computer Systems*, Ablex, Norwood, NJ (1984), 83–104.

Hinckley, Ken, Pausch, Randy, Goble, John C., and Kassell, Neal F., Passive real-world props for neurosurgical visualization, *Proc. CHI '94 Conference—Human Factors in Computing Systems*, ACM, New York (1994), 452–458.

Hodges, L.F., Rothbaum, B.O., Kooper, R., Opdyke, D., Meyer, T., North, M., de Graff, J.J., and Williford, J., Virtual environments for treating the fear of heights, *IEEE Computer*, 28, 7 (1995), 27–34.

Hutchins, Edwin L., Hollan, James D., and Norman, Don A., Direct manipulation interfaces. In Norman, Don A. and Draper, Stephen W. (Editors), *User Centered System Design: New Perspectives on Human–Computer Interaction*, Lawrence Erlbaum Associates, Hillsdale, NJ (1986), 87–124.

Iseki, Osamu and Shneiderman, Ben, Applying direct manipulation concepts: Direct Manipulation Disk Operating System (DMDOS), *Software Engineering Notes*, 11, 2, (March 1986), 22–26.

Kahn, Ken, Seeing systolic computations in a video game world, Proc. 1996 *IEEE Symposium on Visual Languages*, IEEE Computer Society Press, Los Alamitos, CA (1996), 95-101.

Krueger, Myron, *Artificial Reality II*, Addison-Wesley, Reading, MA (1991).

Laurel, Brenda, *Computers as Theatre*, Addison-Wesley, Reading, MA (1991).

MacDonald, Lindsay and Vince, John (Editors), *Interacting with Virtual Environments*, John Wiley and Sons, New York (1994).

McKim, Robert H., *Experiences in Visual Thinking* (Second Edition), Brooks/Cole, Monterey, CA (1980).

Malone, Thomas W., What makes computer games fun? *BYTE*, 6, 12 (December 1981), 258–277.

Marcus, Aaron, *Graphic Design for Electronic Documents and User Interfaces*, ACM Press, New York (1992).

Margono, Sepeedeh and Shneiderman, Ben, A study of file manipulation by novices using commands versus direct manipulation, *Twenty-sixth Annual Technical Symposium*, ACM, Washington, D.C. (June 1987), 154–159.

Maulsby, David L. and Witten, Ian H., Inducing programs in a direct-manipulation environment, *Proc. CHI '89 Conference—Human Factors in Computing Systems*, ACM, New York (1989), 57–62.

Montessori, Maria, *The Montessori Method*, Schocken, New York (1964).

Morgan, K., Morris, R. L., and Gibbs, S., When does a mouse become a rat? or . . . Comparing performance and preferences in direct manipulation and command line environment, *The Computer Journal*, 34, 3 (1991), 265–271.

Mullet, Kevin and Sano, Darrell, *Designing Visual Interfaces: Communication Oriented Techniques*, Sunsoft Press, Englewood Cliffs, NJ (1995).

Myers, Brad A., Demonstrational interfaces: A step beyond direct manipulation, *IEEE Computer*, 25, 8 (August 1992), 61–73.

Nelson, Ted, Interactive systems and the design of virtuality, *Creative Computing*, 6, 11, (November 1980), 56 ff., and G, 12 (December 1980), 94 ff.

Noma, Haruo, Miyasato, Tsutomu, and Kishino, Fumio, A palmtop display for dexterous manipulation with haptic sensation, *Proc. CHI '96 Conference—Human Factors in Computing Systems*, ACM, New York (1996), 126–133.

Norman, Donald A., *The Psychology of Everyday Things*, Basic Books, New York (1988).

Norman, Kent, *The Psychology of Menu Selection: Designing Cognitive Control at the Human/Computer Interface*, Ablex, Norwood, NJ (1991).

Papert, Seymour, *Mindstorms: Children, Computers, and Powerful Ideas*, Basic Books, New York (1980).

Phillips, C. H. E. and Apperley, M. D., Direct manipulation interaction tasks: A Macintosh-based analysis, *Interacting with Computers*, 3, 1 (1991), 9–26.

Plaisant, Catherine and Shneiderman, Ben, Scheduling ON–OFF home control devices: Design issues and usability evaluation of four touchscreen interfaces, *International Journal for Man–Machine Studies*, 36, (1992), 375–393.

Plaisant, C., Shneiderman, B., and Battaglia, J., Scheduling home-control devices: A case study of the transition from the research project to a product, *Human-Factors in Practice*, Computer Systems Technical Group, Human-Factors Society, Santa Monica, CA (December 1990), 7–12.

Polya, G., *How to Solve It*, Doubleday, New York, (1957).

Potter, Richard, Just in Time programming. In Cypher, Allen (Editor), *Watch What I Do: Programming by Demonstration*, MIT Press, Cambridge, MA (1993), 513–526.

Provenzo, Jr., Eugene R., *Video Kids: Making Sense of Nintendo*, Harvard University Press, Cambridge, MA (1991).

Rheingold, Howard, *Virtual Reality*, Simon and Schuster, New York (1991).

Robertson, George G., Card, Stuart K., and Mackinlay, Jock D., Information visualization using 3-D interactive animation, *Communications of the ACM, 36*, 4 (April 1993), 56–71.

Rogers, Yvonne, Icons at the interface: Their usefulness, *Interacting with Computers,* 1, 1 (1989), 105–117.

Rubin, Robert V., Golin, Eric J., and Reiss, Steven P., Thinkpad: A graphics system for programming by demonstrations, *IEEE Software, 2*, 2 (March 1985), 73–79.

Rutkowski, Chris, An introduction to the Human Applications Standard Computer Interface, Part 1: Theory and principles, *BYTE,* 7, 11 (October 1982), 291–310.

Satava, R. M. and Jones, S. B., Virtual reality and telemedicine: Exploring advanced concepts, *Telemedicine Journal,* 2, 3 (1996), 195–200.

Sheridan, T. B., *Telerobotics, Automation, and Human Supervisory Control*, The MIT Press, Cambridge, MA (1992).

Shneiderman, Ben, Direct manipulation: A step beyond programming languages, *IEEE Computer,* 16, 8, (August 1983), 57–69.

Smith, David Canfield, *Pygmalion: A Computer Program to Model and Stimulate Creative Thought*, Birkhauser Verlag, Basel, Switzerland (1977).

Smith, D. Canfield, Irby, Charles, Kimball, Ralph, Verplank, Bill, and Harslem, Eric, Designing the Star user interface, *BYTE,* 7, 4 (April 1982), 242–282.

Smith, David C., Cypher, Allen, and Spohrer, *KIDSIM: Programming agents without a programming language*, Communications of the ACM 37, 7 (July 1994), 54-67.

Stuart, Rory, *The Design of Virtual Environments*, McGraw-Hill, New York (1996).

Te'eni, Dov, *Direct manipulation as a source of cognitive feedback: A human-computer experiment with a judgement task*, International Journal of Man-Machine Studies 33, 4 (October 1990), 453-466.

Temple, Barker, and Sloane, Inc., The benefits of the graphical user interface, *Multimedia Review* (Winter 1990), 10–17.

Thimbleby, Harold, *User Interface Design*, ACM Press, New York (1990).

Ulich, E., Rauterberg, M., Moll, T., Greutmann, T., and Strohm, O., Task orientation and user-orientated dialogue design, *International Journal of Human–Computer Interaction*, 3, 2 (1991), 117–144.

Uttal, W. R., Teleoperators, *Scientific American*, 261, 6 (December 1989), 124–129.

Vince, John, *Virtual Reality Systems*, Addison-Wesley, Reading, MA (1995).

Van de Vegte, J. M. E., Milgram, P., Kwong, R. H., Teleoperator control models: Effects of time delay and imperfect system knowledge, *IEEE Transactions on Systems, Man, and Cybernetics*, 20, 6 (November–December 1990), 1258–1272.

Verplank, William L., Graphic challenges in designing object-oriented user interfaces. In Helander, M. (Editor), *Handbook of Human–Computer Interaction*, Elsevier Science Publishers, Amsterdam, The Netherlands (1988), 365–376.

Weinstein, R., Bloom, K., Rozek, S., Telepathology: Long distance diagnosis, *American Journal of Clinical Pathology*, 91 (Suppl 1) (1989), S39–S42.

Wertheimer, M., *Productive Thinking*, Harper and Row, New York (1959).

Ziegler, J. E. and Fähnrich, K.-P., Direct manipulation. In Helander, M. (Editor), *Handbook of Human–Computer Interaction*, Elsevier Science Publishers, Amsterdam, The Netherlands (1988), 123–133.

Kapitel 7

Menüauswahl, Formularfelder und Dialogboxen

Ein Mann ist für seine Wahl verantwortlich und muss die Konsequenzen akzeptieren, wie auch immer sie sein mögen.

W.H. Auden, A Certain World

7.1 Einführung

Wenn Designer keine passenden Strategien der direkten Manipulation schaffen können, sind Menüauswahl und Formulareingaben attraktive Alternativen. Frühere Systeme nutzten bildschirmfüllende Menüs mit nummerierten Items, aber heutige Menüs sind gewöhnlich als Pulldowns, Check Boxen oder Radio Buttons in Dialogboxen oder eingebettete Links auf World Wide Web Seiten gestaltet, die alle durch Mausklicks anwählbar sind. Wenn die Menü-Items in einer vertrauten Terminologie geschrieben und in einer vorteilhaften Struktur und Folge organisiert sind, können die Anwender die Items einfach auswählen.

Menüs sind effektiv, weil sie Hinweise anbieten, die ein Wiedererkennen durch den Anwender ermöglichen und weniger dazu zwingen, sich die Syntax eines Befehls in Erinnerung zu rufen. Die Anwender verdeutlichen ihre Auswahl mit einer Zeigeeinrichtung oder einen Tastendruck und bekommen Feedback darauf, was sie getan haben. Einfache Menüauswahl ist besonders dann effektiv, wenn die Anwender wenig Training bekommen haben, das System nur gelegentlich nutzen, mit der Terminologie nicht vertraut sind oder bei der Strukturierung ihrer Entscheidungsfindung Hilfe benötigen. Durch ein wohlüberlegtes Design komplexer Menüs und schnelle Interaktion kann die Menüauswahl auch für regelmäßige Experten-Anwender attraktiv sein.

Jedoch gibt es keine Garantie dafür, dass das Interface ansprechend und leicht bedienbar sein wird, bloß weil ein Designer Menüauswahl, Formulareingabe und Dialogboxen einsetzt. Effektive Interfaces entstehen nur nach umsichtiger Berücksichtigung und Testung verschiedener Design-Probleme, so wie aufgabenbezogene Organisation, Formulierung der Items, Reihenfolge der Items, grafisches Layout, Antwortzeiten, Kurztasten für erfahrene häufige User, Online-Hilfe, Fehlerkorrektur und Auswahlmechanismen (Tastatur, Zeigegeräte, Touchscreen, Stimme usw.) (Norman, 1991).

Dieses Kapitel beginn mit Menüs, geht dann über zu Formulareingaben und die Integration dieser Methode in Dialogboxen. Die Beispiele wurden aus Pull-down-Menüs, bildschirmfüllenden Anzeigen, eingebetteten Links des World Wide Web und grafischen Dialogboxen gezogen. Menü-Items können textlich, grafisch oder akustisch sein.

7.2   Aufgabenbezogene Organisation

Das erste Ziel für die Designer von Menüs, Formularfeldern und Dialogboxen ist die Schaffung einer sensiblen, verständlichen, erinnerbaren und praktischen Organisation, die für die Aufgaben der User relevant ist. Wir können einige Lektionen daraus lernen, wenn wir der Aufteilung eines Buches in Kapitel, eines Programms in Module oder dem Tierreich in Spezies folgen. Hierarchische Aufgliederung – für die meisten Menschen natürlich und verständlich – ist ansprechend, weil jedes Item zu einer einzigen Kategorie gehört. Leider kann ein Item in einigen Anwendung schwer als nur zu einer Kategorie gehörig zu klassifizieren sein, und Designer sind versucht, doppelte Zeiger zu erstellen und somit ein Netzwerk zu formen.

Menüs in Restaurants trennen Vorspeisen, Suppen, Salate, Hauptgerichte, Desserts und Getränke, um den Gästen bei der Organisation ihrer Auswahl zu helfen. Menü-Items sollten sich logisch in diese Kategorien einpassen und schnell begreifliche Bedeutungen haben. Gastwirte, die Gerichte mit idiosynkratischen Namen wie »Kalb Monique«, generischen Ausdrücken wie »Dressing des Hauses« oder unvertrauten Bezeichnungen wie »*wor shu op*« auflisten, sollten damit rechnen, dass die Kellner reichlich Zeit damit verbringen werden, die Alternativen zu erklären, oder darauf vorbereitet sein, dass die Gäste wegen der Unberechenbarkeit ihrer Bestellung leicht nervös werden können.

Entsprechend sollten für Computer-Menüs die Kategorien verständlich und unterscheidbar sein, damit die Anwender voller Selbstvertrauen ihre Auswahl treffen können. Die Anwender sollten eine klare Vorstellung davon haben, was durch ihre Auswahl passieren wird. Computer-Menüs sind oft schwieriger als Restaurant-Menüs zu gestalten, weil die Displays von Computern normalerweise weniger Platz als gedruckte Menüs haben. Zusätzlich ist die Menge der Wahlmöglichkeiten und die Komplexität in vielen Computer-Applikationen deutlich größer, und die Benutzer von Computern haben wahrscheinlich keine hilfreichen Kellner, an die sie sich wegen einer Erklärung wenden können (Norman und Chin, 1989).

Die Wichtigkeit der bedeutungsvollen Organisation von Menü-Items wurde in einer frühen Studie mit 48 Anfängern demonstriert (Liebelt et al., 1982). Einfache Menübäume mit drei Ebenen und 16 Ziel-Items wurden sowohl in bedeutungsvoller organisierter als auch desorganisierter Form konstruiert. Bei der bedeutungsvoll organisierten Form waren die Fehlerraten fast halbiert, und die Zeit des Überlegens (der zeitliche Abstand zwischen der Anzeige des Menüs und der Auswahl eines Items durch den Users) war geringer. In einer späteren Studie führten bedeutungsvolle Kategorien – so wie Nahrungsmittel, Tiere, Mineralien und Städte – zu kürzeren Antwortzeiten als eine zufällige oder alphabetische Organisation (McDonald et al., 1983). In diesem Experiment wurden 109 User im Anfängerstatus getestet, die sich durch 10 Blöcke mit 26 Versuchen arbeiteten. Die Autoren schlussfolgerten, dass »diese Ergebnisse die Überlegenheit einer kategorischen Menü-Organisation über einer rein alphabetischen Organisation demonstrieren, insbesonders dann, wenn es eine gewisse Unsicherheit über die Bezeichnungen gibt«. Bei größeren Menüstrukturen ist der Effekt sogar noch dramatischer.

Diese Ergebnisse und das OAI-Modell legen nahe, dass der Schlüssel für das Design einer Menüstruktur darin liegt, zuerst die aufgabenbezogenen Objekte und Aktionen zu betrachten. Bei einem Ticketsystem für Musik-Konzerte könnten die Menüs die unterschiedlichen Typen der Musik trennen (Klassik, Folk, Rock, Jazz usw.), Veranstaltungsorte oder -zeiten und Aktionen anbieten wie das Blättern in Listen, Suche nach Künstlern oder preisgünstigen Aufführungen. Die Schnittstellenobjekte könnten Dialogboxen mit Check Boxen für die Typen der Musik und Scroll-Menüs mit Veranstaltungsorten sein. Die Namen der Künstler könnten in einer Scroll-Liste stehen oder in Formularfeldern eingetippt werden.

Die Anwendungen für Menüauswahl erstrecken sich von der trivialen Wahl zwischen zwei Items bis hin zu komplexen Informationssystemen, die Tausende von Bildschirmseiten anbieten. Die einfachsten Applikationen bestehen aus einem einzelnen Menü, aber auch in diesem limitieren Format gibt es viele Variationen (Abb. 7.1). Die zweite Gruppe von Anwendungen beinhaltet eine lineare Folge von Menüauswahlmöglichkeiten; der Verlauf der Menüs ist von der Wahl des Anwenders unabhängig. Die dritte und am weitesten verbreitete Gruppe besteht aus solchen mit strengen Baumstrukturen. Azyklische (Menüs, die über mehr als einen Pfad erreichbar sind) und zyklische (Strukturen mit aussagefähigen Pfaden, die den

Anwender die Wiederholung der Menüs ermöglichen) Netzwerke konstituieren die
vierte Gruppe. Weiterhin ermöglichen es besondere Querkommandos den Anwendern, innerhalb der Verzweigungen eines Baumes hin und her zu springen, zurück
zu einem früheren Menü oder an den Anfang einer linearen Sequenz zu gehen.

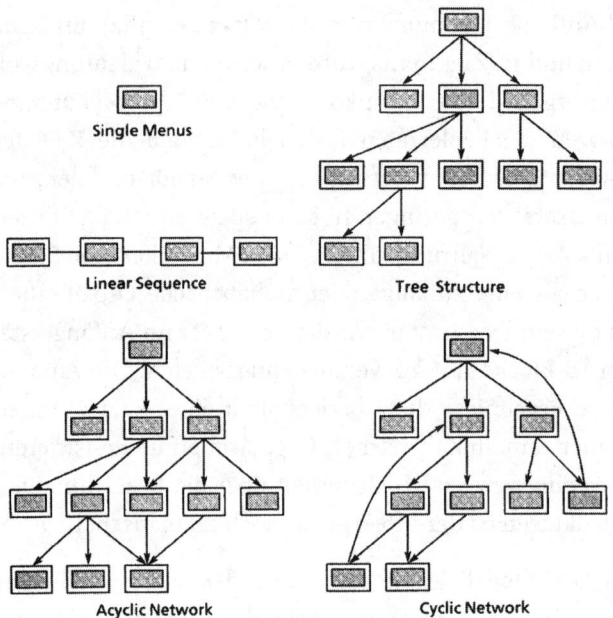

Abb. 7.1: Menüsysteme können aus einem simplen Einzelmenü oder einer linearen Sequenz
von Menüs bestehen. Menüs mit Baumstruktur sind am weitesten verbreitet.
Tiefgehende Bäume mit Querverweisen oder kunstvolle azyklische oder zyklische
Menüstrukturen können manchem User schwer fallen.

7.2.1 Einzelne Menüs

In einigen Situationen genügt ein einzelnes Menü, um die Aufgabe auszuführen.
Einzelne Menüs haben zwei oder mehr Items oder erlauben die multiple Auswahl.
Einzelne Menüs können im aktuellen Arbeitsbereich auf-»poppen« oder ständig
verfügbar sein (in einem Rahmen, einem separaten Fenster oder auf einem Daten-
tablett), während die Haupt-Anzeige geändert wird.

Binäre Menüs Der einfachste Fall ist ein binäres Menü beispielsweise mit der Auswahl ja / nein, wahr / unwahr oder männlich / weiblich. In tastaturorientierten Systemen können Menü-Items über einzelne Buchstaben erinnert werden, so wie in
diesem System für eine Bilder-Bibliothek:

```
Photos sind nach Film-Typ indexiert
  S Schwarz-weiß
  F Farbe
  Geben Sie einen Buchstaben ein
  und drücken Sie RETURN:
```

User bevorzugen als Eselsbrücken oft eher Buchstaben wie in diesem Menü (siehe Abschnitt 7.5) als nummerierte Auswahlmöglichkeiten. Der Ansatz, einen Buchstaben zu erinnern, erfordert zusätzliche Sorgfalt bei der Vermeidung von Kollisionen und erhöht die Mühe einer Übersetzung in andere Sprachen, aber bei vielen Applikationen ist seine Klarheit und leichte Erinnerbarkeit ein großer Vorteil.

In GUIs bieten Dialogboxen Buttons für die Auswahl durch den User an, die auch oft *Radio Buttons* genannt werden. Die Auswahl wird mittels Maus oder ein anderes Gerät zur Cursor-Kontrolle durchgeführt. Diese Box hat zwei Radio Buttons.

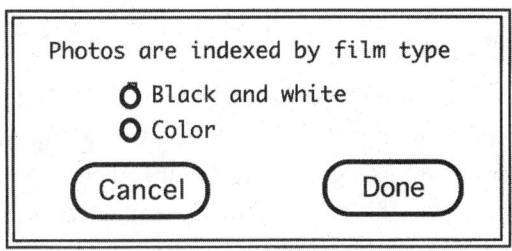

Während frühere Systeme nur Text einsetzten, können moderne Systeme Items grafisch darstellen. Beispielsweise können User die Ausrichtung für die Ausgabe durch die Auswahl aus einem Icon-Paar treffen. Das ausgewählte Item ist das dunklere (invers hervorgehobene) Icon.

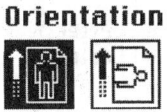

Im folgenden Beispiel können die Anwender mit einem Mausklick zwischen Cancel und OK wählen, aber der stärkere Rand bei OK deutet an, dass dies die Standardvorauswahl ist und durch das Drücken von RETURN bestätigt wird.

Diese einfachen Beispiele demonstrieren alternative Wege, um Menü-Items zu identifizieren und Instruktionen zum Anwender zu transportieren. Bisher ist kein optimales Format für Menüs aufgetaucht, aber die Konsistenz zwischen Menüs in einem System ist extrem wichtig.

Menüs mit mehreren Items Einzelne Menüs können mehr als zwei Items haben. Ein Beispiel ist ein Online-Quiz, das auf einem Touchscreen dargestellt wird:

```
Wer erfand das Telefon?
    Thomas Edison
    Alexander Graham Bell
    Lee De Forest
    George Westinghouse
Tippen Sie auf die Antwort
```

Ein anderes Beispiel ist eine Liste von Optionen in einem System zur Dokumentenverarbeitung:

```
UNTERSUCHEN, DRUCKEN, ÜBERSPRINGEN ODER HALTEN?
```

Das Beispiel mit dem Quiz hat deutlich getrennte, verständliche Items, aber das Beispiel aus der Dokumentenverarbeitung zeigt eine implizite Menü-Auswahl, die für Anfänger verwirrend sein kann. Es gibt keine ausdrücklichen Anweisungen, und es ist nicht offensichtlich, dass Abkürzungen mit einem einzelnen Buchstaben erlaubt sind. Geübte Anwender und Experten könnten diese kurze Form einer Menüauswahl bevorzugen, gewöhnlich Prompt genannt, weil sie schnell und einfach ist.

In GUIs unterstützen Radio Buttons die Auswahl über einzelne Buchstaben aus einem Menü mit mehreren Items. Diese Auswahlmöglichkeit für die Papiergröße zeigt das Format für *US Letter* als das gewählte Item:

```
Paper:   ◉ US Letter        ○ A4 Letter
  ▶      ○ US Legal         ○ B5 Letter
         ○ No. 10 Envelope
```

Menüs mit Mehrfach-Auswahl oder Check Boxen Eine andere Variation der einzelnen Menüs ist, aus verschiedenen angebotenen Möglichkeiten gleichzeitig mehrere auszuwählen. Beispielsweise könnte eine Umfrage über politische Interessen auf einem Display Multiple Choice erlauben (Abb. 7.2). Ein Menü mit Mehrfach-Auswahl, bei dem über Mausklicks ausgewählt werden kann, ist eine bequeme Strategie für das Abwickeln multipler binärer Auswahlmöglichkeiten, weil der User die vollständige Liste der Items durchsehen kann, während er sich entscheidet. Im folgenden Beispiel mit einem Macintosh ist FETT und UNTERSTRICHEN ausgewählt, HOCHGESTELLT und GROSSSCHRIFT (in Grau) werden in einem Pop-up-Menü verfügbar, nachdem die Check Box ausgewählt wurde:

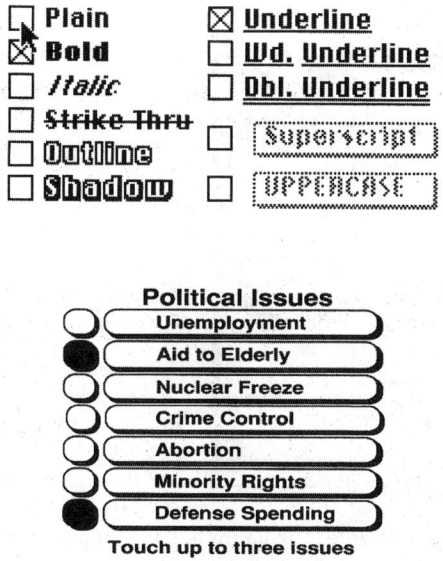

Abb. 7.2: Ein Touchscreen-Menü mit Mehrfach-Auswahl. User können bis zu drei politische Themen auswählen.

Pull-down- und Pop-up-Menüs Pull-down-Menüs sind für den User über Auswahlmöglichkeiten über eine am oberen Bildschirmrand gelegenen Menüleiste ständig verfügbar. Der Xerox Star, Apple Lisa und Apple Macintosh (Abb. 7.3) verbreiteten diese Möglichkeiten sehr stark, und ihre Versionen sind zum Standard geworden (Windows, IBM OS/2, OSF/Motif). Übliche Items in den Menüleisten sind Datei, Bearbeiten, Schriftart, Format, Ansicht, Fenster und Hilfe. Die Anwender wählen durch das Bewegen des Zeigegerätes über die Menü-Items aus, die durch Hervorhebung (inverse Darstellung, Kästen um das Item und verschiedene Farben wurden schon eingesetzt). Weil Konstanz bei den Positionen solch ein wichtiges Prinzip ist, zieht man es vor, es grau zu unterlegen, wenn es für eine Auswahl nicht zur Verfügung steht, anstatt es ganz aus der Liste zu entfernen. Diese Menüleiste eines Macintosh zeigt die verfügbaren Pull-down-Menüs:

 File Edit Font Size Style Format Spelling View

Unter Windows sind Items aus Pull-down-Menüs auch über Tasteneingaben anwählbar.

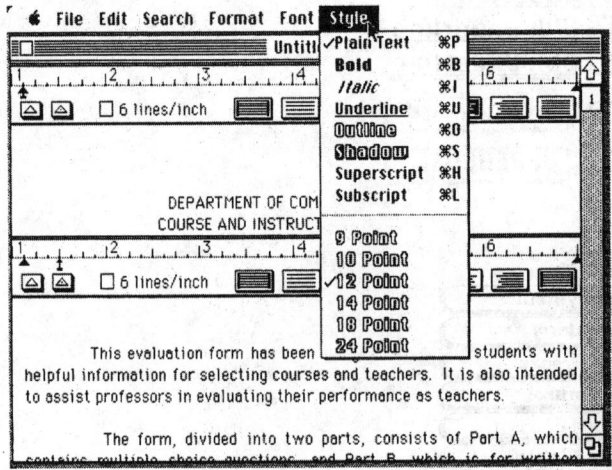

Abb. 7.3: Das Pull-down-Menü eines frühen MacWrite Programms auf dem Apple Macintosh. User können verschiedenen Schriftarten und -größen auswählen (Foto mit freundlicher Genehmigung von Apple Computer, Inc.).

Pop-up-Menüs erscheinen auf dem Bildschirm als Antwort auf einen Klick mit einem Zeigegerät wie einer Maus. Die Inhalte des Pop-up-Menüs können davon abhängen, wo sich der Cursor befindet, wenn mit dem Zeigegerät geklickt wird. Weil das Pop-up-Menü einen Bereich des Bildschirms verdeckt, sollte man auf jeden Fall den Menü-Text kurz halten. Auch hierarchische Sequenzen von Pop-up-Menüs werden eingesetzt. Pop-up-Menüs können auch in der Art eines Tortendiagramms gestaltet werden (Callahan et al., 1988):

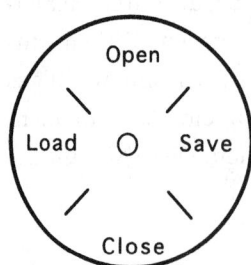

Tortenmenüs sind praktisch, weil die Auswahl schneller ist und mit ein bisschen Übung ohne visuelle Aufmerksamkeit erfolgen kann. Verbesserungen bei der Erscheinung und beim Verhalten wurden bei einer Variante der Tortenmenüs gemacht, die in Alias StudioPaint V3 als »Marking-Menüs« bezeichnet werden (Tapia und Kurtenbach, 1995).

Scrollende und zweidimensionale Menüs (schnell und umfangreich) Manchmal kann die Liste der Menü-Items länger als die zwanzig bis sechzig Zeilen sein, die leidlich auf eine Bildschirmseite passen. Eine Lösung ist ein Menü mit einer Baumstruktur, aber manchmal ist der Wunsch vorrangig, das System auf ein begriffliches Menü zu beschränken. Eine typische Applikation ist die Wahl eines der 50 Staaten der Vereinigten Staaten von Amerika. Der erste Teil des Menüs wird zusammen mit einem weiteren Menü-Item angezeigt, das dann wiederum zum nächsten Bildschirm in der Menü-Sequenz führt. Das scrollende oder (seitenweise springende) Menü könnte über Dutzenden oder Tausenden von Items unter Einsatz der in vielen GUIs bestehenden Möglichkeit, Listenkästen zu verwenden, weitergeführt werden. Alternativ dazu könnte ein mehrspaltiges Menü benutzt werden, bei dem die 50 Staaten in fünf Spalten mit je 10 Items angeordnet sind (Abb. 7.4). Diese schnellen und umfangreichen zweidimensionalen Menüs geben dem Anwender einen exzellenten Überblick über die Wahlmöglichkeiten, reduzieren die Anzahl der Aktionen und erlauben eine schnelle Auswahl. Mehrspaltige Menüs sind besonders beim Design von Seiten im World Wide Web sinnvoll, um das für das Betrachten von langen Listen nötige Scrolling zu minimieren, und geben den Anwendern auf einer Seite eine Übersicht über die kompletten Auswahlmöglichkeiten.

Alphaslider Wenn die Menü-Items zu zahlreich werden, um auf dem Bildschirm gleichzeitig ohne Verdecken anderer Items angezeigt zu werden, werden kompaktere Strategien benötigt. Ein Ansatz ist der Alphaslider, der beim Bewegen eines »Schiebedaumens« (Scroll-Box) verschiedene Stufen der Granularität nutzt und somit zehn- oder hunderttausende von Items aufführen kann (Ahlberg und Shneiderman, 1994). Der folgende Alphaslider umfasst die 10.000 Schauspieler einer Filmdatenbank. Der dunklere obere Teil des »Daumens« springt bei jeder Bewegung der Maus über 40 Schauspieler, und der hellere, kleinere untere Teil erlaubt die Bewegung durch die jeweils einzelnen Schauspielernamen.

```
 Select multiple states for travel information:

 Alabama      Hawaii      Massachusetts   New Mexico       South Dakota
 Alaska       Idaho       Michigan       [New York    ]   Tennessee
 Arizona      Illinois    Minnesota       North Carolina   Texas
 Arkansas    [Indiana ]   Mississippi     North Dakota     Utah
 California   Iowa        Missouri        Ohio             Vermont
 Colorado     Kansas      Montana         Oklahoma         Virginia
 Connecticut  Kentucky    Nebraska        Oregon           Washington
 Delaware     Louisiana   Nevada          Pennsylvania     West Virginia
 Florida      Maine       New Hampshire   Rhode Island     Wisconsin
 Georgia     [Maryland ] [New Jersey ]    South Carolina   Wyoming

                              ( Ok )    ( Cancel )
```

Abb. 7.4:   Ein schnelles und umfangreiches zweidimensionales Menü, das eine schnelle Mehrfachauswahl aus der Liste der 50 Staaten ermöglicht. Diese Version zeigt ein Menü mit jeweils 10 Staaten in fünf Spalten, die von oben nach unten alphabetisch angeordnet sind.

Der Index am unteren Rand des Alphasliders gibt dem User an, wohin er springen soll, wenn er eine neue Suche beginnen will.

Eingebettete Links Alle bisher diskutierten Menüs könnte man als explizite Menüs charakterisieren, weil es eine geordnete Aufzählung der Menü-Items mit wenig zusätzlichen Informationen gibt. In vielen Situationen könnten die Menü-Items jedoch in Text oder Grafik eingebettet und immer noch auswählbar sein. Dies ist die Grundlage für Hypertext-Designs (siehe Kapitel 16).

In einer textlichen Datenbank für eine Museums-Applikation mit Artikeln über Menschen, Ereignisse und Orte ist es naheliegend, dem User die Informationssuche über die Auswahl eines Namens im Kontext zu ermöglichen (Koved und Shneiderman, 1986). Auswählbare Namen sind hervorgehoben, und die User klicken mit einer Maus (Abb. 7.5). Die Namen, Orte oder Redewendungen sind Menü-Items, die in einen aussagefähigen Text eingebettet sind, der die User informiert und dabei hilft, die Bedeutung der Items zu klären. Eingebettete Links wurden über das Hyperties-System populär (Farbtafel C1) (Cognetics Corp., Princeton Junction, NJ), das bei zwei frühen kommerziellen Hypertext-Projekten eingesetzt wurde (Shneiderman, 1988; Shneiderman und Kearsley, 1989) und zur bevorzugten Methode für Querverweise im World Wide Web wurde (siehe Farbtafeln A2 bis A5 und C3 bis C6).

Eingebettete Links sind auch in anderen Applikationen aufgetaucht. Flugleitsysteme erlauben es den Anwendern, Flugzeuge im räumlichen Layout der Flugwege anzuwählen, um detaillierte Informationen zu erhalten. Viele Systeme zur geografischen Information erlauben es den Anwendern entsprechend, Städte oder andere

Features für mehr Informationen anzuwählen. Die Auswahl von Bereichen in einem zweidimensionalen Layout, gewöhnlich als *Image Map* bezeichnet, wurde im Jahre 1988 in Hyperties eingebaut und ist seitdem auf Websites populär geworden. Eingebettete Links erlauben das Betrachten von Items im Kontext und eliminieren den Bedarf an einer verwirrenden Aufzählung der Items, die auch Bildschirmplatz verschwendet. Kontextuelles Display unterstützt die Anwender dabei, sich auf ihre Aufgabe und die interessanten Objekte zu konzentrieren.

```
WASHINGTON, DC: THE NATION'S CAPITAL          PAGE 2 OF 3

   Located between Maryland and Virginia, Washington, DC
embraces the White House and the Capitol, a host of
government offices as well as the Smithsonian museums.
Designed by Pierre L'Enfant, Washington, DC is a graceful
city of broad boulevards, national monuments, the rustic
Rock Creek Park, and the National Zoo.
   First-time visitors should begin at the mall by walking
from the Capitol towards the Smithsonian museums and on

BACK PAGE    NEXT PAGE    RETURN TO "NEW YORK CITY"    EXTRA
```

Abb. 7.5: Eingebettete Links in einer frühen Version von Hyperties. Die Links verbessern die Verständlichkeit im Vergleich zu nummerierten Menü-Listen und setzen die Ängste bei Anfängern herab. Eine Auswahlbox mit inverser Darstellung ist anfänglich auf der Aktion NEXT PAGE. Die User bewegen die Auswahlbox über hervorgehobene Links oder Aktionen und wählen dann durch Drücken von RETURN aus. Eine Maus erlaubt die Auswahl durch einfaches Klicken auf hervorgehobene Links oder Aktionen (1983 erstellt im Human-Computer Interaction Laboratory, University of Maryland, College Park, Maryland; veröffentlicht und weiter ausgearbeitet durch Cognetics Corporation, Princeton Junction, New Jersey).

Werkzeugleisten, Paletten und Menüs mit Icons Menüs können viele Aktionen anbieten, die ein User mit einem Klick auswählen und auf ein angezeigtes Objekt anwenden kann. Diese Menüs, oft auch Werkzeugleisten oder Paletten genannt, sind in Mal- und Zeichenprogrammen weit verbreitet (siehe Abb. 6.7), in computer-unterstützten Design-Paketen und in anderen grafischen Systemen. User können die Werkzeugleiste selbst durch eigene Auswahl von Items anpassen und sie an den oberen oder seitlichen Bildschirmrand platzieren. User, die mehr Platz für ihre Dokumente auf dem Bildschirm wünschen, können die Werkzeugleiste ausschalten.

7.2.2 Lineare Sequenzen und multiple Menüs

Oft kann eine Serie von voneinander abhängigen Menüs die User durch eine Serie von Auswahlmöglichkeiten führen, in denen sie eine Folge von Menüs erkennen können. Beispielsweise könnte ein Softwarepaket für Dokumentenausdrucke eine lineare Sequenz von Menüs haben, über die man die Druckparameter wie Ausgabegerät, Zeilenabstand und Seitennummerierung anwählen kann. Ein anderes vertrautes Beispiel ist eine Prüfungsarbeit am Bildschirm, die eine Sequenz von Multiple-Choice-Items hat, von denen jedes wie in Menü gestaltet ist. Anleitung für User, um komplexe Entscheidungen zu treffen, kann oft durch die Bereitstellung einer Sequenz von Hinweis-Karten oder »Wizards« (d.i. Assistenten – ein Microsoft-Ausdruck) gewährleistet werden.

Lineare Sequenzen leiten den User durch einen komplexen Prozess der Entscheidungsfindung, indem eine Entscheidung zur Zeit getroffen wird. Wir könnten das Beispiel mit dem Dokumentenausdruck verbessern, indem wir dem User mehrere Menüs gleichzeitig auf dem Bildschirm anbieten. Mehrere Menüs in eine einzelne Dialogbox zu packen, vereinfacht die Benutzerschnittstelle, erlaubt den Anwendern, eine Auswahl in beliebiger Reihenfolge zu treffen und beschleunigt die Nutzung (Abb. 7.6).

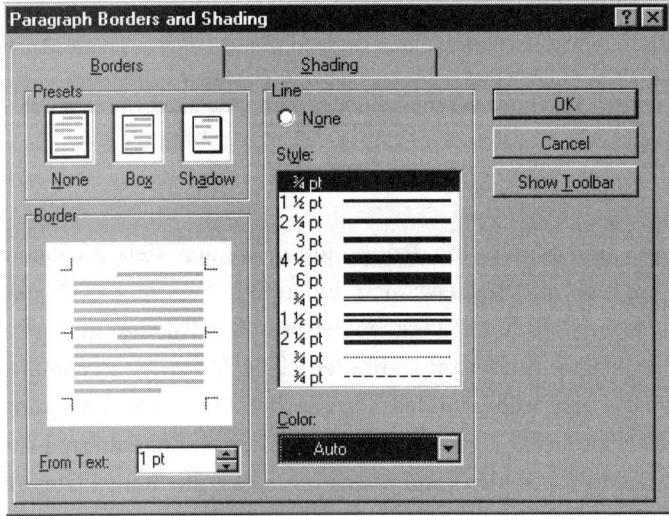

Abb. 7.6: Multiple Menüs in einer einzelnen Dialogbox. User können in beliebiger Reihenfolge auswählen und erhalten einen vollständigen Überblick über die Möglichkeiten (Mit freundlicher Genehmigung von Microsoft Corp., Redmond, Washington).

7.2.3 Menüs mit Baumstruktur

Wenn eine Sammlung von Items wächst und es schwer wird, sie unter intellektueller Kontrolle zu halten, können Designer Kategorien von ähnlichen Items bilden und so eine *Baumstruktur* schaffen (Clauer, 1972; Norman, 1991). Einige Sammlungen können leicht in sich gegenseitig ausschließende Gruppen mit deutlichen Identifizierungskennzeichen aufgeteilt werden. Vertraute Beispiele beinhalten diese Gruppierungen:

- Männlich, weiblich
- Tier, Pflanze, Mineral
- Frühling, Sommer, Herbst, Winter
- Sonntag, Montag, Dienstag, Mittwoch, Donnerstag, Freitag, Samstag
- Weniger als 10, zwischen 10 und 25, mehr als 25
- Perkussion, Streicher, Holzbläser, Blechbläser
- Schriftarten, Schriftgrößen, Schriftstile, Zeichenabstand

Auch diese Gruppierungen können gelegentlich zu Verwirrung führen oder auf Ablehnung stoßen. Klassifizierung und Indexierung sind komplexe Aufgaben, und in vielen Situationen gibt es keine einzelne Lösung, die für jeden akzeptabel ist, beispielsweise Farben oder Blumen. Das anfängliche Design kann funktional durch Feedback der Anwender verbessert werden. Nach einiger Zeit, wenn die Struktur verbessert wird und die Anwender damit vertrauter werden, erhöhen sich die Erfolgsraten.

Trotz der damit verbundenen Probleme besitzen Menüsysteme mit Baumstruktur das Vermögen, große Datensammlungen für Anfänger oder gelegentliche User zugänglich zu machen. Wenn in jedem Menü 30 Items sind, hat ein Menü-Baum mit 4 Ebenen die Kapazität, einen untrainierten User durch eine Sammlung von 810.000 Zielorten zu führen. Diese Zahl wäre für einen Befehlssatz in einer Textverarbeitung deutlich zu groß, aber in einer Applikation wie einem Verzeichnis für das World Wide Web, einer digitalen Bibliothek (siehe Farbtafel A5) oder einem Online-Dienst wie America Online durchaus realistisch.

Wenn die Gruppierungen auf jedem Level den Usern natürlich und verständlich erscheinen, und wenn die User das Ziel kennen, dann können sie sich in einigen Sekunden durch ein Menü klicken – es ist schneller als das Blättern in einem Buch. Wenn andererseits die Gruppierungen fremd sind und die User nur eine vage Vorstellung vom gesuchten Item haben, können sie sich stundenlang in den Baum-Menüs verlieren (Robertson et al., 1981; Norman und Chin, 1988).

Der User kann sich an einer Terminologie aus dem Aufgabenbereich orientieren. Anstatt einen Titel wie OPTIONEN DES HAUPTMENÜS zu wählen, der unscharf ist und aus dem Computer-Bereich stammt, sollten Begriffe wie NETTEBANK DIENSTE oder einfach SPIELE eingesetzt werden.

Tiefe vs. Breite Die *Tiefe* oder Anzahl der Level eines Menü-Baums hängt z.T. von der *Breite* oder Anzahl der Items pro Level ab. Wenn mehr Items in das Hauptmenü gelegt werden, breitet sich der Baum aus und hat weniger Level. Diese Form erscheint erst einmal vorteilhaft, aber nur, wenn die Klarheit nicht wesentlich kompromittiert wird und wenn eine langsame Anzeigerate nicht die Geduld des Users aufbraucht. Verschiedene Autoren bestehen auf vier bis acht Items pro Menü, aber gleichzeitig drängen sie darauf, nicht mehr als drei oder vier Level einzusetzen. Bei großen Menü-Applikationen muss eine oder beide dieser Richtlinien kompromittiert werden.

Verschiedene empirische Studien haben sich mit der wechselseitigen Abhängigkeit von Tiefe und Breite beschäftigt, und die Beweislage geht klar in die Richtung, dass man der Breite den Vorzug vor der Tiefe geben sollte. Tatsächlich gibt es gute Gründe, Designer darin zu bestärken, die Menü-Bäume auf drei oder vier Level zu begrenzen: wenn die Tiefe sich auf vier oder fünf Level ausweitet, steigt die Wahrscheinlichkeit, dass die User sich verirren oder desorientiert sind.

Kiger (1984) gruppierte 64 Items in diesen Formen eines Menü-Baumes:

8 x 2	Acht Items auf jedem von zwei Level
4 x 3	Vier Items auf jedem von drei Level
2 x 6	Zwei Items auf jedem von sechs Level
4 x 1 + 16 x 1	Ein Menü mit 4 Items, gefolgt von einem Menü mit 16 Items
16 x 1 + 4 x 1	Ein Menü mit 16 Items, gefolgt von einem Menü mit 4 Items

Der tiefe, enge Baum, 2 x 6, produzierte die langsamste, am wenigsten genaue und am wenigsten bevorzugte Version, die 8 x 2 Version war unter denen mit den höchsten Werten für Geschwindigkeit, Genauigkeit und Präferenz. Die 22 Testpersonen führten 16 Suchläufe auf jeder der fünf Versionen durch.

Landauer und Nachbar (1985) bestätigten die Überlegenheit von Breite über Tiefe und entwickelten Vorhersagegleichungen für die Traversal-Zeiten. Sie variierten die Anzahl der Items pro Level von 2, 4, 8 bis 16 und erhielten 4.096 Ziel-Items mit Ziffern oder Worten. Die Zeiten für die Aufgabe mit Worten rangierte von 23,4

Sekunden bis zu 12,5 Sekunden mit steigender Breite und abnehmender Anzahl der Level. Über den untersuchten Bereich sagen die Autoren aus, dass eine einfache Funktionsgleichung mit der Anzahl der Items auf dem Bildschirm die Zeit, T, für die Auswahl vorhersagen wird:

$$T = k + c^* \log b,$$

wobei k und c empirisch ermittelte Konstanten für das Überfliegen des Bildschirms (um eine Auswahl zu treffen) sind, und b ist die Breite auf jedem Level. Dann ist die gesamte Zeit, um sich durch den Menü-Baum zu bewegen, nur von der Tiefe, d, abhängig, die den Wert

$$D = \log b N$$

hat, wobei N die gesamte Anzahl der Items im Baum ist. Bei $N = 4.096$ Ziel-Items und einem Verzweigungsfaktor von $b = 16$ ist die Tiefe $D = 3$, und die gesamte Zeit beträgt $3^*(k + c^* \log 16)$.

Norman und Chin (1988) legten die Anzahl der Level auf 4 bei 256 Ziel-Items fest und variierten die Form der Baumstruktur. Sie empfehlen größere Breite bei den Wurzeln und den Blättern und raten dringen dazu, die gesamte Anzahl der notwendigen Menü-Rahmen zu minimieren, um die Vertrautheit zu steigern. In einer interessanten Variante bestätigten Wallace et al. (1987), dass breitere, flachere Bäume (4 x 3 vs. 2 x 6) eine überlegene Performance produzieren, und zeigten, dass gestresste User 96 % mehr Fehler machten und 16 % länger brauchten. Der Stressor war einfach eine Anweisung, schnell zu arbeiten (»Es ist zwingend notwendig, dass Sie die Aufgabe so schnell wie möglich fertig stellen«), die Kontrollgruppe erhielt eine freundlichere verbale Anweisung, Eile zu vermeiden (»Nehmen Sie sich Zeit, es gibt keinen Grund zur Hetze«).

Auch wenn die semantischen Strukturen der Items nicht vernachlässigt werden können, legen diese Untersuchungen nahe, dass sich die Entscheidungsfindung in dem Maße erleichtert, je weniger Level vorhanden sind. Natürlich müssen zusätzlich zur semantischen Organisation auch Anzeigeraten, Reaktionszeiten des Systems und eine überfüllte Bildschirmanzeige berücksichtigt werden.

Aufgabenbezogenes Gruppieren in Baumstrukturen Manchmal ist es schwierig, die Menü-Items in einem Baum so zu gruppieren, dass sie für die User verständlich sind und zur Aufgabenstruktur passen. Diese Probleme sind einer Einordnung von Küchenutensilien verwandt – Steakmesser gehören zusammen und auch Teelöffel, aber wohin gehören Butter- oder Tranchiermesser? Probleme bei Computer-Menüs beinhalten überlappende Kategorien, fremdartige Items, miteinander in

Konflikt stehende Klassifikationen im gleichen Menü, unvertrauter Jargon und generische Begriffe. Auf diesem Satz von Problemen basierend sind hier einige Vorschläge für Regeln für das Bilden von Menü-Bäumen:

- *Schaffen Sie Gruppen von logisch gleichen Items* Beispielsweise könnte ein verständliches Menü Staaten auf Level 1 auflisten, Bundesländer oder Provinzen auf Level 2 und Städte auf Level 3.
- *Bilden Sie Gruppen, die alle Möglichkeiten abdecken* Ein Menü mit den Altersbereichen 0 – 9, 10 – 19, 20 – 29 und > 30 Jahre könnte z.B. dem Anwender die Auswahl eines Items erleichtern.
- *Stellen Sie sicher, dass die Items sich nicht überlappen* Items auf niedrigerem Level sollten auf natürliche Weise mit einem einzelnen Item auf höherem Level verbunden sein. Überlappende Kategorien wie »Entertainment« und »Veranstaltungen« sind eine schlechte Wahl gegenüber »Konzerte« und »Sport«.
- *Verwenden Sie eine vertraute Terminologie, aber stellen Sie sicher, dass sich Items klar voneinander unterscheiden lassen* Generische Begriffe wie Tag und Nacht könnten verglichen mit »Vor 6 p.m.« und »Nach 6 p.m.« zu unscharf sein.

Menü-Karten Wenn die Tiefe eines Menü-Baums wächst, finden es die Anwender in steigendem Maße schwierig, sich anhand ihrer Position im Baum zu orientieren; ihr Empfinden von Desorientierung oder sich verirrt zu haben wächst. Nur ein Menü zur Zeit sehen zu können, ist wie die Welt durch eine Papprohre anschauen; es ist schwer, das übergeordnete Muster zu begreifen und Beziehungen der Kategorien untereinander zu erkennen. Untersuchungsmaterial aus verschiedenen frühen Studien demonstrierten die Vorzüge, wenn den Anwendern eine räumliche Karte zur Orientierung angeboten wird. Manchmal werden auf Webseiten Menü-Karten angezeigt (Abb. 7.7); manchmal werden sie als große Poster ausgedruckt, um den Anwendern einen visuellen Überblick über Hunderte von Items auf verschiedenen Levels anzubieten. Ein anderer Ansatz ist, dem Handbuch einen Überblick zum Entfalten beizulegen oder darin über mehrere Seiten als Baum-Diagramm oder eingerückten Text (zum Zeigen der Level) zu verteilen.

Zusammenfassung Es gibt keine perfekte Menü-Struktur, die auf jedermanns Kenntnis des Applikationsbereichs passt. Designer brauchen gutes Urteilsvermögen für die anfängliche Implementierung, aber müssen dann offen für Verbesserungsvorschläge und empirische Daten sein. Die Anwender werden nach und nach auch mit extrem komplexen Baumstrukturen vertraut und in steigendem Maße erfolgreich beim Auffinden der gewünschten Items sein.

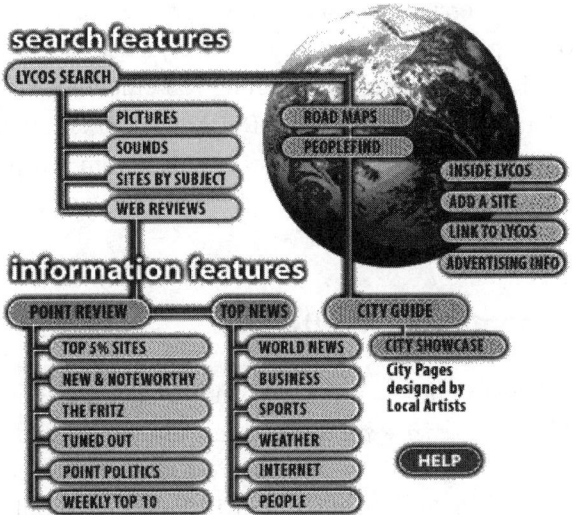

Abb. 7.7: Eine Menü-Karte einer Site im World Wide Web. Dies ist eine sogenannte Sitemap aus dem Suchdienst von Lycos.

7.2.4 Azyklische und zyklische Menü-Netzwerke

Obwohl Baumstrukturen ansprechend sind, werden manches Mal Netzwerkstrukturen angemessener sein. Beispielsweise macht es in einem kommerziellen Online-Dienst Sinn, einen Zugang zu Bank-Informationen sowohl von der Bank-Seite der Baumstruktur als auch von der Seite der Konsumenten aus zu ermöglichen. Eine zweite Begründung für den Einsatz von *Menü-Netzwerken* ist, dass es wünschenswert sein kann, Pfade zwischen getrennten Sektionen eines Baumes zu erlauben, anstatt den Anwendern abzuverlangen, eine neue Suche vom Hauptmenü aus zu beginnen. Netzwerkstrukturen in Form von *azyklischen* und *zyklischen* Diagrammen entstehen naturgemäß bei sozialen Beziehungen, der Koordination von Transportwegen, Zitaten bei wissenschaftlichen Journalen und vielen anderen Applikationen. Wenn sich die Anwender von Bäumen über azyklische zu zyklischen Netzwerken bewegen, steigt das Potenzial, sich verirren zu können. Konfusion und Desorientierung wird oft von Anwendern des World Wide Web berichtet, die Schwierigkeiten damit haben, in diesem riesigen zyklischen Netzwerk zu navigieren.

Bei einer Baumstruktur kann der Anwender ein mentales Modell der Struktur und der Beziehungen der Menüs untereinander formen. Ein solches mentales Modell bei einem Netzwerk zu entwickeln, kann deutlich schwerer sein. Bei einer Baumstruktur gibt es ein einzelnes Ursprungsmenü, wodurch Querbezüge nach rückwärts in Richtung Hauptmenü leicht verständlich sind. In Netzwerken muss ein Stapel von besuchten Menüs vorrätig gehalten werden, um rückwärtige Querbezüge zu erlauben. Es kann hilfreich sein, sich eine Vorstellung von einem »Level« oder von der Entfernung vom Hauptmenü zu bewahren. Die Anwender könnten sich behaglicher fühlen, wenn sie ein Gefühl dafür haben, wie weit sie vom Hauptmenü entfernt sind.

7.3   Reihenfolge der Präsentation von Items

Wenn die Items in einem Menü erst einmal ausgewählt sind, ist der Designer immer noch mit der Wahl der *Reihenfolge der Präsentation* konfrontiert. Wenn die Items eine natürliche Sequenz haben – so wie die Wochentage, die Kapitel in einem Buch oder die Größen von Eiern – ist die Entscheidung trivial. Typische Grundlagen für die Sequenzierung von Items schließen Folgendes ein:

- *Zeit* Chronologische Ordnung
- *Numerische Ordnung* Aufsteigende oder absteigende Ordnung
- *Physikalische Eigenschaften* Zu- oder abnehmende Länge, Größe, Kapazität, Temperatur, Schwere, Geschwindigkeit usw.

Viele Fälle haben keine aufgabenbezogene Ordnung, und die Designer müssen aus folgenden Möglichkeiten auswählen:

- *Alphabetische Sequenz der Begriffe*
- *Gruppierung verwandter Items* (mit Leerzeilen oder anderen Abgrenzungen zwischen den Gruppen)
- *Am häufigsten benutzte Items zuerst*
- *Die wichtigsten Items zuerst* (Wichtigkeit kann schwierig zu bestimmen und von User zu User unterschiedlich sein)

Card (1982) experimentierte mit einem einzelnen vertikalen Menü, auf dem 18 Items mit Befehlen zur Textformatierung wie EINFÜGEN, KURSIV und ZENTRIERT dauernd sichtbar waren. Er präsentierte den Testpersonen einen Befehl, und sie mussten den Befehl in der Liste lokalisieren, einen Cursor per Maus bewegen und den Befehl durch den Druck auf den Maus-Button auswählen. Die Menü-Items waren in einer von drei Arten angeordnet: alphabetisch, in funktionalen Gruppen und zufällig. Jedes der vier Testpersonen machte 86 Versuche mit der Strategie zur Sequenzierung. Die Mittelwerte waren wie folgt:

Strategie	Zeit pro Versuch (Sekunden)
Alphabetisch	0,81
Funktional	1,28
Zufällig	3,23

Wenn die Testpersonen das Ziel-Item erhielten, klappte es am besten, wenn sie lediglich die Menü-Items in alphabetischer Reihenfolge durchsahen. Die Performance der funktionellen Gruppierungen war bemerkenswert gut, was darauf hinweist, dass die Testpersonen die Gruppierungen zu erinnern begannen und direkt zu einer Gruppe gehen konnten. In Menü-Applikationen, in denen die User eine Entscheidung über das am besten passende Menü-Item treffen mussten, könnte das funktionale Arrangement ansprechender sein. Das Gedächtnis der Anwender für die funktional gruppierten Items übertrifft wahrscheinlich ihr Gedächtnis für die alphabetischen oder zufälligen Sequenzen. Die schlechte Performance, die Card bei den zufälligen Sequenzen beobachtete, bestätigt die Wichtigkeit, alternative Präsentationssequenzen für die Items zu erwägen.

Bei einem Menü mit 64 Items fand man heraus, dass die Zeit für das Finden eines Ziel-Wortes bei einem alphabetischen Menü 2 Sekunden betrug und sich bei einem zufälligen Menü auf mehr als 6 Sekunden steigerte (McDonald et al., 1983). Wenn das Ziel-Wort durch eine einzeilige Definition ersetzt wurde, konnten die 109 Testpersonen die Liste nicht mehr auf einfache »Treffer« überfliegen, sondern mussten jedes Menü-Item einzeln bedenken. Der Vorteil einer alphabetischen Ordnung verschwand fast vollständig. Die Reaktionszeit der User stieg auf ungefähr sieben Sekunden bei der alphabetischen und auf etwa acht Sekunden bei der zufälligen Organisation. Somberg und Picardi (1983) studierten die Reaktionszeiten der User in einem Menü mit fünf Items. Ihre drei Experimente enthüllten eine signifikante und fast lineare Beziehung zwischen der Reaktionszeit der User und der seriellen Position im Menü. Weiterhin gab es einen signifikanten Anstieg bei der Reaktionszeit, wenn das Ziel-Wort eher unbekannt war.

Wenn die Nutzungshäufigkeit ein potenzieller Wegweiser für das Sequenzieren von Menü-Items ist, dann kann es Sinn machen, die Sequenz adaptiv zu variieren, um das aktuelle Nutzungsmuster widerzuspiegeln. Leider können Adaptierungen Unterbrechungen auslösen und die Konfusion erhöhen und das Erlernen der Menü-Strukturen durch den User unterminieren. Zusätzlich dazu könnten die User befürchten, dass jederzeit neuerliche Änderungen passieren können. Beweismaterial gegen den Einsatz solcher Änderungen fand man in einer Studie, in der eine Pull-down-Liste mit Nahrungs-Items stets neu geordnet wurde, um sicherzustellen, dass die am häufigsten ausgewählten Items in Richtung Kopfende bewegten (Mitchell und Shneiderman, 1988). Die User waren durch die sich ändernden Menüs eindeutig verunsichert, und ihre Performance war bei statischen Menüs besser. Im Kontrast dazu wurden Beweise für Adaptierung in einer Studie über einen Menü-Baum für ein Telefonbuch gefunden, das neu strukturiert wurde, um häufig benutzte Telefonnummern leichter zugänglich zu machen (Greenberg, 1985). Jedoch hat sich diese Studie nicht mit dem Problem von potenziell desorientierenden Änderungen im Menü während des Gebrauchs beschäftigt. Wenn Sie also Unterbrechungen und unvorhersagbares Verhalten vermeiden wollen, ist es möglicherweise eine kluge Politik, den Usern zu erlauben, ob und wann sie ein Menü neu strukturiert haben wollen.

Wenn einige Menü-Items deutlich häufiger als andere ausgewählt werden, gibt es die Versuchung, das Menü in einer absteigenden Frequenz zu organisieren. Diese Organisation beschleunigt tatsächlich die Auswahl der obersten Items, aber der Verlust einer aussagefähigen Ordnung bei nicht so häufig ausgewählten Items ist störend. Ein sensibler Kompromiss ist, drei oder vier der am meisten ausgewählten Items herauszuziehen und sie an die Spitze zu stellen und bei der verbleibenden Liste die Ordnung zu erhalten. In kontrollierten Experimenten und Feldstudien mit einem weitschweifigen Font-Menü wurden die drei populären Fonts (Courier, Helvetika und Times) an die Spitze gesetzt und die restliche Liste wurde in alphabetischer Ordnung belassen. Diese Strategie mit einem geteilten Menü hat sich als ansprechend herausgestellt und die Performance statistisch signifikant verbessert (Sears und Shneiderman, 1993). Eine verbesserte Theorie über die Performance bei Menü-Auswahl tauchte auf, die zeigte, dass vertraute Items in logarithmischer Zeit ausgewählt werden konnten, wogegen unbekannte Items in linearer Zeit hinsichtlich ihrer Position im Menü gefunden wurden. Die Software fasste die Nutzungsfrequenz zusammen, aber die Ordnung im geteilten Menü blieb stabil, bis der Systemadministrator sich für eine Änderung entschied.

7.4 Antwortzeit und Anzeigerate

Eine kritische Variable, die die Attraktivität von Menü-Auswahl bestimmen kann, ist die Geschwindigkeit, mit der die User sich durch das Menü bewegen können. Die zwei Komponenten von Geschwindigkeit sind die *Antwortzeiten* des Systems, also die Zeit, die das System braucht, bis es Informationen als Antwort auf die Auswahl eines Users anzeigt, und die *Anzeigerate*, die Geschwindigkeit, mit der die

Menüs auf dem Bildschirm erscheinen (siehe Kapitel 10). Für die meisten modernen Computer ist die Antwortzeit derart schnell, dass sich dies nicht als Problem darstellt, aber die Verzögerungen im World Wide Web haben dieses Thema wieder aufgefrischt.

Tiefe Menü-Bäume oder komplexe Querverzweigungen werden dem User lästig, wenn die Antwortzeiten des Systems langsam sind, und führen zu langen und mehrfachen Verzögerungen. Bei langsamen Anzeigeraten werden weitschweifige Menüs lästig, weil so viel Text oder Grafiken angezeigt werden müssen. Positiv ausgedrückt sollten die Designer bei langer Antwortzeit mehr Items in jedes Menü legen, um die Anzahl der notwendigen Menüs zu reduzieren. Wenn die Anzeigerate langsam ist, sollten die Designer weniger Items in jedes Menü legen, um die Zeit, bis das Display aufgebaut ist, zu verringern. Wenn die Antwortzeit lang und die Anzeigerate gering ist, wird eine Menüauswahl unattraktiv, und man kann Strategien mit Befehlssprachen trotz der größeren Gedächtnisbelastung, die sie den Usern auferlegen, den Vorzug geben.

Bei kurzen Antwortzeiten und schnellen Anzeigeraten wird die Menüauswahl ein flottes Medium, das auch für regelmäßige und kenntnisreiche User anziehend sein kann. In beinahe jedem untersuchten Fall verbesserten sich die Performance der User und ihre Vorlieben mit breiteren und nicht tief angelegten Menüs. In den meisten Situationen sind die Designer gut beraten, die Größe der Menüs zu erhöhen, wenn sie die Anzahl der Menüs verringern können.

7.5 Schnelle Bewegungen in den Menüs

Auch mit schnellen Antwortzeiten und hohen Anzeigeraten könnten regelmäßige Anwender von Menüs es lästig finden, wenn sie für die Erledigung einer einfachen Aufgabe mehrere Menüpunkte auswählen müssen. Es gibt Vorzüge bei der Reduzierung der Anzahl von Menüs, indem man die Zahl der Items pro Menü erhöht, aber diese Strategie könnte sich als nicht ausreichend herausstellen. Wenn sich die Antwortzeiten verlängern und die Anzeigerate abnimmt, steigt der Bedarf von Shortcuts in den Menüs.

Statt eine neue Befehlssprache zu schaffen, um die Aufgabe mit Positions- oder Schlüsselwort-Parametern zu erfüllen, können wir die Herangehensweise per Menü verfeinern, um sie an Experten und regelmäßige User anzupassen. Drei Ansätze sind benutzt worden: für bekannte Menüauswahl »Typeahead« erlauben, den Menüs für direkten Zugriff Namen zuweisen, und Menümakros schaffen, die es den Usern erlauben, regelmäßig benutzten Menüsequenzen Namen zuzuweisen.

7.5.1 Menüs mit »Typeahead«: Der BLT-Ansatz

Eine natürliche Art, regelmäßigen Menü-Usern zu erlauben, sich zügig durch die Menüs zu bewegen, ist der Einsatz von *Typeahead*. Der User braucht nicht darauf zu warten, bis er die Menüs sieht, um die Items auszuwählen, sondern kann eine Folge von Zeichen oder Zahlen eingeben, wenn er das Hauptmenü aufgerufen hat. Typeahead wird wichtig, wenn die Menüs vertraut sind und die Antwortzeiten oder Anzeigeraten langsam sind, so wie sie es in vielen Voice-Mail-Systemen sind. Die meisten Telefonabfragesysteme, Systeme für E-Mails und Applikationen unter Windows 95 erlauben dem erfahrenen User, eine Folge von Tasten zu drücken, um aus einer Serie von Menüs auszuwählen.

Wenn die Menü-Items durch einzelne Buchstaben identifiziert werden können, generiert die Verkettung von Menü-Selektionen beim Typeahead-Schema einen Befehlsnamen, der einen mnemonischen Wert annimmt. Für die User des Suchsystems einer Foto-Bibliothek, deren Menüs Typeahead anbieten, wird ein »Diapositiv-Portrait« schnell als DPP bekannt, und ein »schwarz-weißer Ausdruck einer Landschaft« nimmt den Ausdruck SAL an. Jede Mnemonik wird als ein einzelnes Konzept zusammengefasst und erinnert. Diese Strategie wurde schnell als der *BLT-Ansatz* bekannt (nach der Abkürzung für »*bacon, lettuce and tomato sandwich*« – Sandwich mit Speck, Salat und Tomate).

Die Anziehungskraft des BLT-Ansatzes besteht darin, dass die User mit Leichtigkeit vom Anfänger beim Anwenden von Menüs übergehen können zum erfahrenen Befehlssprachen-User. Es gibt keine neu zu lernenden Kommandos – sobald die User mit einem Zweig des Baumes vertraut werden, können sie ihre Kenntnisse anwenden, um ihre Arbeit zu beschleunigen. Lernen kann inkremental erfolgen, die User können Typeahead mit einem, zwei oder drei Buchstaben anwenden und dann die weniger vertrauten Menüs erforschen. Wenn User Teile des Baums vergessen, greifen sie einfach auf den Einsatz von Menüs zurück.

Der BLT-Ansatz erfordert einen ausgearbeiteteren Parser für die User-Eingaben, und das Umgehen mit nicht-existenten Menüauswahlmöglichkeiten ist ein bisschen problematischer. Es ist auch notwendig, einzelne Anfangsbuchstaben für Items innerhalb jedes Menüs zu garantieren, aber Zweideutigkeit über verschiedene Menüs hinweg stellt kein Problem dar. Der Typeahead oder BLT-Ansatz ist sehr ansprechend, weil er sehr wirksam und simpel ist und einen fließenden Übergang vom Anfänger zum Experten ermöglicht.

7.5.2 Menünamen oder Lesezeichen für direkten Zugriff

Ein zweiter Ansatz, um regelmäßige Anwender zu unterstützen, ist der Einsatz von nummerierten Menü-Items und die Zuweisung von Menünamen für jeden Menürahmen. Die Anwender können den Menüs folgen oder, wenn sie den Namen ihres Zieles kennen, können ihn eintippen und direkt dorthin gehen. Der frühe *CompuServe Information Service* hatte einen Identifizierer mit drei Buchstaben, gefolgt von einem Bindestrich und einer Seitenzahl, für wichtige Themen. Die Anwender wussten, dass sie direkt zu »TWP-1« gehen konnten, dem Beginn des Unterbaumes mit der heutigen Ausgabe von *The Washington Post*, als dass sie sich durch drei Menüebenen mit 30 Zeichen pro Sekunde arbeiten. America Online hat Bookmarks (*Favorite Places*) und Zugang über Schlüsselworte.

Diese Strategie ist nützlich, wenn es nur eine kleine Anzahl von Zielen gibt, die jeder Anwender erinnern muss. Wenn User auf viele unterschiedliche Bereiche des Menübaums zugreifen müssen, werden sie Schwierigkeiten dabei haben, bei den Namen der Ziele auf dem Laufenden zu bleiben. Eine Liste der aktuellen Zielnamen ist notwendig, um sicherzustellen, dass die Designer unverwechselbare Namen für neue Einträge erstellen.

Ein empirischer Vergleich der Erlernbarkeit der Typeahead- und Direktzugriffsstrategien demonstrierte einen Vorteil für die letztere (Laverson et al., 1987). 32 Studenten mussten für einen Menübaum mit vier Levels entweder Pfadnamen (Typeahead) oder Zielnamen (Direktzugriff) lernen. Die Namen für den Direktzugriff stellten sich als signifikant schneller zu erlernen heraus und wurden auch bevorzugt. Unterschiedliche Baumstrukturen oder Menüinhalte könnten die Ergebnisse ähnlicher Studien beeinflussen.

Bei World Wide Web Browsern stellen Bookmarks einen Weg für User dar, Abkürzungen zu Zielen einzuschlagen, die sie vorher schon besucht haben. Bei vielen Usern kann dieses Ziel-Menü schnell anwachsen und hierarchische Management-Strategien erfordern.

7.5.3 Menü-Makros, angepasste Werkzeugleisten und Formatvorlagen

Ein dritter Ansatz zur Hilfe bei häufiger Menü-Verwendung ist, regelmäßig benutzte Pfade durch die User als Menü-Makros aufzeichnen zu lassen oder sie als vom User ausgewähltes Icon in die Werkzeugleiste aufzunehmen. Ein User kann das Makro oder die Aufzeichnungseinrichtung aufrufen, die Menü-Struktur durchqueren und dann einen Namen oder ein Icon zuordnen. Wenn der Name oder das Icon aufgerufen wird, wird der Pfad durch das Menü automatisch ausgeführt. Dieser Mechanismus erlaubt es, das System passend zu gestalten und kann einen vereinfachten Zugangsmechanismus für User bereitstellen, die besondere Ansprüche haben. Viele Textverarbeitungsprogramme geben den Usern über Formatvorlagen die Möglichkeit, mehrfache Menü-Selektionen zu treffen und diese Auswahl als einen persönlichen Stil aufzuzeichnen. Beispielsweise kann der Stil für Kapitelüberschriften in kursivem Fettdruck der Schriftart Times in Größe 24 Punkt und zentriert gesetzt werden. Dann kann dieser Stil für Kapitelüberschriften abgespeichert und später bei Bedarf als eine Makro-Form aufgerufen werden. Usern könnte man auch die Neuanordnung der Menü-Items erlauben, damit sie diese an ihre Arbeitsweise anpassen können.

7.6 Menü-Layout

Bisher ist wenig über das Layout von Menüs geforscht worden. Dieser Abschnitt enthält viele subjektive Beurteilungen, die der empirischen Bestätigung bedürfen (Rahmen 7.1).

Rahmen 7.1: Richtlinien für Menü-Auswahl

Verwenden Sie Aufgabensemantiken, um Menüs zu organisieren (einzeln, lineare Sequenzen, Baumstrukturen, azyklische und zyklische Netzwerke)

Ziehen Sie breit und flach gegenüber eng und tief vor

Zeigen Sie die Position durch Grafiken, Nummern oder Titel

Verwenden Sie Items als Titel für Untermenüs

Items sollten aussagekräftig gruppiert werden

Items sollten in eine aussagekräftige Sequenz gebracht werden

Verwenden Sie kurze Items und beginnen Sie mit dem Schlüsselwort

Verwenden Sie Grammatik, Layout und Terminologie konsistent

Erlauben Sie Typeahead, Sprünge und andere Abkürzungen

Rahmen 7.1: Richtlinien für Menü-Auswahl (Forts.)

Machen Sie Sprünge zum vorigen und zum Hauptmenü möglich

Beachten Sie Online-Hilfe, neuartige Auswahlmechanismen und optimale Antwortzeiten, Anzeigeraten, Bildschirmgröße

7.6.1 Überschriften

Die Auswahl eines Titels für ein Buch ist eine delikate Angelegenheit für einen Autor, Herausgeber oder Verleger. Ein besonders anschaulicher oder gut zu erinnernder Titel kann einen großen Unterschied bei den Reaktionen der Leser ausmachen. Entsprechend ist die Wahl der Titel für die Menüs eine komplexe Angelegenheit, die ernsthafte Überlegungen verdient.

Für einzelne Menüs wird nur ein einfacher beschreibender Titel benötigt, der die Situation identifiziert. Bei einer linearen Folge von Menüs sollten die Titel akkurat die Stufen in der linearen Sequenz repräsentieren. Konsistenter grammatikalischer Stil kann Verwirrung reduzieren, und kurze, aber unzweideutige Ausdrücke in Hauptworten sind oft ausreichend.

Für Menüs mit Baumstrukturen ist die Wahl der Titel schwieriger. Titel wie *Hauptmenü* oder Themenbeschreibungen wie *Bank-Transaktionen* für die Wurzel des Baumes zeigen dem User klar und deutlich an, dass er am Beginn einer Session ist. Eine möglicherweise hilfreiche Regel ist, exakt die gleichen Worte bei den Menü-Items auf hohem Level und den Titeln für das nächstniedrigere Menü zu verwenden. Es ist für die Anwender beruhigend, ein Item wie *Business und Finanzdienste* zu sehen und nach der Auswahl einen Screen mit dem Titel *Business und Finanzdienste* zu bekommen. Es kann beunruhigend sein, wenn man einen Screen mit dem Titel *Ihre Geldverwaltung* bekommen, auch wenn die Absicht ähnlich ist. Stellen Sie sich vor, Sie schauen in das Inhaltsverzeichnis eines Buches und sehen ein Kapitel mit einer Überschrift wie »Die amerikanische Revolution«, wenn Sie aber die entsprechende Seite aufschlagen, finden Sie »Unsere frühe Geschichte« – Sie könnten sich fragen, ob Sie einen Fehler gemacht haben, und Ihr Vertrauen könnte untergraben werden. Entsprechend sollten Sie beim Design von Seiten für das World Wide Web sicherstellen, dass das eingebettete Menü-Item zum Titel der Ziel-Seite passt. Die Verwendung von Menü-Items als Titel könnte den Autor des Menüs darin bestärken, die Items sorgfältiger auszuwählen, damit sie im Kontext mit den anderen Menü-Items und als Titel des nächsten Menüs selbsterklärend sind.

Ein anderes Problem ist die Konsistenz bei der Anordnung der Titel und anderer Features in einem Menü-Screen. Teitelbaum und Granda (1983) demonstrierten, dass sich bei den Usern die Zeit zum Nachdenken fast verdoppelte, wenn die Position der Information wie z.B. Titel oder Eingabeaufforderungen auf den Menü-Screens unterschiedlich war.

7.6.2 Benennung der Menü-Items

Nur weil ein System Menü-Auswahlmöglichkeiten in englischen Worten, Redewendungen oder Sätzen bietet, ist es noch keine Garantie für Verständlichkeit. Einzelne Worte könnten einigen Anwendern unbekannt sein (z.B. »paginieren«), und oft erscheinen zwei Menü-Items, die scheinbar auf den Wunsch des Anwenders passen, obwohl nur eines diesem wirklich entspricht (z.B. »schließen« oder »beenden«). Dieses fortdauernde Problem hat keine perfekte Lösung. Designer können Feedback von Kollegen, Usern, Pilotstudien, Akzeptanztests und der Überwachung der Performance von Usern bekommen. Die folgenden Richtlinien erscheinen vielleicht selbstverständlich, aber wir bringen sie vor, weil sie so oft verletzt werden:

- *Benutzen Sie vertraute und konsistente Terminologie* Wählen Sie sorgfältig eine Terminologie aus, die der Zielgemeinschaft der Anwender vertraut ist, und stellen Sie eine Liste dieser Begriffe auf, um konsistente Verwendung zu erleichtern.
- *Stellen Sie die Unterscheidbarkeit der Items sicher* Jedes Items sollte klar von anderen Items unterscheidbar sein. Beispielsweise sind `Gemächliche Touren in der Landschaft`, `Reisen mit Parkbesuchen` und `Mit Muße Reisen` weniger bezeichnend als `Radtouren`, `Ausflüge mit der Bahn in Nationalparks` und `Kreuzfahrten`.
- *Verwenden Sie konsistente und prägnante Redewendungen* Überprüfen Sie die Sammlung der Items, um Konsistenz und Prägnanz sicherzustellen. Die Anwender fühlen sich wahrscheinlich wohler und sind erfolgreicher mit `Tiere`, `Pflanzen` und `Mineralien` als mit `Informationen über Tiere`, `Diese Pflanzen können Sie wählen` und `Ein Einblick in verschiedene Kategorien von Mineralien`.
- *Legen Sie das Schlüsselwort nach links* Versuchen Sie, die Menü-Items so zu schreiben, dass das erste Wort dem Anwender beim Erkennen und Unterscheiden der Items hilft – verwenden Sie `Größe der Schrift` anstatt `Einstellen der Schriftgröße`. Die Anwender überfliegen die Menü-Items von links nach rechts – wenn das erste Wort nahe legt, dass dieses Item nicht relevant ist, können sie zum nächsten Item übergehen.

7.6.3 Grafisches Layout und Design

Die Beschränkungen bei Bildschirmhöhe und -breite, Anzeigerate, Zeichensatz und Techniken der Hervorhebung beeinflussen sehr stark das grafische Layout der Menüs. Die Anzeige von 50 Staaten als Menü-Items war auf einem großen Bildschirm mit schneller Anzeigerate naheliegend. Andererseits müssen Systeme mit kleinen Nur-Text-Anzeigen oder langsamen Modems Level an Unterkategorien hinzufügen, um die gleiche Information zu präsentieren.

Die Designer von Menüs sollten mindestens für diese folgenden Menü-Komponenten Richtlinien zur Konsistenz etablieren:

- *Titel* Manche Menschen bevorzugen zentrierte Titel, aber eine Ausrichtung nach links ist ein akzeptabler Ansatz, besonders bei langsamen Anzeigeraten.
- *Platzierung der Items* Normalerweise sind die Items links ausgerichtet nach der Nummer des Items oder nach dem Buchstaben, der der Item-Beschreibung vorangeht. Leerzeilen können zum Abtrennen von sinnverwandten Item-Gruppen eingesetzt werden. Wenn mehrere Spalten benutzt werden, sollte ein konsistentes Muster zum Nummerieren oder Beschriften eingesetzt werden (beispielsweise ist das Überfliegen der Spalten nach unten einfacher als seitwärts über die Reihen).
- *Instruktionen* Die Instruktionen sollten in jedem Menü identisch sein und in der gleichen Position angebracht sein. Diese Regel schließt Instruktionen über Querverzweigungen, Hilfen oder den Einsatz von Funktionstasten ein.
- *Fehlermeldungen* Wenn der Anwender eine inakzeptable Auswahl treffen will, sollte die Fehlermeldung in einer konsistenten Position erscheinen und konsistente Terminologie und Syntax verwenden.
- *Statusberichte* Einige Systeme zeigen an, welcher Teil der Menü-Struktur aktuell durchsucht wird, welche Seite der Struktur gerade angezeigt wird oder welche Auswahl getroffen werden muss, um eine Aufgabe zu beenden. Diese Information sollte an einer konsistenten Position erscheinen und eine konsistente Struktur haben.

Konsistente Formate helfen den Anwendern, notwendige Informationen zu lokalisieren, die Aufmerksamkeit des Anwenders auf relevantes Material zu konzentrieren und die Ängstlichkeit des Anwenders zu reduzieren, indem Vorhersagbarkeit angeboten wird.

Weil Desorientierung ein potenzielles Problem darstellt, können zusätzliche Techniken zur Anzeige der momentanen Position in der Menü-Struktur hilfreich sein. In Büchern können unterschiedliche Schriftarten und -typen die Aufteilung in

Kapitel, Abschnitt und Unterabschnitt anzeigen. Entsprechend können in Menü-Bäumen, wenn der Anwender in der Baumstruktur hinabsteigt, die Titel derart designt sein, dass sie den Level oder den Abstand vom Hauptmenü anzeigen. Wenn Grafiken, Schriftarten und -stile oder Techniken der Hervorhebung verfügbar sind, kann ihr Einsatz von Vorteil sein. Aber auch einfache Techniken mit Zeichen in Großschreibung und fester Größe mit Absatz können effektiv sein:

```
MAIN MENU            ****************************
                     * MAIN MENU *
                     ****************************

HOME SERVICES        * * * HOME SERVICES * * *
NEWSPAPERS           - - NEWSPAPERS - -
The New York Times   THE NEW YORK TIMES
```

Diese Anzeige gibt klare Hinweise auf den Abstieg im Baum. Wenn die Anwender darauf warten, im Baum nach oben zurückzugehen oder in ein benachbartes Menü auf dem gleichen Level zu gehen, sind sie sich sicher, welche Aktion sie unternehmen müssen.

Bei einer linearen Folge der Menüs können die Anwender eine einfach visuelle Präsentation der Position in der Sequenz bekommen: Positionsmarker. In einer computer-unterstützten Instruktionssequenz mit zwölf Menü-Rahmen kann ein Positionsmarker (+) unterhalb der Menü-Items den Fortschritt anzeigen. Im ersten Rahmen ist der Positionsmarker

```
+-----------
```

im zweiten Rahmen ist es

```
-+----------
```

und der letzte Rahmen ist

```
-----------+
```

Die Anwender können ihren Fortschritt abmessen und sehen, wie viel noch zu tun bleibt.

Bei GUIs existieren viele Möglichkeiten, den Fortschritt bei aufeinander folgenden Leveln eines Menüs mit Baumstruktur oder bei linearen Sequenzen zu zeigen. Ein üblicher Ansatz ist, eine Kaskade von aufeinander folgenden Menü-Kästen zu zeigen, die ein wenig tiefer und etwas rechts neben den vorhergehenden Items gesetzt sind. Für Pull-down-Menüs sind *kaskadierende oder Ausklapp-Menüs* (in denen User jeweils durch verschiedene Level gehen) in der Wahrnehmung bedeutungsvoll, aber können für den User eine motorische Herausforderung darstellen, wenn er den Cursor in die richtige Richtung bewegen muss. Microsoft Windows 95 stellt einen praktischen Start-Button unten links bereit, aber mehrere Ebenen durch das ausklappende Menü zu gehen, ist für manche Anwender eine Herausforderung.

Eine andere grafische Innovation ist der Einsatz von transparenten oder durchsichtigen Menüs oder Werkzeugpaletten, *magische Linsen* genannt, die neben das Zielobjekt gezogen werden können, wobei sie es nur teilweise verdecken (Bier et al., 1994). Harrison und Vicente (1996) zeigten, dass die Performance der User sich nicht verändert, wenn das Menü bis zu 50 Prozent transparent wird, aber den Usern unterlaufen signifikant mehr Fehler und ihre Performance verlangsamt sich, wenn die Transparenz 75 Prozent erreicht.

Auf schnellen, hochauflösenden Displays sind elegantere visuelle Darstellungen möglich. Bei ausreichendem Platz auf dem Bildschirm ist es möglich, einen großen Teil der Menü-Karte darzustellen und den Usern zu gestatten, auf ein beliebiges Menü-Item irgendwo im Baum zu zeigen. Grafik-Designer oder Layout-Künstler sind hilfreiche Partner bei solchen Design-Projekten.

7.7   Formularfelder

Menü-Auswahl ist bei der Wahl eines Items von einer Liste effektiv, aber einige Aufgaben sind schwerfällig mit Menüs durchzuführen. Wenn die Dateneingabe mit persönlichen Namen oder numerischen Werten erforderlich ist, wird die Eingabe über Tastatur attraktiver. Wenn viele Datenfelder notwendig sind, sind *Formularfelder* der angemessene Interaktionsstil. Dem Anwender könnte z. B. ein Formular mit Name und Adresse präsentiert werden (Abb. 7.8). Formulareingabe war eine wichtige Strategie in den Tagen der 80 x 24 Text-Displays, und in der Welt der grafischen Dialogboxen ist sie ebenso gewachsen und gediehen wie im World Wide Web.

Der Formularfeld-Ansatz ist attraktiv, weil alles, was an Information ergänzt werden muss, sichtbar ist und somit dem Anwender das Gefühl gibt, er kontrolliere den Dialog. Wenige Instruktionen sind notwendig, weil die Anzeige vertraute Formulare aus Papier nachbildet. Auf der anderen Seite müssen Anwender mit dem Keyboard, der Verwendung der Tabulator-Taste oder der Maus für die Cursor-Bewegung, der Fehlerkorrektur durch die Rücktaste, Bedeutungen von Feldbezeichnungen, erlaubten Feldinhalten und der Verwendung der Eingabe-Taste vertraut sein.

```
┌─────────────────────────────────────────────────────────┐
│  Name and Address                                         │
│                                                           │
│  Please complete this section:                            │
│                                                           │
│     Name:      ┌──────────────────────────────┐          │
│                │ Albert Einstein              │          │
│     Company:   ┌──────────────────────────────┐          │
│                │ Relativity, Inc.             │          │
│                                                           │
│     Address:   ┌──────────────────────────────┐          │
│                │ Apt #2                       │          │
│                ┌──────────────────────────────┐          │
│                │ 112 Mercer Street            │          │
│     City:      ┌──────────────────────────────┐          │
│                │ Princeton                    │          │
│     State/Province:  ┌────────────┐                       │
│                      │ NJ         │                       │
│     Country:         ┌────────────┐                       │
│                      │ USA        │                       │
│     ZIP/Postal Code: ┌────────────┐                       │
│                      │ 08540      │                       │
│                                                           │
│     Telephone Number:  ┌──────────────────┐               │
│                        │ 609-555-1212     │               │
│     Fax Number:        ┌──────────────────┐               │
│                        │ 609-555-2355     │               │
│     Your Email address: ┌──────────────────┐              │
│                         │ al@ias.princeton.edu│            │
└─────────────────────────────────────────────────────────┘
```

Abb. 7.8:   Ein Formularfeld-Design für Name und Adresse auf einer Webseite.

7.7.1   Design-Richtlinien für Eingabeformulare

Es gibt wenig empirische Arbeiten über Formulareingabe, aber verschiedene Design-Richtlinien sind aus der praktischen Arbeit entstanden (Galitz, 1993; Brown, 1988). Ein experimenteller Vergleich von Datenbank-Aktualisierungen durch Formulareingabe und durch eine Befehlssprachen-Strategie zeigte einen signifikanten Geschwindigkeitsvorteil für erstere (Ogden und Boyle, 1982): elf der zwölf Testpersonen drückten ihre Vorliebe für die Lösung mit der Formulareingabe aus. Software-Tools vereinfachen das Design, helfen bei der Sicherstellung von Konsistenz, erleichtern die Wartung und beschleunigen die Implementierung. Aber sogar mit exzellenten Tools muss der Designer noch viele komplexe Entscheidungen treffen (Rahmen 7.2).

Rahmen 7.2: Design-Richtlinien für Formulareingabe

Aussagekräftiger Titel
Verständliche Instruktionen
Logische Gruppierung und Sequenzierung der Felder
Visuell ansprechende Layout-Form
Vertraute Feldbezeichnungen
Konsistente Terminologie und Abkürzungen
Sichtbarer Platz und Grenzen für Dateneingabefelder
Bequeme Cursor-Bewegung

Rahmen 7.2: Design-Richtlinien für Formulareingabe (Forts.)

Fehlerkorrektur für einzelne Zeichen und ganze Felder
Fehlervermeidung, wo möglich
Fehlermeldungen für inakzeptable Werte
Markierung der optionalen Felder
Erklärende Meldungen für Felder
Vollständigkeitssignal für die Unterstützung der Anwenderkontrolle

Die Elemente des Formulareingabedesigns schließen das Folgende ein:

- *Aussagekräftiger Titel* Identifizieren Sie das Thema und vermeiden Sie Computer-Terminologie
- *Verständliche Instruktionen* Beschreiben Sie die Aufgaben für die Anwender in einer vertrauten Begrifflichkeit. Fassen Sie sich kurz; wenn mehr Information gebraucht wird, erstellen Sie einen Satz von Hilfe-Screens, die für den Anfänger verfügbar sind. Um Knappheit sicherzustellen, beschreiben Sie einfach die nötige Aktion (Tippen Sie die Adresse ein oder einfach Adresse:) und vermeiden Sie Pronomen (Sie sollten die Adresse eintippen) oder Bezüge auf »den User« (Der User des Formulars sollte die Adresse eintippen). Eine andere nützliche Regel ist die Verwendung des Wortes tippen (*type*) für die Informationseingabe und drücken (*press*) für besondere Tasten wie TAB, EINGABE, Cursorbewegung oder programmierte Funktionstasten (PFK, PF oder F). Weil sich »EINGABE« (ENTER) oft auf die spezielle Taste bezieht, sollten Sie vermeiden, dieses Wort bei den Anweisungen zu verwenden (gebrauchen Sie beispielsweise nicht Eingabe der Adresse (Enter the address), sondern bleiben Sie bei Adresse eintippen). Wenn erst einmal ein grammatikalischer Stil für die Instruktionen entwickelt wurde, achten Sie sorgfältig darauf, diesen Stil konsistent anzuwenden.
- *Logische Gruppierung und Sequenzierung der Felder* Zusammengehörige Felder sollten nebeneinander liegen und mit Leerräumen zwischen den Gruppen separiert werden. Die Aufeinanderfolge sollte übliche Muster widerspiegeln – beispielsweise Straßenname gefolgt von Hausnummer und dann Postleitzahl und Wohnort.
- *Visuell ansprechende Layout-Form* Statt einen Bereich des Bildschirms vollzustopfen und den Rest leer zu lassen, sollte man eine gleichförmige Verteilung der Felder auf dem Bildschirm anstreben. Ausrichtung an einer Linie schafft ein Gefühl der Ordnung und Verständlichkeit. Beispielsweise könnten die Feldbe-

zeichnungen Name, Adresse und Wohnort rechtsbündig sein, so dass die Dateneingabefelder vertikal ausgerichtet sind. Dieses Layout erlaubt dem regelmäßigen Anwender, sich auf die Eingabefelder zu konzentrieren und die Bezeichnungen zu ignorieren. Wenn die Anwender mit einem Ausdruck arbeiten, sollte der Bildschirm der Papiervorlage entsprechen.

■ *Vertraute Feldbezeichnungen* Übliche Begriffe sollten benutzt werden. Wenn Wohnort durch Aufenthaltsort ersetzt wird, wären viele Anwender unsicher oder ängstlich, was sie tun sollen.

■ *Konsistente Terminologie und Abkürzungen* Bereiten Sie eine Liste der Begriffe und akzeptablen Abkürzungen vor und setzten Sie sie umsichtig ein, wobei Sie Ergänzungen nur nach reiflichem Nachdenken hinzufügen. Anstatt solche Ausdrücke wie Adresse, Adresse des Beschäftigten, ADR. und Adr. zu variieren, sollten Sie bei einem Begriff wie Adresse bleiben.

■ *Sichtbarer Platz und Begrenzungen für Dateneingabefelder* Anwender sollten in der Lage sein, die Größe des Feldes zu erkennen und abschätzen zu können, ob Abkürzungen oder andere Strategien zum Passend machen nötig sind. Unterstreichungen können bei Nur-Text-Displays die Anzahl der verfügbaren Zeichen anzeigen, und ein Kasten in angemessener Größe kann die Feldlänge in GUIs bezeichnen.

■ *Bequeme Cursorbewegung* Setzen Sie einen simplen und sichtbaren Mechanismus für die Bewegung des Cursors wie die Tabulator-Taste oder die Pfeiltasten ein.

■ *Fehlerkorrektur für einzelne Zeichen oder ganze Felder* Erlauben Sie die Verwendung einer Rücktaste und das Überschreiben, um einfache Korrekturen oder Änderungen ganzer Felder zu ermöglichen.

■ *Fehlervermeidung* Wo möglich, sollten Sie die Anwender davor bewahren, inkorrekte Werte eingeben zu können. Beispielsweise sollten Sie in einem Feld, das eine positive Ganzzahl erfordert, die Eingabe von Buchstaben, Minus-Zeichen oder Dezimalpunkten unterbinden.

■ *Fehlermeldungen für inakzeptable Werte* Wenn Anwender einen inakzeptablen Wert eingeben, sollte die Fehlermeldung nach der vollständigen Eingabe in diesem Feld erscheinen. Die Meldung sollte erlaubte Werte für dieses Feld anzeigen; wenn beispielsweise die Postleitzahl als »33 613« oder »4423a« eingegeben wird, sollte die Meldung sein: Postleitzahlen sollten nur 5 Zahlen enthalten.

■ *Optionale Felder sollten klar markiert werden* Wo immer angemessen, sollte das Wort »*Optional*« oder andere Hinweise sichtbar sein. Optionale Felder sollten wenn möglich den erforderlichen Feldern folgen.

- *Erklärende Meldungen für Felder* Wenn möglich, sollte eine erklärende Information über ein Feld oder einen erlaubten Wert in einer Standard-Position wie einem Fenster am unteren Rand erscheinen, wenn der Cursor in diesem Feld ist.

- *Vollständigkeitssignal* Es sollte den Anwendern klar sein, was sie nach der Fertigstellung der Feldeingaben tun müssen. Generell sollten Designer eine automatische Beendigung nach der Eingabe im letzten Feld vermeiden, weil die Anwender frühere Einträge noch einmal überprüfen oder ändern möchten.

Diese Überlegungen könnten selbstverständlich erscheinen, aber oft lassen Formulardesigner den Titel oder ein offensichtliches Signal der Vollständigkeit aus oder verwenden unnötige Computer-Dateinamen, fremdartige Codes, unverständliche Anweisungen, nicht nachvollziehbare Feldgruppierungen, vollgestopfte Layouts, obskure Feldbezeichnungen, inkonsistente Abkürzungen oder Feldformate, ungeschickte Cursorsteuerung, verwirrende Prozeduren zur Fehlerkorrektur oder feindselige Fehlermeldungen.

Detaillierte Design-Regeln sollten lokale Terminologien und Abkürzungen widerspiegeln. Sie sollten Folgendes festlegen: dem Anwender vertraute Feldreihenfolgen, Höhe und Breite des Anzeigegerätes, Hervorhebungsmerkmale – wie inverse Anzeige, Unterstreichen, Intensitätslevel, Farben und Schriftarten –, Tasten zur Cursorbewegung und die Codierung der Felder.

7.7.2 Listen- und Comboboxen

In grafischen Umgebungen und im World Wide Web können Designer Boxen mit Bildlaufleisten einsetzen, um die Anwender von der Last der Dateneingabe und den daraus resultierenden Fehlern zu befreien. Listen zum Scrollen können wie bei vielen Enzyklopädien auf CD-ROM Tausende von Items beinhalten. Schnelle Auswahl in einer langen Liste kann durch eine Combobox erleichtert werden, in der von den Anwendern die Anfangsbuchstaben eingetippt werden können, wodurch das Scrollen durch die Liste forciert wird. Typische Listen sind alphabetisch angeordnet, um das Eintippen der Anfangsbuchstaben zu unterstützen, aber Listen nach Kategorien können ebenfalls nützlich sein. Die Prinzipien der Sequenzierung von Menü-Listen finden ebenfalls Anwendung (Abschnitt 7.3). Eine Kombination von Pop-up-Menüs, Scrolling und Formulareingabe kann eine schnelle Selektion unterstützen, sogar für eine Aufgabe mit mehreren Schritten wie bei einer Flugbuchung (Abb. 7.9).

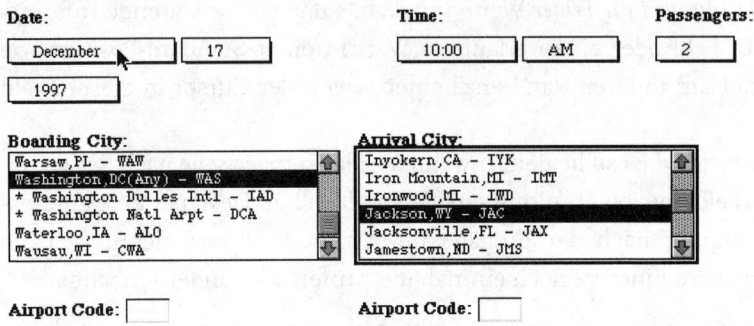

Abb. 7.9: Eine Webseite, die über Pop-up-Listen dem Anwender die Auswahl von Datum, Zeit und Anzahl der Passagiere bei einer Flugbuchung erlaubt. Der Anwender wählt dann Start- und Zielort über scrollende Listen oder Eingabe der Flughafencodes aus.

7.7.3 Codierte Felder

Spalten von Informationen erfordern eine besondere Behandlung für die Dateneingabe und das Display. Alphabetische Felder sind praktischerweise linksbündig bei der Eingabe und der Anzeige. Numerische Felder können bei der Eingabe linksbündig sein, aber auf der Anzeige werden sie dann rechtsbündig ausgerichtet. Wenn möglich, sollte die Eingabe und die Anzeige von Nullen in numerischen Feldern ganz links vermieden werden. Numerische Felder mit Dezimalpunkten sollten nach den Dezimalpunkten ausgerichtet werden.

Richten Sie besondere Aufmerksamkeit auf so übliche Felder wie die folgenden:

■ *Telefonnummern* Bieten Sie eine Form an, um die Unterfelder anzuzeigen:

Telefon: (_ _ _) _ _ _ _ _ _

Achten Sie auf Sonderfälle wie das Hinzufügen von Nebenanschlüssen oder den Bedarf von nicht standardisierten Formaten internationaler Nummern.

■ *Sozialversicherungsnummern* Das Muster für die Sozialversicherungsnummern der Vereinigten Staaten sollten auf dem Bildschirm wie folgt erscheinen:

Sozialversicherungsnummer: _ _ _ - _ _ - _ _ _ _

Wenn der Anwender die ersten drei Stellen eingegeben hat, sollte der Cursor auf die Position ganz links auf dem zweistelligen Feld springen.

- *Zeiten* Auch wenn die 24-Stunden-Anzeige praktisch ist, finden viele Menschen sie verwirrend und bevorzugen A.M.- oder P.M.-Bezeichnungen. Das Format könnte wie folgt erscheinen:

  _ _ : _ _ _ _ *(9:45 AM oder PM)*

  Sekunden kann man je nach Bedarf der notwendigen Formate hinzufügen oder weglassen.

- *Datum* Wie man das Datum festlegt, ist eines der garstigsten Probleme; dafür existiert keine gute Lösung. Unterschiedliche Datumsformate sind für unterschiedliche Aufgaben angemessen, und die europäischen Regeln unterscheiden sich von den amerikanischen. Ein akzeptabler Standard wird möglicherweise nie entstehen.

  Wenn das Display codierte Felder anzeigt, könnten die Instruktionen ein Muster mit korrekter Eingabe anzeigen, beispielsweise:

  Datum: _ _/_ _/_ _ (04/22/98 zeigt den 22. April 1998 an).

  Für viele Menschen sind Muster verständlicher als eine abstrakte Beschreibung wie

  TT/MM/JJ

- *Dollar-Beträge (oder andere Währungen)* Das Dollar-Zeichen sollte auf dem Bildschirm erscheinen, damit die Anwender nur den Betrag eingeben müssen. Wenn ein großer ganzzahliger Dollar-Betrag eingegeben werden muss, könnte dem Anwender ein Feld wie das folgende gezeigt werden:

  Eingezahlter Betrag: $ _ _ _ _ _.00

  mit dem Cursor links vom Dezimalpunkt. Wenn der Anwender Zahlen eintippt, bewegen sie sich wie bei einem Taschenrechner nach links. Um bei Bedarf einen Cent-Betrag eingeben zu können, muss der Anwender den Dezimalpunkt eintippen, um das »00«-Feld zum Überschreiben erreichen zu können.

Andere Erwägungen für das Design von Formularfeldern schließen Formulare mit mehreren Bildschirmen, Kombinationen von Menüs und Formularen, Verwendung von Grafiken, Beziehung zum Papierformular, Verwendung von Zeigegeräten, Einsatz von Farben, Umgang mit Sonderfällen und Integration einer Textverarbeitung für Anmerkungen ein.

7.8 Dialogboxen

In modernen GUIs können Anwender einige Selektionen über Pull-down- oder Pop-up-Menüs treffen, aber viele Aufgaben erfordern ebenso Mehrfachauswahl wie Dateneingabe über numerische Werte oder alphanumerische Strings. Die am weitesten verbreitete Lösung für komplexe Aufgaben ist die Bereitstellung einer Dialogbox für die Anwender. Vertraute Beispiele umfassen die Dialogboxen zum Öffnen, Speichern, Suchen, Ersetzen und für Rechtschreibprüfung (Abb. 7.10). Dialogboxen können ebenso aufgabenspezifische Funktionen beinhalten wie die Eingabe von Namen und Adresse eines Kunden bei einem Autoverleih, die Spezifikation von Farbe, Größe und Gewebe bei einem Auftragseingabesystem oder die Auswahl von Farben und Texturen bei einem geografischen Informationssystem.

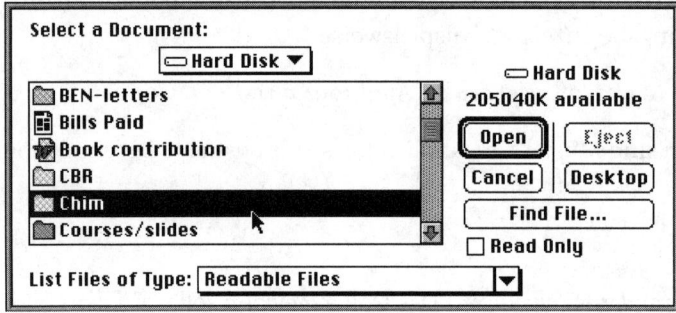

Abb. 7.10: Dialogbox für »Öffnen« aus Microsoft Word für den Macintosh.

Das Design für Dialogboxen kombiniert Themen der Menüauswahl und der Formularfelder mit weiteren Problemen über die Konsistenz der vielen hundert Dialogboxen und der Beziehung zu anderen Items auf dem Bildschirm (Galitz, 1994). Ein Richtliniendokument für Dialogboxen kann bei der Sicherstellung angemessener Konsistenz helfen (Rahmen 7.3). Dialogboxen sollten aussagekräftige Titel zur Identifikation und konsistente visuelle Eigenschaften haben – beispielsweise zentriert, gemischte Groß- und Kleinschreibung, Schriftart 12 Punkt, schwarz, Helvetika. Dialogboxen sind in Größe und Form oft so gestaltet, dass sie zu jeder Situation passen, aber unterschiedliche Größen oder Seitenverhältnisse können genutzt werden, um Fehler, Bestätigungen oder Bestandteile der Anwendung anzuzeigen. Innerhalb einer Dialogbox sollte es Standards für Ränder und visuelle Organisation geben, üblicherweise von oben links nach unten rechts bei Sprachen, die von links nach rechts lesen. Eine Gitterstruktur hilft bei der Organisation der Inhalte, und Symmetrie kann an passender Stelle zum Ordnen eingesetzt werden.

Das Bündeln verwandter Items innerhalb einer Box oder die Trennung durch horizontale und vertikale Linien hilft den Anwendern beim Verstehen der Inhalte. Betonungen können durch Hinzufügen von Farben, Schriftgrößen oder -arten erreicht werden.

Rahmen 7.3: Richtlinien für Dialogboxen

Internes Layout: wie bei Menüs und Formularen
- Aussagekräftiger Titel, konsistenter Stil
- Anordnung von oben links nach unten rechts
- Ballung und Betonung
- Konsistente Layouts (Ränder, Gitter, Leerräume, Linien, Kästen)
- Konsistente Terminologie, Schriftarten, Großschreibungen, Ausrichtungen
- Standard-Buttons (OK, ABBRECHEN)
- Fehlervermeidung durch direkte Manipulation

Externe Beziehungen
- Flüssiges Erscheinen und Verschwinden
- Erkennbare, aber kleine Begrenzungen
- Größe klein genug, um Probleme mit Überlappungen zu reduzieren
- Anzeige nahe bei den zugehörigen Items
- Kein Überlappen bei erforderlichen Items
- Leicht zum Verschwinden zu bringen
- Klarheit, wie man vervollständigt / abbricht

Die Elemente einer Dialogbox werden vom Toolkit oder dem Designtool abhängen (siehe Kapitel 5), aber normalerweise beinhalten sie Buttons, Checkboxen, Eingabefelder, List- und Comboboxen und Schieberegler. Standard-Buttons – mit konsistenten Etiketten, Farben und Schriftarten – helfen den Anwendern bei der korrekten und schnellen Navigation. Wo möglich, sollten Anwender in der Lage sein, jeden Schritt rückgängig zu machen und davor bewahrt werden, Fehler zu begehen.

Das Design von Dialogboxen beinhaltet auch die Beziehung zum aktuellen Bildschirminhalt. Weil Dialogboxen gewöhnlich in irgendeinem Bereich des Bildschirms aufpoppen, besteht die Gefahr, dass relevante Informationen verdeckt werden. Darum sollten Dialogboxen so klein wie annehmbar sein, um visuelle und Störungen durch Überlappungen zu minimieren. Dialogboxen sollten in der Nähe von, aber nicht auf den dazugehörigen Bildschirm-Items erscheinen. Wenn ein

Anwender eine Stadt auf einer Karte anklickt, sollte die Dialogbox über die Stadt gleich neben dem Klickpunkt erscheinen. Ein weit verbreitetes Ärgernis ist, wenn die Dialogbox für »Suchen« oder »Rechtschreibprüfung« einen relevanten Textteil verdeckt.

Dialogboxen sollten so deutlich sein, dass Anwender sie leicht vom Hintergrund unterscheiden können, aber nicht so krass, dass sie eine optische Irritation bewirken. Schließlich sollten Dialogboxen mühelos verschwinden und dabei so wenig wie möglich visuell störend wirken (siehe Abschnitt 13.4 und 13.5).

Wenn Aufgaben komplex sind, können mehrere Dialogboxen erforderlich sein, was einige Designer dazu bringt, Dialogboxen zu wählen, in denen zwei bis zwanzig hervorstehende »Reiter« die Präsenz von mehreren Dialogboxen anzeigen. Diese Technik kann effektiv sein, aber zieht das potenzielle Problem zu großer Fragmentierung nach sich. Die Anwender könnten Schwierigkeiten damit haben, unterhalb der »Reiter« das Gewünschte zu finden. Eine kleinere Anzahl von größeren Dialogboxen kann von Vorteil sein, weil Anwender es in der Regel vorziehen, optisch nach etwas zu suchen als erinnern zu müssen, wo eine gewünschte Kontrolle zu finden ist.

7.9 Zusammenfassung für den Praktiker

Konzentrieren Sie sich auf die Organisation der Struktur und der Aufeinanderfolge der Menüs, damit sie zu den Aufgaben der Anwender passen, stellen Sie sicher, dass jedes Menü eine bedeutungsvolle, auf die Aufgabe bezogene Einheit ist, und schaffen Sie Items, die unterscheidbar und verständlich sind. Wenn einige Anwender das System regelmäßig benutzen, sollten Typeahead, Shortcuts oder Makrostrategien möglich sein. Erlauben Sie simple Übergänge zum vorher angezeigten Menü und zum Hauptmenü. Führen Sie auf jeden Fall Tests über Human Factors durch und beteiligen Sie Spezialisten für Human Factors im Designprozess. Wenn das System implementiert wird, sammeln Sie Daten über Nutzung, Fehlerstatistiken und subjektive Reaktionen, um Überarbeitungen anzuleiten.

Wo immer möglich, verwenden Sie Software-Tools, um Menüs, Formularfelder oder Dialogboxen zu produzieren und anzuzeigen. Kommerzielle Systeme reduzieren die Implementierungszeit, stellen konsistentes Layout und Instruktionen sicher und vereinfachen die Wartung.

7.10 Ausblick für die Forschung

Experimentelle Forschung kann bei der Überarbeitung der Designrichtlinien für die Organisation und Aneinanderreihung von einzelnen und linearen Sequenzen der Menüs helfen. Wie können unterschiedliche Anwendergruppen mit einer allgemeinen Organisation zufriedengestellt werden, wenn ihre Informationsbedürfnisse ausgesprochen unterschiedlich sind? Sollte es den Anwendern ermöglicht werden, die Struktur der Menüs zuzuschneiden, oder ist es von größerem Vorteil, jeden dazu zu zwingen, die gleiche Struktur und Terminologie anzuwenden? Sollte eine Baumstruktur erhalten werden, auch wenn das zu Redundanzen führt?

Das sind reichlich Forschungsmöglichkeiten. Wechselseitige Abhängigkeiten von Tiefe vs. Breite bei unterschiedlichen Konditionen müssen untersucht werden, um den Designern Anleitungen zu geben. Layout-Strategien, Formulierungen von Instruktionen, Benennungen von Menü-Items, Grafik-Design und Antwortzeiten sind alles exzellente Kandidaten für Experimente. Spannende Möglichkeiten werden bei größeren Bildschirmen und neuartigen Auswahlgeräten verfügbar.

Implementoren könnten von ausgefeilteren Software-Tools profitieren, um die Erstellung, das Management, das Sammeln von Nutzungsstatistiken und die evolutionäre Überarbeitung zu automatisieren. Die Portabilität kann ausgebaut werden, um den Transfer zwischen den Systemen zu erleichtern, und eine Internationalisierung kann durch Tools zum Re-Design für verschiedene nationale Sprachen erleichtert werden.

World Wide Web

Informationen über das Design von Menüs, Formulareingaben und Dialogboxen mit empirischen Studien und Beispielen von Systemen. Das interessanteste Experiment ist das Browsen im World Wide Web, um zu sehen, wie Designer Menü-Bäume entworfen oder Felder für Formulareingaben ausgerichtet haben.

```
http://www.aw.com/DTUI
```

Quellen

Ahlberg, C. and Shneiderman, B., AlphaSlider: A compact and rapid selector, *Proc. CHI '94 Human Factors in Computer Systems*, ACM, New York (April 1994), 365–371.

Bier, Eric, Stone, Maureen, Fishkin, Ken, Buxton, William, and Baudel, T., A taxonomy of see-through tools, *Proc. CHI '94 Human Factors in Computing Systems*, ACM, New York (1994), 358–364.

Brown, C. Marlin, *Human–Computer Interface Design Guidelines*, Ablex, Norwood, NJ (1988).

Callahan, Jack, Hopkins, Don, Weiser, Mark, and Shneiderman, Ben, An empirical comparison of pie versus linear menus, *Proc. CHI '88 Human Factors in Computer Systems*, ACM, New York (1988), 95–100.

Card, Stuart K., User perceptual mechanisms in the search of computer command menus, *Proc. Human Factors in Computer Systems*, Washington, D.C., Chapter of ACM (March 1982), 190–196.

Clauer, Calvin Kingsley, *An experimental evaluation of hierarchical decision-making for information retrieval*, IBM Research Report RJ 1093, San Jose, CA (September 15, 1972).

Galitz, Wilbert O., *It's Time to Clean Your Windows: Designing GUIs that Work*, John Wiley and Sons, New York (1994).

Greenberg, Saul and Witten, Ian H., Adaptive personalized interfaces: A question of viability, *Behaviour and Information Technology*, 4, 1 (1985), 31–45.

Harrison, Beverly L. and Vicente, Kim J., An experimental evaluation of transparent menu usage, *Proc. CHI '96, Human Factors in Computing Systems*, ACM, New York (1996), 391–398.

Kiger, John I., The depth/breadth trade-off in the design of menu-driven user interfaces, *International Journal of Man–Machine Studies*, 20, (1984), 201–213.

Koved, Lawrence, and Shneiderman, Ben, Embedded menus: Menu selection in context, *Communications of the ACM*, 29, (1986), 312–318.

Landauer, T. K., and Nachbar, D. W., Selection from alphabetic and numeric menu trees using a touch screen: Breadth, depth, and width, *Proc. CHI '85, Human Factors in Computing Systems*, ACM, New York (April 1985), 73–78.

Laverson, Alan, Norman, Kent, and Shneiderman, Ben, An evaluation of jump-ahead techniques for frequent menu users, *Behaviour and Information Technology*, 6, (1987), 97–108.

Liebelt, Linda S., McDonald, James E., Stone, Jim D., and Karat, John, The effect of organization on learning menu access, *Proc. Human Factors Society, Twenty-Sixth Annual Meeting*, Santa Monica, CA (1982), 546–550.

McDonald, James E., Stone, Jim D., and Liebelt, Linda S., Searching for items in menus: The effects of organization and type of target, *Proc. Human Factors Society, Twenty-Seventh Annual Meeting*, Santa Monica, CA (1983), 834–837.

Mitchell, Jeffrey and Shneiderman, Ben, Dynamic versus static menus: An experimental comparison, *ACM SIGCHI Bulletin*, 20, 4 (1989), 33–36.

Norman, Kent, *The Psychology of Menu Selection: Designing Cognitive Control at the Human/Computer Interface*, Ablex, Norwood, NJ (1991).

Norman, Kent L. and Chin, John P., The effect of tree structure on search in a hierarchical menu selection system, *Behaviour and Information Technology*, 7, (1988), 51–65.

Norman, Kent L. and Chin, John P., The menu metaphor: Food for thought, *Behaviour and Information Technology*, 8, 2 (1989), 125–134.

Ogden, William C. and Boyle, James M., Evaluating human–computer dialog styles: Command versus form/fill-in for report modification, *Proc. Human Factors Society, Twenty-Sixth Annual Meeting*, Santa Monica, CA (1982), 542–545.

Robertson, G., McCracken, D., and Newell, A., The ZOG approach to man–machine communication, *International Journal of Man–Machine Studies*, 14, (1981), 461–488.

Sears, Andrew and Shneiderman, Ben, Split menus: Effectively using selection frequency to organize menus, *ACM Transactions on Computer-Human Interaction*, 1, 1 (1994), 27–51.

Shneiderman, Ben (Editor), *Hypertext on Hypertext*, Hyperties disk with 1 Mbyte data and graphics incorporating July 1988 CACM, ACM Press, New York (July 1988).

Shneiderman, Ben and Kearsley, Greg, *Hypertext Hands-On! An Introduction to a New Way of Organizing and Accessing Information*, Addison-Wesley, Reading, MA; book and hypertext disk using Hyperties (May 1989).

Somberg, Benjamin, and Picardi, Maria C., Locus of information familiarity effect in the search of computer menus, *Proc. Human Factors Society, Twenty-Seventh Annual Meeting*, Santa Monica, CA (1983), 826–830.

Tapia, Mark A., and Kurtenbach, Gordon, Some design refinements and principles on the appearance and behavior of marking menus, *Proc. User Interface Software and Technology '95*, ACM, New York (1995), 189–195.

Teitelbaum, Richard C., and Granda, Richard, The effects of positional constancy on searching menus for information, *Proc. CHI '83, Human Factors in Computing Systems*, ACM, New York (1983), 150–153.

Wallace, Daniel F., Anderson, Nancy S., and Shneiderman, Ben, Time stress effects on two menu selection systems, *Proc. Human Factors Society, Thirty-First Annual Meeting*, Santa Monica, CA (1987), 727–731.

Kapitel 8

Natürliche Sprachen und Befehlssprachen

Sehr bald hatte ich das Gefühl, dass die Formen gewöhnlicher Sprache viel zu weitschweifig waren ... Ich brauchte nicht lange, um zu entscheiden, dass der bevorzugt zu beschreitende Pfad der Rückgriff auf die Sprache der Zeichen war. Es wurde dann notwendig, eine Schreibweise zu ersinnen, die wenn möglich gleichermaßen einfach und ausdrucksstark, gleich zu Beginn leicht verständlich und ohne Verzug im Gedächtnis zu behalten sein sollte.

Charles Babbage, »On a method of expressing by signs the action of machinery«, 1826

8.1 Einführung

Die Geschichte der geschriebenen Sprache ist reichhaltig und voller Variationen. Frühe Kerbholzmarkierungen und Piktogramme auf Höhlenwänden existierten jahrtausendelang, bevor präzise Notationen für Zahlen oder andere Konzepte auftauchten. Die ägyptischen Hieroglyphen vor 5.000 Jahren waren ein enormer Vorteil, weil standardisierte Notationen die Kommunikation durch Zeit und Raum erleichterten. Später dominierten Sprachen mit einem kleinen Alphabet und Regeln für Worte und Satzformationen, weil sie leicht zu erlernen, zu lesen und zu schreiben waren. Zusätzlich zu diesen natürlichen Sprachen erschienen spezielle Sprachen für Mathematik, Musik und Chemie, weil sie die Kommunikation und die Problemlösung erleichterten. Im zwanzigsten Jahrhundert wurde neuartige Notationen für solch unterschiedliche Bereiche wie Tanz, Stricken, höhere Mathematik, Logik und DNA-Moleküle geschaffen.

Die grundlegenden Ziele des Sprachendesigns sind

- Präzision
- Kompaktheit
- Leichtigkeit beim Schreiben und Lesen
- Vollständigkeit

- Geschwindigkeit beim Lernen
- Einfachheit der Fehlerreduktion
- Leichtigkeit der Erinnerbarkeit

Ziele auf höherem Level beinhalten

- Enge Korrespondenz zwischen Realität und der Notation
- Bequemlichkeit beim Durchführen von Manipulationen, die für die Aufgaben der User von Bedeutung sind
- Kompatibilität mit bestehenden Notationen
- Flexibilität zur Anpassung an Anfänger und Experten
- Ausdruckskraft zur Förderung der Kreativität
- Visuelle Anziehungskraft

Einschränkungen bei einer Sprache beinhalten

- Die Fähigkeit der Menschen, die Notation aufzuzeichnen
- Das Zusammenpassen der Aufzeichnungs- und der Anzeigemedien (beispielsweise Tontafeln, Papier, Druckerpressen)
- Die Bequemlichkeit beim Sprechen (Aussprache)

Erfolgreiche Sprachen entwickeln sich, um den Zielen innerhalb der Beschränkungen zu dienen.

Die Druckerpresse war ein bemerkenswerter Ansporn für die Entwicklung der Sprache, weil sie eine weit verbreitete Streuung geschriebener Arbeit ermöglichte. Der Computer ist ein anderer außerordentlicher Anreiz für die Sprachenentwicklung, nicht nur, weil durch Netzwerke eine breit gestreute Verteilung möglich wird, sondern auch, weil Computer Tools zur Manipulation von Sprachen und weil Sprachen Tools zur Manipulation von Computern sind.

Der Computer hat nur einen bescheidenen Einfluss auf gesprochene natürliche Sprachen, verglichen mit seinen enormen Auswirkungen als Stimulus für die Entwicklung von zahlreichen neuen, formal geschriebenen Sprachen. Frühe Computer wurden gebaut, um mathematische Berechnungen durchzuführen, und so hatten die ersten Programmiersprachen einen stark mathematischen Beigeschmack. Aber man fand schnell heraus, dass Computer effektive Manipulatoren von logischen Ausdrücken, Geschäftsdaten, Grafiken, Sound und Texten sind. In steigendem Maße werden Computer eingesetzt, um in der realen Welt Operationen durchzuführen: sie befehligen Roboter, geben Geldscheine in Bankautomaten aus, kontrollieren Produktionen und steuern Raumschiffe. Diese neueren Applikationen ermutigen die Designer von Sprachen, praktische Notationen zu finden, um den Computer zu steuern, während man die Bedürfnisse der Menschen bewahrt, die Sprache für Kommunikation und Problemlösungen zu gebrauchen.

Aus diesem Grund müssen effektive Computersprachen nicht nur die Aufgaben der Anwender abbilden und die menschlichen Bedürfnisse nach Kommunikation zufrieden stellen, sondern auch mit den Mechanismen für Aufzeichnungen, Manipulation und Anzeige dieser Sprachen in einem Computer harmonieren.

Computerprogrammiersprachen für wie FORTRAN, COBOL, ALGOL, PL/I und Pascal, die in sechziger Jahren und Anfang der siebziger Jahre entwickelt wurden, waren für die Verwendung in einer nicht-interaktiven Computer-Umgebung gestaltet. Programmierer schrieben Hunderte oder Tausende von Programmzeilen, prüften diesen Code sorgfältig und *kompilierten* oder interpretierten ihn dann per Computer, um das gewünschte Resultat zu produzieren. Inkrementales Programmieren war eine Überlegung beim Design von BASIC und in fortgeschrittenen Sprachen wie LISP, APL und PROLOG. Von Programmierern in diesen Sprachen erwartete man, dass sie kleine Teile online bauten und diese dann interaktiv testeten. Nach wie vor war das allgemeine Ziel, ein großes Programm zu schaffen, das aufbewahrt, studiert, ausgebaut und modifiziert wurde. Die Anziehungskraft der schnellen Kompilierung und Ausführung führte zum weitverbreiteten Erfolg der in C verwendeten kompakten, aber manchmal obskuren Notation. Der Zwang zum Programmieren in Teams, organisatorischen Standards der Verteilung und die steigenden Anforderungen an Wiederverwendbarkeit begünstigten die Zusammenfassung und die Entwicklung von objekt-orientierten Programmierungskonzepten in Sprachen wie ADA und C++. Die Erfordernisse von Netzwerkumgebungen und das Streben nach plattformübergreifenden Tools führte zur Entstehung von Java.

Skriptsprachen, die den Schwerpunkt auf Bildschirmpräsentation und Mauskontrolle legten, wurden in den späten achtziger Jahren durch das Erscheinen von HyperCard, SuperCard, ToolBook usw. populär. Diese Sprachen beinhalteten neue Operatoren wie ON MOUSEDOWN, BLINK oder IF FIRST CHARACTER OF THE MESSAGE BOX IS ‚A‘. Java erweiterte die Möglichkeiten für web-orientiertes Screen-Management, sichere Netzwerkoperationen und Übertragbarkeit.

Die Adressen im World Wide Web kann man als eine Form von Befehlssprachen ansehen. Die Anwender gelangen zum Erinnern der Struktur und dem Erinnern von Lieblingsseiten, auch wenn die übliche Verwendung ein Klicken ist, um aus einer Webseite oder Liste von Lesezeichen auszuwählen. Web-Adressen beginnen mit einem Protokoll-Namen (`http`, `ftp`, `gopher` usw.), gefolgt von einem Doppelpunkt und zwei Schrägstrichen. Dann kommt die Server-Adresse (die auch Ländercodes oder Domänennamen wie `gov`, `edu`, `mil`, `org` beinhalten können), Verzeichnispfad und Dateiname; beispielsweise

```
http://www.whitehouse.gov/WH/glimpse/top.html
```

Sprachen zur Datenbankabfrage für relationale Datenbanken wurden gegen Mitte bis Ende der siebziger Jahre entwickelt und führten zum weithin eingesetzten SQL. Es betont kurze Segmente an Code (drei bis zwanzig Zeilen), die an einem Terminal geschrieben und sofort ausgeführt werden konnten. Die User wollten eher ein Resultat erzielen als ein Programm schreiben. Eine Hauptaufgabe von Sprachen zur Datenbankabfrage und zur Informationsbeschaffung war die Spezifikation von Booleschen Operationen: AND, OR und NOT.

Befehlssprachen, die ihren Ursprung in Betriebssystembefehlen hatten, werden durch ihre Dringlichkeit und ihre Auswirkungen auf Geräte oder Informationen unterschieden. Die Anwender geben einen Befehl ein und beobachten, was passiert. Wenn das Ergebnis korrekt ist, wird der nächste Befehl eingegeben, wenn nicht, wird eine andere Strategie angenommen. Die Befehle sind kurz, und ihre Existenz ist nur vorübergehend. Befehlschroniken werden manchmal aufgezeichnet, und in einigen Befehlssprachen werden Makros kreiert, aber die Essenz von Befehlssprachen ist, dass sie ephemerer Natur sind und dass sie eine sofortige Auswirkung auf die Zielobjekte haben.

Befehlssprachen werden dadurch von Systemen zur Menüauswahl unterschieden, dass ihre Anwender die Notation erinnern und die Aktion initiieren müssen. Die Anwender der Menüauswahl sehen oder hören die begrenzten Sätze von Items, sie reagieren mehr, als dass sie agieren. Anwendern von Befehlssprachen wird oft die Erfüllung bemerkenswerter Kunststücke beim Auswendiglernen und Eintippen abverlangt. Beispielsweise ist dieser UNIX-Befehl zum Löschen leerer Zeilen in einer Datei nicht klar ersichtlich:

```
grep -v ^$ filea > fileb
```

Gleichermaßen wurde ein User bei einer Installation zu folgender Eingabe instruiert, um einen Ausdruck auf unliniertem Papier auf einem Laserdrucker zu erhalten:

```
CP TAG DEV E VTSO LOCAL 2 OPTCD=J F=3871 X=GB12
```

Der verdutzte User begegnete einem Schulterzucken und dem gleichermaßen kryptischen Kommentar, dass »es manchmal hier nicht um Logik geht, sondern darum, mit der Arbeit fertigzuwerden«. Dieser Arbeitsstil war vielleicht mal in der Vergangenheit akzeptabel, aber die Anwendergruppen und ihre Erwartungen verändern sich. Während es immer noch Millionen von Befehlssprachenanwender gibt, hat sich die Entwicklung von neuen Befehlssprachen durch das Entstehen der Schnittstellen mit direkter Manipulation und Menüauswahl dramatisch verlangsamt.

Befehlssprachen können aus einzelnen Kommandos bestehen oder eine komplexe Syntax enthalten (Abschnitt 8.2). Die Sprache kann einige wenige oder mehrere Tausend Operationen beinhalten. Befehle können eine hierarchische Struktur haben oder Verkettungen erlauben, damit Variationen gebildet werden können (Abschnitt 8.3). Eine typische Form ist ein Verb, auf das ein Nomen-Objekt folgt, hinzu kommen Qualifizierer oder Argumente für das Verb oder das Nomen, beispielsweise PRINT MYFILE 3 COPIES. Abkürzungen können zugelassen sein (Abschnitt 8.5). Für akzeptable Befehle kann man Feedback generieren lassen, und Fehlermeldungen (Abschnitt 11.2) können bei inakzeptablen Formaten oder Tippfehlern ausgegeben werden. Systeme mit Befehlssprachen können dem Anwender kurze Prompts anbieten oder ähnlich wie Systeme mit Menü-Auswahl sein. Schließlich kann natürlichsprachige Interaktion als eine komplexe Form von Befehlssprache angesehen werden (Abschnitt 8.7).

8.2 Funktionalität als Unterstützung der Anwenderaufgaben

Menschen setzten Computer und Systeme mit Befehlssprachen ein, um eine große Bandbreite von Aufgaben zu erfüllen, so wie Textverarbeitung, Betriebssystemkontrollen, bibliografische Informationsgewinnung, Datenbankenmanipulationen, E-Mail, Finanzmanagement, Flug- oder Hotelbuchungen, Inventuren, Überwachung von Produktionsprozessen und Adventurespiele.

Menschen werden ein Computersystem nutzen, wenn dieses ihnen sonst nicht zugängliche Kräfte gibt. Wenn die Macht attraktiv genug ist, werden sie auch ein System mit einer schlechten Benutzerschnittstelle gebrauchen. Darum ist der erste Schritt für einen Designer, die Funktionalität des Systems durch das Studium des Aufgabenbereiches der Anwender festzulegen. Das Ergebnis ist eine Liste von Aufgabenobjekten und -aktionen, das dann in einen Satz von Interface-Aktionen und Objekte abstrahiert wird. Diese Items wiederum werden durch die Interface-Syntax auf niedrigem Level dargestellt.

Ein gängiger Designfehler ist, eine exzessive Anzahl von Objekten und Aktionen anzubieten, wodurch der Anwender sich überwältigt fühlen kann. Übermäßige Objekte und Aktionen benötigen mehr Code zur Aufrechterhaltung, verursachen eventuell mehr Bugs und eine langsamere Ausführung und erfordern mehr Hilfe-Screens, Fehlermeldungen und Handbücher (siehe Kapitel 11 und 12). Für die Anwender verlangsamt eine übertriebene Funktionalität das Erlernen, steigert die Fehlermöglichkeiten und trägt zur Verwirrung durch längere Handbücher, mehr Hilfe-Screens und unspezifischere Fehlermeldungen bei. Auf der anderen Seite frustrieren unzureichende Objekte oder Aktionen den Anwender, weil eine gewünschte Funktion nicht unterstützt wird. Beispielsweise könnten die Anwender gezwungen sein, eine Liste mit Bleistift und Papier zu kopieren, weil es schlicht keinen Druckbefehl gibt, oder eine Aufzählung per Hand zu ordnen, weil kein Sortierungsbefehl vorhanden ist.

Sorgfältige Aufgabenanalyse kann als Resultat eine Tabelle der Anwendergruppen und -aufgaben haben, wobei jeder Eintrag die erwartete Nutzungshäufigkeit anzeigt. Die umfangreichen Aufgaben sollten einfach auszuführen sein. Die Designer müssen entscheiden, welche Gruppen der Anwender die primären Adressaten des Systems sind. Anwender könnten sich durch ihre Position in einer Organisation, ihre Computerkenntnisse oder die Häufigkeit ihrer Systemnutzung unterscheiden.

Auf einer frühen Stufe sollten die destruktiven Aktionen – wie das Löschen von Objekten oder Änderungen des Formats – umsichtig evaluiert werden, um die Umkehrbarkeit oder zumindest einen Schutz vor unbeabsichtigtem Aufrufen sicherzustellen. Designer sollten ebenfalls Fehlerbedingungen identifizieren und Fehlermeldungen vorbereiten. Ein Transitionsdiagramm, auf dem gezeigt wird, wie jeder Befehl den Anwender in einen anderen Status bringt, ist in höchstem Maße hilfreich für das Design und auch für etwaige Schulungen der User (Abb. 8.1). Ein Diagramm, das zu kompliziert wird, kann Anlass für eine notwendige Systemüberarbeitung sein.

Wesentliche Erwägungen für Expertenanwender sind die Möglichkeit, die Sprache auf den persönlichen Arbeitsstil zuzuschneiden und das Erstellen von Makros mit Namen, um das Ausführen einer Reihe von Operationen mit einem einzigen Befehl zu erlauben. Die Bereitstellung von Makros erlaubt Erweiterungen, die von den Designer nicht vorhergesehen werden konnten oder die nur für eine kleine Gruppe der Anwender sinnvoll ist. Makros können eine vollwertige Programmiersprache sein, in der Spezifikationen für Argumente, Bedingtheiten, Iterationen, Ganzzahlen, Strings und Grundbestandteile der Screenmanipulation plus Bibliotheken und Editier-Tools vorhanden sein können. Gut entwickelte Makromöglichkeiten sind eine der starken Anziehungskräfte von Befehlssprachen.

```
     [Peedy, a parrot is asleep on his perch]
User:       Good morning Peedy[Peedy rouses]
Peedy:Good morning
User:       Let's do a demo    [Peedy stands up, smiles]
Peedy:Your wish is my command, what would you like to hear?
User:       What have you got by Bonnie Raitt?
     [Peedy waves in a stream of notes and grabs one]
Peedy:I have "The Bonnie Raitt Collection" from 1990.
User:       Pick something from that.
Peedy:How about "Angel from Montgomery"
User:       Sounds good.[Peedy drops note on pile]
Peedy:OK
User:       Play some rock after that.
```

Abb. 8.1: Auf diesem Transitionsdiagramm werden die Anwendereingaben durch ein »i« und die Computerausgaben durch ein »o« angezeigt. Dieses relativ simple Diagramm zeigt nur einen Teil des Systems. Vollständige Transitionsdiagramme können zahlreiche Seiten umfassen (Mit freundlicher Genehmigung von Robert J.K. Jacob, Naval Research Laboratory, Washington, D.C.).

8.3 Strategien zur Befehlsorganisation

Verschiedene Strategien zur Organisation von Befehlen sind entstanden. Ein vereinheitlichendes Schnittstellenkonzept oder eine Metapher bietet eine Unterstützung beim Lernen, Problemlösen und Erinnern. E-Mail-Enthusiasten diskutieren lebhaft über die metaphorischen Verdienste von solchen aufgabenbezogenen Objekten wie Aktenkoffer, Ordner, Dokumenten, Memos, Notizen, Briefen oder Botschaften. Sie debattieren über die angemessenen Interface-Aktionen (ERSTELLEN, BEARBEITEN, KOPIEREN, VERSCHIEBEN, LÖSCHEN) und die Wahl von Handlungspaaren: LADEN / SPEICHERN (zu sehr aus der Computerdomäne), LESEN / SCHREIBEN (akzeptabel für Briefe, aber unpraktisch für Aktenkoffer) oder ÖFFNEN / SCHLIESSEN (akzeptabel für Ordner, aber unhandlich für Notizen).

Designer liegen oft dadurch falsch, dass sie eine Metapher auswählen, die näher am Bereich der Computer liegt als am Bereich der Anwenderaufgaben. Natürlich können Metaphern einen Anwender irreführen, aber ein umsichtiges Design kann die Vorzüge ernten, während es die Nachteile reduziert. Wenn er ein Konzept oder eine Metapher für die Schnittstellenobjekte und -aktionen sich zu eigen gemacht hat, muss der Designer dann eine Strategie für die Befehlssyntax auswählen. Gemischte Strategien sind möglich, aber Erlernen, Problemlösung und Erinnerungsvermögen kann durch eine Begrenzung der Komplexität unterstützt werden.

8.3.1   Einfacher Befehlssatz

Bei einem einfachen Befehlssatz wird jeder Befehl so ausgewählt, dass er eine einzelne Aufgabe ausführt und die Anzahl der Befehle der Anzahl der Aufgaben entspricht. Wenn es nur eine kleine Aufgabenanzahl gibt, kann diese Herangehensweise ein System hervorbringen, das einfach zu erlernen und anzuwenden ist. Einige MUD-Befehle sind einfach, wie LOOK, GO, WHO, ROOMS und QUIT. Bei einer großen Anzahl von Befehlen gibt es jedoch die Gefahr der Verwirrung. Der *vi*-Editor auf UNIX-Systemen bietet viele Befehle und versucht trotzdem, die Anzahl der Tasteneingaben niedrig zu halten. Als Resultat entstehen komplexe Strategien, die einzelne Buchstaben, Buchstaben mit Hochstelltaste und STRG-Taste mit einzelnen Buchstaben anwenden (Abb. 8.2). Darüber hinaus stehen einige Befehle alleine, während andere kombiniert werden müssen, oft in unregelmäßigen Mustern.

```
VI-BEFEHLE ZUR CURSORBEWEGUNG

Bewegung innerhalb eines Fensters

H          Gehe zur Home Position (oben links)
L          Gehe zur letzten Zeile
M          Gehe zur mittleren Zeile
(CR)       Nächste Zeile (Carriage Return)
+          Nächste Zeile
-          Vorige Zeile
STRG-P     Vorige Zeile in gleicher Spalte
STRG-N     Nächste Zeile in gleicher Spalte
(LF)       Nächste Zeile in gleicher Spalte (Zeilenvorschub - Line Feed)

Bewegen innerhalb einer Zeile

0          Gehe zum Zeilenanfang
$          Gehe zum Zeilenende
(space)    Gehe eine Stelle nach rechts
STRG-H     Gehe eine Stelle nach links
H          Gehe eine Stelle nach links
W          Ein Wort vorwärts
b          Ein Wort rückwärts
e          Letztes (ganz rechtes) Zeichen eines Wortes
)          Nächster Satz
(          Voriger Satz
}          Nächster Absatz
```

```
{          Voriger Absatz
W          Abgegrenztes Wort leer überschreiben
B          Abgegrenztes Wort leer nach rückwärts überschreiben
E          Gehe zum Ende eines abgegrenzten Wortes

Ein Zeichen finden

Fx         Suche Zeichen x in Richtung vorwärts
Fx         Suche Zeichen x in Richtung rückwärts
tx         Gehe nach oben zum Zeichen x in Richtung vorwärts
Tx         Gehe nach oben zum Zeichen x in Richtung rückwärts

Fenster scrollen

STRG-F     Einen Bildschirm vorwärts gehen
STRG-B     Einen Bildschirm rückwärts gehen
STRG-D     Einen halben Bildschirm vorwärts gehen
STRG-U     Einen halben Bildschirm rückwärts gehen
G          Gehe zu Zeile
/pat       Gehe zu Zeile mit Muster vorwärts
pat        Gehe zu Zeile mit Muster rückwärts
```

Abb. 8.2: Der Überfluss von Befehlen für die Cursorbewegung in *vi* versetzen Expertenanwender in die Lage, Aufgaben mit nur wenigen Aktionen zu erledigen, aber sie können Anfänger und unregelmäßige Anwender erschlagen.

8.3.2 Befehle plus Argumente

Die zweite Option ist, nach jedem Befehl (COPY, DELETE, PRINT) ein oder mehrere Argumente (FILEA, FILEB, FILEC) folgen zu lassen, die die zu manipulierenden Objekte anzeigen:

```
COPY FILEA,FILEB
DELETE FILEA
```

PRINT FILEA,FILEB,FILEC

Die Befehle können von den Argumenten durch eine Leerstelle oder einen anderen Delimiter getrennt werden, und die Argumente können Leerstellen oder Delimiter zwischen sich haben (Schneider et al., 1984). Schlüsselwortetiketten für Argumente können für einige Anwender hilfreich sein, beispielsweise

```
COPY FROM=FILEA TO=FILEB
```

Die Etiketten erfordern weitere Tasteneingaben und erhöhen so die Chancen eines Tippfehlers, aber die Lesbarkeit wird verbessert und die Ordnungsabhängigkeit eliminiert.

8.3.3 Befehle plus Optionen und Argumente

Befehle können Optionen (*3, HQ* usw.) beinhalten, um Sonderfälle anzuzeigen. Beispielsweise produziert

```
PRINT/3,HQ FILEA
PRINT (3,HQ) FILEA
PRINT FILEA -3,HQ
```

drei Kopien von FILEA auf dem Drucker im Hauptquartier. Wenn die Anzahl der Optionen wächst, kann die Komplexität überwältigend werden, und die Fehlermeldungen müssen weniger spezifisch werden. Die Argumente können ebenfalls Optionen haben – wie z. B. Versionsnummern, Geheimhaltungsschlüssel oder Festplattenadressen.

Die Anzahl der Argumente, der Optionen und der erlaubten syntaktischen Formen kann rapide zunehmen. Ein System für Flugreservierungen verwendet das folgende Kommando, um die Platzverfügbarkeit bei einem Flug am 21. August vom National Airport in Washington (DCA) nach LaGuardia Airport (LGA) um 3:00 p.m. zu prüfen:

```
A0821DCALGA0300P
```

Auch mit beträchtlicher Einarbeitung können Fehlerraten bei diesem Ansatz sehr hoch sein, aber regelmäßige Anwender scheinen gut mit dieser Art von Befehlen zurechtzukommen und die kompakte Form sogar zu schätzen.

Das Befehlssprachensystem von UNIX ist trotz der Komplexität seiner Befehlsformate, die schonungslos kritisiert wurde (Norman, 1981), weit verbreitet. Auch hier werden die Anwender die Komplexität meistern, um von der reichen Funktionalität in einem System zu profitieren. Beobachtete Fehlerraten durch tatsächlichen Einsatz von UNIX-Befehlen rangierten von 3 bis 53 % (Hanson et al., 1984). Sogar übliche Befehle haben hohe syntaktische Fehlerraten generiert: mv (18 Prozent) oder cp (30 Prozent). Doch besitzt die Komplexität eine gewisse Anziehungskraft auf die potenzielle Anwendergemeinschaft. Die User erlangen Befriedigung beim Überwinden der Schwierigkeiten und gehören dem inneren Zirkel (Gurus oder Wizards) an, die über die Systemfeatures eingeweiht sind – Befehlssprachenmachos.

8.3.4 Hierarchische Befehlsstruktur

In einer hierarchischen Befehlsstruktur wird der vollständige Befehlssatz wie in einem Menü-Baum in einer Baumstruktur organisiert. Der erste Level kann eine Befehlsaktion sein, der zweite kann ein Objekt-Argument und der dritte ein Ziel-Argument sein:

Aktion	Objekt	Ziel
ERSTELLEN	Datei	Datei
DISPLAY	Prozess	Lokaler Drucker
ENTFERNEN	Verzeichnis	Bildschirm
KOPIEREN		Remote Printer
MOVE		

Wenn für einen Satz an Aufgaben eine hierarchische Struktur gefunden werden kann, bietet das eine sinnvolle Struktur für eine große Anzahl an Befehlen. In diesem Fall können 5 x 3 x 4 = 60 Aufgaben mit nur fünf Befehlsnamen und einer Regel für die Bildung ausgeführt werden. Ein anderer Vorteil ist, dass eine Herangehensweise über Befehlsmenüs entwickelt werden kann, um den Anfänger oder unregelmäßigen User zu unterstützen, so wie es in VisiCalc und später in Lotus 1-2-3 und Excel geschehen ist.

8.4 Die Vorteile von Strukturen

Menschliches Lernen, Problemlösen und Gedächtnisleistungen werden immens durch bedeutungsvolle Strukturen erleichtert. Wenn Befehlssprachen gut designt werden, können die Anwender die Struktur erkennen und sie leicht in ihrem Speicher des semantischen Wissens verschlüsseln. Wenn beispielsweise die Anwender solche Objekte wie Zeichen, Worte, Sätze, Absätze, Kapitel und Dokumente einheitlich bearbeiten können, ist dieses aussagekräftige Muster für sie leicht zu erlernen, anzuwenden und zu erinnern. Wenn sie andererseits ein Zeichen überschreiben, ein Wort ändern, einen Satz überarbeiten, einen Absatz ersetzen, ein Kapitel austauschen und ein Dokument modifizieren müssen, dann wächst die Bedrohung und das Potenzial für Fehler wesentlich, egal wie elegant die Syntax sein mag (Scapin, 1982).

Eine bedeutungsvolle Struktur ist vorteilhaft für Aufgaben- und Computerkonzepte und syntaktische Details von Befehlssprachen. Dennoch weisen viele Systeme keine bedeutungsvolle Struktur auf. Anwender eines Betriebssystems lassen sich Informationen mit den Befehlen LIST, QUERY, HELP und TYPE anzeigen und bewegen Objekte mit den Befehlen PRINT, TYPE, SPOOL, SEND, COPY oder MOVE. Standardwerte sind inkonsistent, vier unterschiedliche Abkürzungen für PRINT und LINECOUNT sind erforderlich, binäre Auswahlmöglichkeiten variieren zwischen YES / NO und ON / OFF, und die Verwendung der Funktionstasten ist inkonsequent. Diese Schwachpunkte entstehen aus multiplen, unkoordinierten Designergruppen und spiegeln die unzureichende Aufmerksamkeit der Manager wider, besonders dann, wenn nach und nach zusätzliche Features eingebaut werden.

Eine ausführliche Liste der Designkonventionen in einem *Richtliniendokument* kann für Designer und Manager eine Richtschnur sein. Man kann Ausnahmen zulassen, aber erst nach ausführlichen Diskussionen. Anwender können Systeme mit Inkonsistenzen erlernen, aber sie tun es langsam und mit einem hohen Risiko, Fehler zu begehen.

8.4.1 Konsistente Reihenfolge der Argumente

Verschiedene Studien haben gezeigt, wie groß die mit einer konsistenten Reihenfolge der Argumente verbundenen Vorteile sind (Barnard et al., 1981).

Inkonsistente Folge der Argumente	Konsistente Folge der Argumente
SEARCH file no, message id	SEARCH message id, file no
TRIM message id, segment size	TRIM message id, segment size
REPLACE message id, code no	REPLACE message id, code no
INVERT group size, message id	INVERT message id, group size

Die von den 48 Testpersonen benötigte Zeit, die Aufgaben auszuführen, war signifikant kürzer mit der konsistenten Argumentreihenfolge.

8.4.2 Symbole kontra Schlüsselwörter

Beweise, dass die Befehlsstruktur die Performance beeinflusst, stammen von einem Vergleich der 15 Befehle in einem kommerziell eingesetzten, symbol-orientierten Text-Editor und überarbeiteten Befehlen, die einen eher an Schlüsselwörtern orientierten Stil hatten (Ledgard et al., 1980). Hier sind drei Beispielbefehle:

Symbol-Editor	Schlüsselwörter-Editor
FIND:/TOOTH/;-1	BACKWARD TO »TOOTH«
LIST;10	LIST 10 LINES
RS:/KO/,/OK/;*	CHANGE ALL »KO« TO »OK«

Die überarbeiteten Befehle führten die gleichen Funktionen durch. Abkürzungen mit einem einzelnen Buchstaben (L;10 oder L 10 L) waren in beiden Editoren erlaubt, und so war die Anzahl der Tasteneingaben in etwa gleich. Der Unterschied bei den überarbeiteten Befehlen war, dass die Schlüsselwörter auf eine intuitiv bedeutungsvolle Art genutzt wurden, aber es gab keine Standardregeln der Bildung. Acht Testpersonen auf drei Stufen der Erfahrung mit Text-Editoren gebrauchten beide Versionen mit diesem Design einer ausgewogenen Ordnung innerhalb der Testpersonen. Die Ergebnisse (Tabelle 8.1) favorisierten ganz klar den Schlüsselwörter-Editor und legen somit nahe, dass Regeln für die Bildung von Befehlen doch einen Unterschied machen.

Tabelle 8.1: Effekte von überarbeiteten Text-Editor-Befehlen auf drei Anwenderebenen (Ledgard et al., 1980)

	Prozentsatz der erfüllten Aufgabe		Prozentsatz der fehlerhaften Befehle	
	Symbol	Schlüsselwörter	Symbol	Schlüsselwörter
Anfänger	28	42	19,0	11,0
Vertraute Anwender	43	62	18,0	6,4
Erfahrene Anwender	74	84	9,9	5,6

8.4.3 Hierarchische Struktur und Kongruenz

Carroll (1982) veränderte zwei Designvariablen, um vier Versionen einer Sprache mit 16 Befehlen zur Kontrolle eines Roboters herzustellen (Tabelle 8.2). Die Befehle konnten hierarchisch (Verb – Objekt – Qualifizierer) oder nicht-hierarchisch (nur Verb) und kongruent (beispielsweise ADVANCE / RETREAT oder RIGHT / LEFT) oder nicht-kongruent (GO / BACK oder TURN / LEFT) sein. Carroll verwendet *kongruent*, um auf bedeutungsvolle Gegensatzpaare Bezug zu nehmen (*Symmetrie* kann ein angemessener Begriff sein). In psycholinguistischen Experimenten wurde gezeigt, wie vorteilhaft hierarchische Struktur und Kongruenz sind. 32 Studenten studierten einen der vier Befehlssätze in einem gedruckten Handbuch, gaben subjektive Bewertungen ab und führten dann mit Papier und Bleistift Aufgaben aus.

Tabelle 8.2: Befehlssätze und Teilergebnisse (Carroll 1982)

Kongruent		Nicht kongruent	
Hierarchisch	*Nicht hierarchisch*	*Hierarchisch*	*Nicht hierarchisch*
Bewege Roboter vorwärts	Rücke vor	Bewege Roboter vorwärts	Gehe vorwärts
Bewege Roboter rückwärts	Ziehe zurück	Schalte Roboter rückwärts	Gehe rückwärts
Bewege Roboter nach rechts	Rechts	Schalte Roboter rechts	Drehe
Bewege Roboter nach links	Links	Bewege Roboter links	Links
Bewege Roboter nach oben	Stelle auf	Schalte Roboter auf	Nach oben
Bewege Roboter nach unten	Beugen	Bewege Roboter nach unten	Beuge
Bewege Arm vorwärts	Schiebe	Schalte Arm vorwärts	Stoße
Bewege Arm rückwärts	Ziehe	Bewege Arm rückwärts	Ziehe
Bewege Arm nach rechts	Schwinge nach außen	Schalte Arm rechts	Kehre um
Bewege Arm nach links	Schwinge nach innen	Bewege Arm links	Wische
Bewege Arm nach oben	Richte auf	Bewege Arm nach oben	Lange hin
Bewege Arm nach unten	Beuge runter	Schalte Arm nach unten	Runter
Schalte Arm auf	Lasse los	Schalte Arm auf	Öffne
Schalte Arm zu	Nimm	Bewege Arm zu	Ergreife
Schalte Arm rechts	Schraube zu	Bewege Arm rechts	Schraube zu
Schalte Arm links	Schraube auf	Schalte Arm links	Verdrehe

Subjektive Bewertungen (1 = am besten, 5 = am schlechtesten)

1,86	1,63	1,81	2,73
Punktezahl 14,88	14,63	7,25	11,00
Fehler 0,50	2,13	4,25	1,63
Auslassungen 2,00	2,50	4,75	4,15

Die subjektiven Bewertungen vor der Durchführung der Aufgaben zeigten, dass die Testpersonen die nicht-hierarchische, nicht-kongruente Form ablehnten und der nicht-hierarchischen kongruenten Form die höchsten Bewertungen gaben.

Gedächtnis- und Problemlösungsaufgaben zeigten, dass kongruente Formen deutlich überlegen waren und dass die hierarchischen Formen bei verschiedenen abhängigen Messungen ebenfalls überlegen waren. Fehlerraten waren bei den kongruenten hierarchischen Formen dramatisch geringer.

Diese Studie schätzte die Performance von neuen Anwendern einer kleinen Befehlssprache ein. Kongruenz half den Testpersonen, die natürlichen Paare von Konzepten und Begriffen zu erinnern. Die hierarchische Struktur ermöglichte es den Testpersonen, 16 Befehle mit nur einer Regel für die Bildung und mit 12 Schlüsselwörtern zu meistern. Bei einem größeren Satz an Befehlen – sagen wir 60 oder 160 Kommandos – sollte der Vorteil von hierarchischen Strukturen sich steigern, vorausgesetzt, dass eine hierarchische Struktur gefunden werden kann, die man an den vollständigen Befehlssatz anpassen kann. Eine andere Vermutung ist, dass man sich durch die hierarchische Struktur und die Kongruenz leichter erinnern kann.

Carrolls Untersuchung wurde innerhalb eines halben Tages durchgeführt; bei einer Woche regelmäßigen Gebrauchs reduzieren sich die Unterschiede wahrscheinlich wesentlich. Jedoch könnte sich bei nicht regelmäßigen Anwendern oder bei Usern, die unter Stress stehen, die hierarchisch kongruente Form wiederum als überlegen erweisen. Ein Online-Experiment wäre vielleicht realistischer gewesen und hätte Unterschiede in der Befehlslänge hervorgebracht, die aufgrund der größeren Zahl der erforderlichen Tastatureingaben ein Nachteil für die hierarchischen Formen gewesen wäre. Dennoch könnten die hierarchischen Formen alle durch Abkürzungen mit 3 Buchstaben ersetzt werden (z.B. MAL für MOVE ARM LEFT) und dadurch auch sogar bei der Zahl der Tasteneingaben vorteilhaft sein.

In der Zusammenfassung beinhalten strukturelle Quellen, die sich als günstig erwiesen haben, Folgendes:

- Konsistenz in der Positionierung
- Konsistenz in der Grammatik
- Kongruente Paarungen
- Hierarchische Form

Zusätzlich ist (wie in Abschnitt 8.5) diskutiert eine Mischung aus Aussagekraft, Erinnerbarkeit und Unterscheidbarkeit hilfreich.

8.5 Bezeichnungen und Abkürzungen

Bei der Diskussion von Bezeichnungen in Befehlssprachen führt Schneider (1984) ein herrliches Zitat aus Shakespeares Romeo und Julia an: »Eine Rose unter anderem Namen riecht genauso süß.« Wie Schneider aufzeigt, legen die lebhaften Debatten in Designkreisen nahe, dass dieses Konzept sich nicht auf Bezeichnungen bei Befehlssprachen anwenden lässt. Tatsächlich sind die Befehlsbezeichnungen der sichtbarste Teil eines Systems und rufen bei verärgerten Usern wahrscheinlich Beanstandungen hervor.

Kritiker (z.B. Norman, 1981) konzentrieren sich auf die fremdartigen Namen in UNIX wie mkdir (*make directory* – Verzeichnis erstellen), cd (*change directory* – Verzeichnis wechseln) ls (*list directory* – Verzeichnisinhalt anzeigen), rm (*remove file* – Datei löschen) und pwd (*print working directory* – aktuelles Verzeichnis drucken), oder wie in CMS von IBM: SO (*temporarily suspend recording of trace information* – zeitweise Unterbrechung der Aufzeichnung von Spureninformationen), LKED (*link edit* – Linkbearbeitung), NUCXMAP (*identify nucleus extensions* – Identifiziere Kernerweiterungen) und GENDIRT (*generate directory* – Verzeichnis erstellen). Teil der Besorgnis sind die inkonsistenten Abkürzungsstrategien, die mal die Anfangsbuchstaben, mal die ersten Konsonanten oder den ersten und letzten Buchstaben oder den ersten Buchstaben eines jeden Wortes aus einer Phrase verwenden. Noch schlimmer sind Abkürzungen ohne einleuchtendes Muster.

8.5.1 Spezifität vs. Generalität

Bezeichnungen sind für Lernen, Problemlösen und Erinnerungsvermögen von Belang. Wenn ein Befehlssatz nur einige Namen beinhaltet, ist er relativ einfach zu meistern, aber wenn er Hunderte von Bezeichnungen enthält, wird die Wahl von aussagekräftigen, organisierten Sets von Bezeichnungen immer wichtiger. Ähnliche Resultate wurden für Programmieraufgaben gefunden, bei denen variable Namenswahl bei kleinen Modulen mit 10 bis 20 Bezeichnungen weniger wichtig war als in größeren Modulen mit Dutzenden oder Hunderten davon.

Bei größeren Befehlssätzen machen die Bezeichnungen wirklich einen Unterschied, besonders dann, wenn sie Kongruenz oder eine andere bedeutungsvolle Struktur unterstützen. Eine Debatte der Regeln zur Namensgebung dreht sich um die Frage von Spezifität und Generalität (Rosenberg, 1982). Spezifische Begriffe können anschaulicher als generelle sein, und wenn sie unterscheidbarer sind, können sie leichter erinnert werden. Generellere Begriffe können vertrauter sein und darum leichter akzeptiert werden. Zwei Wochen nach einer Schulungseinheit mit 12 Befehlen konnten die Testpersonen die Bedeutung von spezifischen Befehlen besser erinnern und erkennen als die der generellen Befehle (Barnard et al., 1981).

Bei einem schriftlichen Test erlernten 84 Testpersonen einen von sieben Sätzen mit je acht Befehlen (Black und Moran, 1982). Zwei der acht Befehle – diejenigen für das Einfügen und Löschen von Text – werden hier in allen sieben Versionen aufgeführt:

Seltene, unterschiedliche Worte	Einfügen	Löschen
Häufige, unterschiedliche Worte	Hinzufügen	Entfernen
Seltene, nicht-unterschiedliche Worte	Schlendern	Wahrnehmen
Häufige, nicht-unterschiedliche Worte	Gehen	Sehen
Generelle Worte (häufig, nicht-unterschiedlich)	Ändern	Korrigieren
Nicht-unterschiedliche Spezialworte (Nonsens)	GAC	MIK
Unterschiedliche Spezialworte (Icons)	abc-adbc	abc-ac

Die »seltenen, unterschiedlichen« Befehlssätze führten zu einem schnelleren Lernen und zu überlegener Erinnerbarkeit als die anderen Befehlssätze. Die generellen Worte standen in Korrelation mit der niedrigsten Performance in allen drei Messungen. Die Nonsensworte hielten sich erstaunlich gut und unterstützten damit die Annahme, dass bei kleinen Befehlssätzen unterscheidbare Bezeichnungen hilfreich sind, auch wenn sie nicht aussagekräftig sind.

8.5.2 Strategien für Abkürzungen

Auch wenn Befehlsbezeichnungen für das menschliche Lernen, Problemlösen und Erinnerungsvermögen aussagekräftig sein sollten, müssen sie auch ein weiteres wichtiges Kriterium erfüllen: Sie müssen mit dem Mechanismus harmonieren, mit dem die Befehle dem Computer verständlich gemacht werden. Der traditionelle und weitverbreitete Mechanismus für die Befehlseingabe ist das Keyboard, und das legt nahe, dass Befehle knappe und kinästhetisch einfache Codes verwenden sollten. Befehle, die Shift- oder STRG-Tasten, Sonderzeichen oder schwierig zu tippende Folgen erfordern, verursachen wahrscheinlich höhere Fehlerquoten. Für Textverarbeitung sind Ansätze mit einzelnen Buchstaben attraktiv, wenn viele Befehle eingegeben werden müssen und Geschwindigkeit gewünscht wird. Die ersten Designer von Textverarbeitungsprogrammen verfolgten diesen Ansatz, auch wenn dadurch die Erinnerbarkeit geopfert und somit der Gebrauch für Anfänger und weniger regelmäßige User erschwert wurde.

In weniger anspruchsvollen Applikationen haben Designer längere Befehlsabkürzungen in der Hoffnung eingesetzt, dass die Vorzüge beim Wiedererkennen über die Reduktion der Tasteneingaben anerkannt werden. Anfänger könnten es allerdings bevorzugen, den vollen Namen eines Befehls einzutippen, weil sie ein größeres Vertrauen in den Erfolg haben (Landauer et al., 1983). Anfänger, von denen die Verwendung der vollständigen Befehlsbezeichnungen erwartet wurde, ehe sie Abkürzungen mit 2 Buchstaben kennenlernten, machten weniger Fehler mit den Abkürzungen als die, die gleich von Anfang an die Abkürzungen lernten, und diejenigen, die eigene Abkürzungen erstellen konnten (Grudin und Barnard, 1985).

Das Phänomen, die vollständige Bezeichnung zu bevorzugen, erschien zuerst in unserer Studie über bibliografische Suche im System SCORPIO der *Library of Congress*. Anfänger zogen es vor, statt der traditionellen Abkürzungen in vier Buchstaben wie BRWS oder SLCT oder mit nur einem Buchstaben wie B oder S die vollständige Bezeichnung wie BROWSE oder SELECT einzutippen. Nach fünf- bis siebenmaligem Nutzen des Befehls stieg ihr Zutrauen, und sie probierten die Abkürzungen mit einem Buchstaben. Ein Designer eines Textadventurespiels erkannte dieses Prinzip und instruierte Anfänger, OSTEN, WESTEN, NORDEN oder SÜDEN einzugeben; nach fünf kompletten Bezeichnungseingaben erklärt das System dem User die Abkürzungsmöglichkeit mit einem Buchstaben.

Mit Erfahrung und regelmäßiger Anwendung werden Abkürzungen für die »Power-User« attraktiv und sogar nötig, um sie zufriedenzustellen. Man hat sich sehr um optimale Abkürzungsstrategien bemüht. Verschiedene Studien unterstützen die Idee, dass Abkürzung durch eine konsistente Strategie erfüllt werden kann (Ehrenreich und Porcu, 1982; Benbasat und Wand, 1984; Schneider, 1984). Hier sind sechs mögliche Strategien:

1. *Einfaches Trunkieren* Verwenden Sie den ersten, zweiten, dritten usw. Buchstaben eines jeden Befehls. Diese Strategie erfordert, dass jeder Befehl anhand der ersten Zeichen unterscheidbar ist. Abkürzungen können alle die gleiche Länge haben oder unterschiedlich lang sein.

2. *Auslassung von Vokalen mit einfachem Trunkieren* Eliminieren Sie Vokale und verwenden Sie, was übrig bleibt. Wenn der erste Buchstabe ein Vokal ist, kann er beibehalten werden oder nicht. H, Y und W können zu diesem Zweck als Vokale angesehen werden oder nicht.

3. *Erster und letzter Buchstabe* Verwenden Sie die ersten und letzten Buchstaben, weil diese besonders sichtbar sind, beispielsweise ST für SORT.

4. *Erster Buchstabe eines jeden Wortes aus einer Redewendung* Benutzen Sie die populäre Akronym-Technik, z.B. mit einem hierarchischen Designplan.

5. *Standardabkürzungen aus anderen Kontexten* Verwenden Sie vertraute Abkürzungen wie QTY für QUANTITY, XTALK für CROSSTALK (ein Softwarepaket), PRT für PRINT oder BAK für BACKUP.

6. *Phonetische Abkürzungen* Konzentrieren Sie sich auf den Klang, nutzen Sie beispielsweise XQT für EXECUTE.

Trunkierungen erscheinen als der effektivste Mechanismus überhaupt, aber das hat auch seine Probleme. Oft stehen Abkürzungen in Konflikt, und das Entschlüsseln einer fremden Abkürzung kann schwieriger sein, als wenn man Vokale auslässt (Schneider, 1984).

8.5.3 Richtlinien für die Verwendung von Abkürzungen

Ehrenreich und Porcu (1982) schlagen diesen Richtliniensatz als Kompromiss vor:

1. Eine *einfache*, grundlegende Regel sollte bei den meisten Items für die Generierung von Abkürzungen sorgen; eine *einfache*, zweite Regel sollte bei Konflikten zum Einsatz kommen.

2. Abkürzungen, die nach der zweiten Regel erstellt wurden, sollten ein Kennzeichen beinhalten (z.B. ein Sternchen).

3. Die Anzahl der Worte, die nach der zweiten Regel abgekürzt worden sind, sollten auf ein Minimum beschränkt bleiben.

4. Den Anwendern sollten die Regeln, nach denen Abkürzungen erstellt werden, vertraut sein.

5. Trunkierungen sollten eingesetzt werden, weil diese einfache Regel leicht für Anwender zu verstehen und zu erinnern ist. Wenn sie eine große Anzahl identischer Abkürzungen für verschiedene Worte produziert, müssen Anpassungen vorgenommen werden.

6. Es sollten Abkürzungen mit fixen Längen denen mit variablen Längen vorgezogen werden.

7. Abkürzungen sollten keine Endungen enthalten, zum Beispiel ING, ED, S.

8. Wenn es kein kritisches Platzproblem gibt, sollten Abkürzungen nicht in Botschaften des Computers an die User eingesetzt werden.

Abkürzungen sind ein wichtiger Bereich des Systemdesigns, die von erfahrenen Anwendern sehr begrüßt werden. Anwender werden eher Abkürzungen einsetzen, wenn sie Vertrauen in ihre Kenntnisse der Abkürzungen haben und der Vorteil darin besteht, mehr als ein oder zwei Zeichen einzusparen (Benbasat und Wand, 1984). Die Dominanz von GUIs hat die Bedeutung von Abkürzungsstrategien reduziert, aber wenn es passende Situationen für Befehlsabkürzungen gibt, sollten empirische Tests mit Anwendern durchgeführt werden.

8.6   Befehlsmenüs

Um die Gedächtnisbelastung durch das Behalten von Befehlen zu mindern, bieten einige Designer den Usern eine knappe Anzeige der verfügbaren Kommandos. Dieses Format wird *Befehlsmenü* genannt. Beispielsweise zeigt der Nur-Text-Web-browser Lynx diesen Prompt an:

```
H)elp O)ptions P)rint G)o M)ain screen Q)uit
    /=search [delete]=history list
```

Erfahrene User haben die Befehle kennengelernt und brauchen weder Prompt noch Hilfe-Screens lesen. Periodische Anwender kennen die Konzepte und beziehen sich auf den Prompt, um ihr Gedächtnis aufzufrischen und Hilfe beim Erinnern der Syntax für späteren Gebrauch zu bekommen. Anfänger profitieren nicht so sehr vom Prompt, sie müssen einen Einarbeitungskurs machen oder die Online-Hilfe konsultieren.

Die Herangehensweise über den Prompt legt den Nachdruck auf die Syntax und hilft den regelmäßigen Anwendern. Es ähnelt dem nummerierten Menü, ist aber kompakter und spart Bildschirmplatz für aufgabenbezogene Informationen. Der frühe Editor WORDSTAR bot den Anfängern und periodischen Anwendern Hilfemenüs, in denen Befehle mit ein oder zwei Worten beschrieben wurden (Abb. 8.3). Regelmäßige Anwender konnten die Anzeige der Hilfemenüs abschalten und so mehr Platz auf dem Bildschirm für zusätzlichen Text erhalten.

In vielen Befehlsmenüs können die Anwender Maus oder Pfeiltasten nutzen, um ihre Auswahl hervorzuheben oder die Auswahl mit einem einzelnen Buchstaben eintippen, aber regelmäßige Anwender schauen nicht einmal auf die Menüs, wenn sie Folgen von zwei, drei, vier oder mehr einzelnen Buchstaben eintippen, die man als Befehl ansehen kann. Windows 95 zeigt den Befehl mit einem Buchstaben an, indem ein Zeichen im Menü unterstrichen wird, und so können die User alle Operationen mit Tastaturbefehlen durchführen (siehe Farbtafel A 1). Bei einem schnellen Display verschwimmen die Grenzen zwischen Befehlen und Menüs.

```
     A:GETTYS  PAGE 1 LINE 9 COL 62              INSERT ON
              < < <      M A I N   M E N U      > > >
     --Cursor Movement--    : -Delete- :  -Miscellaneous-  :  -Other Menus-
^S char left ^D char right  :^G  char  : ^I Tab   ^B Reform :  (from Main only)
^A word left ^F word right  :DEL chr lf: ^V INSERT ON/OFF   :^J Help  ^K Block
^E line  up  ^X line down    :^T word rt:^L Find/Replce again:^Q Quick ^P Print
     --Scrolling--          :^Y  line  :RETURN End paragraph:^O Onscreen
^Z line down ^W line up      :          : ^N Insert a RETURN :
^C screen up ^R screen down:            : ^U Stop a command  :
L----!----!----!----!----!----!----!----!----!----!----!--------R
     Fourscore  and seven years ago our fathers brought forth on
this continent a new nation conceived in liberty and dedicated to
the  proposition  that  all men  are created  equal.   Now  we  are
engaged in a great civil war testing whether that nation,  or any
nation so conceived and so dedicated, can long endure.

     We are met on a great battlefield of that war.  We have come
to dedicate a portion of that field as a final resting-place  for
those  who here gave their lives that that nation might live.
```

Abb. 8.3: Die frühen Hilfemenüs in WORDSTAR, die den Anfängern und periodischen Anwendern Befehle mit Erklärungen in ein oder zwei Worten anboten.

8.7 Computer und natürliche Sprache

Sogar bevor es Computer gab, träumten die Menschen davon, Maschinen zu schaffen, die *natürliche Sprache* akzeptieren. Das ist eine wundervolle Fantasie, und der Erfolg der Geräte zur Manipulation von Worten wie Textverarbeitungsprogramme, Bandaufzeichnungsgeräte und Telefone könnten einige Menschen ermutigen. Obwohl es einige Fortschritte bei der maschinellen Übersetzung von einer natürlichen Sprache in die andere gegeben hat (beispielsweise vom Japanischen ins Englische), verlangen die meisten effektiven Systeme strenge Vorgaben oder Vorarbeiten beim Input oder ein Nacharbeiten des Output. Zweifellos werden die Verbesserungen fortschreiten und die Beschränkungen reduziert werden, aber verlässliche Übersetzungen vollständiger Dokumente auf hohem Qualitätsniveau ohne menschliche Intervention erscheinen schwierig erreichbar. Strukturierte Texte wie Wetterberichte sind übersetzbar; technisches Schriftgut ist teilweise übersetzbar, Romane oder Gedichte sind es überhaupt nicht. Die Sprache ist subtil, es gibt viele Sonderfälle, die Kontexte sind komplex, und emotionale Beziehungen haben einen mächtigen und durchdringenden Effekt auf zwischenmenschliche Kommunikation.

Obwohl völliges Verstehen und Erzeugen von Sprache unerreichbar scheint, gibt es trotzdem viele Möglichkeiten, in denen Computer bei der Beschäftigung mit der natürlichen Sprache eingesetzt werden können, wie z.B. bei der Interaktion, Abfragen, Datenbanksuche, Texterstellung und Adventurespiele (Allen, 1995). Es ist so viel Forschung in natürlichsprachige Systeme gesteckt worden, dass zweifellos Erfolge auftauchen werden, aber es kommt wohl zu keinem weit verbreiteten Einsatz, weil die Alternativen ansprechender sind. Schnellerer Fortschritt kann erreicht werden, wenn sorgfältig ausgearbeitete experimentelle Testreihen dazu eingesetzt werden, um die Anwender, Aufgaben und Interface-Designs zu entdecken, bei denen natürlichsprachige Applikationen die meisten Vorteile bringen (Oviatt, 1994; King, 1996).

8.7.1 Natürlichsprachige Interaktion

Die Forscher hoffen, das Szenario aus *Star Trek* zu erfüllen, in dem Computer auf das Sprechen (oder Eintippen) von Befehlen in natürlicher Sprache antworten. Natürlichsprachliche Interaktion (*natural-language interaction* – NLI) kann definiert werden als die Bedienung von Computern durch Personen, die sich einer vertrauten natürlichen Sprache (wie Englisch) bedienen, um Anweisungen zu geben und Antworten zu erhalten. Anwender brauchen keine Befehlssyntax zu erlernen oder aus Menüs auszuwählen. Frühe Versuche beim generalisierten »automatischen Programmieren« aus natürlichsprachigen Statements sind dahingeschwunden, aber es bestehen weiter Bemühungen, aufgabenspezifische Unterstützung zu bieten.

Die Probleme bei NLI liegen nicht nur in der Implementierung in den Computer, sondern auch darin, ob das für große Gruppen von Anwendern und eine große Bandbreite von Aufgaben auch wünschenswert ist. Menschen sind anders als Computer, und die zwischenmenschliche Interaktion ist nicht notwendigerweise ein angemessenes Modell für die menschliche Bedienung von Computern. Weil Computer Informationen tausendmal schneller anzeigen als Menschen Befehle eingeben können, scheint es von Vorteil zu sein, den Computer zu nutzen, um große Mengen an Informationen anzuzeigen und es den Anfängern und periodischen Usern zu überlassen, einfach zwischen den Items zu wählen. Selektion unterstützt die User dabei zu klären, welche Funktionen verfügbar sind. Erfahrene und häufige User, denen die verfügbaren Funktionen vollständig bewusst sind, ziehen gewöhnlich eine präzise, knappe Befehlssprache vor.

Tatsächlich könnten sich die Metaphern der künstlichen Intelligenz (Denkmaschinen, intelligente Agenten und Expertensysteme) als ablenkende Begrenzungen des Denkens erweisen, die Designer davon abhalten, die mächtigen Tools zu schaffen, die kommerziell erfolgreich sein können. Spreadsheets, WYSIWYG-Textverarbeitung und Grafik-Tools mit direkter Manipulation entstanden aus der Beobachtung, was die User effektiv nutzten, statt aus der irreführenden Vorstellung von intelligenten Maschinen. Gleichermaßen stammt die nächste Generation der Groupware zur Unterstützung von Zusammenarbeit, Visualisierung, Simulation, ferngesteuerten Geräten und Hypermedia aus anwender-zentrierten Szenarien statt aus den maschinen-zentrierten Szenarien der künstlichen Intelligenz.

Das OAI-Modell kann uns dabei helfen, die Probleme zu sortieren. Die meisten Designs für NLI stellen keine Informationen über Aufgabenobjekte und -aktionen bereit; Anwendern wird meist eine einfache Eingabeaufforderung gezeigt, die zu einer natürlichsprachigen Eingabe einlädt. Anwender mit Kenntnissen der Aufgabe – beispielsweise Objekte aus dem Bereich Aktienmärkte und statthafte Aktionen – könnten Anweisungen zum Kaufen und Verkaufen mit gesprochener Sprache oder eingetippter natürlicher Sprache geben, aber kompakte Befehlssprachen sind verlässlich und werden von diesen Anwendern bevorzugt. NLI-Designs übertragen weiterhin nicht notwendigerweise Informationen über die Schnittstelle – z.B. die Baumstrukturierung von Informationen, Auswirkungen einer Löschung, Boolesche Operatoren oder Abfragestrategien. NLI-Designs sollten die Anwender davon entlasten, neue syntaktische Regeln zu erlernen, weil anzunehmen ist, dass diese Designs vertraute englischsprachige Anfragen akzeptieren werden. Darum kann NLI für Anwender effektiv sein, die Kenntnisse in bestimmten Aufgaben und Interface-Konzepten haben, aber als periodische Anwender die syntaktischen Details des Interface nicht erinnern können.

Anhand dieser Analyse kann NLI bei Scheckbuchverwaltung Anwendung finden (Shneiderman, 1980), bei der die Anwender erkennen, dass es eine aufsteigende Folge von ganzzahlig nummerierten Schecks gibt und dass jeder Scheck einzelne Felder mit dem Zahlungsempfänger, Betrag, Datum und einer oder mehreren Signaturen hat. Schecks können ausgestellt, für ungültig erklärt, gesucht und ausgedruckt werden. Diesem Vorschlag folgend hat Ford (1981) ein textuelles NLI-System für diesen Zweck geschaffen und getestet. Die Testpersonen wurden dafür bezahlt, ihre Scheckbuchlisten über Computer zu führen, indem sie ein APL-basiertes Programm benutzen, das inkremental verfeinert wurde, um unerwartete Einträge zu erklären. Das fertige System wickelte 91 Prozent der Useranfragen wie die folgenden ab:

```
Am 24.03.86 $ 29,75 an Safeway zahlen.
Am 10. Juni $ 33,00 an Madonna.
Zeige mir alle Schecks, die auf George Bush ausgestellt wurden.
Welche Schecks wurden am 29. Oktober ausgestellt?
```

Die User berichtet zufrieden von diesem System und waren erpicht darauf, das System nach der mehrmonatigen experimentellen Phase zu benutzen. Diese Studie kann als ein Erfolg für NLI angesehen werden, aber direkt manipulative Alternativen (wie z.B. Quicken von Intuit) haben sich auf dem Markt als attraktiver gezeigt. Die Anzeige eines Bildschirms mit Scheckbucheinträgen mit einer Leerzeile für neue Eingaben erlaubt den Usern die Erledigung der meisten Aufgaben ohne irgendwelche Befehle und mit minimalem Tippen. Die User können suchen, indem sie Teilinformationen eingeben (z.B. »Bill Clinton« im Feld Zahlungsempfänger) und dann eine Suchtaste drücken.

Es hat zahlreiche informelle Tests von NLI-Systemen gegeben, aber nur wenige sind kontrollierte experimentelle Vergleiche mit anderen Designs gewesen. Forscher, die für die Erstellung von Business-Grafiken nach der Überlegenheit von NLI über Befehlssprachen- und Menü-Ansätze suchten, waren überrascht, als sie keine signifikanten Unterschiede in der Aufgabenzeit, Fehlerrate oder Einstellungen der User fanden (Hauptmann und Green, 1983).

Ein positiveres Resultat fand man bei den Usern von HAL, dem beschränkten natürlichsprachigen Anhang von Lotus 1-2-3 (Napier et al., 1989). Die User von HAL konnten das Befehlsmenü /WEY (für Worksheet Ease Yes) vermeiden und solche Eingaben wie \ erase worksheet, \ insert row oder \ total all columns eintippen und dabei mit einem beliebigen Verb aus 180 möglichen beginnen. Bei einer empirischen Untersuchung arbeiteten nach einer Trainingszeit von 1,5 Tagen 19 HAL-User und 22 User von Lotus 1-2-3 weitere 1,5 Tage an drei wesentlichen Aufgabenstellungen. Die Performance und die Vorlieben favorisierten ganz deutlich die beschränkte natürlichsprachige Version, aber die Experimentatoren hatten Schwierigkeiten herauszufinden, welche Features den Unterschied ausmachten: »Es ist nicht eindeutig, ob Lotus HAL besser war, weil es mehr dem Englischen ähnelt oder weil es den Kontext ausnutzt, aber wir vermuten, dass Letzteres wichtiger ist.« Mit Kontext meinten die Autoren Features wie die Cursorposition oder aussagekräftige Variablennamen, die Zellenbereiche anzeigten. HAL ist nicht mehr im Handel.

Manche Arbeit bei NLI wurde für die automatische Spracherkennung und Sprachgenerierung aufgewandt, um die Barrieren für die Akzeptanz zu verringern (Oviatt, 1994). Der Einsatz dieser Technologien kann einige Vorteile bringen, aber die Resultate sind immer noch dürftig. Eine vielversprechende Applikation ist die Selektion von Malwerkzeugen durch diskrete Worterkennung (siehe Abschnitt 9.4.1), wodurch die Frustration und die Verzögerung durch die Cursorbewegung vom Objekt zur Werkzeugleiste am Rand und wieder zurück entfällt (Pausch, 1991). Selektionen werden ausgesprochen, aber das Feedback ist visuell. Anwender von Maus plus Sprachbefehle erledigten ihre Aufgaben 21 Prozent schneller als die Anwender nur mit der Maus. Alternativen zur Sprache wie Tastatur oder Touchscreen wurden nicht getestet.

Es gibt einen Anteil der Anwender, der von NLI profitieren kann, aber das sind wohl nicht so viele, wie die Befürworter glauben. Die Nutzer von Computern streben gewöhnlich nach vorhersagbaren Reaktionen und sind entmutigt, wenn sie sich regelmäßig mit klärenden Dialogen abgeben müssen. Da NLI so viele variierende Formen hat, müssen die Anwender stets auf die Reaktionen des Computers achten, um sicherzustellen, dass ihre Aktionen erkannt wurden. Schließlich ziehen visuell orientierte Interaktionen unter Annahme der Begrifflichkeiten der direkten Manipulation (siehe Kapitel 6) einen effektiveren Nutzen aus der Fähigkeit des Computers, den Bildschirm schnell aufzubauen. Kurz gesagt ist das Zeigen und Wählen im Kontext oft attraktiver als Eintippen oder sogar das Sprechen in einem englischen Satz.

8.7.2 Natürlichsprachige Abfragen

Weil allgemeine Interaktion schwer zu unterstützen ist, haben einige Designer ein beschränkteres Ziel mit natürlichsprachigen Abfragen (*natural-language query* – NLQ) gegenüber relationalen Datenbanken verfolgt. Das *relationale Schema* enthält Attributnamen, und die Datenbank enthält Attributwerte, und beide sind bei der Begriffsklärung in den Abfragen hilfreich. Ein simuliertes Abfragesystem wurde eingesetzt, um ein Subset der strukturierten SQL-Datenbank mit einem natürlichsprachigen System zu vergleichen (Small und Weldon, 1983). Die SQL-Simulation resultierte in schnellerer Performance bei einem Benchmark-Satz von Aufgaben. Gleichermaßen wies ein Feldversuch mit einem realen System, Anwendern und Abfragen auf die Vorzüge von SQL gegenüber der natürlichsprachigen Alternative hin (Jarke et al., 1985). Wer an NLQ glaubt, könnte die Behauptung aufstellen, dass mehr Forschung und Systementwicklung nötig sei, bevor diese Herangehensweise ausgeschlossen werden kann, aber Verbesserungen bei Menüs, Befehlssprachen und direkter Manipulation erscheinen ähnlich wahrscheinlich.

Die Befürworter von NLQ können mit gewissem Stolz auf den bescheidenen Erfolg des INTELLECT-Systems hinweisen, das während der achtziger Jahre ungefähr 400 Installationen auf großen Mainframe-Computern hatte. Die Attraktivität dieses Systems ist in den vergangenen Jahren verblasst, als sich die User anderen Lösungswegen zuwandten. Geschäftsführer, Vertriebsbeauftragte und andere verwenden INTELLECT regelmäßig, um Datenbanken zu durchsuchen. Verschiedene innovative Implementierungsideen haben dazu beigetragen, dass INTELLECT ansprechend geworden ist. Erstens benutzte der Parser die Inhalte der Datenbank, um Abfragen zu zergliedern, beispielsweise konnte der Parser erkennen, dass eine

Abfrage mit dem Inhalt »Cleveland« sich auf die Lage von Städten bezieht, weil Cleveland eine Instanz in der Datenbank ist. Zweitens konnte der Systemadministrator bequem Anleitungen für das Umgehen mit aufgabenspezifischen Anfragen einbauen, indem Felder angezeigt wurden, die sich auf Abfragen nach wer, was, wo, wann, warum und wie bezogen. Drittens wiederholte INTELLECT die Anfrage des Users und zeigte eine Antwort an wie ZEIGE DIE SCHECKNUMMERN MIT ZAHLUNGSEMPFÄNGER = GEORGE BUSCH. Diese strukturierte Antwort diente als Trainingshilfe, und die User fühlten sich zu Ausdrücken hingezogen, die den Stil nachahmten. Als später die User erfahrener wurden, benutzten sie oft knappe, befehlsähnliche Ausdrücke, von denen sie meinten, dass sie erfolgreich geparst werden. Auch die Befürworter von INTELLECT erkannten, dass Anfänger, denen der Aufgabenbereich unbekannt war, es schwer hätten, und dass der ideale User ein erfahrener periodischer User wäre.

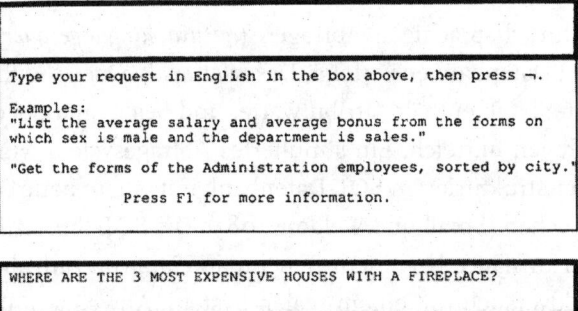

```
Type your request in English in the box above, then press ¬.

Examples:
"List the average salary and average bonus from the forms on
which sex is male and the department is sales."

"Get the forms of the Administration employees, sorted by city."

          Press F1 for more information.
```

```
WHERE ARE THE 3 MOST EXPENSIVE HOUSES WITH A FIREPLACE?
```

```
                   Shall I do the following?

        Create a report showing
            the Address and
            the Neighborhood and
            the Cost and
            the Home Type
        from the forms on which
            the Home Type includes "HOUSE" and
            the Fireplace is YES and
            the Cost is maximum

        Yes - Continue          No - Cancel Request
```

Address	Neighborhood	Cost	Home Type
7924 Jones Street	Chevy Chase, MD	$411,950	House
4719 Dorset Ave.	Chevy Chase, MD	$678,235	House
1287 Highland Ct.	Potomac, MD	$782,125	House

Abb. 8.4: Q&A bot für seine Datenbank eine natürlichsprachige Oberfläche. User konnten eine Frage auf Englisch eintippen und erhielten das Ergebnis einer strukturierten Datenbanksuche. In diesem Beispiel hat der User eine Abfrage eingetippt, das System hat mit einer Verifizierung geantwortet und dann das Ergebnis generiert (Q&A war ein Produkt von Symantic Corp., Cupertino, CA.).

Ein erfolgreicheres Produkt war Q&A von Symantec, das auf IBM PCs eine schnelle, effektive Abfrageinterpretation und -durchführung bot (Abb. 8.4). Das Paket machte einen positiven Eindruck, aber über einen aktuellen Einsatz wurden wenige Daten gesammelt. Die Designer zitierten viele Beispiele von zufriedenen Usern von NLQ und haben praktische Einsatzmöglichkeiten in der täglichen Arbeit der User gefunden, aber die Popularität des Paketes war scheinbar mehr mit der Textverarbeitung, Datenbank und den Möglichkeiten zur Formularerstellung verbunden (Church und Rau, 1995). Q&A und die meisten anderen NLQ-Pakete werden nicht mehr verkauft. Der Traum von NLQ bleibt in einigen Gegenden lebendig, so wie in den Forschungslaboren von Microsoft, in denen sich ein sprechender Papagei namens Peedy in der Entwicklung befindet (Abb. 8.5).

```
        [Peedy, ein Papagei, schläft auf seiner Stange]
User:        Guten Morgen, Peedy [Peedy wird wach]
Peedy: Guten Morgen.
User:        Lass uns eine Demonstration zeigen. [Peedy steht auf und lächelt.]
Peedy: Dein Wunsch ist mir Befehl, was möchtest du hören?
User:        Was kennst du von Bonnie Raitt?
        [Peedy winkt einen Strom von Noten herein und ergreift eine]
Peedy: Ich habe die „Bonnie Raitt Collection" von 1990.
User:        Such dir was daraus aus.
Peedy: Wie wär's mit „Angel from Montgomery"?
User:        Klingt gut. [Peedy lässt die Note auf einen Haufen fallen.]
Peedy: Ok.
User:        Spiel danach ein bisschen Rock.
```

Abb. 8.5:   Beispiel eines Dialoges aus der Microsoft-Forschung, mit dem die Ziele dieses Unternehmens für ein natürlichsprachiges System erläutert werden sollten.

8.7.3   Suche in Text-Datenbanken

Die Suche in Text-Datenbanken ist eine zunehmende Anwendungsmöglichkeit für die Enthusiasten natürlicher Sprache, die Filter und Parser für Abfragen in natürlicher Sprache entwickelt haben (Lewis und Jones, 1996). Am einen Ende des Spektrums ist das vollständige Verstehen der Bedeutung einer Abfrage und die Erfüllung der Informationsbedürfnisse der User. Beispielsweise parst das System in einer juristischen Applikation (*Finde Fälle mit Pächtern, die ihre Vermieter erfolglos wegen unzureichender Beheizung verklagt haben*) den Text grammatikalisch, stellt Synonyme aus einem Thesaurus bereit (*Mieter* statt *Pächter*), geht mit Singular und

Plural um und bewältigt andere Probleme wie Schreibfehler und fremde Begriffe. Dann teilt der Analysator die Abfrage in Standardkomponenten auf – so wie Kläger, Angeklagter und Rechtsfall – und findet alle bedeutungsvollen, damit verbundenen juristischen Literaturstellen.

Realistischere und typischere Szenarien für Parser beinhalten das Tilgen von Füllwörtern (beispielsweise *der, von* oder *in*), das Bereitstellen von Wortstämmen (Plural oder wechselnde Endungen) und das Zusammenstellen einer nach Relevanz angeordneten Liste der Dokumente, die auf Begriffshäufigkeiten beruht. Diese Systeme kümmern sich nicht um Negationen, breiter oder enger gefassten Begriffen und Beziehungen (so wie Kläger verklagt Angeklagten), aber für geschickte Anwender können sie sehr effektiv sein. Ein Wettbewerb mit vergleichender Evaluation zwischen Programmen zur Informationsbeschaffung, die natürlichsprachige Strategien zur Auswahl von Dokumenten aus einer großen Sammlung einsetzen, ist weiterhin besonders erfolgreich bei der Förderung eines schnellen Fortschrittes (Harman, 1995). Viele populäre Suchmaschinen aus dem World Wide Web (z.B. Lycos, Infoseek, AltaVista) verwenden bescheidene natürlichsprachige Techniken wie Wortstämme, Einordnung nach Relevanz durch die Analyse der Worthäufigkeiten, latentes semantisches Indizieren und Filtern gewöhnlicher Worte.

Eine andere Applikation für textliche Datenbanken ist die Extraktion, bei der ein natürlichsprachiger Parser den gespeicherten Text analysiert und ein strukturierteres Format ausgibt, wie z.B. eine relationale Datenbank. Der Vorteil ist, dass das Parsen einmal am Anfang durchgeführt werden kann, um die gesamte Datenbank zu strukturieren und die Abfragen zu beschleunigen, wenn die User relationale Abfragen stellen. Es wurden juristische (Bundesgesetze oder Entscheidungen des Supreme Court), medizinische (Artikel aus wissenschaftlichen Zeitschriften oder Krankengeschichten) und journalistische (Nachrichten von Associated Press oder Berichte aus dem Wall Street Journal) Texte verwandt. Diese Applikation ist vielversprechend, weil auch ein bescheidener Zuwachs bei passenden Suchvorgängen von den Anwendern honoriert wird, und inkorrekte Suchvorgänge werden eher toleriert als Fehler in der natürlichsprachigen Interaktion. Extraktion ist ein wenig einfacher als die Aufgabe, eine natürlichsprachige Zusammenfassung eines langen Dokumentes zu schreiben. Zusammenfassungen müssen die Essenz des Inhaltes erfassen und sie akkurat in einer kompakten Weise ausdrücken. Eine Variante dieser Aufgabe ist das Erstellen von auf den Inhalten basierenden Dokumentenkategorien. Beispielsweise wäre es hilfreich, eine automatisierte Analyse von Berichten aus der Businesswelt zu haben, um Fusionen, Konkurse und Erste öffentliche Angebote (*initial public offerings* – IPOs) für Unternehmen aus der elektronischen, pharmazeutischen oder Ölindustrie auszusortieren. Diese Aufgabe der Kategorisierung ist ansprechend, weil eine geringe Fehlerquote tolerierbar wäre (Church und Rau, 1995).

8.7.4 Natürlichsprachige Textgenerierung

Obwohl die Gemeinschaft der künstlichen Intelligenzler oft die Stirn über die natürlichsprachige Textgenerierung runzelt (*natural-language text generation* – NLTG), scheint diese bescheidene Applikation doch wertvoll zu sein (Fedder, 1990). Sie geht mit gewissen einfachen Aufgaben wie der Aufbereitung strukturierter Wetterberichte (*Regenwahrscheinlichkeit von 80 % am späten Sonntagnachmittag in den nördlichen Vororten*) aus komplexen mathematischen Modellen um (Church und Rau, 1995). Diese Berichte können automatisch versandt oder sogar für die Erstellung gesprochener Berichte genutzt werden, die dann in verschiedenen Sprachen über das Telefon verfügbar sind.

Anspruchsvollere Applikationen für NLTG schließen die Vorbereitung von Berichten aus medizinischen Labors und psychologischen Tests ein. Der Computer erstellt nicht nur lesbare Berichte (*Die Zahl der weißen Blutkörperchen beträgt 12.000*), sondern auch Warnungen (*Dieser Wert überschreitet den normalen Bereich von 3.000 bis 8.000 um 50 %*) oder Empfehlungen (*Weitere Untersuchungen auf einen entzündlichen Prozess werden empfohlen*). Noch weiter ausgearbeitete Szenarien beschäftigen sich mit der Erstellung von juristischen Verträgen, Testamenten oder Geschäftsvorschlägen.

Im künstlerischen Bereich ist die Computergenerierung von Gedichten oder sogar Romanen in literarischen Zirkeln ein regelmäßiger Diskussionspunkt. Obwohl die computergenerierte Kombination von zufällig ausgewählten Phrasen provokativ sein kann, ist sie doch die kreative Arbeit der Person, die den Satz der möglichen Worte auswählte und entschied, welche der Ausgaben veröffentlicht werden soll. Diese Position entspricht dem Brauch, den menschlichen Fotografen zu würdigen und nicht die Kamera oder das Inhalt des Fotos.

8.7.5 Lern- und Adventurespiele

Natürlichsprachige Interaktionstechniken haben einen beachtlichen und weit verbreiteten Erfolg in einer Reihe von Adventurespielen genossen. Die User können ihre Bewegungsrichtung anzeigen oder Befehle wie NIMM ALLE SCHLÜSSEL, ÖFFNE DAS TOR oder LASS DEN KÄFIG FALLEN UND NIMM DAS SCHWERT eingeben. Ein Teil der Anziehungskraft der Verwendung natürlichsprachiger Interaktion in diesen Situationen ist, dass das System unberechenbar ist und man einiges Ausprobieren braucht, um den richtigen Zauberspruch zu entdecken. Jedoch sind diese Spiele weitgehend vom Markt verschwunden.

8.8 Zusammenfassung für den Praktiker

Befehlssprachen können attraktiv sein, wenn man davon ausgehen kann, dass das System regelmäßig verwendet wird, die User Kenntnisse über die Aufgabe und die Schnittstellenkonzepte besitzen, Bildschirmplatz reichlich vorhanden ist, Antwortzeiten und Anzeigeraten langsam sind und zahlreiche Funktionen in einem kompakten Ausdruck kombiniert werden können. Die Anwender müssen Semantik und die Syntax lernen, aber sie können agieren, anstatt zu reagieren, und schnell Handlungen mit mehreren Objekten und Optionen spezifizieren. Schließlich kann eine komplexe Folge von Befehlen leicht festgelegt und zur späteren Verwendung als Makro gespeichert werden.

Designer sollten mit einer umsichtigen Aufgabenanalyse beginnen, um festzulegen, welche Funktionen bereitgestellt werden sollen. Hierarchische Strategien und kongruente Strukturen erleichtern das Erlernen, Problemlösen und die Aufnahme in das Langzeitgedächtnis. Wenn der vollständige Befehlssatz auf einem Blatt Papier ausgebreitet wird, hilft das, dem Designer und dem Lerner die Struktur zu zeigen. Bedeutungsvolle spezifische Namen helfen beim Lernen und Erinnern. Kompakte Abkürzungen, die nach konsistenten Regeln konstruiert wurden, erleichtern Erinnern und eine schnelle Performance bei häufigen Anwendern.

Befehlsmenüs können effektiv sein, wenn schnelle Reaktionen auf Bildschirmaktionen bereitgestellt werden können. Natürlichsprachige Interaktion und Abfragen können teilweise implementiert werden, aber ihre Vorzüge sind begrenzt. Natürliche Sprache findet passendere Plätze bei der Volltextsuche, Textgenerierung, Extraktion und Spielen.

8.9 Ausblick für die Forschung

Die Vorzüge von strukturierten Befehlssprachen, die auf Hierarchie, Kongruenz, Konsistenz und Erinnerbarkeit beruhen, sind in speziellen Fällen demonstriert worden, aber eine Replikation in unterschiedlichen Situationen sollte zu einem verständlichen kognitiven Modell des Lernens und Verwendens von Befehlssprache führen (Rahmen 8.1). Neuartige Eingabegeräte und schnelle, hochauflösende Bildschirme bieten neue Chancen so wie Befehls- und Pop-up-Menüs, um sich von der traditionellen Syntax der Befehlssprachen zu lösen.

Natürlichsprachige Interaktion ist in manchen Applikationen immer noch vielversprechend, und empirische Tests bieten uns gute Möglichkeiten, die angemessenen Nischen und Designstrategien zu finden.

Rahmen 8.1: *Richtlinien* für Befehlssprachen

- Erstellen Sie explizite Modelle der Objekte und Aktionen
- Wählen Sie bedeutungsvolle, spezifische, unterscheidbare Namen
- Versuchen Sie, eine hierarchische Struktur zu erreichen
- Gewährleisten Sie eine konsistente Struktur (Hierarchie, Argumentordnung, Aktion – Objekt)
- Behalten Sie konsistente Abkürzungsregeln bei (Verwenden Sie besser Trunkierungen statt nur einen Buchstaben)
- Bieten Sie häufigen Anwendern die Möglichkeit, Makros zu erstellen
- Erwägen Sie auf schnellen Displays den Einsatz von Befehlsmenüs
- Begrenzen Sie die Anzahl der Befehle und der Wege, wie eine Aufgabe erfüllt werden kann

World Wide Web

Einige Infos über Befehlssprachen, aber viele Aktivitäten über natürlichsprachige Übersetzung, Interaktion, Abfragen und Extraktionen.

http://www.aw.com/DTUI

Quellen

Allen, James, *Natural Language Understanding* (Second Edition), Addison-Wesley, Reading, MA (1995).

Barnard, P. J., Hammond, N. V., Morton, J., Long, J. B., and Clark, I. A., Consistency and compatibility in human–computer dialogue, *International Journal of Man–Machine Studies*, 15, (1981), 87–134.

Benbasat, Izak and Wand, Yair, Command abbreviation behavior in human–computer interaction, *Communications of the ACM*, 27, 4 (April 1984), 376–383.

Black, J., and Moran, T., Learning and remembering command names, *Proc. Conference on Human Factors in Computer Systems*, ACM, Washington, D.C. (1982), 8–11.

Carroll, John M., Learning, using and designing command paradigms, *Human Learning*, 1, 1 (1982), 31–62.

Church, Kenneth W. and Rau, Lisa F., Commercial applications of natural language processing *Communications of the ACM*, 38, 11 (November 1995), 71–79.

Ehrenreich, S. L., and Porcu, Theodora, Abbreviations for automated systems: Teaching operators and rules. In Badre, Al, and Shneiderman, Ben, (Editors), *Directions in Human–Computer Interaction*, Ablex, Norwood, NJ (1982), 111–136.

Fedder, Lee., Recent approaches to natural language generation. In Diaper, D., Gilmore, D., Cockton, G., and Shackel, B. (Editors), *Human–Computer Interaction: Interact '90*, North-Holland, Amsterdam, The Netherlands (1990), 801–805.

Ford, W. Randolph, *Natural Language Processing by Computer—A New Approach*, Ph. D. Dissertation, Department of Psychology, Johns Hopkins University, Baltimore, MD (1981).

Grudin, Jonathan and Barnard, Phil, When does an abbreviation become a word and related questions, *Proc. CHI '85 Conference on Human Factors in Computer Systems*, ACM, New York (1985), 121–126.

Hanson, Stephen J., Kraut, Robert E., and Farber, James M., Interface design and multivariate analysis of Unix command use, *ACM Transactions on Office Information Systems*, 2, 1 (1984), 42–57.

Harman, Donna (Editor), *Proc. Third Text Retrieval Conference (TREC)*, Morgan Kaufmann, San Mateo, CA (1995).

Hauptmann, Alexander G. and Green, Bert F., A comparison of command, menu-selection and natural language computer programs, *Behaviour and Information Technology*, 2, 2 (1983), 163–178.

Jarke, Matthias, Turner, Jon A., Stohr, Edward A., Vassiliou, Yannis, White, Norman H., and Michielsen, Ken, A field evaluation of natural language for data retrieval, *IEEE Transactions on Software Engineering*, SE–11, 1 (January 1985), 97–113.

King, Margaret, Evaluating natural language processing systems, *Communications of the ACM*, 39, 1 (January 1996), 73–79.

Landauer, T. K., Calotti, K. M., and Hartwell, S., Natural command names and initial learning, *Communications of the ACM*, 26, 7 (July 1983), 495–503.

Ledgard, H., Whiteside, J. A., Singer, A., and Seymour, W., The natural language of interactive systems, *Communications of the ACM*, 23, (1980), 556–563.

Lewis, David and Jones, Karen Sparck, Natural language processing for information retrieval, *Communications of the ACM*, 39, 1 (January 1996), 92–101.

Napier, H. Albert, Lane, David, Batsell, Richard R., and Guadango, Norman S., Impact of a restricted natural language interface on ease of learning and productivity, *Communications of the ACM*, 32, 10 (October 1989), 1190–1198.

Norman, Donald, The trouble with Unix, *Datamation*, 27, (November 1981), 139–150.

Oviatt, Sharon, Interface techniques for minimizing disfluent input to spoken language systems, *Proc. CHI '94 Conference on Human Factors in Computing Systems*, ACM, New York (1994), 205–210.

Pausch, Randy and Leatherby, James H., An empirical study: Adding voice input to a graphical editor, *Journal of the American Voice Input/Output Society*, 9, 2 (July 1991), 55–66.

Rosenberg, Jarrett, Evaluating the suggestiveness of command names, *Behaviour and Information Technology*, 1, (1982), 371–400.

Scapin, Dominique L., Computer commands labeled by users versus imposed commands and the effect of structuring rules on recall, *Proc. Conference on Human Factors in Computer Systems*, ACM, Washington, D.C. (1982), 17–19.

Schneider, M. L., Ergonomic considerations in the design of text editors. In Vassiliou, Y. (Editor), *Human Factors and Interactive Computer Systems*, Ablex, Norwood, NJ (1984), 141–161.

Schneider, M. L., Hirsh-Pasek, K., and Nudelman, S., An experimental evaluation of delimiters in a command language syntax, *International Journal of Man–Machine Studies*, 20, 6 (June 1984), 521–536.

Shneiderman, Ben, *Software Psychology: Human Factors in Computer and Information Systems*, Little, Brown, Boston (1980).

Small, Duane and Weldon, Linda, An experimental comparison of natural and structured query languages, *Human Factors*, 25, (1983), 253–263.

Kapitel 9

Interaktionsgeräte

Das Rad ist eine Erweiterung des Fußes,
das Buch ist eine Erweiterung des Auges,
Kleidung – eine Erweiterung der Haut,
Elektrizität eine Erweiterung des Zentralnervensystems.

Marshall McLuhan und Quentin Fiore, The Medium Is the Message, 1967

9.1   Einführung

Zum bemerkenswerten Fortschritt der Prozessorgeschwindigkeiten und Speicherkapazitäten seit 1960 passen die Verbesserungen in vielen Ein- und Ausgabegeräten. Teletypes mit 10 Zeichen pro Sekunde wurden durch Hochgeschwindigkeitsbildschirme ersetzt, auf denen grafische Displays den Output in Millionen Pixel anzeigen, und die einhundert Jahre alte Tastatur macht Platz für schnelle und hochpräzise Zeigegeräte, mit denen User ihre Aktionen ausführen können. Obwohl das gängige Sholes-Keyboard wahrscheinlich das Haupteingabegerät für textlichen Input bleiben wird, machen Zeigegeräte in steigendem Maße den User für viele Aufgaben von der Tastatur unabhängig. Die Zukunft des Computers wird wahrscheinlich Eingabe über Gestik, Eingabe mit zwei Händen, dreidimensionales Zeigen, mehr Stimmein- und -ausgabe, tragbare Geräte und bei einigen Ein- und Ausgabeaufgaben die Beteiligung des gesamten Körpers beinhalten.

Die steigende Berücksichtigung von Human Factors hat zu Hunderten neuer und Varianten alter Geräte geführt. Neuartige Tastaturen mit schrägen und gekrümmten Profilen zur Linderung von Überlastungsverletzungen und der Austausch gegen Touchscreens oder Stylus beweisen die enorme Bedeutung von textlicher Eingabe, sogar im Zeitalter der GUIs. Zeigegeräte wie die Maus, Touchscreen, Stylus und Trackball sind durch Hunderte von Überarbeitungen gegangen, um an verschiedene User angepasst zu werden und noch mal 5 Prozent mehr Performance zu bringen. Zu den stetig weiter verbesserten Spracherkennungsprogrammen stoßen nun prosaischere, aber weithin eingesetzte Sprachspeicherungstechnologien mit verstärkter Berücksichtigung telefonbasierter Anwendungen. Befürworter von Eyetrackern, Datenhandschuhen und Geräten mit Force Feedback versuchen, aus ihren Nischen heraus zu expandieren.

Bei den Desktops und den meisten Laptops sind Farbbildschirme zum Standard geworden, aber monochrome Displays (besonders flache Flüssigkristallbildschirme) vermehren sich fortgesetzt in kleinen und großen Formaten. Kompakte Digitalkameras mit kleinen LCD-Bildschirmen entwickeln sich erfolgreich weiter. Preisgünstige Drucker sind auch in Farbe allgemein erhältlich. Innovative Eingabegeräte, Sensoren und Effektoren und die Integration von Computern in die physische Umgebung öffnen die Tür zu neuen Applikationen (Sherr, 1988; Greenstein und Arnaut, 1988; Foley et al., 1990; Card et al., 1991; Jacob et al., 1993).

9.2 Keyboards und Funktionstasten

Der hauptsächliche Modus textlicher Dateneingabe ist immer noch das Keyboard. Dieses oft kritisierte Gerät ist beeindruckend erfolgreich. Hunderte Millionen von Menschen haben es bewerkstelligt, Keyboards zu benutzen und dabei Geschwindigkeiten von bis zu 15 Tasteneingaben pro Sekunde zu erreichen (etwa 50 Worte pro Minute). Gegenwärtige Tastaturen erlauben allgemein nur einen Tastendruck zur Zeit, obwohl doppelter Tastendruck (UMSCHALT plus Buchstabe) zum Eingeben von Großbuchstaben und Sonderfunktionen (STRG oder ALT plus Buchstabe) benutzt werden.

Schnellere Dateneingabe kann durch Akkord-Tastaturen erreicht werden, die das gleichzeitige Drücken mehrerer Tasten erlauben, um mehrere Zeichen oder ein Wort darzustellen. Die Typisten in Gerichtssälen benutzen normalerweise Akkord-Tastaturen, um den vollständigen Text gesprochener Auseinandersetzungen einzugeben, wobei sie Raten von bis zu 300 Worten pro Minute erreichen. Diese Meisterleistung erfordert monatelanges Training und ständigen Einsatz, um die komplexen Muster der Akkord-Tasten zu behalten. Das Piano-Keyboard ist ein beeindruckendes Dateneingabegerät, das mehrere Fingerdrücke gleichzeitig erlaubt und auf unterschiedliche Intensitäten von Druck und Dauer reagiert. Scheinbar gibt es noch ein höheres Potenzial für größere Dateneingaberaten, als mit den momentanen Computertastaturen möglich ist.

Die Größe und Aufmachung der Tastatur beeinflussen ebenfalls die Zufriedenheit der Nutzer und die Anwendbarkeit. Große Tastaturen mit vielen Tasten erzeugen den Eindruck von Professionalität und Komplexität, aber können für Anfänger bedrohlich wirken. Kleine Tastaturen erscheinen manchen Anwendern nicht leistungsfähig, aber für andere hat die kompakte Größe eine gewisse Anziehungskraft. Ein dünnes Profil (20 bis 40 Millimeter Dicke) erlaubt es den Anwendern, die Tastatur bequem auf dem Schoß zu halten, und ermöglicht eine komfortable Position der Hände, wenn die Tastatur auf dem Tisch liegt. Einstellbare Keyboards, die nach vorne oder hinten kippen oder in der Mitte geteilt sind, um belastende Ellenbogenabspreizungen und Pronation (Einwärtsdrehung des Unterarms nach unten) zu reduzieren, sind gegenwärtig sehr populär.

9.2.1 Keyboardlayouts

Das *Smithsonian Institution's National Museum of American History* in Washington, D.C, stellt eine bemerkenswerte Sammlung über die Entwicklung der Schreibmaschinen aus. In der Mitte des 19. Jahrhunderts wurde Hunderte von Versuchen gemacht, Schreibmaschinen zu bauen, wobei es eine erstaunliche Vielfalt für die Position des Papiers, Mechanismen für die Erstellung eines Zeichens und Tastenanordnungen gab. Um 1870 herum hatte das Design von Christopher Latham Sholes großen Erfolg wegen seines guten mechanischen Designs und einer klugen Anordnung der Buchstaben, die den User so weit ausbremste, dass es nicht mehr so oft zu einem Verhaken der Tasten kam. Dieses *QWERTY-Layout* legte regelmäßig gebrauchte Buchstabenpaare weit voneinander ab und erhöhte somit die Entfernung, die die Finger zurücklegen mussten.

Der Erfolg von Sholes führte zu einer solch weitreichenden Standardisierung, dass ein Jahrhundert später praktisch alle englischsprachigen Tastaturen das QWERTY-Layout aufwiesen (Abb. 9.1). Die Entwicklung von elektronischen Tastaturen eliminierte die mechanischen Probleme und ließ viele Erfinder im 20. Jahrhundert alternative Layouts vorschlagen, um die Entfernung, die die Finger zurücklegen müssen, zu reduzieren (Montgomery, 1982; Kroemer, 1993). Das nach 1920 entwickelte *Dvorak-Layout* (Abb. 9.2) reduzierte vermutlich die Bewegungsdistanzen der Finger um mindestens den Faktor 10 und steigerte dadurch die Tipprate von erfahrenen Typisten von ungefähr 150 Worten pro Minute auf mehr als 200 pro Minute bei geringerer Fehlerzahl (Potosnak, 1988).

Abb. 9.1: QWERTY-Tastatur von einem Macintosh mit Funktionstasten, numerischem Keypad, separaten Kontrolltasten für den Cursor und Sonderfunktionen.

Abb. 9.2: Dvorak-Layout auf einem IBM-Keyboard mit Funktionstasten, separaten Kontrolltasten für den Cursor und Sonderfunktionen. Die Tastenkappen zeigen ebenfalls den APL-Zeichensatz.

Trotzdem sich seine Anhänger ganz besonders dem Dvorak-Design gewidmet haben, ist es nur langsam akzeptiert worden. Wer das Keyboard ausprobierte, berichtete, es benötige ungefähr eine Woche regelmäßiger Nutzung, um sich darauf einzustellen, aber die meisten User waren nicht bereit, so viel Arbeit zu investieren. Hier werden wir mit einem interessanten Beispiel konfrontiert, wie sogar dokumentierte Verbesserungen schwer zu verbreiten sind, weil die erwarteten Vorteile der Veränderung nicht die Anstrengung aufwiegen.

Ein drittes interessantes Keyboardlayout ist der *ABCDE-Stil*, bei dem die 26 Buchstaben in alphabetischer Form angeordnet sind. Das Grundprinzip ist hier, dass Nicht-Typisten es einfacher finden werden, die Tasten zu lokalisieren. Einige wenige Dateneingabeterminals für numerische und alphabetische Codes setzen diesen Stil immer noch ein. Die breite Verfügbarkeit von QWERTY-Tastaturen hat die Fähigkeit des Tippens zu einem Allgemeingut gemacht und die Bedeutung des ABCDE-Stils gemindert. Unsere Studie und die anderer Forscher hat keinen Vorteil für den ABCDE-Stil gezeigt; Anwender mit ein wenig QWERTY-Erfahrung sind erpicht darauf, hier mehr Sachkenntnis zu erwerben, und lehnen es oft ab, den ABCDE-Stil nutzen zu müssen.

Über die Buchstaben hinaus entbrennen viele Debatten über die Platzierung von zusätzlichen Tasten. Das frühe IBM-PC-Keyboard wurde weithin wegen der Platzierung einiger Tasten kritisiert, wo die meisten Typisten die UMSCHALT-Taste statt der Backslash-Taste erwarteten, und der Platzierung verschiedener Sonderzeichen in der Nähe der EINGABE-Taste (Abb. 9.3). Spätere Versionen haben zur Freude der Kritiker die anstößigen Tasten verschoben. Andere Verbesserungen beinhalteten eine größere EINGABE-Taste und LEDs, um den Status der Tasten CAPS LOCK, NUM LOCK und SCROLL LOCK zu signalisieren (Abb. 9.4). Sogar auf Laptops oder Notebooks haben die Tastaturen die volle Größe, nur einige Taschencomputer setzen ein stark reduziertes Keyboard ein (Abb. 9.5).

Abb. 9.3:   Frühes IBM-PC-Keyboard mit 10 Funktionstasten links, numerischer Tastatur rechts und Cursortasten in der numerischen Tastatur eingebettet.

Abb. 9.4: Vollständiges großes Keyboard (Hergestellt von Gateway 2000 Corp.).

Abb. 9.5: Taschencomputer haben ein reduziertes Keyboard. Viele User tippen nur mit zwei Fingern.

Die Zahlenfelder sind eine weitere Quelle von Kontroversen. Telefone haben die Tasten 1 – 2 – 3 in der oberen Reihe, aber Rechner ordnen oben die Tasten 7 – 8 – 9 an. Untersuchungen haben einen kleinen Vorteil für das Telefonlayout gezeigt, aber die meisten Computertastaturen verwenden das Rechnerlayout.

Einige Forscher haben erkannt, dass die für Standardtastaturen erforderliche Haltung von Hand und Handgelenk ungünstig ist. Neugestaltete Tastaturen, die die Tasten für die linke und rechte Hand um 9,5 Zentimeter auseinanderziehen, haben einen Öffnungswinkel von 25 Grad mit einer Neigung von 10 Grad und bieten große Bereiche für den Unterarm – bei einer Unterstützung des Handgelenks wurden geringere Spannungen, bessere Haltung und höhere Werten bei den Präferenzen berichtet (Nakaseko et al., 1985). Jedoch haben geteilte Keyboards den Nachteil, dass das visuelle Überfliegen unterbrochen wird, und so wurden verschiedenartige

Geometrien mit geteilten und geneigten Tastaturen ausprobiert (z.B. das Microsoft Natural Keyboard, Abb. 9.6), aber eine empirische Verifikation der Vorzüge für die Tippgeschwindigkeit, Genauigkeit oder einer reduzierten Belastung durch Zerrungen ist schwer zu ermitteln.

Abb. 9.6: Das Natural Keyboard von Microsoft. Das geschwungene Layout und die einstellbaren Ruhepolster darunter helfen, Zerrungen zu reduzieren.

9.2.2 Tasten

Moderne elektronische Tastaturen verwenden 0,5 Quadratzoll große Tasten (12 mm²) mit ca. 0,25 Zoll (6 mm²) Raum zwischen den Tasten. Dieses Design ist sorgfältig überarbeitet und ausführlich in Forschungslabors und auf dem Markt getestet worden. Die Tasten haben eine leicht konkave Oberfläche für einen guten Fingerspitzenkontakt und einen matten Überzug, um sowohl Reflektionen als auch ein Abgleiten zu reduzieren. Ein Tastendruck erfordert eine Kraft von 40 bis 125 Gramm und eine Verschiebung der Taste um 3 bis 5 Millimeter. Diese Kraft und Verschiebung haben gezeigt, dass man so mit geringen Fehlerquoten schnell tippen kann und die Anwender auch geeignetes Feedback erhalten. Wenn die Erfahrung der Anwender zunimmt und die Chance eines falsch abgesetzten Fingers reduziert wird, kann die Kraft und Verschiebung verringert werden.

Ein wichtiges Element beim Tastendesign ist das Profil der Kraftverschiebung. Wenn die Taste weit genug heruntergedrückt wurde, um ein Signal auszusenden, gibt die Taste nach, und ein Klick ist zu hören. Das akustische und taktile Feedback ist beim Eintippen extrem wichtig. Aus diesen Gründen sind Membran-Keyboards, die eine unbewegliche, berührungsempfindliche Oberfläche haben, für das Tippen inakzeptabel. Aufgrund ihrer Haltbarkeit sind sie jedoch für öffentliche Installationen in Museen oder Vergnügungsparks effektiv.

Gewisse Tasten wie die Leer-, EINGABE-, UMSCHALT- oder STRG-Taste sollten größer als die anderen sein, um leichte, zuverlässige Bedienung zu erlauben. Andere Tasten wie CAPS LOCK oder NUM LOCK sollten eine klare Anzeige ihres Status haben, wie z. B. eine physischen Sperre in einer niedergedrückten Position oder durch ein eingebautes Lämpchen. Tastenetiketten sollten zum Lesen groß genug, aussagekräftig und haltbar sein. Gesonderte Farbkodierung der Tasten hilft beim Schaffen eines erfreulichen, informativen Layouts. Ein weiteres Designprinzip ist, dass einige der Ruhetasten – beim QWERTY-Layout sind es die Tasten F und J – eine tiefere Einbuchtung oder eine kleine punktuelle Erhöhung haben sollten, um den Usern deutlich zu machen, dass ihre Finger korrekt platziert sind.

9.2.3 Funktionstasten

Viele Tastaturen beinhalten einen Satz von zusätzlichen *Funktionstasten* für Sonderaufgaben oder programmierte Funktionen. Diese Tasten tragen oft die Bezeichnung F1 ... F10 oder PF1 ... PF 24. Die Anwender müssen die Funktionen erinnern, vom Bildschirm erlernen oder eine daran angebrachte Plastikschablone konsultieren, aber einige Tasten haben auch aussagekräftige Bezeichnungen wie CUT, COPY oder PASTE. Diese Strategie versucht, die Tasteneingaben der User zu reduzieren, indem ein Befehlsname durch eine einzelne Taste ersetzt wird. Die meisten Strategien mit Funktionstasten erfordern vom User kein Drücken der EINGABE-Taste, um die Funktion auszulösen.

Funktionstasten können die Anzahl und Fehler von Tasteneingaben reduzieren und beschleunigen dadurch die Arbeit für Anfänger, die das Tastenfeld nicht gut beherrschen, und für Experten, die ohne Verzögerung den Zweck jeder Funktionstaste erinnern. Leider verwirren manche Systeme die User durch inkonsistente Verwendung der Tasten. Je nach System kann beispielsweise die HILFE-Funktion mit der Taste F1, F9 oder F12 aufgerufen werden.

Die Platzierung der Funktionstasten ist wichtig, wenn die Aufgabe von den Anwendern erfordert, vom Eintippen zu den Funktionstasten zu wechseln. Je größer die Distanz der Funktionstasten von der Ausgangsposition auf dem Keyboard ist, desto schwerwiegender ist das Problem. Einige Anwender tippen lieber sechs oder acht Zeichen ein, als ihre Finger von der Ausgangsposition zu entfernen. Das Layout der Funktionstasten beeinflusst ebenfalls die Leichtigkeit der Verwendung. Ein 3 x 4 Layout von 12 Tasten ist hilfreich, weil die Anwender schnell die Funktionen durch die Anordnung der Tasten oben links oder unten rechts lernen können. Ein durchgehendes 1 x 12 Layout hat nur zwei Endpunkte und führt zu einer langsameren und fehlerbehafteteren Auswahl der mittleren Tasten. Eine kleine Spalte zwischen der sechsten und siebten Taste gruppiert die Tasten und hilft den Usern. Ein 2 bis 5 Layout ist ein vernünftiger Kompromiss.

Funktionstasten sind manchmal nahe der Bildschirmumrandung eingebaut, damit sie dicht bei angezeigten Etiketten sind – eine übliche Technik bei Bankautomaten. Diese Position ist gut für Anfänger, die Etiketten brauchen, aber es ist trotzdem erforderlich, dass die Hände sich aus der Ausgangsposition entfernen. Lämpchen können in und nahe bei den Funktionstasten eingebaut sein, um die Verfügbarkeit oder den Ein-Aus-Status anzuzeigen.

Wenn die gesamte Arbeit wie bei manchen CAD-Systemen mit beschrifteten Funktionstasten erledigt werden kann, ist diese Lösung sehr ansprechend. WordPerfect wurde teilweise dadurch ein weltweiter Erfolg, weil alle Aktionen durch Funktionstasten (plus STRG, ALT und UMSCHALT) ausgelöst und durch Bildschirmmenüs genauer bestimmt werden konnten. Einige Anhänger von WordPerfect weigern sich, Pull-down-Menüs zu akzeptieren, weil ihre Geschicklichkeit mit den Tasten sie in die Lage versetzt, viele Mausanwender zu schlagen. Jedoch haben die meisten Anwender von Textverarbeitungsprogrammen die eher grafischen Schnittstellen angenommen, von denen viele für häufige Aufgaben Werkzeugleisten mit Icons enthalten. Häufige Bewegungen zwischen der Ausgangsposition auf der Tastatur und der Maus oder entfernten Funktionstasten können den Arbeitsfluss unterbrechen. Eine alternative Strategie ist die Verwendung der nahegelegenen STRG- oder ALT-Tasten plus Buchstabe, um eine Funktion aufzurufen. Dieser Ansatz hat einen beträchtlichen mnemonischen Wert, belässt die Hände auf den Tasten in der Ausgangsposition und mindert die Notwendigkeit von weiteren Tasten.

9.2.4 Tasten zur Cursorbewegung

Die *Tasten zur Bewegung des Cursors* fallen in eine besondere Kategorie der Funktionstasten. Es gibt gewöhnlich vier Tasten – hoch, runter, links und rechts. Einige Tastaturen haben acht Tasten, um diagonale Bewegungen zu vereinfachen. Die Platzierung der Tasten zur Cursorbewegung ist sehr wichtig zur Erleichterung von schnellem und fehlerfreien Gebrauch. Die besten Layouts platzieren die Tasten in ihren natürlichen Positionen (Abb. 9.7 a-d), aber Designer haben verschiedene Variationen ausprobiert (Abb. 9.7 e-g). Das immer populärer werdende umgekehrte T-Arrangement (Abb. 9.7a) erlaubt es dem Anwender, die mittleren drei Finger auf eine Weise zu halten, die Bewegungen von Fingern und Hand reduziert. Das Kreuz-Arrangement (Abb. 9.7b) ist eine bessere Wahl für Anfänger als das lineare Arrangement (Abb. 9.7e) oder das Kasten-Arrangement (Abb. 9.7f).

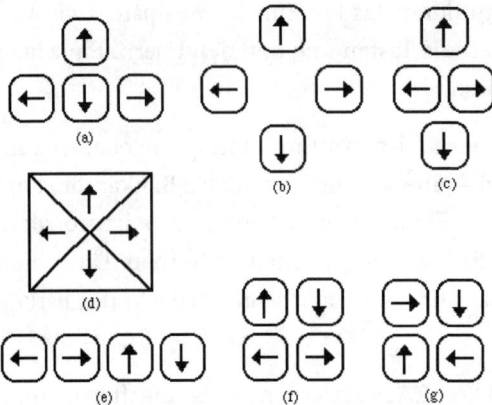

Abb. 9.7: Sieben Stile eines Tastaturlayouts für Pfeiltasten. Diese Layouts sind nur ein Teil der kommerziell verfügbaren Layouts. (a – d) Diese Layouts sind kompatibel mit der Pfeilrichtung. (e – g) Inkompatible Layouts, die zu langsamerer Performance und höheren Fehlerquoten führen können.

Tasten zur Cursorbewegung haben oft eine *Typamatic-Funktion (Auto-Wiederholung)*, die bei konstantem Niederdrücken eine automatische Wiederholung ausführt. Dieses Feature wird weithin akzeptiert und kann besonders dann die Performance verbessern, wenn die Anwender die Rate nach ihrem Belieben einstellen können (wichtig für Anwender, die sehr jung, älter oder behindert sind).

Tasten zur Cursorbewegung sind in ihrer Bedeutung wichtiger geworden durch den vermehrten Einsatz von Formulareingaben und direkter Manipulation. Zusätzliche Cursorbewegungen können durch die TAB-Taste für größere Sprünge, die POS1-Taste für den Sprung nach oben links oder die ENDE-Taste für den Sprung nach unten rechts auf dem Display erreicht werden. Andere Beschleuniger sind beliebt, so wie die STRG-Taste und das Drücken von links, rechts, oben oder unten, um von Wort zu Wort oder Absatz zu Absatz zu springen. Tasten zur Cursorbewegung können zur Auswahl von Items in einem Menü oder auf einem Display benutzt werden, aber oft wird auf den Displays schnelleres Zeigen gewünscht, als mit den Tasten zur Cursorbewegung möglich ist.

9.3 Zeigegeräte

Bei komplexen Informationsdisplays – so wie sie bei Flugleitsystemen, Textverarbeitung und CAD eingesetzt werden – ist es oft sehr praktisch, auf Items zu zeigen und sie auszuwählen. Der Ansatz der direkten Manipulation ist attraktiv, weil die

Anwender es nicht nötig haben, Befehle zu erlernen, ihre Aufmerksamkeit auf dem Bildschirm lassen können und typografische Fehler auf einer Tastatur reduziert werden. Die Ergebnisse sind eine oft schnellere Performance, weniger Fehler, leichteres Lernen und höhere Zufriedenheit. Die Unterschiedlichkeit der Aufgaben und die Bandbreite der Geräte plus Strategien für ihren Einsatz schaffen einen großen Raum für das Design (Buxton, 1985, Card et al., 1991). Physische Attribute der Geräte (Rotation oder lineare Bewegung), Dimensionalität der Bewegung (1, 2, 3 ...) und Positionierung (relativ oder absolut) sind nützliche Arten der Kategorisierung der Geräte; wir diskutieren hier die Aufgaben und den Grad der Direktheit.

9.3.1 Zeigeaufgaben

Zeigegeräte sind in sechs Typen von Interaktionsaufgaben einsetzbar (Foley et al., 1984):

1. *Auswählen* Der Anwender wählt aus einem Satz Items aus. Diese Technik wird bei traditioneller Menüauswahl, der Identifikation einer Datei in einem Verzeichnis oder der Markierung eines Teils in einem Automobildesign eingesetzt.

2. *Position* Der Anwender wählt einen Punkt in einem ein-, zwei-, drei- oder mehrdimensionalen Raum. Positionierung kann eingesetzt werden, um eine Zeichnung zu erstellen, ein neues Fenster zu platzieren oder einen Textblock in einer Abbildung zu verschieben.

3. *Orientierung* Der Anwender wählt eine Richtung in einem ein-, zwei-, drei- oder mehrdimensionalem Raum. Die Richtung kann einfach ein Symbol auf dem Bildschirm rotieren lassen, eine Bewegungsrichtung für ein Raumschiff anzeigen oder die Operation eines Roboterarms kontrollieren.

4. *Pfad* Der Anwender führt schnell eine Serie von Operationen zur Positionierung und Orientierung durch. Der Pfad kann als geschwungene Linie in einem Zeichenprogramm, als Anweisung für eine Maschine zum Stoffeschneiden oder der Route auf einer Karte erkannt werden.

5. *Quantifizieren* Der Anwender legt einen numerischen Wert fest. Die Quantifizierungsaufgabe ist gewöhnlich eine eindimensionale Auswahl von ganzzahligen oder realen Werten zur Einstellung von Parametern, so wie die Seitenzahl in einem Dokument, die Geschwindigkeit eines Schiffes oder die Amplitude eines Klanges.

6. *Text* Der Anwender gibt Text ein, verschiebt und bearbeitet ihn in einem zweidimensionalen Raum. Das Zeigegerät weist auf die Stelle einer Einfügung,
Löschung oder Änderung hin. Über die einfache Manipulation des Textes
hinaus können auch kompliziertere Aufgaben wie Zentrierung, Rändereinstel-
lungen, Schriftgrößen, Hervorhebungen (Fettdruck oder Unterstreichungen)
und Seitenlayout durchgeführt werden.

Es ist möglich, alle diese Aufgaben mit einer Tastatur durch Eintippen auszuführen: Zahlen oder Buchstaben zur Auswahl, ganze Zahlen als Positionskoordinaten,
eine Zahl für einen Winkel zur Anzeige, eine Zahl zur Quantifizierung und Befehle
für die Cursortasten, um sich im Text zu bewegen. Früher hat man alle diese Aufgaben mit der Tastatur ausgeführt, aber heute setzen die Anwender Zeigegeräte ein,
um diese Aufgaben schneller und mit weniger Fehlern auszuführen. Sogar bei
modernen GUIs werden manche Aufgaben jedoch so oft aufgerufen, dass besondere Tasten angemessen erscheinen, so wie eine Hilfe-Taste oder STRG-C für das
Kopieren eines markierten Items.

Zeigegeräte können danach gruppiert werden, ob sie (1) *direkte Kontrolle* auf der
Bildschirmoberfläche bieten, so wie der Lichtstift, Touchscreen oder Stylus, oder (2)
indirekte Kontrolle fernab von der Bildschirmoberfläche, so wie Maus, Trackball, Joystick, Grafiktablett und Touchpad. In jeder Kategorie gibt es viele Variationen, und
regelmäßig entstehen neuartige Designs.

9.3.2 Zeigegeräte mit direkter Kontrolle

Der *Lichtstift* war ein frühes Gerät, mit dem die User auf einen Punkt auf einem
Bildschirm zeigen und damit auswählen, positionieren oder eine andere Aufgabe
ausführen konnten (Abb. 9.8). Tatsächlich konnte man mit dem Lichtstift alle sechs
Aufgaben ausführen. Er war attraktiv, weil er dem User direkte Kontrolle durch das
Zeigen auf einen Punkt auf dem Display gab, im Gegensatz zur der indirekten Kontrolle durch ein Grafiktablett, einen Joystick oder eine Maus. Bei den meisten Lichtstiften ist ein Button angebracht, den der User drückt, wenn der Cursor auf dem
gewünschten Punkt des Bildschirmes ruht. Lichtstifte unterscheiden sich in der
Dicke, Länge, Gewicht und Form (die *Lightgun* mit einem Abzug war eine Variation) und der Position der Buttons. Leider kann direkte Kontrolle an einem hoch-
kant gestellten Bildschirm den Arm ermüden. Der Lichtstift hatte drei weitere
Nachteile: die Hand des Users verdeckte einen Teil des Bildschirms, die User mussten die Hände vom Keyboard wegnehmen, und die User mussten den Lichtstift aufheben.

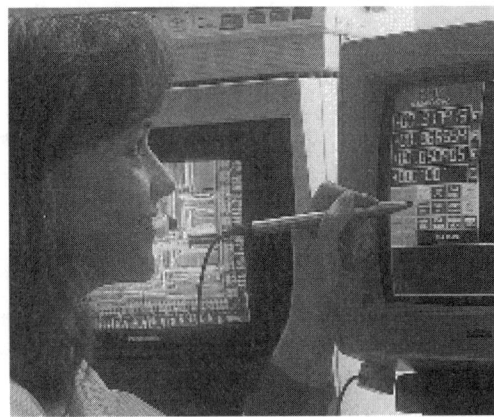

Abb. 9.8: Lichtstifte. Die User können mit diesen Eingabegeräten direkt auf einen Punkt des Bildschirmes zeigen.

Einige dieser Nachteile wurden durch den *Touchscreen* überwunden, bei dem man kein Gerät aufheben muss, sondern der User kann statt dessen mit dem Finger Berührungen zur direkten Kontrolle auf dem Bildschirm ausführen (Abb. 9.9) (Shneiderman, 1991). Die frühen Designs von Touchscreens wurden zu Recht dafür kritisiert, dass sie Ermüdung hervorrufen, die Hand den Bildschirm verdeckt, die Hände von der Tastatur genommen werden müssen, ungenau beim Zeigen sind und der Bildschirm nach und nach verschmiert wird. Einige Touchscreen-Implementierungen hatten ein weiteres Problem: die Software akzeptierte die Berührung sofort (*land-on-Strategie*) und nahm den Anwendern die Möglichkeit, die Richtigkeit des ausgewählten Punktes zu bestätigen, was sie mit Lichtstiften machen konnten. Diese frühen Designs basierten auf physikalischem Druck, Impact oder Unterbrechung eines Rasters von Infrarotstrahlen.

Neuere Designs haben dramatisch verbesserte Touchscreens für hohe Präzision (Sears und Shneiderman, 1991). Die widerstandsfähige, kapazitive oder Oberflächenklangwellen-Hardware kann eine Sensitivität von 1024 x 1024 ermöglichen, und die *Lift-Off-Strategie* ermöglicht das Zeigen auf einen einzelnen Pixel. Die Lift-Off-Strategie hat drei Stufen. Der Anwender berührt die Oberfläche und sieht dann einen Cursor, den er auf dem Display verschieben kann. Wenn er mit der Position zufrieden ist, nimmt er zum Aktivieren den Finger vom Display. Die Verfügbarkeit von hochpräzisen Touchscreens hat die Tür zu vielen Applikationen geöffnet (Sears et al., 1992).

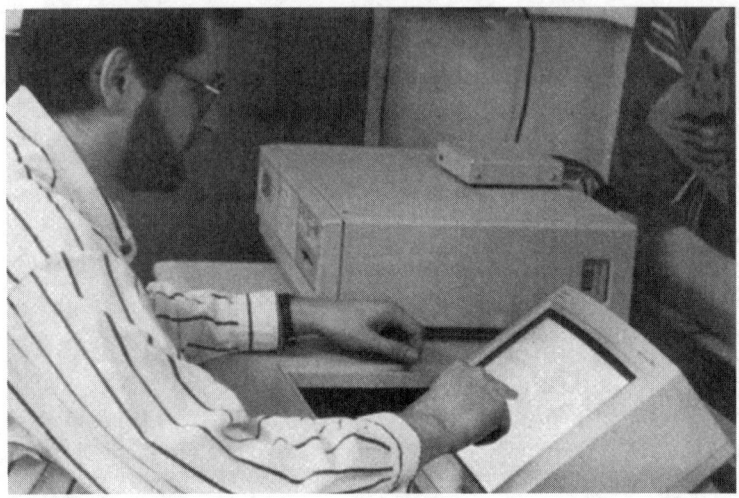

Abb. 9.9: Touchscreen. Der User zeigt einfach mit dem Finger, um eine Auswahl zu treffen. Hochpräzise Touchscreens erweitern den Bereich der möglichen Applikationen, besonders wenn sie auf eine für das Lesen und Zeigen bequeme Art montiert sind (30 bis 45 Grad aus der Horizontalen).

Verbesserungen bei den Touchscreens sind bei der Integration in Applikationen zu erwarten, die sich an Anfänger wenden, bei denen die Tastatur eliminiert werden kann und die Berührung der einzige Interfacemechanismus ist. Touchscreens werden von den Designern von Systemen mit öffentlichem Zugriff geschätzt, weil es keine beweglichen Teile gibt, weil sie dauerhaft in Umgebungen mit starker Nutzung eingesetzt werden können (Touchscreens sind die einzigen Eingabegeräte, die in EPCOT überlebt haben) und sie relativ preisgünstig sind. Touchscreens haben in der Gebäudeverwaltung, der Flugkontrolle sowie in medizinischen und militärischen Systemen Verwendung gefunden. Bei diesen Systemen steht der eingenommene Platz hoch im Kurs, stabiles Design ohne bewegliche Teile wird bevorzugt, und die Anwender können durch eine komplexe Aktivität geführt werden.

Touchscreens können verschiedene Displays anzeigen, um sich der Aufgabe anzupassen. Formulareingabe oder Menüauswahl funktioniert bei Touchscreens auf natürliche Weise wie auch das Eintippen auf einem Touchscreen-Keyboard. In unseren Studien mit Tastaturen, die 7 und 25 Zentimeter breit waren, konnten die Anwender mit einiger Übung jeweils 20 bis 30 Worte pro Minute eintippen (Sears et al., 1993). Studien des Einsatzes von Touchscreens für das Schwenken von grafischen Displays zeigen, dass die Anwender schneller und genauer sind, wenn sie den Hintergrund schieben können, als wenn sie den Standpunkt verändern (Johnson, 1995).

Wenn die Touchscreens in Anzeigeoberflächen integriert produziert werden, werden die Kosten wahrscheinlich fallen, und Parallaxenprobleme durch eine montierte Glasoberfläche werden sich verringern. Eine berührbare Oberfläche auf einem flachen LCD-Display ermöglicht die Konstruktion von neuartigen Navigationsanzeigen für Autos und Tafeln in Museen, die ausführliche Informationen beinhalten. Ob Namensplaketten an Bürotüren, Kühlschränke, Kameras, Fernseher oder andere Haushaltsgeräte – alles könnte mit nützlichen Erklärungen, Informationen oder ständig verfügbaren Benutzerhandbüchern versehen werden.

Palmtopcomputer machen es natürlich, dass man auf die LCD-Oberfläche zeigen muss, die in der Hand gehalten oder auf den Tisch oder Schoß gelegt wird. Handschriftenerkennung, Selektionen auf einer auf dem Bildschirm angezeigten Tastatur oder aus Menüs bzw. Formularen erlauben schnelle und einfache Dateneingabe. Der *Stylus* ist für die Designer attraktiv, weil er den Anwendern vertraut und leicht bedienbar ist und weil er hohe Präzision zusammen mit guter Kontrolle erlaubt, um versehentliche Selektionen zu begrenzen. Die Anwender können die Stylusspitze zum gewünschten Punkt bewegen, während sie die kritischen Bereiche des Displays im Blick behalten. Diese Vorteile gegenüber Touchscreens gleichen die Notwendigkeit aus, den Stylus aufzunehmen und wieder abzulegen.

Kompakte, leichte Maschinen wie der Apple Newton oder MessagePad, Sharp Zaurus, US Robotics Pilot (siehe Abb. 1.6) und andere nehmen an Beliebtheit zu. Es sollte einen großen Markt geben, wenn der Preis herabgesetzt und Bildschirmauflösung und Lesbarkeit verbessert werden kann.

Alternativen zur Tastatureingabe gewinnen an Popularität durch die Touchscreen- oder Styluseingabe auf virtuellen Keyboards, aber diese Mechanismen haben nur eine Dateneingaberate von 20 bis 30 Worten pro Minute (Sears et al., 1993). Neuartige Dateneingabe, basierend auf Gesten über Tortenmenüs (Venolia und Neiberg, 1994) und Handschriftenerkennung (Frankish et al., 1995), treten in Wettstreit mit immer schnelleren Pull-down-Menüs und direkt manipulativen Strategien.

Die Erkennung von handgeschriebenen Block- oder Schreibschriftbuchstaben wurde ergänzt durch die Erkennung von Wortmustern aus einer gespeicherten Datenbank von 10.000 oder mehr Worten. Hinweise aus dem Kontext und Schreibgeschwindigkeit plus Richtung können die Erkennungsquoten erhöhen. Der Apple Newton brachte die handschriftliche Eingabe und Schrifterkennung auf einen großen Markt, aber viele Anwender stören sich an hohen Fehlerraten. Bei einigen Sprachen wie Japanisch oder Chinesisch kann die Erkennung und Eingabe über Handschrift die Anwenderzahl dramatisch erhöhen.

9.3.3 Zeigegeräte mit indirekter Kontrolle

Indirekte Zeigegeräte eliminieren die Ermüdung der Hand und die Probleme, dass die Hand den Bildschirm verdeckt, aber sie müssen das Problem des Umweges überwinden. Wie beim Lichtstift bleibt das Problem, dass die Hände sich von der Tastatur weg bewegen und etwas ergreifen müssen. Weiterhin erfordern Geräte mit indirekter Kontrolle mehr kognitive Verarbeitung und Hand-Auge-Koordination, um den Cursor auf dem Bildschirm zum gewünschten Ziel zu bringen.

Die *Maus* ist wirksam, weil die Hand in einer bequemen Position ruht, die Buttons auf der Maus leicht zu drücken sind, sogar lange Bewegungen können schnell durchgeführt werden, und man kann präzise positionieren (Abb. 9.10). Jedoch muss der Anwender die Maus zu Beginn der Arbeit ergreifen, Platz auf dem Schreibtisch wird verbraucht, die Schnur der Maus kann stören, bei langen Bewegungen wird Aufheben und neu Platzieren notwendig, und für geschickten Einsatz ist einige Übung (zwischen fünf und fünfzig Minuten) erforderlich. Die Vielfalt der Maustechnologien (physische, optische oder akustische), Anzahl der Buttons, Platzierung des Sensors, Gewicht und Größe legen nahe, dass sich Designer und User noch für eine Alternative entscheiden müssen. Persönliche Vorlieben und die Vielzahl der Aufgaben lassen Platz für einen lebhaften Wettbewerb. Schnurlose Mäuse, mit denen man ohne Mauspad zwischen zwei und zehn Metern vom Display entfernt noch zeigen kann, erlangen in Vortragssituationen und für das Entertainment im Wohnzimmer Akzeptanz. Aus überarbeiteten TV-Fernbedienungen oder anspruchsvolleren gyroskopischen Designs stammende Infrarot-Technologien werden weiterentwickelt.

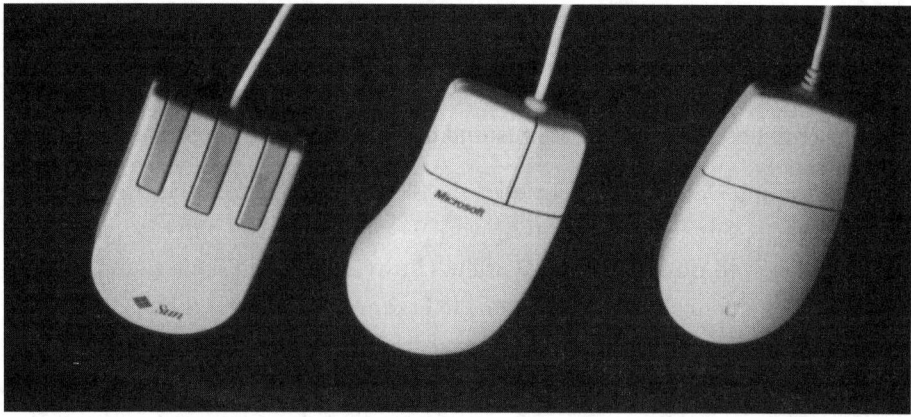

Abb. 9.10: Drei Maus-Versionen: drei Buttons (Sun Microsystems), zwei Buttons (Microsoft) und ein Button (Apple Macintosh).

Der *Trackball* wird manchmal als eine umgedrehte Maus beschrieben. Gewöhnlich wird er als ein drehbarer Ball mit einem Durchmesser von 1 bis 15 Zentimetern implementiert, der einen Cursor auf dem Bildschirm bewegt, wenn er gedreht wird. Der Trackball ist fest in einem Tisch oder einem soliden Kasten eingebaut, um es dem Anwender zu ermöglichen, ihn fest anzupacken und zum Drehen zu bringen. Der Trackball ist das bevorzugte Gerät in der hoch belasteten Welt der Flugkontrollen und in einigen Videospielen. Kleine Trackballs stellen ein praktisches Zeigegerät dar, wenn sie in tragbaren Laptops eingebaut sind (Abb. 9.11).

Abb. 9.11:   Kleiner, in einen Laptop eingebauter Trackball.

Vom *Joystick*, dessen lange Geschichte in den Geräten der Flugkontrolle begann (Abb. 9.12), gibt es nun Dutzende verschiedener Computerversionen mit unterschiedlicher Länge und Größe, Verschiebungskräften und -entfernungen, Buttons oder Abzugsvorrichtungen, verschiedenartigen Verankerungen auf Oberflächen und Platzierungen relativ zum Keyboard und Bildschirm. Joysticks sind ideal zum Tracking (dem Folgen eines Objektes auf dem Bildschirm), teilweise wegen der relativ kleinen Verschiebungen, die zum Bewegen des Cursors nötig sind, und der Leichtigkeit, mit der Richtungsänderungen vorgenommen werden können. Der Trackpoint ist ein kleiner, isometrischer Joystick, der in der Tastatur eines Laptops eingebaut ist und eine mit Gummi verkleidete Spitze hat, um den Fingerkontakt zu erleichtern (Abb. 9.13). Mit nur wenig Übung können die User schnell und akkurat sein, wobei ihre Finger in der Ausgangsposition auf dem Keyboard verbleiben.

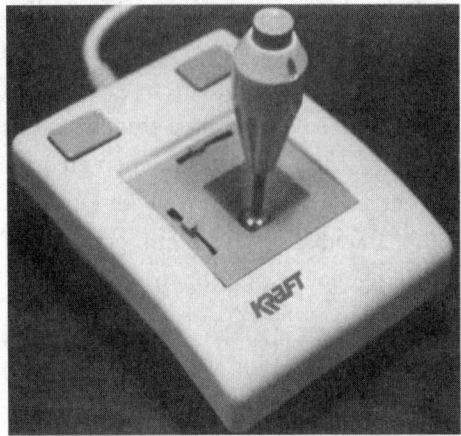

Abb. 9.12: Der Joystick. Mit diesem Eingabegerät können User den Cursor schnell auf dem Bildschirm bewegen, aber präzise Aktionen oder Zeichnungen sind schwierig.

Abb. 9.13: Der Trackpoint. Dieses Gerät ist ein kleiner isometrischer Joystick, eingebaut zwischen den Tasten G und H.

Das *Grafiktablett* ist eine vom Bildschirm getrennte berührungsempfindliche Oberfläche, die gewöhnlich flach auf dem Tisch (Abb. 9.14) oder auf dem Schoß des Users liegt. Diese Trennung erlaubt eine komfortable Handposition, die Hände des Users brauchen den Bildschirm nicht berühren. Weiterhin kann das Grafiktablett auch eine Oberfläche anbieten, die größer als der Bildschirm ist und durch aufgedruckte Hinweise verfügbare Wahlmöglichkeiten anzeigen kann, wodurch Anfängern die Einarbeitung erleichtert wird und wertvoller Platz auf dem Bildschirm eingespart werden kann. Dateneingabe kann eingeschränkt mit dem Grafiktablett durchgeführt werden. Es kann durch die Platzierung eines Fingers, Bleistifts, Pucks oder Stylus' unter Verwendung von akustischer, elektronischer oder Kontakt-Positionserkennung bedient werden.

Abb. 9.14: Ein rein elektronisches Gemälde, geschaffen von Larry Ravitz unter der Verwendung von Adobe PhotoShop und einem Wacom-Tablett. Der Stylus und das Tablett von Wacom erlauben das präzise Zeigen und die genaue Kontrolle, die der Künstler benötigt (Foto mit freundlicher Genehmigung von Larry Ravitz, Takoma Park, Maryland).

Ein *Touchpad* (5 x 8 cm große, berührungsempfindliche Oberfläche), das in der Nähe der Tastatur eingebaut ist, bietet die Bequemlichkeit und Präzision eines Touchscreens, ohne dass der User den Bildschirm berühren muss und damit verdeckt. Ein User kann für längere Entfernungen schnelle Bewegungen machen und für genaue Positionierung die Finger sachte vor und zurück bewegen, bevor er sie hochhebt. Durch das Fehlen von beweglichen Teilen und das dünne Profil sind sie gut geeignet für tragbare Geräte.

Unter diesen Geräten zum indirekten Zeigen hat die Maus die größte Erfolgsstory geschrieben. Bei schnellem, hochpräzisen Zeigen und einer komfortablen Handposition ist die bescheidene Einarbeitungszeit für die Verwendung nur ein kleines Hindernis. Die meisten Desktop-Computersysteme verwenden eine Maus, aber die Schlacht um die Laptops dauert an.

9.3.4 Vergleich der Zeigegeräte

Jedes Zeigekonzept hat seine Enthusiasten und seine Gegner, die von kommerziellen Interessen, persönlichen Vorlieben und in steigendem Maße durch empirische Beweise motiviert sind. Relevante Variablen aus dem Bereich Human Factors sind die Geschwindigkeit der Bewegung über kurze und lange Distanzen, Genauigkeit der Positionierung, Fehlerraten, Lernzeiten und Anwenderzufriedenheit. Andere

Variablen sind die Kosten, Dauerhaftigkeit, Platzerfordernisse, Gewicht, Rechts- oder Linkshändigkeit im Gebrauch, Wahrscheinlichkeit von Verletzungen durch übermäßigen Gebrauch und Kompatibilität mit anderen Systemen.

In frühen Studien waren direkte Zeigegeräte wie der Lichtstift oder der Touchscreen oft die schnellsten, aber ungenauesten Geräte (Stammers und Bird, 1980; Haller et al., 1984). Die Geschwindigkeit scheint mit der Direktheit des Zeigens zusammenzuhängen und die Ungenauigkeit mit Problemen beim Feedback, physikalischen Design und den Userstrategien. Neue Strategien wie Lift-Off und größere Präzision in den Geräten haben den Bau von hochpräzisen Touchscreens, Grafiktabletts und Stiften ermöglicht.

Indirekte Zeigegeräte waren der Grund für eine Reihe von Kontroversen. Das Grafiktablett ist gut geeignet, wenn der User für längere Perioden bei diesem Gerät bleiben kann, ohne auf die Tastatur zu wechseln. Zu den Grafiktabletts gehörige Stifte erlauben ein hohes Maß an Kontrolle, die gerade von Künstlern bei der Verwendung von Zeichenprogrammen begrüßt wird. Das Wacom-Tablett mit seinem schnurlosen Stift erlaubt Freiheit und Kontrolle (Abb. 9.14). Die Maus hat sich als schneller als der isometrische Joystick erwiesen (English et al., 1967; Card et al., 1978; Rutledge und Selker, 1990), was eine Folge des Zitterns in den Fingern bei ganz feinen Bewegungen ist (Mithal und Douglas, 1996).

Die landläufige Meinung, Zeigegeräte seien schneller als Tastensteuerung wie Cursor-Pfeiltasten, hängt von der Aufgabe ab. Wenn nur wenige (zwei bis zehn) Ziele auf dem Bildschirm sind und man mit dem Cursor von einem Ziel zum nächsten springen kann, kann man mit den Tasten für ein Springen des Cursors schneller sein als mit Zeigegeräten (Abb. 9.15) (Ewing et al., 1986). Bei Aufgaben, in denen sich Eintippen und Zeigen mischen, haben sich Cursortasten ebenfalls als schneller herausgestellt, und sie wurden auch der Maus vorgezogen (Karat et al., 1984). Weil bei den Cursortasten die Muskelbelastung gering ist (Haider et al., 1982), sollte der Einsatz für diesen besonderen Fall erwogen werden. Dieses Ergebnis wird auch von Card et al. (1978) unterstützt, der berichtete, dass für kurze Strecken die Cursortasten schneller als die Maus waren (Abb. 9.16). Die Positionierungszeit für die Cursortasten steigt mit der Distanz rapide an, aber nur wenig mit der Maus oder dem Trackball.

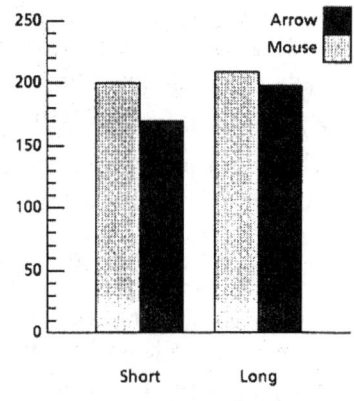

Abb. 9.15: Zeit zur Vervollständigung eines Pfades für Pfeiltasten und Maus als Funktion der durchschnittlichen Zieldistanz des durchgeführten Weges (Ewing et al., 1986). Langstreckenziele waren vom Startpunkt weiter entfernt als Kurzstreckenziele. Die Strategie für Sprünge mit den Pfeiltasten war schneller, weil ein einzelner Tastendruck den Sprung zum Ziel produzierte, wogegen man mit der Maus den Cursor über den Bildschirm bewegen musste.

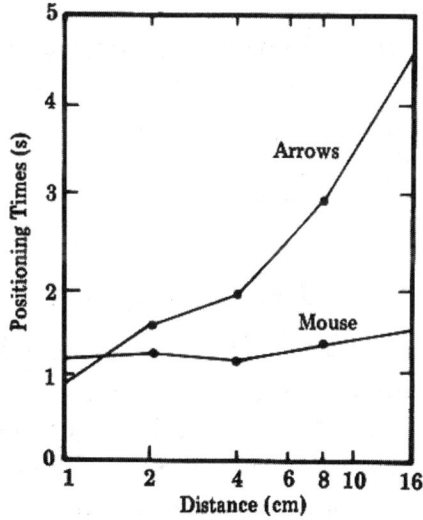

Abb. 9.16: Die Auswirkung der Zieldistanz auf die Positionierungszeit für Pfeiltasten und Maus (Card et al., 1978). Die Positionierungszeit für die Pfeiltasten nahm dramatisch mit der Distanz zu, weil die User viele Tasteneingaben durchführen mussten, um den Cursor zum Ziel zu bewegen. Die Mauszeit ist bei diesen Entfernungen von der Zeit unabhängig. Bei sehr kurzen Strecken und wenigen Zeichenpositionen brachten die Pfeiltasten eine geringere Durchschnittszeit hervor (adaptiert aus S.K. Card, W.K. English und B.J. Burr, Evaluation of mouse, rate-controlled isometric joystick, step keys, and task keys for text selection on a CRT, Ergonomics, 21,8 [1978]).

Zusammenfassend gesagt bleibt also viel Arbeit übrig, um die Einsatzmöglichkeiten und die individuellen Unterschiede in Bezug auf die Zeigegeräte zu differenzieren. Der Touchscreen und der Trackball sind sehr belastbar einzusetzen bei öffentlichem Zugriff und Anwendungen für Geschäfte und Labors. Maus, Trackball, Trackpoint, Grafiktablett und Touchpad sind bei pixelgenauem Zeigen sehr effektiv. Tasten zum Springen mit dem Cursor sind attraktiv, wenn es nur eine geringe Zahl von Zielen gibt. Joysticks sind gut geeignet für die Designer von Spielen oder Cockpits, offensichtlich wegen des festen Griffes und der leichten Bewegung, aber sie sind langsam und ungenau, wenn der Cursor in Büroanwendungen oder im privaten Anwendungsbereich auf ein bestimmtes Ziel positioniert werden muss. Geräte zum indirekten Zeigen erfordern mehr Training als Geräte zur direkten Kontrolle.

9.3.5 Fitts' Gesetz

Die wichtigsten Zeigegeräte benötigen Handbewegungen, um einen Cursor auf dem Bildschirm zu führen. Ein effektives Vorhersagemodell für die Zeit der Bewegung über eine bestimmte Distanz, D, zu einem Ziel der Breite, W, wurde von Paul Fitts (1954) entwickelt. Er entdeckte, dass die Zeit zum Zeigen eine Funktion der Distanz und der Breite ist; man braucht länger, um auf weiter entfernte und kleinere Ziele zu zeigen. Der *Index der Schwierigkeit* wird definiert als

$$Schwierigkeitsindex = \log_2(2D/W).$$

Der Index der Schwierigkeit ist eine Größe ohne Maßeinheit, wird aber traditionell in Bits gemessen. Die Zeit, um die Zeigeaktion auszuführen, beträgt

$$Zeit\ zum\ Zeigen = C_1 + C_2\ (Schwierigkeitsindex),$$

wobei C_1 und C_2 geräteabhängige Konstanten sind. Wenn Daten für ein bestimmtes Gerät gesammelt wurden, kann C_1 und C_2 berechnet werden, und dann können Voraussagen für die Zeit gemacht werden, die andere Aufgaben benötigen. Beispielsweise beträgt für ein 1 cm breites Ziel über eine Distanz von 8 cm der *Schwierigkeitsindex* $\log_2(2*8/1) = \log_2(16) = 4$ Bits. Wenn Testreihen ergeben haben, dass bei einem bestimmten Gerät $C_1 = 0,2$ und $C_2 = 0,1$ ist, beträgt die *Zeigezeit* $0,2 + 0,1$ $(4) = 0,6$ Sekunden.

MacKenzie (1992) beschreibt klar und verständlich, worin Fitts' Gesetz besteht, wie es angewandt wurde und wie die vielen Überarbeitungen für Fälle wie zweidimensionales Zeigen sind. In unseren Untersuchungen über hochpräzise Touchscreens (Sears und Shneiderman, 1991) fanden wir heraus, dass es zusätzlich zu der groben

Armbewegung, die von Fitts vorausgesagt wird, noch eine Bewegung zur Feinabstimmung mit den Fingern gibt, um sich so kleinen Zielen wie einem einzelnen Pixel anzunähern. Eine dreiteilige Gleichung eignete sich somit mehr für hochpräzise Zeigeaufgaben:

$$\textit{Zeit für präzises Zeigen} = C_1 + C_2 \textit{ (Schwierigkeitsindex)} + C_3 \log_2 (C_4 /W).$$

Der dritte Begriff, Zeit für Feinabstimmung, steigt in dem Maße an, wie die Zielbreite, W, abnimmt. Diese Erweiterung von Fitts' Gesetz ist leicht nachvollziehbar und verständlich; sie unterstellt, dass die *Zeit für präzises Zeigen* auf ein Objekt aus der Zeit für den Beginn der Aktion, C_1, besteht, aus der Zeit für grobe Bewegung und der Zeit der Feinabstimmung. Fitts' Untersuchungen konzentrieren sich auf moderate Bewegungen, aber aktuelle Untersuchungen beschäftigen sich ebenso mit einer größeren Bandbreite von Armbewegungen wie auch mit präziser Fingerpositionierung – sogar im dreidimensionalen Raum (Zhai et al., 1996). Ein offenes Problem bleibt darin bestehen, wie man das Design von Geräten gestaltet, die kleinere Konstanten für die Vorhersagegleichung produzieren.

9.3.6 Neuartige Zeigegeräte

Die Popularität von Zeigegeräten und die Suche nach neuen Wegen, unterschiedliche User mit verschiedenen Aufgaben zu betrauen, hat zu provokativen Innovationen geführt. Da die Hände des Users mit der Tastatur beschäftigt sein könnten, haben verschiedene Designer andere Methoden des Zeigens und Auswählens erforscht. Fußkontrollen sind bei Rockmusikern, Organisten, Zahnärzten, Bedienern medizinischer Geräte, Autofahrern und Piloten populär, so könnten vielleicht auch Computeruser davon profitieren. Eine Fußmaus wurde getestet, und man fand heraus, dass sie beinahe doppelt so viel Zeit in Anspruch nahm wie eine Maus, die mit der Hand bedient wird, aber für besondere Anwendungen kann sie von Vorteil sein (Pearson und Weiser, 1986).

Kontrollmechanismen über Augenbewegungen (*Eye-tracking*) und Blickrichtung wurden von mehreren Forschern und Unternehmen entwickelt, die Geräte zur Unterstützung von behinderten Menschen entwickeln (Jacob, 1991). Nicht-intrusive Geräte ohne Berührung unter Verwendung einer Videokamera, die mittels Bilderkennung die Position der Pupille feststellt, erlangen eine Genauigkeit von ein bis zwei Grad, und durch ein Fixieren von 200 bis 600 Millisekunden kann eine Selektion getroffen werden. Leider stört das Problem der »Berührung des Midas«, weil jeder Blick das Potenzial hat, einen unbeabsichtigten Befehl auszulösen. Zur Zeit bleibt das Eye-tracking ein Forschungsinstrument und eine Hilfe für behinderte Menschen.

Der VPL-Datenhandschuh erschien 1987 und hat die Aufmerksamkeit von ernsthaften Forschern, Spielentwicklern, Cyberspace-Abenteurern und Anhängern der
Virtuellen Realität (siehe Abschnitt 6.8) erregt. Abkömmlinge des originalen Data-
Glove werden immer noch oft aus geschmeidigem, schwarzen Spandex mit einge-
bauten fiberoptischen Sensoren zur Messung der Fingerposition hergestellt. Das
Feedback auf dem Bildschirm zeigt die Platzierung eines jeden Fingers, und so
können Befehle wie eine geschlossene Faust, offene Hand, Deuten mit dem Zeige-
finger und Daumen-Hoch-Gesten erkannt werden. Mit einem Polhemus-Tracker
können vollständige dreidimensionale Platzierungen und Richtungen aufgezeichnet werden. Die Kontrolle von dreidimensionalen Objekten erscheinen als naheliegende Anwendung, aber Vergleiche mit anderen Strategien enthüllen eine geringe
Präzision und eine langsame Antwortzeit. Die Anhänger stellen die Behauptung
auf, dass die Natürlichkeit von Gesten die Verwendung durch Personen mit einer
Aversion gegen Keyboards oder einer Mausphobie ermöglicht, obwohl von den
Usern ein gründliches Training verlangt wird, damit sie mehr als ein halbes Dutzend Gesten meistern. Gestische Eingabe mit dem Handschuh kann für besondere
Applikationen wie den Input der Amerikanischen Zeichensprache oder musikali-
sche Aufführungen eingesetzt werden.

Eine Alternative zum Ansatz mit Datenbrille und -handschuh ist der *Binocular
Omni-Orientation Monitor (BOOM)* von Fakespace (siehe Abb. 6.21), der es den
Usern erlaubt, sich an einen Betrachter mit Griffen zu stellen und in das fernglas-
ähnliche Gerät zu schauen, während sie über die Griffe die Blickrichtung innerhalb
des Aktionsradius des Auslegearms einstellen. Die Anzeige wird ständig aktualisiert, damit die Illusion geschaffen wird, der User bewege sich in drei Dimensionen, und man hat das Gefühl, dass man ohne die schweren und einengenden, am
Kopf angebrachten Datenbrillen regelrecht ins Geschehen eintauchen kann.

Die Unterstützung der virtuellen Realität (siehe Kapitel 6) ist eine Motivation, aber
viele Aufgaben aus Design, Medizin und anderen Bereichen können dreidimensionalen Input oder zumindest Bewegen in alle Himmelsrichtungen erfordern, um
Position und Richtung anzuzeigen. Kommerzielle Geräte schließen die Logitech
3D Maus, den Ascension Bird und den Polhemus 3Ball ein. An Handschuhen angebrachte Geräte und Trackballs für die Arbeit im dreidimensionalen Raum (»*tethered
balls*«) werden überarbeitet (Zhai et al., 1996). Der »*bat brush*« (Eingabegerät für
Malprogramme, das Handhaltung und -bewegungen auf den Pinsel des Programms überträgt) bietet Flexibilität für artistische Effekte (Ware und Baxter,
1989), und andere User Interfaces, die man ergreifen kann, scheinen zum Erfor-

schen reif zu sein (Fitzmaurice et al., 1995; Fitzmaurice, 1993). Das Anpassen der Aufgabe an das Gerät und umgekehrt und die Überarbeitung des Input plus Strategien für das Feedback sind gängige Themen (Jacob et al., 1994).

Zeigegeräte mit *haptischem Feedback* sind eine spannende Forschungsrichtung. Verschiedene Technologien sind eingesetzt worden, damit User, wenn sie eine Maus oder ein anderes Gerät bewegen, einen Widerstand (z.B. wenn sie eine Fensterbegrenzung überschreiten) oder eine feste Wand (beispielsweise wenn sie in einem Labyrinth navigieren) fühlen können. Dreidimensionale Versionen wie das Phantom sind noch vielversprechender, aber durchschlagende kommerzielle Anwendungen müssen erst noch entstehen. Klänge sind in vielen Fällen ein guter Ersatz für haptisches Feedback, und die Anwendungen für besonderen Zwecke gegenwärtiger haptischer Geräte schränken eine breite Verwendung ein.

9.4 Spracherkennung, Digitalisierung und Generierung

Der Traum, mit Computern zu sprechen und von ihnen Antworten zu bekommen, hat viele Forscher und Visionäre verführt. Die Fantasievorstellung aus dem Jahre 1968 von Arthur C. Clarke über den Computer HAL 9000 in seinem Buch und Film *2001* hat den Standard für zukünftige Performance von Computern in Science Fiction und für einige fortgeschrittene Entwickler gesetzt. Die Realität ist komplexer und manchmal überraschender als der Traum. Die Designer von Hardware haben bei Geräten zur Sprach- und Stimmmanipulation dramatische Fortschritte gemacht, aber gegenwärtige Erfolge sind verglichen mit den Science-Fiction-Fantasien ernüchternd (Yankelovich et al., 1995; Schmandt, 1994; Strathmeyer, 1990). Sogar Science-Fiction-Autoren haben ihre Szenarien abgeändert, wie man bei der reduzierten Verwendung von Sprachinteraktion zugunsten von großen visuellen Displays bei Star Trek's *Next Generation* und *Voyager* sehen kann.

Die Vision eines Computers, der einen netten Plausch mit dem Anwender hält, erscheint eher eine Fantasie zu sein, als eine gewünschte oder glaubhafte Realität. Statt dessen sind praktische Anwendungen für spezielle Aufgaben mit besonderen Geräten effektiver bei der Erfüllung von Ansprüchen der Anwender, schnell und mit geringen Fehlerquoten zu arbeiten. Designer erkennen widerstrebend, dass auch wenn technische Probleme gelöst und die Algorithmen zur Erkennung verbessert werden, die Befehlseingabe über Stimme dem Gedächtnis des Users mehr abfordert als eine Hand-Auge-Koordination, die an anderer Stelle im Gehirn verarbeitet wird. Leider vergrößern Hintergrundgeräusche und Variationen in der Aussprache der Nutzer die Herausforderung noch mehr. Im Kontrast dazu sind *Sprachspeicherung und -weiterleitung* und *Sprachgenerierung* aufgrund der Allgegenwärtigkeit des Telefons zufriedenstellend vorhersagbar und ansprechend verfügbar, aber sie werden immer langsamer und schwieriger durchzuarbeiten sein als textliche und grafische Displays. Sprachspeicherung und -weiterleitung ist ein Erfolg, weil der emotionale Inhalt und die Prosodie der menschlichen Sprache bei Sprachnachrichten, Museumsführungen und Ausbildungskontexten bemerkenswert ist.

Es ist lohnend, sich die Vorzüge für Menschen mit gewissen physischen Handicaps anzuschauen, aber die meisten User von Büro- oder Heimanwendungen sind nicht erpicht auf Sprachein- und ausgabe. Jedoch gewinnen Systeme zur Sprachspeicherung und -weiterleitung und Informationsdienste über Telefon zunehmend an Popularität. Sprache ist das Fahrrad des Schnittstellendesigns: es macht Spaß, es einzusetzen, und es hat eine wichtige Rolle, aber kann nur eine geringe Last transportieren. Nüchterne Befürworter wissen, dass es schwer sein wird, das Automobil zu ersetzen: grafische Benutzerschnittstellen.

Sprachenthusiasten können auf riesige Erfolge im *Fernsprechwesen* verweisen, wo digitale Kreisläufe die Kapazität von Netzwerken gesteigert und die Sprachqualität verbessert hat. Mobiltelefone sind in fortgeschrittenen Ländern ein riesiger Erfolg gewesen und bringen oft die Telefondienste schnell zu weniger entwickelten Ländern. Telefonieren über das Internet nimmt rasend schnell zu und ermöglicht vielen Usern Ferngespräche zu geringen Kosten, obwohl die Klangqualität geringer ist. Die Unmittelbarkeit und die emotionale Wirkung eines Telefongesprächs ist eine fesselnde Komponente der zwischenmenschlichen Kommunikation.

Für Designer der Mensch-Computer-Interaktion hat die Sprachtechnologie vier Variationen: Einzelworterkennung, fortlaufende Spracherkennung, Sprachspeicherung und -weiterleitung und Sprachgenerierung. Ein verwandtes Thema ist der Einsatz von Audioklängen, akustische Darstellungen und Musik. Diese Komponenten können auf kreative Art miteinander verbunden werden: von einfachen Systemen, die bloß wiedergeben oder eine Nachricht generieren, bis zu komplexen Interaktionen, die Sprachbefehle akzeptieren, sprachliches Feedback generieren, wissenschaftliche Daten akustisch wiedergeben und Anmerkungen plus Bearbeitung von gespeicherter Sprache erlauben (Blattner et al., 1989).

Ein tieferes Verständnis der neurologischen Verarbeitung von Klängen wäre hilfreich. Warum verstärkt das Hören der Symphonien von Mozart die kreative Arbeit, wogegen Nachrichtensendungen im Radio diese unterbrechen? Ist der für die Aufnahme der Radionachrichten notwendige linguistische Prozess störend und ablenkend, während Mozart im Hintergrund belebend wirkt? Wenn man natürlich Mozart mit der ernsten Absicht eines Musikwissenschaftlers hört, wären die mentalen Ressourcen komplett absorbiert. Gibt es Einsatzmöglichkeiten für Klänge oder Sprache und Wege, die Aufmerksamkeit zu verlagern, die weniger unterbrechend wirken oder sogar symbolische Verarbeitung, analytisches Denken oder grafisches Designen unterstützen? Könnte Sound eine nützlichere Komponente von Zeichenprogrammen als von Textverarbeitung sein?

9.4.1 Einzelworterkennung

Geräte zur Einzelworterkennung erfassen einzelne, durch eine spezifische Person gesprochene Worte; bei einem Wortschatz von 20 bis 200 Worten können sie mit einer Verlässlichkeit von 90 bis 98 Prozent arbeiten. *Sprecherabhängiges Training*, bei denen der User das volle Vokabular ein oder zwei Mal wiederholt, ist ein Bestandteil der meisten Systeme. *Sprecherunabhängige* Systeme beginnen für gewisse kommerzielle Anwendungen verlässlich zu werden. Ruhige Umgebungen, am Kopf angebrachte Mikrofone und eine sorgfältige Wahl der Vokabularien verbessern die Erkennungsraten.

Anwendungen für körperlich behinderte Menschen zeitigen Erfolge, indem sie den Lebenshorizont für bettlägerige, gelähmte oder anders behinderte Menschen erweitern. Sie können Rollstühle kontrollieren, Geräte bedienen oder PCs für eine Vielzahl an Aufgaben nutzen.

Andere Applikationen waren erfolgreich, wenn wenigstens eine der folgenden Bedingungen existierte:

- Die Hände des Sprechers sind in Anspruch genommen.
- Mobilität ist erforderlich.
- Die Augen des Sprechers sind anderweitig beschäftigt.
- Extreme Bedingungen (unter Wasser oder auf dem Schlachtfeld) oder beengte Verhältnisse (Flugzeugcockpit) schließen die Verwendung einer Tastatur aus.

Beispielhafte Anwendungen beinhalten solche, bei denen die Inspektoren für Flugzeugmotoren ein drahtloses Mikrofon tragen, während sie um die Maschinen herumgehen und Abdeckungen öffnen oder Komponenten justieren. Sie können Befehle ausgeben, Seriennummern vorlesen oder mit Hilfe eines Wortschatzes von 35 Wörtern frühere Wartungsberichte anfordern. Mitarbeiter im Gepäckdienst einer großen Fluglinie sprechen die Zielorte aus, während sie die Koffer auf ein

Förderband stellen, und dirigieren so die Tasche zur richtigen Ladeluke des Flug-zeuges. Bei dieser Anwendung schuf das sprecherabhängige Training bessere Erkennungsraten, wenn es in der geräuschvollen, aber realistischeren Umgebung des Transportbandes durchgeführt wird als unter den ruhigen Bedingungen eines Aufnahmestudios. Implementoren sollten erwägen, sprecherabhängiges Training im Bereich der Aufgabe durchzuführen.

Bei Verbraucherprodukten gibt es einen drahtlosen Kontroller für Videorecorder mit Spracherkennung zum Abspielen, Zurückspulen, Stopp und Aufnehmen (plus Kommandos für Datum und Zeit); bei diesem Gerät befinden sich die üblichen Knöpfe unter einer verschiebbaren Platte, falls wegen Erkältung oder Lärm im Zimmer die Erkennung versagt. Telefongesellschaften bieten Dienste mit Stimm-wahl an, damit die User einfach »Mama anrufen« sagen können und gleich verbun-den werden. Schwierigkeiten mit dem Training für verschiedene User in einem Haushalt und verlässlicher Erkennung verlangsamen offenkundig die Akzeptanz.

Viele fortschrittliche Entwicklungsprojekte haben Spracherkennung in Militärflug-zeugen, medizinischen Operationssälen, Traininglabors und Büros getestet. Die Resultate enthüllen Probleme mit Erkennungsraten sogar für sprecherabhängige Trainingssysteme, wenn sich die Hintergrundgeräusche ändern, wenn der Anwen-der krank ist oder unter Stress steht und wenn die Worte im Vokabular ähnlich klin-gen (*Verl – Werl* oder *London – landen*).

■ Wenn bei allgemein verbreiteten Computeranwendungen ein Bildschirm benutzt wird, war die Spracheingabe nicht von Vorteil. Untersuchungen von Usern, die Cursorbewegungen über Stimme und Tastatur kontrollierten (Mur-ray et al., 1983), fanden heraus, dass die User mit den Tasten für die Cursorbe-wegung doppelt so schnell waren und diese bevorzugten. In einer Studie mit vier einstündigen Sitzungen korrigierten 10 Schreibkräfte und 10 Personen ohne Kenntnisse in Maschinenschreiben unter Verwendung von getippten und gesprochenen Kommandos Online-Dokumente mit dem UNIX-Editor *ed* (Mor-rison et al., 1984). Sowohl für die eingetippten als auch die gesprochenen Kom-mandos mussten die User immer noch Parameter in Zeichenfolgen eintippen. Die Schreibkräfte bevorzugten die Tastatur. Die anderen bevorzugten anfangs die gesprochenen Kommandos, aber schwenkten gegen Ende der vier Sitzun-gen zugunsten der Tastatur um. Keine signifikanten Unterschiede wurden für die Zeit zur Aufgabenerfüllung oder bei den Fehlerquoten gefunden.

In einer Studie mit 24 erfahrenen Programmierern führte ein Spracheditor zu einer geringeren Rate bei der Aufgabenvollständigkeit als ein Tastatureditor. Jedoch kam es bei den Tastatureingaben zu einer höheren Fehlerquote (Leggett und Williams, 1984) (siehe Tabelle 9.1). Die Autoren weisen darauf hin, dass mehr Erfahrungen mit Sprachsystemen über die 90 Minuten dieser Studie hinaus zu einer besseren Performance führen kann. Ein Geschwindigkeitsvorteil für Spracheingabe gegenüber einer Strategie mit Menüauswahl wurde in einer Studie mit zwei Anfängern und drei fortgeschrittenen Usern eines CAD-Systems entdeckt (Shutoh et al., 1984).

Tabelle 9.1: Durchschnittliche Prozentwerte für Input- und Editier-Aufgaben, bei denen die Testpersonen Tastatur- und Spracheditoren benutzten (Daten aus Leggett, John, und Williams, Glen, An empirical investigation of voice as an input modality for computer programming, International Journal of Man-Machine Studies, 21, (1984), 493-520.).

	Tasteneditor	Spracheditor
Input-Aufgabe		
Input-Aufgabe vollständig	70,6	50,7
Falscher Input	11,0	3,8
Editier-Aufgabe		
Editier-Aufgabe vollständig	70,3	55,3
Falsche Befehle	2,4	1,5
Falscher Input	14,3	1,2

Eine Untersuchung von acht MacDraw Nutzern, die acht Diagramme zeichneten, belegte eine durchschnittliche Leistungssteigerung von 21 %, wenn den Nutzern erlaubt wurde, einen von 19 Befehlen mündlich anstatt über eine Palette auszuwählen (Pausch und Leatherby, 1991). Der Vorteil scheint daher zu rühren, dass man die zeitraubende und ablenkende Mühe vermeiden kann, den Cursor wiederholt vom Diagramm zur Toolpalette und zurück zu bewegen. Dieses Ergebnis wurde bei Aufgaben aus der Textverarbeitung bestätigt, bei denen 18 Befehle wie »Fettdruck«, »unten«, »kursiv«, »einfügen« und »rückgängig« mündlich eingesetzt wurden (Karl et al., 1993). Obwohl die gesamte Spracherkennung 19 Prozent schneller als das Zeigen mit der Maus war, hauptsächlich aufgrund der Zeit, die Maus zu ergreifen, waren die Fehlerquoten bei den Sprachanwendern für Aufgaben höher, die eine größere Belastung des Kurzzeitgedächtnisses erforderten. Dieser unerwartete Befund wurde durch Psychologen so erklärt, dass das Kurzzeitgedächtnis manchmal auch als »akustisches Gedächtnis« bezeichnet wird. Das Aussprechen von Befehlen fordert dem verarbeitenden Gedächtnis mehr ab als die Durchführung der Hand-Auge-Koordination, die für das Zeigen mit der Maus gebraucht wird und offensichtlich parallel dazu in anderen Bereichen des Gehirns verarbeitet wird.

Dieses Resultat kann die langsamere Akzeptanz von Sprachschnittstellen im Vergleich zu GUIs erklären: Das Aussprechen von Kommandos oder das Hören unterbricht problemlösendes Denken mehr als eine Selektion aus einem Menü per Maus. Dieses Phänomen wurde bei IBM von den Produktevaluatoren für ein Diktat-Paket beobachtet. Sie schrieben, dass »Denken für viele Menschen eng mit Sprache verbunden ist. Bei der Tastatureingabe können die User mit dem Feilen an den Worten fortfahren, während ihre Finger eine frühere Version ausgeben. Beim Diktat empfinden die Nutzer mehr Störung zwischen der Ausgabe ihres ursprünglichen Gedanken und der Arbeit daran« (Danis et al., 1994).

Gegenwärtige Forschungsprojekte richten sich auf die Verbesserung der Erkennungsraten unter schwierigen Bedingungen, die Beseitigung der Notwendigkeit von sprecherabhängigem Training und die Vergrößerung der verwendeten Vokabularien bis zu 10.000 oder gar 20.000 Worte. Das IBM-System für Sprachdiktate wird von den Anwendern über etwa 90 Minuten durch das Vorlesen eines Textes von Mark Twain trainiert. Die Anwender berichten von zufriedenstellenden Erkennungsraten, wenn sie mit kurzen Pausen zwischen den Worten sprechen. Eine neuere Version mit dem Namen Voice Type 3.0 verspricht einfacheres Training, höhere Erkennungsraten und ein verbessertes Interface. Mit spezialisierten Wörterbüchern wie z.B. in der Radiologie wurden sogar noch größere Erfolge demonstriert.

Ob fortlaufende Sprache eine weitreichende Akzeptanz erreichen wird, ist immer noch eine offene Frage. Die Spracherkennung für einzelne Worte funktioniert bei speziellen Anwendungen sehr gut, aber sie erfüllt als generelles Interaktionsmedium nicht ihren Zweck. Keyboards, Funktionstasten und Zeigegeräte mit direkter Manipulation sind oft deutlich schneller, und zur einfachen Bearbeitung können die Aktionen oder Befehle sichtbar gemacht werden. Fehlerbehebung und angemessenes Feedback über Spracheingabe ist schwierig und langsam. Kombinationen von Sprache und direkter Manipulation kann nützlich sein, wie in der Untersuchung von Pausch und Leatherby deutlich gemacht wurde.

9.4.2 Erkennung fortdauernder Sprache

HALs Fähigkeit, die gesprochenen Worte der Astronauten zu verstehen und sogar von ihren Lippen abzulesen, war eine faszinierende Fantasie, aber die Realität ist nüchterner. Obwohl viele Forschungsprojekte sich mit der *Erkennung von fortdauernder Sprache* beschäftigt haben, sind kommerziell erfolgreiche Produkte immer noch auf besondere Nischen wie die Radiologie beschränkt (Lai und Vergo, 1997).

Die Schwierigkeit liegt im Erkennen der Grenzen zwischen den gesprochenen Worten. Im normalen Sprachmuster verschwimmen die Grenzen.

Die Hoffnung liegt darin, dass mit einem System zur Erkennung fortdauernder Sprache die Anwender Briefe diktieren, Berichte verbal für eine automatische Transkription erstellen können und Computer damit große Audiotonspuren, Radioprogramme oder Telefonanrufe auf spezifische Worte oder Themen scannen können. Das einfache Aufteilen eines Filmes nach Sprechern wäre ein nützlicher Beitrag. Die Verwendung der Stimme zur Identifizierung könnte für Sicherheitssysteme ein Vorteil sein. Die Anwender werden aufgefordert, eine neue Redewendung auszusprechen, und das System ermittelt, wer von den registrierten Anwendern spricht.

Es werden Produkte mit Erkennung von fortdauernder Sprache von Herstellern wie Verbex angeboten, der behauptet, mit sprecherabhängigem Training mehr als 99,5 % Genauigkeit bei Vokabularien bis zu 10.000 Worten zu erreichen, und von Speech Systems, der 95 % Genauigkeit bei sprecherunabhängigen Systemen mit Vokabularien von 40.000 Worten erreichen will. IBM hat ein Erkennungssystem für fortdauernde Sprache getestet, das kontextuelle Zusammenhänge zur Steigerung der Erkennungsraten einsetzt. Die Zielaufgaben beinhalten die Kontrolle von Betriebssystemen, Polizeianfragen für Informationen über Autokennzeichen und Aufträge von Börsenmaklern, aber besorgniserregende Fehlerraten haben eine kommerzielle Auslieferung verzögert. Microsofts Peedy, ein grafisch attraktiver, gesprächiger Papagei, ist anfangs recht niedlich, aber ich frage mich, ob die Anwender ihn nicht bei der zweiten oder dritten Begegnung lästig finden. Ein Dienst für Telefonnachrichten mit dem Namen Wildfire ist ebenfalls sehr ansprechend, aber der Übergang von einer guten Demo zu einem funktionierenden Produkt kann sich als schwierig herausstellen.

Obwohl Fortschritte von den vielen Unternehmen und Forschungsgruppen erzielt wurden, ist folgende Bewertung immer noch gültig: »Komfortable und natürliche Kommunikation in einer allgemeinen Umgebung (keine Einschränkungen für Art und Inhalt des Gesagten) ist momentan unerreichbar für uns und stellt ein unlösbares Problem dar.« (Peacocke und Graf, 1990)

9.4.3 Sprachspeicherung und -weiterleitung

Weniger faszinierend, aber schneller nützlich sind die Systeme, die eine Speicherung und Weiterleitung von gesprochenen Nachrichten ermöglichen. Gespeicherte Nachrichten werden allgemein für Informationen über Wetter, Flugzeuge und

Finanzen eingesetzt, aber persönliche Botschaften über das Telefonnetz nehmen an Popularität zu. Nach Registrierung des Dienstes können die User Kommandos über ein Telefon mit 12 Tasten eingeben, um gesprochene Nachrichten zu speichern und diese dann an eine oder mehrere Personen schicken, die ebenfalls bei diesem Dienst angemeldet sind. Die User können Botschaften erhalten, erneut abspielen, dem Anrufer antworten, Botschaften an andere User weiterleiten, sie löschen oder archivieren. Automatisches Beseitigen von Schweigen und Beschleunigen durch Frequenzverschiebungen kann die Anhörzeit halbieren.

Voice-Mail-Technologie arbeitet zuverlässig, hat merklich geringe Kosten und wird allgemein von Usern gemocht. Probleme entstehen hauptsächlich durch die Unannehmlichkeit, für Befehle das 12-Tastenfeld des Telefons zu verwenden, die Notwendigkeit, sich zum Abfragen von Nachrichten erst einmal einwählen zu müssen, und die Wahrscheinlichkeit zu vieler unbrauchbarer Nachrichten, weil es so einfach ist, eine Botschaft an viele Leute zu versenden.

Telefonbasierte Informationssysteme sind ebenfalls ein großer Erfolg gewesen, obwohl viele User von den langatmigen und tiefen Menüstrukturen oder von den langen Info-Ansagen frustriert sind, bei denen es scheint, dass die benötigten Fakten sich stets am Ende befinden oder weggelassen werden. Gut gestaltete Systeme (Resnick und Virzi, 1995) können zu relativ geringen Kosten einen vernünftigen Kundenservice und zeitgemäße Informationen anbieten.

Persönliche Bandaufzeichnungsgeräte arbeiten zunehmend digitalisiert. Kleine tragbare Diktiergeräte haben bereits einen erfolgreichen Absatzmarkt aufgebaut. Geräte in Kreditkartengröße zum Preis von ca. $ 40 können mehrere Minuten sprachlicher Notizen speichern und wiedergeben. Anspruchsvollere tragbare Geräte ermöglichen es den Anwendern, Audiodatenbanken zu verwalten und ausgewählte Musiksegmente oder aufgezeichnete Vorlesungsaufzeichnungen aufzufinden (Schmandt, 1994).

Museumsrundgänge mit Audiobegleitung sind erfolgreich, weil sie dem Anwender die Kontrolle des Tempos ermöglichen, während sie gleichzeitig den Enthusiasmus des Kurators vermitteln. Lernpsychologen vermuten, dass bei einer Beteiligung mehrerer Sinne (Sehen, Hören, Tasten) das Lernen erleichtert werden kann. Die Beifügung einer Stimme zu einem Instruktionssystem oder einer Online-Hilfe kann den Lernprozess verbessern. Jedoch gibt es Beweismaterial, dass die Nutzer von Lernsystemen Textanzeige lieber mögen als Spracheinsatz (Resnick und Lammers, 1985). Wenn sie einem Dokument sprachliche Anmerkungen hinzufügen können, erleichtert es Lehrern den Kommentar für Ausarbeitungen der Studenten oder Geschäftsleuten das Hinterlassen von detaillierten Antworten oder Anweisungen. Das Bearbeiten der Sprachanmerkungen ist möglich, aber immer noch schwierig.

9.4.4 Sprachgenerierung

Sprachgenerierung ist ein Beispiel für eine erfolgreiche Technologie, die ihren Einsatz gefunden hat, aber deren Anwendbarkeit von einigen Entwicklern überschätzt wurde. Preiswerte, kompakte, zuverlässige Geräte zur Sprachgenerierung (auch Synthese genannt) wurden in Fotoapparaten (»zu dunkel – Blitz benutzen«), Getränkeautomaten (»werfen Sie den passenden Betrag ein und wählen Sie ein Getränk aus«, »danke schön«), Automobilen (»die Tür ist nicht geschlossen«), Kinderspielen und Gerätekontrollräumen (»Gefahr«) eingesetzt.

In einigen Fällen nutzte die Neuartigkeit ab und führte zu einer Rücknahme der Sprachgenerierung. Sprechende Supermarktkassen, die Produkte und ihre Preise vorlasen, empfand man beim Einkauf als Verletzungen der Privatsphäre der Kunden und als zu laut. Geräte zur Sprachgenerierung in Automobilen werden nun weniger häufig eingesetzt, man fand heraus, dass einige Klänge und rote Lämpchen eher akzeptiert wurden. Gesprochene Warnungen in Cockpits oder Kontrollräumen wurden manchmal überhört oder befanden sich in Konkurrenz zur Kommunikation der Menschen untereinander.

Anwendungen für erblindete Menschen sind sehr erfolgreich (Songco et al., 1980). Der *Kurzweil*-Reader wird in Hunderten von Bibliotheken benutzt. Die Kunden können ein Buch auf ein kopiererähnliches Gerät legen, das den Text scannt und auf ganz ordentliche Weise den Text Wort für Wort vorliest.

Die Soundqualität kann sehr gut sein, wenn die Worte und die Aussprache für digitalisierte menschliche Sprache in einem Wörterbuch gespeichert wird. Wenn Algorithmen zur Klangerstellung eingesetzt werden, ist die Qualität manchmal herabgesetzt. Digitalisierte menschliche Sprache für Redewendungen oder Sätze ist oft eine sinnvolle Strategie, weil die menschliche Intonation einen authentischeren Klang hervorbringt. Bei einigen Anwendungen kann ein computerähnlicher Sound wünschenswerter sein. Offensichtlich zogen die roboterähnlichen Klänge im Flughafen von Atlanta mehr Aufmerksamkeit auf sich als die Bandaufzeichnung einer menschlichen Stimme, die Richtungsangaben machte.

Michaelis und Wiggins (1982) weisen darauf hin, dass Sprachgenerierung bevorzugt häufig eingesetzt werden kann, wenn

1. die Nachricht einfach ist.

2. die Nachricht kurz ist.

3. auf die Nachricht nicht mehr Bezug genommen wird.

4. die Nachricht sich auf zeitnahe Ereignisse bezieht.

5. die Nachricht eine sofortige Antwort erfordert.

6. visuelle Kommunikationskanäle überlastet sind.

7. die Umgebung zu hell erleuchtet ist, zu stark vibriert oder auf andere Art für die Übertragung visueller Information ungeeignet ist.

8. die Anwender Bewegungsfreiheit brauchen.

9. die Anwender starken Fliehkräften oder Anoxie (Sauerstoffmangel, üblich in großen Höhen) ausgesetzt sind. Die Schwelle, bei der das Sehvermögen durch Fliehkräfte oder Anoxie beeinträchtigt wird, ist deutlich niedriger als beim Hörvermögen.

Diese Kriterien beziehen sich auf digitalisierte menschliche Sprache und einfache Wiedergabe von Bandaufzeichnungen.

Digitalisierte Sprachsegmente können verkettet werden, um komplexere Redewendungen und Sätze zu bilden. Telefonbasierte Sprachinformationssysteme für Bankgeschäfte (*Fidelity Automated Service Telephone (FAST)*), Kreditkarteninformation (*Citibank Customer Service*), Flugpläne (*American Airlines Dial-AA-Flight*) usw. verwenden eine Tonwahleingabe der Codes und eine Sprachausgabe der Informationen.

Sprachgenerierung ist zusammenfassend gesagt technisch machbar. Nun müssen kluge Designer die Situationen finden, in denen sie konkurrierenden Technologien überlegen ist. Neuartige Applikationen können durch Einbau in kleine Endgeräte entstehen oder anstelle des Telefons eine Ergänzung zur Kathodenstrahlröhre darstellen.

9.4.5 Audioklänge, Vertonung und Musik

Als Ergänzung zur Sprache beinhaltet akustischer Output individuelle *Audioklänge*, komplexere Präsentation von Informationen durch die Kombination von Sound oder *Vertonung* und *Musik*. Bei den ersten Fernschreibern wurden die Nutzer über Klingelton alarmiert, dass das Papier zu Ende war oder eine Nachricht kam. Spätere Computersysteme fügten eine Reihe von Klängen hinzu, um Warnungen anzuzeigen oder schlicht den Abschluss einer Aktion zur Kenntnis zu geben. Sogar Keyboards wurden mit der Absicht gebaut, Soundfeedback zu geben. Als die Chips leistungsfähiger und billiger wurden, die digitale Signale verarbeiten und Konvertierungen von digital nach analog und umgekehrt durchführen konnten, traten zunehmend Innovationen auf. Gavers SonicFinder (1989) fügte dem Macintosh-Interface Sound hinzu, indem beim Ziehen einer Datei ein entsprechendes Zieh-Geräusch abgespielt wurde, ein Klick beim Überqueren einer Fensterbegrenzung und ein »Klong«, wenn die Datei zum Löschen in den Papierkorb geworfen wurde. Für die meisten User ist dies eine zufriedenstellende Bestätigung der Aktionen, für User mit eingeschränktem Sehvermögen sind die Klänge wesentlich. Andererseits kann nach einigen Stunden der Sound zu einer Ablenkung werden, statt zuträglich zu sein, besonders in einem Raum mit mehreren Maschinen und Usern. Eine akustisch verstärkte Bildlaufleiste, die über Useraktionen Feedback zurückgab, produzierte eine Beschleunigung von 20 bis 25 % bei Such- und Navigationsaufgaben, als sie mit 12 erfahrenen Usern getestet wurde (Brewster et al., 1994).

Man hat akustische Browser für blinde Anwender (siehe Abschnitt 1.5.5) oder telefonische Verwendung vorgeschlagen. Jede Datei könnte einen Klang haben, dessen Frequenz sich nach ihrer Größe richtet, und ein Instrument zugewiesen bekommen (Violine, Flöte, Trompete). Wenn dann das Verzeichnis geöffnet wird, könnte jede Datei ihren Klang gleichzeitig oder nacheinander (in alphabetischer Reihung?) abspielen. Alternativ dazu könnten Dateien Sounds haben, die ihnen entsprechend des Dateityps zugeordnet werden, so dass die User hören können, ob es da nur Spreadsheets, grafische oder Textdateien gibt (Blattner et al., 1989).

Ehrgeizigere Vertonungen sind vorgeschlagen worden (Smith et al., 1990; Blattner et al., 1991), in denen wissenschaftliche Daten eher als eine Serie von Stereoklängen präsentiert werden denn als Bilder. Andre Untersuchungen haben sich mit Audioklängen für die Ausgabe von Massenspektrografen beschäftigt, um es den Betreibern zu erlauben, die Unterschiede zwischen einem Standard und einem Testsample zu hören, und ansprechenden musikalischen Output, um bei einem Computer mit 16 parallelen Prozessoren die Technik auszutesten.

Die Benutzerschnittstellen mit traditioneller Musik zu ergänzen, scheint eine gute Idee zu sein, um die Dramatik zu steigern, User zu entspannen, Aufmerksamkeit zu wecken oder eine Stimmung hervorzurufen (patriotische Märsche, romantische Sonaten oder sanfte Walzer). Diese Ansätze wurden in Videospielen und Lernpaketen angewandt, sie könnten ebenfalls für öffentliche Einrichtungen, Kontrollen zu Hause, Verkaufsstände, Bankautomaten und andere Anwendungen passen.

Das Potenzial für neuartige Musikinstrumente erscheint besonders attraktiv. Mit einem Touchscreen sollte es möglich sein, ein angemessenes Feedback darzubieten, um Musikern eine Erfahrung zu geben, *die ähnlich wie bei einer Pianotastatur, einer Trommel, einem Holzblasinstrument oder einem Streichinstrument ist*. Es gibt die Möglichkeit, neue Instrumente zu erfinden, deren Frequenz, Amplitude und Effekt von der Platzierung der Berührung ebenso wie von der Richtung, Geschwindigkeit und sogar Beschleunigung dirigiert wird. Musikkompositionen unter Computerverwendung breiten sich aus, seitdem leistungsfähige MIDI- (*musical-instrument digital-interface*) Hard- und Software zu vernünftigen Preisen überall erhältlich ist und Benutzerschnittstellen effektiv Piano- und Computerkeyboards kombinieren (Baggi, 1991).

9.5 Image- und Videodisplays

Die visuelle Bildschirmanzeige *(visual display unit (VDU))* wurde zur hauptsächlichen Quelle des Feedback vom Computer an den User (Cakir et al., 1980; Grandjean, 1987; Helander, 1987). Das VDU hat viele wichtige Eigenschaften, u.a. folgende:

- *Schnelle Operation* Tausende von Zeichen pro Sekunde oder ein komplettes Bild in einigen Millisekunden.
- *Vernünftige Größe* Die ersten Displays hatten 24 Zeilen zu 80 Zeichen, aber heutige Geräte zeigen Grafiken und oft mehr als 66 Zeilen zu 166 Zeichen.
- *Annehmbare Auflösung* Die typische Auflösung ist 768 x 1024 Pixel, aber 1280 x 1024 ist üblich.
- *Ruhiger Betrieb*
- *Keine Papierverschwendung*
- *Relativ geringe Kosten* Bildschirme können um $ 100 kosten.
- *Zuverlässigkeit*
- *Hervorhebungen*
- *Grafiken und Animationen*

Um Probleme für die Gesundheit – Ermüdung des Sehens, Stress und Strahlung – kümmern sich die Hersteller und Regierungsbehörden, aber es bleibt ein wichtiges Thema.

9.5.1 Anzeigegeräte

Für manche Anwendungen sind *monochrome Displays* adäquat und aufgrund ihrer geringeren Kosten attraktiv. Farbbildschirme können Videospiele, Lernsimulationen, CAD und viele andere Applikationen für die User attraktiver und effektiver machen. Es gibt jedoch reale Gefahren bei der falschen Verwendung von Farben und Schwierigkeiten bei der Sicherstellung von Farbkonstanz der Geräte untereinander.

Zu den Bildschirmtechnologien gehören:

- *Kathodenstrahlröhre mit Rasterpunktabfühlung (raster-scan cathode-ray tube (CRT))* Dieses populäre Gerät entspricht einem Fernsehmonitor, bei dem ein Elektronenstrahl Linien und Punkte ausstrahlt, um Buchstaben und Grafiken zu formen. Die Wiederholungsrate (der reziproke Wert der Zeit, die für die Produktion eines vollständigen Bildschirmbildes erforderlich ist) variiert von 30 bis 70 pro Sekunde. Höhere Raten sind zu bevorzugen, weil sie das *Flackern* reduzieren. Die ersten CRT-Bildschirme waren oft grün, weil das grüne Phosphor P39 eine lange Zerfallszeit hat und somit eine relativ stabile Anzeige ermöglichte. Eine andere wichtige Eigenschaft des Phosphors ist der geringe »Bloom-Level«, das scharfe Bilder ermöglicht, weil die kleinen Phosphorkörnchen nicht nahegelegene Punkte überstrahlen. Die Maximalauflösung eines CRT liegt bei 100 Zeilen pro Zoll, aber höhere Auflösungen sind in der Entwicklung. Die CRT-Größen (diagonal gemessen) reichen von weniger als zwei Zoll bis zu mehr als 30 Zoll; allgemein übliche Modelle befinden sich im Bereich von 11 bis 17 Zoll.
- *Flüssigkristallanzeige (liquid-crystal displays – LCDs)* Spannungsveränderungen beeinflussen die Polarisierung von kleinen Kapseln mit flüssigen Kristallen, von denen einige Punkte dunkler dargestellt werden, wenn sie in reflektiertem Licht betrachtet werden. LCDs sind flackerfrei, aber die Größe der Kapseln begrenzen die Auflösung. Tragbare Computer haben in der Regel LCD-Bildschirme, weil diese eine sehr flache Form annehmen können und wenig wiegen. Die Auflösungen sind von 640 x 480 nach 768 x 1024 aufgerückt. Das Betrachten aus schiefen Winkeln wurde verbessert, die Bilder haben einen besseren Kontrast und sind heller, und bei Bewegungen vollzieht sich die Adaption schneller. Uhren und Taschenrechner nutzen oft LCDs, weil sie bei geringem Stromverbrauch klein und leicht sind.

■ *Plasmabildschirme* Reihen horizontaler Drähte sind durch kleine, glasumschlossene Kapseln mit neonbasiertem Gas ein wenig von Reihen vertikaler Drähte getrennt. Wenn die horizontalen und vertikalen Drähte auf jeder Seite der Kapsel eine große Stromspannung erhalten, glüht das Gas. Plasmabildschirme sind gewöhnlich orange und flimmerfrei, aber die Kapselgröße beschränkt die Auflösung. Plasmabildschirme für Computer wurden mit einem Display von 62 Zeilen mit 166 Zeichen gebaut, und auch helle, farbige Plasmabildschirme werden produziert.

■ *Lichtausstrahlende Dioden (light-emitting diodes – LEDs)* Manche Dioden geben Licht ab, wenn eine Spannung angelegt wird. Reihungen dieser kleinen Dioden können zusammengebaut werden, um Zeichen anzuzeigen. Auch hier wird die Auflösung durch die Herstellungstechniken begrenzt, und auch die Kosten sind immer noch hoch.

Die eingesetzte Technologie beeinflusst diese Anzeigeeigenschaften:

■ Größe
■ Wiederholungsrate
■ Kapazität zur Darstellung von Animation
■ Auflösung
■ Oberflächenflachheit
■ Oberflächenspiegelungen bei reflektiertem Licht
■ Kontrast zwischen Zeichen und Hintergrund
■ Helligkeit
■ Linienschärfe
■ Zeichenformation
■ Toleranz für Vibrationen

Jede Displaytechnologie hat bezogen auf diese Eigenschaften ihre Vor- und Nachteile. Die Anwender sollten folgende Eigenschaften erwarten können:

■ Eigene Einstellmöglichkeiten bei Kontrast und Helligkeit
■ Hervorhebung von Zeichen durch Helligkeit per Software
■ Unterstreichungen, inverse Anzeige, Blinken (in verschiedenen Raten möglich)
■ Umfangreiche Zeichensätze (alphabetisch, numerisch, spezielle und internationale Zeichen)
■ Verschiedene Schriftstile (beispielsweise kursiv, fett) und Schriftarten
■ Bildlaufmechanismen (flüssiges Scrollen ist zu bevorzugen)
■ Einstellmöglichkeiten für die Anzahl der angezeigten Zeilen oder Zeichen pro Zeile
■ Negative und positive Polarität (hell auf dunkel und dunkel auf hell)

Einige regelmäßige User bringen Filter oder Masken zur Kontrastverstärkung vor den Bildschirmen an. Filter reduzieren Spiegelungen, indem sie Polarisierer oder einen dünnen Film mit antireflektiver Beschichtung nutzen. Masken können aus Nylonmaschen oder einfachen matten Oberflächen hergestellt sein. Diese Geräte sind für einige User nützlich, aber sie können die Auflösung reduzieren und sind oft durch Fingerabdrücke verschmutzt.

Dramatische Fortschritte bei den Computergrafiken hat zu einem gesteigerten Einsatz in Kinofilmen und Fernsehen geführt. Spektakuläre Bilder wurden durch George Lucas' Firma Industrial Light and Magic und den Walt Disney Studios für Kinofilme wie die *Star Wars*-Serie, *Terminator 2*, *Jurassic Park* und *Toy Story* geschaffen. Vieles in der Fernsehwerbung, Segmente zur Senderidentifizierung und Grafiken aus dem Nachrichtenbereich sind durch Computeranimation gestaltet worden. Schließlich sind auch Videospiele eine andere Quelle von beeindruckenden Computergrafiken. Die *SIGGRAPH (Special Interest Group on Graphics)* der ACM *(Association for Computing Machinery)* führt jährlich spannende Konferenzen mit Ausstellungen von neuartigen Grafikgeräten und Anwendungen durch. Die Konferenzprotokolle und Zusammenfassungen auf Video sind reichhaltige Informationsquellen.

9.5.2   Digitale Fotografie und Scanner

Digitale Fotografie hat sich in den Nachrichtenmedien und Fotoagenturen weit verbreitet, wo schnelles elektronisches Bearbeiten und Verbreiten an erster Stelle stehen. Viele Lieferanten bieten spezialisierte Fotoapparate oder Add-Ons für existierende Kameras (so wie Kodaks Zusatzgeräte für Nikon-Kameras), die 100 Bilder auf einer tragbaren, batteriegespeisten Festplatte aufnehmen kann. Professionelle und Amateurfotografen erwärmen sich für die von Canon, Casio, Kodak und Sony angebotenen Digitalkameras. Der Download auf PCs ist einfach, und eine Ausstellung im World Wide Web wird gerne wahrgenommen. Die Gemeinschaft interessierter Fotografen ist durch Kodaks PhotoCD vergrößert worden, die aus den Standardnegativen in 35 mm zur gleichen Zeit wie die Papierausdrucke produziert wird. Die hohe Auflösung der PhotoCDs und ihre gute Integration bei PCs sind gleichermaßen reizvoll für professionelle wie Amateurfotografen, die nach Bildern für jeden Zweck trachten – von professionellen Dokumenten bis hin zu elektronischen Familienalben.

Der steigende Einsatz von Bildern hat den Bedarf angeregt, Fotos, Karten, Dokumente oder handgeschriebene Notizen zu scannen. Für wenige Hundert Dollar sind Scanner in Seitengröße mit einer Auflösung von 300 ppi (*points per inch*) verfügbar, und größere Scanner mit einer besseren Auflösung sind zu höheren Preisen erhältlich. Scannerpakete beinhalten oft Software zur Schrifterkennung, die aus gedruckten Dokumenten mit hoher Zuverlässigkeit Texte in elektronische Form konvertieren können, aber für anspruchsvolle Anwendungen ist eine Nachbearbeitung notwendig.

9.5.3 Digitales Video

Die erste Generation von Videoanwendungen basierte auf Videodisks von Herstellern, die Zugang zu interessanten visuellen Quellen hatten. Produzenten wie *National Geographic (GEO)*, die *Library of Congress (American Memory)*, *ABC News* (*»Election of 1988«*, *»Middle East history«*), *Voyager (National Gallery of Art)* und viele andere stellten Videodisks mit Zehntausenden von Fotos oder Hunderten von Videofilmchen zusammen. Jedes Paket hatte seine eigene Zugriffssoftware, und die Sensation war, diesen Bilderschatz jederzeit anschauen zu können. Erfolg beruhte oft mehr auf Inhalt als auf Design.

Die 12-Zoll-Videodisk kann pro Seite bis zu 54.000 Fotos oder 30 Minuten Video speichern. Die Zugriffszeit ist stetig reduziert worden, auf neuen Abspielgeräten liegt sie bei unter einer Sekunde. Datenbanken mit Videodisks sind eine der wichtigsten Anwendungen in Museen (Gemälde, Fotos usw.), Reisen (Previews von Hotels, Touristenattraktionen usw.), Lehre (mikrobiologische Aufnahmen, Umweltbewusstsein, aktuelle Ereignisse usw.), industrielle Schulung (LKW-Fahrer, finanzielle Transaktionen, Kraftwerkskontrolle usw.) und Handel (Schuhe, Sportgeräte, Immobilien usw.). Themen für die Benutzerschnittstellen drehen sich um den Zugriff auf Register, Suchmethoden, Handlungssätze (Start, Pause, Wiederholung, Stopp, Vor- und Zurückspulen), die Fähigkeit zur Verzweigung, um individuelles Erforschen möglich zu machen, die Kapazität zum Extrahieren und Exportieren, Anmerkungen und Synchronisation mit anderen Aktivitäten.

Abbe Don, eine Multimediakünstlerin, die *»We Make Memories«* schuf, benutzte HyperCard und eine Videodisk, um ihre Familiengeschichte zu zeigen, wie sie von ihr selbst, ihrer Schwester, Mutter und Großmutter erzählt wurde. In dieser elektronischen Version eines Familienalbums beschäftigen sich die Ereignisse mit universellen Themen, und dieses emotionale Engagement prophezeit zukünftige Anwendungen, die sich mehr um das Herz als um den Verstand kümmern werden.

Videodisks sind für abendfüllende Filme immer noch passend, aber preiswerte *CD-ROMs* können bis zu 600 Megabytes an Text- oder numerischen Daten oder etwa

6.000 grafische Bilder, eine Stunde Musik oder 6 bis 72 Minuten (abhängig von der Effektivität der Kompression und der Bildauflösung) Video abspeichern. CD-ROMs sind relativ billig und klein, und die Lesegeräte sind kleiner als die der Videodisks. CD-ROMs strukturieren Bibliotheken und Büros neu, wobei in den Büros die elektronischen Quellen zunehmen und ebenso die zur Materialsuche gehörigen Computer. Die nächste Generation von CD-ROMs, DVDs (*digital video disk* oder *digital versatile disk*) werden eine zehnfach größeren Speicherplatz haben, um die Speicherung von 2 Stunden Video in mittlerer Auflösung zu erlauben.

Die Fähigkeiten von Video der 2. Generation – die es den Konsumenten erlauben, ihre eigenen Bilder und Videos zu erstellen und zu speichern und an andere zu versenden – sind schon längst das Salz in der Suppe der Computeranwendungen. Die Applikationen schließen u.a. ein: Video-E-Mail, Videokonferenzen, persönliche Bilderdatenbanken, Videokurse, Video-Online-Hilfe und Fernsteuerung mit Video-Feedback. Medizinische Applikationen zur Bildverarbeitung beinhalten Röntgenbilder, Sonogramme, Nuklearmagnetresonanzbilder (*magnetic resonance images – MRI*) und Computeraxialtomographiescans (*computed-axial-tomography (CAT) scans*).

Weil Videospeicherung viele Megabytes in Anspruch nehmen kann, wird eine effiziente und schnelle Technik der Komprimierung und Entkomprimierung unabdingbar. Der Ansatz der *Motion Picture Experts Group (MPEG)* machte Server für digitales Video zu einer durchführbaren Realität, sogar für abendfüllende Videofilme. MPEG-Algorithmen können 1 Sekunde Video in etwa 150 Kilobytes komprimieren – das sind etwa 5 Kilobytes pro Frame. MPEG-Algorithmen speichern nur die Unterschiede zwischen den Frames, so dass stabile Bilder mehr komprimiert werden als aktive Sequenzen oder Schwenks. Es werden keine speziellen Videodisk-Abspielgeräten gebraucht, und die Kapazität, Videoaufzeichnungen mit Standard-Medien zu machen, trägt zur Anziehungskraft bei.

Themen für Benutzerschnittstellen für diese Video-Umgebungen werden gerade erst erforscht. Für suchorientierte Anwendungen ist die Schlüsselfrage, wie man die gewünschten Videos in einer Bibliothek oder in einem Teil eines zweistündigen Videos finden kann.

Computerbasierte Videokonferenzsysteme erlauben es, in Bruchteilen von Sekunden ein Bild in geringer Auflösung in komprimiertem Datenformat über eine normale Telefonleitung zu senden, und für Bilder mit besserer Auflösung braucht man zwischen 5 bis 30 Sekunden. In immer stärkerem Maße verfügbare Hochgeschwindigkeitsverbindungen – wie ISDN, Standleitungen, Kabelfernsehen und Satellitenübertragungen – ermöglichen Bilder und Videos in guter Qualität, die in einer großen Bandbreite von Anwendungen eingesetzt werden können.

9.5.4 Projektoren, Heads-Up Displays, Helmet-Mounted Displays

Der Wunsch, computergenerierte Bilder zu zeigen und zu sehen, hat viele neuartige Produkte inspiriert. Televisionssysteme sind mit Projektoren so angepasst worden, dass sie die hochauflösenden Bilder aus Computern zeigen können. Diese Geräte können Anzeigen mit 2 x 3 Meter mit guter Farbsättigung und größere, aber dafür weniger hochwertige Anzeigen generieren. Eine wichtige Variante ist die Verwendung einer LCD-Tafel in Verbindung mit einem gängigen Overhead-Projektor, um farbige Computerdisplays für Gruppen von zehn bis tausend Personen zu zeigen. Diese Geräte werden zunehmend preisgünstiger und besser in ihrer Qualität.

Displaytechnologien für den Einzelgebrauch schließen kleine, tragbare Monitore ein, oft mit monochromen oder farbigen LCDs. Ein *Heads-Up-Display* projiziert Informationen auf die teilweise silberfarbene Windschutzscheibe eines Flugzeuges oder Autos, so dass Piloten oder Fahrer ihre Aufmerksamkeit in der Umgebung lassen können, während sie computergenerierte Informationen erhalten. Eine Alternative, das *Helmet-Mounted-Display (HMD)*, besteht aus einem kleinen, teilweise versilberten Stück Glas, das an einem Helm oder Hut angebracht ist und den Anwendern Informationen sogar dann anzeigt, wenn diese den Kopf wenden. In der Tat kann die angezeigte Information sogar als eine Funktion der Blickrichtung variiert werden.

Die *Private-Eye*-Technologie verwendet eine Reihe von 200 LEDs und einen beweglichen Spiegel, um Bilder in der Auflösung von 720 x 200 Pixel auf einer kleinen und leichten Anzeige zu produzieren, die an einer Brille angebracht werden kann. Dieses frühe Beispiel eines tragbaren Computers hat die Aufmerksamkeit auf kleine, tragbare Geräte gelenkt, die man in Bewegung oder beim Durchführen anderer Aufgaben benutzen kann, so wie bei der Reparatur von Flugzeugmotoren oder der Inventarkontrolle.

Produktionsversuche für dreidimensionale Displays beinhalten vibrierende Oberflächen, Hologramme, polarisierte Brillen, Rot-Blau-Brillen und Brillen mit synchronisiertem Verschluss. Die *CrystalEyes*-Brille von Stereographics schaltet mit einer Frequenz von 120 Hertz vom linken auf das rechte Auge und gibt dem User mit einem synchronisierten Display ein beeindruckendes Gefühl dreidimensionaler Sicht.

Noch innovativere Ansätze kommen von Performance-Künstlern wie Vincent Vincent, dessen Mandala-System eine dreidimensionale Umgebung zur theatralischen Erforschung ist. Performer oder Amateure können Bilder von Harfen, Glocken, Trommeln oder Becken berühren, und die Instrumente geben Klänge von sich.

Myron Kruegers künstliche Realitäten zeigen über Videoprojektion freundliche Zeichentrickfiguren, die spielerisch auf Ihrem Arm emporklettern oder sich Ihrer ausgestreckten Hand nähern. In beiden dieser Umgebungen stammt der Input von Videokameras oder Körpersensoren, die von den Performern bzw. Usern nicht das Tragen besonderer Ausrüstung erfordert. Solche Umgebungen laden zur Teilnahme ein, und wenn man sich an das freudige Erforschen macht, verblassen die ernsthaften Aspekte der Forschung, und man tritt in die Welt des Computers ein.

9.6 Drucker

Auch wenn sie schnelle und qualitativ gute Displays haben, wünschen die Menschen trotzdem Ausdrucke. Papierdokumente können leicht kopiert, verschickt, markiert und gespeichert werden. Folgende Kriterien sind besonders wichtig für Drucker:

- Geschwindigkeit
- Druckqualität
- Kosten
- Kompaktheit
- Leise Betriebsgeräusche
- Papierart (Einzelblatt oder Endlospapier)
- Zeichensatz
- Verschiedenheit von Schriftarten, -größen, -typen.
- Hervorhebungstechniken (Fettdruck, Unterstreichungen usw.)
- Einsatzmöglichkeit von besonderen Formaten (Vordrucke, unterschiedliche Längen etc.)
- Zuverlässigkeit

Die ersten Computerdrucker arbeiteten mit 10 Zeichen pro Sekunde und unterstützten keine Grafiken. *Punktmatrix-Drucker* für PCs drucken mehr als 200 Zeichen pro Sekunde, haben verschiedene Schriftarten und Grafikfähigkeiten, können fett drucken und verwenden variable Breite und Größe. *Inkjet-Drucker* bieten leisen Betrieb und qualitativ hochwertige Ausgabe auf Normalpapier. *Thermodrucker* (oft in *Faxmaschinen* eingesetzt) bieten leisen, kompakten und preisgünstigen Ausdruck auf speziell beschichtetem oder Normalpapier.

Drucksysteme bei Großrechnern mit *mechanischen Zeilendruckern*, die mit 1.200 Zeilen pro Minute arbeiten, sind fast völlig verschwunden und haben *Laserdruckern* Platz gemacht, die mit 30.000 Zeilen pro Minute arbeiten. Die Laserdrucker, mittlerweile auch allgemein für Mikrocomputer erhältlich, unterstützen Grafiken und produzieren qualitativ hochwertige Bilder. Die Geschwindigkeiten variieren von 4 bis 40 Seiten pro Minute, Auflösungen rangieren von 200 bis 1.200 Punkte pro Zoll. Software, die einen Schriftsatz in Veröffentlichungsqualität erlaubt, öffnete die Tür zum Desktop Publishing. Kompakte Laserdrucker bieten den Anwendern die Befriedigung, elegante Geschäftsdokumente, wissenschaftliche Berichte, Romane oder persönliche Korrespondenz zu produzieren. Die Anwender sollten die Ausgabequalität, Geschwindigkeit, äußere Form und Schriftart, Grafikfähigkeiten und besondere Papiererfordernisse berücksichtigen.

Farbdrucker erlauben den Usern die Ausgabe von Farbgrafiken, normalerweise über die Inkjet-Technologie mit drei farbigen und einer schwarzen Tinte. Das gedruckte Bild ist oft von geringerer Qualität als die Bildschirmanzeige und entspricht in den Farben oft nicht dem Display. Farblaserdrucker oder Methoden der Farbstoffübertragung schaffen zufriedenstellende leuchtende und scharfe Farbbilder, aber zu einem höheren Preis.

Plotter ermöglichen die Ausgabe von Grafiken, Balkendiagrammen, Linienzeichnungen und Karten auf Papierrollen oder Blättern bis zu einer Größe von 100 x 150 cm. Plotter können einen einzelnen oder mehrere Stifte haben oder Inkjets für Farbausdruck. Andere Designfaktoren sind die Präzision bei kleinen Bewegungen, die Genauigkeit beim Platzieren der Stifte, die Geschwindigkeit der Stiftbewegungen, die Wiederholbarkeit von Zeichnungen und der Softwaresupport.

Fotografische Drucker erlauben die Erstellung von 35 Millimeter oder größeren Dias (Transparenten) und fotografischen Ausdrucken. Diese Drucker sind oft als Add-on-Geräte vor einem Bildschirm ausgelegt, dagegen stellen Drucksysteme mit hoher Qualität eigenständige Geräte dar. Zeitungs- oder Zeitschriftenlayout-Systeme erlauben die elektronische Bearbeitung von Bildern und Text vor der Erstellung von Druck-Output in Produktionsqualität.

9.7 Zusammenfassung für den Praktiker

Die Auswahl von Hardware bringt immer mit sich, einen Kompromiss zwischen dem Ideal und dem praktisch Möglichen zu finden. Die Vorstellung des Designers, wie ein Ein- oder Ausgabegerät sein soll, muss an die Realität angepasst werden, was innerhalb des Projektbudgets finanziell möglich ist. Die Geräte sollten im Anwendungsbereich getestet werden, um die Behauptungen des Herstellers zu überprüfen, und man sollte sich um die Beurteilungen oder Vorschläge der Anwender kümmern.

Designer sollten auf aktuelle Trends für besondere Geräte wie Maus, Touchscreen, Stylus oder Spracherkennung achten. Weil neue Geräte und Überarbeitungen alter Geräte regelmäßig erscheinen, wird eine geräteunabhängige Architektur und Software eine leichte Integration neuartiger Geräte erlauben. Man sollte es vermeiden, sich an ein einziges Gerät zu hängen; die Hardware ist oft der weichste Teil des Systems. Denken Sie ebenfalls daran, dass eine erfolgreiche Software-Idee noch erfolgreicher werden kann, wenn eine Neuimplementierung in andere Geräte leicht zu machen ist.

Eingaben über Tastatur bleiben uns noch lange erhalten, aber erwägen Sie andere Eingabeformen, wenn die Texteingabe limitiert ist. Selektion hat gegenüber Eintippen viele Vorzüge sowohl für Anfänger als auch regelmäßige User. Geräte zum direkten Zeigen sind schneller und für Anfänger praktischer als indirekte Zeigegeräte, und exaktes Zeigen ist heute möglich. Nehmen Sie sich bei allen Zeigeräten vor dem Problem in Acht, dass die Hände von der Tastatur genommen werden müssen, und streben Sie danach, die Anzahl der Wechsel zwischen Tastatur und Zeigegerät zu reduzieren.

Sprachein- und -ausgabe ist kommerziell lebensfähig und sollte an geeigneter Stelle eingesetzt werden, aber achten Sie darauf, dass die Performance tatsächlich gegenüber anderen Interaktionsstrategien verbessert wird. Die Bildschirmtechnologien entwickeln sich rasend schnell, und die Erwartungen der Anwender steigen. Die Anwender trachten nach höherer Auflösung, Farbe und größeren Bildschirmen. Auch wenn sie scharfe, schnelle und genaue Farbdisplays haben, brauchen die Anwender trotzdem noch Ausdrucke in hoher Qualität.

9.8 Ausblick für die Forschung

Neuartige Tastaturen für Texteingaben zur Beschleunigung des Inputs und der Reduktion von Fehlerraten werden erst einmal signifikante Vorteile nachweisen müssen, ehe sie das fest verwurzelte QWERTY-Design ersetzen können. Für eine Vielzahl von Applikationen, die keine ausführliche Texteingabe erfordern, bestehen Möglichkeiten, Geräte mit besonderen Einsatzfähigkeiten zu schaffen oder die Aufgabe so umzugestalten, dass statt dessen eine direkt manipulative Selektion erlaubt wird. In steigendem Maße kann der Input durch eine Konvertierung oder Extraktion von Daten aus Online-Quellen erreicht werden. Eine andere Eingabequelle ist die optische Zeichenerkennung von gedrucktem Text oder von Strichcodes aus Zeitschriften, Kontoauszügen, Büchern oder Musikalben.

Zeigegeräte werden sicherlich in ihrer Bedeutung zunehmen. Ein tieferes Verständnis von Zeigeaufgaben und die Überarbeitung von Zeigegeräten, die für jede Aufgabe geeignet sind, erscheint unausweichlich. Verbesserungen können nicht nur bei den Geräten erreicht werden, sondern auch bei der mit diesen Geräten eingesetzten Software. Die gleiche Maus-Hardware kann auf vielerlei Art benutzt werden, um die Bewegungen zu beschleunigen, für die Anwender genaueres Feedback bereitzustellen und Fehler zu reduzieren.

Forschungen über Sprachsysteme können auch darauf ausgerichtet werden, die Geräte zu verbessern und die Applikation neu zu gestalten, um die Technologie der Sprachein- und ausgabe noch effektiver einzusetzen. Vollständige und fehlerfreie fortdauernde Spracherkennung scheint unerreichbar zu sein, aber wenn die Nutzer ihren Sprachstil bei besonderen Anwendungen modifizieren, sind Fortschritte möglich. Eine andere lohnenswerte Richtung ist die Steigerung der Rate für fortdauernde Spracherkennung bei solchen Aufgaben wie der Suche nach einem bestimmten Abschnitt in einer großen Menge aufgezeichneter Sprache.

Größere Displays mit besserer Auflösung scheinen erreichbar zu sein. Dünne, leichte, belastbare und preiswerte Bildschirme werden viele Anwendungen hervorbringen, nicht nur in tragbaren Computern, sondern auch für den Einbau in Aktentaschen, Haushaltsgeräten, Telefonen und Autos. Ein batteriebetriebenes Computer in Buchgröße könnte die Informationen aus Tausenden von Büchern enthalten oder Internetzugang ermöglichen. Ein preisgünstiger *Webtop*-Computer nur zum Lesen könnte Tastaturen, Festplatten und Diskettenlaufwerke abschaffen.

Unter den aufregendsten Entwicklungen wird die verbesserte Möglichkeit für die Bearbeitung von Videos und Bildern sein. Viele Möglichkeiten eröffnen sich durch die verbesserten Grafikeditoren, schnellere bildverarbeitende Hardware und Algorithmen und billigere Geräte für Bildeingabe, -speicherung und -ausgabe. Wie werden die Menschen nach Bildern suchen, Bilder mit Text verbinden oder Bilder modifizieren? Welchen Grad gesteigerter visueller Bildung werden die Schulen erwarten? Wie können Animationen als normalerer Teil von Computeranwendungen eingesetzt werden? Können Hardware oder Software größere emotionale Reaktionen hervorrufen und das Spektrum der Computeranhänger erweitern?

World Wide Web

Es gibt reichhaltige Quellen über kommerzielle Eingabegeräte, besonders Zeigegeräte und handschriftlichen Input. Vertreiber von Spracherkennung bieten kommerzielle Pakete, Softwaretools und Demonstrationen an. MIDI-Tools und Geräte für virtuelle Realität versetzen ernsthafte Amateure und Forscher in die Lage, neuartige Erfahrungen für User zu schaffen.

```
http://www.aw.com/DTUI
```

Quellen

Baggi, Dennis L., Computer-generated music, *IEEE Computer*, 24, 7 (July 1991), 6–9.

Blattner, Meera M., Greenberg, R. M., and Kamegai, M., Listening to turbulence: An example of scientific audiolization. In Blattner, M. and Dannenberg, R. B. (Editors), *Interactive Multimedia Computing*, ACM Press, New York (1991).

Blattner, Meera M., Sumikawa, Denise A., and Greenberg, R. M., Earcons and icons: Their structure and common design principles, *Human–Computer Interaction*, 4, (1989), 11–44.

Brewster, Stephen A., Wright, Peter C., and Edwards, Alistair D. N., The design and evaluation of an auditory-enhanced scrollbar, *Proc. CHI '94: Human Factors in Computing Systems*, ACM, New York (1994), 173–179.

Buxton, William, There's more to interaction than meets the eye: Some issues in manual input. In Norman, D. A., and Draper, S. W. (Editors), *User Centered System Design: New Perspectives on Human–Computer Interaction*, Lawrence Erlbaum Associates, Hillsdale, NJ (1985) 319–337.

Cakir, A., Hart, D. J., and Stewart, T. F. M., *The VDT Manual*, John Wiley and Sons, New York (1980).

Card, Stuart K., Mackinlay, Jock D., and Robertson, George G., A morphological analysis of the design space of input devices, *ACM Transactions on Information Systems*, 9, 2 (1991), 99–122.

Card, S. K., English, W. K., and Burr, B. J., Evaluation of mouse, rate-controlled isometric joystick, step keys, and task keys for text selection on a CRT, *Ergonomics*, 21, 8 (August 1978), 601–613.

Danis, Catalina, Comerford, Liam, Janke, Eric, Davies, Ken, DeVries, Jackie, and Bertran, Alex, StoryWriter: A speech oriented editor, *Proc. CHI '94: Human Factors in Computing Systems: Conference Companion,* ACM, New York (1994), 277–278.

Dunsmore, H. E., Data entry. In Kantowitz, Barry H., and Sorkin, Robert D., *Human Factors: Understanding People–Systems Relationships,* John Wiley and Sons, New York (1983), 335–366.

Emmons, W. H., A comparison of cursor-key arrangements (box versus cross) for VDUs. In Grandjean, Etienne (Editor), *Ergonomics and Health in Modern Offices,* Taylor and Francis, London and Philadelphia (1984), 214–219.

English, William K., Engelbart, Douglas C., and Berman, Melvyn L., Display-selection techniques for text manipulation, *IEEE Transactions on Human Factors in Electronics, HFE–8,* 1 (March 1967), 5–15.

Ewing, John, Mehrabanzad, Simin, Sheck, Scott, Ostroff, Dan, and Shneiderman, Ben, An experimental comparison of a mouse and arrow-jump keys for an interactive encyclopedia, *International Journal of Man–Machine Studies,* 23, 1 (January 1986), 29–45.

Fitts, Paul M., The information capacity of the human motor system in controlling amplitude of movement, *Journal of Experimental Psychology,* 47, (1954), 381–391.

Fitzmaurice, George W., Situated information spaces and spatially aware palmtop computers, *Communications of the ACM,* 36, 7 (1993), 38–49.

Fitzmaurice, George, W, Ishii, Hiroshi, and Buxton, William, Bricks: Laying the foundation for graspable user interfaces, *CHI '95: Human Factors in Computing Systems,* ACM, New York (1995), 442–449.

Foley, James D., Van Dam, Andries, Feiner, Steven K., and Hughes, John F., *Computer Graphics: Principles and Practice* (Second Edition), Addison-Wesley, Reading, MA (1990).

Foley, James D., Wallace, Victor L., and Chan, Peggy, The human factors of computer graphics interaction techniques, *IEEE Computer Graphics and Applications,* 4, 11 (November 1984), 13–48.

Frankish, Clive, Hull, Richard, and Morgan, Pam, Recognition accuracy and user acceptance of pen interfaces, *Proc. CHI '95 Conference: Human Factors in Computing Systems,* ACM, New York (1995), 503–510.

Gaver, William W., The SonicFinder: An interface that uses auditory icons, *Human–Computer Interaction*, 4, 1 (1989), 67–94.

Grandjean, E., Design of VDT workstations. In Salvendy, Gavriel (Editor), *Handbook of Human Factors*, John Wiley and Sons, New York (1987), 1359–1397.

Greenstein, Joel and Arnaut, Lynn, Input devices. In Helander, Martin, *Handbook of Human–Computer Interaction*, North-Holland, Amsterdam, The Netherlands (1988), 495–516.

Haider, E., Luczak, H., and Rohmert, W., Ergonomics investigations of workplaces in a police command-control centre equipped with TV displays, *Applied Ergonomics*, 13, 3 (1982), 163–170.

Haller, R., Mutschler, H., and Voss, M., Comparison of input devices for correction of typing errors in office systems, *INTERACT 84* (1984), 218–223.

Helander, Martin G., Design of visual displays. In Salvendy, Gavriel (Editor), *Handbook of Human Factors*, John Wiley and Sons, New York (1987), 507–548.

Jacob, Robert J. K., The use of eye movements in human–computer interaction techniques: What you look at is what you get, *ACM Trans. on Information Systems*, 9, 3 (1991), 152–169.

Jacob, Robert J. K., Leggett, John, Myers, Brad A., and Pausch, Randy, Interaction styles and input/output devices, *Behaviour & Information Technology*, 12, 2 (1993), 69–79.

Jacob, Robert J. K., Sibert, Linda E., McFarlane, Daniel C., and Mullen, Jr., M. Preston, Integrality and separability of input devices, *ACM Trans. on Computer–Human Interaction*, 1, 1 (March 1994), 3–26.

Johnson, Jeff A., A comparison of user interfaces for panning on a touch-controlled display, *Proc. ACM CHI '95: Human Factors in Computing Systems*, ACM, New York (1995), 218–225.

Karat, John, McDonald, James, and Anderson, Matt, A comparison of selection techniques: Touch panel, mouse and keyboard, *INTERACT 84* (September 1984), 149–153.

Karl, Lewis, Pettey, Michael, and Shneiderman, Ben, Speech versus mouse commands for word processing applications: An empirical evaluation, *International Journal for Man–Machine Studies*, 39, 4 (1993), 667–687.

Kroemer, K. H. E., Operation of ternary chorded keys, *International Journal of Human–Computer Interaction*, 5, 3 (1993), 267–288.

Lai, Jennifer and Vergo, John, MedSpeak: Report creation with continuous speech recognition, Proc. *ACM CHI '97: Human Factors in Computing Systems*, ACM, New York (1997), 431–438.

Leggett, John, and Williams, Glen, An empirical investigation of voice as an input modality for computer programming, *International Journal of Man–Machine Studies*, 21, (1984), 493–520.

MacKenzie, I. Scott, Movement time prediction in human–computer interfaces, *Graphics Interface '92*, Morgan Kaufmann, San Francisco (1992), 140–150.

Michaelis, Paul Roller, and Wiggins, Richard H., A human factors engineer's introduction to speech synthesizers. In Badre, A. and Shneiderman, B. (Editors), *Directions in Human–Computer Interaction*, Ablex, Norwood, NJ (1982), 149–178.

Mithal, Anant Kartik and Douglas, Sarah A., Differences in movement microstructure of the mouse and the finger-controlled isometric joystick, *Proc. ACM CHI '96: Human Factors in Computing Systems*, ACM, New York (1996), 300–307.

Montgomery, Edward B., Bringing manual input into the twentieth century, *IEEE Computer*, 15, 3 (March 1982), 11–18.

Morrison, D. L., Green, T. R. G., Shaw, A. C., and Payne, S. J., Speech-controlled text-editing: effects of input modality and of command structure, *International Journal of Man–Machine Studies*, 21, 1 (1984), 49–63.

Murray, J. Thomas, Van Praag, John, and Gilfoil, David, Voice versus keyboard control of cursor motion, *Proc. Human Factors Society—Twenty-Seventh Annual Meeting*, Human Factors Society, Santa Monica, CA (1983), 103.

Nakaseko, M., Grandjean, E., Hunting, W., and Gierer, R., Studies of ergonomically designed alphanumeric keyboards, *Human Factors*, 27, 2 (1985), 175–187.

Pausch, Randy and Leatherby, James H., An empirical study: Adding voice input to a graphical editor, *Journal of the American Voice Input/Output Society*, 9, 2 (July 1991), 55–66.

Peacocke, Richard D. and Graf, Daryl H., An introduction to speech and speaker recognition, *IEEE Computer*, 23, 8 (August 1990), 26–33.

Pearson, Glenn and Weiser, Mark, Of moles and men: The design of foot controls for workstations, *Proc. ACM CHI '86: Human Factors in Computing Systems*, ACM, New York (1986), 333–339.

Potosnak, Kathleen M., Input devices. In Helander, Martin (Editor), *Handbook of Human–Computer Interaction*, North-Holland, Amsterdam, The Netherlands (1988), 475–494.

Resnick, Paul and Virzi, Robert A., Relief from the audio interface blues: Expanding the spectrum of menu, list, and form styles, *ACM Trans. on Computer-Human-Interaction*, 2, 2 (June 1995), 145–176.

Resnick, P. V. and Lammers, H. B., The influence of self esteem on cognitive responses to-machine-like versus human-like computer feedback, *Journal of Social Psychology*, 125, 6 (1985), 761–769.

Rutledge, J. D. and Selker, T., Force-to-motion functions for pointing in human–computer interaction, *Proc. INTERACT '90*, North-Holland, Amsterdam, The Netherlands (1990), 701–706.

Schmandt, Christopher, *Voice Communication with Computers*, Van Nostrand Reinhold, New York (1994).

Sears, Andrew, Plaisant, Catherine, and Shneiderman, Ben, A new era for touchscreen applications: High-precision, dragging, and direct manipulation metaphors. In Hartson, R. H. and Hix, D. (Editors), *Advances in Human–Computer Interaction*, Volume 3, Ablex, Norwood, NJ (1992), 1–33.

Sears, Andrew, Revis, Doreen, Swatski, Jean, Crittenden, Robert, and Shneiderman, Ben, Investigating touchscreen typing: The effect of keyboard size on typing speed, *Behaviour & Information Technology*, 12, 1 (Jan–Feb 1993), 17–22.

Sears, Andrew and Shneiderman, Ben, High precision touchscreens: Design strategies and comparison with a mouse, *International Journal of Man–Machine Studies*, 34, 4 (April 1991), 593–613.

Sherr, Sol (Editor), *Input Devices*, Academic Press, San Diego, CA (1988).

Shneiderman, B., Touch screens now offer compelling uses, *IEEE Software*, 8, 2 (March 1991), 93–94, 107.

Shutoh, Tomoki, Tsuruta, Shichiro, Kawai, Ryuichi, and Shutoh, Masamichi, Voice operation in CAD system. In Hendrick, H. W., and Brown, O., Jr., (Editors), *Human Factors in Organizational Design and Management*, Elsevier Science Publishers B.V. (North-Holland), Amsterdam, The Netherlands (1984), 205–209.

Smith, Stuart, Bergeron, R. Daniel, and Grinstein, Georges, G., Stereophonic and surface sound generation for exploratory data analysis, *Proc. CHI '90: Conference: Human Factors in Computing Systems*, ACM, New York (1990), 125–132.

Songco, D. C., Allen, S. I., Plexico, P. S., and Morford, R. A., How computers talk to the blind, *IEEE Spectrum*, [VOLUME, ISSUE] (May 1980), 34–38.

Stammers, R. B. and Bird, J. M., Controller evaluation of a touch input air traffic data system: An indelicate experiment, *Human Factors*, 22, 5 (1980), 581–589.

Strathmeyer, Carl R., Voice in computing: An overview of available technologies, *IEEE Computer*, 23, 8 (August 1990), 10–16.

Venolia, Dan and Neiberg, Forrest, T-Cube: A fast self-disclosing pen-based alphabet, *Proc. CHI '94 Conference: Human Factors in Computing Systems*, ACM, New York (1994), 265–270.

Ware, Colin and Baxter, Curtis, Bat Brushes: On the uses of six position and orientation parameters in a paint program, *Proc. CHI '89 Conference: Human Factors in Computing Systems*, ACM, New York (1989), 155–160.

Yankelovich, Nicole, Levow, Gina-Anne, and Marx, Matt, Designing SpeechActs: Issues in speech user interfaces, *Proc. CHI '95 Conference: Human Factors in Computing Systems*, ACM, New York (1995), 369–376.

Zhai, Shuman, Milgram, Paul and Buxton, William, The influence of muscle groups on performance of multiple degree-of-freedom input, *Proc. CHI '96 Conference: Human Factors in Computing Systems*, ACM, New York (1996), 308–315.

Kapitel 10

Reaktionszeit und Geschwindigkeit der Anzeige

Anregung ist die notwendige Voraussetzung für Freude bei einer Erfahrung, das Gefühl vergeudeter Zeit ist allerdings die am wenigsten anregende Erfahrung, die wir machen können.

William James, Principles of Psychology, Volume I, 1890

Nichts kann einem Menschen mehr nützen als ein fester Entschluss, nicht in Eile zu sein.

Henry David Thoreau, Journal

10.1 Einführung

Zeit ist kostbar. Wenn Verzögerungen durch externe Faktoren den Arbeitsfortschritt behindern, werden viele Leute frustriert, verärgert und schließlich wütend. Lange oder unerwartete Reaktionszeiten eines Systems und langsamer Bildschirmaufbau rufen eben diese Reaktionen bei Computernutzern hervor, führen zu häufigeren Fehlern und Unzufriedenheit. Manche Benutzer akzeptieren das mit Achselzucken, aber die meisten wollen eigentlich schneller arbeiten, als es der Computer erlaubt.

Zu schnelles Arbeiten birgt Gefahren. Wenn die Benutzer ein schnelles Tempo beim Arbeiten mit dem Computer vorlegen, lernen sie eventuell weniger, lesen mit weniger Verständnis, treffen mehr unüberlegte Entscheidungen und machen mehr Fehler bei der Dateneingabe. Stress kann sich in dieser Situation aufbauen, wenn die Fehlerbeseitigung schwierig ist, oder wenn diese Fehler Daten zerstören, die Ausrüstung beschädigen oder gar menschliches Leben gefährden (z.B. bei der Luftverkehrsüberwachung oder im medizinischen Bereich; Emurian, 1989; Kuhmann, 1989).

Die *Reaktionszeit* des Computersystems ist die Anzahl von Sekunden zwischen dem Augenblick, in dem der Benutzer eine Aktivität auslöst (meist mit der ENTER-Taste oder der Maus), und dem Beginn der Ausgabe der Ergebnisse auf dem Bildschirm oder dem Drucker (Abb. 10.1). Wenn die Anzeige vollständig ist, überlegen die Benutzer die nächste Aktion. Die *Benutzerbedenkzeit* ist die Anzahl von Sekunden, die Benutzer vor der Eingabe der nächsten Aktion überlegen. In diesem einfachen Modell starten die Benutzer, warten auf die Reaktion des Computers, schauen auf die ankommenden Ergebnisse, überlegen eine Weile und fahren fort.

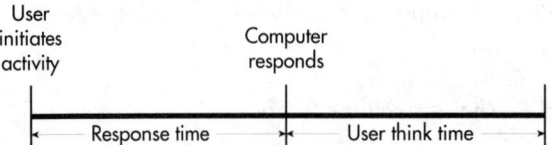

Abb. 10.1:   Einfaches Modell von Reaktionszeit und Benutzerbedenkzeit für ein System.

In einem realistischeren Modell (Abb. 10.2) planen die Benutzer beim Lesen der Ergebnisse, beim Eintippen und während der Computer Ergebnisse erzeugt oder Information aus dem Netz abruft. Die meisten Leute werden nur so viel Zeit, wie ihnen zur Verfügung steht, zur Vorausplanung nutzen. So sind präzise Messungen der Benutzerbedenkzeit schwierig zu ermitteln. Die Reaktion des Computers ist üblicherweise exakter definiert und messbar, aber auch hier gibt es Probleme. Manche Systeme reagieren mit störenden Mitteilungen, informativer Antwort oder einfach sofort, nachdem ein Befehl gestartet wurde, aber die eigentlichen Ergebnisse können erst nach einigen Sekunden auftauchen.

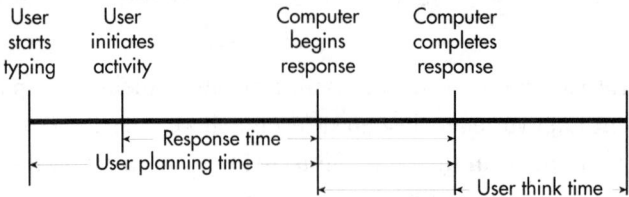

Abb. 10.2:   Modell von Reaktionszeit, Benutzerplanungszeit und Benutzerbedenkzeit. Dieses Modell ist realistischer als das in Abb. 10.1.

Designer, die Reaktionszeiten und Anzeigegeschwindigkeiten bei Wechselwirkungen von Mensch und Computern bewerten, müssen die komplexe Wechselwirkung von technischer Durchführbarkeit, Kosten, Schwierigkeitsgrad der Aufgaben,

Benutzererwartungen, Geschwindigkeit der Aufgabendurchführung, Fehlerquoten und Verfahren zur Fehlerbeseitigung beachten. Entscheidungen über diese Variablen werden weiterhin auf komplexe Weise durch die unterschiedlichen Persönlichkeiten der Benutzer, Ermüdung, Computererfahrung, Erfahrung mit der Aufgabenstellung und Motivation beeinflusst (Carbonell et al., 1968; Shneiderman, 1980).

Wenn auch manche Leute bei einigen Aufgaben mit einem langsameren System zufrieden sind, zieht doch die überwältigende Mehrheit schnelle Interaktionen vor. Die Gesamtproduktivität hängt nicht nur von der Geschwindigkeit des Systems ab, sondern auch von der Fehlerquote und der Leichtigkeit, diese Fehler zu beheben. Lange Reaktionszeiten (länger als 15 Sekunden) sind generell der Produktivität abträglich, erhöhen Fehlerquoten und schaffen Unzufriedenheit. Schnellere Interaktionen (unter einer Sekunde) werden üblicherweise bevorzugt und können die Produktivität steigern, bei komplexen Aufgaben aber auch die Fehlerrate erhöhen. Die hohen Kosten für schnelle Reaktionszeiten oder Anzeigegeschwindigkeiten und der Verlust bei mehr Fehlern sollte bei der Wahl eines optimalen Tempos ausgewertet werden.

Bei alphanumerischen Anzeigen wird die Anzeigegeschwindigkeit in *Zeichen pro Sekunde (characters per second – cps)* gemessen, mit der die Zeichen für den Benutzer lesbar erscheinen. Die Rate kann bei billigen Modems auf 30 bis 120 cps beschränkt sein oder der Bildschirm kann sich sofort füllen (typisch für viele PCs und Workstations). Im World Wide Web kann die Anzeigegeschwindigkeit einer Seite durch die Netzwerkübertragung oder die Serverleistung eingeschränkt sein. Teile von Bildern oder Seiten können mit vereinzelten Verzögerungen von mehreren Sekunden erscheinen. Anzeigegeschwindigkeiten für Grafik werden in Bytes pro Sekunde gemessen: ein typischer privater Benutzer hat ein 28.8 kbps Modem, mit dem man bis zu etwa 3.600 bps empfangen kann, häufiger aber nur 500 bis 2.000 bps empfängt. Bei einer solchen Geschwindigkeit braucht ein 100 KB Bild mehr als eine Minute Ladezeit – eine lange Verzögerung. Schnellere Übertragungskabel bei fortschrittlicheren Netzwerkverbindungen (wie der *Asynchronous Transfer Mode – ATM*), Satelliten oder Kabelmodems können die Zeiten auf wenige Sekunden reduzieren.

Textinformation am Bildschirm zu lesen, ist eine anspruchsvolle kognitive und perzeptive Aufgabe und schwieriger als das Lesen eines Buches. Wenn die Anzeigegeschwindigkeit so erhöht werden kann, dass der Bildschirm sich scheinbar augenblicklich füllt (über die Geschwindigkeit hinaus, bei der man sich gezwungen fühlen könnte mitzuhalten), entspannt man sich eher und arbeitet produktiv.

Da die Benutzer eher eine Webseite nur nach Höhepunkten oder Links absuchen als den kompletten Text zu lesen, ist es angebracht, den Text zuerst anzuzeigen und danach erst die langsameren grafischen Elemente.

Dieses Kapitel beginnt in Abschnitt 10.2 mit der Vorstellung eines Modells zum Kurzzeitgedächtnis des Menschen und der Ermittlung menschlicher Fehlerquellen. Abschnitt 10.3 beschreibt die Rolle von Erwartungen und Einstellungen der Benutzer bei ihren subjektiven Reaktionen auf die Reaktionszeit des Computersystems. Abschnitt 10.4 behandelt die Produktivität als Funktion der Reaktionszeit. Abschnitt 10.5 gibt einen Überblick über die Erforschung des Einflusses variabler Reaktionszeiten.

10.2 Theoretische Grundlagen

Ein kognitives Modell menschlichen Verhaltens wäre nützlich, das auf experimentellen Ergebnissen zur Reaktionszeit und Anzeigegeschwindigkeiten beruht, um Vorhersagen zu machen, Systeme zu entwickeln und Managementstrategien zu formulieren. Ein vollständiges, voraussagendes Modell, das alle Variablen berücksichtigt, mag niemals erreicht werden, aber selbst Teile eines solchen Modells sind für Designer durchaus brauchbar.

Robert Miller (1968) präsentierte eine klare Analyse von Auswirkungen von Reaktionszeiten und eine Liste von 17 Situationen, in denen die bevorzugten Reaktionszeiten differieren können. Viel hat sich geändert, seit er seine Veröffentlichung schrieb, aber die Prinzipien der Begrenzungen des Kurzzeitgedächtnisses, des Blockphänomens und der Geschlossenheit finden immer noch Anwendung.

10.2.1 Die Grenzen des Kurzzeit- und des Arbeitsgedächtnisses

Jedes kognitive Modell muss von einem Verständnis der menschlichen Fähigkeiten zur Problemlösung und Informationsaufarbeitung ausgehen. Wichtig sind dabei die Grenzen des Kurzzeitgedächtnisses.

George Millers klassische Veröffentlichung von 1956 »Die magische Zahl sieben–plus oder minus zwei« zeigte die beschränkten Kapazitäten auf, die Menschen für die Aufnahme von Information haben (Miller, 1956). Man kann schnell etwa sieben Informationsblöcke auf einmal erkennen und diese für 15 bis 30 Sekunden im Kurzzeitgedächtnis behalten. Die Größe eines *Informationsblocks* hängt davon ab, wie vertraut eine Person mit dem Material ist.

Beispielsweise könnten die meisten Leute für ein paar Sekunden auf sieben binäre Ziffern schauen und dann innerhalb von 15 Sekunden diese wieder korrekt aus dem Gedächtnis abrufen. Wird jedoch während dieser 15 Sekunden eine störende Aufgabe wie etwa das Rezitieren eines Gedichtes ausgeführt, würden die binären Ziffern wieder gelöscht. Wenn sich die Leute natürlich darauf konzentrieren, die binären Ziffern zu behalten, und sie erfolgreich ins Langzeitgedächtnis bringen, können sie die binären Ziffern für viel längere Zeit behalten. Die meisten Amerikaner könnten vermutlich auch sieben Dezimalziffern, sieben Buchstaben des Alphabetes, sieben englische Worte oder sieben vertraute Werbeslogans behalten. Obwohl diese Items steigende Komplexität zeigen, können sie immer noch als einzelne Informationsblöcke behandelt werden. Jedoch würden sich Amerikaner schwerlich an sieben russische Buchstaben, chinesische Piktogramme oder polnische Sprichworte erinnern. Wissen und Erfahrung bestimmen die Größe eines Blocks für jede Einzelperson.

Man benutzt das Kurzzeitgedächtnis zusammen mit dem *Arbeitsgedächtnis* bei der Informationsverarbeitung und Problemlösung. Das Kurzzeitgedächtnis verarbeitet die perzeptive Eingabe, während das Arbeitsgedächtnis dazu benutzt wird, Lösungen zu finden und auszuführen. Wenn viele Tatsachen und Entscheidungen zur Problemlösung nötig sind, können Kurzzeit- und Arbeitsgedächtnis überladen werden. Menschen lernen, mit komplexeren Problemen klar zu kommen, indem sie Konzepte auf höherem Niveau entwickeln, die mehrere Konzepte von niedrigerem Niveau zusammen in einem Block vereinigen. Bei beliebigen Aufgabe tendieren Anfänger dazu, mit kleineren Blöcken zu arbeiten, bis sie Konzepte zu größeren Blöcken zusammenstellen können. Anfänger teilen eine komplexe Aufgabe in eine Abfolge von kleineren Aufgaben, von denen sie sicher sind, sie ausführen zu können.

Dieses Blockphänomen wurde von Neal (1977) belegt, der 15 erfahrene Kartenlocher testete, die in numerische, alphanumerische und englische Wortfelder eingeteilte Daten eintippen sollten. Die mittlere Zeit zwischen den Anschlägen betrug 0,2 Sekunden, stieg aber auf mehr als 0,3 Sekunden an Feldgrenzen und 0,9 Sekunden an Dateigrenzen.

Kurzzeit- und Arbeitsgedächtnis sind äußerst flüchtig. Störungen verursachen Informationsverlust, und bei Verzögerungen muss das Gedächtnis eventuell wieder aufgefrischt werden. Visuelle Störungen oder eine laute Umgebung beeinflussen auch kognitives Aufarbeiten. Weiterhin reduzieren offensichtlich Angst und Sorge die Größe des verfügbaren Gedächtnisses, da die Aufmerksamkeit der Person teilweise von Dingen in Anspruch genommen wird, die jenseits der problemlösenden Aufgabe liegen.

10.2.2 Fehlerquellen

Wenn Leute in der Lage sind, trotz Störung ein Problem zu lösen, müssen sie die Lösung immer noch behalten oder ausführen. Wenn sie die Lösung sofort realisieren können, kommen sie schnell mit ihrer Arbeit voran. Wenn sie andererseits die Lösung im Langzeitgedächtnis, auf Papier oder auf einem komplexen Gerät speichern müssen, erhöht sich die Möglichkeit von Fehlern, und das Arbeitstempo sinkt.

Zwei vierstellige Zahlen im Kopf zu multiplizieren ist schwierig, weil die unmittelbaren Ergebnisse nicht im Arbeitsgedächtnis gehalten werden können, sondern ins Langzeitgedächtnis übertragen werden müssen. Einen Kernreaktor oder den Luftverkehr zu steuern, ist teilweise auch eine besondere Herausforderung, weil diese Aufgaben häufig Integration von Information (ins Kurzzeit- und Arbeitsgedächtnis) aus verschiedenen Quellen erfordern, und natürlich auch durch die ständige Kontrolle über die gesamte Situation. Bei der Aufnahme von neu ankommender Information können Operateure gestört werden und die Inhalte ihrer Kurzzeit- oder Arbeitsgedächtnisse verlieren.

An einem interaktiven Computersystem können sich die Benutzer Pläne ausdenken und müssen dann warten, während sie jeden Schritt in diesem Plan ausführen. Wenn ein Schritt ein unerwartetes Ergebnis hervorruft oder wenn die Verzögerungen lang sind, kann der Benutzer vielleicht einen Teil des Plans vergessen oder gezwungen sein, den Plan fortlaufend neu zu überdenken.

Long (1976) untersuchte Verzögerungen von etwa 0,1 bis 0,5 Sekunden bei der Zeit für einen Anschlag, um ein Zeichen auf einem Drucker zu produzieren. Er fand heraus, dass sowohl unerfahrene wie erfahrene Maschinenschreiber bei längeren Reaktionszeiten langsamer arbeiteten und mehr Fehler machten. Sogar diese kurzen Verzögerungen störten im schnellen Prozess des Tippens. Wenn Benutzer versuchen, zu schnell zu arbeiten, lassen sie sich eventuell nicht genügend Zeit, um einen Lösungsplan zu formulieren, und die Fehlerquoten können steigen. Wenn Vertrautheit mit der Aufgabe steigt, sollten die Benutzer auch schneller und mit weniger Fehlern arbeiten können.

Dieses Modell führt zur Annahme, dass es für jeden Benutzer und jede Aufgabe eine bevorzugte Reaktionszeit gibt. Lange Reaktionszeiten führen zu vergeblichem Aufwand und mehr Fehlern, weil ein Lösungsplan wiederholt überdacht werden muss. Kürzere Reaktionszeiten können ein schnelleres Arbeitstempo vorgeben, bei dem Lösungspläne hastig und unvollständig ausgeführt werden. Mehr Daten von verschiedenen Situationen und Benutzern könnten diese Hypothese aufklären.

10.2.3 Bedingungen zur optimalen Problemlösung

Wenn Reaktionszeiten länger werden, können Benutzer besorgter werden, weil die Folgen für einen Fehler wachsen. Wenn die Schwierigkeit der Fehlerbeseitigung wächst, steigt der Grad ihrer Sorge, der die Leistung wiederum weiter herabsetzt und die Fehlerquote erhöht. Wenn die Reaktionszeiten kürzer werden und die Anzeigegeschwindigkeiten steigen, passen die Benutzer sich an das Tempo des Systems an, und es könnte ihnen mißlingen, das präsentierte Material zu verstehen, sie könnten auf falsche Lösungswege kommen und mehr Fehler bei der Ausführung machen. Wickelgren (1977) gibt einen Überblick über die Beziehung von Geschwindigkeit und Exaktheit.

Autofahren zeigt eine interessante Analogie. Obwohl höhere Geschwindigkeitsbegrenzungen für viele Fahrer attraktiv sind und Einzelfahrten auch schneller zu Ende sind, führen sie doch zu höheren Unfallquoten. Da Autounfälle so schlimme Folgen haben, akzeptieren wir die Geschwindigkeitsbegrenzungen. Sollten nicht auch Geschwindigkeitsbeschränkungen eingeführt werden, wenn falscher Gebrauch von Computersystemen zu Beschädigung von Leben, Besitz oder Daten führt?

Eine andere Lehre aus dem Autofahren ist die Bedeutung von Fortschrittsanzeigern. Fahrer wollen wissen, wie weit es noch bis zu ihrem Ziel ist und welchen Fortschritt sie machen, und sie können das den abnehmenden Kilometerangaben auf den Straßenschildern entnehmen. In ähnlicher Weise wollen Computernutzer wissen, wie lange eine Webseite geladen wird oder eine Datenbanksuche dauert. Grafische dynamische Fortschrittsindikatoren, die den Benutzer anstelle einer statischen (»Bitte warten«), blinkenden oder numerischen (Anzahl von verbleibenden Sekunden) Mitteilung angezeigt werden, erreichen eine höhere Befriedigung, und die verstrichene Zeit bis zur Vervollständigung wurde als geringer empfunden. (Meyer et al., 1995; 1996).

Benutzer können eine schnelle Erledigung der Aufgabe, geringe Fehlerraten und eine hohe Befriedigung erreichen, wenn folgende Kriterien gegeben sind:

- Benutzer haben entsprechende Kenntnisse über die Objekte und Aktionen, die für die Lösung der Aufgabe notwendig sind.
- Der Lösungsweg kann ohne Verzögerungen ausgeführt werden.
- Störungen sind ausgeschaltet
- Die Ängstlichkeit des Benutzers ist gering.
- Es gibt eine Anzeige über den Fortschritt zur Lösung.
- Fehler können vermieden oder, wenn sie vorkommen, leicht beseitigt werden.

Diese Bedingungen für eine optimale Problemlösung bei akzeptablen Kosten und technischer Durchführbarkeit sind grundlegende Regeln für die Planung. Jedoch können andere Annahmen bei der Wahl der optimalen Interaktionsgeschwindigkeit auch eine Rolle spielen:

- Anfänger können bessere Leistung bei etwas geringerer Reaktionszeit erbringen.
- Anfänger wollen eher bei geringeren Geschwindigkeiten arbeiten, als erfahrene häufige Benutzer sie wählen.
- Wenn ein Fehler wenig Konsequenzen hat, arbeiten Benutzer eher schneller.
- Wenn die Aufgabe vertraut und leicht erfassbar ist, ziehen Benutzer schnelleres Handeln vor.
- Wenn Benutzer zuvor schon schnelles Arbeiten gewohnt sind, werden sie es auch in künftigen Situationen erwarten und verlangen.

Diese informellen Hypothesen müssen verifiziert werden. Dann muss ein rigoroseres kognitives Modell entwickelt werden, um die große Breite menschlicher Arbeitsstile und Situationen von Computerbenutzung zu berücksichtigen. Praktiker können Feldtests ausführen, um Produktivität, Fehlerraten und Befriedigung als Funktion von Reaktionszeiten in ihren Anwendungsbereichen zu messen.

Die im Folgenden beschriebenen Experimente sind Bausteine im Mosaik menschlichen Umgangs mit Computern. Aber noch viel mehr Bausteine sind notwendig, bevor die Einzelteile ein vollständiges Bild ergeben. Einige Richtlinien wurden von Designern und Managern von Informationssystemen aufgestellt, aber lokales Testen und kontinuierliches Beobachten von Leistung und Befriedigung sind immer noch notwendig. Die bemerkenswerte Anpassungsfähigkeit von Computernutzern bedeutet, dass Forscher und Praktiker auf neue Bedingungen gefasst sein sollten, die eine Revision dieser Richtlinien bedeuten können.

10.3 Erwartungen und Einstellungen

Wie lange können Benutzer auf die Reaktion des Computers warten, bevor sie wütend werden? Diese simple Frage hat viel Diskussion und verschiedene Experimente ausgelöst. Es gibt keine einfache Antwort auf diese Frage. Vor allem kann es auch die falsche Frage sein.

Verwandte Designprobleme können die Frage nach akzeptabler Reaktionszeit klären. Wie lange müssen beispielsweise Benutzer warten, bevor sie ein Rufzeichen im Telefon hören oder ein Bild im Fernseher sehen? Wenn die Kosten nicht übertrieben sind, erscheint das häufig erwähnte Limit von zwei Sekunden für viele Aufgaben angemessen. In manchen Situationen erwarten die Benutzer jedoch Reaktionen in 0,1 Sekunden wie beim Drehen der Autoräder, Tastenanschlag auf einer Schreibmaschine, einem Piano oder Telefon. Verzögerungen von zwei Sekunden bei diesen Fällen dürfte zu Verwirrung führen, weil Benutzer ihren Arbeitsstil und ihre Erwartungen an Reaktionen angepasst haben, die in Bruchteilen einer Sekunde erfolgen. In anderen Situationen sind Benutzer andere Reaktionszeiten gewohnt, wie 30 Sekunden auf grünes Licht an einer Ampel, zwei Tage auf die Ankunft eines Briefes oder einen Monat auf das Wachsen von Blumen zu warten.

Der erste Faktor, der Einfluss auf eine akzeptable Reaktionszeit hat, besteht in der Erwartungshaltung der Menschen, die auf ihren früheren Erfahrungen mit der für die vollständige Ausführung einer Aufgabe benötigten Zeit beruhen. Wenn eine Aufgabe schneller als erwartet beendet wird, sind die Leute erfreut. Wenn die Aufgabe deutlich schneller als erwartet beendet wird, werden sie misstrauisch, dass etwas falsch gelaufen sein könnte. Wenn andererseits eine Aufgabe sehr viel langsamer als erwartet beendet wird, werden die Benutzer besorgt, misstrauisch oder gar frustriert. Obwohl man sogar 8 % Änderungen bei einer Reaktionszeit von 2 oder 4 Sekunden feststellen kann (Miller, 1968), sind Benutzer offenbar nicht besorgt, wenn die Änderung nicht viel größer wird.

Zwei Einrichter gemeinsam genutzter Computersysteme berichteten über ein Problem mit Benutzererwartungen an neue Systeme. Die ersten Benutzer sind begeistert, weil die Reaktionszeit bei geringer Belastung kurz ist. Wenn die Belastung steigt, werden die ersten Benutzer ganz unglücklich, weil die Reaktionszeit sich verschlechtert. Die Benutzer, die später dazukommen, mögen mit dem zufrieden sein, was sie für normale Reaktionszeiten halten. Beide Einrichter entwarfen eine Reaktionszeitdrosselung, mit der sie das System verlangsamen konnten, wenn die Belastung niedrig war. Diese überraschende Strategie macht die Reaktionszeit über die Zeit und die unterschiedlichen Benutzer einheitlich und führt damit zu weniger Beschwerden.

Leiter von Rechenzentren haben ähnliche Probleme mit unterschiedlichen Reaktionszeiten, wenn neue Geräte hinzukommen oder wenn große Projekte ihre Arbeit beginnen bzw. beenden. Die Schwankungen der Reaktionszeiten kann die Benutzer stören, die eine Erwartungshaltung haben und einen entsprechenden Arbeitsstil nach einer bestimmten Reaktionszeit entwickelt haben. Auch an jedem Tag gibt es Zeiten, zu denen die Reaktionszeit kurz ist, wie zur Mittagszeit, oder lang, wie am späten Vormittag oder späten Nachmittag. Manche Benutzer versuchen ihre Arbeit schnell zu beenden, wenn die Reaktionszeit kurz ist, und machen dabei häufig mehr Fehler. Manche weigern sich überhaupt zu arbeiten, wenn die Reaktionszeit gemessen an ihren Erwartungen relativ langsam ist.

Ein zweiter Faktor, der die Erwartungen an die Reaktionszeit beeinflusst, besteht in der persönlichen Toleranz bei Verzögerungen. Computereinsteiger können bereit sein, sehr viel länger zu warten als erfahrene Benutzer. Kurz gesagt, es gibt eine große Spanne dessen, was Einzelpersonen als akzeptable Wartezeiten ansehen. Diese wird von vielen Faktoren wie Persönlichkeit, Kosten, Alter, Laune, kulturelles Umfeld, Tageszeit, Lärm und Druck, die Arbeit zu beenden, beeinflusst. Der entspannte Internetsurfer mag es genießen, mit Freunden zu chatten, während die Seiten erscheinen, der besorgte, gegen einen Termin ankämpfende Journalist könnte allerdings anfangen, auf Tisch und Tasten einzuhämmern beim vergeblichen Versuch, den Computer anzutreiben.

Andere Faktoren, die Erwartungen an die Reaktionszeit beeinflussen, sind die Komplexität der Aufgabe und die Vertrautheit des Benutzers mit der Aufgabe. Bei simplen, sich wiederholenden Aufgaben, die geringe Problemlösung erfordern, wollen die Benutzer schnell arbeiten und ärgern sich über Verzögerungen von nur wenigen Zehntelsekunden. Bei komplexen Problemen können die Benutzer bei längeren Reaktionszeiten vorausplanen und sogar noch gut arbeiten, wenn die Reaktionszeit noch länger wird. Benutzer sind äußerst anpassungsfähig und können ihren Arbeitsstil ändern und an verschiedene Reaktionszeiten angleichen. Dieser Faktor wurde bei früheren Untersuchungen mit Stapelverarbeitung an Großrechnern und jüngeren Untersuchungen an interaktiven Systemen entdeckt. Wenn Verzögerungen lang sind, werden die Benutzer alternative Strategien anstreben, die nach Möglichkeit die Anzahl der Interaktionen reduziert. Sie werden lange Verzögerungen mit anderen Aufgaben, Tagträumen oder Vorausplanung ihrer Arbeit ausfüllen. Diese langen Verzögerungen können eventuell die Fehlerraten steigern, wenn sie bei 3 bis 15 Sekunden liegen. Aber sie werden vermutlich stets Fehlerquoten steigern, wenn sie über 15 Sekunden liegen, wenn die Leute an der Tastatur bleiben müssen, um auf die Reaktion zu warten. Sogar wenn Zeitvertreib verfügbar ist, steigt die Unzufriedenheit mit längeren Reaktionszeiten.

Eine steigende Anzahl von Aufgaben stellt hohe Anforderungen an schnelle Systeme. Beispiele sind nutzergesteuerte 3D Animationen, Flugsimulationen, grafisches Design und dynamische Anfragen an Informationsvisualisierung. Bei diesen Anwendungen passen die Benutzer kontinuierlich die Eingabesteuerung an und erwarten Änderungen ohne spürbare Verzögerung, d.h. in weniger als 100 Millisekunden.

Zusammenfassend beeinflussen drei Faktoren die Erwartungen der Benutzer und ihre Haltung gegenüber Reaktionszeiten:

1. Frühere Erfahrungen

2. Individuelle Unterschiede der Persönlichkeiten

3. Unterschiedliche Aufgaben

Experimentelle Ergebnisse zeigen interessante Verhaltensmuster bei bestimmten Erfahrungen, Persönlichkeiten und Aufgaben, aber es ist noch schwierig, einfache Schlüsse daraus zu ziehen. In mehreren Experimenten versuchte man herauszufinden, was noch akzeptable Wartezeiten seien, indem man den Testpersonen erlaubte, eine Taste zu drücken, wenn sie die Wartezeit als zu lang empfanden. Testpersonen, die bei späteren Aktionen die Reaktionszeit herabsetzen konnten, nutzten diese Option, sobald sie mehr Erfahrung hatten. Sie brachten die Reaktionszeiten bei häufigen Befehlen auf weit unter eine Sekunde herunter. Dies scheint für die Benutzer wirklich eine ansprechende Möglichkeit zu bieten, das Tempo der Interaktion selbst zu bestimmen. Designer von Videospielen erkannten die Rolle des nutzerbestimmten Tempos und die gesteigerte Herausforderung bei schnellem Tempo. Unterschiedliche Bedürfnisse bieten Gelegenheit, ein Aufgeld für schnellere Dienste zu verlangen. Beispielsweise sind viele Internetnutzer durchaus bereit, für schnellere Netzleistung zusätzlich zu zahlen. Zusammenfassend gibt es drei Hypothesen:

1. Individuelle Unterschiede sind groß und die Benutzer anpassungsfähig. Sie arbeiten schneller, sobald sie an Erfahrung gewinnen, und ändern ihre Arbeitsweise, wenn die Reaktionszeiten sich ändern. Es kann nützlich sein, die Leute ihr eigenes Interaktionstempo bestimmen zu lassen.

2. Bei sich wiederholenden Aufgaben wollen die Benutzer schneller bei kürzeren Reaktionszeiten arbeiten.

3. Bei komplexen Aufgaben können Benutzer sich auch ohne Produktivitätsverlust an langsame Reaktionszeiten gewöhnen, aber ihre Unzufriedenheit wächst, wenn die Reaktionszeiten zu lang werden.

10.4 Benutzerproduktivität

Kürzere Reaktionszeiten eines Systems führen also üblicherweise zu höherer Produktivität, aber in einigen Fällen finden Benutzer bei langen Systemreaktionszeiten intelligente Abkürzungen oder Möglichkeiten von gleichzeitigen Tätigkeiten, um Aufwand und Zeit zur Ausführung einer Aufgabe zu reduzieren. Zu schnelles Arbeiten kann zu Fehlern führen, die ihrerseits die Produktivität mindern.

Bei der Bedienung des Computers wie beim Autofahren gibt es keine generelle Regel, ob die schnelle Autobahn oder die langsame, aber schlaue Abkürzung besser ist. Der Designer muss jede Situation sorgfältig evaluieren, um die optimale Wahl treffen zu können. Die Wahl spielt bei einem gelegentlichem Exkurs kaum eine Rolle, verdient aber bei großer Häufigkeit eine nähere Untersuchung. Wenn Computer bei hoher Belastung benutzt werden, sollte mehr Aufwand betreiben werden, die richtige Reaktionszeit für die entsprechende Aufgabe und Benutzer zu finden. Es sollte nicht überraschen, dass eine neue Untersuchung stattfinden muss, wenn sich Aufgaben und die Benutzer ändern, wie man auch bei jeder Reise eine neue Route wählen muss.

10.4.1 Aufgaben, die sich wiederholen

Die Aufgabenstellung hat einen erheblichen Einfluss darauf, ob Änderungen bei der Reaktionszeit die Produktivität ändern. Zu einer Aufgabe mit wiederholter Kontrolle gehört die Beobachtung der Anzeige und Eingeben von Befehlen bei Änderungen der Anzeige. Obwohl der Operateur eventuell versucht, den zugrunde liegenden Prozess zu verstehen, bestehen die wesentlichen Aktivitäten eben darin, auf die Änderungen der Anzeige zu reagieren, Befehle einzugeben und dann zu sehen, ob die Befehle den gewünschten Effekt hervorrufen. Wenn es eine Wahlmöglichkeit für Befehle gibt, wird das Problem interessanter, und der Operateur versucht, in jeder Situation den optimalen Befehl zu finden. Bei kürzeren Systemreaktionszeiten passt sich der Operateur an das Tempo des Systems an und arbeitet schneller, aber die Entscheidungen zu den Befehlen können dabei weniger optimal sein. Andererseits können bei kurzen Reaktionszeiten die Nachteile durch eine schlechte Wahl gering sein, weil man es eventuell leicht mit einem anderen Befehl versuchen kann. Tatsächlich kann der Benutzer leichter bei kurzen Systemreaktionszeiten lernen, das System zu benutzen, weil man leichter Alternativen ausprobieren kann.

Goodman & Spence (1981) untersuchten eine Steuerungsaufgabe mit Optimierung vieler Parameter. Das Ziel war, »eine angezeigte Kurve vollständig innerhalb eines definierten Akzeptanzbereiches« zu bringen. Die Operateure konnten fünf Parameter mit einem Lichtzeiger justieren, um die Form der Kurve zu ändern. Vorgegeben waren Reaktionszeiten von 0,16, 0,72 und 1,49 Sekunden. Jede der 30 Testpersonen arbeitete mit diesen Zeiten bei diesem Experiment mit wiederholten Messungen. Die Gesamtzeiten zur Aufgabenlösung (etwas über 500 s) und die gesamte Benutzerbedenkzeit (um 300 s) waren die gleichen für die 0,16- und die 0,72-Sekunden Durchläufe. Der 1,49-Sekunden-Durchlauf führte zu 50 % Steigerung bei der Zeit zur Aufgabenlösung und einer leichten Steigerung der Benutzerbedenkzeit. In diesem Fall wirkte sich die Reduzierung der Reaktionszeit auf unter eine Sekunde positiv auf die menschliche Produktivität aus. Eine Pilotstudie zu dieser Aufgabe mit sechs Testpersonen bestätigte ebenfalls den Produktivitätsvorteil einer kurzen Reaktionszeit: Eine Reaktionszeit von drei Sekunden brachte die Zeit zur Aufgabenlösung auf über 1.200 Sekunden.

Bei einer Aufgabe mit Dateneingabe wählten die Benutzer je nach Reaktionszeit eine von drei Strategien (Teal & Rudnicky, 1992). Bei Reaktionszeiten unter einer Sekunde arbeiteten die Benutzer automatisch, ohne nachzuprüfen, ob das System für die Aufnahme eines neuen Wertes bereit war. Dies führte zu zahlreichen Fehlern, bei denen die Benutzer Werte eintippten, bevor das System diese akzeptieren konnte. Bei Reaktionszeiten über zwei Sekunden beobachteten die Benutzer das System sorgfältig, um sicher zu gehen, dass das System bereit war, bevor sie eintippten. Zwischen einer und zwei Sekunden gaben die Benutzer selbst das Tempo vor und warteten eine angemessene Zeit, bevor sie erneut Werte eingaben.

10.4.2 Problemlösungsaufgaben

Wenn eine komplizierte Problemlösung erforderlich ist und viele Lösungswege möglich sind, werden die Benutzer ihren Arbeitsstil an die Reaktionszeit anpassen. Einen Beleg für diesen Effekt gibt es bei frühen Studien (Grossberg et al., 1976) mit vier erfahrenen Testpersonen, die komplizierte Matrixmanipulationen vornahmen. Die mittleren Reaktionszeiten wurden auf 1, 4, 16, und 64 Sekunden für Befehle festgelegt, die eine Ausgabe oder eine Fehlermeldung erzeugten. Jede Testperson führte 48 Aufgaben von etwa 15 Minuten Dauer mit den vier Zeitvorgaben durch.

Das bemerkenswerte Resultat dieser Untersuchung war, dass die Zeit zur Aufgabenlösung nicht mit der Reaktionszeit variierte! Bei Verzögerungen von 64 Sekunden benutzten die Testpersonen erheblich weniger Ausgabebefehle und auch insgesamt weniger Befehle. Offenbar dachten die Testpersonen bei langen Reaktionszeiten sorgfältiger über die Problemlösung nach, da es auch längere Intervalle zwischen den Befehlen gab. Es gab auch Unterschiede unter den Testpersonen, aber alle Testpersonen blieben innerhalb einer begrenzten Spanne an Lösungszeiten bei allen vier vorgegebenen Reaktionszeiten.

Obwohl die Anzahl an Testpersonen klein war, zeigen die Ergebnisse doch deutlich, dass sich Benutzer nach Möglichkeit mit ihren Arbeitsgewohnheiten an Änderungen der Reaktionszeit anpassen. Als Fehler oder unnötige Ausgabebefehle mehr Zeit kosteten, machten die Testpersonen weniger Fehler und gaben weniger Befehle aus. Diese Ergebnisse waren eng an die komplexe, intellektuell anspruchsvolle Aufgabe der Untersuchung gebunden, für die es mehrere Lösungen gab.

Produktivität bei statistischen Problemlösungsaufgaben war nachweislich auch konstant trotz Reaktionszeitänderungen über die Spanne von 5,0 bis 0,1 Sekunden (Martin & Corl, 1986). Die gleiche Untersuchung mit 24 regelmäßigen Benutzern belegte lineare Produktivitätssteigerungen bei einfachen Dateneingabeaufgaben. Je simpler und gewohnheitsmäßiger die Aufgabe ist, desto größer ist der Produktivitätsgewinn bei kurzer Reaktionszeit.

Barber & Lucas (1983) untersuchten 100 professionelle technische Angestellte, die Telefonanschlüsse auf Anfrage zuwiesen. Zehn oder mehr Interaktionen sind notwendig, um jede dieser komplexen Aufgaben zu vollenden. Daten wurden bei normalem Arbeitsablauf über 12 Tage bei einer durchschnittlichen Reaktionszeit von 6 Sekunden erhoben. Dann wurde den 29 Angestellten 4 Tage lang durchschnittlich 14 Sekunden Reaktionszeit vorgegeben. Als die Reaktionszeit nur vier Sekunden betrug, gab es 49 Fehler bei 287 Vorgängen. Als die Reaktionszeit auf 12 Sekunden anstieg, gingen die Fehler auf 16 bei 222 Vorgängen zurück, und als sie weiter auf 24 Sekunden anstieg, stiegen die Fehler auf 70 bei nur 151 Vorgängen (Abb. 10.3). Der Umfang der Vorgänge wurde während Sitzungen von 200 Minuten aufgezeichnet. Bei dieser komplexen Aufgabe zeigen die Daten also, dass die geringste Fehlerquote bei einer Reaktionszeit von 12 Sekunden auftrat. Bei kürzeren Reaktionszeiten trafen die Bearbeiter hastige Entscheidungen, bei längeren belastete das frustrierende Warten das Kurzzeitgedächtnis. Es ist wichtig zu beachten, dass hier die Anzahl der produktiven Vorgänge (Gesamt minus Fehler) fast linear mit den Reduktionen bei der Reaktionszeit stiegen. Offenbar reichten reduzierte Fehlerraten nicht aus, um die Befriedigung zu erhöhen, da das subjektive Empfinden stets kürzere Reaktionszeiten bevorzugte.

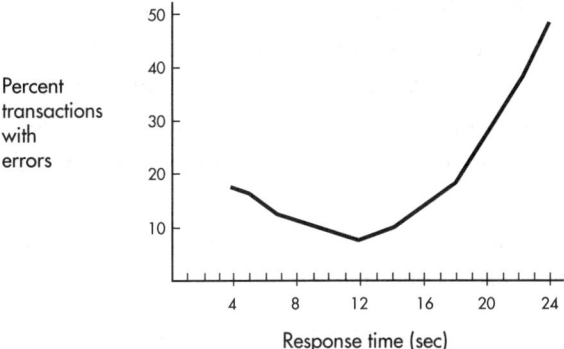

Abb. 10.3: Fehlerquoten als Funktion der Reaktionszeit bei einer komplexen Aufgabe bei Telefonanschlüssen (Barber & Lucas, 1983). Obwohl die Fehlerquoten bei langen Reaktionszeiten (12 Sekunden) am niedrigsten lagen, stieg die Produktivität bei kurzen Zeiten, weil das System Fehler erkennen konnte und die Benutzer sie somit leicht korrigieren konnten.

10.4.3 Zusammenfassung

Es ist offensichtlich, dass Benutzer das Tempo des Systems aufnehmen, um bei kurzen Reaktionszeiten schnell zu arbeiten. Sie ziehen auch stets ein schnelleres Tempo vor. Fehlerquoten bei kürzeren Reaktionszeiten variieren mit den Aufgaben. Es überrascht kaum, dass jede Benutzer-Aufgaben-Situation ein optimales Tempo hat; Reaktionszeiten, die kürzer oder länger als dieses Tempo sind, führen zu vermehrten Fehlern. Die Leichtigkeit der Fehlerbeseitigung und der Schaden, den Fehler anrichten, müssen von Managern sorgfältigst bei der Wahl eines optimalen Tempos evaluiert werden. Wenn sie höheren Arbeitsdurchsatz wünschen, müssen sie darauf achten, Kosten und Verzögerungen bei Fehlerbeseitigung zu minimieren. Kurz gesagt, die optimale Reaktionszeit kann durchaus länger als die geringste mögliche Reaktionszeit sein.

10.5 Variabilität

Die Leute sind bereit, große Geldsummen zu bezahlen, um Variabilität in ihrem Leben zu reduzieren. Die gesamte Versicherungsindustrie basiert mit den Zahlungen von Prämien auf einer Minderung gegenwertiger Annehmlichkeiten, um die Härte eines künftigen Verlustes zu reduzieren. Die meisten Leute schätzen vorhersagbares Verhalten, weil es die Angst vor unangenehmen Überraschungen mindert.

Computernutzer können nicht in ihren Rechner hineinschauen, um sich rückzuversichern, ob die Befehle auch ordentlich ausgeführt werden. Die Reaktionszeit kann allerdings einen Anhaltspunkt bieten. Wenn Benutzer eine Reaktionszeit von drei Sekunden für einen üblichen Vorgang erwarten, können sie durchaus besorgt sein, wenn dieser Vorgang 0,5 oder 15 Sekunden braucht. Solche extreme Variabilität verwirrt und sollte vom System vermieden oder zumindest berücksichtigt werden, so etwa durch eine Anzeige für ungewöhnlich schnelle Reaktionen oder einen Fortschrittsbericht bei ungewöhnlich langsamer Reaktion.

Schwieriger ist der Effekt mittlerer Variation der Reaktionszeit. Wie schon früher diskutiert, brachte Miller (1968) dieses Thema auf und berichtete, dass 75 % der Testpersonen 8 % Zeitvariation bei Intervallen von zwei bis vier Sekunden durchaus erkennen konnten. Diese Ergebnisse veranlassten einige Designer, feste Regeln für die Variabilität der Reaktionszeit aufzustellen.

Da es nicht technisch durchführbar ist, eine feste kurze Reaktionszeit (wie etwa eine Sekunde) bei allen Befehlen anzusetzen, wurde vorgeschlagen, die Zeit für Klassen von Befehlen festzulegen. Viele Befehle könnten eine feste Reaktionszeit von weniger als eine Sekunde haben, andere Befehle vier Sekunden erfordern und wieder andere 12 Sekunden usw. Experimentelle Ergebnisse legen nahe, dass kleine Variationen der Reaktionszeit die Leistung nicht merklich beeinträchtigen. Benutzer können sich offenbar teilweise variablen Situationen anpassen, obwohl manche bei bestimmten Aufgaben frustriert sein können.

Goodman & Spence (1981) versuchten, Leistungsänderung bei einer Problemlösung zu messen (eine ähnliche Situation verwendeten sie bei einem früheren Experiment, das in Abschnitt 10.4.1 beschrieben wird). Testpersonen manipulierten mit einem Lichtzeiger eine angezeigte Kurve. Die mittlere Reaktionszeit wurde mit einer Sekunde und drei Variationsgraden vorgegeben: quasi Normalverteilungen mit Standardabweichungen von 0,2, 0,4 und 0,8 Sekunden. Die minimale Reaktionszeit betrug 0,2 Sekunden, die maximale 1,8 Sekunden. Goodman & Spence fanden bei steigender Variabilität keine signifikante Leistungsänderung. Die Zeit zum Lösen der Aufgabe und das Spektrum der Befehle änderte sich nicht. Bei steigender Variabilität stellten sie fest, dass die Testpersonen schnelle Reaktionen dazu nutzten, sofort nachfolgende Befehle einzugeben, um die Wartezeit bei langsameren Reaktionen auszugleichen. Ähnliche Resultate wurden auch bei Untersuchungen mit einer mittleren Reaktionszeit von 10 Sekunden und drei Variationen festgestellt: Standardabweichungen von 0,0, 2,5 und 7,5 Sekunden (Bergman et al., 1981). Die Autoren kamen zu dem Schluss, dass eine Variabilität der Reaktionszeit »keinen negativen Einfluss auf die Leistung einer Testperson bei Aufgaben mit einer ziemlich komplizierten Problemlösung hat«.

Zwei Untersuchungen stellten eine geringe Zunahme der Benutzerbedenkzeit bei steigender Variabilität fest. Butler (1983) untersuchte sechs Testpersonen, die zwei Stunden bei jeweils 10 unterschiedlichen Reaktionszeiten arbeiteten: im Mittel 2, 4, 8, 16 und 32 Sekunden, jeweils bei geringer und bei hoher Variabilität. Die Testpersonen führten einfache Aufgaben mit Dateneingabe aus, mussten aber auf die Reaktion des Systems warten, bevor sie fortfahren konnten. Exaktheit und Eintippgeschwindigkeit wurden nicht durch die Dauer oder die Variabilität der Reaktionszeit des Computers beeinflusst. Die Benutzerbedenkzeit stieg mit der Dauer und der Variabilität der Reaktionszeit. Butler beschreibt noch ein zweites Experiment mit einer komplexeren Aufgabe, aber ähnlichen Ergebnissen.

Der physiologische Effekt der Variabilität der Reaktionszeit wurde von Kuhmann et al. (1987) untersucht. Sie konnten keine nennenswerten Effekte zwischen konstanten und variablen Bearbeitungen von Such- und Korrekturaufgaben bei 68 Testpersonen feststellen. Konstante Reaktionszeiten von zwei und acht Sekunden wurden mit variablen Reaktionszeiten verglichen, die über 0,5 bis 5,75 Sekunden (im Mittel 2 s) und 2,0 bis 22,81 Sekunden (im Mittel 8 s) variierten. Statistisch signifikant höhere Fehlerquoten, höherer Blutdruck und ausgeprägtere Schmerzsymptome wurden bei kürzeren Reaktionszeiten festgestellt. Jedoch wurden keine signifikanten Unterschiede bei Variabilität von kurzer oder langer Reaktionszeit beobachtet. In ähnlicher Weise verglich Emurain (1991) eine konstante Reaktionszeit von 8 s mit variablen Reaktionszeiten von 1 bis 30 s (im Mittel 8 s). Seine zehn Testpersonen lösten 50 Datenbankaufgaben bei einem Zeitlimit von jeweils 45 s. Obwohl diastolischer Blutdruck und Spannung der Kaumuskulatur im Vergleich zu Basiswerten im Ruhezustand leicht anstiegen, gab es sonst keine signifikanten, messbaren physiologischen Unterschiede bei konstanter und variabler Bearbeitung.

Zusammenfassend scheinen geringe Variabilitäten der Reaktionszeit (± 50% des Mittels) tolerierbar zu sein und einen geringen Effekt auf die Leistung zu haben. Wenn die Variabilität aber steigt, kann die Leistung etwas nachlassen. Frustration kommt nur auf, wenn die Verzögerungen ungewöhnlich lang sind, wenigstens doppelt so lang wie die erwartete Zeit. Andererseits kann Angst vor einem falschen Befehl nur aufkommen, wenn die Reaktionszeit ungewöhnlich kurz ist, etwa weniger als ein Viertel der erwarteten Zeit. Aber sogar bei extremen Änderungen scheinen die Benutzer hinreichend anpassungsfähig zu sein, um ihre Aufgaben abzuschließen.

Es kann durchaus von Benutzen sein, unerwartet schnelle Reaktionen zu verlangsamen, um Anwender nicht zu überraschen. Dieser Vorschlag ist umstritten, aber beträfe nur einen kleinen Bruchteil der Anwenderinteraktionen. Sicherlich sollten Designer extrem langsame Reaktionen ernsthaft zu vermeiden versuchen, oder wenn die Reaktionen schon langsam sein müssen, sollten sie Benutzern eine Fortschrittsanzeige zur Verfügung stellen. Ein Grafiksystem zeigt beispielsweise eine große Uhr an, die rückwärts tickt, und die Ausgabe erscheint, wenn die Uhr auf Null steht. Viele Druckprogramme und Formatierungssysteme geben die Seitenzahlen an, um den Fortschritt anzuzeigen und zu bestätigen, dass der Computer produktiv am entsprechenden Dokument arbeitet.

10.6 Zusammenfassung für den Praktiker

Reaktionszeiten und Anzeigegeschwindigkeiten von Computersystemen sind bedeutende und bestimmende Faktoren für die Produktivität, die Fehlerquoten und die Befriedigung der Benutzer und ihren Arbeitsstil (Rahmen 10.1). In den meisten Situationen führen kürzere Reaktionszeiten (unter einer Sekunde) zu höherer Produktivität. Für Mausaktionen, direkte Manipulation, Rückkopplung beim Tippen und Animation ist sogar eine höhere Geschwindigkeit erforderlich (unter 0.1 s). Befriedigung steigt generell mit abnehmender Reaktionszeit, aber es besteht Stressgefahr bei einem zu schnellen Tempo. Wenn Benutzer das Tempo des Systems annehmen, können sie mehr Fehler machen. Wenn diese Fehler leicht gefunden und behoben werden können, wird generell die Produktivität steigen. Wenn Fehler schwer zu finden oder übermäßig kostenintensiv sind, kann ein mäßiges Tempo von größtem Vorteil sein.

Rahmen 10.1: Richtlinien für Reaktionszeiten

- Benutzer bevorzugen kürzere Reaktionszeiten
- Längere Reaktionszeiten (> 15 Sekunden) stören
- Die Benutzer ändern mit Reaktionszeiten ihre Benutzungsweise
- Kürzere Reaktionszeiten führen zu kürzerer Benutzerbedenkzeit
- Ein schnellerer Rhythmus kann die Produktivität steigern, aber auch die Fehlerquoten erhöhen
- Leichtigkeit und Dauer von Fehlerkorrektur haben Einfluss auf eine optimale Reaktionszeit
- Die Reaktionszeit sollte der Aufgabe angemessen sein:
  - Tippen, Cursorbewegung, Mausbedienung: 50-150 Millisekunden
  - Einfache, häufige Aufgaben: 1 Sekunde
  - Gewöhnliche Aufgaben: 2-4 Sekunden
  - Komplexe Aufgaben: 8-12 Sekunden

Rahmen 10.1: Richtlinien für Reaktionszeiten (Forts.)

- Die Benutzer sollten über lange Verzögerungen informiert werden.
- Mäßige Variation bei der Reaktionszeit ist akzeptabel.
- Unerwartete Verzögerungen können stören.
- Empirische Tests können beitragen, angemessene Reaktionszeiten einzurichten.

Designer können die optimale Reaktionszeit für eine bestimmte Anwendung und Benutzergemeinschaft bestimmen, indem sie die Änderung der Produktivität bei kurzen Reaktionszeiten messen sowie die Kosten der Fehler, die aus kürzeren Zeiten resultieren, und die Kosten, diese kürzeren Zeiten zur Verfügung zu stellen. Manager sollten die Änderungen im Arbeitsstil beachten, wenn das Tempo zunimmt. Produktivität wird eben in korrekt beendeten Aufgaben und nicht in Interaktionen pro Stunde gemessen. Anfänger ziehen im Allgemeinen ein langsameres Tempo der Interaktionen vor. Wenn die technische Durchführbarkeit oder die Kosten Reaktionszeiten unter einer Sekunde nicht zulassen, kann jede Klasse von Befehlen einer Kategorie von Reaktionszeiten zugeordnet werden, beispielsweise 2 - 4 s, 4 - 8 s, 8 - 12 s, > 12 s. Maßvolle Variationen um die mittlere Reaktionszeit sind akzeptabel, aber große Variationen (unter einem Viertel oder mehr als das Doppelte des Mittels) sollte von einer informativen Meldung begleitet sein. Ein alternativer Ansatz wäre, zu schnelle Reaktionen zu verlangsamen. Dann braucht man auch keine Mitteilung.

10.7 Ausblick für die Forschung

Trotz der hier beschriebenen Experimente bleiben noch viele Fragen unbeantwortet. Die Taxonomie bietet der Forschung ein Grundgerüst, aber notwendig bleibt eine verfeinerte Systematik von Aufgaben, von relevanten Unterschieden kognitiver Stile und von Arbeitssituationen, wenn wir adäquate experimentelle Steuerung planen wollen. Weiterhin ist eine durchdachte Theorie für Problemlösungen mit Computern notwendig, wenn wir nützliche Hypothesen aufstellen wollen.

Doherty & Kelisky (1979) gehen davon aus, dass längere Reaktionszeiten zu langsamerem Arbeiten, größerer emotionaler Aufregung und mehr Fehlern führt. Diese Regel scheint bei langen Reaktionszeiten von mehr als 15 Sekunden zu gelten, es gibt aber wenig Belege dafür, dass bei kurzen Reaktionszeiten unter einer Sekunde weniger Fehler gemacht werden. Barber & Lucas (1983) stellten eine U-förmige

Fehlerkurve mit der niedrigsten Fehlerrate bei einer Reaktionszeit von 12 Sekunden fest. Es wäre interessant, in dieser Weise Fehlerquoten als Funktion der Reaktionszeit für eine Reihe von Aufgaben und Benutzer zu untersuchen.

Es ist verständlich, dass Fehlerquoten mit Reaktionszeiten korrelieren, aber wie wird der Arbeitsstil der Benutzer sonst noch beeinflusst? Geben Benutzer bei kürzeren Reaktionszeiten mehr Befehle? Grossberg et al. (1976) erzielten eben dieses Ergebnis bei einer komplexen Aufgabe bei extrem langen Reaktionszeiten bis zu 64 Sekunden, es gibt aber wenige Belege bei alltäglicheren Aufgaben und Geschwindigkeiten. Gibt es weniger, aber mehr vertrautere Befehle bei kürzerer Reaktionszeit? Nimmt die Länge der Sitzung mit zunehmender Reaktionszeit zu oder ab? Werden bei kürzeren Reaktionszeiten Ergebnisse von höherer Qualität erzielt, die viele schnelle Änderungen ermöglichen?

Viele andere Fragen sollten noch erforscht werden. Wenn technische Durchführbarkeit kurze Reaktionen nicht zulässt, können Benutzer dann durch ablenkende Aufgaben befriedigt werden oder sind Fortschrittsberichte ausreichend? Wirken Hinweise auf langer Reaktionszeiten angstmindernd, oder frustrieren sie die Benutzer zusätzlich?

Einrichter von Betriebssystemen können auch dazu beitragen, dass der Benutzer eine bessere Kontrolle über die Reaktionszeit bekommt. Es sollte durchaus möglich sein, für die Reaktionszeit jedes Befehls ein oberes und ein unteres Limit zu setzen. Noch ist es selbst versuchsweise schwierig, auf großen gemeinsam genutzten Computern eine Reaktionszeit festzulegen.

World Wide Web

Über Reaktionszeiten gibt es im Internet nur wenig Information, obwohl gerade lange Verzögerungen in Netzwerken häufig diskutiert werden. Eine aktuelle Liste entsprechender Links ist erhältlich unter:

```
http://www.aw.com/DTUI
```

Quellen

Barber, Raymond E. & Lucas, H. C., System response time, operator productivity and job satisfaction, *Communications of the ACM*, 26, 11 (November 1983), 972-986.

Bergman, Hans, Brinkman, Albert, & Koelega, Harry S., System response time and problem solving behavior, *Proc. of the Human Factors Society-Twenty-fifth Annual Meeting*, Rochester, NY (Oktober 12-16, 1981), 749-753.

Butler, T. W., Computer response time and user performance, ACM CHI '83 Procee-dings: Human Factors in Computer Systems (Dezember 1983), 56-62.

Carbonell, J. R., Elkind, J. I., & Nickerson, R. S., On the psychological importance of time in a timesharing system, *Human Factors*, 10, 2 (1968), 135-142.

Doherty, W. J. & Kelisky, R. P., Managing VM/CMS systems for user effectiveness, *IBM Systems Journal*, 18, 1, (1979) 143-163.

Emurian, Henry H., Physiological responses during data retrieval: Consideration of constant and variable system response times, *Computers and Human Behavior*, 7 (1991), 291-310.

Emurian, Henry H., Human–computer interactions: Are there adverse health con-sequences?, *Computers and Human Behavior*, 5, (1989), 265-275.

Goodman, T. J., & Spence, R., The effect of computer system response time variabi-lity on interactive graphical problem solving, *IEEE Transactions on Systems, Man, and Cybernetics*, 11, 3 (März 1981), 207-216.

Goodman, Tom & Spence, Robert, The effects of potentiometer dimensionality, sys-tem response time, and time of day on interactive graphical problem solving, *Human Factors*, 24, 4 (1982), 437-456.

Grossberg, Mitchell, Wiesen, Raymond A., & Yntema, Douwe B., An experiment on problem solving with delayed computer responses, *IEEE Transactions on Systems, Man, and Cybernetics*, 6, 3 (März 1976), 219-222.

Kuhmann, Werner, Experimental investigation of stress-inducing properties of sys-tem response times, *Ergonomics*, 32, 3 (1989), 271-280.

Kuhmann, Werner, Boucsein, Wolfram, Schaefer, Florian, & Alexander, Johanna, Experimental investigation of psychophysiological stress-reactions induced by dif-ferent system response times in human–computer interaction, *Ergonomics*, 30, 6 (1987), 933-943.

Lambert, G. N., A comparative study of system response time on program develo-per productivity, *IBM System Journal*, 23, 1 (1984), 36-43.

Long, John, Effects of delayed irregular feedback on unskilled and skilled keying performance, *Ergonomics*, 19, 2 (1976), 183-202.

Martin, G. L. & Corl, K. G., System response time effects on user productivity, *Beha-viour and Information Technology*, 5, 1 (1986), 3-13.

Meyer, Joachim, Bitan, Yuval, & Shinar, David, Displaying a boundary in graphic and symbolic »wait« displays: Duration estimates and users' preferences, *International Journal of Human–Computer Interaction*, 7, 3 (1995), 273-290.

Meyer, Joachim, Shinar, David, Bitan, Yuval, & Leiser, David, Duration estimates and users' preferences in human–computer interaction, *Ergonomics*, 39, (1996), 46-60.

Miller, G. A., The magical number seven, plus or minus two: Some limits on our capacity for processing information, *Psychological Science*, 63, (1956), 81-97.

Miller, Robert B., Response time in man–computer conversational transactions, *Proceedings Spring Joint Computer Conference 1968*, 33, AFIPS Press, Montvale, NJ (1968), 267-277.

Neal, Alan S., Time interval between keystrokes, records, and fields in data entry with skilled operators, *Human Factors*, 19, 2 (1977), 163-170.

Shneiderman, Ben, Software Psychology: Human Factors in Computer and Information Systems, Little, Brown, Boston (1980).

Teal, Steven L. & Rudnicky, Alexander I., A performance model of system delay and user strategy selection, *Proc. CHI '92 Human Factors in Computer Systems*, ACM, New York (1992), 295-305.

Wickelgren, Wayne A., Speed-accuracy tradeoff and information processing dynamics, *Acta Psychologica*, 41, (1977), 67-85.

Kapitel 11

Präsentationsstile – Balance zwischen Gestalt und Funktion

Worte sind manchmal sehr präzise Instrumente, mit denen höchst sensible Vorgänge ausgeführt und schwer fassbare Wahrheiten angerührt werden können.

Helen Merrell Lynd, On Shame and the Search for Identity

11.1 Einführung

Systemdesign muss sich heute mit der hohen Kunst der Architektur oder den Modeströmungen bei der Kleidung messen. Da man jedoch vorhersehen kann, dass das Publikum in der Computerbranche noch weiter expandiert, wird sich auch der Wettbewerb beim Design weiter erhöhen. So waren ganz früher auch Autos ausschließlich funktionell, und Henry Ford konnte über seine Kunden noch scherzen, dass sie jede Farbe bekommen könnten, wenn sie denn nur schwarz wäre. Moderne Autodesigner haben jedoch gelernt, einen Mittelweg zwischen Funktion und Gestalt zu gehen. Dieses Kapitel behandelt vier Themen über Design, die einerseits Funktionelles bei vielen menschlichen Faktoren berücksichtigen, aber auch Raum für unterschiedlichste Stile bei verschiedensten Benutzern lassen: Fehlermeldungen, nichtanthropomorphe Gestaltung, Bildschirmdesign und Farbe.

Benutzererfahrungen mit Bedienungshinweisen, Erklärungen, Fehlerdiagnostik und Warnungen in Computersystemen spielen eine entscheidende Rolle bei der Akzeptanz von Software. Die Ausdrucksweise in den Meldungen ist ganz besonders wichtig bei Systemen für Einsteiger. Aber auch Experten profitieren von verbesserten Meldungen. Meldungen sollen manchmal unterhaltend sein. Dabei orientiert man sich an der Kommunikation von Mensch zu Mensch. Diese Strategie hat allerdings ihre Grenzen, weil die Leute anders als Computer und Computer anders als Menschen sind. Diese Tatsache mag trivial sein, aber ein Abschnitt über nichtanthropomorphes Design erscheint dringend notwendig, um Designer auf verständliche, berechenbare und kontrollierbare Schnittstellen zu lenken.

Zu weiteren Designverbesserungen gehört die Anordnung von Informationen auf einem Bildschirm. Unruhige und überladene Bildschirmseiten können sogar erfahrene Benutzer überfordern. Aber schon mit bescheidenem Einsatz kann man gut organisierte Aufmachungen mit viel Information schaffen, bei denen man weniger Zeit mit Suchen verbringt und die subjektive Befriedigung erhöht ist. Große, schnelle und hochauflösende Farbanzeigen bieten viele Möglichkeiten und Herausforderungen für Entwickler. Einige Richtlinien sind nützlich, es gibt aber zu viele Variablen und Situationen, um ohne wiederholte Versuche Erfolg sogar bei erfahrenen Entwicklern zu garantieren.

Eine Qualitätssteigerung hinsichtlich ausgewogener Funktion und Gestalt kann auch dadurch erreicht werden, dass Designer wie Buchautoren ihre Namen und Fotos auf eine Titelseite oder Abschlussseite setzen können. Solche Anerkennung ist bei Spielen und einigen Lernprogrammen üblich und erscheint grundsätzlich für alle Software angemessen. Damit kann gute Arbeit anerkannt werden, und die verantwortlichen Leute sind identifizierbar.

11.2 Fehlermeldungen

Normale Bedienungshinweise, Meldungen und Systemreaktionen auf Benutzeraktionen können die Einstellung der Benutzer beeinflussen. Besonders kritisch ist dabei die Wortwahl von Fehlermeldungen oder diagnostischen Warnungen. Da Fehler aufgrund fehlender Kenntnisse, falschen Verstehens oder Flüchtigkeit entstehen, sind Benutzer verwirrt, fühlen sich unzulänglich und sind gar ängstlich. Fehlermeldungen mit einem herrischen Ton, der die Benutzer verurteilt, kann die Ängstlichkeit erhöhen. Dies erschwert die Korrektur des Fehlers und erhöht die Chancen für weitere Fehler. Auch aussagelose Meldungen wie WAS? oder SYN-TAXFEHLER oder FAC RJCT 004004400400 oder 0C7 sind für die meisten Benutzer wenig hilfreich.

Dies ist besonders wichtig bei Einsteigern, deren Mangel an Wissen und Sicherheit den Stress erhöht, der wieder zu mehrfachem Versagen führen kann. Die entmutigenden Effekte einer schlechten Erfahrung mit einem Computer kann man nicht leicht mit wenigen guten Erfahrungen beseitigen. In manchen Fällen erinnert man sich bei bestimmten Systemen mehr daran, was schief ging, als an das, was gut lief. Selbst erfahrene Benutzer können darunter leiden. Experten für ein ganzes System oder Teilen davon sind in manchen Situationen auch noch Anfänger.

Richtlinien zum Schreiben von Systemmeldungen aufzustellen, ist keine einfache Aufgabe, weil immer noch etwas fehlen kann und Meinungsverschiedenheiten bestehen (Dean, 1982). Vorlagen rufen Diskussionen hervor und helfen weniger erfahrenen Designern, bessere Systeme zu produzieren. Eine Verbesserung von Fehlermeldungen ist eine der leichtesten und effektivsten Möglichkeiten, ein bestehendes System eleganter zu gestalten. Wenn die Software die Häufigkeit von Fehlern erfassen kann, kann man sich darauf konzentrieren, die wichtigsten Meldungen zu korrigieren.

Verteilungen der Fehlerhäufigkeit ermöglichen auch den Systementwicklern und -verwaltern, Fehlerbeseitigung, Dokumentation und Trainingsmanuals zu verbessern, Online-Hilfen und sogar zulässige Aktionen zu verändern. Die vollständigen Meldungen sollten von Experten und Managern begutachtet, empirisch getestet und in Benutzermanuals eingebaut werden.

Ausführlichkeit, konstruktive Führung, ein positiver Ton, ein Stil, der sich auf den Benutzer konzentriert, und ein angemessenes äußeres Format werden als Grundlage für die Erstellung von Systemmeldungen empfohlen. Diese Richtlinien sind besonders wichtig, wenn die Benutzer Anfänger sind, können aber auch den Experten helfen. Wortwahl und Inhalte von Systemmeldungen können Leistung und Befriedigung der Benutzer erheblich beeinflussen.

11.2.1 Ausführlichkeit

Meldungen, die zu allgemein gehalten sind, machen es Anfängern schwer, überhaupt zu erkennen, was eigentlich falsch ist. Zu einfache oder gar verurteilende Meldungen frustrieren, weil sie weder genügend Information darüber bieten, was schief ging, noch aussagen, wie man denn die Dinge richtig machen kann. Daher ist ein richtiges Maß an Ausführlichkeit geboten:

Schlecht	Besser
SYNTAXFEHLER	Fehlende rechte Klammer
FALSCHE EINGABE	Tippe den ersten Buchstaben: Senden, Lesen oder Abbrechen
UNGÜLTIGES DATUM	Eingabe des Tages zwischen 1 und 31
UNZULÄSSIGER DATEINAME	Dateinamen müssen mit einem Buchstaben anfangen.

Meldungen über die Ausführungszeit in Programmiersprachen sollten den Benutzer mit spezifischer Information versehen, wo das Problem auftrat, welche Objekte betroffen waren und welche Werte irreführend waren. Ein System zum Einchecken in Hotels verlangte vom Portier, eine Folge von 40 bis 45 Zeichen mit Name, Zimmernummer, Kreditkarteninformation usw. einzugeben. Machte der Angestellte einen Fehler, war die einzige Meldung FALSCHE EINGABE. SIE MÜSSEN ALLES ERNEUT EINGEBEN. Dies führte zu Frustration beim Benutzer und zu Verzögerungen für die irritierten Gäste. Interaktive Systeme sollten in jedem Fall so angelegt sein, dass Eingabefehler bei Ausfüllen von Formularen minimal gehalten werden (siehe Kapitel 7). Wenn ein Fehler auftritt, sollten die Benutzer nur den falschen Teil korrigieren müssen.

Systeme, die einen Fehlercode anbieten, hinter dem eine lange Erläuterung in einem Manual steckt, sind in der Regel ärgerlich, weil das Manual entweder nicht greifbar oder das Nachschlagen störend und zeitaufwändig ist. In den meisten Fällen können sich Systementwickler nicht länger hinter dem Einwand verstecken, dass hinreichende Meldungen zu viele Systemressourcen verschwenden würden.

11.2.2 Konstruktive Führung und positiver Tonfall

Anstatt die Benutzer dafür zu verurteilen, was sie falsch gemacht haben, sollten Meldungen dagegen so oft wie möglich angeben, was Benutzer zur Korrektur tun müssen:

Schlecht: KATASTROPHALER ZEICHENÜBERLAUF. JOB ABGEBROCHEN (in einem bekannten Compiler)

Besser: Platz für Zeichenfolge ist verbraucht. Überprüfe Programm, benutze kleinere Zeichenfolgen oder erweitere ihren Speicherplatz.

Schlecht: UNDEFINIERTE BEZEICHNUNGEN (aus einem FORTRAN Compiler.)

Besser: Definiere die Bezeichnungen der Befehle vor ihrer Benutzung

Schlecht: ILLEGAL STA. WRN. (Aus einem FORTRAN Compiler.)

Besser: Der RETURN Befehl kann nicht in einem FUNCTION Unterprogramm verwendet werden.

Unnötige negative Meldungen mit einer verletzenden Terminologie können nichttechnische Benutzer vor den Kopf stoßen. Ein interaktives Suchsystem für juristische Quellen gibt diese Meldung aus: FATAL ERROR, RUN ABORTED. Ein beliebtes Betriebssystem bedroht viele Benutzer mit CATASTROPHIC ERROR; LOGGED WITH OPERATOR. Für solche feindseligen Meldungen gibt es keine Entschuldigung. Man kann sie ganz leicht umschreiben, um mehr Information darüber anzubieten, was passiert ist und was getan werden muss, damit die Dinge richtig laufen. Negative Worte wie ILLEGAL, FEHLER, UNGÜLTIG oder SCHLECHT sollten vermieden oder nur ganz selten verwendet werden.

Es kann für den Softwareschreiber schwierig sein, ein Programm zu entwerfen, das exakt die Absichten des Benutzers trifft, so dass der Rat, konstruktiv zu sein, sich in der Praxis häufig schwer in die Tat umsetzen lässt. Manche Designer plädieren für eine automatische Fehlerkorrektur, der Nachteil ist aber, dass der Benutzer vielleicht keine ordentliche Syntax lernt und davon abhängig werden kann, dass das System die Korrekturen übernimmt. Ein anderer Ansatz besteht darin, den Benutzer über mögliche Alternativen zu informieren und ihn dann entscheiden zu lassen. Noch besser ist es, Fehler überhaupt erst zu verhindern (siehe Abschnitt 2.6).

11.2.3 Benutzerbezogene Ausdrucksweise

Der Ausdruck »*benutzerbezogen*« geht davon aus, dass der Benutzer das System steuert – mehr selbst aktiv ist als nur reagiert. Designer gehen teilweise darauf ein, in dem sie den negativen und verurteilenden Ton in den Meldungen vermeiden und zum Benutzer höflich sind. Auch ein Befehlston wie ENTER DATA sollte vermieden werden und stattdessen nutzerbezogen READY FOR COMMAND oder einfach READY lauten.

In der Kürze liegt die Würze, aber die Benutzer sollten die Art der vorgegebenen Information unbedingt steuern können. Die übliche Systemmeldung sollte weniger als eine Zeile sein. Bei Tippen eines »?« sollte der Benutzer dann schon einige Zeilen mit Erklärungen bekommen. Mit »??« sollten mehrere Beispiele erscheinen und bei »???« noch zusätzliche Erklärungen von Beispielen und eine vollständige Beschreibung. Die meiste Anwendungssoftware hat eine spezielle HILFE-Taste, um dem Benutzer bei Bedarf kontextsensitive Erklärungen anzubieten.

Telefongesellschaften, die schon lange den Umgang mit nichttechnischen Benutzern gewöhnt sind, bieten diese tolerante Meldung: »Es tut uns leid, aber wir können Sie nicht unter der gewünschten Rufnummer verbinden. Legen Sie bitte auf, überprüfen Sie Ihre Nummer oder lassen Sie sich von unserer Auskunft beraten«. Sie übernehmen die Schuld und geben konstruktive Auskunft, was zu tun sei. Ein gedankenloser Programmierer könnte eine harschere Meldung entworfen haben: »Falsche Telephonnummer. Verbindung abgebrochen. Fehlernummer 583-2R6.9. Weitere Informationen im Benutzermanual nachschlagen«.

11.2.4 Das angemessene physikalische Format

Obwohl professionelle Programmierer gelernt haben, reinen Großbuchstabentext zu lesen, ziehen die meisten leichter lesbare Meldungen mit gemischter Groß- und Kleinschreibung vor (Kapitel 11.4). Meldungen nur mit Großbuchstaben sollten für kurze, wichtige Warnungen reserviert bleiben. Mit einer langen und geheimnisvollen Codenummer beginnende Meldungen dienen nur dazu, den Benutzer daran zu erinnern, dass der Entwickler sich wenig um die wirklichen Belange der Benutzer gekümmert hat. Wenn Codenummern überhaupt notwendig sein sollten, dann gehören sie allenfalls in Klammern an das Ende der Meldung.

Die Meinungen zu einer optimalen Platzierung von Meldungen auf einem Bildschirm gehen weit auseinander. Manche wollen sie möglichst nahe an das aufgetretene Problem stellen. Eine zweite Auffassung besteht darin, dass Meldungen den Bildschirm überfrachten und in fester Position am unteren Rand des Bildschirms angebracht werden sollten. Als dritte Möglichkeit könnte man eine Dialogbox in der Mitte des Bildschirm öffnen, was aber möglicherweise den relevanten Teil verdeckt.

Bei einigen Anwendungen ertönt ein Geräusch, wenn ein Fehler auftritt. Dieser Alarm kann nützlich sein, falls der Benutzer den Fehler sonst übersieht, kann aber andere Personen im Raum, auch den Benutzer selbst, erheblich stören. Der Gebrauch von hörbaren Signalen sollte auf jeden Fall vom Benutzer gesteuert werden können.

Die frühe Programmiersprache MAD (*Michigan Algorithmic Decoder*) druckte immer eine seitenfüllende Alfred E. Neuman-Karikatur aus, wenn Syntaxfehler im Programm waren. Anfänger freuten sich anfangs über diese nette Geste. Nachdem sie aber die Schublade voll mit Bildern hatten, wurde das Ganze eher ärgerlich. Entwickler müssen sich also auf den schmalen Grat begeben, einerseits die Aufmerksamkeit auf ein Problem zu lenken und gleichzeitig zu vermeiden, den Benutzer zu verärgern. Angesichts des großen Spektrums von Erfahrung und Temperament bei den Benutzern ist es wiederum die beste Lösung, dem Benutzer selbst die Entscheidung über mögliche Alternativen zu überlassen.

11.2.5 Die Entwicklung effektiver Meldungen

Die Intuition des Entwicklers kann durch einfache, schnelle und preiswerte Untersuchungen mit potenziellen Benutzern und mehreren alternativen Meldungen ergänzt werden. Wenn das Projektziel in der Unterstützung von Anfängern besteht, muss besonders großer Aufwand bei Planung, Testung und Implementierung getrieben werden. Dies muss schon in den frühesten Planungsstadien beginnen. Modifizierungen müssen so angelegt sein, dass dabei spezielle Fehlermeldungen aufgestellt werden. Die Meldungen sollten von verschiedenen Personen überprüft und mit geeigneten Subjekten getestet werden (Isa et al., 1983). Sie sollten in den Anwenderhandbüchern erscheinen und besonders gut sichtbar hervorgehoben werden. Auch Fehlerhäufigkeiten sollten angegeben werden, und häufige Fehler sollten letztlich zu Softwaremodifikationen mit besserer Fehlererkennung, verbessertem Training und Änderungen in den Benutzermanuals führen.

Benutzer werden sich eher an das eine Mal erinnern, als sie Schwierigkeiten mit dem Computersystem hatten, als an die zwanzig Male, in denen alles gut lief. Ihre starke Reaktion auf Probleme mit Computersystemen ist gerade bei Anfängern teilweise auf Ängstlichkeit und mangelndes Wissen zurückzuführen. Diese Reaktion kann durch ein schlecht durchdachtes, übermäßig komplexes System, ein schlechtes Manual, schlechte Übungserfahrung sowie diffuse, negative und irritierende Systemmeldungen noch gesteigert werden. Eine Verbesserung der Meldungen wird nicht unbedingt aus einem schlechten System ein gutes machen, kann aber die Leistung und Einstellung des Benutzers durchaus verbessern.

Fünf kontrollierte Experimente untersuchten den Einfluss von Fehlermeldungen auf die Leistung des Benutzers (Shneiderman, 1982). Bei einer Untersuchung wurden Syntaxfehlermeldungen aus COBOL modifiziert und Anfänger gebeten, die COBOL-Befehle zu korrigieren. Meldungen mit erhöhter Genauigkeit erzielten 28 % höhere Verbesserungsergebnisse.

Testpersonen mit einem Texteditor mit nur einem »?« für eine Fehlermeldung machten im Durchschnitt 10,7 Fehler, aber nur 6,1 Fehler bei einem Editor mit kurzen erklärenden Meldungen. In einem anderen Experiment korrigierten Studenten 4,1 von 10 fehlerhaften Texteditor-Befehlen bei Standardmeldungen, hingegen 7,5 von 10 Befehlen bei verbesserten Meldungen.

Bei einer Untersuchung der Verständlichkeit von Programmierfehlermeldungen bei zwei bekannten heutigen Systemen fanden Studenten 2,9 und 3,8 von 6, jedoch 4,8 bei verbesserten Meldungen. In den subjektiven Präferenzen wurden auch die verbesserten Meldungen vorgezogen.

Mosteller (1981) untersuchte Fehlermuster bei IBMs *MVS Job Entry Control Language*, indem er echte Läufe im kaufmännischen Bereich analysierte. Das Aufdecken von 2.073 Fehlern führte zu detaillierten Empfehlungen für die Änderung von Fehlermeldungen, Verarbeitungsprogrammen und Befehlen. Bemerkenswert war, dass 513 Fehler exakte Wiederholungen früherer Versuche waren. Dies zeigt deutlich, dass sich Fehler fortsetzen, wenn Meldungen schlecht sind. Bei verbesserten Meldungen fand Mosteller geringere Fehlerquoten.

Diese frühen Experimente stützen die Ansicht, dass eine Verbesserung von Meldungen die Leistung steigern und zu größerer Befriedigung bei der Arbeit führen kann. Folgende Empfehlungen wurden den Systementwicklern gegeben (Rahmen 11.1):

1. *Legen Sie Wert auf die Gestaltung der Meldung:* Die Wortwahl der Meldungen sollte sorgfältig bedacht werden. Technische Redakteure sollten zur Verbesserung von Klarheit und Konsistenz konsultiert werden.

2. *Betreiben Sie Qualitätssicherung:* Meldungen sollten durch eine geeignete Qualitätskontrollgruppe aus Programmierern, Benutzern und Spezialisten wie Psychologen bestätigt werden. Änderungen oder Zusätze sollten überwacht und aufgezeichnet werden.

3. *Stellen Sie Richtlinien auf:* Fehlermeldungen sollten diese Kriterien erfüllen:

   - *Gebrauchen Sie einen positiven Ton:* Zeigen Sie mehr, was getan werden soll, als den Benutzer für den Fehler zu verurteilen. Reduzieren oder vermeiden Sie den Gebrauch von Ausdrücken wie FALSCH, UNGÜLTIG, FEHLER oder FALSCHES PASSWORT. Versuchen Sie es mit: »Ihr Passwort stimmt mit dem gespeicherten nicht überein. Versuchen Sie es nochmals«.

   - *Seien Sie genau und erläutern Sie das Problem mit den Worten des Benutzers:* Vermeiden Sie eine vage Meldung wie SYNTAXFEHLER oder obskure interne Codenummern. Gebrauchen Sie variable Namen und Konzepte, die dem Benutzer auch bekannt sind. Anstelle von UNGÜLTIGE DATEN bei einer Datenerfassung sollten Sie es mit »Die Kleidungsgröße sollte zwischen 5 und 16 liegen« versuchen.

   - *Versetzen Sie die Benutzer in die Lage, die Situation zu steuern:* Bieten Sie ihnen genügend Information, selbst aktiv zu werden. Anstelle von FALSCHER BEFEHL versuchen Sie es mit: »Mögliche Befehle sind: SICHERN, LADEN oder ERKLÄREN«.

   - *Benutzen Sie ein ordentliches, konsistentes und verständliches Format:* Vermeiden Sie lange Zahlencodes, undurchsichtige Gedächtnisstützen und überladene Bildschirmanzeigen.
     Das Schreiben guter Meldungen (ebenso wie das Schreiben guter Gedichte, Aufsätze oder Werbetexte) erfordert Erfahrung, Praxis und ein Gespür, wie der Leser reagieren wird. Diese Kunst können sich Programmierer und Ent-

wickler aneignen und verfeinern, die den Willen haben, dem Benutzer wirklich zu Diensten zu sein. Perfektion ist jedoch unmöglich und Bescheidenheit eher ein Kennzeichen des echten Profis.

4. *Führe Brauchbarkeitstests durch:* Systemmeldungen sollten einem Brauchbarkeitstest zur Verständlichkeit mit einer passenden Benutzergruppe unterzogen werden. Solch ein Test kann entweder ein hartes Experiment unter realistischen Bedingungen (bei lebenswichtigen oder hochzuverlässigen Systemen) oder nur ein informelles Lesen und Überprüfen durch interessierte Benutzer sein (bei PC- oder sonstigen allgemeinen Anwendungen). Komplexe interaktive Systeme mit Tausenden von Benutzern sind niemals wirklich vollständig, bis sie veraltet sind. Unter diesen Bedingungen entstehen die effektivsten Entwicklungen durch iteratives Testen und evolutionäre Verbesserung (Kapitel 4).

5. *Sammle Daten über die Leistung der Benutzer:* Fehlerhäufigkeiten sollten regelmäßig festgestellt werden. Nach Möglichkeit sollten die Aktionen der Benutzer bei einer detaillierteren Untersuchung analysiert werden. Wenn Sie wissen, wo Benutzer in Schwierigkeiten geraten, können Sie die Meldungen ändern, das Training verbessern, das Manual modifizieren oder das Interface wechseln. Die Fehlerquote bei 1.000 Aktionen sollte als Maß der Systemqualität der Beeinflussung der Performance durch Verbesserungen dienen. Eine Fehlerzähloption bei internen Systemen ist nützlich und kann auch ein Marketingmerkmal für Softwareprodukte sein.

Rahmen 11.1: Richtlinien für Fehlermeldungen für das Endprodukt und für den Entwicklungsprozess. Diese Richtlinien stammen aus praktischer Erfahrung und empirischen Daten.

Produkt
- Seien Sie so detailliert und genau wie möglich.
- Seien Sie konstruktiv: Geben Sie an, was der Benutzer tun muss.
- Benutzen Sie einen positiven Ton: Vermeiden Sie eine Verurteilung.
- Die Wortwahl sollte nutzerbezogen sein.
- Erwägen Sie verschiedene Ebenen von Meldungen.
- Halten Sie eine konsistente grammatikalische Form, Terminologie und Abkürzungen ein.
- Halten Sie ein konsistentes visuelles Format und Platzierungen ein.

Rahmen 11.1: Richtlinien für Fehlermeldungen für das Endprodukt und für den Entwicklungsprozess. Diese Richtlinien stammen aus praktischer Erfahrung und empirischen Daten. (Forts.)

Prozess
- Etablieren Sie eine Gruppe, die für eine Qualitätskontrolle der Meldungen sorgt.
- Stellen Sie die Meldungen schon in der Planungsphase auf.
- Stellen Sie alle Meldungen in eine Datei.
- Überprüfen Sie die Meldungen während der Entwicklungsphase.
- Planen Sie das Produkt so, dass die meisten Meldungen nicht notwendig sind.
- Führen Sie Akzeptanztests durch.
- Sammeln Sie Daten über die Häufigkeit jeder Meldung.
- Überprüfen und revidieren Sie die Meldungen von Zeit zu Zeit.

Verbesserte Meldungen sind nicht nur für Anfänger von größtem Vorteil, sondern auch normale Benutzer und erfahrene Profis profitieren davon. Überladene, komplexe, undurchsichtige und grobgestrickte Systeme werden zunehmend weniger als Beispiele exzellenter Vorbilder genannt. Die zusammengezimmerten Umgebungen der Vergangenheit werden zunehmend von Systemen ersetzt werden, die in erster Linie an den Benutzer denken. Widerstand gegen eine solche Entwicklung würde jeden Fortschritt in Richtung auf einen maximalen Benutzen für eine wachsende Benutzergemeinschaft hemmen.

11.3 Nichtanthropomorphe Gestaltung

Es besteht eine große Versuchung, Computer »sprechen« zu lassen, als wären sie Menschen. Dieser recht primitiven Verlockung unterliegen Designer häufig, und Kinder und sogar viele Erwachsenen nehmen es ohne Zögern an (Nass et al., 1994, 1995). Kinder akzeptieren noch menschenähnliches Benehmen und Eigenschaften bei fast jedem Objekt. Erwachsene behalten sich den anthropomorphen Bezug eher für besonders attraktive Objekte wie Autos, Schiffe oder Computer vor.

Die Worte und Grafiken von Benutzerschnittstellen haben enormen Einfluss auf die Auffassungen, Emotionen und Motivationen der Leute. Werden Eigenschaften wie Intelligenz, Autonomie, freier Wille oder Wissen Computern zugeordnet, kann das die Benutzer täuschen, verwirren und irreführen. Die Unterstellung, dass Computer denken, wissen oder verstehen, kann Benutzern eine völlig falsche Vorstellung davon geben, wie Computer arbeiten und was die Kapazitäten der Maschine überhaupt sind. Wenn diese grobe Täuschung letztlich offensichtlich wird, fühlen sich die Benutzer schlecht behandelt. Martin (1995/96) gibt die Wirkung der Ankündigung des ENIACs im Jahre 1946 in der Presse genau wieder: »Die Leser wurden mit allzu vielen Übertreibungen versorgt, die ihre Erwartungshaltung gegenüber diesen neuen elektronischen Gehirnen steigern sollten ... Dieser künstlich erzeugte, voreilige Enthusiasmus schlug dann in Ernüchterung und Misstrauen gegenüber Computern um, als die neue Technologie diesen Erwartungen gar nicht gerecht wurde«.

Ein zweiter Grund für den Gebrauch von nichtanthropomorpher Ausdrucksweise besteht darin, die Unterschiede zwischen Menschen und Computern zu verdeutlichen. Umgang mit Menschen unterscheidet sich eben vom Umgang mit Computern. Benutzer betreiben und steuern Computer, respektieren aber die einzigartige Identität und Autonomie von Individuen. Weiterhin müssen Benutzer und Entwickler auch die Verantwortung bei Missbrauch von Computern akzeptieren und können nicht die Maschine für Fehler verantwortlich machen. Es ist sehr bedenklich, dass bei einer Untersuchung (Friedman, 1995) 24 von 29 Informatikstudenten »den Computern Aspekte der Vermittlung – wie Treffen von Entscheidungen und/oder Absichten – zuschrieben« und sechs sogar »kategorisch den Computer für Fehler moralisch verantwortlich hielten«.

Ein dritter Punkt ist, dass ein anthropomorphes Interface – trotz einer Attraktivität für bestimmte Personen – bei anderen durchaus Angst hervorrufen kann. Einige Leute fürchten sich vor Computern und glauben, dass Computer »sie sich als dumm fühlen lassen«. Ein viel besserer Antrieb für die Akzeptanz bei Benutzern besteht eher darin, den Computer mit den spezifischen Funktionen vorzustellen, die er bietet, als die Phantasie zu fördern, der Computer sei ein Freund oder Partner. Je mehr sich die Benutzer engagieren, desto transparenter wird der Computer, und sie können sich auf Schreiben, Lösen ihrer Probleme oder Erkundung konzentrieren. Am Ende haben sie eher die Erfahrung, etwas gut erledigt und beherrscht zu haben, als das Gefühl, eine magische Maschine würde für sie die Arbeit erledigen.

Individuelle Unterschiede beim Wunsch nach eigener Kontrollmöglichkeit sind sicherlich von Bedeutung, aber es ist gewiss insgesamt von Vorteil, bei den meisten Aufgaben und Benutzern zwischen menschlichen Fähigkeiten und der Computerleistung klar zu trennen (Shneiderman, 1995). Auf der anderen Seite gibt es Befürworter eines anthropomorphen Computers mit lebensechten, selbstständig agierenden Figuren (Laurel, 1990; Maes, 1995). Apple produzierte 1987 das Video »*The Knowledge Navigator*« mit einem smarten schlipstragenden jungen Mann, der Aufgaben für einen Umweltforscher ausführte. Einige Futuristen begrüßten diese Vision, Skeptiker verwarfen das Szenario hingegen als Täuschung, und die meisten, die es mittlerweile sahen, schienen leicht amüsiert zu sein. Die Befürworter von anthropomorphem Design gehen davon aus, dass Kommunikation von Mensch zu Mensch ein angemessenes Modell für den Betrieb eines Computers durch Menschen sei. Dies mag zwar ein nützlicher Ausgangspunkt sein, aber ich finde es dennoch schwer zu verstehen, warum einige Designer diesen Ansatz auch dann immer noch verfolgen, nachdem er schon offensichtlich kontraproduktiv geworden ist. Reife Technik sollte eigentlich die *Falle des Animismus* überwunden haben, in die Techniker jahrhundertelang getappt sind (Mumford, 1934). Empfehlenswert ist ein Besuch im *Museum of Automata* im englischen York, wo die ursprünglichen Quellen und hartnäckigen Phantasien von animierten Puppen und Roboterspielzeugen aufgedeckt werden.

Historische Präzedenzfälle von gescheiterten anthropomorphen Bankangestellten (beispielsweise »*Tillie the Teller*« und »*Harvey Wallbanker*« an der Bank of Baltimore) oder längst wieder abgeschaffte sprechende Autos und Sodamaschinen scheinen einige Entwickler überhaupt nicht registriert zu haben. Auch der überlebensgroße »*Postal Buddy*« der US Post, der mehrere brauchbare Automatendienste ausführen konnte, wurde zunächst als ganz niedlich und freundlich angesehen. Aber dieser Pseudopostangestellte wurde ganz schnell von den Kunden abgelehnt, als er Kosten von über einer Milliarde Dollar erzeugt hatte.

Empirische Untersuchungen bieten noch viel mehr Belege. Bei einem Test mit 26 Collegestudenten wurde ein anthropomorpher Dialog (HI THERE, JOHN! IT'S NICE TO MEET YOU, I SEE YOU ARE READY NOW) als weniger ehrlich gegenüber einem mechanistischen Dialog (PRESS THE ENTER KEY TO BEGIN SESSION) angesehen (Quintanar et al., 1982). Bei dieser computergestützten Anleitungsaufgabe brauchten Testpersonen mit dem anthropomorphen Design länger, was möglicherweise zu der beobachteten höheren Punktzahl bei einem Quiz führte, aber die Studenten fühlten sich für ihre Leistung weniger verantwortlich.

Bei einer anderen Untersuchung wurden ein strenges Gesicht und ein neutrales sprechendes Gesicht auf dem Bildschirm mit einem reinen Bildschirmtext verglichen (Walker et al., 1994). Die Autoren kamen zu dem Schluss, dass »unvorsichtiges Beifügen menschlicher Charakteristika wie Gesicht, Stimme und Gesichtsausdrücke die Erfahrung für die Benutzer eher schlimmer als besser machen können«. Die Entwickler erzeugten die sprechenden Gesichter, indem sie die Texturen der Gesichtszüge auf ein geometrisches Rahmenmodell abbildeten und ein so ein Gesicht mit 512 x 320 Pixel produzierten. Die Lippenbewegungen wurden mit einem spracherzeugenden Algorithmus synchronisiert. Der strenge

Ausdruck wurde im zugrunde liegenden physikalischen Modell durch Muskelkontraktion beim Zusammenziehen der inneren Augenbrauen erzeugt. Die 42 erfahrenen Benutzer werteten die reine Textversion als statistisch signifikant sympathischer, freundlicher, angenehmer und weniger steif und traurig als die sprechenden Gesichter. Die Testpersonen fanden die Fragen auch klarer und waren insgesamt mehr gewillt, mit den reinen Textversionen fortzufahren. Für die Gesichter sprach lediglich, dass die Testpersonen weniger falsche Antworten produzierten und längere Kommentare insbesondere bei dem strengen Gesicht schrieben. In einer Folgestudie, bei der die Bereitwilligkeit zur Kooperation abgeschätzt wurde, hielten die Testpersonen »ihre Versprechen bei einem Computer mit Bildschirmtext ebenso wie bei einer Person ein, aber durchaus weniger bei einem eher menschenähnlichen Computer« (Kiesler et al., 1996).

Ähnliche Fragestellungen treten bei Bewertungen für korrekte Antworten mit Lernsoftware auf. Unsere eigenen Untersuchung mit 24 fortgeschrittenen Studenten ergab, dass eine hilfreiche Unterstützung mit Bewertungsausdrücken wie EXCELLENT, THAT'S GOOD!, YOU'RE DOING GREAT usw. die Leistung oder Befriedigung bei einer praktischen Rechenaufgabe im Gegensatz zu einer einfachen Zahlenangabe (6 RICHTIG 2 FALSCH) nicht steigerten.

Bei einer Untersuchung mit 36 Oberschülern durch Lori Gay und Diane Lindwarm unter meiner Anleitung wurde der Stil der Interaktion verändert. Die Schüler erhielten eine computergestützte Lektion in einer der drei Formen:

1. *Ich:* Hallo! Ich bin der Computer. Ich werde Dir jetzt einige Fragen stellen.

2. *Du:* Du wirst einige Fragen beantworten. Du sollst ...

3. *Neutral:* Dies ist eine Übung im Multiple-Choice-Verfahren.

Vor und nach den drei Sitzungen am Computer wurden die Testpersonen gebeten, einmal zu beschreiben, ob der Umgang mit einem Computer leicht oder schwierig sei. Die meisten Testpersonen dachten anfangs, es sei »schwer«, einen Computer zu benutzen, und änderten auch nicht ihre Meinung. Von den sieben, die ihre Meinung änderten, hatten die fünf, die sich schließlich für »schwer« entschieden, alle die *Ich-* oder *neutrale* Form der Schnittstelle benutzt. Die zwei, die sich für »leicht« entschieden, nutzten hingegen die *Du-*Form. Die Leistungen bei den Aufgaben waren nicht signifikant unterschiedlich, aber die positive Reaktion der Gruppe mit den *Du-*Meldungen verlangt nach weiteren Untersuchungen.

Eine Studie über Wortwahl bei Fehlermeldungen fand ähnliche Ergebnisse bei 49 Wirtschaftsfachschülern (Resnik & Lammers, 1986). Die Testpersonen berichteten, bei konstruktiven Meldungen (*Gebrauche nur Buchstaben*) weniger durcheinander und nervös zu sein als bei einem menschenähnlichen (*Ich verstehe diese Zahlen nicht*) oder tadelnden Tonfall der Meldungen (*Zahlen ungültig*).

Diese Ergebnisse weisen darauf hin, dass anthropomorphe Meldungen in der *Ich-Form* kontraproduktiv sein können, weil sie täuschen, irreführen und verwirren. Es mag ja noch ganz nett sein, beim allerersten Mal mit »Ich bin Sophie, die schlaue Lehrerin, die Dir korrekte Rechtschreibung beibringen wird« begrüßt zu werden. Aber schon bei der zweiten Sitzung wird dieser Ansatz als überflüssige Wiederholung angesehen und beim dritten Mal als ärgerliche Behinderung bei der Aufgabe.

Stattdessen sollte sich der Softwareentwickler auf den Benutzer konzentrieren, ihn direkt ansprechen oder überhaupt jedes Pronomen vermeiden, wie beispielsweise:

Schlecht: Ich werde mit der Lektion beginnen, wenn Sie RETURN drücken.

Besser: Sie können mit der Lektion beginnen, wenn Sie RETURN drücken.

Noch besser: Drücke RETURN, um mit der Lektion zu beginnen.

Die Du/Sie-Form scheint für Einführungsseiten vorteilhaft zu sein. Sobald die Sitzung jedoch angefangen hat, führt eine Reduzierung der verwendeten Pronomen und Worte zu weniger Ablenkung von der Aufgabe. 33 Studenten führten eine Aufgabe zur Reservierung einer Reise mit einer simulierten natürlichsprachigen Schnittstelle durch, bei der die Ich-, Du/Sie- und neutralen Formen verwendet wurden (die sogenannten *anthropomorphen, flüssigen,* and *telegraphischen Stile* nach Brennan & Ohaeri, 1994). Die Meldungen der Benutzer ahmten den Stil, den sie erhielten, nach. Dies führte beim anthropomorphen Stil zu längerer Eingabe der Benutzer und längeren Arbeitszeiten. Die Benutzer wiesen dem anthropomorphen Computer keine größere Intelligenz zu.

Einige Entwickler von Kinderlernsoftware glauben, dass es angemessen und angebracht sei, als Führer durch die Lektion eine Phantasiefigur wie einen Teddybär zu haben. Eine Comicfigur kann auf einem Bildschirm gezeichnet und möglicherweise animiert werden, was visuell ansprechend ist. Einige erfolgreiche Softwarepakete sprechen tatsächlich für diesen Ansatz. Leider waren aber Comicfiguren überhaupt nicht erfolgreich bei dem stark beworbenen, aber kurzlebigen Microsoft-Produkt *BOB*. Die Benutzer konnten aus einer Vielzahl von Bildschirmfiguren auswählen, die Sprechblasen mit etwa folgenden Ausdrücken hatten: »Was sind wir doch für ein Team, was sollen wir als nächstes tun, Ben?« und »Gut gemacht bisher, Ben«. Ein solcher Stil mag ja bei Kinderspielen oder Lernsoftware akzeptabel sein, aber kaum für Erwachsene, die sinnvolle Aufgaben verrichten.

Ein sinnvollerer Ansatz könnte darin bestehen, den Autor einer Lektion oder eines Softwarepaketes zum Leser sprechen zu lassen, so wie Nachrichtensprecher sich an Fernsehzuschauer wenden. Anstatt also den Computer in eine Person umzuwandeln, könnten die Entwickler identifizierbare und geeignete Persönlichkeiten zeigen. Beispielsweise könnte Präsident Bush die Besucher auf der Website des Weißen Hauses willkommen heißen oder Bill Gates auf diese Weise neue Benutzer von Windows begrüßen.

Nach diesen Einführungen kann man mit verschiedenen Stilen fortfahren. Eine entspräche der geführten Besichtigungstour, bei der die bekannte Persönlichkeit Kapitel vorstellt, es aber dem Benutzer überlässt, das Tempo zu steuern, Kapitel zu wiederholen und zu entscheiden, wann es weiter geht. Dieser Ansatz funktionierte bei Museumsführungen, Softwaretutorials und bestimmten Lernprogrammen. Eine zweite Strategie besteht darin, dem Benutzer einen Überblick über die Module zu zeigen, aus denen er dann auswählen kann. Der Benutzer entscheidet dann, wie viel Zeit er verbringen möchte, Teile von Museen zu besichtigen, eine Zeittafel mit Details von Ereignissen durchzusehen oder durch Artikel in einer verlinkten Enzyklopädie zu surfen.

Diese Überblicke geben den Benutzern eine Vorstellung über die Größenordnung der verfügbaren Information und ermöglicht ihnen, ihren Fortschritt beim Durcharbeiten der Themen zu sehen. Überblicke geben den Benutzer auch das Gefühl, die Inhalte vollständig erfassen zu können. So wird ein verständliches Milieu mit berechenbaren Aktionen präsentiert, was das angenehme Gefühl erzeugt, die Sache im Griff zu haben. Weiterhin ermöglichen sie eine Wiederholung von Aktionen (z.B. das erneute Anschauen eines ansprechenden oder schwerer verständlichen Moduls bzw. es einem Kollegen zu zeigen) und ein Zurückspringen an einen bekannten Punkt. Dagegen sind den Spieleentwicklern die Probleme von Konfusion, versteckter Steuerung und Unberechenbarkeit schon seit langem wohlbekannt, aber Spiele unterscheiden sich sicherlich von den meisten Anwendungen. Rahmen 11.2. bietet eine Zusammenfassung nichtanthropomorpher Richtlinien.

Rahmen 11.2: Richtlinien zur Vermeidung von Anthropomorphismus und zum Aufbau ansprechender Oberflächen.

Nicht-anthropomorphe Richtlinien

- Vermeiden Sie, Computer als Personen darzustellen.
- Wählen Sie geeignete Personen für Einführungen oder als Führer aus.
- Vorsicht bei der Gestaltung computergenerierter menschlicher Gesichter oder Comicfiguren.
- Benutzen Sie Comicfiguren nur in Spielen oder Software für Kinder, aber sonst nach Möglichkeit nicht.
- Entwerfen Sie verständliche, vorhersagbare und kontrollierbare Oberflächen.
- Bieten Sie nutzerbezogene Überblicke für Orientierung und Abgeschlossenheit.
- Benutzen Sie nicht die »Ich«-Form, wenn der Computer auf Benutzeraktionen reagiert.
- Benutzen Sie die »Du/Sie«-Form bei der Führung von Benutzern oder geben Sie nur Fakten an.

11.4   Bildschirmdesign

Bei den meisten interaktiven Systemen sind die Bildschirmpräsentationen eine Schlüsselkomponente erfolgreicher Designs und gleichermaßen die Quelle endloser Debatten. Dichte und überladene Anzeigen können Ärger hervorrufen, inkonsequente Formate können die Performance hemmen. Der Komplexität dieses Themas wird von den 162 Richtlinien über Datenpräsentation bei Smith & Mosier (1986) Rechnung getragen. Diese aufwändige Zusammenstellung (siehe Rahmen 11.3) stellt einen erheblichen Fortschritt gegenüber vagen Vorlagen früherer Berichte dar. Bildschirmdesign wird stets künstlerische Elemente enthalten und Kreativität und Erfindungsgabe erfordern. Allerdings werden die anhaltenden Grundprinzipien immer klarer (Tullis, 1988a, 1988b; Tufte, 1990; Marcus, 1992; Galitz, 1994), die theoretischen Grundlagen werden zunehmend festgelegt (Mackinlay, 1986; Casner, 1991; Lohse, 1991) und im Forschungsbereich angewendet (Roth et al., 1994). Innovative Visualisierung von Information, die dynamische Steuerung durch die Benutzer fördert, ist ein sich schnell entwickelndes Thema (Kapitel 15).

Rahmen 11.3: Beispiele der 162 Richtlinien zur Datenanzeige aus Smith and Mosier (1984).

- Sorgen Sie dafür, dass alle Daten, die ein Benutzer benötigt, bei jedem Schritt der Durchführung auf dem Bildschirm verfügbar sind.
- Stellen Sie die Daten den Benutzern in einer direkt benutzbaren Form bereit. Setzen Sie nicht voraus, dass Benutzer die angezeigten Daten konvertieren.
- Halten Sie ein konsistentes Format für jede Art von Datenanzeige und von einer Bildschirmanzeige zur nächsten ein.

Rahmen 11.3: Beispiele der 162 Richtlinien zur Datenanzeige aus Smith and Mosier (1984). (Forts.)

- Benutzen Sie kurze, einfache Sätze.
- Machen Sie positive statt negative Feststellungen.
- Ordnen Sie Listen nach einem logischen Prinzip. Wo keine anderen Prinzipien anwendbar sind, ordnen Sie alphabetisch.
- Sorgen Sie dafür, dass Bezeichnungen möglichst nah an ihren Datenfeldern sind, damit die Assoziation deutlich wird, aber sie sollten doch durch eine Lücke von ihren Datenfeldern getrennt sein.
- Richten Sie Spalten mit alphabetischen Daten linksbündig aus, um schnelles Überfliegen zu ermöglichen.
- Benennen Sie bei mehrseitigen Anzeigen jede Seite, um ihre Beziehung zu den anderen zu zeigen.
- Beginnen Sie jede Bildschirmanzeige mit einer Überschrift, die kurz die Inhalte oder den Zweck wiedergibt. Lassen Sie wenigstens eine Leerzeile Zwischenraum zwischen Überschrift und Fließtext.
- Machen Sie bei Hervorhebungen durch Größe die größeren Symbole wenigstens 1,5 mal höher als das nächstkleinere Symbol.
- Benutzen Sie Farbkodierung bei Anwendungen, bei denen der Benutzer schnell zwischen verschiedenen Datenkategorien unterscheiden muss, besonders dann, wenn die Einzelheiten auf dem Bildschirm verstreut sind.
- Setzen Sie bei Markierung durch Blinken die Blinkrate auf 2 bis 5 Hz bei einer minimalen Arbeitszeit (EIN Intervall) von 50 %.
- Sorgen Sie bei einer großen, über den Bildschirmrahmen hinausgehenden Tabelle dafür, dass die Benutzer die Spaltenüberschriften sehen können, und setzen Sie Bezeichnungen in alle angezeigten Abschnitte der Tabelle.
- Bieten Sie den Benutzern (oder einem Systemadministrator) eine Möglichkeit, notwendige Änderungen an den angezeigten Funktionen vorzunehmen, wenn die Anforderungen an die Datenanzeige sich ändern (was häufig der Fall ist).

Die Entwickler sollten wie immer mit einer gründlichen Erfassung der Benutzeraufgaben frei von irgendwelchen Einschränkungen der Bildschirmgröße oder der verfügbaren Schriftsätzen beginnen. Ein effektives Bildschirmdesign muss alle notwendigen Daten zur Durchführung der Aufgabe in einer vernünftigen Reihenfolge bieten. Sinnvolle Anordnungen von Einzelheiten (mit Bezeichnungen, die dem Kenntnisstand der Benutzer entsprechen), folgerichtige Reihen von Gruppierungen und ordentliche Formate fördern eine zügige und saubere Aufgabendurchführung. Die Gruppierungen können durch Leerzeilen oder Rahmen abgesetzt sein. Alternativ können verwandte Einzelheiten durch Schattierungen, Farbe oder spezielle Schrifttypen hervorgehoben werden. Innerhalb einer Gruppe können ordentliche Formate durch linkes oder rechtes Einrücken, Ausrichtung von Dezimalstellen bei Zahlen oder Markierungen zum Abbau langer Abschnitte erreicht werden.

Grafikdesigner haben Regeln für Print-Formate zusammengestellt und wenden sie jetzt auf das Bildschirmdesign an. Mullet & Sano (1995) machen durchdachte Vorschläge mit Beispielen von gutem und schlechtem Design bei kommerziellen Systemen. Sie schlagen sechs Kategorien von Grundprinzipien vor, die deutlich die Komplexität der Aufgabe des Designers belegen:

1. *Eleganz und Schlichtheit* Vollständigkeit, Verbesserung und Eignung

2. *Maß, Kontrast und Proportion* Klarheit, Harmonie, Bewegung und Zurückhaltung

3. *Organisation und visuelle Erscheinung* Gruppierung, Hierarchie, Beziehungen und Ausgewogenheit

4. *Module und Programm* Konzentration, Flexibilität und folgerichtige Anwendung

5. *Illustration und Erscheinungsbild* Unmittelbarkeit, Allgemeingültigkeit, Zusammenhalt und Charakterisierung

6. *Stil* Unterscheidbarkeit, Integrität, Verständlichkeit und Angemessenheit

Dieses Kapitel wird einen Teil dieser Themen behandeln und nach Möglichkeit empirische Belege für die einzelnen Konzepte präsentieren.

11.4.1 Layout von Eingabefeldern

Ein Austesten verschiedener Layouts kann sehr hilfreich sein. Die Alternativen sollten am besten direkt auf dem Bildschirm entwickelt werden. Die Daten über eine Angestellte mit Angaben über Ehemann und Kinder könnten ganz grob so aussehen:

```
Schlecht:     MÜLLER,SUSANNE034787331WERNER MÜLLER
              THOMAS291074ANNE210877ALEXANDRA090872
```

Diese Angabe kann zwar die für eine Aufgabe notwendige Information durchaus enthalten, aber ein Herausfiltern der Information dürfte langsam und fehlerbelastet sein. Ein erster Schritt zur Verbesserung des Formates kann aus Einführung von Leerzeichen und getrennten Zeilen zur besseren Felderunterscheidung bestehen:

```
Besser:      MÜLLER, SUSANNE  034787331        WERNER MÜLLER
             THOMAS 291074
             ANNE 210877
             ALEXANDRA 090872
```

Die Namen der Kinder können in chronologischer Reihenfolge mit Ausrichtung der Geburtsdaten aufgelistet werden. Punkte bei den Geburtsdaten und Trennstriche bei der Sozialversicherungsnummer führen ebenfalls zu besserem Erkennen:

```
Besser:      MÜLLER, SUSANNE  034-78-7331           WERNER MÜLLER
             ALEXANDRA      09.08.72
             THOMAS         29.10.74
             ANNE           21.08.77
```

Die umgekehrte Reihenfolge »Nachname, Vorname« für die Angestellte kann bei einer alphabetischen Ordnung in einer langen Datei erforderlich sein. Hingegen ist die Reihenfolge »Vorname, Nachname« für den Ehemann üblicherweise besser lesbar. Konsistenz ist aber wichtig, und ein Kompromiss könnte so aussehen:

```
Besser:      SUSANNE MÜLLER          034-78-7331      WERNER MÜLLER
             ALEXANDRA               09.08.72
             THOMAS                  29.10.74
             ANNE                    21.08.77
```

Für häufige Benutzer dieser Datei mag dieses Format schon akzeptabel sein, da Felderbezeichnungen häufig überladen wirken. Für die meisten Benutzer werden Felderbezeichnungen jedoch hilfreich sein:

```
Besser:      Angestellte:            SUSANNE MÜLLER
             Sozialversicherungsnummer:        034-78-7331
             Ehegatte:               WERNER MÜLLER
             Kinder:                 Name             Geburtsdatum
                                     ALEXANDRA        09.08.72
                                     THOMAS           29.10.74
                                     ANNE             21.08.77
```

Kleinschreibung wurde für die Felderbezeichnungen benutzt, stattdessen kann man auch Großschreibung verwenden und Fettschrift für die Inhalte. Die lange Bezeichnung für die Sozialversicherungsnummer kann abgekürzt werden, wenn die Benutzer sie kennen. Die Information über die Kinder kann noch besser untereinander gruppiert werden:

```
Besser:    Angestellte:    Susanne Müller       SV-Nr.: 034-78-7331
           EheGATTE:       Werner Müller
           Kinder:
           Name            Geburtsdatum
           Alexandra       09.08.72
           Thomas          29.10.74
           Anne            21.08.77
```

Falls möglich, kann manchmal ein Rahmen ansprechender sein, auch wenn er mehr Platz auf dem Bildschirm einnehmen kann:

```
Angestellte:      Susanne Müller SV-Nr.:   034-78-7331
Ehemann:          Werner Müller
Kinder
Name              Geburtsdatum
Alexandra         09.08.72
Thomas            29.10.74
Anne              21.08.77
```

Selbst bei diesem einfachen Beispiel gibt es zahlreiche Möglichkeiten. In jeder Situation sollten die verschiedenen Alternativen auch ausprobiert werden. Weitere Verbesserungen könnten natürlich noch mit weiteren Hervorhebungen erreicht werden, wie Hintergrundschattierung, Farbe und graphische Zeichen. Ein erfahrener Grafiker kann für ein Entwicklungsteam von großem Vorteil sein. Pilottests mit potenziellen Benutzern können subjektive Bewertung und objektive Zeiten über die Arbeitsdauer sowie Fehlerraten bei verschiedenen möglichen Formaten liefern.

11.4.2 Empirische Ergebnisse

Wenige empirische Tests von alternativen Bildschirmgestaltungen wurden bislang durchgeführt. Eine Berichtsform (Abb. 11.1a) in einem Programm zum Testen von Telefonverbindungen wurde durch eine strukturierte Form ersetzt (Abb. 11.1b) (Tullis, 1981). Bei der strukturierten Form wurde unnötige Information weggelassen, verwandte Information gruppiert und die für die erforderlichen Aufgaben relevante Information betont. Nach einer Eingewöhnungsphase an diese Darstellungen wurden Angestellte von Bell System gebeten, typische Aufgaben auszuführen. Die Berichtsform erforderte im Durchschnitt 8,3 Sekunden pro Aufgabe, die strukturierte Form hingegen nur 5,0 Sekunden. Dies entsprach einer geschätzten Einsparung von 79 Mannjahren über die gesamte Lebenszeit des Systems hinweg.

```
TEST RESULTS    SUMMARY: GROUND

GROUND, FAULT T-G
3 TERMINAL DC RESISTANCE
  >  3500.00 K OHMS T-R
  -    14.21 K OHMS T-G
  >  3500.00 K OHMS R-G
3 TERMINAL DC VOLTAGE
  -     0.00 VOLTS  T-G
  -     0.00 VOLTS  R-G
VALID AC SIGNATURE
3 TERMINAL AC RESISTANCE
  -      8.82 K OHMS T-R
  -     14.17 K OHMS T-G
  -    628.52 K OHMS R-G
LONGITUDINAL BALANCE POOR
  -     39    DB
COULD NOT COUNT RINGERS DUE TO
  LOW RESISTANCE
VALID LINE CKT CONFIGURATION
CAN DRAW AND BREAK DIAL TONE
```

(a)

```
    ********************************
    *                              *
    *   TIP GROUND      14 K       *
    *                              *
    ********************************

DC RESISTANCE       DC VOLTAGE        AC SIGNATURE

3500 K T-R                               9 K T-R
  14 K T-G          0 V T-G            14 K T-G
3500 K R-G          0 V R-G           629 K R-G

BALANCE                               CENTRAL OFFICE

  39 DB                               VALID LINE CKT
                                      DIAL TONE OK
```

(b)

Abb. 11.1: Zwei Bildschirmversionen in einer Untersuchung der Bell Laboratories (Tullis, 1981). (a) Das Berichtsformat. (b) Das strukturierte Format.

Eine NASA Untersuchung von Displays im Spaceshuttle belegte, dass durch Verbesserung der Datenbezeichnung, Gruppierung verwandter Information durch entsprechendes Einrücken und Unterstreichen, Ausrichtung von Zahlenwerten und Vermeidung nicht dazugehöriger Zeichen die Arbeitsweise erheblich verbessert werden konnte (Burns et al., 1986). Die Durchführungszeiten wurden um 31 %, die Fehlerraten um 28% reduziert, als 16 Angestellte bei der NASA und Lockheed aus Büro und Technik getestet wurden, die noch mit keiner Version vertraut waren. Sechzehn Experten des existierenden Systems hingegen arbeiteten statistisch gesehen nicht signifikant schneller mit den verbesserten Anzeigen, allerdings erheblich präziser. Eine Folgestudie bewertete die Vorzüge des neuen Designs und zeigte, dass angemessene Hervorhebung die Suchzeiten weiter verminderten (Donner et al., 1991).

Experten können mit volleren Bildschirmanzeigen umgehen und ziehen diese eventuell vor, weil sie mit dem Format vertraut sind und weniger Aktionen starten müssen. Ausführungszeiten sind bei weniger, dafür dichteren Anzeigen eher kürzer als mit zahlreichen, aber knappen Anzeigen. Diese Verbesserung wird besonders deutlich, wenn Aufgaben einen Vergleich von Information über die Bildschirmanzeige erforderlich machen. Systeme mit Börsendaten, Flugüberwachung und Flugreservierung sind Beispiele erfolgreicher Anwendungen, die dicht gepackt sind, wenige Felderbezeichnungen sowie stark codierte Felder haben.

Bei einer Untersuchung von 12 Telefonoperateuren fand Springer (1987), dass ein Weglassen wiederholter Familiennamen in einem Verzeichnis die Zielsuche um 0,8 Sekunden verkürzte. Sie fand auch heraus, dass die Benutzer im Vergleich zu einer halben oder vollständigen Füllung das Ziel schneller fanden, wenn es im oberen Viertel des Bildschirms lag und der Bildschirm nur zu einem Viertel gefüllt war. Dieses Ergebnis zeigt, dass Bildschirminhalte nur aufgabenrelevante Informationen enthalten sollten und dass nicht dazugehörige Information die Arbeit verlangsamt.

Bei einer anderen Untersuchung wurden 110 Krankenschwestern Laborberichte von Bluttests in den kommerziellen Standardformaten von drei Bildschirmanzeigen, in einer komprimierten Version mit zwei Bildschirmen und in einer dicht gepackten einzelnen Bildschirmanzeige vorgesetzt (Staggers, 1993). Die Suchzeiten nahmen über fünf Versuchssitzungen hinweg um etwa die Hälfte bei Anfängerinnen als auch erfahrenen Krankenschwestern ab, was einen deutlichen Lerneffekt belegt. Ein dramatisches Ergebnis war aber, dass die Suchzeiten am längsten waren für die Version mit drei Anzeigen (9,4 Sekunden pro Aufgabe) im Vergleich mit der am dichtesten gepackten Version mit nur einer Anzeige (5,3

Sekunden pro Aufgabe) (Abb. 11.2). Die großen Zeitverluste beim Umblättern und Neuorientieren auf der neuen Seite scheint die Konzentration weit mehr herabzusetzen als das Lesen von dichten Bildschirmseiten. Präzision und subjektives Empfinden waren bei den drei Versionen nicht signifikant unterschiedlich.

```
Low Density Screens
Patient Laboratory Inquiry     Large University Medical Center      Pg 1 of 3

Robinson, Christopher  #XXX-20-4627  Unit: 5E, 5133D  M/13  Ph:301-XXX-5885

          <CBC>      Result        Normal   Range       Units
11/20  Wbc            5.0         4.8  -   10.8       th/cumm
22:55  Rbc            4.78        4.7  -    6.1       m/cumm
       Hgb           12.8        14.0  -   18.0       g/dL
       Hct           37.9        42.0  -   52.0       %
       Plt          163.0       130.0  -  400.0       th/cumm
       Mcv           88.5        82.0  -  101.0       fL
       Mch           30.6        27.0  -   34.0       picogms
       Mchc          34.6        32.0  -   36.0       g/dL
       Rdw           14.5        11.5  -   14.5       %
       Mpv            9.3         7.4  -   10.4       fL
       Key:   * = abnormal
                                                   PgDn for more

Patient Laboratory Inquiry     Large University Medical Center      Pg 2 of 3

Robinson, Christopher  #XXX-20-4627  Unit: 5E, 5133D  M/13  Ph:301-XXX-5885

          <DIFF>     Result       Norm Range       Unit
11/20  Segs          35          34  - 75           %
22:55  Bands          5           0  -  9           %
       Lymphs        33          10  - 49           %
       Monos         33           2  - 14           %
       Eosino         5           0  -  8           %

       Baso           2           0  -  2           %
       Atyplymph     20           0  -  0           %
       Meta           0           0  -  0           %
       Myleo          0           0  -  0           %
       Platelets(estimated)                       adeq
       Key:   * = Abnormal
                                                   PgDn for more


Patient Laboratory Inquiry     Large University Medical Center      Pg 3 of 3

Robinson, Christopher  #XXX-20-4627  Unit: 5E, 5133D  M/13  Ph:301-XXX-5885

11/20   22:55

<MORPHOLOGY      Macrocytosis 1+   Basophilic Stippling 1+   Toxic Gran Occ
Hypochromia 1+  Polychromasia 1+  Target Cells          3+  Normocytic  No

Key: * = Abnormal Priority:  Routine        Acc#: 122045-015212
Ordered by: Holland, Daniel on 10/22/91, 10:00     Ord#: 900928-HH1131
    Personal Data  -  PRIVACY ACT OF 1974  (PL  93-579)
    End of report
```

Abb. 11.2: Bei einer Untersuchung mit 110 Krankenschwestern zeigten die Ergebnisse eine mittlere Ausführungszeit von 9,4 Sekunden bei einer Version mit geringer Dichte gegenüber 5,3 Sekunden bei einer dicht gepackten Version an (Staggers, 1993).

Jedes Vorlagendokument fordert die Entwickler eindringlich auf, eine folgerichtige Platzierung, Struktur und Terminologie auf Bildschirmseiten einzuhalten. Dies wird besonders aus einer Untersuchung mit 40 unerfahrenen Computernutzern eines Menüsystems deutlich (Teitelbaum & Granda, 1983). Die Position von Titel, Seitenzahl, Themen, Lehranweisung und Eingabefeldern auf den Bildschirmseiten wurde für eine Hälfte der Testpersonen geändert, für die andere konstant gehalten. Die mittlere Antwortzeit auf Fragen betrug bei den Testpersonen mit variablen Positionen 2,54 Sekunden, aber nur 1,7 Sekunden bei denen mit konstanten Positionen. Ein Studentenprojekt mit 60 erfahrenen Computernutzern konnte vergleichbare Vorteile von konsequenter Platzierung, Größe und Farbe auf grafischen Oberflächen nachweisen.

Abfolgen von Bildschirmseiten sollten bei ähnlichen Aufgaben durch das ganze System hindurch ähnlich sein, auch wenn Ausnahmen vorkommen können. Innerhalb einer Abfolge sollten die Benutzer wissen, wie weit sie sind und wie weit sie es noch bis zum Ende haben. Es sollte möglich sein, in einer Abfolge zurückzugehen, um Fehler zu korrigieren, Entscheidungen zu überprüfen oder Alternativen auszuprobieren.

11.4.3 Maße für Bildschirmkomplexität

Obwohl der Schlüssel zum Entwurf effektiver Bildschirmseiten eine Kenntnis der Aufgaben der Benutzer und ihrer Fähigkeiten ist, kann ein objektives automatisches Maß der Bildschirmkomplexität durchaus eine attraktive Hilfe sein. Auf der Basis eines gründlichen Literaturüberblicks entwickelte Tullis (1988a) vier aufgabenunabhängige Maße für alphanumerische Anzeigen:

1. *Gesamtdichte:* Anzahl der besetzten Zeichenplätze als Prozentsatz aller verfügbaren Plätze.

2. *Lokale Dichte:* Durchschnittliche Anzahl von besetzten Zeichenplätzen in einem Blickwinkel von fünf Grad um jedes Zeichen. Dies wird als Prozentsatz der verfügbaren Plätze in einem Kreis in Bezug auf den Abstand vom Zeichen ausgedrückt.

3. *Gruppierung:* (1) Anzahl von Gruppen »verbundener« Zeichen, wobei eine Verbindung jedes Paar von Zeichen sein kann, das durch weniger als den doppelten mittleren Abstand zwischen den beiden Zeichen und seinem nächsten Nachbarn getrennt sind; (2) der durchschnittliche Blickwinkel zu diesen Gruppen bezogen auf die Anzahl der Zeichen pro Gruppe.

4. *Komplexität des Layouts:* Komplexität, wie sie in der Informationstheorie definiert ist, der Verteilung der horizontalen und vertikalen Abstände jeder Feldbezeichnung und jedes Datenfeldes von einem Standardpunkt auf dem Bildschirm aus.

Der Parameter für lokale Dichte stammt aus Untersuchungen über die visuelle Wahrnehmung und zeigt an, dass die Konzentration in einem Blickwinkel von fünf Grad fokussiert ist. Bei normalem Augenabstand vom Bildschirm bezieht sich diese Fläche auf einen Kreis von etwa 15 Zeichen Breite und sieben Zeichen Höhe. Kleinere lokale und Gesamtdichten sollten leichter lesbare Bildschirmseiten ergeben. Die Gruppierungsmaße wurden entworfen, um einen objektiven, automatisierbaren Wert zu bekommen, der die Anzahl der Cluster von Feldern auf dem Bildschirm abschätzt. Üblicherweise werden die Cluster von Zeichen gebildet, die horizontal von nicht mehr als einem freien Zwischenraum getrennt sind und die auf benachbarten Zeilen sitzen. Die Komplexität des Layouts gibt ein Maß für die unterschiedlichen Formen an, denen sich ein Benutzer auf einem Bildschirm gegenübergestellt sieht. Ordentliche Blöcke von Feldern, die in der gleichen Spalte beginnen, haben eine niedrigere Layoutkomplexität. Die Maße beziehen sich nicht auf Verschlüsselungen, Klein- gegenüber Großschreibung, kontinuierlichen Text, Grafiken oder Problemen mit mehreren Bildschirmen.

Zehn Angestellte der Bell Laboratories übernahmen Aufgaben mit Informationsabruf über Motels und Fluglinien auf 520 verschiedenen Bildschirmanzeigen in verschiedenen Formaten (Abb. 11.3). Ausführungszeiten und persönliches Empfinden wurden notiert, um eine berechenbare Gleichung aufzustellen. Die Effizienz der Gleichungen für die Ausführungszeiten und subjektiven Einschätzungen wurden in einer zweiten Untersuchung bewertet, in der 14 Angestellte der Bell Laboratories Information über Autoren und Bücher auf 150 Bildschirmanzeigen mit 15 verschiedenen Formaten heraussuchten (Abb. 11.4). Korrelationen zwischen vorhergesagten und tatsächlichen Werten lagen bei 0,8 für die Suchzeiten und 0,79 für die subjektiven Einschätzungen.

Dieses beeindruckende Ergebnis ist ermutigend. Jedoch erfordern die Messungen ein Computerprogramm, das die Rechnungen an den rein alphanumerischen Anzeigen ausführt, aber sie berücksichtigen keine Verschlüsselungstechniken, Erfahrungsniveaus von Benutzern und Anordnungen von mehreren Anzeigen. Tullis ist bei der Interpretation der Ergebnisse zurückhaltend und betont, dass Bildschirmseiten, bei denen die Suchzeiten optimiert werden, nicht notwendigerweise das subjektive Empfinden verbessern. Gruppierung von Items führte zu schneller Arbeitsweise. Allerdings waren hohe subjektive Einschätzungen mit niedriger lokaler Dichte und niedriger Layoutkomplexität verknüpft. Eine einfache Interpretation dieser Ergebnisse besteht darin, dass ein effektives Bildschirmdesign eine mittlere Anzahl von Gruppen (6 bis 15) enthält, die ordentlich angeordnet, von Leerzeichen umgeben und ähnlich strukturiert sind. Diese Feststellung ist eine zufriedenstellende Bestätigung eines Prinzips, das intuitiv zwar offensichtlich erscheint, aber in zahlreichen Richtliniendokumenten explizit nicht vorkommt. Weitere Untersuchungen menschlicher visueller Suchstrategien wären bei der Zusammenstellung von Designvorlagen hilfreich (Treisman, 1982).

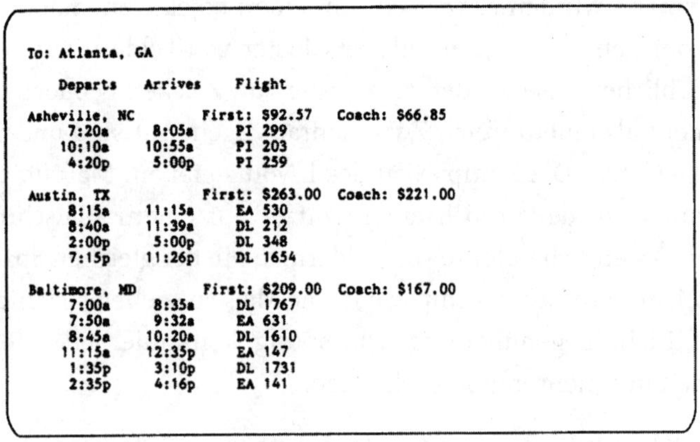

```
To: Atlanta, GA

    Departs    Arrives    Flight

Asheville, NC          First: $92.57   Coach: $66.85
    7:20a     8:05a      PI 299
   10:10a    10:55a      PI 203
    4:20p     5:00p      PI 259

Austin, TX             First: $263.00  Coach: $221.00
    8:15a    11:15a      EA 530
    8:40a    11:39a      DL 212
    2:00p     5:00p      DL 348
    7:15p    11:26p      DL 1654

Baltimore, MD          First: $209.00  Coach: $167.00
    7:00a     8:35a      DL 1767
    7:50a     9:32a      EA 631
    8:45a    10:20a      DL 1610
   11:15a    12:35p      EA 147
    1:35p     3:10p      DL 1731
    2:35p     4:16p      EA 141
```

(a)

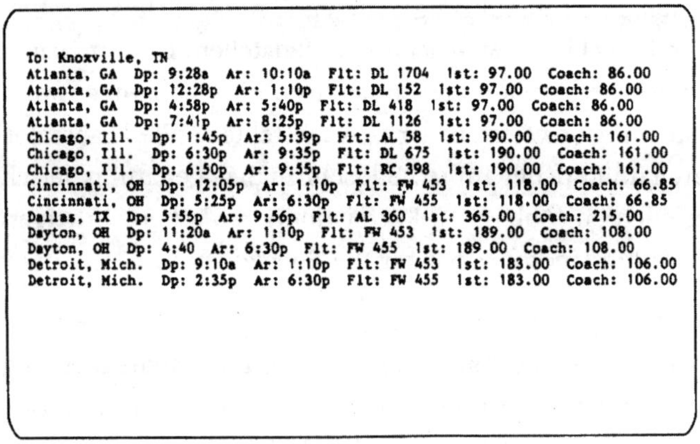

```
To: Knoxville, TN
Atlanta, GA  Dp: 9:28a  Ar: 10:10a  Flt: DL 1704  1st: 97.00   Coach: 86.00
Atlanta, GA  Dp: 12:28p Ar: 1:10p   Flt: DL 152   1st: 97.00   Coach: 86.00
Atlanta, GA  Dp: 4:58p  Ar: 5:40p   Flt: DL 418   1st: 97.00   Coach: 86.00
Atlanta, GA  Dp: 7:41p  Ar: 8:25p   Flt: DL 1126  1st: 97.00   Coach: 86.00
Chicago, Ill.  Dp: 1:45p  Ar: 5:39p  Flt: AL 58   1st: 190.00  Coach: 161.00
Chicago, Ill.  Dp: 6:30p  Ar: 9:35p  Flt: DL 675  1st: 190.00  Coach: 161.00
Chicago, Ill.  Dp: 6:50p  Ar: 9:55p  Flt: RC 398  1st: 190.00  Coach: 161.00
Cincinnati, OH  Dp: 12:05p Ar: 1:10p  Flt: FW 453  1st: 118.00  Coach: 66.85
Cincinnati, OH  Dp: 5:25p  Ar: 6:30p  Flt: FW 455  1st: 118.00  Coach: 66.85
Dallas, TX  Dp: 5:55p  Ar: 9:56p  Flt: AL 360  1st: 365.00  Coach: 215.00
Dayton, OH  Dp: 11:20a  Ar: 1:10p  Flt: FW 453  1st: 189.00  Coach: 108.00
Dayton, OH  Dp: 4:40  Ar: 6:30p  Flt: FW 455  1st: 189.00  Coach: 108.00
Detroit, Mich.  Dp: 9:10a  Ar: 1:10p  Flt: FW 453  1st: 183.00  Coach: 106.00
Detroit, Mich.  Dp: 2:35p  Ar: 6:30p  Flt: FW 455  1st: 183.00  Coach: 106.00
```

(b)

Abb. 11.3: Zwei Versionen von Bildschirmanzeigen aus dem ersten Experiment von Tullis (1984). (a) Ein strukturiertes Format, das zu besserer Leistung führt und bevorzugt wird. (b) Unstrukturiertes Format. Die Ergebnisse dieses Experimentes führten zu vorhersagbaren Gleichungen.

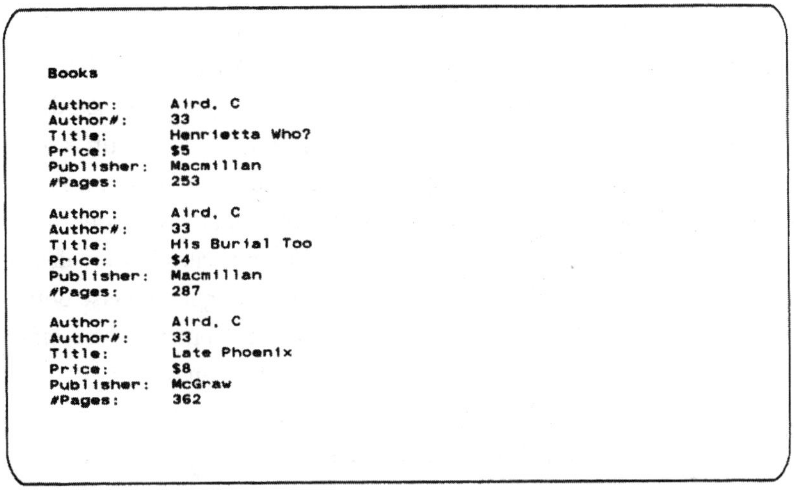

```
Books

Author:      Aird, C
Author#:     33
Title:       Henrietta Who?
Price:       $5
Publisher:   Macmillan
#Pages:      253

Author:      Aird, C
Author#:     33
Title:       His Burial Too
Price:       $4
Publisher:   Macmillan
#Pages:      287

Author:      Aird, C
Author#:     33
Title:       Late Phoenix
Price:       $8
Publisher:   McGraw
#Pages:      362
```

(a)

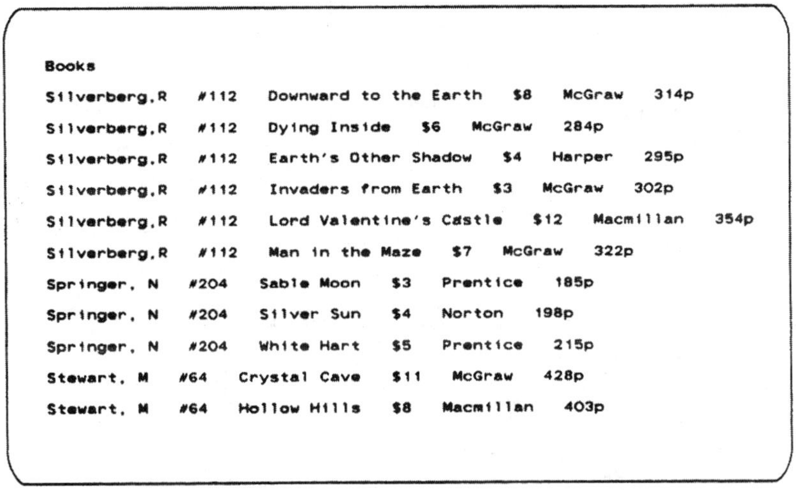

```
Books

Silverberg,R   #112   Downward to the Earth   $8    McGraw      314p

Silverberg,R   #112   Dying Inside   $6    McGraw     284p

Silverberg,R   #112   Earth's Other Shadow   $4    Harper     295p

Silverberg,R   #112   Invaders from Earth   $3    McGraw     302p

Silverberg,R   #112   Lord Valentine's Castle   $12    Macmillan     354p

Silverberg,R   #112   Man in the Maze   $7    McGraw     322p

Springer, N    #204   Sable Moon   $3    Prentice     185p

Springer, N    #204   Silver Sun   $4    Norton     198p

Springer, N    #204   White Hart   $5    Prentice     215p

Stewart, M     #64    Crystal Cave   $11    McGraw     428p

Stewart, M     #64    Hollow Hills   $8    Macmillan     403p
```

(b)

Abb. 11.4:   Zwei Bildschirmversionen des zweiten Experimentes von Tullis (1984). Gleichungen, die auf objektiven Maßen beruhten, sagten Benotungen für Leistung und Bevorzugung exakt voraus und zeigten die Überlegenheit von Version (a) gegenüber Version (b).

Eine genauere Vorausplanung der Arbeitsweise ist eher durch Messungen zu erreichen, die Aufgabenhäufigkeiten und -abfolgen einbeziehen. Sears (1993) entwickelte ein aufgabenabhängiges Maß, die *Angemessenheit des Layouts,* um abzuschätzen, ob die räumliche Aufteilung mit den Aufgaben der Benutzer harmoniert (Abb. 11.5). Wenn Benutzer häufige Aufgaben ausführen können, indem sie sich von oben nach unten durch eine Bildschirmanzeige arbeiten, dann ist schnelleres Arbeiten eher möglich im Vergleich mit einer Anzeige, die zahlreiche Sprünge zu weit auseinanderliegenden Teilen erfordert. Angemessenheit des Layouts ist ein Maß auf Widget-Ebene, das Buttons, Rahmen und Listen umfasst. Die Entwickler geben die Abfolge der Selektionen vor, die von den Benutzern gemacht werden, und die Häufigkeiten jeder Abfolge. Dann wird das Layout der Widgets evaluiert, wie es mit den Aufgaben übereinstimmt. Ein optimales Layout, das visuelles Suchen minimiert, kann erstellt werden, wird aber möglicherweise den Vorstellungen der Benutzer über die Felderanordnung nicht entsprechen, und so müssen die Designer die abschließende Layoutentscheidungen treffen.

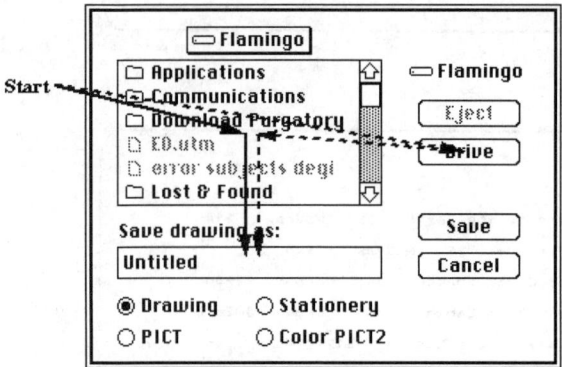

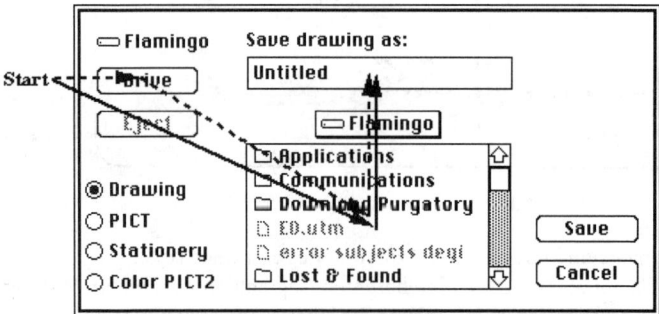

Abb. 11.5: Angemessenes Layout kann Designern helfen, Dialogboxen zu analysieren und neu zu planen. (a) Existierende Dialogbox. (b) Die neu geplante Version, geordnet nach Häufigkeiten von Aktionsabfolgen. Die durchgezogene Linie gibt die häufigste Abfolge von Aktionen wieder, die gestrichelte Linie die zweithäufigste (Sears, 1993).

Layouts, in denen verwandte Informationen gruppiert wurde, fand man für die Benutzer vorteilhaft, wenn die kognitive Belastung des Arbeitsgedächtnisses groß war. Die Exaktheit nahm zu, wenn verwandte Items gruppiert wurden, so dass ein Suchen nach entfernten Items minimiert wurde. (Vincow & Wickens, 1993).

11.5 Farbe

Farbbildschirme sind für die Benutzer attraktiv und können die Aufgabenausführung häufig verbessern, aber die Gefahr von Missbrauch ist recht hoch. Farbe kann

- das Auge beruhigen oder beleidigen
- auf einer uninteressanten Bildschirmseite Akzente setzen
- subtile Unterscheidungen auf komplexen Bildschirmseiten erleichtern
- die logische Organisation von Information betonen
- auf Warnungen aufmerksam machen
- starke emotionale Reaktionen wie Freude, Erregung, Furcht oder Ärger hervorrufen

Die Grundlagen, die Grafiker für den Gebrauch von Farbe in Büchern, Zeitschriften, Straßenschildern und im Fernsehen entwickelten, werden für Computerbildschirme angepasst (Thorell & Smith, 1990; Travis, 1991; Marcus, 1992; Shubin et al., 1996). Programmierer und Entwickler interaktiver Systeme lernen, wie man effektive Bildschirmanzeigen entwirft und Fallen vermeidet (Weitzman, 1985; Brown, 1988; Salomon, 1990; Galitz, 1994) (siehe Farbtafeln als Beispiele).

Es gibt gar keinen Zweifel daran, dass Farbe Videospiele attraktiver macht, mehr Informationen in Diagrammen über Kraftwerke oder Prozesssteuerung transportiert und bei realistischen Abbildungen von Menschen, Landschaften oder dreidimensionalen Objekten notwendig ist (Foley et al., 1990; Gardiner, 1994). All diese Anwendungen erfordern Farbe. Eine größere Kontroverse bezüglich der Vorteile von Farbe besteht bei alphanumerischen Anzeigen, Spreadsheets, Diagrammen und Komponenten der Benutzerschnittstellen. Hochauflösende Bildschirmanzeigen mit vielen Schrifttypen, -größen und -stilen bieten den Entwicklern viele Möglichkeiten bei Displays »Schwarz auf Weiß«, die nachweislich besser lesbar sind als »Weiß auf Schwarz« (Snyder et al., 1990). Jedoch hat auch Farbe noch viel Attraktives zu bieten.

Es gibt keine einfachen Regeln über den Gebrauch von Farbe, aber folgende Richtlinien sind für Designer ein ganz brauchbarer Ausgangspunkt:

- *Setzen Sie Farbe vorsichtig ein:* Viele Programmierer und junge Designer sind ganz versessen darauf, ihre Bildschirmseiten mit Farbe zu aufzuhellen, aber die Ergebnisse sind häufig kontraproduktiv. Ein Heiminformationssystem hatte die sieben Buchstaben seines Namens jeweils in einer anderen Farbe. Von weitem erschien die Anzeige einladend und ins Auge fallend, von nahem aber schlichtweg schwer lesbar.

  Anstatt sinnvolle Zusammenhänge zu zeigen, verführen unpassende farbige Felder die Benutzer dazu, nichtexistierende Zusammenhänge zu suchen. Bei einem schlecht aufgebauten Bildschirm wurde eine weiße Beschriftung für Eingabefelder sowie für Erklärungen von PF-Tasten (Programmierte Funktion) gewählt, was die Benutzer denken ließ, sie hätten die Buchstaben PF3 oder PF9 einzutippen

  Der Gebrauch einer jeweils anderen Farbe für etwa 12 Einzelheiten in einem Menü erschlägt völlig. Ein Gebrauch von vier Farben (wie rot, blau, grün und gelb) für die 12 Einzelheiten kann die Benutzer immer noch zu der Annahme verführen, alles Gleichfarbige sei miteinander verwandt. Angemessen wäre es dagegen, alle Einzelheiten des Menüs in einer Farbe anzuzeigen, den Titel in einer zweiten Farbe, die Befehle in einer dritten und die Fehlermeldungen in einer vierten. Aber selbst dies kann erschlagend wirken, wenn die Farben zu deutlich hervortreten. Auf der ganz sicheren Seite ist man immer mit einer Verwendung von schwarzen Buchstaben auf weißem Hintergrund, mit Kursiv- oder Fettschrift zur Betonung sowie Reservieren von Farbe für spezielle Hervorhebungen.

- *Begrenzen Sie die Zahl der Farben:* Viele Designratgeber empfehlen, die Zahl der Farben auf einer einzelnen alphanumerischen Bildschirmseite auf vier und in der gesamten Displayabfolge auf sieben zu begrenzen. Erfahrene Benutzer können eventuell noch von einer größeren Anzahl an Farben profitieren.
- *Erkennen Sie die Aussagekraft von Farbe als Codiertechnik* Farbe erleichtert bei vielen Aufgaben die Erkennung ganz erheblich und ist effektiver als Schraffuren (Perlman & Swan, 1993). Eine Farbmarkierung kann sogar die Ausführung von Aufgaben verhindern, sofern sie dem Farbschema entgegen stehen. Wenn beispielsweise bei einer Buchführungsanwendung Datenzeilen mit Konten mit 30 Tagen Überfälligkeit in rot markiert werden, werden sie leicht erkennbar unter den übrigen, nicht überfälligen Konten, die grün markiert sind. Bei der Flugver-

kehrsüberwachung können hoch fliegende Flugzeuge anders als die niedrig fliegenden markiert werden, um die Erkennung zu erleichtern. Bei der Programmierung von Workstations können neu hinzugefügte Befehle anders als die alten markiert werden, um den Fortschritt beim Schreiben oder die Aktualisierung der Programme anzuzeigen.

- *Stellen Sie sicher, dass die Farbkodierung der Aufgabe auch wirklich dienlich ist:* Wenn bei der Buchführungsanwendung mit der Farbkodierung bei zeitlicher Überziehung die Aufgabe jetzt ist, Kontostände über 55 Dollar herauszufinden, kann die Farbkodierung der Zeit die Ausführung der zweiten Aufgabe behindern. Bei der Programmierungsanwendung kann die Farbmarkierung jüngster Zusätze es schwieriger machen, das gesamte Programm zu lesen. Die Entwickler sollten versuchen, eine enge Beziehung zwischen den Aufgaben des Benutzers und der Farbkodierung herzustellen.

- *Lassen Sie die Farbkodierung mit minimalem Aufwand des Benutzers sichtbar werden:* Generell sollte die Farbkodierung von den Benutzern nicht jedes Mal neu zugewiesen werden müssen, wenn sie eine Aufgabe ausführen, sondern sie sollte erscheinen, weil sie beispielsweise das Programm starten, um zu prüfen, welche Konten mehr als 30 Tage überfällig sind. Wenn die Benutzer die Aufgabe haben, Kontostände über 55 Dollar herauszufinden, sollte automatisch die neue Farbkodierung erscheinen.

- *Lassen Sie den Benutzer die Farbkodierung steuern:* Wenn nötig, sollten die Benutzer die Farbkodierung ausschalten können. Wenn beispielsweise ein Rechtschreibeprüfprogramm mögliche falsch geschriebene Worte rot markiert, sollte der Benutzer dies akzeptieren oder die Schreibweise ändern und die Kodierung abschalten können. Deutlich sichtbare rote Markierungen lenken beim Lesen und Verstehen des Textes ab.

- *Entwickeln Sie zunächst für den monochromen Fall:* Das vorrangige Ziel eines Bildschirmdesigners sollte die Anordnung der Inhalte in einer logischen Weise sein. Verwandte Felder können durch nah beieinander liegende Anordnung oder durch eine ähnliche Struktur angezeigt werden. Beispielsweise können aufeinander folgende Datensätze über Angestellte in gleicher Weise eingerückt sein. Verwandte Felder können auch durch einen gemeinsamen Rahmen als Gruppe zusammengestellt werden. Nicht verwandte Felder können durch Leerzeichen getrennt werden (wenigstens eine Leertaste in der Vertikalen oder drei Leerzeichen in der Horizontalen). Es kann auch deshalb vorteilhaft sein, zunächst den monochromen Fall zu planen, weil Farbmonitore nicht überall verfügbar sind.

- *Berücksichtigen Sie Bedürfnisse farbenblinder Benutzer:* Etwa 8 % der Benutzer in Nordamerika und Europa leiden unter verminderter Farberkennung. Die häufigste Behinderung ist die Rot-Grün-Blindheit, bei der beide Farben grau erscheinen. Schwarz auf Weiß oder Weiß auf Schwarz wird für solche Benutzer und eben auch für die meisten anderen angemessen sein.

- *Benutzen Sie Farben bei der Formatierung:* Bei dicht gepackten Bildschirmseiten können ähnliche Farben verwandte Einzelheiten gruppieren. Beispielsweise können auf der Zuweisungstafel eines Polizeifahrdienstleiters Polizeiautos im Noteinsatz mit rot markiert sein, solche im Routineeinsatz dagegen mit grün. Bei einem neuen Notfall wäre es dann leichter, die Autos im Routineeinsatz zu erkennen und entsprechend eines davon für den Notfall einzusetzen. Mit unterschiedlichen Farben können räumlich nahestehende, aber inhaltliche unterschiedliche Felder getrennt werden. Bei einer block-strukturierten Programmiersprache könnten die Entwickler die ineinander verschachtelten Niveaus durch Markierung der Befehle in einer abgestuften Reihenfolge von Farben kennzeichnen: etwa dunkelgrün, hellgrün, gelb, hellorange, dunkelorange, rot usw.

- *Verwenden Sie eine konsistente Farbkodierung* Benutzen Sie die gleichen Farbmarkierungsregeln im gesamten System. Wenn einige Fehlermeldungen rot angezeigt werden, dann sollte auch wirklich jede Fehlermeldung rot erscheinen. Ein Wechsel zu Gelb könnte als ein Bedeutungswandel der Meldung interpretiert werden. Wenn Farben von mehreren Entwicklern im gleichen System unterschiedlich verwendet werden, werden die Benutzer stutzig, weil sie den Farbwechseln eine Bedeutung beimessen wollen. Eine Vorgabe für die Farbmarkierung sollte dann für alle Entwickler gemeinsam niedergeschrieben werden.

- *Beachten Sie die allgemeinen Konventionen bei einer Farbwahl:* Der Entwickler muss unbedingt mit den Benutzern absprechen, welche Farben in einem Aufgabenbereich angewendet werden sollen. Für Autofahrer ist Rot üblicherweise ein Anzeiger für Halt oder Gefahr, Gelb ein Warnsignal, und Grün bedeutet freie Fahrt. In Geschäftskreisen bedeutet Rot finanzieller Verlust, Schwarz hingegen Gewinn. Im Sanitärbereich bedeutet Rot heißes Wasser, Blau dagegen kaltes. In der Kartographie wird Blau für Wasser, Grün für Wälder und Gelb für Wüsten verwendet. Diese verschiedenen Konventionen können den Designern Schwierigkeiten bereiten. Ein Designer könnte vielleicht Rot als Signal verwenden, dass eine Maschine warm gelaufen ist und bereit steht, ein Benutzer dagegen die rote Farbe als ein Anzeichen für Gefahr ansehen. Rotes Licht wird bei elektrischen Geräten häufig dazu benutzt, um anzuzeigen, dass sie eingeschaltet sind, jedoch wurden hierdurch schon manche Benutzer verunsichert, weil Rot eben so stark mit Gefahr oder Halt assoziiert wird. Wenn notwendig, sollte man eine Farblegende auf dem Bildschirm oder einem separaten Hilfefenster bereitstellen.

■ *Berücksichtigen Sie die Probleme bei Farbzusammenstellungen:* Wenn ein sattes Rot und Blau gleichzeitig auf einem Bildschirm erscheint, kann es für die Benutzer schwierig sein, die Information aufzunehmen. Rot und Blau stehen an den entgegengesetzten Enden des natürlichen Farbspektrums, und die Muskeln um das menschliche Auge werden beim Versuch, beide Farben gleichzeitig zu fokussieren, stärker beansprucht. Blau scheint eher zurückzutreten, Rot dagegen eher hervorzutreten. Ein blauer Text auf rotem Hintergrund stellt für einen Leser eine ganz besonders schwierige Herausforderung dar. Andere Kombinationen werden auf ähnliche Weise protzig und schwer lesbar erscheinen, beispielsweise Gelb auf Violett, Magentarot auf Grün. Auch ein zu geringer Kontrast kann ein Problem sein. Man stelle sich einmal gelbe Buchstaben auf weißem Hintergrund oder braune Buchstaben auf einem schwarzen Hintergrund vor. Auf jedem Farbmonitor erscheint eine Farbe ganz unterschiedlich, und so sind sorgfältige Tests mit verschiedenen Text und Hintergrundfarben notwendig. Pace (1984) testete 24 Farbkombinationen an 36 studentischen Testpersonen. Er fand Fehlerraten von etwa einem bis vier Fehlern pro 1.000 gelesenen Zeichen. Schwarz auf Blau und Blau auf Weiß konnten mit geringen Fehlerraten korreliert werden, hingegen Magentarot auf Grün und Grün auf Weiß mit hohen Fehlerraten. Tests mit anderen Monitoren und Aufgaben sind notwendig, um eine allgemeingültige Schlussfolgerung über die effektivsten Farbkombinationen aufzustellen.

■ *Benutzen Sie unterschiedliche Farben bei Anzeige eines Statuswechsel:* Wenn ein Autotachometer eine digitale Anzeige der Geschwindigkeit hätte, könnte es sehr hilfreich sein, von Grün unterhalb der Geschwindigkeitsbegrenzung oberhalb davon zur Warnung auf Rot umzuschalten. Auf ähnliche Weise könnten Druckanzeiger in einer Ölraffinerie die Farbe wechseln, wenn der Wert sich über oder unter ein akzeptiertes Limit bewegt. Auf diese Weise kann mit Farbe Aufmerksamkeit erzeugt werden. Diese Technik ist potenziell wertvoll, wenn Hunderte von Werten kontinuierlich angezeigt werden.

■ *Setzen Sie Farbe in Grafiken für eine größere Informationsdichte ein:* Bei Strichzeichnungen mit verschiedenen Eintragungen kann Farbe höchst hilfreich sein, um die verschiedenen Linien auseinander zu halten. Üblicherweise werden bei Schwarz-Weiß-Zeichnungen gepunktete, gestrichelte oder unterschiedlich dicke Linien verwendet. Dies ist jedoch bei weitem nicht so effektiv wie eine

Trennung durch unterschiedliche Farben. Architektenentwürfe werden durch Färbung von elektrischen, Telefon-, Wasser- und Gasleitungen verbessert. In ähnlicher Weise haben ja auch Karten eine höhere Informationsdichte bei Farbkodierung.

Die Komplexität des Farbgebrauchs wurde auch bei Untersuchungen von Entscheidungsaufgaben anstelle einfacher Informationssuche oder -abfrage deutlich herausgestellt (Benbasat et al., 1986). Wenn Farbkodierung auch generell als vorteilhaft empfunden wurde, gab es doch Wechselwirkungen mit persönlichen Faktoren. Weitere Schwierigkeiten wurden bei einem Vergleich zwischen schwarzweißen und farbigen Kreisdiagrammen, Histogrammen, Strichzeichnungen und Tabellen festgestellt, da bei allen Farbvarianten eine Arbeitsverbesserung außer bei den Strichzeichnungen festgestellt werden konnte (Hoadley, 1990). Hoadley kommt zum Schluss, dass ein »unkritischer Farbzusatz nicht in jedem Fall von Vorteil ist. Farbe ist eine sensible Variable, die ganz signifikant die Fähigkeit des Entscheiders erhöhen kann, Information zu gewinnen«.

Farbige Bildschirmanzeigen werden fast universell eingesetzt, auch in Laptops. Daher machen Entwickler üblicherweise auch starken Gebrauch von Farbe beim Systemdesign. Unbestritten sind die Vorteile größerer Benutzerzufriedenheit und häufig gesteigerter Leistung, jedoch bestehen große Gefahren bei einer falschen Verwendung von Farben. Besondere Sorgfalt sollte daher auf ein angemessenes Design gelegt werden, und gründliche Überprüfungen sind unumgänglich (Rahmen 11.4).

Rahmen 11.4: Richtlinien zur Hervorhebung der komplexen potenziellen Vorzüge und Gefahren der Benutzung von Farbe.

Richtlinien zur Benutzung von Farbe
- Benutzen Sie Farbe vorsichtig: Schränken Sie Zahl und Menge von Farben ein.
- Berücksichtigen Sie die Farbwirkung zur Beschleunigung oder Verlangsamung von Aufgaben.
- Sorgen Sie dafür, dass Farbkodierung die Aufgabe unterstützt.
- Farbkodierung sollte durch minimale Anstrengung des Benutzers erscheinen.
- Farbkodierung sollte vom Benutzer gesteuert werden.
- Planen Sie zunächst in Schwarz-Weiß.
- Benutzen Sie Farbe bei der Formatierung.
- Farbkodierung soll konsistent sein.
- Achten Sie auf übliche Erwartungen bei bestimmten Farben.
- Benutzen Sie Farbwechsel, um Statuswechsel anzuzeigen.
- Benutzen Sie Farbe in Grafikanzeigen, um eine höhere Informationsdichte zu erreichen.

Rahmen 11.4: Richtlinien zur Hervorhebung der komplexen potenziellen Vorzüge und Gefahren der Benutzung von Farbe. (Forts.)

Vorzüge der Benutzung von Farbe
- Verschiedene Farben sind für das Auge gefällig.
- Farbe kann eine uninteressante Bildschirmanzeige verbessern.
- Farbe erleichtert subtile Unterscheidungen auf komplexen Anzeigen.
- Farbe kann die logische Organisation von Information betonen.
- Bestimmte Farben erzeugen Warnungen.
- Farbe kann emotionelle Reaktionen wie Freude, Erregung, Furcht und Ärger fördern.

Gefahren bei der Benutzung von Farbe
- Farbpaare können Probleme verursachen.
- Farbqualität kann bei anderer Hardware abnehmen.
- Drucken oder Konvertierung für andere Medien kann ein Problem sein.

11.6 Zusammenfassung für den Praktiker

Die Wortwahl bei Systemmeldungen kann persönliche Leistung und Einstellungen stark beeinflussen, besonders bei Anfängern, deren Ängstlichkeit und mangelndes Wissen sie unterlegen macht. Designer können Verbesserungen schon durch genauere diagnostische Meldungen, mehr konstruktive Führung als Bezüge auf Fehler, Anwendung einer nutzerbezogenen Wortwahl, geeignetes Format und Vermeidung vager Terminologie oder Zahlencodes erreichen.

Bei Anleitungen sollte man sich auf den Benutzer und seine spezifischen Aufgaben konzentrieren. Man vermeide eine anthropomorphe Wortwahl und benutze die Du/Sie-Form, um den Anfänger anzuleiten. Jede Bewertung des Benutzers sollte vermieden werden. Einfache Zustandsangaben sind prägnanter und üblicherweise auch effektiver.

Dem Bildschirmdesign sollte viel Aufmerksamkeit geschenkt werden, und man sollte zentral Richtlinien für alle bei einer Entwicklung Beteiligten bereitstellen. Benutzen Sie Abstände, Einrücken, Spaltenformate und Feldbezeichnungen, um eine Bildschirmanzeige für Benutzer zu organisieren. Dichtere, aber möglichst wenige Bildschirmseiten können von Vorteil sein. Farbe kann Bildschirmseiten verbessern und zu schnellerer Arbeitsweise bei größerer Befriedigung führen, aber eine falsche Farbwahl kann die Benutzer irreführen und verlangsamen.

Organisationen sollten sorgfältig Vorschläge und Vorlagen über Bildschirmdesign überprüfen und ihre eigenen Richtlinien zusammenstellen, die auf den jeweiligen Bedarf zugeschnitten sind (siehe Abschnitt 3.2.1). Dieses Dokument sollte auch eine Liste der hiesigen Terminologie und Abkürzungen enthalten. Konsistenz und gründliches Austesten sind unumgänglich.

11.7   Ausblick für die Forschung

Experimentelle Testreihen könnten die hier vorgeschlagenen Richtlinien für Fehlermeldungen verfeinern und die Ursachen von Ängstlichkeit oder Verwirrung bei
Benutzern genauer identifizieren. Platzierung von Meldungen, Hervorhebungstechniken und Strategien für Meldungen unterschiedlicher Niveaus müssen weiter
erkundet werden. Eine verbesserte Analyse der Reihenfolge von Benutzeraktionen
wäre auch angebracht, damit effektivere Meldungen automatisch erfolgen können.

Einen großen Testbedarf gibt es für Datenanzeigen und Farbvorlagen. Ein grund-
sätzliches Verständnis und kognitive Modelle visueller Wahrnehmung von Bildschirmanzeigen wären ein hervorragender Beitrag. Beginnen die Benutzer ein
Überfliegen der Seiten oben links? Schauen sich Benutzer, die ihre Sprache von
rechts nach links lesen oder aus anderen Kulturkreisen stammen, die Bildschirme
in anderer Weise an? Erleichtert ein Leerraum zwischen den Items oder ein Rahmen um die Items herum das Verständnis und die Beschleunigung der Deutung?
Wann kann man eine einzelne dicht gepackte Bildschirmseite zwei übersichtlichen
Seiten vorziehen? Wie organisiert Farbkodierung das Muster des Abtastens mit
dem Blick neu?

World Wide Web

Richtlinien für Farbgestaltung sind im World Wide Web hervorragend gestaltet,
häufig mit einigen empirischen Ergebnissen. Am informativsten und angenehms-
ten ist es jedoch, einfach durch lebendige farbige Webseiten zu surfen. Stil und
Trends wechseln furchtbar schnell, so dass man die Beispiele speichern sollte, die
einem am besten gefallen. Eine aktuelle Liste entsprechender Links ist erhältlich
unter:

```
http://www.aw.com/DTUI
```

Quellen

Benbasat, I., Dexter, A. S., & Todd, P., The influence of color and graphical information presentation in a managerial decision simulation, *Human–Computer Interaction*, 2 (1986), 65–92.

Brennan, Susan E. & Ohaeri, Justina O., Effects of messages style on users' attribu-
tions towards agents, *Proc. ACM CHI '94 Human Factors in Computing Systems: Conference Companion*, ACM, New York (1994), 281–282.

Brown, C. Marlin, *Human–Computer Interface Design Guidelines*, Ablex, Norwood, NJ (1988).

Burns, Michael J., Warren, Dianne L., & Rudisill, Marianne, Formatting space-related displays to optimize expert and nonexpert user performance, *Proc. ACM SIG-CHI '86 Human Factors in Computing Systems*, ACM, New York (1986), 274–280.

Casner, Stephen M., A task-analytic approach to the automated design of information graphic presentations, *ACM Transactions on Graphics*, 10, 2 (April 1991), 111–151.

Dean, M., How a computer should talk to people, *IBM Systems Journal*, 21, 4 (1982), 424–453.

Donner, Kimberly A., McKay, Tim, O'Brien, Kevin M., & Rudisill, Marianne, Display format and highlighting validity effects on search performance using complex visual displays, *Proc. Human Factors Society—Thirty-Fifth Annual Meeting*, Santa Monica, CA (1991), 374–378.

Foley, James D., van Dam, Andries, Feiner, Steven K., & Hughes, John F., *Computer Graphics: Principles and Practice* (Second Edition), Addison-Wesley, Reading, MA (1990).

Friedman, Batya, »It's the computer's fault«—Reasoning about computers as moral agents, *Proc. ACM CHI '95 Human Factors in Computing Systems: Conference Companion*, ACM, New York (1995), 226–227.

Galitz, Wilbert O., It's Time to Clean Your Windows: Designing GUIs that Work, John Wiley & Sons, New York (1994).

Gardiner, Jeremy, *Digital Photo Illustration*, Van Nostrand Reinhold, New York (1994).

Hoadley, Ellen D., Investigating the effects of color, *Communications of the ACM*, 33, 2 (February 1990), 120–139.

Isa, Barbara S., Boyle, James M., Neal, Alan S., & Simons, Roger M., A methodology for objectively evaluating error messages, *Proc. ACM CHI '83 Human Factors in Computing Systems*, ACM, New York (1983), 68–71.

Kiesler, Sara, Sproull, Lee, & Waters, Keith, A prisoner's dilemma experiment on cooperation with people and human-like computers, *Journal of Personality and Social Psychology*, 70, 1 (1996), 47–65.

Laurel, Brenda, Interface agents: Metaphors with character. In Laurel, Brenda (Editor), *The Art of Human–Computer Interface Design*, Addison-Wesley, Reading, MA (1990), 355–365.

Lohse, Jerry. A cognitive model for perception and understanding of graphs, *Proc. ACM CHI '91 Human Factors in Computing Systems*, ACM, New York (1991), 137–144.

Mackinlay, Jock, Automating the design of graphical presentations of relational information, *ACM Transactions on Graphics*, 5, 2 (1986), 110–141.

Maes, Pattie, Artificial life meets entertainment: Lifelike autonomous agents, *Communications of the ACM*, 38, 11 (November 1995), 108–114.

Marcus, Aaron, Graphic Design for Electronic Documents and User Interfaces, ACM Press, New York (1992).

Martin, Dianne, ENIAC: Press conference that shook the world, *IEEE Technology and Society Magazine*, 14, 4 (Winter 1995/96), 3–10.

Mosteller, W., Job entry control language errors, *Proceedings of SHARE 57*, SHARE, Chicago (1981), 149–155.

Mullet, Kevin & Sano, Darrell, *Designing Visual Interfaces: Communication Oriented Techniques*, Sunsoft Press, Englewood Cliffs, NJ (1995).

Mumford, Lewis, *Technics and Civilization*, Harcourt Brace & World, New York (1934), 31–36

Nass, Clifford, Steuer, Jonathan, & Tauber, Ellen R., Computers are social actors, *Proc. ACM CHI '94 Human Factors in Computing Systems*, ACM, New York (1994), 72–78

Nass, Clifford, Lombard, Matthew, Henriksen, Lisa, & Steuer, Jonathan, Anthropocentrism and computers, *Behaviour & Information Technology*, 14, 4 (1995), 229–238.

Pace, Bruce J., Color combinations and contrast reversals on visual display units, *Proceedings of the Human Factors Society Twenty-Eighth Annual Meeting*, Santa Monica, CA (1984), 326–330.

Perlman, Gary & Swan, II, J. Edward, Color versus texture coding to improve visual search performance, *Proc. Human Factors Society—Thirty-Seventh Annual Meeting*, Santa Monica, CA (1993), 343–347.

Quintanar, Leo R., Crowell, Charles R., & Pryor, John B., Human–computer interaction: A preliminary social psychological analysis, *Behavior Research Methods and Instrumentation*, 14, 2 (1982), 210–220.

Resnik, P. V. & Lammers, H. B., The influence of self-esteem on cognitive response to machine-like versus human-like computer feedback, *Journal of Social Psychology*, 125, (1986), 761–769.

Roth, Steven F., Kolojejchick, John, Mattis, Joe, & Goldstein, Jade, Interactive graphic design using automatic presentation knowledge, *Proc. ACM CHI '94 Human Factors in Computing Systems*, ACM, New York (1994), 112–117.

Salomon, Gitta, New Uses for Color, In Laurel, Brenda (Editor), *The Art of Human–Computer Interface Design*, Addison-Wesley, Reading, MA (1990), 269–278.

Sears, Andrew, Layout appropriateness: Guiding user interface design with simple task descriptions, *IEEE Transactions on Software Engineering*, 19, 7 (1993), 707–719.

Shneiderman, Ben, System message design: Guidelines and experimental results. In Badre, A., & Shneiderman, B. (Editors), *Directions in Human/Computer Interaction*, Ablex, Norwood, NJ (1982), 55–78.

Shneiderman, Ben, Looking for the bright side of agents, *ACM Interactions*, 2, 1 (January 1995), 13–15.

Shubin, Hal, Falck, Deborah, & Johansen, Ati Gropius, Exploring color in interface design, *ACM interactions III.4* (August 1996), 36–48.

Smith, Sid L. & Mosier, Jane N., *Guidelines for Designing User Interface Software*, Report ESD-TR-86-278, MITRE, Bedford, MA (August 1986).

Snyder, Harry L., Decker, Jennie J., Lloyd, Charles J. C., & Dye, Craig, Effect of image polarity on VDT task performance, *Proc. Human Factors Society—Thirty-Fourth Annual Meeting*, Santa Monica, CA (1990), 1447–1451.

Springer, Carla J., Retrieval of information from complex alphanumeric displays: Screen formatting variables' effect on target identification time. In Salvendy, Gavriel (Editor), *Cognitive Engineering in the Design of Human–Computer Interaction and Expert Systems*, Elsevier, Amsterdam, The Netherlands (1987), 375–382.

Staggers, Nancy, Impact of screen density on clinical nurses' computer task performance and subjective screen satisfaction, *International Journal of Man–Machine Studies*, 39, 5 (November 1993), 775–792.

Takeuchi, Akikazu & Naito, Taketo, Situated facial displays: Towards social interaction, *Proc. ACM CHI '95 Human Factors in Computing Systems*, ACM, New York (1995), 450–455.

Teitelbaum, Richard C., & Granda, Richard F., The effects of positional constancy on searching menus for information, *Proc. ACM CHI '83 Human Factors in Computing Systems*, ACM, New York (1983), 150–153.

Thorell, L. G., & Smith, W. J., *Using Computer Color Effectively*, Prentice-Hall, Englewood Cliffs, NJ (1990).

Travis, David S., *Effective Color Displays: Theory and Practice*, Academic Press, New York (1991).

Treisman, Anne, Perceptual grouping and attention in visual search for features and for objects, *Journal of Experimental Psychology: Human Perception and Performance*, 8, 2 (1982), 194–214.

Tufte, Edward, *Envisioning Information*, Graphics Press, Cheshire, CT (1990).

Tullis, T. S., An evaluation of alphanumeric, graphic and color information displays, *Human Factors*, 23, (1981), 541–550.

Tullis, T. S., Screen design. In Helander, Martin (Editor), *Handbook of Human–Computer Interaction*, Elsevier Science Publishers, Amsterdam, The Netherlands (1988a), 377–411.

Tullis, T. S., A system for evaluating screen formats: Research and application. In Hartson, H. Rex, & Hix, Hartson (Editors), *Advances in Human–Computer Interaction* (Volume 2), Ablex, Norwood, NJ (1988b), 214–286.

Vincow, Michelle A. & Wickens, Christopher, Spatial layout of displayed information: Three steps toward developing quantitative models, *Proc. Human Factors Society—Thirty-Seventh Annual Meeting*, Santa Monica, CA (1993), 348–352.

Walker, Janet H., Sproull, Lee, & Subramani, R., Using a human face in an interface, *Proc. ACM CHI '94 Human Factors in Computing Systems*, ACM, New York (1994), 85–91.

Weitzman, Donald O., Color coding re-viewed, *Proc. Human Factors Society—Twenty-ninth Annual Meeting*, Santa Monica, CA (1985), 1079–1083.

Kapitel 12

Handbücher, Online-Hilfen und Tutorials

Was bei der Erziehung wirklich wichtig ist: Der Verstand soll reifen, Energie soll geweckt werden.

Sören Kierkegaard, Entweder – Oder, Band II

12.1 Einführung

Alle Benutzer interaktiver Computer müssen sich einarbeiten. Viele Benutzer lernen von einer anderen Person, die das betreffende System kennt. Aber dennoch sind Anleitungs- und Übungsunterlagen in der Regel notwendig. Traditionelle gedruckte Bedienungsanleitungen sind zwar manchmal ziemlich schlecht geschrieben, aber gerade dieses Medium kann sehr effektiv und angenehm sein, wenn es gut gemacht ist (Price, 1984; Brockmann, 1990). Online-Hilfe, Manuals und Tutorials, die selbst das jeweilige interaktive System für Anleitung, Beschreibung und als Nachschlagemöglichkeit für bestimmte Fragestellungen und Syntax bieten, sind zu selbstverständlichen Komponenten der meisten Systeme geworden. Da Anzeigegeräte auch in Autos, Kameras, Videorecordern und anderswo auftauchen, sollte allgegenwärtige Hilfe eigentlich die Norm sein.

Etwas Neues zu lernen ist immer eine Herausforderung. Obwohl Herausforderung durchaus erfreulich und befriedigend sein kann, spüren viele Leute Angst, Frustration und Enttäuschung, wenn sie etwas über Computersysteme lernen sollen. Viele Schwierigkeiten stammen vom schlechten Design der Menüs, Displays oder Anweisungen, die zu Fehlersituationen führen, oder sind einfach bedingt durch die Unfähigkeit von Benutzern zu erkennen, was sie als nächstes tun sollen.

Obwohl zunehmend das Augenmerk auf die Verbesserung des Designs von Benutzeroberflächen gelegt wird, wächst die Komplexität der Online-Systeme. Es wird wohl immer einen Bedarf für Zusatzhilfen für Benutzer in Papier- oder Online-Form geben. Einige der vielen Arten von Anwenderhandbüchern sind:

- *Kurze Einstiegskompendien*, mit denen Erstanwender Wesentliches ausprobieren können
- *Einführungstutorials*, die gängige Eigenschaften erklären
- *Umfassende Tutorials*, die typische und fortgeschrittene Aufgaben enthalten
- *Schnelle Referenzwerke*, die eine knappe Darstellung der Syntax bieten
- *Konvertierungsmanuals*, die Eigenschaften des gegebenen Systems Benutzern erläutern, die sich schon mit einigen anderen Systemen auskennen.
- *Detaillierte Referenzmanuals*, die alles abdecken.

Daneben gibt verschiedene Arten von Online-Hilfen:

- *Das Online-Handbuch:* Diese einfache Umwandlung des traditionellen Benutzerhandbuchs in eine elektronische Form kann den Text schneller verfügbar machen, ist aber schwieriger zu lesen und aufzunehmen.
- *Die Online-Hilfe:* Die üblichste Form der Online-Hilfe besteht aus einer Liste der Titel von Artikeln (möglicherweise über Schlüsselworte auffindbar) und einem Index von Ausdrücken, die zu Einzelartikeln führen.
- *Das Online-Tutorial:* Dieser potenziell ansprechende und innovative Ansatz benutzt das elektronische Medium, um Anfänger durch Simulationen, attraktive Animationen und Motivation in interaktiven Sitzungen zu unterweisen.
- *Die Online-Demonstration:* Potenziellen Benutzern, die einen Überblick über die Software bekommen wollen, ermöglicht die Online-Demonstration eine Führung durch die Software.

Duffy et al. (1992) unterteilen Papier- und Online-Hilfen nach Benutzerzielen:

Benutzerziel	Medium	
	Papier	*Online*
Ich will etwas *kaufen*!	Verkaufbroschüre	Demonstrationsprogramm
	Datenliste	
Ich will etwas *lernen*!	Tutorial	Online-Tutorial
Ich will etwas *anwenden*!	Benutzermanual	Online-Hilfe
		Online-Dokument

Andere Formen von Anleitung sind Gruppenunterricht, Einzeltraining und -hilfe, Telefonberatung, Videos und Hörmedien. Diese werden hier nicht besprochen, aber viele der gleichen Lehrprinzipien treffen auch für sie zu.

12.2 Lesen auf Papier vs. Lesen am Bildschirm

Die Drucktechnik auf Papier hat sich über mehr als 500 Jahre entwickelt. Papieroberfläche und -farbe, Schriftarten, Zeichengröße, Buchstabenschärfe, Textkontrast mit dem Papier, Breite des Satzspiegels, Breite der Seitenränder, Zeilenabstände und sogar Raumbeleuchtung sind erforscht worden, um das ansprechendste und lesbarste Format zu schaffen.

In den letzten vierzig Jahren kam die Kathodenstrahlröhre (*CRT - cathode ray tube; VDU - visual display unit; VDT - visual display tube*) als alternatives Medium der Textdarstellung auf, aber Forscher haben mit dem langen Prozess der Optimierung des Benutzerbedarfs erst begonnen (Cakir et al., 1980; Grandjean und Vigliani, 1982; Heines, 1984; Helander, 1987; Hansen und Haas, 1988; Oborne und Holton, 1988; Creed und Newstead, 1988; Horton, 1990). Ernsthafte Bedenken in Hinsicht auf Bildschirmstrahlung oder andere Gesundheitsschäden haben abgenommen, seit Hersteller, Gewerkschaften und öffentliche Institutionen viel Forschung auf diesem Gebiet finanziert haben. Ein großer Vorteil der zunehmend beliebteren Flüssigkristallanzeigen (LCDs) besteht darin, dass wenig Bedenken gegenüber Strahlung bestehen.

Die weitverbreiteten Berichte über visuelle Ermüdung und Stress sind bestätigt worden, können aber durch häufige Pausen und Aufgabenvielfalt behoben werden. Aber noch bevor Benutzer visuelle Ermüdung oder Stress empfinden, kann ihre Arbeitsleistung am Bildschirm unter der mit gedrucktem Material liegen.

Etwa 10 Studien fanden in den achtziger Jahren 15 – 30 % langsamere Arbeitszeiten für Verstehen oder Korrekturlesen von Text an Computerbildschirmen gegenüber Papier heraus. Die potenziellen Nachteile von Lesen am Bildschirm sind:

- *Schrifttypen* können besonders bei niedrig auflösenden Bildschirmen schlecht sein. Die Punkte, aus denen die Buchstaben zusammengesetzt sind, können so groß sein, dass jeder sichtbar ist. So muss sich der Benutzer anstrengen, den Buchstaben überhaupt zu erkennen. Schrifttypen, fehlende Zwischenraumanpassung (z.B. ein »V« und ein »A« näher zusammen zu bringen), unangemessene Zwischenräume zwischen Buchstaben und Zeilen sowie falsche Farbwahl können das Erkennen erheblich erschweren.
- *Geringer Kontrast* zwischen Buchstaben und Hintergrund, sowie *verschwommene Buchstabenränder* können auch Mühe machen.
- Vom Bildschirm *emittiertes Licht* kann schwieriger zu lesen sein als reflektiertes Licht vom Papier. Grelleres Licht und *Flimmern* am Bildschirm kann ebenso wie die gekrümmte *Bildschirmoberfläche* ein Problem darstellen.

- *Kleine Bildschirme* erfordern *häufigen Seitenwechsel*. Die Eingabe von Befehlen zum Seitenwechsel stört, und die Seitenwechsel bringen einen aus dem Konzept, besonders wenn sie langsam sind und visuell unterbrechend wirken.

- *Der Leseabstand* kann bei Papier größer sein, Bildschirme sind aber örtlich *fixiert* und die *Stellung* des Bildschirms kann für angenehmes Lesen zu hoch sein (Optometristen empfehlen, mit den Augen nach unten gerichtet zu lesen). Auf fünf verschiedene Weisen passen sich Augen an, um nahe beieinander liegende Objekte zu sehen (Grant, 1990): *Akkomodation* (Änderung der Linsenform), *Konvergenz* (zum Zentrum schauen), *Miose* (Pupillenkontraktion), *Exzykloduktion* (Verdrehung) und *Senken des Blicks* (Herunterschauen).

- *Layout und Formatierung* können Probleme machen, d.h. unpassende Ränder, unangebrachte Zeilenbreite (35 bis 55 Zeichen werden empfohlen) oder ungünstige Ausrichtung (Linksbündigkeit und Flatterrand werden empfohlen).

- *Reduzierte Hand- und Körperbewegung* vor Bildschirmen im Gegensatz zu Papier sowie die starre Körperhaltung vor Bildschirmen können ermüden.

- *Geringe Vertrautheit des Bildschirms* und die *Angst*, das Bild könne verschwinden, können den Stress erhöhen.

Dieses faszinierende Thema wurde bereits von Hansen et al. (1978) aufgegriffen, die herausfanden, dass sieben Studenten, bei denen man Prüfungen auf Papier und an PLATO-Terminals abnahm, fast die doppelte Zeit am Bildschirm brauchten. Viel an zusätzlicher Zeit konnte man Systemverzögerungen, schlechtem Softwaredesign und langsameren Ausgaberaten zuschreiben, aber die Autoren fanden keine weitere Erklärung für etwa 37 % der zusätzlichen Zeit am PLATO. Sie vermuten, dass diese zusätzliche Zeit auf Unsicherheit zurückzuführen sein könnte, wie man das Medium steuern sollte, was das System tun würde und was es gemacht hat.

Wright und Lickorish (1983) untersuchten Korrekturlesen von Texten mit 134 Zeilen und 39 Fehlern (Flüchtigkeitsfehler, orthographische Fehler, fehlende und wiederholte Worte). 32 Testpersonen lasen an einem Apple II eine 80-spaltige Anzeige an einem 12 Zoll Schwarz-Weiß-Bildschirm oder eine von einem Nadeldrucker ausgedruckte Hardcopy. Ein leichter, aber signifikanter Anstieg der Fehlererkennung konnte beim gedruckten Text festgestellt werden. Auch waren die Testpersonen mit dem gedruckten Text 30 - 40 % schneller.

Gould und Grischkowsky (1984) untersuchten Korrekturlesen nach Flüchtigkeitsfehlern auf Bildschirmen und einer Photoprintausgabe. Bildschirm- und Hardcopytexte hatten 23 Zeilen pro Seite mit etwa neun Worten pro Zeile. 24 Testpersonen lasen acht Stunden lang in beiden Formaten. Die Lesegeschwindigkeit war signifikant schneller mit der Hardcopy (200 Worte pro Minute) als auf den Bildschirmen

(155 Worte pro Minute). Die Genauigkeit war auf der Hardcopy leicht, aber verlässlich höher. Die subjektiven Einstufungen von Lesbarkeit waren bei beiden Formen ähnlich. Eine spätere Untersuchungsreihe mit verbesserten Bildschirmen führte zu viel geringeren Unterschieden und gar einem Verschwinden von Unterschieden (Gould et al., 1987a; 1987b).

Jüngere Ergebnisse belegen keinen Unterschied zwischen Lesen von Bildschirmtexten gegenüber Papier, wenn die Forscher die Variablen hinreichend kontrollieren. Oborne und Holton (1988) glauben, dass frühere Untersuchungen aufgrund fehlender Kontrolle und einem Vergleich von niedrigauflösenden Bildschirmen mit hochwertigen Ausdrucken mangelhaft waren. Bei ihren Untersuchungen mit Passagen von 380 Worten gab es keine statistisch signifikanten Unterschiede zwischen Bildschirmanzeigen und Fotografien davon. Sie kontrollierten die Position, Abstand zur Netzhaut, Zeilenlänge, Layout und Beleuchtung. Jorna (1991) zeigte deutlich, dass es keine Unterschiede bei Lesegeschwindigkeit und wahrgenommener Bildqualität gibt, wenn die Auflösungen von Bildschirm und Hardcopy übereinstimmen. Da Computerbildschirme aber noch nicht die Auflösung von Papier haben, ist es immer noch leichter, weiterhin von Papier zu lesen.

Diese empirischen Untersuchungen führten zu einer klaren Botschaft an die Designer: Hochauflösende Bildschirme sind zu empfehlen, wenn Benutzer lange Texte online lesen müssen. Verwandte Untersuchungen zeigen, dass kurze Reaktionszeiten, schnelle Anzeigegeschwindigkeiten, schwarzer Text auf weißem Hintergrund und Anzeige von Seitengröße zu beachten sind, wenn Bildschirmtexte Papierdokumente ersetzen sollen.

12.3 Anfertigung von gedruckten Anleitungen

Traditionelle Übungs- und Referenzunterlagen für Computersysteme waren gedruckte Handbücher. Das Schreiben dieser Handbücher wurde häufig den jüngsten Mitgliedern des Entwicklungsteams als ein 5 %-Aufwand am Ende des Projektes überlassen. Daher waren die Manuals häufig schlecht geschrieben, dem Wissensstand der Benutzer nicht angepasst, kamen zu spät oder waren unvollständig und auch nicht in angemessener Weise ausgetestet.

Man erkennt immer mehr, dass Benutzer eben keine Programmierer oder Designer sind, dass Systementwickler nicht unbedingt gute Schreiber sind, dass man Zeit und Erfahrung braucht, um eine effektive Anleitung zu schreiben, dass Austesten und Revidieren vor der Auslieferung erfolgen muss und dass vor allem der Erfolg eines Systems ganz eng an die Qualität seiner Dokumentation gekoppelt ist.

Bei einem frühen Experiment änderten Foss, Rosson und Smith (1982) ein norma-
les Texteditor-Manual. Das Standard-Manual enthielt alle Details zu einem Befehl.
Das geänderte Manual bot einen progressiven oder *spiralförmigen* Ansatz mit
Unterkonzepten. Das Standard-Manual hatte einen formalen abstrakten Stil zum
Beschreiben der Befehlssyntax. Das geänderte Manual enthielt dagegen zahlreiche
Beispiele. Und schließlich war das Standardmanual in knapper technischer Prosa
geschrieben, das modifizierte Manual enthielt dagegen besser lesbare Erklärungen
mit weniger technischen Ausdrücken.

Während des Experimentes brauchten die Testpersonen 15 - 30 Minuten, um die
Anleitungen zu studieren und wurden dann gebeten, in drei Stunden neun kom-
plexe Textverarbeitungsaufgaben auszuführen. Bei allen fünf gemessenen Parame-
tern zeigten die Testpersonen mit einem modifizierten Manual eine bessere
Leistung (Tabelle 12.1). Die Ergebnisse zeigen allzu deutlich den Einfluss des
Manuals auf den Erfolg des Benutzers mit dem System.

Tabelle 12.1: Ergebnisse der Untersuchung eines Vergleichs zwischen einem Standardmanual
und einem modifizierten Manual (Spiralansatz, viele Beispiele, lesbarere
Erklärungen), (Foss et al., 1982).Ergebnisse der Untersuchung eines Vergleichs
zwischen einem Standardmanual und einem modifizierten Manual (Spiralansatz,
viele Beispiele, lesbarere Erklärungen), (Foss et al., 1982).

	Standard Manual	Modifiziertes Manual
Aufgaben erledigt	7.4	8.8
Durchschnittliche Minuten pro Aufgabe	26.6	16.0
Durchschnittliche Ausgabefehler pro Aufgabe	1.4	.3
Durchschnittliche Befehle pro Aufgabe	23.6	13.0
Durchschnittliche Anfragen nach verbaler Hilfe	5.5	2.6

Der iterative Prozess, eine Textverarbeitungsanleitung zu verfeinern und seine
Effektivität zu beurteilen, wird von Sullivan und Chapanis (1983) beschrieben. Sie
schrieben ein Manual für einen weit verbreiteten Texteditor neu, machten einen
schnellen Testlauf mit Kollegen und einen intensiveren Test mit fünf Sekretärinnen. Subjektive und objektive Parameter verbesserten sich nach dem Umschreiben
ganz erheblich. Allwood und Kalen (1997) erzielten ähnliche Verbesserungen,
indem sie die Sätze kurz machten, Jargon vermieden, für jeden Befehl einen neuen
Absatz machten und das Hauptaugenmerk auf die Aufgaben legten.

Zu den Verbesserungen gutgeschriebener Manuals gehören kürzere Lernzeiten, höhere Benutzerleistung und weniger Inanspruchnahme von Hilfe (Spencer und Yates, 1995).

12.3.1 Das OAI-Modell zum Schreiben von Manuals

Das sogenannte OAI-Modell (*objects–actions interface*) bietet Einblicke in den Prozess des Lernens und somit Richtlinien für Designer von Anleitungen. Wenn der Benutzer nur teilweise Kenntnis von den Aufgabeobjekten und -aktionen hat (Abb. 12.1), dann ist das Üben der Aufgabe der erste Schritt. Bei einer Aufgabe wie Briefschreiben müssen die Benutzer etwas über Adressierung, Anrede, Inhalt und Unterschriften lernen. Sobald Benutzer die Hierarchie von Objekten vom hohen bis zum niedrigen Niveau und die Bandbreite ihrer Zielsetzungen von höherer Ebene bis zu spezifischen Einzelschritten kennen (Abb. 12.2), sind sie ausgerüstet, dies an einem Programm umzusetzen. Die Anleitungen sollten mit vertrauten Objekten und Aktionen bei der Briefschreibaufgabe beginnen, diese Konzepte zu Objekten und Aktionen auf höherer Ebene verbinden (Abb. 12.3) und dann erst die Syntax zeigen, die zur Vollendung jeder Aufgabe gebraucht wird. Erfahrene Benutzer, die Aufgabe und Methode verstehen (siehe Abb. 2.2), können mit Shortcuts zur Beschleunigung der Performance Expertenniveau erreichen.

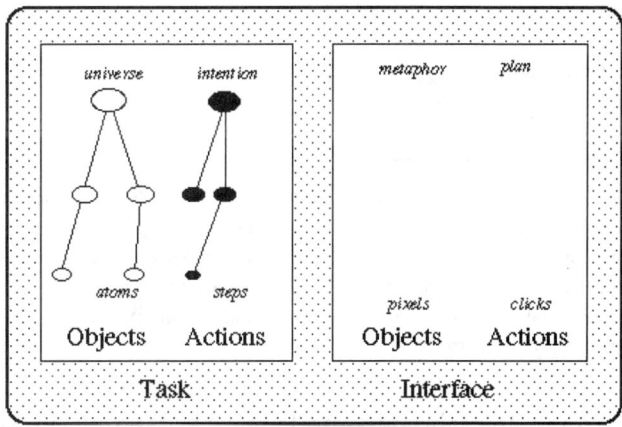

Abb. 12.1: Darstellung von Benutzern, die manche Aufgabenobjekte und -aktionen kennen, aber nichts über die Benutzeroberfläche wissen. Eine tiefere Kenntnis der Aufgabenobjekte und -aktionen gibt ihnen die Rahmenbedingungen, um die Benutzerschnittstelle zu erlernen.

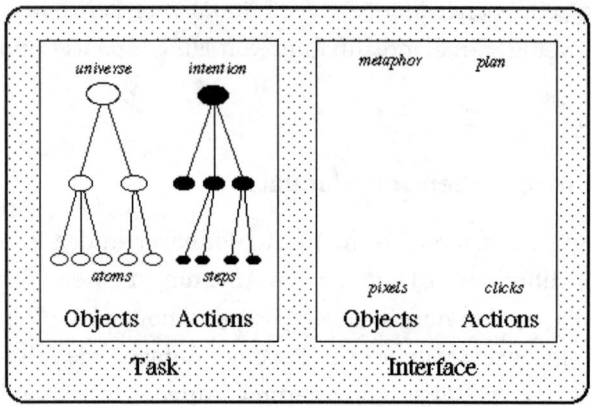

Abb. 12.2: Darstellung von Benutzern, welche die Aufgabe in angemessener Weise, aber nicht die Benutzeroberfläche kennen. Lernmaterial für diese Gruppe sollte die Schnittstellenobjekte und -aktionen erläutern und mit Plänen anfangen.

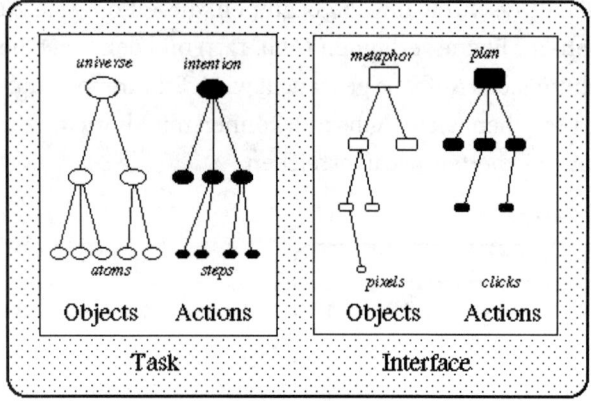

Abb. 12.3: Darstellung von Benutzern, die Kenntnisse über die Aufgabe und generelle Aspekte der Benutzeroberfläche haben und nur spezielle visuelle Darstellungen und Syntaxdetails lernen müssen. Beispielsweise wird jemand, der wissenschaftliche Artikel zu schreiben versteht und mit wenigstens einer Textverarbeitung vertraut ist, es relativ einfach finden, spezielle Objekte und Aktionen bei einem anderen Textverarbeitungssystem aufzunehmen.

Manche Benutzer kennen sich mit Briefschreiben und Textverarbeitung aus, müssen aber ein neues Textverarbeitungssystem lernen. Sie brauchen eine Anleitung, welche die Beziehung zwischen den ihnen bekannten Begriffen und Aktionen und den neuen zeigt. In zunehmendem Maße nutzen Textverarbeitungssysteme die gleichen Begriffe und Aktionen, aber Dialogboxen, Klicks und Tasten können unterschiedlich sein.

Manche Benutzer haben die Objekte und Aktionen von Aufgabe und Benutzerschnittstelle erlernt, können sich aber nicht an Details erinnern, wie sie ihre eigenen Pläne in detaillierte Aktionen umsetzen können.

Diese drei Szenarien geben drei beliebte Formen gedruckter Unterlagen wieder: das *Einführungstutorial*, das *Konvertierungsmanual* und die *schnelle Referenz* (Schummelzettel).

SUCHE: Ich suche nach einem Bild von Goleta Beach.

Schritte:

1. KARTENBROWSER: Der Benutzer wählt *Zoom 10 x IN* als Zoom Faktor und klickt dann mit der Maus auf einen Punkt nahe Goleta in Südkalifornien.
2. KARTENBROWSER: Der Zoom Faktor wird auf *5 x IN* verändert. Die Kartendatenbank schaltet von Welt auf USA um, so dass die nächste Karte weitere Merkmale anzeigt. Wieder klickt der Benutzer auf einen Punkt bei Goleta.
3. KARTENBROWSER: Der Benutzer wählt jetzt ORTSVERZEICHNIS, um das Aufsuchen von Goleta Beach durch Suche nach Eigenschaftsnamen zu unterstützen.
4. ORTSVERZEICHNIS SUCHE: Begrenzte Suche nach enthaltenen Einzelheiten, denn die Methode für die räumliche Suche und der aktuelle Kartenausschnitt werden vom System vorgewählt. Der Benutzer gibt *Goleta* in das Feld *Sort Name* ein und wählt *Begriffe zeigen*.
5. ORTSVERZEICHNIS VORSCHLÄGE: Eine Seite wird angezeigt, um den Benutzer zu informieren, dass der Bereich dieses Feldes zu groß für die Anzeige ist. Der Benutzer bekommt dann die Option, eine Textsuchmaschine mit Wortähnlichkeit zu benutzen, um gültige Begriffe zu identifizieren. *Conquest Search* wird ausgewählt, und der Benutzer wird auf eine Seite geführt, wo er Werte für dieses Feld vorschlagen soll (*Sort Name*).
6. ORTSVERZEICHNIS VORSCHLÄGE: Wenn ein Begriff auf der Seite *Suchformular Ortsverzeichnis* eingegeben wurde, wird dieser Begriff in die Auswahlbox gesetzt und der Benutzer wählt *Vorschlagen*. Anderenfalls bietet der Benutzer einen Begriff an, der für Vorschläge für Eingaben bei *Sort Name* benutzt werden kann.
7. ORTSVERZEICHNIS VORSCHLÄGE: Die Begriffe GOLETA BEACH, GOLETA POINT, GOLETA PIER, GOLETA COVE UND GOLETA werden gewählt und dazu ADD, um diese Einzelheiten zur Suchauswahlliste für das Ortsverzeichnis hinzu zu fügen.

Abb. 12.4: Ein beispielhafter Durchgang ist oft angebracht, um die Funktionsweise eines Systems zu erläutern. Viele Benutzer gehen das Beispiel durch und machen dann nach ihren Bedürfnissen Variationen. Dieses Beispiel zeigt die ersten sieben von 21 Schritten, ein Kartenbild aus der Alexandra Digital Library abzurufen (Universität von Kalifornien Santa Barbara).

Das OAI-Modell kann auch Forschern helfen, bisher erreichte Wissensstände in Lernsystemen zu erfassen. Beispielsweise kann ein Benutzer, der etwas über Datenbankmanagementsysteme bei Kongresswahlen lernt, schon Kenntnis über die Datenbank und ihre Bearbeitung, die Konzepte der Datenabfragesprache und die notwendige Syntax haben. Dieser Benutzer könnte daraus lernen, sich typische Anfragen anzusehen, welche die Syntax zeigen und als Vorlagen für andere Anfragen dienen können. Tatsächlich sind komplette *Beispielsitzungen* äußerst hilfreich, um Systemeigenschaften und Interaktionsstil zu demonstrieren (Abb. 12.4). Viele Benutzer arbeiten sich durch diese Sitzungen, um ihr Verständnis zu überprüfen, ein Gefühl für den kompetenten Gebrauch des Systems zu bekommen und zu sehen, ob System und Manual übereinstimmen.

Eine andere hilfreiche Einführung in die Benutzung eines Systems ist ein umfassendes Flussdiagramm aller Aktivitäten (Abb. 12.5). Solch ein visueller Überblick bietet eine Karte, an der sich Benutzer beim Übergang von einer Aktivität zur anderen orientieren können. Wenn das System ein komplexes Modell von Datenobjekten einsetzt, kann das Übersichtsdiagramm dem Benutzer helfen, die Details besser abschätzen zu können.

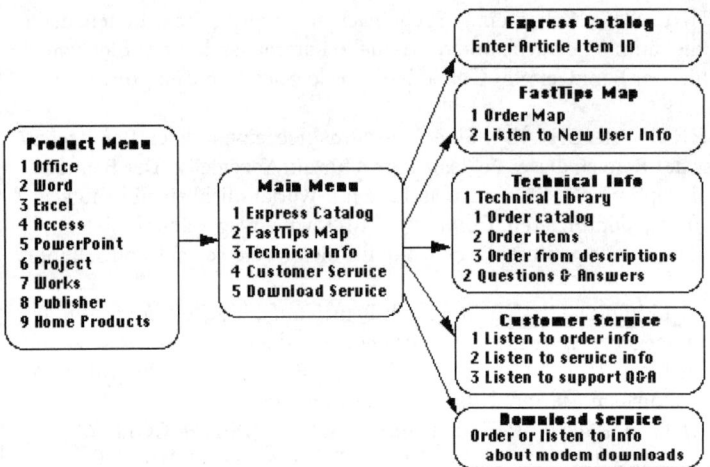

Abb. 12.5: Ein Fließdiagramm kann für die Benutzer hilfreich sein. Dieses vom Microsoft Support Network übernommene Schema bietet Anrufern einen Überblick und damit die Möglichkeit, sich schnell in diesem Dienstleistungspaket zu bewegen. Die Benutzer erkennen relevante Artikel, die ihnen zugefaxt werden (Mit freundlicher Genehmigung der Microsoft Corp., Redmond, WA.).

12.3.2 Organisation und Schreibstil

Anleitungen zu entwerfen, ist eine anspruchsvolle Tätigkeit. Der Autor muss den technischen Inhalt kennen, ein Gefühl für die Grundlagen und die intellektuellen Fähigkeiten des Lesers haben und klar schreiben können.

Angenommen, der Autor habe sich den technischen Inhalt angeeignet, so muss er als erstes beim Verfassen eines Manuals die Leser und ihre Aufgaben verstehen. Genaue *Lehrvorgaben* (Mager, 1962) sind ein unschätzbarer Leitfaden für Autor und Leser. Die Abfolge von Inhalten wird von dem Wissenstand des Lesers und den Lehrvorgaben bestimmt. Genaue Regeln sind schwer aufzustellen, aber der Autor sollte versuchen, Konzepte in einer logischen Reihenfolge mit steigendem Schwierigkeitsgrad zu präsentieren, sicherzustellen, dass jedes Konzept in den folgenden Unterkapiteln auch angewendet wird, Vorausbezüge vermeiden und Kapitel so aufteilen, dass sie neues Material in gleicher Menge enthalten. In einem Kapitel, das ein Konzept vorstellt, sollte der Autor mit dem Grund für dieses Konzept beginnen, das Konzept mit Ausdrücken im Rahmen der Aufgaben beschreiben, dann die computerbezogenen Begriffe klären und schließlich die Syntax erläutern.

Die Wortwahl und die Ausdrucksweise ist ebenso wichtig wie die Gesamtstruktur. Ein schlecht geschriebener Satz verdirbt ein gut strukturiertes Manual wie eine falsche Note eine schön komponierte Sonate. Das klassische Werk über Schreiben, *The Elements of Style* (Strunk und White, 1979), ist eine wertvolle Quelle. Stilrichtlinien für Organisationen sind wertvolle Ansätze, um Konsistenz und hohe Qualität zu sichern. Natürlich können auch noch so viele Anleitungen aus einem mittelmäßigen Schreiber keinen hervorragenden Schreiber machen. Schreiben ist ein hochkreativer Akt, und effektive Schreiber sind Gold wert.

Der Schreibstil sollte an die Lesefähigkeit des Benutzers angepasst sein (Roemer und Chapanis, 1982). Nachdem ein Tutorial auf Niveau fünf, zehn und fünfzehn geschrieben worden war, wurden 54 Testpersonen in Gruppen mit geringer, mittlerer und erhöhter Lesefähigkeit eingeteilt. Erhöhte Lesefähigkeit führte zu signifikanter Verringerung der Vollendungszeit und der Fehlerzahl sowie hohen Punktzahlen bei einem Test. Höhere Komplexität im Schreibstil ergab keine signifikanten Unterschiede bei den Ausführungsvariablen. Subjektive Vorlieben zogen eindeutig die Version von Niveau fünf vor. Die Testpersonen kamen auch mit dem komplexen Schreibstil klar, aber die Autoren folgerten, dass »der sinnvollste Ansatz, einen Computerdialog zu planen, der Gebrauch der einfachsten Sprache ist«.

Beobachtungen von »laut denkenden« Testpersonen, die Textverarbeitung lernten (siehe Abschnitt 4.3), deckten die enormen Schwierigkeiten der meisten Anfänger und ihre Strategien auf, diese zu bewältigen (Carroll und Mack, 1984). Lernende sind aktiv damit beschäftigt, das System zum Laufen zu bringen, Teile des Manuals zu lesen, die Bildschirmanzeigen zu verstehen, die Tastenfunktionen auszuprobieren und die vielen Probleme, auf die sie stoßen, zu meistern. Lernende probieren offenbar lieber Aktionen am Computer aus, als lange Manuals zu lesen. Sie wollen sinnvolle, vertraute Aufgaben sofort lösen und die Ergebnisse selbst sehen. Sie wenden Allgemeinbildung, Erfahrung mit anderen Computersystemen und häufig nur »Versuch und Irrtum« an, also ganz anders als die komische Vorstellung von Erstnutzern, die geduldig die Inhalte eines Manuals erst gründlich durchlesen und aufnehmen.

Diese Beobachtungen führten zum Design von *Minimalmanuals* mit drastisch gekürztem Text, die dazu ermuntern, so bald wie möglich aktiv selbst Hand anzulegen, und die auch zu *geführter Erkundung* von Systemeigenschaften anregen (Carroll, 1984; 1990). Die wichtigsten Grundsätze wurden immer weiter verfeinert (van der Meij und Carroll, 1995):

- Wähle einen aktionsorientierten Ansatz
- Verankere das Werkzeug im entsprechenden Aufgabenbereich
- Betone Fehlererkennung und -beseitigung
- Mache lesbar, wie man ausführt und ausfindig macht

Ergebnisse von Feldversuchen und Dutzenden von empirischen Studien belegen, dass mit verbesserten Manuals die Lesezeit erheblich reduziert werden kann und die Befriedigung des Benutzers steigt (van der Meij und Lazonder, 1993).

Visuelle Aspekte helfen den Lesern ganz besonders bei direkten Eingriffsmöglichkeiten und grafischen Oberflächen. Durch Darstellung von vielen gut ausgesuchten Bildschirmanzeigen, die übliche Anwendungen demonstrieren, können Benutzer ein Verständnis und ein *vorhersagbares Modell* des Systems entwickeln. Häufig werden die Benutzer bei ihren ersten Versuchen einer Software die Beispiele nachahmen. Abbildungen mit komplexen Datenstrukturen, Transitionsdiagrammen und Menükarten (Parton et al., 1985) können die Leistung dramatisch verbessern, indem sie die Benutzer an die grundlegenden Strukturen heranführen, die von den Designern entworfen wurden.

Natürlich sollte jedes gute Manual ein *Inhalts- und ein Sachverzeichnis* haben. *Glossare* sind ganz nützlich, um technische Ausdrücke zu klären. *Anhänge* mit Fehlermeldungen werden auch empfohlen.

Ob man nun die Autoren und Designer würdigen soll, ist eine häufig diskutierte Frage. Befürworter, mich eingeschlossen, wollen, dass in den Manuals Anerkennung für gute Arbeit ausgesprochen wird, damit sich die Autoren für exzellente Beiträge verantwortlich fühlen und bei den Benutzern Vertrauen aufgebaut wird. Verantwortung und Vertrauen steigen, wenn die Namen der Mitarbeiter öffentlich aufgeführt werden. Namen in den Anleitungen stellt Software in eine Reihe mit anderen kreativen Leistungen wie Bücher, Filme oder Musik, bei denen den Beitragenden gedankt wird, selbst wenn es Dutzende sind. Gegner wenden ein, dass es schwierig ist, jeden Einzelbeitrag festzustellen oder dass die Mitarbeiter gar unwillkommene Telefonanrufe bekämen.

12.3.3 Nichtanthropomorphe Beschreibungen

Die Begriffe, die Computersysteme beschreiben, können die Reaktionen der Benutzer beeinflussen. Manche Schreiber finden einen anthropomorphen Stil gut, der unterstellt, dass Computer mit ihren Leistungen Menschen nahe kommen. Diese Unterstellung kann manche Benutzer geradezu verärgern. Beim ersten Mal wird es als niedlich angesehen, beim zweiten Mal albern, und beim dritten Mal findet man es ärgerlich und störend (siehe Abschnitt 11.3).

Viele Entwickler ziehen es vor, sich auf die Benutzer und ihre Aufgaben zu konzentrieren. In der Einleitung von Benutzermanuals und Online-Hilfen scheint eine persönliche Anrede mit »Sie« angebracht. Dann betonen in späteren Kapiteln nur ganz einfache deskriptive Sätze die Aufgaben der Benutzer.

In einem Netzwerk-System soll der Benutzer beispielsweise die Eingabebedingungen auf dem Bildschirm aufstellen und dann das Programm zu einer Analyse aufrufen. Das kann dann so aussehen:

Schlecht: Das System wird die Lösung finden, wenn die F1-Taste gedrückt wird.

Besser: Sie bekommen die Lösung, wenn Sie die F1-Taste drücken.

Noch besser: Für die Lösung drücke F1.

Die erste Beschreibung betont die Rolle des Computers, die zweite konzentriert sich auf den Benutzer und könnte so eher in der Einleitung zum System stehen. In späteren Kapiteln wird die kürzere dritte Version weniger von der Aufgabe ablenken.

Bei der Diskussion über Computer sind Schreiber gut beraten, Verben wie diese zu meiden:

Schlecht: wissen, denken, verstehen, Gedächtnis haben

Man benutze stattdessen mehr mechanische Ausdrücke wie:

Besser: bearbeiten, drucken, rechnen, sortieren, speichern, suchen, abrufen

Bei der Beschreibung dessen, was ein Benutzer mit einem Computer macht, vermeide man Verben wie:

Schlecht: fragen, erzählen, ansprechen, kommunizieren mit

Stattdessen benutze man Ausdrücke wie

Besser: benutzen, lenken, in Gang bringen, programmieren, steuern

Noch besser ist, den Bezug zum Computer aufzugeben und sich stattdessen darauf zu konzentrieren, was der Benutzer macht – wie Schreiben, ein Problem lösen, eine Antwort finden, ein Konzept lernen oder Zahlen addieren:

Schlecht: Der Computer kann Ihnen spanische Worte beibringen.

Besser: Sie können mit dem Computer spanische Worte lernen.

Machen Sie den Benutzer zum Subjekt des Satzes.:

Schlecht: Der Computer wird Ihnen eine gedruckte Liste der Angestellten ausgeben.

Noch schlechter: Bitten Sie den Computer, eine Liste der Angestellten auszudrucken.

Besser: Sie können den Computer eine Liste der Angestellten ausdrucken lassen.

Noch besser: Sie können eine Liste der Angestellten ausdrucken.

Der letzte Satz betont den Benutzer und verschweigt den Computer.

Schlecht: Der Computer muss unbedingt die Diskette im Laufwerk haben, um das System zu starten.

Besser: Schieben Sie Diskette A2 in das Laufwerk, bevor Sie den Computer starten.

Noch besser: Schieben Sie zu Beginn die Textverarbeitungsdiskette in das Laufwerk.

Die endgültige Form betont die Funktion oder Aktivität, die der Benutzer ausführen will.

Schlecht: Der Computer versteht zu rechnen.

Besser: Sie können mit dem Computer rechnen.

Konzentrieren Sie sich auf die ersten Schritte, den Fortschritt, die Ziele und die Ausführungen des Benutzers.

12.3.4 Der Entwicklungsprozess

Es ist notwendig, den Unterschied zwischen einem guten und einem schlechten Manual zu erkennen, um rechtzeitig und zu einem vernünftigen Preis ein erfolgreiches Manual zu produzieren. Die *Herstellung eines Manuals* muss wie jedes andere Projekt ordentlich geplant, mit geeignetem Personal ausgestattet und nach entsprechenden Grundsätzen aufgebaut werden (Rahmen 12.1).

Rahmen 12.1: Richtlinien für Benutzerhandbücher, die auf Praxis und empirischen Untersuchungen beruhen.

Produkt
- Die Organisation soll nach den Aufgaben der Benutzer erfolgen (von außen nach innen).
- Die Reihenfolge sollte dem Lernprozess der Benutzer angepasst sein.
- Stellen Sie die Aufgabenkonzepte vor den Objekten und Aktionen der Benutzeroberfläche zusammen.
- Achten Sie auf sauberen und einfachen Schreibstil.
- Geben Sie zahlreiche Beispiele.
- Bieten Sie sinnvolle und vollständige Beispielsitzungen an.
- Zeichnen Sie Transitions- oder Menü-Baum-Diagramme.
- Machen Sie Zusammenfassungen.
- Fügen Sie Inhaltsverzeichnis, Sachverzeichnis und Glossar hinzu.
- Fügen Sie Liste mit Fehlermeldungen hinzu.
- Berücksichtigen Sie alle Projektteilnehmer im Impressum.

Prozess
- Suchen Sie professionelle Schreiber.
- Schreiben Sie Benutzermanuals frühzeitig (vor der Implementierung).
- Überprüfen Sie die Manuskripte gründlich.
- Testen Sie frühe Versionen in der Praxis.
- Stellen Sie Möglichkeiten des Feedbacks für die Leser bereit.
- Überarbeiten Sie den Text regelmäßig und berücksichtigen Sie Änderungen.

Früh anzufangen ist von unschätzbarem Wert. Wenn das Schreiben des Manuals vor der Realisierung beginnt, gibt es noch genügend Zeit zum Prüfen, Testen und Verfeinern. Weiterhin kann das Benutzermanual als eine komplettere und verständliche Alternative gegenüber der eher formalen Beschreibung für die Software dienen. Programmierer können einige Erfordernisse des Designs übersehen oder missverstehen. Ein gutgeschriebenes Benutzermanual kann das Design verdeutlichen. Der Manualschreiber wird zu einem effektiver Kritiker, Überprüfer oder Fragensteller, der das Ausführungsteam anregen kann. Eine frühe Entwicklung des Manuals ermöglicht auch erste Pilottests zur Erlernbarkeit der Software, noch bevor das System gebaut wird. In den Monaten, bevor die Software fertig wird, kann das Manual der beste Weg sein, die Absichten der Designer potenziellen Kunden und Benutzern sowie Systemverwaltern und Projektmanagern zu vermitteln. Frühe Entwicklung des Manuals ermöglicht Überprüfung und Hinweise durch die Designer, andere technische Redakteure, potenzielle Kunden und Benutzer, Grafiker, Anwälte, Marketingpersonal, Ausbilder, Telefonberater und Produkttester (Brockmann, 1990).

Neben informellen Überprüfungen durch Leute mit unterschiedlichem Hintergrund gibt es noch andere Strategien zur Evaluation des Manuals. Checklisten von Merkmalen wurden nach Erfahrungen mit früheren Manuals von vielen Organisationen zusammengestellt. Automatische Messungen von Leseniveau und Schwierigkeitsgrad sind verfügbar, damit Designer auch komplexe Abschnitte des Textes erkennen können. Stil- und Rechtschreibeprüfungen mit dem Computer sind brauchbar, um an einem Dokument zu feilen.

Informelle Durchgänge mit Benutzern geben Programmierern und Manualschreibern häufig erhellende Einsichten. Potenzielle Benutzer werden gebeten, das Manual durchzulesen und laut zu beschreiben, was sie sehen und lernen. Kontrolliertere Experimente mit Benutzergruppen können den Autoren helfen, Entscheidungen zum Manual zu treffen. Bei solchen Untersuchungen bekommen die Testpersonen Aufgaben. Ihre Arbeitszeit bis zur Beendigung, Fehlerraten und subjektive Befriedigung sind die abhängigen Variablen.

Feldversuche mit einer überschaubaren Anzahl von Benutzern sind eine weitere Möglichkeit, Probleme mit Benutzermanual und Software zu erkennen. Sie können zeitlich von halbstündigen Tests mit einem halben Dutzend Personen bis zu mehrmonatigen Versuchen mit Tausenden von Benutzern variieren. Eine effektive und einfache Strategie besteht darin, das Manual bei der Benutzung markieren zu lassen. So können die Benutzer schnell auf Tippfehler, irreführende Information und verwirrende Abschnitte aufmerksam machen.

Software und begleitende Anleitungen werden selten fertig. Stattdessen gehen sie durch einen kontinuierlichen Prozess ständiger Verfeinerung. Jede Version merzt Fehler aus, fügt Verfeinerungen hinzu und erweitert die Funktionalität. Wenn die Benutzer mit den Manualschreibern kommunizieren können, gibt es eine größere Chance für schnelle Verbesserung. Die meisten Manuals haben ein Zusatzblatt, auf dem die Benutzer den Manualschreibern Kommentare geben können. Dies kann durchaus effektiv sein, es sollten aber auch andere Möglichkeiten berücksichtigt werden: E-Mail, Interviews mit Benutzern, Befragung von Beratern und Ausbildern, andere geschriebene Untersuchungen, Gruppendiskussionen und weitere kontrollierte Experimente oder Feldstudien.

Brockmann (1990) empfiehlt neun Schritte zum Schreiben von Benutzerinformation:

1. Entwickeln Sie die Dokument-Spezifikationen:

    ▪ Orientieren Sie sich an der Aufgabe.

    ▪ Benutze minimalistische Ausdrucksweise.

    ▪ Berücksichtigen Sie diverse Benutzergruppen.

    ▪ Benennen Sie den Zweck.

    ▪ Organisieren Sie die Information und entwickeln Sie Visualisierungen.

    ▪ Berücksichtigen Sie Layout und Farbe.

2. Prototyp

3. Entwurf

4. Redaktion

5. Überprüfung

6. Praxistest

7. Publikation

8. Überprüfung nach dem Projekt

9. Aktualisierung

12.4 Anfertigung von Online-Hilfen

Es ist besonders attraktiv, technische Manuals auf dem Computer verfügbar zu machen. Die positiven Gründe dafür sind folgende:

■ Die Information ist immer verfügbar, wenn der Computer verfügbar ist. Man muss nicht erst das richtige Manual suchen, eine kleinere Störung, wenn es in der Nähe greifbar ist, aber doch recht lästig, wenn man es erst aus einem anderen Gebäude oder von einer anderen Person holen muss. In der Realität verlieren viele Benutzer ihre Handbücher oder aktualisieren sie bei neuen Softwareversionen nicht.

■ Man braucht keinen Platz, um das Manual zu öffnen. Gedruckte Anleitungen sind häufig unpraktisch im Gebrauch und können Platz auf dem Schreibtisch wegnehmen.

- Information kann auf elektronische Weise schnell und preiswert aktualisiert werden. Elektronischer Vertrieb von Aktualisierungen stellt sicher, dass nicht unabsichtlich veraltetes Material abgerufen werden kann.

- Spezielle Information, die für eine Aufgabe benötigt wird, kann schnell ausfindig gemacht werden, wenn das Online-Manual eine elektronische Stichwort- und Textsuche bietet. Eine Seite unter Hunderten zu suchen, kann eben schneller auf einem Computer als mit einem gedruckten Manual bewerkstelligt werden.

- Die Autoren können Grafik, Ton, Farbe und Animationen einsetzen, mit denen man komplexe Aktionen erklären und anschaulich den Benutzern nahe bringen kann.

Jedoch gibt es neben diesen positiven Effekten noch mehrere potenziell negative Begleiterscheinungen:

- Elektronische Anzeigen sind teilweise nicht so gut lesbar wie gedrucktes Material (siehe Abschnitt 12.2).

- Jede elektronische Anzeige kann substanziell weniger Information als ein Blatt Papier enthalten, und auch die Geschwindigkeit beim Umblättern ist weit langsamer als beim gedruckten Manual. Die Bildschirmauflösung ist geringer als bei Papier, was besonders bei Bildern und Grafik ins Gewicht fällt.

- Ein elektronisches Hilfesystem kann Einsteigern fremd und verwirrend erscheinen, weil die meisten Leute viel vertrauter mit der »Benutzerschnittstelle« eines gedruckten Handbuches sind. Der zusätzliche Aufwand, sich durch viele Bildschirmseiten zu arbeiten, kann Konzentration und Lernen stören.

- Ein Aufteilen des Bildschirms mit Arbeits-, Hilfe- oder Tutorialfenstern reduziert den Platz für die Arbeitsanzeige. Wenn Benutzer zu einer separaten Anwendung überwechseln müssen, kann das Kurzzeitgedächtnis des Benutzers stark belastet werden. Die Benutzer verlieren den Faden bei der Arbeit und haben Schwierigkeiten, sich daran zu erinnern, was sie im Online-Manual gelesen haben. Viele Anzeigen oder Fenster nebeneinander bieten eine potenzielle Lösung.

Sogar neueste Untersuchungen (Hertzum und Forkjaer, 1996) haben gezeigt, dass gedruckte Anleitungen schnelleres Lernen fördern können. Dennoch bieten Online-Hilfen zahlreiche brauchbare Möglichkeiten (Roesler und McLellan, 1995), die in gedruckter Form eventuell unpraktisch sind. Relles und Price (1981) bieten folgende Liste an:

- Nach und nach detailliertere Erklärungen bei einer angezeigten Fehlermeldung
- Nach und nach detailliertere Erklärungen bei angezeigter Frage oder Hinweis
- Aufeinanderfolgende Beispiele von korrekter Eingabe oder gültigen Befehlen
- Erklärung oder Definition eines bestimmten Ausdrucks
- Eine Beschreibung des Formates eines bestimmten Befehls
- Eine Liste erlaubter Befehle
- Eine Anzeige bestimmter Teile der Dokumentation
- Eine Beschreibung aktueller Werte verschiedener Systemparametern
- Anweisung zur Benutzung des Systems
- Nachrichten an die Systemnutzer
- Eine Liste verfügbarer Benutzerhilfen

Houghton (1984) untersucht Online-Hilfen und weist auf die große Schwierigkeit hin, Einsteigern beim Start zu helfen als auch den Experten zu unterstützen, der eine ganz bestimmte Information braucht. Kearsley (1988) bietet Beispiele, empirische Daten über Online-Hilfe-Systeme und diese Richtlinien:

- Machen Sie die Hilfe leicht zugänglich und die Rückkehr leicht.
- Bieten Sie die Hilfen so detailliert wie möglich an.
- Sammeln Sie Daten, um zu entscheiden, welche Hilfe notwendig ist.
- Geben Sie den Benutzern so viel Kontrolle wie möglich über das Hilfe-System.
- Bieten Sie verschiedene Hilfen für unterschiedliche Benutzer an.
- Gestalten Sie Hilfemeldungen so exakt und vollständig wie möglich.
- Kompensieren Sie mit Hilfen kein benutzerunfreundliches Design.

Ergebnisse, welche die Wirksamkeit von Online-Hilfen belegen, stammen aus einer Studie mit 72 Erstnutzern eines Texteditors (Cohill und Williges, 1982). Eine Kontrollgruppe ohne Online-Hilfen wurde mit Gruppen in acht experimentellen Bedingungen verglichen, die aus allen Kombinationen von Eröffnung (Benutzer bzw. Computer startet das Hilfeprogramm), Präsentation (gedrucktes Manual bzw. Online) und Wahl der Themen (Benutzer bzw. Computer wählt aus, welches Material angezeigt wird) zusammengestellt wurden. Die Kontrollgruppe ohne Online-Hilfe arbeitete signifikant schlechter als die experimentellen Gruppen (Tabelle 12.2). Von den acht experimentellen Gruppen wurde die beste Leistung von der Gruppe erzielt, bei der die Benutzer starteten, die Benutzer auswählten und ein gedrucktes Manual vorhanden war.

Tabelle 12.2: Ergebnisse einer Untersuchung, bei der neun Stile von Onlinehilfen verglichen wurden (Cohill and Williges, 1982).

Hilfeeinstellungen						
Starten	Darstellung	Auswahl	Zeit für Aufgabe	Fehler bei Aufgabe	Befehle pro Aufgabe	Aufgaben erledigt
Benutzer	Manual	Benutzer	293.1	0.4	8.4	5.0
Benutzer	Manual	System	442.2	2.0	17.7	4.9
Benutzer	Online	Benutzer	350.9	1.1	13.5	5.0
Benutzer	Online	System	382.2	1.8	17.6	4.9
System	Manual	Benutzer	367.9	1.3	13.1	4.8
System	Manual	System	399.1	0.9	13.8	4.9
System	Online	Benutzer	425.9	2.8	15.1	5.0
System	Online	System	351.5	1.2	13.7	4.9
Kontrolle: Keine Hilfe verfügbar			679.1	5.0	20.2	3.4

Magers (1983) überarbeitete eine Online-Hilfe daraufhin, dass mehr Hilfe im Rahmen des Kontextes als nach Schlüsselworten geboten wurde, schrieb Tutorialseiten zusätzlich zur Referenz, reduzierte den Computerjargon, benutzte Beispiele anstelle eines mathematischen Ausdrucks, erstellte ein Online-Lexikon für Befehlssynonyme und schrieb aufgabenorientierte anstelle von computerorientierten Hilfeanweisungen. Dreißig Computereinsteiger wurden in zwei Gruppen geteilt: eine Hälfte bekam das Original, die andere die modifizierte Hilfeanleitung. Die Testpersonen mit der revidierten Hilfe erreichten eine Aufgabenpunktzahl von 90, verglichen mit 43 für die anderen Testpersonen. Die Zeit wurde von 75,6 auf 52,0 Minuten bei verbesserter Hilfe reduziert. Auch subjektive Bewertung der Befriedigung favorisierte die revidierte Fassung mit Abstand.

Trotz der Verbesserungen wollen viele Benutzer auf Papier- oder Onlinemanuals ganz verzichten und Systeme durch Ausprobieren erlernen (Rieman, 1996). Dennoch wird von den meisten Gutachtern und Benutzern bei der meisten heutigen Software fehlende Online-Manuals oder -Hilfe als Mangel angesehen. Form und Inhalt der Online-Hilfe machen einen starken Unterschied. Gutes Schreiben, Aufgabenorientierung und angemessene Beispiele tragen zu verbesserten Online-Anleitungen und -Hilfe bei.

12.4.1 Online-Anleitungen

Entwickler traditioneller gedruckter Anleitungen sind oft stolz auf ihr Werk und können dazu verleitet sein, den Text automatisch zu laden, um ihn Online verfügbar zu machen. Dies erscheint ansprechend, aber die Resultate sind nicht optimal. Seitenlayouts auf dem Papier können nicht in ein brauchbares Online- oder Webformat konvertierbar sein, und die Abbildungen automatisch behandeln zu lassen, ist riskant. Die automatische Umwandlung in einen Online- oder Webtext ist besonders attraktiv, wenn die Benutzer eine Bildschirmanzeige haben, die groß genug ist, um die volle Textseite anzuzeigen. Dann kann ein exaktes Bild des gedruckten Textes einschließlich Abbildungen, Photos, Seitenzahlen etc. eingescannt werden. Ein enges Übereinstimmen von gedruckten und Online-Anleitungen kann nützlich sein. Aber wenn die Qualität des angezeigten Bildes signifikant niedriger ist als die der gedruckte Version, ziehen Benutzer die Papierversion in jedem Fall vor.

Online-Anleitungen können durch zusätzliche Suchfunktionen, Inhaltsverzeichnisse, Abbildungsverzeichnisse, elektronische Lesezeichen, Anmerkungen, Links und automatische Verlaufsaufzeichnung angereichert werden (Abb. 12.6). Die Entwickler werden dann besonders effektiv sein, wenn sie die Anleitungen für das elektronische Medium umgestalten können und viele Fenster, Texthervorhebungen, Farbe, Ton, Animation und besonders Suchfunktionen benutzen.

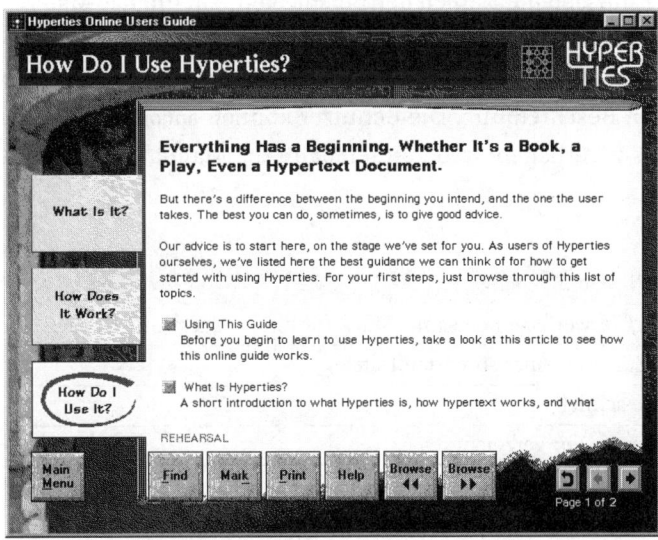

Abb. 12.6: Online-Leitfaden für das elektronische Hypertextpublikationssystem Hyperties mit drei Themenkategorien der Benutzerziele, die von Duffy et al. (1992) beschrieben werden. (Mit Erlaubnis der Cognetics Corp., Princeton Junction, NJ).

Mehrere Hersteller von Workstations haben versucht, ihre Benutzermanuals Online zu stellen. Symbolics war früh schon recht erfolgreich, mit 4.000 Online-seiten und einem so angenehmen Browser, dass viele Käufer niemals die Plastik-verpackung von ihren gedruckten Manuals entfernten (Walker, 1987). Die wachsende Verbreitung von CD-ROMs haben Hardware-Hersteller neben den niedrigen Produktions- und Versandkosten dazu bewogen, Browser für Online-Manuals zur Verfügung zu stellen, die exakte Kopien der gedruckten Manuals sind. Apple gab seine sechsbändige *Inside Macintosh* Reihe für Entwickler auf einer ein-zigen CD-ROM mit gescannten Bildern und Hypertext-Links heraus. Diese Hyper-Card wurde in nur einem Monat konzentrierter Arbeit hergestellt (Bechtel, 1990). Eine andere Innovation von Apple (1993) war eine CD-ROM Anleitung für Desig-ner mit mehr als hundert Animationen von schlechtem, gutem und besserem Design.

Ein ganz wesentliches Merkmal von Online-Manuals ist ein ordentlich angelegtes Inhaltsverzeichnis, das neben der Textseite sichtbar bleibt. Die Auswahl eines Kapi-tels sollte die entsprechende Seite sofort auf dem Bildschirm anzeigen. Ganz nützlich ist auch die Möglichkeit, Inhaltsverzeichnisse zu expandieren oder zusammenzuzie-hen (Egan et al., 1989) oder verschiedene Tafeln, um mehrere Niveaus gleichzeitig anzuzeigen (siehe Abb. 13.10; Chimera und Shneiderman, 1994).

Einen deutlich primitiveren Ansatz für Online-Manuals stellt der Option »man« in Unix dar, die Textbeschreibungen und damit verbundene Optionen für jeden Befehl hat. Die Benutzer müssen die Namen der Befehle kennen, um das Material zu finden, aber das intelligente, einfache System »apropos« hilft da erheblich wei-ter. Die apropos Datei enthält den Namen jedes Unix-Befehls mit einer sorgfältig geschriebenen einzeiligen Beschreibung. Die Benutzer können apropos sort ein-tippen, um diese Listings zu erhalten, und können dann die Manualseiten anzei-gen:

sortm	suche Mitteilungen aus
comm	Wähle / verwerfe gemeinsame Zeilen für zwei ausgesuchte Dateien
look	finde Zeilen in einer sortierten Datei
qsort	sortiere schnell
scandir, alphasort	durchsuche ein Verzeichnis
sort	sortiere oder führe Dateien zusammen
sortbib	sortiere eine Literaturdatenbank
tsort	sortiere topologisch

Dieser Ansatz funktioniert teilweise, scheint aber für erfahrene Benutzer geeigneter zu sein als für Anfänger.

Online-Hilfe mit knappen Beschreibungen der Syntax ist vermutlich besonders effektiv für durchschnittlich erfahrene Benutzer, aber wahrscheinlich schwierig für Einsteiger, die mehr Bedarf an Training mit einem Tutorial haben. Beim herkömmlichen Ansatz wählt der Benutzer in einem Hilfemenü aus und sechs, 60 oder gar 600 alphabetisch geordnete Befehls- oder Menünamen werden angezeigt, für die ein Absatz oder mehr an Hilfeinformation vom Benutzer abgerufen werden kann. Diese Methode funktioniert, ist aber für die Benutzer frustrierend, die nicht den richtigen Namen der Aufgabe kennen, die sie ausführen wollen. Beispielsweise mag der richtige Name *Suche, Anfrage, Auswahl, Blättern, Zeigen, Anzeige, Info* oder *Ansicht* sein. Sie sehen mehrere vertraute Ausdrücke, wissen aber nicht, mit welchem sie ihre Aufgabe ausführen können. Noch schlimmer, es gibt möglicherweise nicht nur einen einzigen Befehl, die Aufgabe auszuführen. Üblicherweise gibt es wenig Information darüber, wie man die Befehle für eine Aufgabe zusammenstellen kann, etwa eine Grafik in ein anderes Format umzuwandeln.

Designer können *Stichwortlisten* verbessern, indem sie Stichworte in Kategorien mit klarer Bedeutung einteilen und Einsteigern eine Gruppe von Startbefehlen angeben. Benutzer könnten dann auch die Art der Information über jeden Befehl angeben (z.B. Beschreibungen mit oder ohne Optionen, Beispiele, komplette Syntax).

Zwei andere nützliche Listen sind die mit Tastenbezeichnungen oder Menübegriffen. Jede kann eine begleitende Beschreibung haben, so wie die ersten paar Zeilen aus der Hilfeliste des frühen, tastaturorientierten WordPerfect:

Taste	Eigenschaft	Tastenbezeichnung
Ctrl-F5	Füge Passwort hinzu	Text In/out,2
Shft-F7	Zusätzliche Drucker	Print,S
Shft-F8	Nach oben, unten oder seitlich	Format,4
Ctrl-PgUp	Fortgeschrittene Makros	Macro Commands
Ctrl-F10	Fortgeschrittene Makros, Hilfe	Macro Definition
Shft-F8	Ausrichten/Dezimalzeichen	Format,4

Viele Designer erkannten, dass Stichwortlisten überfordern und dass Benutzer wahrscheinlich eher lokale Information über ihre Aufgaben haben wollen. Sie entwickelten *kontextsensitive Hilfen*, bei denen die Benutzer unterschiedliche Hilfemitteilungen in Abhängigkeit davon bekommen, wo sie sich in der Software befinden. Hilfe, die in einer Dialogbox angefordert wird, öffnete ein benachbartes Pop-up-Fenster mit Information über diese Dialogbox.

Bei einer anderen Art von Kontext-Hilfe in Formular- oder Menüsystemen muss der Benutzer den Cursor positionieren und dann F1 oder eine Hilfetaste drücken, um Information zu dem Begriff zu bekommen, auf dem der Cursor steht. Eine kleine Variation besteht darin, auf eine Hilfetaste oder ein »?« zu klicken, um den Cursor in ein Fragezeichen zu verwandeln. Dann wird der Cursor auf ein Feld, ein Icon oder einen Menübegriff gesetzt, und ein Pop-up-Fenster beschreibt diesen Begriff. Bei einer schnelleren Version dieser Technik zieht der Benutzer den Cursor einfach nur über den Begriff und schon öffnet sich das Fenster mit den Erklärungen dazu. Eben diese Idee steckt hinter Apples Sprechblasenhilfe (Abb. 12.7).

Abb. 12.7:   Apples Sprechblasenhilfe öffnet eine Erklärung des Items, auf das der Cursor zeigt. Benutzer können die Hilfe abschalten (Mit freundlicher Genehmigung von Apple Computer, Cupertino, Kalifornien).

Eine Variante der Sprechblasenhilfe besteht darin, alle Sprechblasen sofort nebeneinander zu setzen, so dass der Benutzer die Erklärungen gleichzeitig sehen kann. Ein Schalter kann von den Sprechblasen auf Markierungen umschalten, die anzeigen, welche Teile der Anzeige anklickbar, doppelt anklickbar, ziehbar etc. sind.

Die Suche im gesamten Text von Online-Anleitungen funktioniert zunehmend schneller, und Strategien zur Benutzerfreundlichkeit werden stetig verfeinert. Ein expandierbares und verkleinerbares Inhaltsverzeichnis wurde mit Stichwortsuche und Angabe der Anzahl von Treffern kombiniert (Egan et al., 1989). Drei empirische Untersuchungen zeigten mehrere Verbesserungen und den Vorteil gegenüber Druckversionen desselben Dokumentes. Die elektronische Version war besonders dann von Vorteil, wenn die Suchfragen Worte enthielten, die in den Überschriften oder im Text enthalten waren. Browserstrategien erwiesen sich bei einer Untersuchung von 87 Informatikstudenten als besonders effektiv, aber die Suche nach Schlüsselwörtern war noch eine nützliche Ergänzung (Hertzum und Frokjaer, 1996).

Die Hilfe-Funktion unter Microsoft Windows 95 bietet Benutzern Zugang zu sehr vielen verlinkten Artikeln. Die Benutzer beginnen damit, ein Thema auszuwählen; dann können sie eine Liste relevanter Artikel scrollen, um den geeignetsten zu finden. Die Hilfeartikel sind aufgabenorientiert und mit Schritt-für-Schritt-Funktionen, aber die große Anzahl Artikel und die Komplexität der Information macht es Anfängern schwer, das Benötigte zu bekommen. Eine Strukturierung der Hilfeartikel, um solche für Anfänger schnell greifbar zu machen, wäre eine gute Verbesserung. Beliebt sind Assistenten und Stichwortkarten, die Benutzer durch aufeinander folgende Aktionen führen, um etwa Aufgaben wie Anfertigung eines Makros durchzuführen.

Die Online-Hilfe bei Microsoft Windows 95 bietet vier Möglichkeiten, relevante Themen zu finden. Die Benutzer können sinnvoll organisierte Inhaltsverzeichnisse mit hierarchisch aufgelisteten Themen durchsuchen. Sie können auch eine alphabetische Liste von Ausdrücken und Themen durchsuchen oder ein Thema finden, indem sie die ersten Buchstaben eines Schlüsselwortes eintippen (Abb. 12.8). Diese riesige Liste wird schnell durchsucht, und verschiedene Formen von Großschreibung werden für die genauen Worte angezeigt, wenn sie in den Themen erscheinen. Schließlich ermöglicht der Antwortassistent es den Benutzern, eine Anfrage in normaler Sprache einzutippen. Das Programm wählt dann die relevanten Schlüsselwörter aus und bietet eine Themenliste, die in drei Kategorien eingeteilt ist. Beispielsweise erzeugt das Eintippen von »?«:

Wie kann ich

eine Adresse auf einen Umschlag drucken

die Größe eines Umschlags ändern

Umschläge von einer Adressenliste aus bedrucken

...

Informiere mich über

Benutzeradressfelder

Formbriefe, Umschläge und Adressaufkleber

Anlegen einer Liste von Namen und Adressen

...

Hinweise zu Programmierung und Sprache

Mailabrufanweisungen und -funktionen

Werkzeuganweisungen und -funktionen

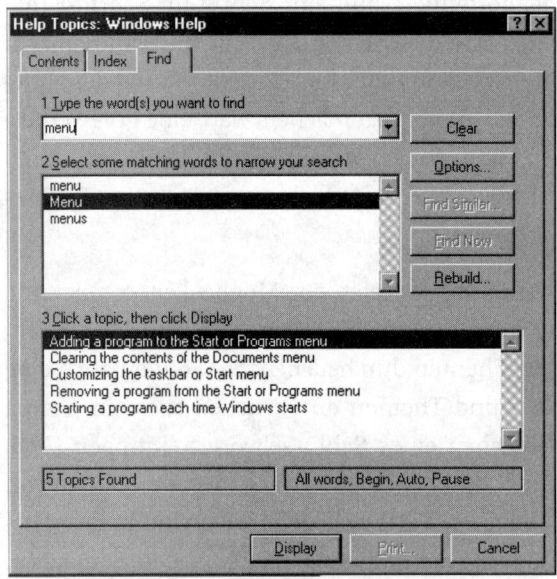

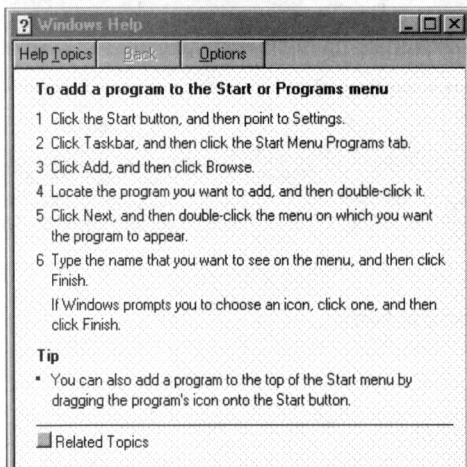

Abb. 12.8: Microsoft Windows bietet ausführliche Onlinehilfe mit Sachverzeichnis, Lesezeichen, Definitionstasten und anderen Merkmalen, die bei der Navigation behilflich sind (Mit freundlicher Genehmigung der Microsoft Corp., Redmond, Washington).

Dieses Anfragebeispiel bietet als erstes Thema ein effektives Ergebnis an, andere Themen sind aber nicht geeignet. Die Ergebnisse werden in Abhängigkeit von der Situation variieren.

12.4.2 Online-Tutorials, Demonstrationen und Animationen

Erstbenutzer eines Softwarepaketes brauchen die Unterstützung durch ein interaktives Tutorial, in dem der Computer den Benutzer anleitet, die Befehle direkt am System auszuführen. Ein Einführungstutorial für das Lotus 1-2-3 Paket gibt die genauen Tasten an, die der Benutzer tippen muss, und führt dann die Befehle aus. Der Benutzer kann die Tasten tippen oder nur die Leertaste drücken, um schnell durch die Demonstration zu blättern. Adobes PhotoDeluxe enthält ein Online-Tutorial, das Benutzer durch die vielfältigen Schritte der Bildbearbeitung führt (Abb. 12.9). Einige Benutzer finden diese Führung attraktiv, andere fühlen sich eher von der strikten Reihenfolge abgestoßen, die Fehler und Erkundung verhindert.

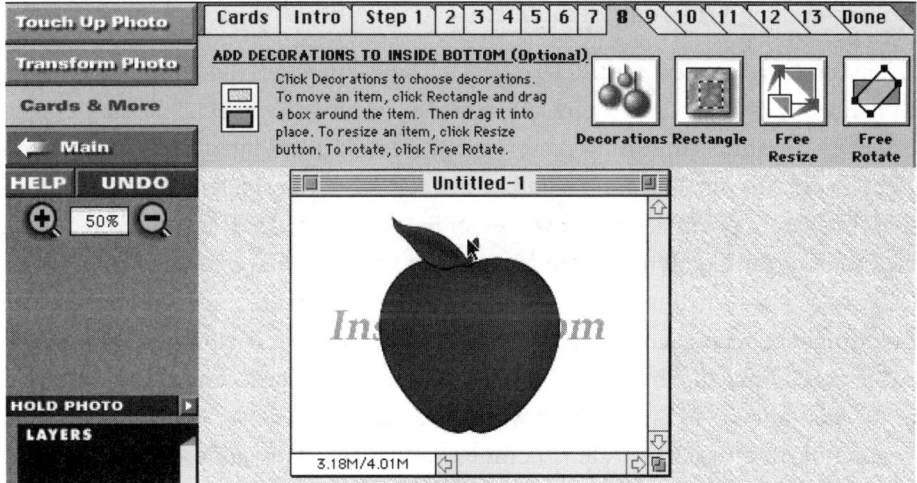

Abb. 12.9: Dieses Online Tutorial für Adobe PhotoDeluxe führt die Benutzer durch viele Schritte einer grafischen Bildbearbeitung. Sie zeigt gleichzeitig drei Ebenen von Menüs, was den Benutzer die Flexibilität gibt, sich schnell durch die Aufgaben zu arbeiten (Mit Erlaubnis von Adobe Systems, Seattle, Washington).

Online-Tutorials können effektiv sein, weil der Benutzer

- nicht ständig zwischen Bildschirm und Lehrmaterial wechseln muss
- auf praktische Weise die Fähigkeit zur Benutzung des Systems erwirbt
- in seinem individuellen Tempo angepasst arbeiten kann, ohne wegen eines Fehlers einem Ausbilder gegenüber in Verlegenheit zu geraten (Al-Awar et al., 1981)

Zu den größten Stärken eines Online-Tutorials gehört, dass man auch praktische Aufgaben ausführen kann. Die Benutzer dazu zu bringen, selbst aktiv zu sein, ist eines der Hauptziele des Minimalleitfadens, das speziell auch auf Online-Tutorials zutrifft. Testpersonen, die auch Online-Übungen ausführten, lernten besser als solche, die nur eine geführte Erkundung unternahmen (Wiedenbeck et al., 1995).

Entwickler interaktiver Tutorials müssen auf die üblichen Fragen zum Aufbau der Anleitung und auch auf die neue ungewohnte Computerumgebung eingehen. Eine Bibliothek mit typischen Aufgaben, an denen Benutzer üben können, ist eine große Hilfe. Textbeispiele bei Textverarbeitung, Beispieldias bei Präsentationssoftware und Karten bei geografischen Informationssystemen helfen den Benutzern, mit der Anwendung Erfahrung zu sammeln.

Demonstrationsdisketten oder -CDs (Demos) sind zu einer modernen High-Tech Kunstform geworden. Eines nicht allzu fernen Tages sollte mal jemand anfangen, in einer Museumssammlung diese innovativen, augenfälligen und ästhetischen Nebenprodukte des Computerzeitalters der Nachwelt zu erhalten. Demo-CDs werden erstellt, um potenzielle Benutzer einer Soft- oder Hardware anzulocken, indem sie Systemeigenschaften mit den besten Animationen, Farbbildern, Klängen und Informationen vorführen, die Werbeagenturen hervorbringen können. Die ursprüngliche technische Anforderung, dass die Demo auf eine einzige Diskette passen muss, machte ihre Entwicklung zu einer Herausforderung, die aber entfiel, seit Demos auf CD-ROMs oder ins World Wide Web gestellt werden. Üblicherweise gehören dazu animierte Texte (Zoomen, Einklappen oder Rotieren von Worten), verschiedene Übergänge (verblassen, auflösen oder in ein Mosaik zerfallen), Toneffekte, interessante Grafik und schließlich eine Adresse oder Telephonnummer, wo man die Software bestellen kann. Das Interesse des Benutzers muss geweckt und erhalten werden, dabei aber auch Information übermittelt und ein positives Produktimage aufgebaut werden. Automatische Temposteuerung stellt gleichermaßen die Benutzer zufrieden, die aktiv mitarbeiten wollen, sowie diejenigen, die sich das Programm einfach nur anschauen. Die Sitzungen sollten zeitlich variabel sein, einerseits für den Benutzer, der nur eine dreiminütige Einführung wünscht, bis zum Benutzer, der eher eine tiefer gehende einstündige Einführung will. Es erhöht die Akzeptanz beim Benutzer, wenn er zusätzliche Steuerungsmöglichkeiten bekommt, zu stoppen, zurückzuspulen oder Teile zu überspringen.

Animationen bei Online-Hilfe werden mit Verbesserung der Hardware und steigendem Wettbewerb zunehmend üblich (Apple, 1993). Einfach und genial ist die Animation von Icons auf dem Bildschirm, um schnell die Art der Benutzung zu demonstrieren (Baecker et al., 1991). Ein Künstler entwickelte kurze Animationen für die 18 Icons im HyperCard WerkzeugMenü (Pinsel, Lasso, Radierer usw.), die in jeder 20 x 22 Pixel-Box eines Icons ablaufen können. Ein Brauchbarkeitstest wurde unternommen, um die Entwicklungen zu verfeinern und ihre Effektivität zu zeigen: »In jedem Fall, in dem statische Icons nicht verstanden wurden, konnten dynamische Icons den Zweck des Werkzeugs erfolgreich übermitteln.« Eine andere animierte Hilfe zeigte Menü- oder Iconauswahlen, die eine komplexe Aufgabe wie etwa die Bewegung eines Textblocks ausführten (Sukaviriya und Foley, 1990). Dieses Projekt stellte ein Arbeitssystem her, das die Animationen automatisch nach den Aufgabenbeschreibungen erstellte. Die Vorteile von Animationen für Lernende sind noch unklar, auch wenn der Präsentationsstil den Benutzern durchaus gefällt (Palmiter und Elkerton, 1991; Payne et al., 1992; Harrison, 1995).

12.4.3 Hilfreiche Führer

Manchmal können freundliche Führer – wie der Marketingmanager der Software, eine berühmte Persönlichkeit mit Beziehung zum Inhalt oder eine Comicfigur für Kinder – die Benutzer durch das Wissensgebiet leiten. Ein Pionierprojekt war GUIDES 3.0, in dem ein Indianerhäuptling, eine Siedlerfrau und ein Kavallerist als kleine Photos auf dem Bildschirm erscheinen und die Leser anhand der Vermittlung ihrer Sichtweisen der Besiedlung des amerikanischen Westens durch das Material geleitet (Oren et al., 1990). Wenn sie ausgewählt werden, erzählen die Führer ihre Geschichten mittels Videosequenzen von einer Laserdisk. Dazu erscheint eine moderne Frau im TV-Format, um die Leser beim Gebrauch des Systems zu unterstützen. Dieser Ansatz vermenschlicht den Computer keineswegs, sondern macht ihn eher zu einem Kommunikationsmedium, so wie ein Autor mit einem Buch über die gedruckten Seiten die Leser anspricht.

Einführungen zu Online-Diensten wie CompuServe oder America Online, Websites wie die der Library of Congress und Bill Gates CD-ROM Buch *Der Weg nach vorn* (1995) heißen neue Benutzer willkommen und bieten eine Anleitung, wo man anfangen kann. Audiotouren sind in vielen Museen recht beliebt geworden. Ein gut informierter und engagierter Kustos wie J. Carter Brown geleitet die Besucher durch die National Gallery of Art in Washington, D.C., aber die Benutzer bestimmen das Tempo und können Abschnitte erneut hören. Die gut gemachte CD-ROM *A Passion for Art* hat mehrere Autoritäten als Führer, die Software, Geschichte und die Kunst der Impressionisten in der Barnes-Sammlung erläutern (Corbis, 1995). Ein unbewegliches Photo des Sprechers wird von gesprochenem Text begleitet, der die Benutzer durch die Software und die Sammlung führt.

Ein Dialog in natürlicher Sprache wurde für interaktives Lernen über ein Betriebssystem vorgeschlagen, aber diese Strategie hat sich nicht als effektiv erwiesen (Shapiro und Kwasny, 1975; Wilensky et al., 1984). Eine optimistische Diskussion von ratgebenden Expertensystemen (Carroll und McKendree, 1987) beklagt den Mangel von Untersuchungen zum Verhalten und konzentriert sich auf Fragen wie diese: Auf welche Weise schränken Leute freiwillig ihren Gebrauch natürlicher Sprache ein, wenn sie mit einem Erkennungsprogramm arbeiten? Können Benutzermodelle entwickelt werden, die Lernübergänge und -abläufe ebenso wie Endzustände einschließen? Ein simuliertes »Intelligente Hilfe«-System wurde mit acht Personen getestet, die Büroaufgaben wie etwa Ausdrucken einer Verteilerliste erledigten (Carroll und Aaronson, 1988). Die Entwickler entwarfen Meldungen für erwartete Fehler, fanden aber, dass die »Leute unglaublich kreativ sind, neue Fehler und Missverständnisse zu erzeugen, und unglaublich schnell«. Die Ergebnisse waren sogar mit einem simulierten System gemischt. Die Autoren kamen zu dem Schluss, dass »eine Entwicklung von intelligenten Hilfesystemen ernsthafte Probleme hinsichtlich ihrer Brauchbarkeit bereitet«. Im Programm Smalltalk erscheinen Comicgurus auf dem Bildschirm und bieten gesprochene Kommentare mit animierten Demonstrationen der grafischen Oberfläche an (Alpert et al., 1995). Die Designer berücksichtigen viele der Probleme mit anthropomorpher Hilfe wie Einführung der Benutzer, Arbeitstempo und Steuerung der Hilfe durch den Benutzer. Leider gibt es keinen empirischen Beleg für die Effizienz eines solchen Ansatzes.

Ein neuerer und offenbar effektiverer Ansatz ist ein Hilfenetzwerk, bei dem Fragen und Antworten per E-Mail übermittelt werden (Eveland, 1994; Ackerman, 1994; Ackerman und Palen, 1996). Hilfeanfragen per E-Mail kann an eine dafür vorgesehene Person oder an eine allgemeine Liste innerhalb einer Organisation geschickt werden. Antworten kann man in Sekunden bekommen oder üblicherweise Minuten oder Stunden, aber die Benutzer müssen ihre Wissenslücke öffentlich zeigen und riskieren auch falschen Rat. Bei einem einfachen Beispiel wurde eine E-Mail Anfrage in 42 Sekunden beantwortet:

```
Time: 18:57:10 Date: Fri Oct 29, 1993
From: <azir>
after i change a list to a group, how long before
I can use it?
Time: 18:57:52 Date: Fri Oct 29, 1993
From: starlight on a moonless night <clee>
you can use it immediately
```

Dieser Ansatz ist wegen seiner geringen Kosten besonders interessant. Die Beantworter haben auch die Befriedigung, helfen und ihre Fähigkeiten zeigen zu können. Der soziale Charakter von Computernetzwerken fördert das Fragenstellen. Ein Zusammenstellen häufiger Fragen und Antworten zu FAQ-Dateien (*frequently asked questions*) ermöglicht Einsteigern, typische Probleme aus der Vergangenheit zunächst zu überfliegen. Folgende Beispielfrage und schnelle Antwort kommt vom Netscape Mail Server FAQ:

```
Kann der Mail Server mit UUCP Post ausgeben?
Nein, der Mail Server unterstützt UUCP derzeit nicht. Wir empfehlen den
Gebrauch üblicher Standards wie PPP und SLIP.
```

12.5 Zusammenfassung für den Praktiker

Gedruckte Anleitungen und Online-Hilfen können Erfolg oder Misserfolg eines Softwareproduktes entscheidend beeinflussen. Ausreichend Personal, Geld und Zeit sollte für diese Unterlagen angesetzt werden. Benutzerleitfäden und Online-Hilfen sollten vor der Implementierung erstellt werden, um dem Entwicklungsteam zu helfen, Benutzerprobleme zu erkennen, und um ausreichend Zeit zum Testen zu haben. Handbücher und Teile von Online-Hilfen sollten auf bestimmte Benutzergemeinschaften und auf das Erreichen bestimmter Ziele zugeschnitten sein (Aufgabeneinführung leisten oder die Objekte und Aktionen bei der Bedienung beschreiben). Anwendungsbeispiele sollten realistisch sein, zu sofortiger Aktion ermutigen, konsistente Terminologie verwenden sowie Fehlererkennung und -beseitigung ermöglichen. Online-Anleitungen und -Hilfen werden zunehmend attraktiver, da Bildschirmauflösung, -größe und Anzeigegeschwindigkeit zunehmen. Aber die Entwickler sollten Extrabefehle minimieren, den Arbeitskontext wahren und vermeiden, ein Auswendiglernen der Information zu erzwingen. Online-Führer oder -Tutorials können einen gewissen menschlichen Aspekt bekommen, wenn sie teilweise von richtigen Menschen präsentiert werden. Hilfenetzwerke bieten eine leistungsstarke Unterstützung bei niedrigen Kosten.

12.6 Ausblick für die Forschung

Der Hauptvorteil bei Online-Hilfen ist die potenzielle Möglichkeit zu schnellem Abruf und Durchsicht großer Datenbanken. Man weiß aber wenig darüber, wie man dies am besten anbieten kann, ohne den Benutzer zu überfordern. Abgestufte Ansätze, bei denen Benutzer ihr Kenntnisniveau vorgeben können, scheinen hilfreich, aber noch nicht getestet worden zu sein. Das kognitive Modell, Seiten in einem Buch umzuschlagen, ist allzu einfach. Wenn aber ausgearbeitete verlinkte Netzwerke benutzt werden, besteht die Gefahr der Orientierungslosigkeit. Die Navigation der Benutzer unter den verschiedenen Abschnitten von Online-Hilfen sollte aufgezeichnet und untersucht werden, so dass wir eine bessere Vorstellung gewinnen können, welche Abschnitte überhaupt effektiv sind. Die Anzeige mehrerer Fenster hilft den Benutzern, das Problem und die Online-Hilfe gleichzeitig zu sehen, aber dennoch sind bessere automatische Layoutstrategien erforderlich. Kognitive Modelle, wie verschiedene Typen von Benutzern den Gebrauch von Computersystemen lernen, erfordern weitere Verfeinerung.

World Wide Web

Das World Wide Web enthält viele Online-Leitfäden und -Tutorials, die konsultiert werden können. Es gibt viele Anleitungen zum besseren Schreiben von Handbüchern und auch verschiedene empirische Untersuchungen.

```
http://www.aw.com/DTUI
```

Quellen

Ackerman, Mark S., Augmenting the organizational memory: A field study of Answer Garden, *Proc. Conference on Computer Supported Cooperative Work '94*, ACM, New York (1994), 243-252.

Ackerman, Mark S. & Palen, Leysia, The Zephyr help instance: Promoting ongoing activity in a CSCW system, *Proc. CHI '96 Human Factors in Computer Systems*, ACM, New York (1996), 268-275.

Al-Awar, J., Chapanis, A., & Ford, W. R., Tutorials for the first-time computer user, *IEEE Transactions on Professional Communication*, PC-24, (1981), 30-37.

Allwood, C. M. & Kalen, T., Evaluating and improving the usability of a user manual, *Behaviour & Information Technology*, 16, 1 (Januar–Februar 1997), 43-57.

Alpert, Sherman R., Singley, Mark K., & Carroll, John M., Multiple multimodal mentors: Delivering computer-based instruction via specialized anthropomorphic advisors, *Behaviour & Information Technology*, 14, 2 (1995), 69-79.

Apple Computer, *Making it Macintosh*, Cupertino, CA (1993), CD-ROM animated guide.

Baecker, Ronald, Small, Ian, & Mander, Richard, Bringing icons to life, *Proc. CHI '91 Human Factors in Computer Systems*, ACM, New York (1991), 1-6.

Bechtel, Brian, Inside Macintosh as hypertext. In Rizk, A., Streitz, N., & Andre, J. (Hrsg.), *Hypertext: Concepts, Systems and Applications*, Cambridge University Press, Cambridge, U.K. (1990), 312-323.

Brockmann, R. John, *Writing Better Computer User Documentation: From Paper to Hypertext: Version 2.0*, John Wiley & Sons, New York (1990).

Cakir, A., Hart, D. J., & Stewart, T. F. M., *Visual Display Terminals: A Manual Covering Ergonomics, Workplace Design, Health and Safety, Task Organization*, John Wiley & Sons, New York (1980).

Carroll, John M., Minimalist training, *Datamation*, 30, 18 (1984), 125-136.

Carroll, John M., *The Nurnberg Funnel: Designing Minimalist Instruction for Practical Computer Skill*, MIT Press, Cambridge, MA (1990).

Carroll, John M. & Aaronson, Amy P., Learning by doing with simulated intelligent help, *Communications of the ACM*, 31, 9 (September 1988), 1064-1079.

Carroll, John M. & Mack, R. L., Learning to use a word processor: By doing, by thinking, and by knowing. In Thomas, J. C., & Schneider, M. (Hrsg.), *Human Factors in Computing Systems*, Ablex, Norwood, NJ (1984), 13-51.

Carroll, John M. & McKendree, Jean, Interface design issues for advice-giving expert systems, *Communications of the ACM*, 30, 1 (Januar 1987), 14-31.

Chimera, R. & Shneiderman, B., Evaluating three user interfaces for browsing tables of contents, *ACM Transactions on Information Systems*, 12, 4 (Oktober 1994), 383-406.

Cohill, A. M. & Williges, Robert C., Computer-augmented retrieval of HELP information for novice users, *Proc. Human Factors Society-Twenty-Sixth Annual Meeting* (1982), 79-82.

Corbis Publishing, *A Passion for Art*, Bellevue, WA (1995).

Creed, A., Dennis, I., & Newstead, S., Effects of display format on proof-reading on VDUs, *Behaviour & Information Technology*, 7, 4 (1988), 467-478.

Duffy, Thomas, Palmer, James, & Mehlenbacher, Brad, *Online Help Systems: Theory and Practice*, Ablex, Norwood, NJ (1992).

Egan, Dennis E., Remde, Joel R., Gomez, Louis M., Landauer, Thomas K., Eberhardt, Jennifer, & Lochbum, Carol C., Formative design-evaluation of SuperBook, *ACM Transactions on Information Systems*, 7, 1 (Januar 1989), 30-57.

Eveland, J. D., Blanchard, Anita, Brown, William, & Mattocks, Jennifer, The role of »help networks« in facilitating use of CSCW tools, *Proc. Conference on Computer Supported Cooperative Work '94*, ACM, New York (1994), 265-274.

Foss, D., Rosson, M. B., & Smith, P., Reducing manual labor: An experimental analysis of learning aids for a text editor, *Proc. Human Factors in Computer Systems*, ACM, Washington, D.C. (März 1982).

Gates, Bill, *The Road Ahead*, Viking Penguin, New York (1995).

Gould, John, & Grischkowsky, Nancy, Doing the same work with hardcopy and with cathode ray tube (CRT) terminals, *Human Factors*, 26 (1984), 323–337.

Gould, J., Alfaro, L., Barnes, V., Finn, R., Grischkowsky, N., & Minuto, A., Reading is slower from CRT displays than from paper: Attempts to isolate a single-variable explanation, *Human Factors*, 29, 3 (1987a), 269–299.

Gould, J., Alfaro, L., Finn, R., Haupt, B., & Minuto, A., Reading from CRT displays can be as fast as reading from paper, *Human Factors*, 29, 5 (1987b), 497–517.

Grandjean, E. & Vigliani, E. (Hrsg.), *Ergonomic Aspects of Visual Display Terminals*, Taylor & Francis, London (1982).

Grant, Allan, Homo quintadus, computers and ROOMS (repetitive ocular orthopedic motion stress), *Optometry and Vision Science*, 67, 4 (1990), 297-305.

Hansen, Wilfred J., Doring, Richard, & Whitlock, Lawrence R., Why an examination was slower on-line than on paper, *International Journal of Man–Machine Studies*, 10, (1978), 507-519.

Hansen, Wilfred J. & Haas, Christine, Reading and writing with computers: A framework for explaining differences in performance, *Communications of the ACM*, 31, 9 (1988), 1080-1089.

Harrison, Susan M., A comparison of still, animated, or nonillustrated on-line help with written or spoken instructions in a graphic user interface, *Proc. CHI '95 Conference: Human Factors in Computing Systems*, ACM, New York (1995), 82-89.

Heines, Jesse M., *Screen Design Strategies for Computer-Assisted Instruction*, Digital Press, Bedford, MA (1984).

Helander, Martin G., Design of visual displays. In Salvendy, Gavriel (Hrsg.), *Handbook of Human Factors*, John Wiley & Sons, New York (1987), 507–548.

Hertzum, Morten & Frokjaer, Erik, Browsing and querying in online documentation: A study of user interfaces and the interaction process, *ACM Transactions on Computer–Human Interaction*, 3, 2 (Juni 1996), 136-161.

Horton, William K., *Designing and Writing Online Documentation: Help Files to Hypertext*, John Wiley & Sons, New York (1990).

Houghton, Raymond C., Online help systems: A conspectus, *Communications of the ACM*, 27, 2 (Februar 1984), 126-133.

Jorna, Gerard C., Image quality determines differences in reading performance and perceived image quality with CRT and hard-copy displays, *Proc. Human Factors Society—Thirty-Fifth Annual Meeting*, Human Factors Society, Santa Monica, CA (1991), 1432-1436.

Kearsley, Greg, *Online Help Systems: Design and Implementation*, Ablex, Norwood, NJ (1988).

Mager, Robert F., *Preparing Instructional Objectives*, Fearon, Palo Alto, CA (1962).

Magers, Celeste S., An experimental evaluation of on-line HELP for non-programmers, *Proc. CHI '83 Conference: Human Factors in Computing Systems*, ACM, New York (1983), 277–281.

Oborne, David J. & Holton, Doreen, Reading from screen versus paper: There is no difference, *International Journal of Man–Machine Studies*, 28, (1988), 1–9.

Oren, Tim, Salomon, Gitta, Kreitman, Kristee, & Don, Abbe, Guides: Characterizing the interface. In Laurel, Brenda (Hrsg.), *The Art of Human–Computer Interface Design*, Addison Wesley, Reading, MA (1990), 367-381.

Palmiter, Susan & Elkerton, Jay, An evaluation of animated demonstrations for learning computer-based tasks, *Proc. CHI '91 Conference: Human Factors in Computing Systems*, ACM, New York (1991), 257-263.

Parton, Diana, Huffman, Keith, Pridgen, Patty, Norman, Kent, & Shneiderman, Ben, Learning a menu selection tree: Training methods compared, *Behaviour and Information Technology*, 4, 2 (1985), 81-91.

Payne, S. J., Chesworth, L., & Hill, E., Animated demonstrations for exploratory learners, *Interacting with Computers*, 4, (1992), 3–22.

Price, Jonathan, & staff, *How to Write a Computer Manual*, Benjamin/Cummings, Addison-Wesley, Reading, MA (1984).

Relles, Nathan & Price, Lynne A., A user interface for online assistance, *Proc. Fifth International Conference on Software Engineering*, IEEE, Silver Spring, MD (1981).

Rieman, John, A field study of exploratory learning strategies, *ACM Trans. on Computer–Human Interaction*, 3, 3 (September 1996), 189-218.

Roemer, Joan M. & Chapanis, Alphonse, Learning performance and attitudes as a function of the reading grade level of a computer-presented tutorial, *Proc. Human Factors in Computer Systems*, ACM, Washington, D.C. (1982), 239-244.

Roesler, A. W. & McLellan, S. G., What help do users need? Taxonomies for on-line information needs and access methods, *Proc. CHI '95 Conference: Human Factors in Computing Systems*, ACM, New York (1995), 437–441.

Shapiro, Stuart C. & Kwasny, Stanley C., Interactive consulting via natural language, *Communications of the ACM*, 18, 8 (August 1975), 459–462.

Spencer, C. J. & Yates, D. K., A good user's guide means fewer support calls and lower support costs. *Technical Communication*, 42, 1 (1995), 52.

Strunk, William, Jr. & White, E. B., *The Elements of Style* (3. Auflage), Macmillan, New York (1979).

Sukaviriya, Piyawadee »Noi« & Foley, James D., Coupling a UI framework with automatic generation of context-sensitive animated help, *Proc. User Interface Software and Technology*, 3, ACM, New York (1990), 152-166.

Sullivan, Marc A. & Chapanis, Alphonse, Human factoring a text editor manual, *Behaviour and Information Technology*, 2, 2 (1983), 113-125.

van der Meij, Hans & Carroll, John M., Principles and heuristics in designing minimalist instruction, *Technical Communication* (1995), 243-261.

van der Meij, Hans & Lazonder, Ard W., Assessment of the minimalist approach to computer user documentation, *Interacting with Computers*, 5, 4 (1993), 355-370.

Walker, Janet, Issues & strategies for online documentation, *IEEE Transactions on Professional Communication PC*, 30 (1987), 235-248.

Wiedenbeck, Susan, Zila, Patti L., & McConnell, Daniel S., End-user training: An empirical study comparing on-line practice methods, *Proc. CHI '95 Conference: Human Factors in Computing Systems*, ACM, New York (1995), 74-81.

Wilensky, R., Arens, Y., & Chin, D., Talking to UNIX in English: An overview of UC, *Communications of the ACM*, 27, 6 (Juni 1984), 574-593.

Wright, P. & Lickorish, A., Proof-reading texts on screen and paper, *Behaviour and Information Technology*, 2, 3 (1983), 227-235.

Kapitel 13

Strategien mit vielen Fenstern

Selbst durch das kleinste Fenster kann das Auge noch den fernsten Horizont erreichen.

A. Bergman, *Visual Realities*, 1992

13.1 Einführung

Die Ausgabe bei den früheren Computern erfolgte noch durch Ausdrucken endloser Papierstreifen auf Teletypes. Als man dann zu Bildschirmen überging, bestand erstmals die Möglichkeit, in einer Sitzung mit Hilfe von elektronischem Scrollen zurückzuspringen. Diese Technik ist zwar grundsätzlich brauchbar, aber die Entwickler erkannten schnell viele Situationen, in denen die Benutzer auf verwandten Text oder Grafik zurückgreifen müssen. Programmierer müssen von Prozedursprache zu Datendeklarationen oder von Prozedurabruf zu Prozedurdefinitionen springen. Autoren von wissenschaftlichen Veröffentlichungen wechseln ständig vom Schreiben ihres Textes zum Hinzufügen von Literatur, dann zur Untersuchung empirischer Daten, zur Erstellung von Abbildungen oder auch zum Lesen früherer Publikationen. Bei Flugreservierungen wechseln die Angestellten vom Zusammenstellen persönlicher Reiserouten zum Lesen von Fahrplänen und zur Auswahl der reservierten Plätze.

Bei vielen Computernutzern besteht grundsätzlicher Bedarf an schneller Durchsicht einer Vielzahl von Quellen, ohne dass die Konzentration auf ihre Aufgabe nennenswert beeinträchtigt werden sollte. Mit wandgroßen Bildschirmen können viele Dokumente simultan angezeigt werden, aber Sichtbarkeit und Augen-Kopfbewegungen können durchaus Probleme bereiten. Bei kleinen Bildschirmen sind die Fenster üblicherweise zu klein, um adäquate Information darstellen zu können. Im Mittelfeld der 20 – 70 cm großen Bildschirmen (etwa 640 x 480 bis 2048 x 2048 Pixel) kann man den Benutzern aber schon genügend Information und Flexibilität für die Ausführung ihrer Aufgaben an die Hand geben und gleichzeitig Augen-Kopfbewegungen, Überfrachtung des Bildschirms und die Fensteranordnung minimieren. Animationseffekte, ein dreidimensionales Erscheinungsbild und graphisches Design spielen Schlüsselrollen bei Effizienz und Akzeptanz (Gait, 1985; Kobara, 1991; Marcus, 1992).

Wenn die Aufgaben der Benutzer wohl verstanden und routinemäßig sind, lohnt es sich, hier eine Strategie zu entwickeln, bei der auf einem Bildschirm *mehrere Fenster* angezeigt werden. Beim Reservierungsvorgang einer Fluggesellschaft könnte man mit einem Fenster zur Zusammenstellung der Reiseroute beginnen, dann in einem Flugplanfenster die entsprechenden Flugplanabschnitte nachsehen und die ausgewählten Flugzeitinformationen ins Flugplanfenster ziehen. Bei Bedarf können Fenster mit Platzwahl oder Speisebesonderheiten aufgerufen werden. Am Schluss des Vorganges kann dann noch das Kreditkartenfenster geöffnet werden. Wenn die Reihenfolge dagegen variiert und unberechenbar wird, werden die Benutzer das Layout stärker steuern müssen und mehr Training brauchen.

Fensteranordnung hat eigentlich nichts direkt mit der Aufgabe des Benutzers zu tun. Wenn diese Aktivität reduziert werden kann, können die Benutzer ihre Aufgaben schneller beenden. Bei einem empirischen Test mit acht erfahrenen Benutzern ergaben sich bei einer Systemversion mit Fenstern längere Arbeitszeiten gegenüber einer Version ohne Fenster (*full-screen*) (Bury et al., 1985). Viele kleinere Fenster führten dazu, dass mehr Zeit darauf verwendet wurde, die Information auf dem Bildschirm anzuordnen und jedes einzelne Fenster nach der benötigten Information durchzuscrollen. Als jedoch die Zeit zur Anordnung des Bildschirms minimiert worden war, waren die Arbeitszeiten dagegen kürzer als bei der Version ohne Fenster. Auch wurden mit Fenstern weniger Fehler gemacht. Diese Ergebnisse lassen vermuten, dass ein Fensteraufbau doch Vorteile bietet, diese aber ohne effektives Fensterarrangement kompromittiert werden können.

Auf kleinen Bildschirmen mit schlechter Auflösung sind die Möglichkeiten für viele Fenster allzu begrenzt, weil die Benutzer sich über das viele vertikale und horizontale Scrollen ärgern. Bei Anzeigen mit mittlerer Auflösung und sorgfältigem Aufbau können viele Fenster praktisch und auch ästhetisch ansprechend sein. Fensterränder können informativ und nützlich gestaltet werden. Auf großen, hochauflösenden Bildschirmen sind Fenster noch attraktiver, aber auch hier kann die Bedienung der Fenster von der eigentlichen Aufgabe des Benutzers ablenken. Die üblichen Vorgänge sind Öffnen der Fenster, Verschieben, Änderung der Größe oder Schließen (Card et al., 1984; Myers, 1988).

Die visuelle Natur des Gebrauchs von Fenstern veranlasste viele Designer dazu, eine direkt manipulative Strategie anzuwenden (siehe Kapitel 6). Um ein Fenster zu strecken, zu bewegen und zu scrollen, können die Benutzer auf entsprechende

Icons am Fensterrand zeigen und einfach mit der Maus klicken (Billingsley, 1988; Kobara, 1991; Marcus, 1992). Da die Dynamik der Fenster einen starken Effekt auf die Wahrnehmung der Benutzer hat, müssen Animationen von Übergängen ganz sorgfältig gestaltet werden (Zoomen von Rahmen, Abfolge des Wiederaufbaus, wenn ein Fenster geöffnet oder geschlossen wird, blinkende Konturen oder Hervorheben beim Ziehen).

Es ist recht schwierig, die allererste explizite Beschreibung von Fenstern ausfindig zu machen (Hopgood et al., 1985), wenn auch verschiedene Quellen Doug Engelbart für die Erfindung der Maus, der Fenster, der kollaborativen Zusammenarbeit, Outlining und Hypertext als Teil seines bahnbrechenden NLS-Systems Mitte der sechziger Jahre würdigen (Engelbart, 1988). Bewegliche, überlappende Fenster gab es schon in der grafischen Umgebung Smalltalk (Abb. 13.1), das in den siebziger Jahren bei Xerox PARC unter Beteiligung von Alan Kay, Larry Tesler (1981), Daniel Ingalls und anderen entwickelt wurde. 1981 ermöglichte der grafisch angelegte Xerox Star (Abb. 13.2) (Smith et al., 1982; Johnson et al., 1990) einen Aufbau von bis zu sechs nichtüberlappenden Fenstern auf dem Desktop (mit begrenzter Steuermöglichkeit von Größe und Bewegung, aber ohne Icons oder Ziehen von Fenstern). Hinzu kamen mehrere Eigenschaftsblätter, die zeitweilig Teile der Fenster überlagerten. Schon bald danach machten der Apple Lisa und 1984 der Apple Macintosh (siehe Abb. 1.1) ihren Stil von grafischen Oberflächen mit überlappenden Fenstern populär (Apple, 1987). Microsoft folgte dann mit dem grafischen MS Windows 1.0 (nebeneinander angeordnete Fenster) (Abb. 13.3), 2.03 (Abb. 13.4), 3.0 (Abb. 13.5) und Windows 95 (Farbtafel A1) für IBM PCs, während IBM OS/2 vorführte.

Die Idee, Fenster in »Räume« anzuordnen, ist ein bedeutender Schritt in Richtung einer Anpassung von Fensterstrategien an die Benutzeraufgaben. (Henderson und Card, 1986; Card und Henderson, 1987). Benutzer können in einem Raum eine Serie Fenster zum Lesen von E-Mail öffnen und stehen lassen, dagegen kann ein anderer Raum einen Satz Fenster enthalten, um einen Artikel oder ein Programm zu erstellen. Räume können als eine Form von Fenstermakro angesehen werden, der Benutzern ermöglicht, jeweils in mehreren Fenstern Aktionen zu bestimmen. Hewlett-Packards HP-VUE baut diese Raumidee als einen Bereich mit Arbeitsplätzen ein, der von den Benutzern besucht werden kann. Sun Microsystems bietet virtuelle Arbeitsplätze mit einem Übersichtsfenster für die Navigation unter Fensterclustern an. Ein effektiver historischer Überblick über Fensterstrategien ist als Video erhältlich (Myers, 1990).

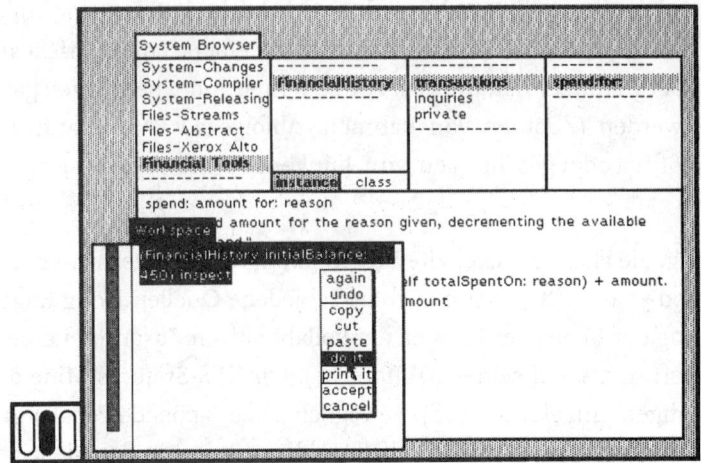

Abb. 13.1: Viele Versionen von Smalltalk wurden in den siebziger Jahren entwickelt, aber an die Benutzeroberfläche wird man sich wegen der überlappenden Fenster, einem hierarchischen Browser mit mehreren Tafeln, Fenstertitel, die wie Aktenreiter herausstehen, Pop-up-Menüs für Fensteraktionen und eine unorthodoxe Bildlaufleiste erinnern (Mit Erlaubnis von Parc Place Systems, Mountain View, Kalifornien).

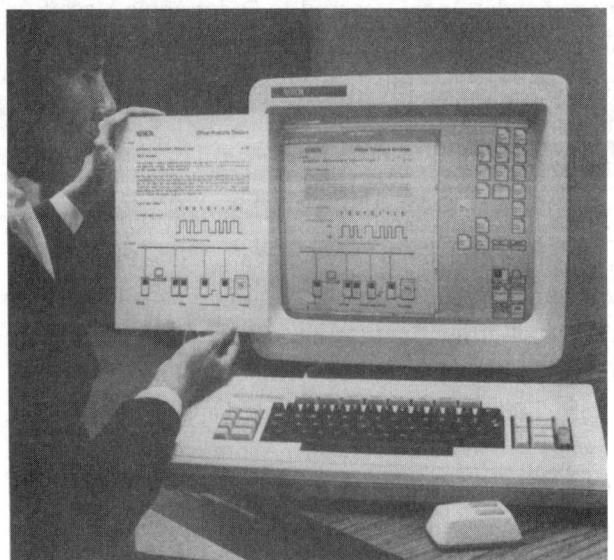

Abb. 13.2: Der Xerox 8010 Star. Der Star spielte eine Führungsrolle bei der Verbreitung von hochauflösender WYSIWYG-Bearbeitung (What you see is what you get) für die Dokumentenerstellung im Bürobereich. Das Star System benutzte als erstes die Bildschirmanzeige als elektronischen Desktop und als erstes kommerzielles System die Maus, symbolische Icons, viele Fenster und eine Bitmap-Anzeige, die detaillierte Grafiken zeigte (Mit Erlaubnis der Xerox Corp., Rochester, N.Y.)

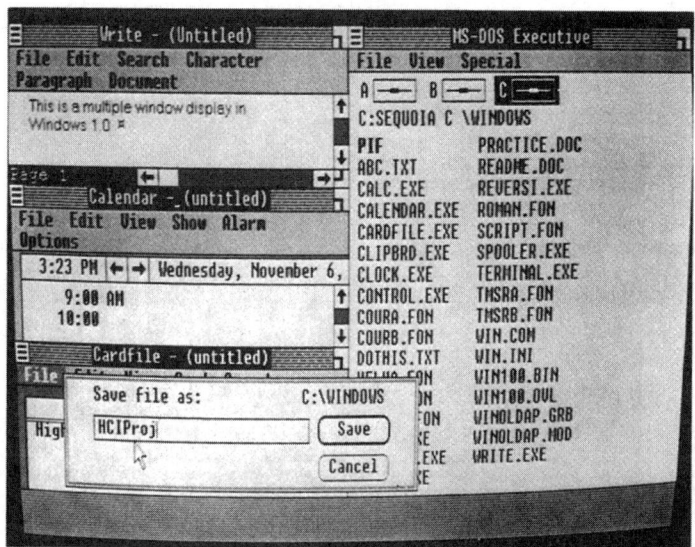

Abb. 13.3: Microsoft Windows 1.0, das nur variable Größe/Ort/Anzahl und bildschirmfüllende fliesenartige Fensteranordnung ermöglichte (Abdruck mit Erlaubnis der Microsoft Corporation, Redmond, Washington).

Zwar sind schon erhebliche Fortschritte erzielt worden, aber es gibt immer noch viel Gelegenheit, die Anordnungsaktionen mit einzelnen Fenstern ganz erheblich weiter zu reduzieren und für eine stärker aufgabenbezogene Koordination der verschiedenen Fenster zu sorgen. Dabei kann man innovative Einzelheiten, originelle Rahmen oder Farbkombinationen, mehr individuellen Zuschnitt, programmierbare Aktionen und kulturelle Variationen erwarten.

13.2 Design von Einzelfenstern

Das *MS Windows 3.0 Benutzerhandbuch* (1990) definiert ein Fenster als »eine rechteckige Fläche, die eine Softwareanwendung oder eine Dokumentdatei enthält. Fenster können geöffnet und geschlossen, bewegt und in ihrer Größe verändert werden. Man kann mehrere davon auf dem Desktop gleichzeitig öffnen, sie zu Icons verkleinern oder vergrößern, damit sie den Bildschirm füllen«. Diese Definition ist ganz sinnvoll, wenn auch manche mit bestimmten Aspekten nicht einverstanden sind (beispielsweise waren Fenster nicht immer rechteckig und auch andere Fensteraktionen sind möglich). Zu den Fensterobjekten gehören:

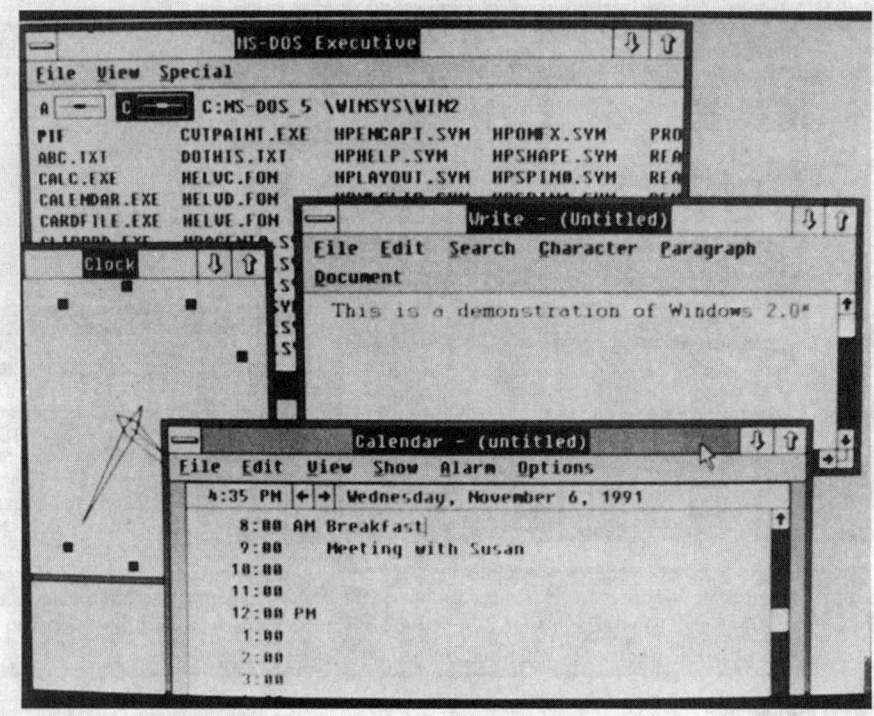

Abb. 13.4: Microsoft Windows 2.0, das beliebig überlappende Fenster zuließ (Abdruck mit Erlaubnis der Microsoft Corporation, Redmond, Washington).

■ *Titel* Die meisten Fenster haben einen Titel zur Identifizierung oben in der Mitte, oben links oder unten in der Mitte oder auf einer am Fenster angesetzten Leiste (Abb. 13.6). Angesetzte Etiketten mit Fenstertiteln sind hilfreich, um ein Fenster auf einem überladenen Desktop aufzufinden. Um Fensterplatz zu sparen, kann man auch einige Fenster ohne Titel kreieren. Titelleisten können auf Grauwert oder Farbe wechseln, um anzuzeigen, welches Fenster aktiv ist (das aktive Fenster ist das, welches auf die Tasteneingaben reagiert). Wenn ein Fenster geschlossen ist, kann es als ein Icon dargestellt werden und einen Titel rechts, unten in der Mitte oder linksbündig anzeigen. Andere Möglichkeiten wären Titel in einer Pop-up-Menüliste oder Titel als Schildchen, die oben aus einem Stapel Fenster herausragen.

■ *Rahmen* Der Fensterrahmen kann ein oder mehrere Pixel breit sein, um eine Auswahl oder Größenänderung zu ermöglichen oder die Fenster vom Hintergrund zu unterscheiden. Mehrere Systeme haben Modelle mit dreidimensionalen Beleuchtungseffekten und können unter jedem Fenster eine Schattierung zeigen. Dreidimensionale Befehlsschaltflächen und Icons an den Rahmen sind beliebt geworden. Dieser dreidimensionale Effekt ist für viele Benutzer attraktiv (obwohl manche Benutzer es störend finden). Dicke der Rahmen oder Farbänderung kann dazu benutzt werden, um das gerade aktive Fenster hervorzuheben.

- *Bildlaufleisten* Da ein Fenster verglichen mit seinen Inhalten klein sein kann, braucht man eine Methode, um das Fenster über die Inhalte hinweg oder die Inhalte unter dem Fenster her zu bewegen. Der grundsätzliche Vorgang bei einer Bildlaufleiste besteht darin, sie rauf und runter und nach links oder rechts zu bewegen. Allerdings gibt es dabei noch mehrere Varianten. Kleine und große Bewegungen müssen möglich sein, ebenfalls gewisse Anzeigen wie etwa laufende Seitenangaben (Abb. 13.7a). Die meisten Bildlaufleisten besitzen in der einen oder anderen Form nach oben und unten zeigende Pfeile, mit denen man eine langsame Bewegung erzeugen kann. Ganz besonders wichtig ist ein glattes Scrollen, wenn die Pfeile dauerhaft ausgewählt werden (beispielsweise durch permanentes Herunterdrücken der Maustaste). Dies ist besser als wiederholte Mausklicks, die den Benutzer vom Lesen der Inhalte ablenken. Scrollen eines ganzen Fensters oder Seitenwechsel kann man in der Regel durch Klicks über- oder unterhalb des Bildlauffeldes in Gang setzen. Auch können Benutzer auf ein gewünschtes Ziel in einem Dokument (etwa das Ende) durch Ziehen des Bildlauffeldes springen.

Feedback bei Bildlaufleisten ist ganz wichtig, um einen sicheren und korrekten Ablauf zu gewährleisten. So werden beispielsweise proportional variable Bildlauffelder verwendet, um anzuzeigen, welcher Anteil des Dokumentes gerade sichtbar ist. Beliebt sind auch Anzeigen von Seitenzahlen, die beim Ziehen des Bildlauffeldes die Position im Dokument wiedergeben (Abb. 13.7b). Wenn die Bildlaufleiste in einer alphabetisch sortierten Liste benutzt wird, kann der erste Buchstabe der Bezeichnungen im Bildlauffeld angezeigt werden.

Man kann die Bildlaufleisten durchaus noch weiter verbessern. So könnte es beispielsweise ganz angebracht sein, eine bestimmte Position zu markieren und kleine Dreiecke auf die Bildlaufleiste zu setzen (Abb. 13.7c). Dann könnte ein Anklicken eines Dreiecks einen Sprung auf diese Stelle bewirken. Bildlaufleisten können auch Werkzeuge zur Visualisierung von Dokumenten enthalten (siehe Kapitel 15) wie etwa eine Wertbalken-Anzeige *(value bars)*, um die Kapitelgrenzen im Dokument zu markieren (Abb. 13.7d) (Chimera, 1992) und Seitenlaufleisten *(page bars)*, um Umblättern von einzelnen Seiten zu erleichtern (Abb. 13.7e).

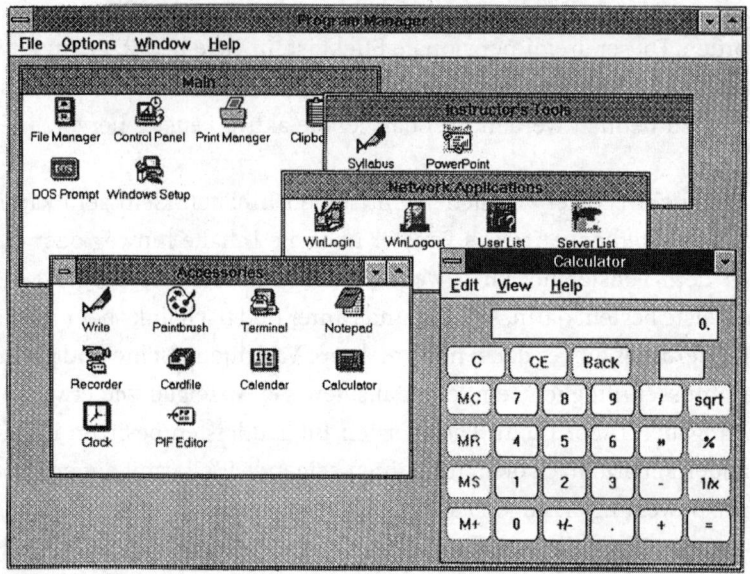

Abb. 13.5:   Fenster bei Microsoft

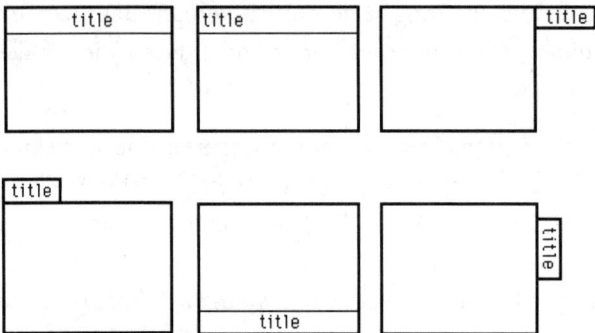

Abb. 13.6:   Titel können innerhalb des Fensters an verschiedenen Positionen angebracht sein oder an verschiedenen Stellen hervorstehen.

Pfeile an Bildlaufleisten geben üblicherweise die Bewegungsrichtung eines Fensters an, können aber ebenso die Bewegungsrichtung für die Inhalte angeben. Eine frühere Untersuchung (Bury et al., 1982) belegte, dass ein Großteil der Benutzer eigentlich dachte, dass ein nach unten zeigender Pfeil bedeuten würde, dass das Fenster sich nach unten bewegte, um spätere Teile des Dokumentes anzuzeigen. Viele sind noch verwirrt und machen Fehler. Beheben von Fehlern klappt zwar schnell, aber kreative Designer sollten noch weitere visuelle Hinweise für die Benutzer anbringen, in welche Richtung eine Bewegung läuft.

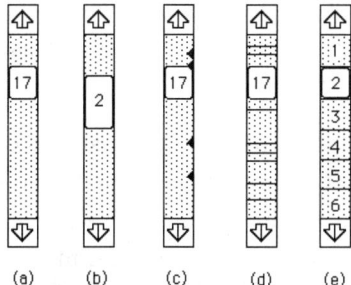

(a) page number in scroll box
(b) proportional scroll box
(c) selectable position markers
(d) value bar showing sections
(e) page bar with discrete positions

Abb. 13.7: Bildlaufleisten mit existierenden und vorgeschlagenen Möglichkeiten. (a) Seitenzahl im Bildlauffeld. (b) Proportionales Bildlauffeld. (c) Wählbare Positionsanzeiger. (d) Wertbalken, die Abschnitte markieren. (c) Seitenleiste mit festen Positionen.

Bei Fenstern unterscheidet man folgende Aktionen:

■ *Öffnen* Ein Fenster kann über sein Icon oder von einer Textmenüliste aus durch einen eingetippten Befehl, eine Menüauswahl, einen gesprochenen Befehl oder einen Doppelklick geöffnet werden. Die Größe der Icons kann variieren (0,5 bis 3,0 cm^2), und Bezeichnungen können an verschiedenen Stellen angebracht werden.

Reaktion beim Öffnen kann ein simples Erscheinen des Fensters nach dem vollen Neuaufbau der Bildschirmanzeige sein oder Auslöschen bzw. Schwärzen der Fensterzieles mit darauf folgendem Erscheinen erst der Fenstergrenzen und dann der Inhalte. Visuell ansprechende Animationen sind möglich, wie etwa Zoomboxen (eine animierte Sequenz von wachsenden Rahmen, die aus dem Icon in das Fenster wachsen), Zoomlinien (Blitze, Punkte oder andere Lichtdarstellungen strahlen in die Ecken des Fensters aus), Jalousienöffnung (das Fenster scheint wie ein Rollo heruntergezogen zu werden) oder dreidimensionale Sprünge oder spiralförmige Drehungen vom Icon zum vollen Fenster (Silicon Graphics Iris). Der Vorgang des Öffnens kann noch von Geräuschen begleitet werden.

- *Wahl von Ort und Größe* Entscheidend für die Brauchbarkeit von Fenstersystemen ist die Wahl, wo sich das Fenster öffnet. Bei den meisten Fenstersystemen wird der zuletzt benutzte Platz und die zuletzt benutzte Größe wieder vorgegeben, was den Benutzerbedürfnissen eher als eine fixe Position entgegenkommt. Häufig besteht die effektivste Lösung darin, das neue Fenster nahe am augenblicklichen Fokus zu öffnen (ein Icon, Menüpunkt, Feld usw.), um Augenbewegung einzuschränken. Aber dies muss entsprechend weit entfernt sein, um ein Verdecken zu vermeiden. Wenn beispielsweise ein Icon einer Steuerungstafel ausgewählt wird, könnte die Tafel gerade unter dem Icon erscheinen. Wenn entsprechend ein Formularfeld bei einer Hilfeaktion gewählt wird, sollte das Hilfefenster seitlich erscheinen, aber das entsprechende Eingabefeld nicht verdecken.

- *Schließen* Fenster können ein kleines Icon haben (üblicherweise in der oberen linken oder oberen rechten Ecke), um sie zu schließen oder auf gleiche Weise wie beim Öffnen zu animieren. Entweder gibt es keine Reaktionen beim Schließen (was ein Problem für die Benutzer sein kann, die nicht wissen, wo das Icon steht), oder das Feedback besteht aus Zoomrahmen (eine animierte Serie von schrumpfenden Rahmen in Richtung auf den Platz auf dem Desktop, wo sich das Fenster als Icon befindet) oder aus dreidimensionalen Sprüngen bzw. spiralförmigen Drehungen des Fensters, wenn es zum Icon zusammenschrumpft. Die meisten Systeme schließen die Fenster glatt und schnell. Bei langsamen Systemen können jedoch schwerfällige Sequenzen beim Bildschirmaufbau unbeholfen wirken, beispielsweise wenn das Fenster in Streifen verschwindet, die den Fensterrahmen oder die Inhalte unterbrechen.

- *Größenänderung* Besonders zahlreich sind die verschiedenen Möglichkeiten, die Größe eines Fensters zu verändern. Der Macintosh erlaubt nur Größenänderung von einem Haltepunkt an der unteren rechten Ecke aus, dagegen ist es bei MS Windows, OSF/Motif, OS/2 und vielen anderen Systemen an allen vier Ecken und Seiten möglich. Bei manchen Systemen verändern sich benachbarte Fenster automatisch. Eine interessante Fragestellung besteht darin, ob die Größenänderung des Fensters eine Neuformatierung des Textes (Änderung der Schriftgröße), der Grafik (Größenänderung, damit das komplette Objekt unabhängig von der Fenstergröße gesehen werden kann) oder der Iconanordnung verursacht (Icons werden bewegt, damit sie auch in einem kleineren Fenster sichtbar bleiben). Fenstersysteme können sich auch durch ihre Größenbeschränkungen unterscheiden. Bei manchen Systemen können die Fenster extrem klein gemacht werden (z.B. 1 x 2 cm), dagegen müssen die Fenster bei anderen Systemen größer als ein bestimmtes Minimum sein (z.B. 4 x 6 cm, oder groß genug, um die Inhalte zu zeigen). Die meisten Fenstersysteme haben eine obere Begrenzung der Fenstergröße, die der Bildschirmgröße entspricht.

- *Bewegen* Es gibt auch eine große Vielfalt an Möglichkeiten, ein Fenster zu bewegen. Der Xerox STAR und MS Windows 1.0 hatten einen Menüpunkt »Move«, den die Benutzer auswählten. Dann klickte man auf das Ziel und erhielt wegen der komplexen Layout-Anordnungen manchmal überraschende Ergebnisse. Die Macintoshdesigner benutzen die gesamte Titelleiste zum Öffnen und lassen die Benutzer einen Fensterentwurf aufziehen, bis sie mit der Platzierung zufrieden sind. Verschiedene visuelle Reaktionen wurden eingebaut. Die Anzeigeraten wurden schneller, und einige Systeme zeigen jetzt das komplette Fenster an, wenn man es aufzieht. Bei manchen Systemen muss das Fenster vollständig auf dem Bildschirm sichtbar sein, während bei anderen Systemen Teile eines Fenster in drei (üblicherweise links, rechts und unten) oder allen vier Richtungen außerhalb des Bildschirms liegen können. Bei manchen Systemen kann ein Fenster (Child-Fenster) in einem anderen Fenster (Parent-Fenster) eingebaut sein.

- *Aktivierung* Bei überlappenden Fenstern müssen die Benutzer eine Möglichkeit haben, ein Fenster zu aktivieren, das ganz oder teilweise von anderen Fenstern verdeckt wird. So kann man auf eine Menüliste offener Fenster klicken, um eins auszuwählen, eine Aktion wie etwa »Oben« aus einem Pop-up-Menü anwählen, das an jedem Fenster sitzt, auf irgendeinen Teil des Fensters klicken (oder einen bestimmten Teil wie die Titelleiste) oder einfach nur den Cursor in ein Fenster bewegen. Weiterhin besteht die Möglichkeit, dass alle Fenster aktiv sind und Text nur in das Fenster fließt, in dem der Cursor steht, oder dass ein Fenster aktiviert, aber nicht nach oben gebracht wird. Aktivierung kann durch Änderung des Rahmens (Änderung von Farbe oder Breite), des Titels (Farbe oder Streifen werden hinzugefügt) oder des Hintergrundtextes (wird heller) angezeigt werden. Wichtig bei der Aktivierung ist der glatte Ablauf und die Reihenfolge des Aufbauprozesses. Obwohl manche Systeme so schnell sind, dass das gesamte Fenster und seine Inhalte augenblicklich erscheinen (in weniger als 100 Millisekunden), wird bei manchen Systemen zunächst die Fläche gelöscht, dann der Rahmen gezeichnet und schließlich das Fenster von oben nach unten gefüllt. Ungeschickte Strategien können Verwirrung stiften, etwa der Aufbau verschieden farbiger Teile eines Rahmens hintereinander oder die Füllung eines Rahmens von unten nach oben.

Diese grundlegenden Fensteraktionen sind vielen Systemen gemeinsam, aber es gibt zahlreiche Varianten und Erweiterungen. Eine interessante Erweiterung ist der Gebrauch von gesprochenen Befehlen und Spracherkennungstechnik (siehe Abschnitt 9.4) zur Steuerung der Fensteraktionen. Eine ursprüngliche Version einer X Window-Implementierung, das sogenannte Xspeak, wurde von vier Benutzern im Hinblick auf brauchbare Eigenschaften getestet (Schmandt et al., 1990). Die Autoren kamen zum Schluss, dass zwar »Navigation in einem Fenster durch Spracheingabe durchaus durchgeführt werden kann«, aber bei der derzeitigen Ausführung empfanden sie »den Gebrauch von Sprache zur Navigation als unvollständigen Ersatz für die Maus«.

13.3 Design mit vielen Fenstern

Die Herausforderung, Zugang zu vielfältigen Quellen von Information zu bieten, hat viele Lösungsmöglichkeiten angeregt:

- *Viele Monitore* Broker oder Prozessüberwacher benutzen vielfach mehrere Monitore, weil dies die einzige Möglichkeit ist, mit der verfügbaren Hardware die gesamte erforderliche Information zu sehen. Die Erfahrung zeigt, dass in den meisten Fällen eine kleine Anzahl hochauflösender Monitore am besten ist, weil die Ablenkung der Augenbewegung über die Lücken zwischen den Monitoren die Arbeit verlangsamt.
- *Schneller Wechsel der Bildschirmanzeige* Eine weitere Alternative bietet ein schneller, automatischer oder benutzerdefinierter Wechsel der Bildschirmseiten. Diese Strategie kann ganz hilfreich sein, allerdings wurde auch belegt, dass es für die Benutzer anstrengend ist zu erkennen, wo sie sind, die Befehle zu kennen, zu planen, wie man auf die gewünschte Seite kommt und den Plan auszuführen. Benutzerdefinierter schneller Wechsel der Bildschirmanzeige kann von erfahrenen Benutzern bei zusätzlichen Fenstern sinnvoll angewendet werden. Automatisches Seitenspringen ist ganz brauchbar bei öffentlichen Informationssystemen. Flughafenplaner haben allerdings erkannt, dass – vorausgesetzt, Budget und Platz erlauben es – eine Reihe von sechs bis acht Anzeigen für Abflüge und eine weitere Reihe mit sechs bis acht Anzeigen für die Ankunft den automatischen Seitensprüngen auf einer einzigen Anzeige bei weitem überlegen sind.

- *Geteilte Bildschirmanzeigen* Viele frühere Textverarbeitungssysteme ermöglichten den Benutzern, den Bildschirm zu teilen, um zwei oder mehrere Teile eines Dokumentes oder mehrere Dokumente anzuzeigen. Geteilte Bildschirmanzeigen gab es etwa bei emacs, WordPerfect (zwei Fenster), MS Word auf IBM-PCs (acht Fenster), und vielen anderen Textverarbeitungssystemen. Aufteilungen konnten horizontal (um zwei Fenster mit voller Breite zu schaffen) oder vertikal getroffen werden (um nebeneinander Vergleiche zu ermöglichen, was allerdings nur für Dateien mit schmalen Listen effektiv war). Eine Bildschirmaufteilung ist eine vereinfachte Version von vielen Fenstern, bietet aber weniger Möglichkeiten als Fenstersysteme.

- *Bildschirmfüllende, fliesenartige Aufteilung mit fester Anzahl, Größe und Platz* Einfache Bildschirmaufteilungen werden oft als fliesenartig bezeichnet, da der Bildschirm häufig vollständig in rechteckige Abschnitte aufgeteilt ist, die an Keramikfliesen auf einem Fußboden erinnern. Dies bedeutet üblicherweise Raumfüllung ohne Überlappung. Allerdings gibt es viele Variationen. Der einfachste Fall ist eine feste Anzahl von Fliesen fester Größe und Anordnung, etwa 2, 4, 6 oder 8 Rechtecke, die den Bildschirm mit Ausnahme von Icon- oder Steuerungsleisten füllen.

- *Bildschirmfüllende fliesenartige Aufteilung mit variabler Anzahl, Größe und Platz* Üblicherweise wird mit einem einzigen großen Fenster gestartet und dieses beim Öffnen eines zweiten Fensters horizontal oder vertikal halbiert, um Platz für das zweite zu schaffen. Microsoft Windows 1.0 hatte diese Aufteilungsmethode, wenn ein Dokument oder Anwendungsicon an die horizontalen oder vertikalen Grenzen gezogen wurde. Das Bewegen eines Fensters war möglich, wenn auch mit häufig überraschenden Ergebnissen. In ähnlicher Weise konnte das Schließen eines Fensters bei einer bildschirmfüllenden fliesenartigen Aufteilung mit variabler Anzahl zu unerwarteten Ergebnissen führen, wie etwa ein Wachsen anderer Fenster in den freien Raum, Bewegen von Fenstern oder einfach Erscheinen von freiem Platz.

- *Fliesenartige Aufteilung ohne Bildschirmfüllung* Es kamen Varianten auf, die keine vollständige Bedeckung des Bildschirms erforderten. Der Xerox Star erlaubte freien Raum an der rechten Hälfte der zweispaltigen Anzeige. Beim ursprünglichen Xerox Star war das erste zu öffnende Fenster eine vollständige Seitengröße auf der linken Seite des Bildschirms (siehe Abb. 13.2). Beim zweiten Fenster wurde die linke Seite in obere und untere Hälften aufgeteilt. Beim dritten Fenster bekam jedes Fenster ein Drittel der linken Bildschirmseite. Das vierte bis sechste Fenster (nur sechs waren maximal erlaubt) füllten die rechte Seite des Bildschirms. Hierdurch wurde ein Einengen der Fenster vermieden, das lästiges häufiges horizontales Scrollen erfordert.

- *Stapel von fliesenartigen Aufteilungen* Bei einer erweiterten Version werden die Fenster übereinander gestapelt, unter denen man dann zuvor benutzte Fenster wieder freilegen kann. Üblicherweise haben die Stapel eine feste Größe und Position, um die Benutzung zu vereinfachen. Nachfolgende Fenster werden auf den zuletzt am wenigsten benutzten Stapel mit vorstehenden Reitern wie bei Karteikarten zum Auswählen abgelegt.

- *Fensterzoomen* Da Benutzer häufig zeitweise ein Fenster vergrößern müssen, bieten einige Systeme angenehme Möglichkeiten, ein Fenster selbst zu voller Bildschirmgröße zu vergrößern und dann wieder auf die ursprüngliche Größe zu verkleinern. Diese Technik wird häufig in Folienpräsentationsprogrammen benutzt, die Miniaturbilder in einer Vorschau anzeigen, aus denen die Benutzer dann auf eine einzige Folie hochzoomen können (Abb. 13.8).

- *Frei wählbare Überlappungen* Es ist recht ansprechend, viele Fenster auf einem Bildschirm mit partiellen und beliebigen Überlappungen zu sehen. Bei dieser heute beliebten Strategie können Fenster an jeden Punkt auf dem Bildschirm bewegt werden. Teile des Fensters können auch außerhalb des Bildschirms liegen und vom Bildschirmrand abgeschnitten werden. Dieser Ansatz wurde als *zweieinhalbdimensionale Programmierung* bezeichnet. Dies sollte die Anordnung der vielen Fenster kennzeichnen, die einander überlappen, als ob sie übereinander schweben. Diese Methode wurde in Smalltalk, im Apple Lisa, im Apple Macintosh, in MS Windows 2.03 und vielen anderen Fenstersystemen benutzt. Beliebig überlappende Fenster können von Vorteil sein, wenn unabhängige Aufgaben ausgeführt werden. Beispielsweise kann ein Benutzer sich beim Benutzen einer Textverarbeitung dazu entschließen, eine E-Mail zu schicken, einen Taschenrechner zu benutzen oder sich zu informieren. Dieser Benutzer kann ein neues Fenster öffnen, die Aufgabe durchführen und zur Hauptaufgabe zurückkehren, ohne den Zusammenhang zu verlieren oder die Arbeit neu beginnen zu müssen. Jedoch können überlappende Fenster potenziell relevantes Material überdecken und die Ordnungsaufgaben erhöhen.

- *Fächerförmige Überlappungen* Designer haben das vertraute Kartenfächerprinzip auf die Platzierung einer Reihe von Fenstern von oben links nach unten rechts (oder unten links nach oben rechts) übertragen. Aufeinander folgende Fenster stehen unten (oder oben) und nach rechts über, damit jeder Fenstertitel sichtbar bleibt. Manche Systeme ordnen hintereinander geöffnete Fenster automatisch im Fächer an. Bei anderen kann man dies optional aus einem Menü anwählen. Dabei werden die gerade geöffneten Fenster in einem Fächer angeordnet, allerdings erscheinen neugeöffnete Fenster dann anderswo auf dem Bildschirm. Tombaugh et al. (1987) zeigte, dass bei ausreichender Praxis Benutzer eines Fächers mit vielen Fenstern, die Kapitel eines Buches darstellten, viel schneller Fragen beantworten konnten als von einem in Seiten aufgebauten einzelnen Fenster.

Es gibt gewiss noch andere Möglichkeiten, viele Fenster zu gestalten, aber eine umfassende Anleitungstheorie steht noch aus. Eine Theorie könnte aus der Computergeometrie abgeleitet werden oder von einem mehr aufgabenbezogenen Modell (Card, 1989).

Empirische Untersuchungen sind notwendig, um das Thema deutlicher zu klären und Methoden zu entwickeln, mit denen die Leistungsfähigkeit von Fensteranordnungen gemessen werden kann. Befürworter der größeren Flexibilität von beliebigen Überlappungen dürften von einem empirischen Vergleich mit einer fliesenartigen Anordnung beim früheren Xerox Star (Bly und Rosenberg, 1986) vielleicht enttäuscht sein. Aufgaben, die nur geringe Arbeit mit Fenstern erforderten, wurden bei der fliesenartigen Anordnung schneller ausgeführt, andere Aufgaben von manchen Benutzern hingegen schneller mit der Überlappungsstrategie. Arbeit mit überlappenden Fenstern schien mehr Erfahrung zu erfordern, bevor die Benutzer sie effektiv einsetzen konnten. Insgesamt glauben die Autoren, dass für sehr erfahrene Benutzer fliesenartig angeordnete Fenster besser sein können.

Wir selbst implementierten einen Programmbrowser mit einer Hypertextumgebung mit vielen Fenstern in fliesenartiger Anordnung, automatischer Fensterplatzierung und Zoomen (Seabrook und Shneiderman, 1989). Übliche Aufgaben zur Programmdurchsicht wurden sehr viel schneller als mit einem Standardeditor mit einem einzelnen Fenster ausgeführt.

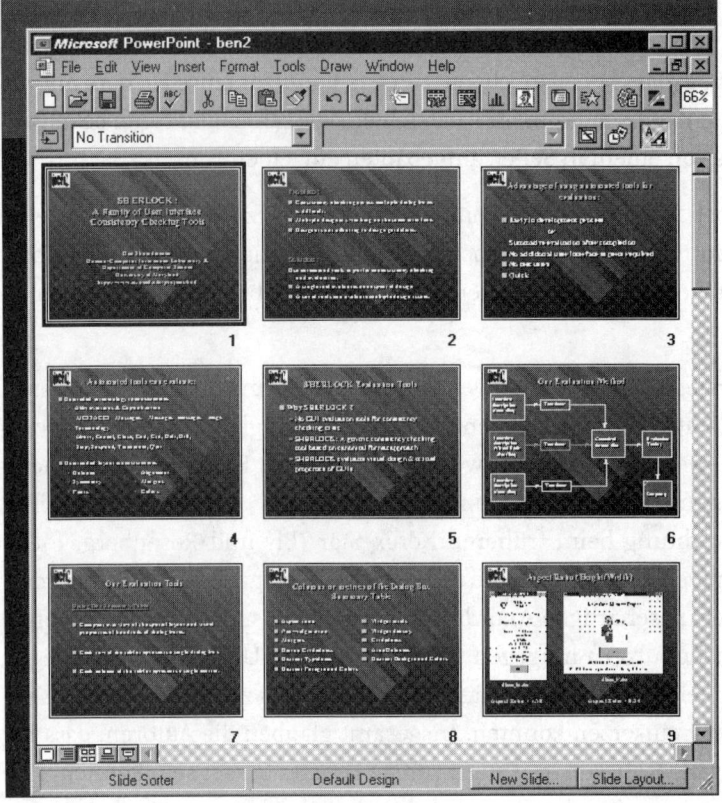

Abb. 13.8: Die Bildschirmoberfläche von Microsoft PowerPoint zeigt einen Überblick über eine Folienpräsentation als Ansicht von Miniaturbildern, die der Benutzer auswählen kann, um Bilder voller Größe zu erstellen. (Mit Erlaubnis der Microsoft Corporation, Redmond, Washington).

13.4 Koordination durch eng verbundene Fenster

Die Designer könnten einen Durchbruch zur nächsten Generation von Fenstersystemen schaffen, wenn sie miteinander koordinierte Fenster entwickeln, in denen Fenster infolge direkter Benutzeraktionen im Aufgabenbereich erscheinen, ihre Inhalte wechseln und geschlossen werden (Norman et al., 1986; Shneiderman et al., 1986). Wenn beispielsweise bei einer Krankenversicherung der Vertreter Information über einen Versicherten abruft, sollten Felder mit Adresse, Telefonnummern und Mitgliedsnummern auf dem Bildschirm erscheinen. Gleichzeitig und ohne zusätzliche Befehle könnte auch die Krankengeschichte in einem zweiten Fenster erscheinen und eine Liste früherer Behandlungen in einem dritten Fenster.

Ein viertes Fenster könnte ein Formular für den Vertreter enthalten. Ein Scrollen der Krankengeschichte könnte ein synchronisiertes Scrollen der Behandlungsliste hervorrufen, um zugehörige Information anzuzeigen. Wenn der Vorgang abgeschlossen ist, werden alle Fensterinhalte gesichert und die Fenster geschlossen. Solche Abfolgen von Aktionen können so schon vom Entwickler oder von den Benutzern mit den entsprechenden Programmierungswerkzeugen festgelegt werden.

Koordination ist ein Aufgabenkonzept, das beschreibt, wie Informationsobjekte sich je nach Benutzeraktionen ändern. *Enge Verbindung* unter Fenstern ist das Schnittstellenkonzept, das die Koordination unterstützt. Eine sorgfältige Untersuchung von Benutzeraufgaben kann zu aufgabenspezifischen Koordinationen auf der Basis der Abfolge von Aktionen führen. Daneben gibt es auch noch Koordinationen nach bestimmten Klassifikationen, die von Schnittstellenentwicklern berücksichtigt werden könnten:

- *Synchronisiertes Scrollen* Eine einfache Form von Koordination ist synchronisiertes Scrollen, bei dem die Bildlaufleiste eines Fensters eng an eine andere Bildlaufleiste gekoppelt ist und eine Bewegung an einer Bildlaufleiste zum Scrollen von Fensterinhalten bei der anderen führt. Diese Technik ist brauchbar, um zwei Versionen eines Programms oder Dokumentes zu vergleichen. Synchronisierung kann Zeile für Zeile erfolgen, auf einer proportionalen Grundlage oder durch zueinanderpassende Zeichen in beiden Fenstern. Eine andere Möglichkeit zur Synchronisierung wäre eine Option für eine offene Aktion, bei der sich zwei Fenster nebeneinander mit einer einzigen gemeinsamen Bildlaufleiste öffnen würden.
- *Hierarchisches Durchsuchen* Enggekoppelte Fenster können für ein hierarchisches Durchsuchen benutzt werden (Abb. 13.9). Wenn ein Fenster das Inhaltsverzeichnis eines Dokumentes enthält, sollten bei einer Auswahl eines Titels in einem benachbarten Fenster die entsprechenden Kapitelinhalte angezeigt werden (Abb. 13.10). Hierarchisches Durchsuchen wurde in den Windows 95 Explorer integriert und wird zunehmend auf Websites benutzt.
- *Direkte Auswahl* Bei einer direkten Auswahl bewirkt das Zeigen auf ein Icon, auf ein Wort in einem Text oder auf einen variablen Namen in einem Programm das Öffnen eines Fensters mit den Details des Icons, der Wortdefinition oder der Deklaration der Variablen (Abb. 13.11). Die Hilfen bei Macintosh und die Tipps bei Windows sind Anwendungen der direkten Auswahl, und die Benutzer sollten in der Lage sein, solche Koordinationen leicht zu definieren.

- *Zweidimensionales Durchsuchen* Eine zweidimensionale Variante des hierarchischen Durchsuchens zeigt einen Überblick auf einer Karte, Grafik oder Fotografie in einem Fenster und die Details in einem zweiten Fenster. Die Benutzer können einen Sichtfeldrahmen im Überblick bewegen, um die Inhalte in der Detailsicht anzupassen (Kapitel 13.5).

- *Öffnen abhängiger Fenster* Eine weitere Option besteht darin, an benachbarter und genehmer Stelle abhängige Fenster zu öffnen. Wenn Benutzer beispielsweise ein Programm durchsuchen, könnte sich beim Öffnen der Hauptprozedur die davon abhängige Serie von Prozeduren öffnen (Abb. 13.12).

- *Schließen abhängiger Fenster* Die Option, beim Schließen eines Fensters alle abhängigen Fenster zu schließen, kann beim Schließen von Fenstern mit Dialogen, Meldungen und Hilfe als eine einzige Aktion angewendet werden. Beispielsweise können Benutzer beim Ausfüllen eines Formulars eine Dialogbox mit einer Auswahl sehen. Diese Dialogbox kann den Benutzer dazu veranlassen, ein Pop-up-Fenster oder eine Fehlermeldung zu aktivieren, die wiederum eventuell das Aufrufen eines Hilfefensters erforderlich machen können. Nachdem der Benutzer die gewünschte Wahl in der Dialogbox angegeben hat, wäre es ganz angenehm, mit einem Doppelklick auf das Schließicon der Dialogbox (bzw. im entsprechenden Menü) alle drei oder vier Fenster zu schließen (Abb. 13.13).

- *Speichern oder Öffnen eines Fensterzustandes:* Eine selbstverständliche Erweiterung des Speicherns eines Dokumentes ist, den augenblicklichen Zustand des Bildschirms mit allen Fenstern und ihren Inhalten zu speichern. Diese Eigenschaft kann einfach als Menüpunkt »Speichere Bildschirm als ...« dem Aktionsmenü hinzugefügt werden. Diese Aktion würde ein neues Icon für den gegenwärtigen Zustand schaffen, das man zur Wiederherstellung dieses Zustandes öffnen kann (Henderson und Card, 1986).

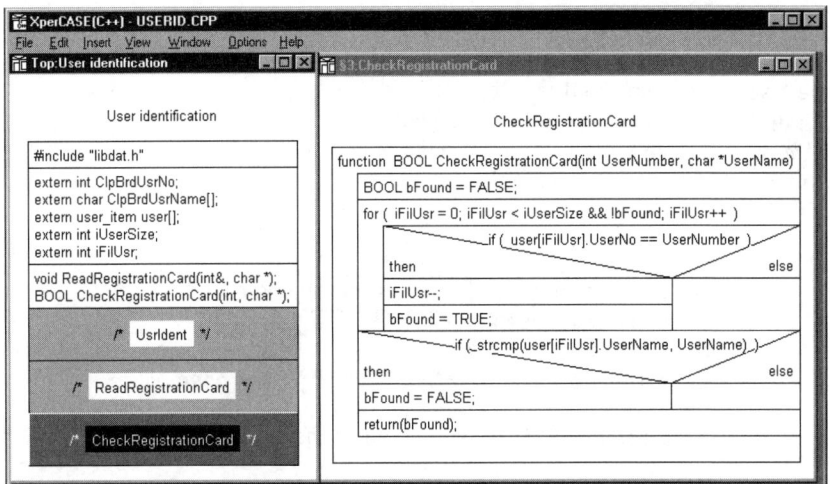

Abb. 13.9: Hierarchische Suche mit dem XperCASE Werkzeug (jetzt EasyCASE in EasyCODE genannt). Die Spezifizierung steht links. Wenn Benutzer auf die Komponenten klicken (CheckRegistrationCard), erscheint die Detailansicht in einer Nassi-Shneiderman-Tabelle auf der rechten Seite (Mit Erlaubnis der Siemens AG Österreich).

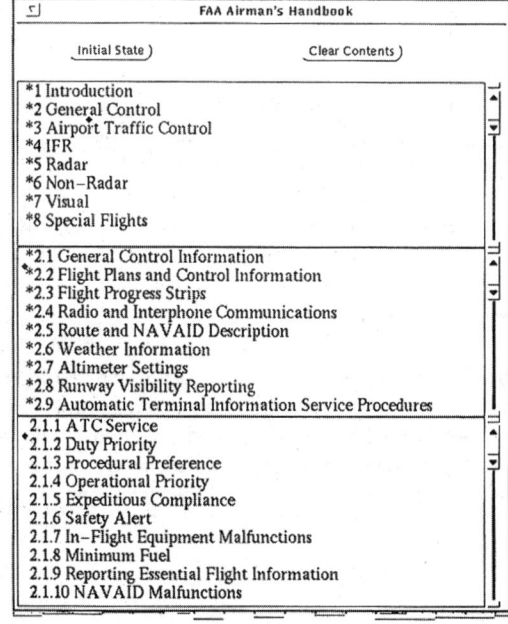

Abb. 13.10: Viele miteinander koordinierte Fenster, die eine angenehme Suche ermöglichen. Klicken auf das obere Fenster füllt automatisch die unteren Fenster (Chimera und Shneiderman, 1991).

```
Full thirty times hath Phoebus' cart gone round
Neptune's salt wash and Tellus' orbed ground,
And thirty dozen moons with borrowed sheen
About the world have time twelve thirties been,
Since love our hearts, and Hymen did our hands,
Unite communal in most sacred bands.
```

```
Full thirty times hath Phoebus' cart gone round
Neptune's salt wash a the chariot of  ground,
And thirty dozen moo the sun god  d sheen
About the world have ...... ....... ...rties been,
Since love our hearts, and Hymen did our hands,
Unite communal in most sacred bands.
```

Abb. 13.11: Eine direkte Auswahl des Begriffs »Phoebus´ cart« bei diesem Beispiel eines Shakespeare Textes erzeugt eine sofortige Erläuterung an Ort und Stelle. Diese Technik eignet sich, Datendefinitionen für Programmvariablen anzuzeigen.

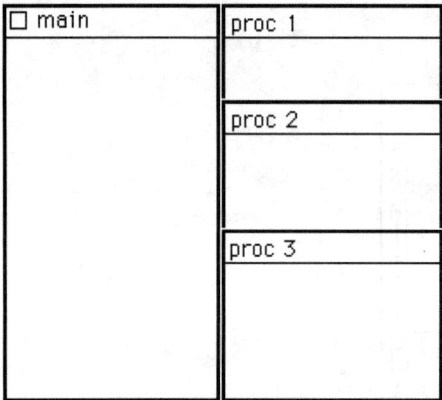

Abb. 13.12: Abhängige Fenster. Wenn sich solche Fenster öffnen, können sich mehrere andere Fenster automatisch öffnen. Bei diesem Beispiel wurde die Hauptprozedur eines Programms geöffnet, und die abhängigen Prozeduren 1, 2 und 3 wurden ebenfalls geöffnet und an eine genehme Stelle platziert. Verbindungslinien, Schattierungen oder Markierungen auf den Rahmen können die Parent/Child-Beziehungen anzeigen.

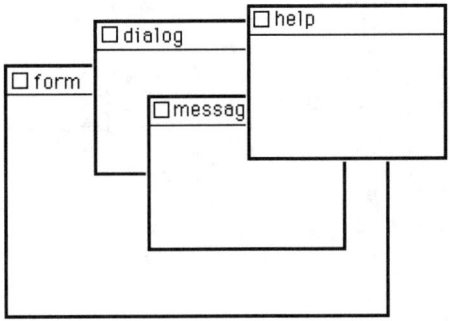

Abb. 13.13: Abhängige Fenster. Wenn solche Fenster schließen, können andere Fenster auch schließen. Hier werden alle vier Fenster automatisch geschlossen, wenn das Parentfenster »form« geschlossen wird. Linien, Schattierung oder Randmarkierungen können Fensterfamilien kennzeichnen, mit besonderen Markierung für Parent und Child.

13.5 Bildsuche mit eng gekoppelten Fenstern

Wenn der Benutzer große Bilder aus medizinischen oder geographischen Datenbanken oder aus Grafik-Design-Systemen durchsucht, sind ein Paar Bildlaufleisten angemessen, wenn die Bildgröße weniger als das Drei- bis Fünffache der Bildschirmgröße beträgt. Bei größeren Bildern fanden viele Designer heraus, dass eine enge Kopplung zwischen einem Überblick und einer Detailansicht viele Vorteile gegenüber einzelnem Zoomen oder mehreren unabhängigen Fenstern bietet. Ein Sichtfenster im Überblick kann zur Aktualisierung der Detailansicht bewegt werden. Wenn die Benutzer umgekehrt in der Detailansicht suchen, sollte sich das Sichtfenster im Überblick entsprechend bewegen. Gut durchdachte, eng gekoppelte Fenster haben ähnliche Größenrelationen im Sichtfenster und in der Detailansicht und ändern jeweils auch ihre Form, wenn ein Fenster die Form ändert.

Die Vergrößerung vom Überblick zur Detailansicht wird als *Zoomfaktor* bezeichnet. Wenn die Zoomfaktoren zwischen 5 und 30 liegen, sind der enggekoppelte Überblick und die Detailansicht wirklich effektiv. Bei größeren Zoomfaktoren wird jedoch eine zusätzliche Zwischenansicht notwendig. Wenn zum Beispiel ein Überblick eine Karte von Frankreich wiedergibt, dann ist eine Detailansicht von der Pariser Umgebung ganz nützlich. Wäre der Überblick jedoch die gesamte Welt, dann würden Zwischenansichten von Europa und Frankreich Orientierung bieten (Abb. 13.14).

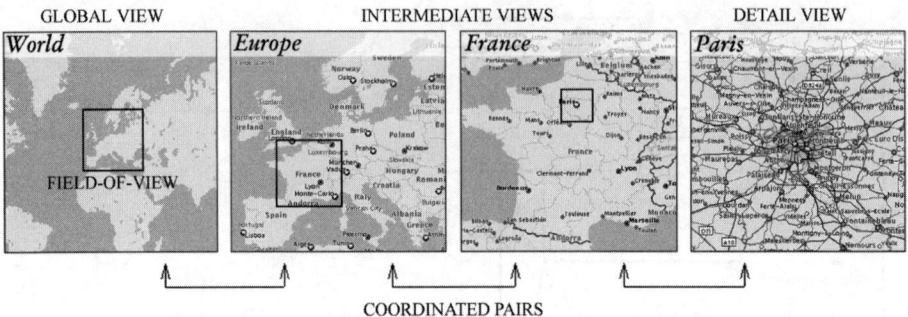

Abb. 13.14: Globale Ansichten und Zwischenansichten, die Überblick für eine Detailansicht von Paris bieten. Bewegungen der Sichtrahmen ändern den Inhalt in der Detailansicht (Plaisant et al., 1994).

In der üblichen Anordnung liegen Überblick und Detailsicht nebeneinander, so dass man gleichzeitig das große Bild und Details sieht. Manche Systeme haben nur eine einzige Ansicht, und man muss entweder an einem ausgewählten Punkt hochzoomen (Bederson und Hollan, 1994) oder einfach den Überblick durch die Detailansicht ersetzen. Diese Methode ist einfach zu implementieren und bietet die maximale Bildschirmfläche für jede Ansicht, nimmt den Benutzern aber die Chance, Überblick und Detail gleichzeitig zu sehen. Alternativ kann man die Detailansicht den Überblick überlappen lassen, auch wenn dadurch manches Wichtige verdeckt wird.

Ansätze für Detailansichten (Fokus) und Überblicke (Kontext), ohne etwas zu verdecken, wurden durch sogenannte *Fischaugenansichten* verwirklicht (Sarkar und Brown 1994; Bartram et al., 1995) (Abb. 13.15). Der Fokusbereich wird vergrößert, um Detail zu zeigen, aber der Kontext bleibt bei der gleichen Bildschirmanzeige erhalten. Dies sieht ganz ansprechend aus, aber die abwechselnde Verzerrung kann desorientierend wirken. Daher liegt der Zoomfaktor in den publizierten Beispielen niemals über 5.

Die Gestaltung von Bildsuche sollte den Benutzeraufgaben angepasst sein, die folgendermaßen klassifiziert werden können (Plaisant et al., 1995):

- *Bilderzeugung* Zeichnen oder Konstruieren eines großen Bildes oder Diagramms.
- *Erkundung* Durchsuchen, um ein Verständnis für die Karte oder das Bild zu gewinnen.
- *Diagnose* Durchsicht nach Fehlern in einem Diagramm, Röntgenbild oder Zeitungslayout.

- *Navigation* Mit der Kenntnis des Überblicks bestimmte Details verfolgen (z.B. Straßen).
- *Überwachung* Überwachung des Überblicks und Zoomen auf Details, wenn ein Problem auftaucht.

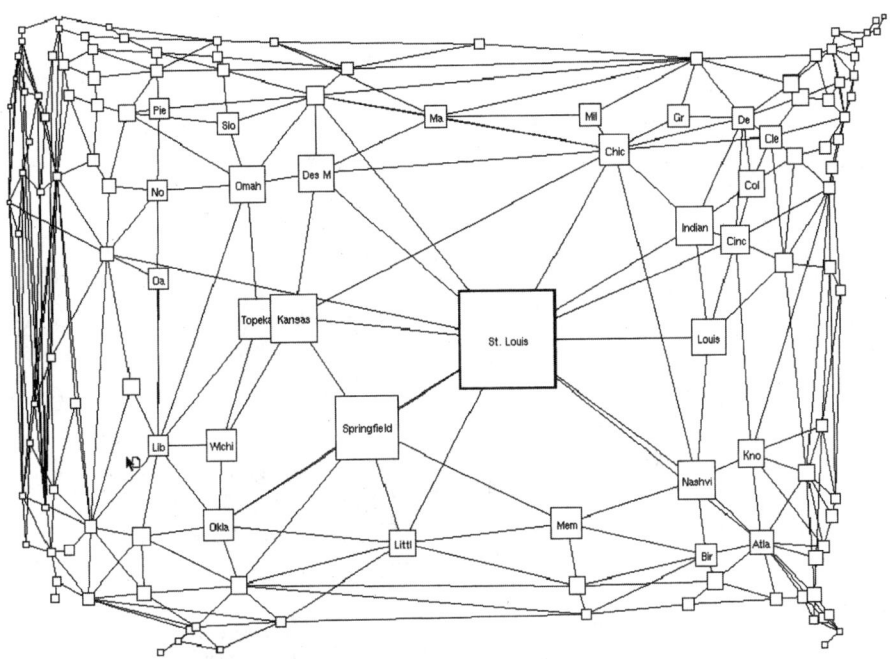

Abb. 13.15: Fischaugenansicht von Städten in den USA mit Fokus auf St. Louis. Der Kontext bleibt erhalten, obwohl die Verzerrungen desorientierend wirken können (Sarker und Brown, 1994) (Mit Erlaubnis von Marc Brown, DEC Systems Research Center, Palo Alto, Kalifornien).

Bei diesen allgemeinen Aufgaben führen die Benutzer noch Aktionen auf unterer Ebene durch, wie Bewegung des Fokus (z.B. Springen von Stadt zu Stadt auf einer Karte), Vergleichen (z.B. gleichzeitiges Betrachten von zwei Häfen, um ihre Einrichtungen zu vergleichen, oder Vergleich entsprechender Bereiche des linken und rechten Lungenflügels in Röntgenbildern), Nachvollziehen (z.B. eine Vene im Hinblick auf Blockierungen verfolgen) oder Markierungen anbringen (um später auf den Punkt zurückzukommen).

Eine Klassifikation von Durchsuchungsobjekten (Abb. 13.16) und -aktionen (Abb. 13.17) zeigt vielfältige Möglichkeiten auf, die in den kommenden Jahren noch aussortiert werden, da bestimmte Strategien kommerziell vorherrschend werden.

Enge Kopplungen zwischen Fenstern und anderen Bildschirmobjekten – besonders Skalen mit Schiebern und Dateneingabefelder – erweisen sich bei vielen Aufgaben als hilfreich (siehe Kapitel 15).

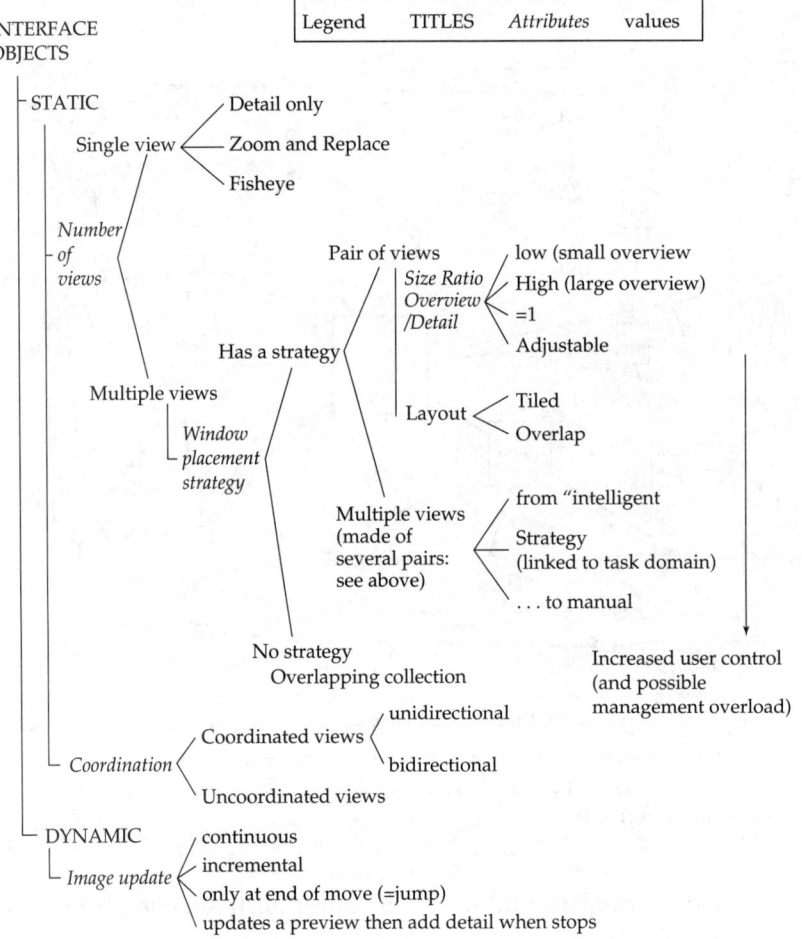

Abb. 13.16: Einteilung von Browserstrategien mit Schwerpunkt auf Oberflächenobjekten (Plaisant et al. 1994).

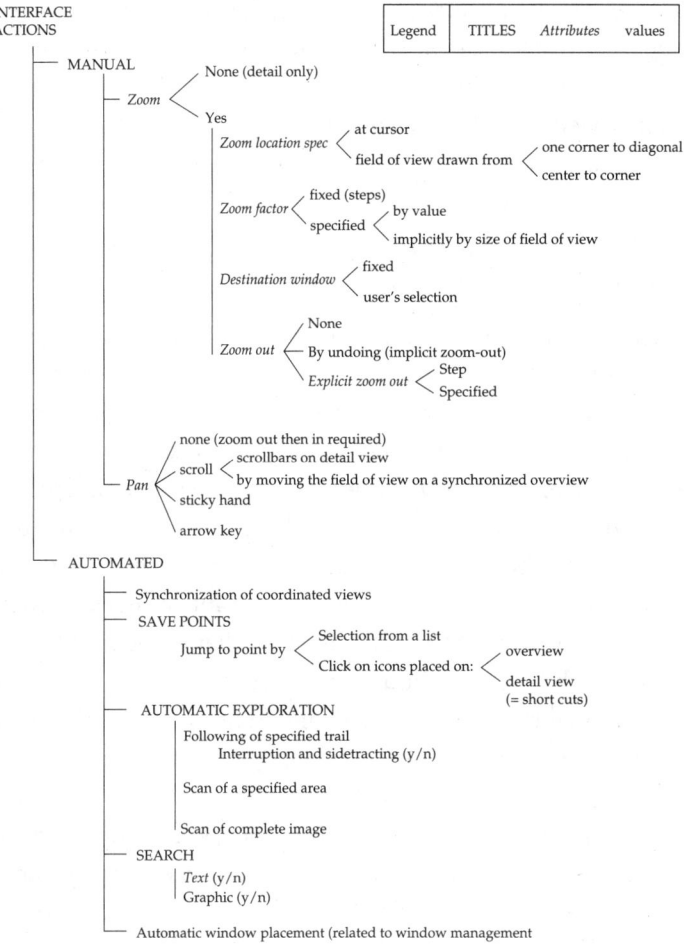

Legend	TITLES	*Attributes*	values

INTERFACE
ACTIONS

— MANUAL
— *Zoom*
— None (detail only)
— Yes
— *Zoom location spec*
— at cursor
— field of view drawn from
— one corner to diagonal
— center to corner
— *Zoom factor*
— fixed (steps)
— specified
— by value
— implicitly by size of field of view
— *Destination window*
— fixed
— user's selection
— *Zoom out*
— None
— By undoing (implicit zoom-out)
— *Explicit zoom out*
— Step
— Specified
— *Pan*
— none (zoom out then in required)
— scroll
— scrollbars on detail view
— by moving the field of view on a synchronized overview
— sticky hand
— arrow key

— AUTOMATED
— Synchronization of coordinated views
— SAVE POINTS
— Jump to point by
— Selection from a list
— Click on icons placed on:
— overview
— detail view (= short cuts)
— AUTOMATIC EXPLORATION
— Following of specified trail
Interruption and sidetracting (y/n)
— Scan of a specified area
— Scan of complete image
— SEARCH
— *Text* (y/n)
— Graphic (y/n)
— Automatic window placement (related to window management

Abb. 13.17: Einteilung von Browserstrategien mit Schwerpunkt auf Oberflächenaktionen (Plaisant et al., 1994).

13.6 Persönliches Aufgabenmanagement und elastische Fenster

Fensterkoordination durch enges Verkoppeln wird das Handhaben größerer Bilder und Aufgaben erleichtern, die bislang zu komplex waren, als dass man in der Vergangenheit mit ihnen umgehen konnte. Es gibt jedoch noch weit leistungsfähigere Möglichkeiten, Fenstersysteme radikal zu verbessern. Die heutigen grafischen Oberflächen weisen einen Desktop mit Anwendungen auf, die als Icons repräsentiert sind und als Dokumente in Ordnern.

Neuartige Ansätze betonen ein *dokumentbezogenes* Design (Microsofts OLE: *Object Linking and Embedding* oder Apples OpenDoc Architektur), in dem Dokumente wichtiger werden und Anwendungen in den Hintergrund treten. Die angereicherten Dokumente enthalten vielfältige Objekttypen wie Text, Zeichnungen, Fotos, Spreadsheets und Ton sowie Links zwischen den Dokumenten, um Objekte gemeinsam zu nutzen. Aktionen, die früher ein neues Fenster für eine Anwendung erforderten (z.B. Rechtschreibeprüfung, Nachschlagen oder Faxen), sind heute in die einheitliche dokumentenbezogene Schnittstelle integriert.

Wenn dies auch nützliche Schritte von der zugrunde liegenden Technik weg sind und mehr mit den Auffassungen der Benutzer über ihre Arbeiten harmoniert, werden doch größere Schritte notwendig, um die nächste Generation zu konzipieren. Ein natürlicher Fortschritt geht in Richtung eines *rollenbezogenen* Designs, das eher die Aufgaben der Benutzer betont als die Dokumente. Dieses Designkonzept liegt im gegenwärtigen Trend zu mehr computergestützter kooperativer Zusammenarbeit und sogenannter »Groupware« (Kapitel 14). Diese Werkzeuge zielen auf eine Koordination mehrerer Leute, die eine gemeinsame Aufgabe auf der Basis gemeinsamer Planung ausführen. Im Gegensatz dazu könnte ein rollenbezogenes Design Einzelpersonen ganz erheblich besser darin unterstützen, ihre vielfältigen Funktionen in einer Organisation zu bewältigen. Jede Funktion bringt diese Einzelpersonen in Kontakt mit verschiedenen Personen, um eine Hierarchie von Aufgaben nach einem unabhängigen Plan auszuführen. Ein *persönlicher Aufgabenmanager* (*personal role manager* – PRM) anstelle eines Fenstermanagers könnte die Leistung verbessern und Ablenkung reduzieren, während der Benutzer in einer gegebenen Funktion arbeitet, und könnte dann den Wechsel von einer Funktion zur anderen erleichtern (Shneiderman und Plaisant, 1994; Plaisant und Shneiderman, 1995).

Bei einem persönlichen Aufgabenmanager hat jede Funktion eine Vorgabe (ein Dokument, das die Verantwortlichkeiten, Quoten und Ziele beschreibt), das vom Benutzer oder Manager aufgestellt wird. Die Deutlichkeit der Perspektive kann das Training und die Integration neuen Personals in die Organisation vereinfachen und auch die temporäre Aufteilung von Verantwortlichkeiten unter Angestellten (z.B. in der Urlaubszeit) erleichtern.

Beispielsweise kann ein Professor vielfältige Funktionen als Lehrer, Berater fortgeschrittener Studenten, Gremienmitglied, Hauptforscher bei Drittmittelprojekten, Autor von Berichten, Anträgen und Publikationen sowie Verbindungsmann zur Industrie ausfüllen. In der Lehrerrolle kann zur Vorgabe des Professors gehören, E-Mail bei der Bewältigung großer Veranstaltungen im Grundstudium einzusetzen. Die Dateien können Hausaufgaben, Literatur, Veranstaltungsinhalte usw. enthalten. Die Aufgabenhierarchie kann mit Aufgaben wie der Wahl eines Lehrbuches beginnen und mit der Verwaltung der abschließenden Prüfung enden. Unteraufgaben beim letzten Punkt könnten die Erstellung der Klausuraufgaben sein, Fotokopieren der Unterlagen, Reservierung eines Raumes, Beaufsichtigen der Klausur und Benoten der Klausuren. Die dazugehörigen Leute sind Studenten, Assistenten, Buchhändler, Verwaltungsangestellte und Kollegen, die andere Teile der Veranstaltung lehren. Der Zeitplan könnte mit Endterminen für die Buchbestellungen beginnen und mit der Weitergabe der Endzensuren an die Verwaltung enden.

Der persönliche Aufgabenmanager wurde durch Erfahrungen beim Managen vielfältiger Projekte mit vielen Teilnehmern sowie Beobachtungen und Interviews mit 15 erfahrenen Benutzern im Hinblick auf ihre Bedürfnisse angeregt. Obwohl Planerstellung, Zeitmanagement, Adressbuch und Dokumentmanagementpakete erhältlich sind, wird die Koordination dieser Werkzeuge oft zu wenig betont. Der persönliche Aufgabenmanager könnte die Ausführung üblicher Koordinierungsaufgaben vereinfachen und beschleunigen und zwar in gleicher Weise wie die grafischen Benutzeroberflächen Aufgaben der Dateiverwaltung vereinfachen.

Der Schlüssel für das persönliche Aufgabenmanagement ist die Organisation von Information bezüglich der Funktion einer Einzelperson in einer Organisation. Wenn Benutzer in einer Funktion arbeiten, haben sie die relevante Information visuell verfügbar. Diese visuellen Hinweise erinnern sie an ihre Ziele, die zusammenarbeitenden Personen, erforderlichen Aufgaben und Termine. Die ursprüngliche Anordnung der Funktionen kann von einem Manager für einen neuen Angestellten festgelegt werden, aber dann kann der Angestellte nach den wechselnden Erfordernissen anpassen, kombinieren oder Funktionen aufteilen.

Bildschirmmanagement ist eines der Hauptmerkmale des persönlichen Aufgabenmanagers. Alle persönlichen Funktionen sollten sichtbar sein, aber der augenblickliche Fokus der Aufmerksamkeit könnte schon den Hauptanteil des Bildschirms einnehmen. Sobald die Benutzer ihre Aufmerksamkeit einer zweiten Funktion schenken, schrumpft die augenblickliche, und die zweite wächst an, um den Bildschirm zu füllen. Die Benutzer könnten auch simultan zwei Funktionen vergrößern, wenn es dazwischen Wechselwirkungen gibt. Die Aufgabenobjekte bei einem persönlichen Aufgabenmanager sind diese:

- *Vorgabe* Jede Funktion hat eine Vorgabe, um die Benutzer an ihre Ziele zu erinnern. Als Professor könnte meine Rolle als Lehrer eine Vorgabe entsprechend meinem Wunsch haben, »die Klassenbeteiligung durch Mitarbeit zu erhöhen, Teamarbeit in Semesterprojekten durch regelmäßige Koordinationstreffen zu verbessern, sorgfältige Aufzeichnungen anzulegen, um zukünftige Durchführung des gleichen Kurses zu erleichtern und mich mit meinen Assistenten in wöchentlichen Sitzungen und E-Mail-Diskussionen abzusprechen«.

- *Bezugsgruppe* In einer gegebenen Funktion arbeiten die Benutzer mit einer Reihe von Leuten zusammen, die nur eine Teilmenge der Leute im Telefonbuch einer Organisation darstellt. Die funktionsrelevante Gruppe von Leuten kontinuierlich sichtbar zu machen (z.B. mit Namen oder kleinen Photos am Rand des großen Bildschirms), hat wenigstens zwei Vorteile. Zunächst können die Bilder dem Benutzer als Erinnerung dienen, jemanden zu informieren, zu fragen oder in Kontakt zu treten (es ist so, als würde man jemanden auf dem Gang treffen und eine Vereinbarung treffen). Zweitens dienen die Bilder als aktive Menüs, um zu telefonieren, zu faxen oder eine E-Mail zu versenden. Beispielsweise kann ein Dokument auf ein Bild gezogen und damit ein E-Mail-Versand ausgelöst werden, wobei diese Aktion aufgezeichnet wird. Ein solcher direkter Zugang zu den Leuten ohne Suche im Verzeichnis führt zu schnellerem Arbeiten und geringerer kognitiver Belastung.

- *Aufgabenhierarchie* Die Aufgaben sind hierarchisch in Unteraufgaben organisiert. Die Professorenrolle kann eine Aufgabe für jede der verschiedenen Lehrveranstaltungen haben oder zur Funktion eines Forschers können Aufgaben für verschiedene Forschungsprojekte gehören. Jede Lehrveranstaltung hat vielfältige Unteraufgaben wie Aufstellen des Lehrplans, Lehrbücher aussuchen, Prüfungen abnehmen und Endnoten vergeben. Die Aufgabenhierarchie entspricht einer abzuarbeitenden Liste und ist an den Terminkalender gebunden, um die Benutzer an laufende Endtermine zu erinnern.

- *Terminplan* Jede Funktion hat einen zugehörigen Terminplan, der eine Komponente vom Hauptterminplan des Benutzers darstellt. Im Hinblick auf eine Rolle sieht der Benutzer anfangs nur den funktionsbezogenen Zeitplan. Wenn der Benutzer beispielsweise auf die Professorenrolle schaut, hat er den Semesterplan vor Augen, im Hinblick auf die Rolle als Drittmittelforscher den Projektplan für eine für zwei Jahre bewilligte Sachbeihilfe. Terminpläne können zu einem Hauptterminplan zusammengelegt werden, damit Benutzer die Zeit richtig einteilen und sicherstellen können, dass Reisen, Urlaub und erforderliche Treffen auch in jedem Zeitplan mitberücksichtigt werden.

Zu den Anforderungen an einen persönlichen Aufgabenmanager gehören folgende Punkte:

- Schaffe einen *einheitlichen Rahmen* für die Informationsorganisation nach den Funktionen der Benutzer.
- Ordne die Aufgabenbereiche *visuell und räumlich* an.

- Leite *Aktionen mit vielen Fenstern* für schnelle Informationsaufbereitung ein.
- Schaffe *Informationszugang* mit partieller Kenntnis der nominellen, räumlichen, zeitlichen und visuellen Attribute von Informationseinzelheiten und Beziehungen zu anderen Informationseinheiten.
- Erlaube *schnellen Wechsel* und *Wiederaufnahme* von Rollen.
- Richte die *kognitiven Kräfte* der Benutzer eher auf die *Arbeit an ihren Aufgaben*, als dass sie sich auf methodische Aktionen konzentrieren müssen.
- Benutze den *Bildschirmplatz* für die Aufgaben effektiv und produktiv.

Das Raummodell für Arbeitsfelder mit vielen Fenstern wird diesen Anforderungen in verbesserter Weise gerecht, ermöglicht aber nicht hinreichend glatte Übergänge zwischen den Funktionen. *Größenveränderbare Fenster* sind Fenster, die raumfüllend und hierarchisch gegliedert sowie fliesenartig angeordnet und auf die Anforderungen des persönlichen Aufgabenmanagers zugeschnitten sind (Kandogan und Shneiderman, 1997). Aktionen wie Öffnen und Schließen können bei einer Gruppe von Fenstern angewendet werden, um sechs zusammengehörige E-Mail-Nachrichten zu öffnen oder 10 Zusammenfassungen über Stellenbewerber. Bei einer Untersuchung mit 12 professionellen Benutzern konnte gezeigt werden, dass Operationen mit vielen Fenstern zu schnelleren Wechseln der Aufgaben und einer Strukturierung der Arbeitsumgebung führte, wenn bei einer Sitzung 10 bis 20 Fenster geöffnet, geschlossen oder in ihrer Größe verändert werden.

Abbildung 13.18 stellt ein Beispiel einer Bestandsaufnahme verschiedener Funktionen eines Studenten in einer hierarchischen Fensterorganisation dar. Dieser Student hat in diesem Semester zwei Veranstaltungen, Software-Technik und Netzwerke. Projektunterlagen und Partner, Hausaufgaben und Korrespondenz mit dem Professor, den Assistenten und Kommilitonen bei jeder Veranstaltung sind in hierarchischer Weise geordnet. Der Student hat auch noch eine Reihe anderer Funktionen, bei denen er Hausaufgaben, Verantwortlichkeiten und die Planung einer Geburtstagsparty zu erledigen hat. Partner, Zeitpläne, Werkzeuge und Dokumente zu jeder dieser Rollen werden hierarchisch in verschiedene Fenster aufgenommen. Das Bildschirmlayout bietet einen Überblick über die Funktionen, ermöglicht auf Anforderung direkten Zugang zu den Details einer Funktion und kann für eine bestimmte Aufgabe auf einen Kunden zugeschnitten sein.

Bei elastischen Fenstern können die Benutzer das Layout je nach Aufgabe schnell auswechseln, indem Vorgänge an Gruppen von Fenstern angewendet werden (z.B. *Container*-Fenster, die ihre *Member*-Fenster umgeben). Größenänderung bei elastischen Fenstern durch Vergrößerung eines Fensters oder einer Gruppe von Fenstern, während andere Fenster in der Gruppe verkleinert werden, ermöglicht den

Benutzern, sich leicht auf die Information in verschiedenen Fenstern zu konzentrieren. Auch kann eine Unterfenstergruppe zu einem einzigen Zeichen zusammenschrumpfen (z.B. Icon oder Textbaustein). Dann können beispielsweise alle Fenster mit dem Code für das Softwaretechnikprojekt in einer Aktion geöffnet werden, so dass schnelles Wechseln zwischen den persönlichen Funktionen ermöglicht wird.

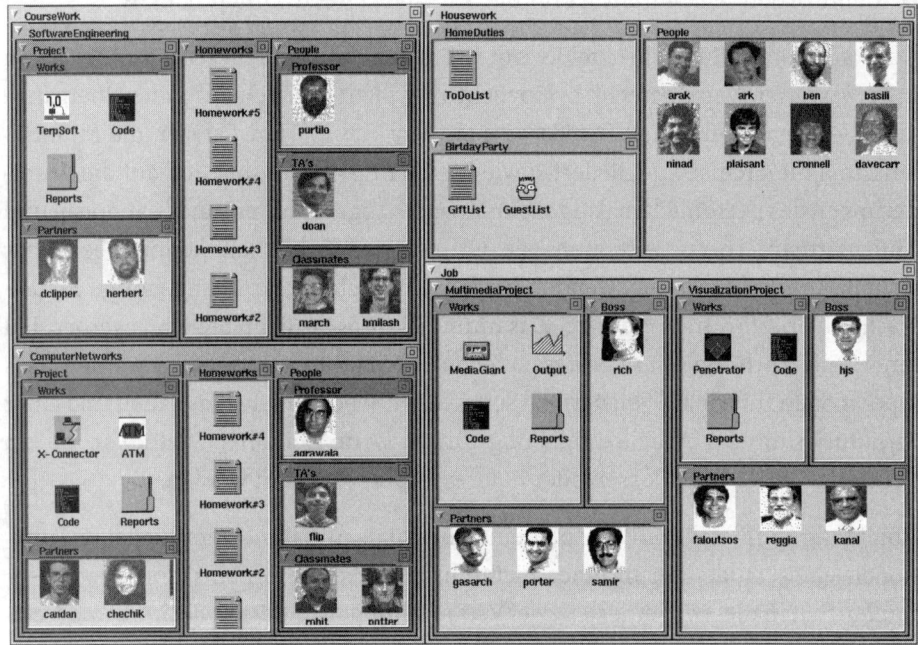

Abb. 13.18: Prototyp des Aufgabenmanagers für einen Studenten, der Praktikumsaufgaben (in Softwaretechnik und Netzwerktechnik), Hausaufgaben und einen Job (in einem Multimediaprojekt und einem Visualisierungsprojekt) zu erledigen hat. Benutzer können Größen verändern, öffnen, schließen oder Gruppen von Fenstern bewegen (Kandogan und Shneiderman, 1997).

13.7 Zusammenfassung für den Praktiker

Die Arbeit mit vielen Fenstern sind bei den heutigen Computern akzeptiert und üblich. Designs der Fensterrahmen sind ausgeprägt, und der Stil des grafischen Designs ist wichtig wie auch Titelleiste, Aktionsmenüs und Bildlaufleisten. Die Benutzer wollen typische Aktionen wie Öffnen, Schließen, Bewegen und Größenänderung schnell, angenehm und verständlich ausführen. Die populäre Darstellungsweise mit überlappenden Fenstern sieht dreidimensional (oder zweieinhalbdimensional) ansprechend aus und ist zu verschiedenen Zwecken zu gebrauchen, kann aber auch überladen wirken und ineffizient sein. In vielen Situationen kann eine Beschränkung der Überlappung hilfreich sein. Koordinationsstrategien, die auf den Aufgaben der Benutzer beruhen, können weitere Vorteile durch das Automatisieren der Aktionen mit mehreren Fenstern bringen, ein Verschieben von Fenstern dorthin, wo sie gebraucht werden, Reduzieren des Ordnungsaufwandes und Vermeidung ungewollter Überlappung. Bildlaufleisten werden verbreitet und gewöhnlich auch erfolgreich angewendet, aber es gibt durchaus noch Raum für Verbesserung. Durchsuchen großer Bilder mit enggekoppelten Fenstern vereinfacht und beschleunigt die Aufgabenerledigung des Benutzers.

13.8 Ausblick für die Forschung

Fenster bieten den Designern visuell ansprechende Möglichkeiten und faszinierende Gelegenheiten, allerdings hat man Vor- und Nachteile hier insgesamt noch wenig verstanden. Untersuchungen zu Augenbewegungen können Daten für ein effektives Design liefern, und eine grundlegende Analyse der Aufgaben kann dazu führen, die Informationsbedürfnisse und Handlungsabläufe der Benutzer besser zu klassifizieren. Eine Theorie des Fensterlayouts wäre eine wichtige Bereicherung. Selbst ohne Theorie gibt es bei den engen Kopplungen von Layouts mit vielen Fenstern noch viel Spielraum für Innovation. Mit noch größeren und noch höher auflösenden Bildschirmen können dichte Präsentationen und neuartige dreidimensionale Layouts mit dramatischen Animationen und augenfälligen Designs möglich werden. Hinzufügen von koordinierten Fenstern und Fenstermakros ist möglich und kann zu einer neuen Generation von grafischen Benutzeroberflächen für das persönliche Rollenmanagement führen.

World Wide Web

Fenstermanagement ändert sich sehr stark besonders durch das World Wide Web, wo neue Ideen ausprobiert, diskutiert und untersucht werden. Neuartige Strategien zum Fenstermanagement werden von einigen Entwicklern in Demoversionen und kommerziellen Produkten angeboten.

```
http://www.aw.com/DTUI
```

Quellen

Apple Human Interface Guidelines: The Apple Desktop Interface, Addison-Wesley, Reading, (1987).

Bartram, Lyn, Ho, Albert, Dill, John, & Henigman, Frank, The continuous zoom: A constrained fisheye technique for viewing and navigating large information spaces, *Proc. User Interface Software and Technology '95*, ACM, New York (1995), 207–215.

Bederson, B., Hollan, J. D., Pad++: A zooming graphical interface for exploring alternate interface physics, *Proc. of the UIST '94, User Interface Software and Technology*, ACM, New York (1994), 17–26.

Billingsley, Patricia A., Taking panes: Issues in the design of windowing systems. In Helander, M. (Hrsg.), *Handbook of Human–Computer Interaction,* Elsevier Science Publishers B.V., Amsterdam, The Netherlands (1988), 413–436.

Bly, Sara & Rosenberg, Jarrett, A comparison of tiled and overlapping windows, *Proc. CHI '86 Conference: Human Factors in Computing Systems*, ACM, New York (1986), 101–106.

Bury, K. F., Boyle, J. M., Evey, R. J., & Neal, A. S., Windowing versus scrolling on a visual display terminal, *Human Factors*, 24, 4 (1982), 385–394.

Bury, Kevin F., Davies, Susan E., & Darnell, Michael J., *Window management: A review of issues and some results from user testing*, IBM Human Factors Center Report HFC-53, San Jose, CA (Juni 1985).

Card, Stuart K., Theory-driven design research. In McMillan, Grant R., Beevis, David, Salas, Eduardo, Strub, Michael H., Sutton, Robert, & Van Breda, Leo (Hrsg.), *Applications of Human Performance Models to System Design*, Plenum Press, New York (1989), 501–509.

Card, Stuart K., Pavel, M., & Farrell, J. E., Window-based computer dialogues, *INTERACT '84, First IFIP Conference on Human–Computer Interaction*, London (1984), 239–243.

Card, Stuart K. & Henderson, Austin, A multiple virtual-workspace interface to support task switching, *Proc. CHI '87 Conference: Human Factors in Computing Systems*, ACM, New York (1987), 53–59.

Chimera, Richard, Value bars: An information visualization and navigation tool for multiattribute listings, *Proc. CHI '92 Conference: Human Factors in Computing Systems*, ACM, New York (1992), 293–294.

Engelbart, Douglas C. & English, William K., A research center for augmenting human intellect. In Greif, I. (Hrsg.), *Computer-Supported Cooperative Work: A Book of Readings*, Morgan Kaufmann, Palo Alto (1988), 81–105.

Gait, Jason, An aspect of aesthetics in human–computer communications: Pretty windows, *IEEE Transactions on Software Engineering*, SE-11, 8 (August 1985), 714–717.

Henderson, Austin & Card, & Stuart K., Rooms: The use of multiple virtual workspaces to reduce space contention in a window-based graphical user interface, *ACM Transactions on Graphics*, 5, 3 (1986), 211–243.

Hopgood, F. R. A., Duce D. A., Fielding, E. V. C., Robinson, K., & Williams, A. S. (Hrsg.), *Methodology of Window Management*, Springer-Verlag, Berlin (April 1985).

Johnson, Jeff, Roberts, Teresa L., Verplank, William, Smith, David C., Irby, Charles H., Beard, Marian, and Mackey, Kevin, The Xerox Star: A Retrospective, *IEEE Computer*, 22, 9 (September 1989), 11–29.

Kandogan, Eser & Shneiderman, Ben, Elastic windows: Evaluation of multi-window operations, *Proc. CHI '97 Conference: Human Factors in Computing Systems*, ACM, New York (1997), 250–257.

Kobara, Shiz, *Visual Design with OSF/Motif*, Addison-Wesley, Reading, MA (1991).

Marcus, Aaron, *Graphic Design for Electronic Documents and User Interfaces*, ACM Press, New York (1992).

Myers, Brad, Window interfaces: A taxonomy of window manager user interfaces, *IEEE Computer Graphics and Applications*, 8, 5 (September 1988), 65–84.

Myers, Brad, *All the Widgets*, SIGGRAPH Video Review #57, ACM, New York (1990).

Norman, Kent L., Weldon, Linda J., & Shneiderman, Ben, Cognitive layouts of windows and multiple screens for user interfaces, *International Journal of Man–Machine Studies*, 25, (1986), 229–248.

Plaisant, Catherine, Carr, David, & Shneiderman, Ben, Image browsers: Taxonomy and design guidelines, *IEEE Software*, 12, 2 (März 1995), 21–32.

Plaisant, Catherine & Shneiderman, Ben, Organization overviews and role management: Inspiration for future desktop environments, *Proc. IEEE Fourth Workshop on Enabling Technologies: Infrastructure for Collaborative Enterprises*, IEEE Press, Los Alamitos, CA (April 1995), 14–22.

Sarkar, Manojit & Brown, Marc H., Graphical fisheye views, *Communications of the ACM*, 37, 12 (Juli 1994), 73–84.

Schmandt, Chris, Ackerman, Mark S., & Hindus, Debby, Augmenting a window system with speech input, *IEEE Computer*, 23, 8 (August 1990), 50–56.

Seabrook, Richard & Shneiderman, Ben, The user interface in a hypertext, multi-window browser, *Interacting with Computers*, 1, 3 (1989), 299–337.

Shneiderman, Ben & Plaisant, Catherine, The future of graphic user interfaces: Personal role managers, *People and Computers IX*, Cambridge University Press, Cambridge, U.K. (1994), 3–8.

Shneiderman, Ben, Shafer, Phil, Simon, Roland, & Weldon, Linda, Display strategies for program browsing: Concepts and experiment, *IEEE Software*, 3, 3 (Mai 1986), 7–15.

Smith, D. C., Irby, C., Kimball, R., & Verplank, W. L., Designing the Star user interface, *Byte*, 7, 4 (April 1982), 242–282.

Tesler, Larry, The Smalltalk Environment, *Byte*, 6, (August 1981), 90–147.

Tombaugh, J., Lickorish, A., & Wright P., Multi-window displays for readers of lengthy texts, *International Journal of Man–Machine Studies*, 26, (1987), 597–615.

Kapitel 14

Computergestützte Zusammenarbeit

Drei, die einander helfen, werden so viel erreichen wie sechs, die alleine arbeiten.

Spanisches Sprichwort

14.1 Einführung

Die Isolation früherer Computernutzer ist längst durch lebendige Online-Gemeinschaften von eifrig zusammenarbeitenden Paaren und umtriebigen Massen schwatzhafter Benutzer ersetzt worden. Der Aufbau menschlicher Verbindungen veranlasste Millionen von Benutzern, sich auf Mailinglisten zu setzen, Chatrooms zu besuchen und Newsgroups mit nützlicher Information und hilfreichen Antworten (häufig mit bissigem Humor garniert) zu versorgen. Allerdings gibt es auch wie in jeder menschlichen Gemeinschaft Kontroverse, Verleumdung und Pornographie. Das World Wide Web (Kapitel 16) hat die Kommunikationsvielfalt mit farbigen Grafiken und manchmal allzu übertriebenen Java-Animationen geradezu dramatisch erweitert. Das Web wird zwar manchmal als Spielwiese verspottet, aber seriöses und kreatives Arbeiten wird durch den leichten Informationsfluss enorm erleichtert.

Zielgerichtete Leute erkannten schnell die Vorteile von elektronischer Kooperation und das Potenzial, in der Unmittelbarkeit eines vernetzten globalen Dorfes zu leben. Die Distanz zu Kollegen wird nicht mehr in Meilen gemessen, sondern eher in intellektueller Kompatibilität und Entgegenkommen. Ein enger Freund ist einer, der aus 5.000 km Entfernung innerhalb von drei Minuten um drei Uhr nachts mit der Bemerkung antwortet, dass Sie noch eine Veröffentlichung zu beenden haben.

Die gute Nachricht ist die, dass der Umgang mit Computern, einst noch als befremdend und wider die menschliche Natur angesehen, zu einer gesellschaftlich angesehenen und zwischenmenschlich positiven Kraft wurde. Enthusiasten begrüßen die kooperativen Techniken, die Groupware, die Teamarbeit, die Koordinationswissenschaft und andere öffentliche Utopien, aber es gibt da auch Schattenseiten. Selbst Glasfasern sind nicht der Kanal, durch den man die Hand schütteln oder sich umarmen kann. Wie kann Intimität überleben, wenn sie über die Entfernung in Zeit und Raum vermittelt wird? Können Lachen und Tränen für elektronische Dialogpartner das Gleiche bedeuten wie für Partner, die sich vis-à-vis gegenübersitzen? Wird die Beschleunigung der Arbeit die Qualität verbessern oder reduzieren? Können kooperative Systeme in repressive Werkzeuge oder Konfrontationen umgewandelt werden?

Neue Terminologie und Metaphern tauchen täglich auf. Obwohl Tagungen zu computergestützter Zusammenarbeit (*computer-supported cooperative work*) die Abkürzung *CSCW* etabliert haben, debattieren sogar die Organisatoren, ob diese Abkürzung die Ausdrücke kooperativ, behilflich und konkurrierend (*cooperative, collaborative, competitive*) mit einschließt. Der Schwerpunkt der CSCW-Forscher liegt beim Design und der Evaluierung neuer Techniken, um die sozialen Prozesse der Zusammenarbeit von häufig weit voneinander entfernten Partnern zu fördern. Die Implementoren und Vermarkter prägten schnell den Ausdruck *Groupware* als einen Begriff, der die team-orientierten kommerziellen Produkte beschreibt (Baecker, 1993). Für die Forscher kommen neue Modelle und frische Ideen von Psychologen, Soziologen und Anthropologen (Vaske und Grantham, 1990; Sproull und Kiesler, 1991). Für Pädagogen wird die Bewegung in Richtung von Sozialkonstruktionstheorien des Lernens durch das World Wide Web und entsprechende klassenbezogene Techniken forciert (Hiltz, 1994; Harasim et al., 1995; Shneiderman et al., 1995).

Vernetzte Gemeinschaften wurden zu Talk-Show-Themen, und die Kommentatoren feiern oder warnen vor den Umwandlungskräften von CSCW. Howard Rheingolds (1993) populäres Buch über *Virtuelle Gemeinschaften* erzählt lebhafte Stories über Kooperation und Unterstützung im WELL, das in San Francisco beheimatet ist. Zu gleicher Zeit analysieren klinische Psychologen Internetsucht und bauen künstliche Cyber-Identitäten ab (Turkle, 1995).

14.2 Kooperationsziele

Menschen kooperieren miteinander, weil es sie befriedigt oder produktiv ist. Kommunikation kann aus rein emotionalen Gründen oder für spezifische, aufgabenbezogene Ziele erfolgen. Kommunikation kann von einer Einzelperson ausgehen oder etwa vom Manager gefordert sein. Partnerschaften können einmalig oder fort-dauernd sein. Die Analyse von kooperativen Systemen wird von den Zielen und Aufgaben der Teilnehmer bestimmt:

- *Schwerpunktpartnerschaft* bedeutet Kooperationen zwischen zwei Benutzern, die einander brauchen, um eine Aufgabe auszuführen, so wie Koautoren eines technischen Berichtes, zwei Pathologen, die sich über eine Krebsprobe beraten, Programmierer, die gemeinsam ein Programm korrigieren oder gar ein Astronaut und ein Bodenspezialist, die zusammen einen fehlerhaften Satelliten reparieren. Oft gibt es ein elektronisches Dokument oder Bild. Die Partner benutzen E-Mail, Voice-Mail, Telefon oder Video-Mail.

- Bei *Lektions- oder Demo*-Formaten teilt eine Person mit vielen anderen Benutzern an entfernten Stellen den Zugriff auf gemeinsame Informationen. Start und Dauer ist für alle gleich. Fragen können von den Empfängern gestellt werden. Aufzeichnungen sind nicht erforderlich, aber eine Wiederholung kann später möglich sein.

- *Konferenzen* ermöglichen Gruppen, gleichzeitig zu kommunizieren oder sich mit der Zeit zu erweitern, aber mit räumlich getrennten Teilnehmern. Mitteilungen von vielen an viele mit einer Aufzeichnung früherer Kommunikationen können benutzt werden: ein Programmkomitee einer wissenschaftlichen Tagung kann die Pläne für das bevorstehende Ereignis diskutieren oder eine Gruppe von Studenten kann die jüngsten Prüfungen diskutieren. Bei stärker geführten Konferenzen überwacht ein Leiter oder Moderator die Online-Diskussion, um Ziele in einem abgesteckten Zeitrahmen zu erreichen.

- *Prozesse strukturierter Arbeit* führt Leute mit unterschiedlichen Rollen dazu, an einer bestimmten Aufgabe miteinander zu kooperieren: ein Herausgeber einer wissenschaftlichen Zeitschrift steuert online das Einreichen, den Reviewprozess, die Verbesserungen und die Herausgabe einer Publikation. Eine Krankenversicherung erhält, überprüft, bezahlt oder lehnt Arztrechnungen ab. Oder ein Zulassungsausschuss an einer Universität registriert, überprüft, wählt die Hochschulbewerber aus und benachrichtigt sie.

- *E-Commerce* umfasst kurzzeitige Zusammenarbeit zur Anfrage und dann Bestellung eines Standardproduktes und langandauernde Verhandlungen für einen größeren Geschäftsabschluss. Elektronische Verhandlungen können über Zeit und Raum verteilt sein, während ein genauer Bericht erstellt und eine schnelle Verbreitung der Ergebnisse erreicht wird.

- *Hilfe bei Sitzungen und zu Entscheidungen* kann bei einer Präsenzsitzung erfolgen, wobei jeder Benutzer an einem Computer arbeitet und gleichzeitige Beiträge liefert. Gemeinsame und private Fenster sowie Beamer ermöglichen

Anzeigen gleichzeitiger gemeinsamer Kommentare, die anonym sein können. Anonymität ermutigt nicht nur scheue Teilnehmer zu sprechen, sondern auch starke Führungskräften, neuartige Meinungen ohne Ego-Konflikte zu akzeptieren.

■ *Teledemokratie* ermöglicht den Stadt-, Landes- und Staatsregierungen Online-Treffen durchzuführen, einen Konsens über Online-Konferenzen, Debatten und Abstimmungen herbeizuführen oder Abgeordnete können sich den Kommentaren des Wählers stellen.

Unzweifelhaft gibt es noch weitere kooperative Aufgaben. Diese Liste soll lediglich die Vielfalt anzeigen. Bei jeder Aufgabe gibt es zahllose Varianten und der potenzielle Markt für innovative Softwareprodukte ist groß. Jedoch ist die Planung von Kooperation wegen der zahlreichen und subtilen Fragen von Etikette, Dominanz, Ego, Ängstlichkeit und Selbstdarstellung eine echte Herausforderung. Die Aufgaben in unserer Liste sind seriös und professionell, aber es gibt auch weite Betätigungsfelder bei unterhaltsamen Mehrpersonenspielen, herausfordernden Wettkämpfen oder sozialen Begegnungen.

Traditionell werden kooperative Systeme durch eine Zeit-Raum-Matrix gegliedert (Ellis et al., 1991):

	Zu gleicher Zeit	Zu unterschiedlichen Zeiten
Gleicher Ort	Präsenz (Klassen- und Konferenzräume)	Nichtsynchrone Interaktion (Projektplanung, Koordination)
Verschiedene Orte	synchron verteilt	nichtsynchron verteilt
	(gemeinsame Editoren, Videofenster)	(E-Mail, Listservs, Konferenzen)

Diese Gliederung konzentriert sich auf zwei wesentliche Dimensionen und leitet so Designer und Prüfer an.

Forschung an kooperativen Systemen ist schwieriger als an Einzelnutzersystemen. Die Vielfalt von Benutzern macht es nahezu unmöglich, kontrollierte Experimente durchzuführen, und die Flut der Daten über viele Benutzer verwehrt eine ordentliche Analyse. Die Psychologie kleiner Gruppen, Verhaltensforschung in Industrie und Organisationen, Soziologie und Anthropologie bieten nützliche Forschungsmodelle, allerdings müssen viele Forscher ihre eigenen Methoden entwickeln. Subjektive Berichte, Fallstudien und der Wille der Benutzer, mit Groupware weiterzuarbeiten, sind gute Anzeichen für Erfolg (Kraut et al., 1994).

Kooperative Systeme verbessern sich zunehmend, aber die ausschlaggebenden Faktoren von Erfolg sind noch nicht klar. E-Mail hat einen weit verbreiteten Erfolg, und der Gebrauch von Videokonferenzen wächst langsam, aber stetig, während gemeinsame Kalenderprogramme wiederholt abgelehnt wurden. Grudin (1994) skizziert einige Gründe für das Versagen von Groupware: der Unterschied zwischen dem, der die Arbeit macht, und dem, der von ihr profitiert, Bedrohungen existierender politischer Machtstrukturen, unzureichende kritische Masse von Benutzern mit leichtem Zugang, Verletzung sozialer Tabus und Starrheit, die auf übliche Praxis pocht oder Ausnahmen verhindert.

Die Diskussion über Maßstäbe von Erfolg verkompliziert auch die Analyse. Während manche Leute die große Nützlichkeit von E-Mail betonen, stellen andere in Frage, ob E-Mail arbeitsbezogene Produktivität unterstützt oder behindert. Videokonferenzen können anfangs die Reisekosten reduzieren, können aber auch zu Kooperation mit weiter entfernten Partnern ermutigen und so zu noch höheren Kosten und möglicherweise mehr Reisen führen.

Im Bildungssektor können die Ergebnisse durch Vergleich der Noten in Endprüfungen gemessen werden, allerdings lernen Studenten häufig neue Fertigkeiten, wenn sie gemeinsam in einer vernetzter Umgebung arbeiten. Diese Fertigkeiten werden an dem Arbeitsplatz benötigt, wo Teamarbeit und effektive Kommunikation lebenswichtig sind.

Kooperation und Diskussion sind natürliche Bestandteile demokratischer Prozesse. So werden wahrscheinlich online geführte Kampagnen, Organisieren und Konsensbildung in naher Zukunft erforderliche Fertigkeiten für Politiker sein. E-Mail an öffentliche Vertreter und Online-Meetings in Rathäusern sind schon möglich, aber elektronische Parlamente mit Konsensbildung, Fraktionssitzungen, Vereinbarungen und Wahlen müssen erst noch aufkommen. Utopische Visionäre weisen auf einen weiteren Anstieg konstruktiver Teilnahme an demokratischen Prozessen hin, aber andere Leute warnen vor den Gefahren uninformierter Bürger, die die Gesetzgebung beeinflussen, und von schädlicher Beschleunigung, die durchdachte Überlegungen vermindert.

Gemeinschaftsnetzwerke sind schon erfolgreich und breiten sich aus (Rheingold, 1993; Schuler, 1996). Einige Gemeinschaften sind geografisch definiert wie etwa solche in Seattle/Washington und Blacksburg/Virginia (Carroll und Rosson, 1996), während andere eher globaler, aber dafür thematisch eingegrenzt sind wie solche für AIDS-Patienten, Archäologen und Agraringenieure. Die positive Seite ist die Erleichterung von Kommunikation unter gleichgesinnten Leuten mit gemeinsamen Interessen. Die negative Seite ist, dass elektronische Gemeinschaften weniger Verpflichtungen haben können als Präsenzgemeinschaften wie Vereinssitzungen, Bürgergruppen und Elternsprechtage in Schulen.

14.3 Asynchrone Interaktionen: Unterschiedliche Zeit, unterschiedlicher Ort

Kooperation über Zeit und Raum hinweg ist eines der Geschenke der Technologie. Dauerhafte elektronisch übermittelte Mitteilungen ermöglichen eine Kooperation, und daher ist E-Mail für viele Benutzer ein beliebter Ausgangspunkt. E-Mail wird allgemein geschätzt, kann aber zu lose strukturiert sein (endloses Geplauder ohne Prozess oder Moderator, der für das Erreichen eines Zieles sorgt oder wo eine Entscheidung getroffen wird), zu überwältigend (Hunderte von Mitteilungen täglich können schwerlich effektiv aufgenommen werden), und zu flüchtig (fehlende Speicherorganisation kann es schwer machen, relevante Mitteilungen zu lokalisieren, und spätere Einsteiger in die Diskussion haben keine Möglichkeit, die früheren Kommentare aufzuarbeiten). Um diese Probleme zu beheben, wurden strukturierte Methoden für elektronische Konferenzen geschaffen (Hiltz und Turoff, 1978; Hiltz, 1984) und in verbreiteter Software wie COSY und FirstClass angewendet. Filter- und Archivierungswerkzeuge in kommerzieller E-Mail-Software wie Eudora, Lotus cc:Mail oder Microsoft Mail ermöglicht es den Benutzern, mit ankommender und zuvor erhaltener E-Mail zu arbeiten. Webbrowser wie Netscape Navigator und Microsoft Internet Explorer und kommerzielle Dienste wie CompuServe und America Online bieten auch E-Mail-Bearbeitung an. Private Maillisten, Websites und Diskussionsgruppen aufzustellen, wird immer leichter. Die Unterstützung für Teams, ganzer Organisationen oder größeren Gemeinschaften kommt allmählich zusammen mit mehr strukturierten Arbeitsprozessen für Netzwerke auf.

14.3.1 E-Mail

Die kleinste Einheit der Kooperation ist die E-Mail-Nachricht: die »FROM«-Gruppe sendet eine Mitteilung an die »TO«-Gruppe. E-Mail-Systeme (Abb. 14.1) haben alle gemeinsam, dass eine Einzelperson eine Mitteilung an eine andere Einzelperson oder eine Liste von Personen sendet. Mitteilungen werden üblicherweise in Sekunden oder Minuten übermittelt, und die Beantwortung ist leicht und schnell.

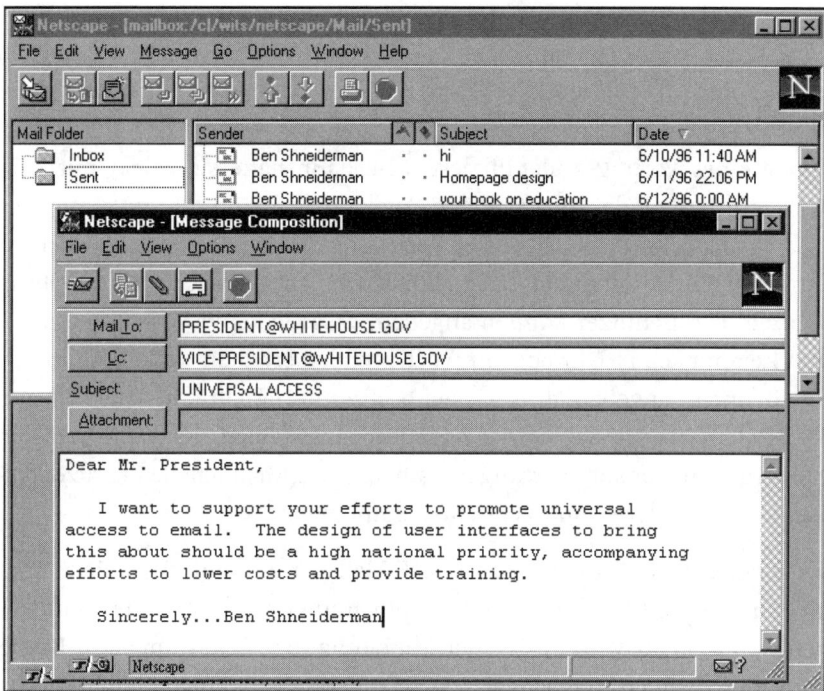

Abb. 14.1: E-Mail-System beim Netscape Navigator mit einer Liste gesendeter E-Mails und einer gerade erstellten Nachricht (Mit freundlicher Erlaubnis von © 1996 Netscape Communication Corporation.)

E-Mail-Mitteilungen enthalten üblicherweise nur Text, aber zunehmend können Grafiken, Spreadsheets, Tondokumente, Weblinks oder andere strukturierte Objekte eingeschlossen werden. Das Verlangen nach mehr Flexibilität und unverzüglicher Verteilung hält weiter an. Versand von Grafiken oder Spreadsheets wird allgemein üblicher, da Standardformate und effektive Konvertierungsmöglichkeiten aufkommen. Video-Mail gibt es noch selten, sollte sich aber in den nächsten zehn Jahren verbreiten. Jene Benutzer, die schon Videokommentare ihren E-Mails anfügen konnten, sagen, dass sie dies mögen und regelmäßig nutzen – es scheint das Potenzial zu haben, eine mehr persönliche Note hinzuzufügen. Probleme der Standardisierung über Videosysteme und der Bedarf von mehr Benutzerfreundlichkeit werden in den Berichten aus frühen Projekten deutlich (Borenstein, 1991; Hoffert und Gretsch, 1991).

Voice-Mail kann effektiv über das normale Telefonnetz versendet werden, aber auch eine akustische Anmerkung an einer E-Mail-Mitteilung ist möglich. Telefondienste über das Internet sind ebenfalls möglich, obwohl die Sprachqualität generell unter der des Telefonnetzes liegt.

Die meisten E-Mail-Systeme haben Felder für AN (Liste der Empfänger), VON (Sender), CC (Liste von Kopieempfängern), DATUM und BETREFF. Malone et al. (1987) zeigten den überraschenden Vorteil halbstrukturierter Mitteilungen in ihrem bahnbrechenden System namens *Information Lens*. Wenn eine Nachricht als Ankündigung eines Vortrages identifiziert wird, dann hätte sie Felder mit Zeit, Datum, Ort, dem Namen des Vortragenden, Titel, Gastgeber und Kurzfassung des Vortrags. Die halbstrukturierten Teile der Mitteilung ermöglichen mehr automatische Filterung hereinkommender Nachrichten oder automatische Weiterleitung und Antworten. Die Benutzer können angeben, dass sie keine Vortragsankündigungen mit Zeiten nach 17 Uhr oder an Wochenenden erhalten wollen. Alternativ können die Benutzer angeben, dass Kopien bestimmter Nachrichten an Kollegen verschickt werden, an das Sekretariat oder ihre Assistenten. So kann man die Gefahren der Informationsüberlastung bewältigen, da allmählich die Benutzer täglich Dutzende bis Hunderte von Nachrichten empfangen.

Eine noch mehr strukturierte Version von E-Mail beruhte auf einer Rede-und-Handlungs-Theorie von Anfragen und Verpflichtungen, bei der die Benutzer gezwungen waren, beim Verschicken der Mitteilung ihre Erwartungen in Bezug auf die Antworten deutlich zu machen. Jedoch fanden viele Benutzer diesen Ansatz zu rigide (Flores et al., 1988).

Ein interessantes Produkt ist Lotus Notes, das nur in Paketen von 200 Stück an größere Organisationen verkauft wurde, aber nach dem ersten Jahr auf dem Markt mit über 50.000 Lizenzen an 75 Stellen erfolgreich war. Notes integriert E-Mail, Newsgroups, Telefonanrufe, Statusberichte, Suche in Text-Datenbanken, gemeinsamen Dokumentenzugang, Terminplanung und andere Kooperationswerkzeuge. Einige große multinationale Unternehmen erkannten, dass Notes einen Wettbewerbsvorteil bot, weil weit verstreute Gemeinschaften von Angestellten auf angenehme Weise Information gemeinsam nutzen, Entscheidungen treffen und komplexe Aktionspläne ausführen konnten. Erst das Aufkommen des World Wide Web stellte den Erfolg von Notes in Frage, aber Notes hat immer noch Vorteile durch bessere Sicherheitskontrolle und eine stärker strukturierte Umgebung.

E-Mail ist jetzt weit verbreitet, aber um es noch universeller zu machen, ist noch stärkere Vereinfachung, verbessertes Training, leichteres Filtern und Hardware mit niedrigeren Kosten nebst Netzwerkservice erforderlich (Anderson et al., 1995). Die Inkompatibilität Dutzender Systeme wurde langsam abgebaut, teils durch die Anstrengungen der Electronic Mail Association, durch Druck von den Benutzern und durch Marktrealitäten, die eine Kooperation erzwingen. Die Möglichkeit, andere Medien als Text einzuschließen, ist für manche Benutzer attraktiv, die immer noch lieber Faxgeräte als E-Mail nutzen, weil sogar schlechte Grafik besser als gar keine ist. Online-Verzeichnisse, die im Netz aufkommen, können das erleichtern, da man immer noch die E-Mail-Adresse einer Person kennen muss, um ihr eine Mitteilung zu schicken. Solche Online-Verzeichnisse sollten auch Gruppenlisten enthalten und auch ein leichtes Anlegen neuer Gruppenlisten ermöglichen, so dass ganze Gemeinschaften leicht erreicht werden können. Schließlich könnten verbesserte Archivier- und Abrufsysteme den Benutzern ermöglichen, alte E-Mail-Mitteilungen leicht und schnell zu finden. Die Gefahren von E-Mail-Müll bleiben, und sogar noble Ideen der Kooperation können von unhöflichen Benutzern, lästigen Plagen, elektronischen Schnüfflern, die keine Privatsphäre respektieren, oder durch berechnende Opportunisten, die ihre Privilegien missbrauchen, unterlaufen werden.

14.3.2 Newsgroups und Netzgemeinschaften

E-Mail ist eine hervorragende Startmöglichkeit für elektronische Kommunikation, aber ihre grundlegenden Eigenschaften müssen erweitert werden, um den Bedürfnissen von Gemeinschaften zu dienen. Wenn eine Gruppe von Leuten E-Mail für zielgerichtete Diskussionen benutzt, sind Werkzeuge zur Organisation der Diskussion und für leicht zugängliche Aufzeichnungen notwendig. Eine populäre Strategie sind die *USENET Newsgroups*, in denen Tausende von Themen aufgelistet sind. Teilnehmer von Newsgroups beginnen die Aktion mit der Wahl der gewünschten Newsgroup und auf Wunsch dem Lesen möglichst vieler früherer Bemerkungen und entsprechender Kommentare. Üblicherweise bleiben die Anmerkungen aus den letzten paar Wochen auf dem Computer des Benutzers erhalten. Weltweite Suche nach allen Newsgroups wurde durch die Internetsuchmaschinen möglich. Eine geordnetere Gemeinschaftsstruktur ist das *Listserv-System*, in das sich Einzelpersonen einschreiben müssen, um E-Mail-Nachrichten zu erhalten. Noch stärker strukturiert ist die *Onlinekonferenz*, bei der noch zusätzliche Werkzeuge für Abstimmungen und Onlineverzeichnisse von Benutzern und Dokumenten verfügbar sind.

Listservs können von einem Leiter moderiert werden oder einfach als E-Mail-Verteiler dienen, der Kopien von erhaltener E-Mail an alle eingeschriebenen Teilnehmer verschickt. Benutzer können so mit E-Mail-Nachrichten durch Listserv überschüttet werden, dass die Entscheidung, sich einzuschreiben, zu einer ernsthaften Verpflichtung werden kann. Der Listserv-Server führt ein Archiv der Mitteilungen, die man durchsuchen kann, und eine Liste der eingeschriebenen Leute. Benutzer können Listserv-Befehle bekommen, indem sie einen Hilfe-Befehl mit einem Wort zum Server schicken.

```
LISTSERV Version 1.8b: Die häufigsten Befehle
Info          <topic|listname>       Bestelle eine Dokumentation
Lists         <Detail|Short|Global>  Hole eine Beschreibung aller Listen
SUBscribe     listname <full name>   Schreibe in eine Liste ein
SIGNOFF       listname               Melde von einer Liste ab
SIGNOFF       * (NETWIDE             - von allen Listen aller Server
                                       abmelden
REView        listname <options>     Überprüfe eine Liste
Query         listname               Frage nach den Einschreibeoptionen
SET           Listname options       Aktualisiere die Einschreibung
INDex         <filelist_name>        Fordere Liste von LISTSERV Dateien
                                       an
GET           filename filetype      Fordere eine Datei von LISTSERV an
REGister      full_name|OFF          Gib LISTSERV den Namen an
```

Tausende von Newsgroups, Listservs und Konferenzen sind rund um den Globus entstanden, die von engagierten Einzelpersonen – den Gertrude Steins der modernen elektronischen Salons – verwaltet werden. Sie halten die Diskussionen am Laufen und filtern boshafte oder widerwärtige Mitteilungen heraus. Mitteilungen können eine Anfrage, ein Kauf- oder Verkaufsangebot, interessante Nachrichten, einen Witz oder ausfallende Kritik enthalten (Fischer und Stevens, 1991). Jede hat eine kurze einzeilige Überschrift und einen beliebig langen Haupttext. (Abb. 14.2).

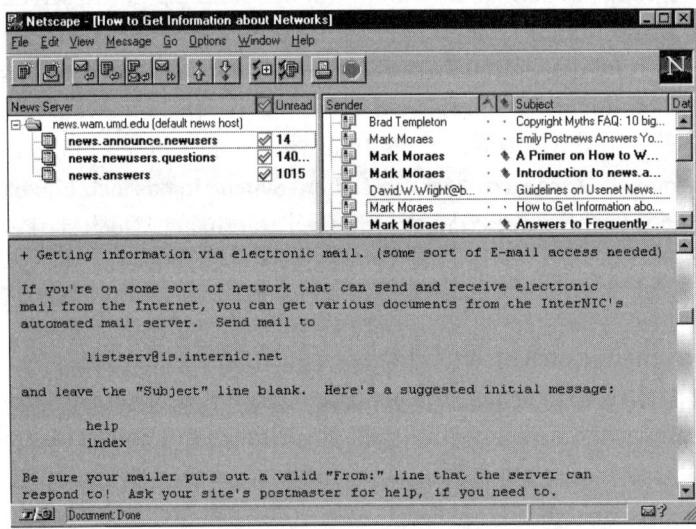

Abb. 14.2: Newsreader beim Netscape Navigator mit einer Liste von Newsservern, einer Liste von Ankündigungen für neue Benutzer und Teil einer Ankündigung (© 1996 Netscape Communication Corporation, mit freundlicher Erlaubnis verwendet)

Die Benutzerschnittstellen sind in der Regel einfach gestaltet, um sich selbst auf eine Einwahl bei niedriger Geschwindigkeit anzupassen. Wahlmöglichkeiten sind gering. Die Faszination liegt in der Komplexität der Konversation, besonders den anregenden Antworten und Debatten. Bei steigender Beteiligung müssen die Systemverwalter (oft als SYSOP bezeichnet) entscheiden, ob man die Themen in fokussiertere Unterthemen aufspaltet, um eine überwältigende Masse von Teilnehmern mit Tausenden neuer Mitteilungen zu vermeiden. Es kann eine anspruchsvolle Aufgabe sein sicherzustellen, dass die Gemeinschaften interessant bleiben, wenn eine Gruppe fortgeschrittener Programmierer spezielle Details diskutieren und Einsteiger dazukommen, die Fragen auf Anfängerniveau stellen. Die Experten werden sich abspalten wollen, um ihre eigene Diskussionsgruppe neu zu bilden. Es gibt Gemeinschaften für die meisten computerrelevanten Themen, aber auch andere wie über Filme, Kajakfahren, Rapmusik, Volkstanz oder Restaurants sind beliebt. Praktischer Informationsaustausch hat sich bei verschiedensten Gruppen wie Krebsforschern, NASA-Wissenschaftlern oder Behinderten eingebürgert. Innerhalb von Unternehmen, Universitäten oder Regierungsämtern können spezialisierte Gruppen für Themen etwa über interne Politik, Krankenversicherungsinformation oder Produktaktualisierungen eingerichtet werden.

Newsgroups oder Listservs stehen üblicherweise allen offen, während Konferenzen eher für eine geschlossene Gemeinschaft gedacht sind (Hiltz, 1984; Hiltz und Turoff, 1985). Eine Konferenz wird üblicherweise moderiert, d.h. ein Konferenzleiter lädt Teilnehmer ein, schlägt ein Thema vor und hält die Diskussion am Laufen, wenn eine Frage unbeantwortet bleibt, oder wenn einige Teilnehmer neue Mitteilungen nicht rechtzeitig lesen. Konferenzen haben wahrscheinlich eher Möglichkeiten für Abstimmungen, Konsensbildung oder Entscheidungsfindung. Wahlen können innerhalb von 48 Stunden angesetzt sein, und die Ergebnisse werden vom Moderator bekannt gegeben. Durchdachte Diskussionen werden durch eine Konferenz gefördert, weil die Teilnehmer ihre Position vernünftig abwägen, andere Unterlagen konsultieren, ihre Wortbeiträge sorgfältig formulieren können, ohne unter dem Druck eines sofortigen Kommentars zu stehen, der bei einem Telefongespräch oder direktem Treffen notwendig ist.

Online-Magazine und Newsletter breiten sich immer mehr aus, und das Publikum wächst immer schneller. *HotWired, Electric Minds* und *C|Net* spezialisieren sich auf die Welt des Internet, *Slate* ist ein allgemeines Nachrichten- und Meinungsmagazin, und spezialisierte Newsletters kommen in jeder Disziplin auf. Oft werden sie durch Werbung finanziert, allerdings erheben manche auch Abonnementgebühren. Hunderte von Onlinezeitungen ergänzen die gedruckten Ausgaben, und denkbar ist, dass traditionelle Zeitungsmerkmale wie Börsentabellen und Inserate völlig in den Online-Modus gestellt werden. In ähnlicher Weise werden möglicherweise kleine wissenschaftliche Zeitschriften mit weniger als 1.000 Abonnenten nur noch in elektronischer Form erhältlich sein.

Netzwerkgemeinschaften sind zu einem kontroversen Thema geworden. In einem Fall konfiszierten US Regierungsbeamte Computerausrüstungen, weil illegale Information verschickt worden sei, und die Hackergemeinschaft schloss sich zusammen, um die Beschuldigten zu schützen. Das Grundrecht der Freiheit der Meinungsäußerung nach dem *First Amendment* sollte auch auf die elektronischen Äußerungen übertragen werden, aber es gibt eben die Gefahren illegaler Aktivitäten. Manche Netzwerkgemeinschaften sind dafür kritisiert worden, rassistisches Material zu verbreiten. So ist es nunmehr eine herausfordernde Aufgabe, verbriefte Freiheiten und Rechte zu bewahren, ohne Schaden zuzulassen. US-amerikanische Staatsanwälte, die Online-Obszönitäten verfolgten, konnten 1996 schnell ein Gesetz *(Communications Decency Act)* durchsetzen, das aber ebenso schnell vom Bundesgerichtshof als verfassungswidrig abgelehnt wurde.

Anstatt ein Gespräch zu suchen, wollen im Netz viele entfernte Datenbanken nach nützlichem Material zum Herunterladen auf ihre PCs durchkämmen. Entwickler von Programmen, Bildern, Datenbanken usw. streben oft an, ihr Material elektronisch zu publizieren oder für Leute, die diese Produkte gebrauchen können, ins Netz zu stellen. Einige Dienste bieten informative Verzeichnisse verfügbaren Materials an, aber es könnte noch mehr getan werden, um effektive Bibliotheksressourcen anzubieten.

Enthusiasten freuen sich über den freizügigen Austausch von *Shareware, Freeware,* und *frei zugänglicher Software.* Eine Variation dieses Systems besteht darin, beim Herunterladen von Software eine bescheidene Gebühr für die Registrierung als Mitglied zu verlangen ($10 bis $100). Solche Benutzer können Änderungsmitteilungen oder eine gedruckte Anleitung erhalten.

14.4 Synchron verteilt: Verschiedener Ort, gleiche Zeit

Der alte Traum, an zwei Orten gleichzeitig zu sein, wurde mit modernen Technologien wie Telefon und Fernsehen erfüllt. Jetzt ist es möglich, an zehn Orten gleichzeitig zu sein, durch synchron verbreitete Anwendungen wie »group editing«. Beispielsweise können viele Benutzer beim bahnbrechenden GROVE (*group outline viewing editor system*) das gleiche Dokument simultan redigieren (Ellis et al,

1991). Koordination wird durch Sprachkommunikation erreicht. Der Default-Modus bei GROVE erlaubt jedem Benutzer, simultan einzutippen. Es gibt keine Sperre. Obwohl die Autoren berichten, dass Kollisionen überraschend selten sind, da die Benutzer eher an unterschiedlichen Teilen des Dokumentes arbeiten, scheint in manchen Situationen eine Sperre für Sätze oder einen Paragraphen doch notwendig zu sein. Sowohl GROVE als auch das Folgesystem rIBIS (Rein et al., 1991) zeigt kleine Fotos der augenblicklichen Benutzer.

Wichtige Merkmale bei der Entwicklung von ShrEdit (*shared editor*) an der Universität von Michigan waren die Mischung von privaten und öffentlichen Arbeitsfeldern, die Identität der Teilnehmer, Lokalisierung der Aktionen und Sorgfalt bei der Aktualisierung (Olson et al., 1990). Diese gleichen Themen von Besitz und Kontrolle waren besonders auffällig bei Gruppen von Schülern einer sechsten Klasse aus einer innerstädtischen Schule sichtbar, die einen Gruppeneditor dazu benutzten, ein Magazin über Vorurteile zu schreiben (Mitchell et al., 1995). Die Möglichkeiten (Abb. 14.3 und 14.4) erweitern sich durch gemeinsam genutzte Arbeitsfelder zum Zeichnen (Greenberg et al., 1995), Entwickeln von Hypermediadokumenten (Mark et al., 1996), Durchführen flexibler Teamarbeit (Roseman und Greenberg, 1996) und gemeinsames Design (Ishii et al., 1994).

Sitzungen an gemeinsamen Editoren der Spreadsheets scheinen einfache, aber potenziell beliebte Anwendungen zu sein. Das frühe CVIEW von IBM zeigte die Vorteile gemeinsamer Bildschirme bei der Kundenberatung. Benutzer mit Problemen konnten den Kundenberater rufen, und beide verfolgten auf den gleichen Bildschirmseiten, wie der Kundenberater die Lösung durcharbeitete. Es hat schon Demonstrationen von neuer Software an verschiedenen Orten gegeben, bei denen Dutzenden von Leuten Bildschirmseiten während gleichzeitiger Verhandlungsgespräche vorgeführt wurden. Ein weitere potentielle Anwendung besteht darin, gemeinsame Information zu Anwendungen wie Flugreservierungen zu ermöglichen. Wenn der Reisebüromitarbeiter eine Auswahl möglicher Flüge zusammengestellt hat, wäre es angenehmer, dem Kunden die Liste zu zeigen, als sie vorzulesen. Der Kunde könnte dann die Auswahl treffen und eine elektronische Kopie zum Speichern, Ausdrucken oder Übernehmen in ein anderes Dokument bekommen. Eine innovative kommerzielle Möglichkeit ist die Entwicklung interaktiver Spiele, die zwei oder mehreren Personen erlaubt, simultan bei Poker, Schach oder Gesellschaftsspielen teilzunehmen.

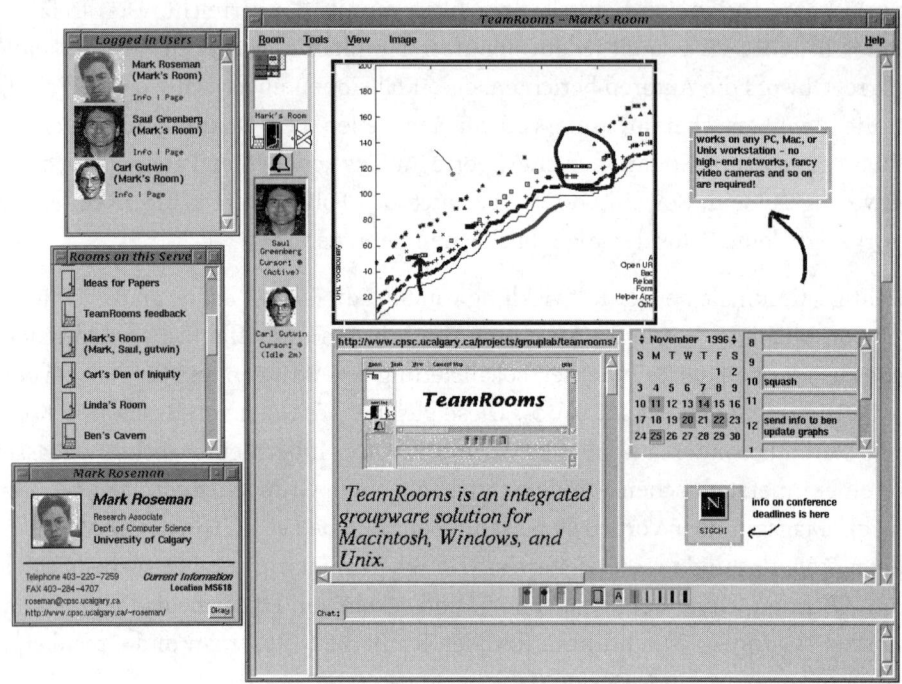

Abb. 14.3: TeamRooms, ein Programm, das echte Teamsitzungsräume simuliert und einen gemeinsamen Arbeitsplatz für eine Arbeitsgruppe bietet. Wer eintritt, ist automatisch mit jedem im Raum verbunden. Bei diesem Beispiel von Marks Raum kommentieren Saul und Carl wissenschaftliche Daten. Vielfältige grafische Groupware-Anwendungen können aktiviert werden. (Mit freundlicher Erlaubnis der University of Calgary, Alberta, Canada.)

Sogar einfacher Austausch von Textmitteilungen in Systemen wie CHAT, IRC (*Internet Relay Chat*) oder TALK schafft bei vielen verstreuten Online-Informationsdiensten lebendige soziale Clubhäuser. Die Teilnehmer können richtig fürsorglich und hilfreich sein oder aber nörgelige Querulanten, die sich destruktiv benehmen und eine Neigung zu gewalttätiger und obszöner Sprache haben. Manchmal nehmen die Benutzer neue Identitäten mit phantasievollen Namen wie Gypsy, Larry Lightning oder Really Rosie an. Die soziale Plauderei kann locker, provokativ oder einschüchternd sein.

Das gut ausgearbeitete MUD (Multi-User Dimension bzw. Dungeon) bietet Phantasieumgebungen, in denen Benutzer neue Identitäten und Rollen übernehmen können (Turkle, 1995). Wie eine MUD-Seite im Internet behauptet: »Sie können herumlaufen, mit anderen Persönlichkeiten plaudern, gefährliche, monsterverseuchte Gegenden erkunden, Rätsel lösen und sogar Ihre eigenen persönlichen Räume, Beschreibungen und Dinge schaffen.«

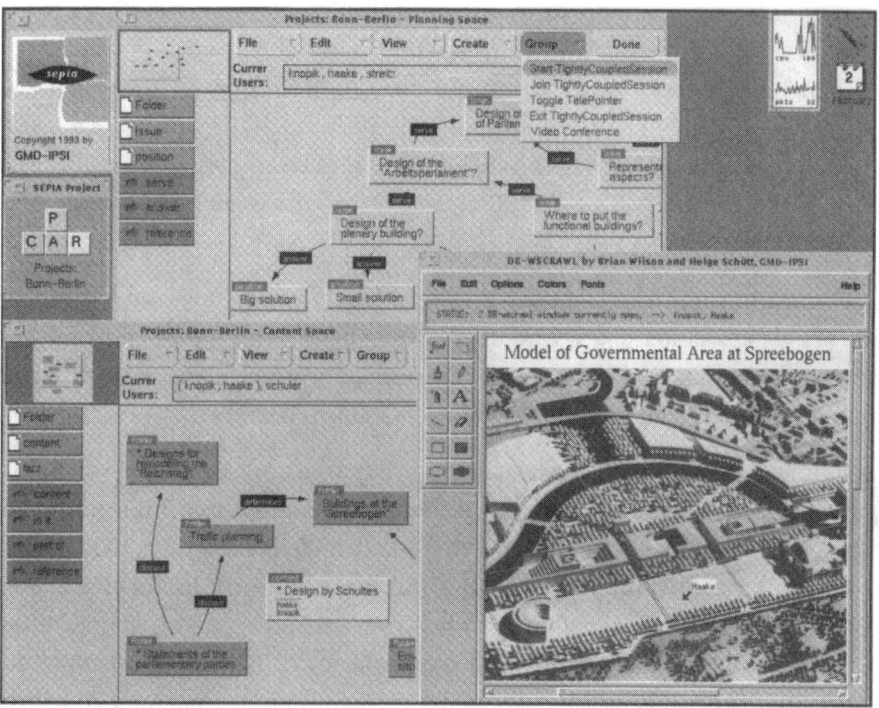

Abb. 14.4: SEPIA (Structured Elicitation and Processing of Ideas for Authoring), ein Programm, das die Erstellung von Hypermedia-Dokumenten durch Gruppendiskussionen mit vielen voneinander entfernten Benutzern ermöglicht (Streitz et al., 1996). Bei diesem Beispiel arbeiten die Benutzer Knopik, Haake, Streitz und Schuler in verschiedenen »Aktivitätsräumen« in losem (oben) und in eng gekoppeltem (unten) Kooperationsmodus zusammen. Sie können gemeinsam auf der Netzwerkebene auf getippte Hypermediaknoten und Links und auch auf die Inhalte der Knoten (unten rechts) zurückgreifen und Telezeiger auf allen Ebenen verwenden. SEPIA legte die Grundlage für das DOLPHIN-System (Mark et al., 1996) für die Kooperation elektronischer Sitzungen. (Mit freundlicher Genehmigung von Norbert Streitz, GMD-IPSI, Darmstadt)

An vielen Stellen werden Architekturen von Hardware, Netzwerk und Software entwickelt, um synchrone Anwendungen mit Multimediafähigkeiten zu unterstützen (Crowley et al., 1990; Patterson et al., 1990; Greenberg und Marwood, 1994). Jedes Projekt kümmert sich um Probleme mit Verzögerungen, Sperren, gemeinsamer Benutzung und Synchronisieren.

Man hat innovative Ansätze für einen Einsatz von Videos zur Überbrückung von Entfernungen unternommen. Ein einfacher Ansatz besteht darin, mit zwei Videokameras und Bildschirmen eine informelles Gespräch zu führen:

> *Stellen Sie sich vor, mit Kollegen am Arbeitsplatz Kaffee zu trinken. Dann*
> *stellen Sie sich vor, mit den Kollegen immer noch im selben Raum, aber*
> *durch eine Glasscheibe getrennt zu sein, ohne die Möglichkeit zu verlieren,*
> *mit der Unterhaltung fortzufahren. Schließlich stellen Sie sich vor, der*
> *Raum sei in zwei Hälften gespalten und ein Teil 50 km weg bewegt worden,*
> *ohne dass dies Einfluss auf die Qualität der Unterhaltung mit Ihren Freun-*
> *den hätte.*

Dieses Szenario veranschaulicht das Ziel des VideoWindow Projektes (Fish et al., 1990): ein gemeinsamer Raum wird über erhebliche Distanzen erweitert, ohne die Qualität der Interaktionen unter den Benutzern zu beeinträchtigen oder spezielle Aktionen erforderlich zu machen, um Konversation zu betreiben.

Anwendungen für Videokonferenzen nehmen ein weites Spektrum ein, von Spezialräumen bis zu Benutzern an ihrem eigenen Schreibtisch mit ihren normalen Computersystemen, die einen oder mehrere andere Teilnehmer der Videokonferenz sehen (Watabe, 1990; Mantei et al., 1991; Bly et al., 1993; Isaacs et al., 1995, 1996). Die Bequemlichkeit von Videokonferenzen am Bildschirm (*desktop videoconferencing – DTVC*) ist phantastisch, da diese Strategie den Benutzern erlaubt, während der Konferenz Zugang zu ihren Papieren und Computersystemen zu haben. Spezielle Videokonferenzräume, die auf Bestellung reserviert werden können, geben dem Ereignis größere Bedeutung, und die Ausrüstungsqualität ist üblicherweise besser.

Beim frühen DTCV-System der University of Toronto, dem CAVECAT (*Computer Audio Video Enhanced Collaboration and Telepresence*), konnten bis zu vier Orte auf einem einzigen Monitor gesehen werden. Man hatte Probleme mit der Schwierigkeit, in Augenkontakt zu treten (die Teilnehmer schauten eher auf ihre Monitore als in die Kameras), langsamen Reaktionszeiten beim Eintritt oder Verlassen einer Sitzung, störenden Hintergrundgeräuschen (Schwierigkeiten beim Erkennen des Sprechers), unzureichender Beleuchtung, verändertem sozialem Status, kleiner Bildgröße und potenziellem Eindringen in die Privatsphäre.

Der Wandel von Forschungsprototypen zu weithin benutzten DTVC Systemen vollzieht sich, weil die Preise sinken, eine angemessene Bandbreite erhältlich wird und die Bedienung sich verbessert. Das CU-SeeMe System der Cornell Universität bietet freie Software an, die auf den meisten PCs ohne spezielle weitere Hardware und mit gewöhnlichen Videokameras läuft (Dorcey, 1995 und http://cu-seeme.cornell.edu). Die geringauflösenden (320 x 240) Schwarz-Weiß-Bilder werden per Internet mit allen möglichen Bildgeschwindigkeiten übertragen (Abb. 14.5). Die Bilder flimmern häufig, aber CU-SeeMe wird bei vielen persönlichen Konferenzen, professioneller Arbeit und Fernstudium eingesetzt. Zu weiter entwickelten kommerziellen Systemen gehört Intel's ProShare II, das gute Bilder über ISDN-Leitungen (*Integrated Services Digital Network*) liefert und gemeinsame Arbeitsplätze zur Bearbeitung von Dokumenten, Spreadsheets usw. unterstützt.

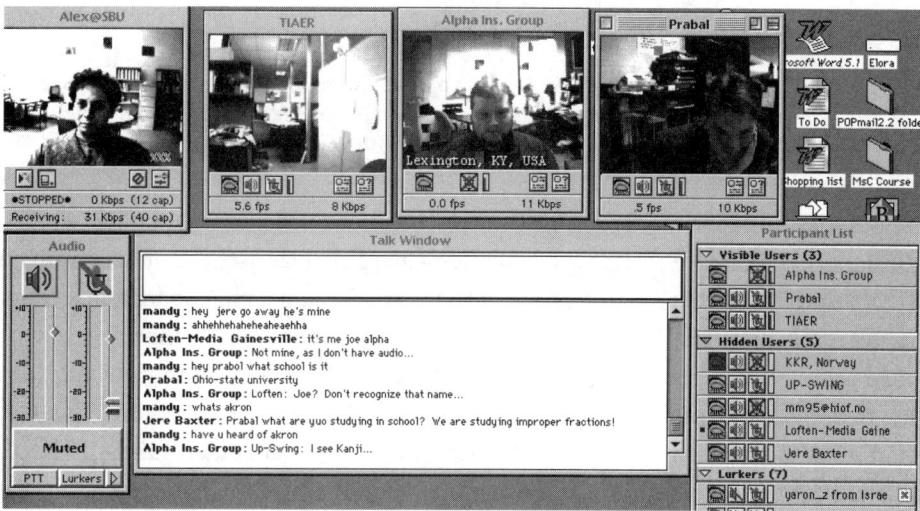

Abb. 14.5: CU-SeeMe als Videokonferenz-System. Vier Benutzer werden in Videofenstern abgebildet, während sie ein gemeinsames Unterhaltungsfenster benutzen. (Zusammengestellt von Allessandro Barabesi)

Die PictureTel-Plattformen für Videokonferenzen bieten zunehmend verbesserte Dienste auf Telefonleitungen, dem Internet, lokalen Netzen und gemieteten Leitungen an (Abb. 14.6) (http://www.picturetel.com). Sobald die Benutzer das Vergnügen hatten, einander im Video zu sehen, das erforderliche Winken mit der Hand erledigt und ihre Beleuchtung, Kameras, Haare und Kleider angepasst haben, ist es Zeit, zum Geschäft überzugehen. Einige Treffen sind einfache Diskussionen, die persönliche Besuche ersetzen. Der Vorteil gegenüber dem Telefon ist die Möglichkeit, Gesichtsausdrücke und Körpersprache als Zeichen für Enthusiasmus, Desinteresse oder Verärgerung zu interpretieren. Viele Treffen behandeln ein Objekt des gemeinsamen Interesses wie ein Dokument, eine Karte oder ein Photo. Die Entwickler betonen die Notwendigkeit, sich gegenseitig auf bequeme Art abzuwechseln, und gemeinsamer Dokumentbearbeitung durch Benutzung von Ausdrücken wie *glatt, leicht* oder *nahtlose Integration*.

Abb. 14.6: Das PictureTel Venue 2000 Modell 50, ein System, das Videokonferenzen hoher Qualität wie bei dieser Diskussion zwischen Architekten und Bauingenieuren ermöglicht (Mit freundlicher Genehmigung der PictureTel Corporation).

Kontrolliertes Experimentieren mit unterschiedlichen Medien ermöglicht es den Designern, effektive Systeme zu gestalten. Chapanis klassische Untersuchungen (1975) und jüngere Arbeiten bestätigen, dass ein Tonkanal eine bedeutende Komponente für die Diskussion dessen ist, was die Teilnehmer auf einem gemeinsamen Bildschirm sehen. Bei einem Vergleich wurde ein gemeinsamer Arbeitsplatz auf einem Computerbildschirm ohne Ton oder Video benutzt, dann mit Ton allein und mit Ton und Video (Gale, 1990). Eine Gruppe von vier Leuten führte drei Aufgaben fünfmal in jedem Medienformat aus. Signifikante Unterschiede traten bei der Aufgabe zur Planung des Treffens auf, die mit der ersten Anordnung (nur Arbeitsplatz) fast doppelt so lang wie im Vergleich zu den anderen beiden Anordnungen dauerte. Dieses Ergebnis bestätigt die Bedeutung eines deutlichen Tonkanals, wenn die Benutzer die Objekte des gemeinsamen Interesses anschauen. Die Möglichkeit, dass getrennte Gruppen ebenso qualifizierte Arbeit leisten wie bei einem direkten persönlichen Treffen, wurde bei Untersuchungen von Gruppen mit entsprechender Ton- und Videounterstützung gezeigt (Olson et al., 1995). Videounterstützung verbesserte die Qualität der Arbeit gegenüber der reinen Tonunterstützung. Die Benutzer zogen auch die Videounterstützung vor. Die große Bedeutung von Tonunterstützung und die eher marginalen Vorteile von Video bei abwechselnden Arbeiten oder bei Unterbrechungen wurden bei einem Vergleich von drei Systemen hervorgehoben, aber die Benutzer wünschten dennoch Video (Sellen, 1994).

Ethnographische Beobachtungen und Felduntersuchungen decken aktuelle Gebrauchsmuster auf und stützen konkurrierende Theorien. Kraut et al. (1994) bewies, dass »eine kritische Masse (die Anzahl der Leute, die man mit einem System erreichen kann) und der soziale Einfluss (die Normen, die um ein Medium herum entstehen)« die ausschlaggebenden Faktoren für den Erfolg eines Videosystems sind. Die Leute, die erheblich mit Personalmanagement befasst waren, nutzten Video mehr als diejenigen mit stärker strukturierten und dokumentorientierten Aufgaben.

Das Erwartung an Videofenster, -tunnel, -räume usw. ist, dass sie im Vergleich zu einer Telefonkonferenz oder E-Mail eine fruchtbarere Kommunikationsform ermöglichen und weniger unterbrechend wirken als eine Reise. Sie ermöglichen den Teilnehmern, Zugang zu den Unterlagen in ihrem eigenen Büro und gleichzeitig eine Gelegenheit zu erfolgreicher Kommunikation und emotionalem Kontakt zu haben. Erfolgreiche Unternehmer werden diejenigen sein, die am besten diese neuen Medien verstehen, und die Situationen finden, für die diese Medien am besten geeignet sind.

14.5 Präsenz: Gleicher Ort, gleiche Zeit

Leute arbeiten oft in Teams zusammen und benutzen komplexe gemeinsame Technik. Die Kooperation von Pilot und Copilot in Flugzeugen wurde sorgfältig mit gemeinsamen Instrumenten und Anzeigen geplant. Koordination unter Flugverkehrsüberwachern hat eine lange Geschichte, die gründlich untersucht worden ist (Wiener und Nagel, 1988). Die Börse und die Märkte mit Bedarfsartikeln sind andere existierende Anwendungen von Teamwork oder Verhandlungen mit direktem, computerunterstütztem Kontakt.

Neuere Anwendungen in Büro und Klassenzimmern erzielen wegen der großen Zahl potenzieller Benutzer und des innovativen Potenzials für Arbeit und Lernen größere Aufmerksamkeit. Dazu gehören:

- *Teilhabe am Bildschirm des Dozenten* Bei dieser einfachen Form gemeinsamer Computerarbeit benutzt ein Dozent den Computer mit einer Projektionseinrichtung, um eine Computeranwendung zu demonstrieren, Geschäftsgrafiken oder Bilder zu zeigen oder eine Animation laufen zu lassen. Fred Hofstetter (1995) von der University of Delaware entwickelte das Multimediasoftwarepaket PODIUM, das Dozenten ermöglicht, illustrierte Vorlesungen mit Dias, Computergrafik, Animationen, Videos und gesprochenen Teilen zusammenzustellen. Viele Vortragende sind zufrieden mit kommerziellen Standardpaketen wie Microsoft PowerPoint, Lotus Freelance oder Adobe Persuasion. Zur Benutzerfreundlichkeit gehören ein einfacher Übergang zum nächsten Bild, die Möglichkeit, aus einer Sequenz herauszutreten und die Leichtigkeit, mit der spontan Änderungen vorgenommen werden können.

■ *Vorrichtungen für Mitarbeit des Publikums* Einfache Keypads wurden effektiv in praktischen Lehrveranstaltungen benutzt. Die Studenten können Multiple-Choice-Fragen an ihrem Arbeitsplatz beantworten, und die Ergebnisse können der ganzen Klasse an einem großen Bildschirm gezeigt werden. Einfache Einheiten wurden von Werbungsforschern benutzt, bei denen ein Testpublikum auf Werbung reagieren sollte, die auf einem großen Bildschirm gezeigt wurde. Wahlen in parlamentarischen Foren können schnell und exakt durchgeführt werden. Die Befürworter betonen, dass diese einfache Technik leicht zu erlernen ist, von den meisten Leuten akzeptiert wird, nicht bedrohlich wirkt und durch die Erfahrung der Teilnahme die Aufmerksamkeit erhöht. Die interaktive Ausstellung von National Geographic in Washington, D.C. hat eine Reaktionseinheit mit fünf Tasten, mit denen Besucher versuchen können, Multiple-Choice Fragen wie »Wie viel Prozent der Erdoberfläche wird von Wasser bedeckt?« beantworten können. Eine Reihe von Antworten wird auf dem gemeinsamen Bildschirm angezeigt, aber die Präsentationsreihenfolge wird nicht von der Auswahl des Publikums beeinflusst.

■ *Arbeitsplätze zur Eingabe von Text* Indem jedem Teilnehmer eine Tastatur und eine einfache Software gegeben wird, ist es möglich, eine einladende Atmosphäre für Unterhaltung oder Brainstorming zu erzeugen. Batson entwickelte an der Gallaudet University (Bruce et al., 1992) ein äußerst erfolgreiches Netzwerkprogramm, das jedem Teilnehmer erlaubt, eine Zeile Text einzutippen, die mit dem Namen des Autors versehen auf dem Bildschirm jedes Teilnehmers sofort angezeigt wird. Wenn zehn Leute tippen, erscheinen neue Kommentare mehrmals pro Sekunde, und lebhafte Unterhaltungen kommen auf. Batsons Ziel war, seine frustrierenden Bemühungen zu verbessern, englisches Schreiben auf College-Niveau zu verbessern, und seine ENFI-Netzsoftware (English Natural Form Instruction) hatte riesigen Erfolg:

> *Es erscheint schon leicht ironisch, dass der Computer, nachdem er fünfundzwanzig Jahre lang als wider die menschliche Natur, als Werkzeug von Kontrolle und Unterdrückung menschlichen Instinktes und Intuition empfunden wurde, meine Arbeit wirklich menschlicher gemacht hat. Zum ersten Mal nach langer Zeit habe ich wirklich Hoffnung, dass wir einige Fortschritte erzielen könnten ... Befreit davon, ein Hampelmann vor der Klasse sein zu müssen, wurde ich wieder zu einer Person mit Schwächen, Gefühlen und Phantasien. Als Gruppe waren wir demokratischer und offener miteinander als jede andere Klasse, die ich zuvor hatte (Bruce et al., 1992).*

Das Klappern der Tastaturen sorgt zusammen mit Lachen, Stöhnen, Jubeln und Grimassen für eine gute Atmosphäre.

- *Brainstorming, Wählen und Ranglisten* Über das reine Sprechen hinaus können strukturierte soziale Prozesse intensive Lerndiskussionen und hochproduktive geschäftliche Sitzungen hervorrufen. Die Universität von Arizona hatte eine Pionierrolle bei der Entwicklung des sozialen Prozesses, der Umgebung und der Softwarewerkzeuge (Valacich et al., 1991), um »Störungen bei der Gruppeninteraktion zu reduzieren oder zu eliminieren, so dass eine Gruppe ihr Aufgabenpotenzial auch wirklich erreicht oder gar übertrifft« (Abb. 14.7). Die Autoren führten noch ein weiteres Spektrum an Möglichkeiten ein, indem sie anonyme Unterbreitung und Reihung von Vorschlägen zuließen. Auch wurden Ideen unabhängig vom Urheber nach ihren Vorzügen beurteilt (Abb. 14.8a-c). Weil Ego-Politur und -konflikte reduziert wurden, erschienen die Gruppen offener für neuartige Vorschläge. IBM richtete 19 sogenannte »Entscheidungszentren« (*Decision Center*) nach dem Arizona Modell für ihren internen Gebrauch ein und weitere 20 unter dem Namen TeamFocus zur Vermietung an Benutzer. Gutausgebildete Berater mit Kenntnissen in Gruppendynamik planen mit dem Teamleiter die Entscheidungssitzung und die Problemstellung. Bei einer typischen Aufgabe können 45 Minuten Brainstorming durch 15 bis 20 Leute Hunderte von Zeilen von Vorschlägen auf Fragen wie »Wie können wir unsere Verkäufe steigern?« oder »Was bewirkt technische Unterstützung von Gruppenarbeit hauptsächlich?« produzieren. Dann können Themen herausgefiltert, ähnlichen Gruppen zugeordnet und an die Teilnehmer zur Verfeinerung und Einordnung in eine Rangliste weitergegeben werden. Danach ist ein Ausdruck und eine elektronische Datei über die gesamte Sitzung sofort erhältlich. Zahlreiche Untersuchungen von Systemen elektronischer Sitzungen mit Tausenden von Benutzern haben die Vorzüge aufgezeigt (Nunamaker et al., 1991):
  - Parallele Kommunikation fördert die allgemeine Beteiligung beim Sitzungsprozess und vermindert die Chance, dass Einzelne die Sitzung dominieren.
  - Anonymität mildert Befürchtungen einer Bewertung und Konformitätsdruck. So werden die Themen offener diskutiert.
  - Das durch die Teilnehmer aufgebaute Gruppengedächtnis ermöglicht ihnen, innezuhalten und über Information und Meinungen anderer während der Sitzung zu reflektieren, und es dient auch als permanente Aufzeichnung des Geschehens.
  - Die Struktur des Vorgangs trägt dazu bei, die Gruppe auf Schlüsselthemen zu konzentrieren, und hält Abschweifungen und unproduktives Benehmen fern.
  - Aufgabenunterstützung und Struktur bieten Information und Ansätze, diese Information zu analysieren.

Das System der Universität von Arizona wird unter dem Namen GroupSystems (Ventana Corp.) vertrieben.

- *Gemeinsame Dateien* Ein einfacher, aber leistungsfähiger Gebrauch vernetzter Computer an einem Arbeitsplatz, einem Klassenzimmer oder Sitzungszimmer besteht im Arbeiten mit gemeinsamen Dateien. Teilnehmer können beispielsweise Verkaufsberichte mitbringen, die von anderen Leuten im Raum schnell gelesen werden können. Andererseits können die Gruppenleiter eine Tagesordnung oder einen Haushaltsplan haben, den sie an alle Teilnehmer verteilen möchten, die dann Anmerkungen machen oder diese Dokumente in andere einbeziehen können. Gemeinsame Dateien können Text enthalten, Programme, Spreadsheets, Datenbanken, Grafiken, Animationen, Tondokumente, Röntgenbilder oder Video. Die Verteilung kann auch außerhalb des Sitzungszimmers erfolgen, um Teilnehmern zu ermöglichen, auf die Dateien von ihren Büros und von zu Hause zuzugreifen.

- *Gemeinsamer Arbeitsplatz* Eine Ergänzung für jede Person, die eine persönliche Kopie einer Datei bekommt, ist ein gemeinsamer Blick auf einen Arbeitsplatz, zu dem jeder Benutzer Zugang hat. Das wegweisende Capture Lab bei Electronic Data Systems enthielt einen ovalen Tisch mit acht Macintosh Computern, die in den Tisch eingebaut waren, so dass die Atmosphäre einer Geschäftssitzung gewahrt blieb (Mantei, 1988). Der große Bildschirm vor dem Tisch ist für alle Anwesenden sichtbar, von denen jeder diesen Bildschirm steuern kann, indem er eine Taste an einer Maschine drückt. Am Xerox PARC hat das Forschungssystem Colab den kommerziellen Großbildschirm (167-cm-diagonal) LiveBoard (Abb. 14.9) hervorgebracht, auf dem Benutzer die aktuelle Liste von Tagesordnungspunkten oder Vorschlägen einsehen und nach dem Prinzip WYSIWIS (what you see is what I see) hinweisen, herausgeben, bewegen oder hinzufügen können (Stefik et al., 1987). Der Vorteil eines gemeinsamen Arbeitsplatzes ist, dass jeder den gleichen Bildschirm sieht und an einem gemeinsamen aufgezeichneten Ergebnis aktiv mitarbeiten kann (Weiser, 1991).

- *Gruppenaktivitäten* Wenn die Arbeitsplätze der Anwender mit der richtigen Netzwerksoftware verbunden sind, kann ihnen ein Problem vorgesetzt werden, und diejenigen, die Hilfe brauchen, können »ihren Finger« heben, um ihre Bildschirmanzeige auf einem großen gemeinsamen Bildschirm oder dem Bildschirm des Gruppenleiters zu zeigen. Dann können der Gruppenleiter oder andere Teilnehmer Befehle ausgeben, um das Problem zu lösen. Wenn Teilnehmer ein besonders bemerkenswertes Ergebnis, eine Grafik oder einen Kommentar haben, können sie die Gruppe entweder auf einem großen gemeinsamen Bildschirm oder an den jeweiligen individuellen Arbeitsplätzen teilhaben lassen.

Abb. 14.7: Halbkreisförmiger Klassenraum mit 24 in Arbeitstischen eingebaute PCs an der Universität von Arizona. (GroupSystems ist eine registrierte Handelsmarke der Ventana Corporation)

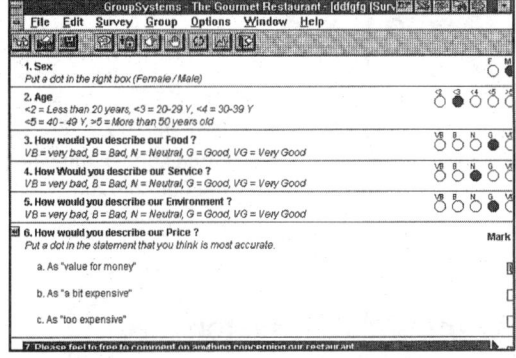

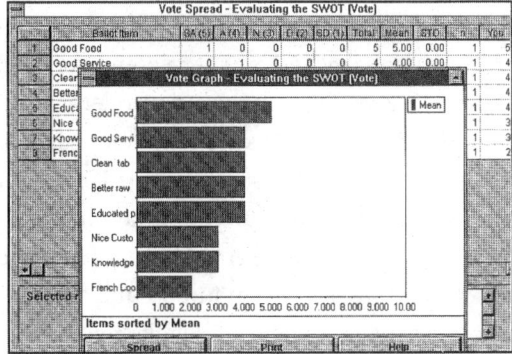

Abb. 14.8: Beispiele von Bildschirmseiten aus der GroupSystems Electronic Meeting Software. Online Restaurantumfrage (oben). Teilergebnisse einer Bewertung der Restaurantumfrage (unten). (Mit freundlicher Genehmigung der Ventana Corporation, Tucson, Arizona.) (GroupSystems ist eine registrierte Handelsmarke der Ventana Corporation)

Abb. 14.9:   Das LiveBoard Interactive Meeting System der LiveWorks, Inc., einem Xerox
Unternehmen. Team-Diskussionen mit Gruppen an vielen Orten können mit einem
167cm-LiveBoard-Bildschirm erleichtert werden (benutzt mit Erlaubnis von
LiveWorks, Inc.)

14.6   Anwendung von CSCW im Bildungssektor

Das Potenzial für einen Groupware-gestützten Paradigmenwechsel im Lehrbetrieb
ruft bei den Anhängern leidenschaftliche Hingabe hervor, aber es gibt reichlich
Grund für Skepsis und Vorbehalt. Keine einzige Technik wird dominieren, aber
erfolgreiche Kombinationen werden an die Ziele einer Institution, den pädagogi-
schen Stil des Dozenten und die Verfügbarkeit der Ausrüstung für die Lernenden
angepasst werden müssen. Die lange versprochene, aber langsame Revolution im
Erziehungssektor beschleunigt sich, seit der Gebrauch von E-Mail und Internet
sich ausbreitete (Gilbert, 1996). Von elektronischen Klassenräumen und einer reichen Auswahl an Fernlehrstrategien verspricht man sich Möglichkeiten, um die
Qualität zu verbessern und Kosten zu verringern, aber häufig ist das Hauptergeb-
nis ein Wechsel bei den Lehr- und Lernstilen und die Einbeziehung neuer Schüler
(Harasim et al., 1995).

Die Koordination von Schülern in einem *virtuellen Klassenzimmer* ist ein komplexer Prozess, kann aber gerade für solche Leute eine stimulierende Lernerfahrung ermöglichen, die nicht in reguläre Klassen kommen können (Hiltz, 1992). Eine Vielzahl von Versuchen mit Kursen in Soziologie, Informatik und Philosophie bewies die Wirksamkeit eines Konferenzformates für Collegekurse einschließlich Hausaufgabenzuweisung, Projekten, Tests und Abschlussprüfungen. Die Dozenten empfanden den stetigen Fluss an Mitteilungen als lohnende Herausforderung und die Studenten waren allgemein zufrieden mit dieser Erfahrung:

> *Das virtuelle Klassenzimmer ist in der Hauptsache eine Umgebung, um gemeinsames Lernen zu erleichtern. Für Fernstudenten liegt die verstärkte Möglichkeit auf der Hand, mit anderen Lernenden in stetigem Austausch zu stehen. Aber selbst für universitätsinterne Kurse bietet die Technik ein Mittel für eine lebhafte kooperative Lernumgebung, die über das traditionelle Klassenzimmer hinausgeht, indem sie eine Verbindung von Studenten und Kursmaterial rund um die Uhr ermöglicht (Hiltz, 1992).*

Fernstudium mit Videovorlesungen ist üblich, aber die Interaktionen mit Studenten erfolgen in der Regel über Telefon, E-Mail oder Internet. DTVC hat das Potenzial, lebendigere wechselseitige Interaktionen für Diskussion, Anleitung und Hilfe zu schaffen. Am meisten profitieren davon Profis, die von ihren Büros oder speziellen Lernzentren aus an Kursen elektronisch teilnehmen können, und Studenten zu Hause, die nicht die Zeit aufbringen können, zu einem traditionellen Campus zu fahren. Derzeitiges DTVC erleichtert die Kommunikation, aber Verbesserungen sind notwendig, um Dozenten einen besseren Überblick über die Reaktionen an den verschiedenen Orten zu geben und den Wechsel zwischen Vortrag und Diskussion reibungslos zu gestalten (Ramsay et al., 1996). Eine verbesserte Bildschirmauflösung wird dazu beitragen, Gesten, Blickrichtung und Körpersprache zu übermitteln, aber Details und Kontexte gleichzeitig an vielen Orten zu sehen, bleibt eine Herausforderung (Fussel und Benimoff, 1995).

Elektronische Klassenzimmer an der Universität von Maryland balancieren die Nachfrage nach neuer Technik mit der Erkundung neuer Lern- und Lehrstile aus (Shneiderman et al., 1995). Es wurden drei Klassenzimmer mit 40 Plätzen und 20 hochauflösenden Monitoren gebaut, die teilweise in die Tische eingelassen sind (Abb. 14.10). Die Computer wurden aus Sicherheits- und Platzgründen, aber auch, um Geräusche und Hitze zu vermeiden, in einen Seitenraum gestellt. Ein Bildschirm am Arbeitsplatz und zwei große Projektionseinrichtungen, auf die von hinten projiziert wird, ermöglichen es den Dozenten, jedem Studenten die Anzeige des Lehrerbildschirms oder die eines Teilnehmers zu zeigen. Der Schlüssel zum

Erfolg waren die Bereitstellung der notwendigen Infrastruktur für die universitäre Ausbildung und Sammeln von hinreichend Erfahrungsdaten, um den Prozess zu lenken.

Abb. 14.10: Der AT&T Lehr-Lern-Raum mit Plätzen für 40 Studenten an der Universität von Maryland hat 20 hochauflösende Bildschirme in Arbeitsplätze eingebaut.

In den ersten sechs Jahren führten 68 Mitglieder des Lehrkörpers (30 unbefristet, 16 befristet, 22 anderes Personal) von 21 Instituten 233 Lehrveranstaltungen mit über 6.782 Studenten durch. Die Veranstaltungen füllten die meisten Zeitfenster zwischen 8 und 22 Uhr und waren so unterschiedlich wie »Die Rolle der Medien in der amerikanischen Politik«, »Chinesische Dichtung ins Englische übersetzt«, »Marktforschungsmethoden«, »Anlage von Datenbanken« und »Rettung der Bucht«.

Mitglieder des Lehrkörpers, die elektronische Klassenzimmer benutzten, erkundeten neuartige Lehr- und Lernstile, die den Studenten stärker motivierende Erfahrungen bieten können. Während traditionelle Vorlesungen mit oder ohne Diskussion die Regel bleiben, können Techniken für elektronische Klassenzimmer Vorlesungen beleben und dabei aktives individuelles Lernen sowie kooperatives Lernen in kleinen Gruppen und mit der gesamten Klasse ermöglichen (Hofstetter, 1995). Die meisten Dozenten geben zu, mehr Vorbereitungszeit bei der Benutzung des elektronischen Klassenraums besonders im ersten Semester zu brauchen, aber einer schrieb, dass es »im Hinblick auf eine größere Lerneffizienz die Sache wert sei.«

Die Annahme, dass verbesserte Vorlesungen das Hauptziel wären, wandelte sich, als die Dozenten kooperative Lehrmethoden ausprobierten und über diese Methoden miteinander sprachen. Dozenten, die viel mit geschriebener Beteiligung gearbeitet hatten, freuten sich, wie elegant es sei, elektronische Beiträge der Studenten der ganzen Klasse vorzuführen. Dozenten, die bislang keine kooperativen Methoden benutzt hatten, lobten die Leichtigkeit und die Lebendigkeit einer anonymen elektronischen Brainstormingsitzung.

Aktivere individuelle Lernerfahrungen ergeben sich mit der Benutzung von Software beim Unterricht für folgende Themen:

- Aufsätze in englischer oder Gedichte in einer anderen Sprache zu schreiben
- Vorläufer des Impressionismus in einer kunsthistorischen Sammlung von 9.000 Bildern zu finden
- Geschäftssimulationen durchzuspielen, um die Produktqualität zu erhöhen
- Statistische Analysen psychologischer Untersuchungen durchzuführen
- Landschaftsgestaltung mit computergestütztem Design und Grafikprogrammen durchzuführen
- Computerprogramme zu schreiben
- Im Internet zu suchen

Eine übliche Dozentenstrategie (Norman, 1994) besteht darin, zeitbegrenzte Aufgaben von 3 bis 10 Minuten zu vergeben und dann per Video die Arbeit der Studenten der gesamten Klasse zu zeigen, um die Arbeit der Studenten zu prüfen und bei Bedarf individuell Hilfestellung zu geben. Der eigentliche Durchbruch besteht darin, den Lernprozess damit zu eröffnen, dass der gesamten Klasse schnell die Arbeit vieler Studenten gezeigt wird. Dies erzeugt zwar zunächst Ängste bei Studenten und Dozenten, wird aber schnell zur Normalität. Wenn die Studenten exemplarische und normale Arbeiten ihrer Kommilitonen zu sehen bekommen und kritisieren können, inspiriert dies zu besserer Arbeit bei den folgenden Aufgaben.

Kooperatives Lernen in kleinen Gruppen erfahren auch Studentenpaare, die für eine zeitbegrenzte Aufgabe zusammen an einem Rechner arbeiten. Paare lernen häufig besser als Einzelpersonen, weil die Leute ihre Probleme diskutieren, von einander lernen und ihre Rollen in Problemlöser und Computerbediener aufteilen können. Bei Zweierteams wird die Zeit für die Aufgabenerledigung gegenüber Einzelpersonen reduziert, und weniger Studenten bleiben bei einer Aufgabe stecken. Verbalisierung von Problemen hat sich häufig beim Lernen als Vorteil erwiesen und ist eine ganz wichtige Fertigkeit für einen Job in modernen teamorientierten Organisationen.

Zu innovativen Ansätzen mit größeren Teams gehören simulierte Geiselverhandlungen mit terroristischen Flugzeugentführern bei einem Kurs über Konfliktlösung und geschäftliche Verhandlungen auf UNO Ebene bei einem Kursus über Handelsspanisch. Teams arbeiten daran, Situationen zu analysieren, Stellungnahmen online zu entwickeln und zu diesen Themen über das Netz mit ihren Gegnern zu kommunizieren. Bei einem Anfängerprogrammierkurs schrieben 10 Teams Einzelkomponenten und schickten sie durch das Netz an das Führungsteam, die alle Einzelteile in 25 Minuten zu einem Programm mit 173 Zeilen zusammenfügte. Die Klasse ging an einem Großbildschirm das gesamte Programm durch und konnte schnell Fehler finden.

Einige Dozenten finden, dass Anpassung an die Umgebung elektronischer Klassenzimmer ihren Stil so stark ändert, dass sie sogar in traditionellen Klassenräumen ganz anders unterrichten. Andere Dozenten geloben gar, niemals wieder in einem traditionellen Klassenzimmer zu unterrichten. Die meisten wollen weiter in diesen elektronischen Klassenzimmern unterrichten und entdecken, dass neben der Änderung ihres Lehrstils sich auch ihre Einstellungen über die Ziele des Lehrens und häufig über die Inhalte der Kurse ebenfalls wandeln. Viele Dozenten steigern ihre Erwartungen für die Studentenprojekte. Einige werden innerhalb ihrer Disziplin zu Evangelisten in Bezug auf die Bedeutung der Teamarbeit und ihrer begleitenden Kommunikationsfähigkeiten.

Auf der negativen Seite kehrte ein Mathematikprofessor, der die Computer nur benutzte, um gelegentliche Demonstrationen vorzuführen, zum Unterricht in einer traditionellen Klasse zurück, wo er viel mehr Tafelfläche hatte. Einige widerstrebende Dozenten wollen ihren Lehrstil nicht mehr ändern und geben vor, große Anstrengungen machen zu müssen, um elektronische Klassenzimmer zu benutzen.

Zu Untersuchungen gehörten übliche Kursusevaluationen, anonyme elektronische Bewertungen und speziell entwickelte Fragebögen. Eine kontrollierte Untersuchung mit 127 Studenten (Alavi, 1994) belegte, dass Studenten in elektronischen Klassenzimmern die Entwicklung von Fähigkeiten, Lernen und das Auswerten der Erfahrung in so einer Klasse stärker wahrgenommen hatten als Studenten bei einem kooperativen Lernen in einem traditionellen Klassenzimmer. Studenten in elektronischen Klassenzimmern hatten auch statistisch signifikant bessere Noten bei der Abschlussprüfung. Beliebt waren das Anfertigen elektronischer Notizen, die Interaktivität, das Teilen von Ideen und Brainstorming.

Die Untersuchungen machten Probleme mit dem Netzwerkzugang von außerhalb der Klassenräume und mit Methoden gemeinsamer Bearbeitung von Dateien im Klassenraum deutlich. Die Studenten waren generell positiv und häufig enthusiastisch: »Jeder sollte eine Chance haben, wenigstens einmal hier drin gewesen zu sein ... Hervorragende Lerntechnik ... Leicht zu benutzen, stürzt aber manchmal ab ... das Beste, was ich mir vorstellen kann, um die Fähigkeit zu verbessern, interaktiv zu lehren. Obwohl anfangs einige Hürden genommen werden mussten, war es die Anstrengung (und das Geld) wert.«

Starkes Interesse an Lerntechnik und neuen Lehrmethoden ist weit verbreitet. Gut ausgestattete Universitäten investieren in Lehr-Lern-Räume. Andere machen innovativen Gebrauch von E-Mail, Listservs und dem Internet (Gilbert, 1996). Das Fernstudium mit CSCW Techniken scheint sich auszubreiten.

14.7 Zusammenfassung für den Praktiker

Umgang mit Computern ist zu einem sozialen Prozess geworden. Netzwerke und Telefonleitungen eröffneten Möglichkeiten zur Kooperation. E-Mail machte es leicht, Einzelne oder gar Tausende zu erreichen. Newsgroups, elektronische Konferenzen und das Internet ermöglichten es den Benutzern, eng miteinander zu kommunizieren. Koordination innerhalb von Projekten oder zwischen Organisationen wird durch Austausch von Text, Grafik, Sprache und sogar Video erleichtert. Auch Präsenzsitzungen werden mit neuen Werkzeugen für elektronische Treffen und mit Lern-Lehr-Räumen verbessert. Der isolierte introvertierte Computergebrauch der Vergangenheit wird durch eine lebendige soziale Umgebung ersetzt. Die Werkzeuge der Zusammenarbeit fangen an, einen sichtbaren Effekt zu zeigen. Es scheint, dass sie immer mehr Erfolg haben. Wie bei allen neuen Techniken wird es Fehlschläge und überraschende Entdeckungen geben, weil unsere Ideen über das Design von Groupware noch auf sehr geringer Erfahrung beruhen (Rahmen 14.1). Gründliches Testen neuer Anwendungen ist vor einer umfangreichen Verbreitung geboten.

Rahmen 14.1: Die Neuartigkeit und Vielfalt computergestützter kooperativer Arbeit bedeutet, dass es noch keine klaren Richtlinien gibt. Folgende nüchternen Fragen könnten jedoch Designern und Managern weiterhelfen.

Fragen zu computerunterstützter kooperativer Arbeit

Wie könnte sich eine erleichterte Kommunikation positiv oder negativ auf Teamarbeit auswirken?

Wie steht die Benutzergemeinschaft zu Zentralisation gegenüber Dezentralisation?

Welcher Konformitätsdruck existiert gegenüber Individualität?

In wieweit bleibt die Privatsphäre gewahrt oder wird ein Kompromiss eingegangen?

Welches sind die Reibungspunkte unter den Teilnehmern?

Kann man sich vor feindseligem, aggressivem oder boshaftem Benehmen schützen?

Ist die Ausstattung ausreichend, um allen Teilnehmern bequemen Zugang zu ermöglichen?

Welche Netzwerkverzögerungen sind zu erwarten und tolerierbar?

Bis zu welchem Grad sind die Benutzer technisch versiert oder stehen der Technik ablehnend gegenüber?

Wer fühlt sich möglicherweise durch computergestützte kooperative Arbeit bedroht?

Wie kann die obere Managementebene teilnehmen?

Welche Berufe müssen vielleicht neudefiniert werden?

Wessen Status wird steigen oder fallen?

Was sind die zusätzlichen Kosten oder voraussichtlichen Einsparungen?

Ist eine angemessene Projektphase mit genügend Training eingeplant?

Gibt es Berater und angemessene Hilfe bei den frühen Phasen?

Gibt es genügend Flexibilität, um mit Ausnahmefällen und speziellen Anforderungen (Behinderungen) umzugehen?

Welche Standards auf internationaler, nationaler und Organisationsebene müssen bedacht werden?

Wie wird Erfolg gemessen?

14.8 Ausblick für die Forschung

Die Möglichkeiten für neue Produkte und Überarbeitungen existierender Produkte scheinen groß zu sein. Selbst einfache Produkte wie E-Mail könnten durch den Einbau fortschrittlicher Merkmale wie Online-Ordner, Filter und Archivierungswerkzeuge verbessert werden sowie durch Übernahme von Eigenschaften des universellen Zugangs wie verbesserten Tutorials, besseren Erklärungen und bequemer Hilfestellung. Konferenzmethoden und kooperative Dokumenterstellung werden sich ändern, weil die Bandbreite zunimmt und Video hinzukommt. Die dramatischsten Projekte sind bisher die anspruchsvollen Systeme für elektronische Sitzungen und Lehr-Lern-Räume. Diese sind teuer, aber doch so attraktiv, dass viele Organisationen wahrscheinlich in den nächsten zehn Jahren erheblich in diese neuen Techniken investieren werden. Obwohl eine benutzerfreundliche Gestaltung von Anwendungen eine notwendige Komponente sein wird, liegen die größeren und schwierigeren Forschungsprobleme bei der Untersuchung der sozialen Prozesse. Wie wird sich die Arbeit und das Leben zu Hause ändern? Wie wird sich die Bedienung für Spiele, kooperative Arbeit und konfliktträchtige Online-Verhandlungen unterscheiden? Einige aufregende Dinge für Forscher von computergestützter kooperativer Arbeit kommen aus dem weiten, kartographisch nicht erfassten Terrain: die Theorien sind spärlich, kontrollierte Untersuchungen schwierig anzusetzen, Datenanalysen überwältigend und voraussagende Modelle faktisch nicht existent (Olson et al., 1993).

World Wide Web

Computergestützte kooperative Arbeit ist natürlich ein Teil des Internets, und neuartige Werkzeuge erscheinen auf vielen Websites. Man kann es mit verschiedenen Chatdiensten versuchen, spezielle Software herunterladen oder Konferenzwerkzeuge kaufen (Video, Ton, Text). Einschätzungen sind auch online erhältlich.

```
http://www.aw.com/DTUI
```

Quellen

Alavi, Maryam, Computer mediated collaborative learning: An empirical evaluation, *MIS Quarterly*, 18, 2 (Juni 1994), 159–173.

Anderson, Robert H., Bikson, Tora K., Law, Sally Ann, & Mitchell, Bridger M., *Universal Access to Email: Feasibility and Societal Implications*, RAND, Santa Monica, CA (1995), also at http://www.rand.org.

Baecker, Ron, *Readings in Groupware and Computer-Supported Cooperative Work: Assisting Human–Human Collaboration*, Morgan Kaufmann, San Francisco, CA (1993).

Bly, Sara A., Harrison, Steve R., & Irwin, Susan, MediaSpaces: Bringing people together in a video, audio, and computing environment, *Communications of the ACM*, 36, 1 (January 1993), 28–47.

Bruce, Bertram, Peyton, Joy, & Batson, Trent, *Network-Based Classrooms,* Cambridge University Press, Cambridge, U.K. (1992).

Borenstein, Nathaniel S., Multimedia electronic mail: Will the dream become a reality? *Communications of the ACM,* 34, 4 (April 1991), 117–119.

Carroll, John M. & Rosson, Mary Beth, Developing the Blacksburg Electronic Village. *Communications of the ACM,* 39, 12 (Dezember 1996), 69–74.

Chapanis, Alphonse, Interactive human communication, *Scientific American,* 232, 3 (März 1975), 36–42.

Crowley, Terrence, Milazzo, Paul, Baker, Ellie, Forsdick, Harry, & Tomlinson, Raymond, MMConf: An infrastructure for building shared multimedia applications, *Proc. Third Conference on Computer-Supported Cooperative Work,* ACM, New York (1990), 329–355.

Dorcey, Tim, CU-SeeMe desktop videoconferencing software, *Connexions,* 9, 3 (März 1995). Also at http://cu-seeme.cornell.edu/DorceyConnexions.html.

Ellis, C. A., Gibbs, S. J., & Rein, G. L., Groupware: Some issues and experiences, *Communications of the ACM,* 34, 1 (Januar 1991), 680–689.

Fischer, Gerhard & Stevens, Curt, Information access in complex, poorly structured information spaces, *Proc. ACM CHI '91 Human Factors in Computing Systems,* ACM, New York (1991), 63–70.

Fish, Robert S., Kraut, Robert E., & Chalfonte, Barbara, The VideoWindow System in informal communications, *Proc. Third Conference on Computer-Supported Cooperative Work,* ACM, New York (1990), 1–11.

Flores, F., Graves, M., Hartfield, B., & Winograd, T. Computer systems and the design of organizational interaction, *ACM Transactions on Office Information Systems,* 6, 2 (April 1988), 153–172.

Fussel, S. R. & Benimoff, I., Social and cognitive processes in interpersonal communications: Implications for advanced telecommunications technologies, *Human Factors,* 27, 2 (1995), 228–250.

Gale, Stephen, Human aspects of interactive multimedia communication, *Interacting with Computers,* 2, 2 (1990), 175–189.

Gilbert, Steven, Making the most of a slow revolution, *Change: The Magazine of Higher Learning,* 28, 2 (März/April 1996), 10–23.

Greenberg, Saul, Hayne, Stephen, & Rada, Roy (Hrsg.), *Groupware for Real Time Drawing: A Designer's Guide*, McGraw-Hill, New York (1995).

Greenberg, Saul & Marwood, David, Real time groupware as a distributed system: Concurrency control and its effect on the interface, *Proc. Conference on Computer Supported Cooperative Work '94*, ACM, New York (1994), 207–217.

Grudin, Jonathan, Groupware and social dynamics: Eight challenges for developers, *Communications of the ACM*, 37, 1 (Januar 1994), 93–105.

Harasim, Linda, Hiltz, Starr Roxanne, Teles, Lucio, & Turoff, Murray, *Learning Networks: A Field Guide to Teaching and Learning Online*, MIT Press, Cambridge, MA (1995).

Hiltz, S. R., *Online Communities: A Case Study of the Office of the Future*, Ablex, Norwood, NJ (1984).

Hiltz, S. R., *The Virtual Classroom*, Ablex, Norwood, NJ (1992).

Hiltz, S. R. & Turoff, M., *The Network Nation: Human Communication via Computer*. Addison-Wesley, Reading, MA (1978).

Hiltz, S. R., & Turoff, M., Structuring computer-mediated communication systems to avoid information overload, *Communications of the ACM*, 28, 7 (Juli 1985), 680–689.

Hoffert, Eric M. & Gretsch, Greg, The digital news system at EDUCOM: A convergence of interactive computing, newspapers, television and high-speed networks, *Communications of the ACM*, 34, 4 (April 1991), 113–116.

Hofstetter, Fred T., *Multimedia Literacy*, McGraw-Hill, New York (1995).

Isaacs, Ellen, Morris, Trevor, Rodriguez, Thomas K., & Tang, John C., A comparison of face-to-face and distributed presentations, *Proc. CHI '95 Conference: Human Factors in Computing Systems*, ACM, New York (1995), 354–361.

Isaacs, Ellen, Tang, John C., & Morris, Trevor, *Proc. Conference on Computer Supported Cooperative Work '96*, ACM, New York (1996), 325–333.

Ishii, H., Kobayashi, M., & Arita, K., Iterative design of seamless collaboration media: From TeamWorkStation to ClearBoard, *Communications of the ACM*, 37, 8 (1994), 83–97.

Kraut, Robert E., Cool, Colleen, Rice, Ronald E., and Fish, Robert S., Life and death of new technology: Task, utility and social influences on the use of a communications medium, *Proc. Conference on Computer Supported Cooperative Work '94*, ACM, New York (1994), 13–21.

Malone, T., & Crowston, K. What is coordination theory and how can it help design cooperative work systems? In *Proc. Third Conference on Computer-Supported Cooperative Work*, ACM, New York (1990), 357–370.

Malone, T. W., Grant, K. R., Turbak, F. A., Brobst, S. A., & Cohen, M. D., Intelligent information-sharing systems, *Communications of the ACM*, 30 (1987), 390–402.

Mantei, M., Capturing the capture lab concepts: A case study in the design of computer supported meeting environments, *Proc. Second Conference on Computer-Supported Cooperative Work*, ACM, New York (1988), 257–270.

Mantei, Marilyn M., Baecker, Ronald S., Sellen, Abigail J., Buxton, William A. S., & Milligan, Thomas, Experiences in the use of a media space, *Proc. Conference: CHI '91 Human Factors in Computing Systems*, ACM, New York (1991), 203–208.

Mark, Gloria Haake, Jorg M., & Streitz, Norbert A., Hypermedia Structures and the Division of Labor in Meeting Room Collaboration, *Proc. Conference on Computer Supported Cooperative Work '96*, ACM, New York (1996), 170–179.

Mitchell, Alex, Posner, Ilona, & Baecker, Ronald, Learning to write together using groupware, *Proc. CHI '95 Conference: Human Factors in Computing Systems*, ACM, New York (1995), 288–295.

Norman, Kent, Navigating the educational space with HyperCourseware, *Hypermedia*, 6, 1 (Januar 1994), 35–60.

Nunamaker, J. F., Dennis, Alan R., Valacich, Joseph S., Vogel, Douglas R., & George, Joey F., Electronic meeting systems to support group work, *Communications of the ACM*, 34, 7 (Juli 1991), 40–61.

Olson, Judith S., Card, Stuart K., Landauer, Thomas K., Olson, Gary M., Malone, Thomas, & Leggett, John, Computer supported co-operative work: Research issues for the 90s, *Behaviour & Information Technology*, 12, 2 (1993), 115–129.

Olson, Judith S., Olson, Gary M., Mack, Lisbeth A., & Wellner, Pierre, Concurrent editing: The group's interface. In Diaper, D., Gilmore, D., Cockton, G., and Shackel, B. (Editors), *Human–Computer Interaction—INTERACT '90*, Elsevier Science Publishers, Amsterdam, The Netherlands (1990), 835–840.

Olson, Judith S., Olson, Gary M., & Meader, David K., What mix of video and audio is useful for small groups doing remote real-time design work?, *Proc. CHI '95 Conference: Human Factors in Computing Systems*, ACM, New York (1995), 362–368.

Patterson, John F., Hill, Ralph D., & Rohall, Steven L., Rendezvous: An architecture for synchronous multi-user applications, *Proc. Third Conference on Computer-Supported Cooperative Work*, ACM, New York (1990), 317–328.

Ramsay, J., Barabesi, A. & Preece, J. (1996) Informal communication is about sharing objects in media, Interacting with Computers, 8, 3, 227–283.

Rein, Gail L. & Ellis, Clarence A., rIBIS: a real-time group hypertext system, *International Journal of Man–Machine Studies*, 34, 3 (1991), 349–367.

Rheingold, Howard, *The Virtual Community: Homesteading on the Electronic Frontier*, Addison-Wesley, Reading, MA (1993).

Roseman, Mark & Greenberg, Saul, TeamRooms: Network places for collaboration, *Proc. Conference on Computer Supported Cooperative Work '96*, ACM, New York (1996), 325–333.

Schuler, Doug, *New Community Networks: Wired for Change*, Addison-Wesley, Reading, MA (1996).

Sellen, Abigail J., Remote conversations: The effects of mediating talk with technology, *Human–Computer Interaction*, 10, 4 (1994), 401–444.

Shneiderman, Ben, Alavi, Maryam, Norman, Kent, & Borkowski, Ellen Y., Windows of opportunity in electronic classrooms, *Communications of the ACM*, 38, 11 (November 1995), 19–24.

Sproull, Lee & Kiesler, Sara, *Connections: New Ways of Working in the Networked Organization*, MIT Press, Cambridge, MA (1991).

Stefik, M., Bobrow, D. G., Foster, G., Lanning, S., & Tartar, D., WYSIWIS revised: Early experiences with multiuser interfaces, *ACM Transactions on Office Information Systems*, 5, 2 (April 1987), 147–186.

Streitz, N., Haake, J., Hannemann, J., Lemke, A., Schuler, W., Schuett, H., & Thuering, M., SEPIA: A cooperative hypermedia authoring environment, In Rada, Roy (Editor), *Groupware and Authoring*, Academic Press, London, U.K. (1996), 241–264.

Turkle, Sherry, *Life on the Screen: Identity in the Age of the Internet*, Simon & Schuster, New York (1995).

Valacich, J. S., Dennis, A. R., & Nunamaker, Jr., J. F., Electronic meeting support: The GroupSystems concept, *International Journal of Man–Machine Studies*, 34, 2 (1991), 261–282.

Vaske, Jerry & Grantham, Charles, *Socializing the Human–Computer Environment*, Ablex, Norwood, NJ (1990).

Watabe, Kazuo, Sakata, Shiro, Maeno, Kazutoshi, Fukuoka, Hideyuki, & Ohmori, Toyoko, Distributed multiparty desktop conferencing system: MERMAID, *Proc. Third Conference on Computer-Supported Cooperative Work*, ACM, New York (1990), 27–28.

Weiser, Mark, The computer for the twenty-first century, *Scientific American*, 265, 3 (September 1991), 94–104.

Wiener, Earl L. & Nagel, David C. (Hrsg.), *Human Factors in Aviation*, Academic Press, New York (1988).

Kapitel 15

Informationssuche und Visualisierung

Alles deutet daraufhin, dass der Ausdruck »Die Sprache der Kunst« mehr ist als eine lose Metapher, dass wir selbst zur Beschreibung der sichtbaren Welt in Bildern ein entwickeltes System von Schemata benötigen.

E. H. Gombrich, Art and Illusion, 1959

15.1 Einführung

Informationssuche sollte eigentlich eine erfreuliche Angelegenheit sein, aber viele Kommentatoren sprechen von einer Informationsflut und den Ängsten davor (Wurman, 1989). Es gibt allerdings vielversprechende Anzeichen dafür, dass die nächste Generation digitaler Bibliotheken eine angenehme Suche in weiter wachsenden Informationsbergen durch ein noch breiteres Spektrum von Benutzern ermöglichen wird. Designer von Benutzeroberflächen erfinden immer leistungsstärkere Such- und Visualisierungsmethoden und bieten leichtere Integrationen von Technik und Aufgaben an.

Der Terminologiewust wuchert in diesem Bereich ganz besonders. Die älteren Ausdrücke wie Informationsabruf (*information retrieval* – häufig in Literatur- und Textdokumentsystemen benutzt) und Datenbankmanagement (*database management* – häufig auf mehr strukturierte relationale Datenbanksysteme mit ordnenden Eigenschaften und Sortierschlüsseln angewendet) werden von neuen Ideen über *Sammeln, Suchen, Filtern* oder *Visualisieren von Information* beiseite gedrängt. Wirtschaftsorientierte Entwickler beziehen sich auf ihre gewaltigen Datenvolumina, wenn sie von »*data mining*« und »*warehousing*« sprechen, während Visionäre von Expertensystemen über Netzwerken des Wissens reden. Die Unterscheidungen sind subtil, die üblichen Ziele rangieren von Auffinden weniger Items in einer großen Sammlung, die einen klaren Informationsbedarf abdeckt bis hin zum Surfen, um unerwartete Muster innerhalb einer Sammlung zu entdecken (Marchionini, 1995).

Die Arbeit mit Informationssammlungen wird zunehmend schwieriger, weil Umfang und Vielfalt anwachsen. Eine Informationsseite kann man noch leicht durchsuchen. Wenn aber die Informationsmenge den Umfang eines Buches oder einer Bibliothek einnimmt oder gar noch größer ist, kann es schwierig werden, bekannte Items aufzuspüren, oder zu surfen, um einen Überblick zu gewinnen. Strategien, wie man eingrenzt und fokussiert, sind Bibliothekaren und Informationssuchspezialisten wohl bekannt. Heute werden eben diese Strategien zur allgemeinen Benutzung implementiert. Der Computer ist ein leistungsfähiges Suchwerkzeug, allerdings waren traditionelle Benutzerwerkzeuge für Anfänger noch eine Hürde (komplexe Befehle, Boolesche Operatoren, unhandliche Konzepte) und unzulänglich für Experten (Schwierigkeit bei der wiederholten Suche in vielfältigen Datenbanken, unzureichende Methoden, zu erkennen, wo eine breitangelegte Suche eingegrenzt werden muss, schlechte Integration anderer Werkzeuge) (Borgman, 1986). Dieses Kapitel zeigt neuartige Möglichkeiten für Einsteiger, periodische und häufige Benutzer und auch für Aufgabenanfänger gegenüber Experten auf. Verbesserungen bei traditioneller Text- und Multimediasuche scheinen möglich, weil eine neue Generation von Visualisierungsstrategien für Frageformulierung und Informationspräsentation aufkommt.

Designer entdecken gerade, wie man schnelle und hochauflösende Farbbildschirme nutzen kann, um große Mengen an Information in geordneter und nutzergesteuerter Weise zu präsentieren. Wahrnehmungspsychologen, Statistiker und Grafikdesigner (Bertin, 1983; Cleveland, 1993; Tufte, 1983, 1990) bieten wertvolle Anleitung, statische Information zu präsentieren, aber die Möglichkeiten dynamischer Bildschirmseiten tragen die Designer von Benutzeroberflächen weit jenseits des derzeitigen Wissens.

Das Modell des »Objekt-Aktions-Interface« (*objects–actions interface – OAI*, siehe Abb. 2.2) hilft bei der Trennung von Aufgabenkonzepten (Sehen Sie in Ihrer Organisation eher eine Hierarchie oder eine Matrix?) und Benutzeroberflächenkonzepten (Kann Ihre Hierarchie am besten als Übersicht, Knotenlinkdiagramm oder als Verzweigungsbaum repräsentiert werden?). Das OAI Modell trennt auch Fragestellungen an Benutzeroberflächen auf höherer Ebene (Sind Übersichtdiagramme für die Navigation notwendig?) von solchen auf niedriger Ebene (Wird Kennzeichnung durch Farbe oder Größe benutzt, um die Gehaltsstufen darzustellen?).

Erstnutzer eines Informationssuchsystems (ob sie wenig oder viel Kenntnis von ihrer Aufgabe haben) ringen um das Verständnis, was sie eigentlich auf dem Bildschirm sehen, während sie gleichzeitig ihre Informationsbedürfnisse im Kopf haben müssen. Sie wären abgelenkt, wenn sie komplexe Anfragesprachen oder ausgefallene Formkodierungsregeln zu lernen hätten. Sie brauchen geringe kognitive Anforderungen bei den Menüs und den direkt manipulativen Designs sowie einfache Regeln für visuelle Kodierung. Sobald die Benutzer Erfahrung mit der Benutzeroberfläche gewonnen haben, können sie durch Einstellen der Steuertafeln zusätzliche Items abfragen. Erfahrene und häufige Benutzer wollen ein großes Spektrum an Suchwerkzeugen mit vielen Optionen, mit denen sie zunehmend ausführlichere Anfragepläne zusammenstellen, abspeichern, wiederholen und revidieren können.

Zur Vereinfachung der Diskussion müssen wir noch einige Ausdrücke definieren. *Aufgabenobjekte* wie die Notizbücher von Leonardo da Vinci oder Videoausschnitte der Olympischen Spiele werden durch *Benutzeroberflächenobjekte* in strukturierten relationalen Datenbanken, Textdokumentbibliotheken oder Multimediadokumentbibliotheken repräsentiert. Eine *strukturierte relationale Datenbank* besteht aus *Relationen* und einem *Schema*, diese Relationen zu beschreiben. Relationen haben *Items*, die üblicherweise *Datensätze* (oder Tupel) genannt werden, und jedes Item hat viele *Attribute* (häufig *Felder* genannt) mit jeweiligen *Attributwerten*. Beim relationalen Modell bilden die Items eine ungeordnete Reihe (obwohl ein Attribut Sequenzierinformation enthalten oder ein einzigartiger Schlüssel sein kann, um andere Items zu erkennen oder zu sortieren), und die Attribute sind die Grundbausteine.

Eine Textdokumentbibliothek besteht aus einer Reihe von *Sammlungen* (üblicherweise mehrere hundert pro Bibliothek) neben einigen deskriptiven *Attributen* über die Bibliothek (z.B. Name, Ort, Besitzer). Jede Sammlung hat einen *Namen* und einige deskriptive Attribute (z.B. Ort, Medientyp, Kurator, Spender, Daten, geographischer Bereich) sowie einen Satz Items (üblicherweise 10 bis 100.000 pro Sammlung). Items in einer Sammlung können stark variieren, aber gewöhnlich existiert ein mäßig großer, übergeordneter Satz von Attributen, der alle Items umfasst. Attribute können leer sein, einzelne oder viele Werte haben oder aus langen Texten bestehen. Eine Sammlung gehört zu einer einzigen Bibliothek, und ein Item gehört zu einer einzigen Sammlung, obwohl Ausnahmen möglich sind. Eine *Bibliothek mit Multimediadokumenten* besteht aus Sammlungen von Dokumenten, die Bilder, Tondokumente, Videos, Animationen usw. enthalten.

Aufgabenaktionen wie das *Auffinden von Fakten* wird in *Suchen* oder *Blättern* zerlegt und durch *Benutzeroberflächenaktionen* wie Scrollen, Zoomen, Verknüpfen oder Verlinken repräsentiert. Benutzer beginnen damit, ihre Informationsbedürfnisse im Bereich der Aufgaben zu formulieren. Aufgaben können von einer speziellen Faktensuche, bei der es ein einziges leicht erkennbares Ergebnis gibt, bis zu erweiterter Faktensuche mit ungewissen, aber reproduzierbaren Ergebnissen variieren. Zu relativ unstrukturierten Aufgaben gehören das offene Surfen in bekannten Sammlungen und die Recherche der Verfügbarkeit von Informationen zu einem Thema:

Spezielle Faktensuche (nach bekanntem Item)
Suche die Inventarnummer eines bestimmten Buches in einer Bibliothek
Suche die Telefonnummer von Bill Clinton
Suche das höchstauflösendste LANDSAT Bild des Ortes College Park am Mittag des 13. Dezember 1997
Erweiterte Faktensuche
Welche anderen Bücher gibt es vom Autor von »Jurassic Park«?
Welche Musikkategorien veröffentlicht Sony?
Welche Satelliten nahmen Bilder vom Golfkrieg auf?
Offenes Surfen
Zeigt die Bürgerkriegsphotosammlung von Mathew Brady die Rolle der Frauen in diesem Krieg?
Wird aus Japan über neue Arbeiten zur Spracherkennung berichtet?
Gibt es eine Beziehung zwischen der Höhe des Kohlenmonoxids und dem Vordringen der Wüstengebiete?
Erkundung von Verfügbarkeit
Welche Information über Ahnenforschung gibt es in den amerikanischen National Archives?
Welche Information gibt es über die Bandmitglieder von Grateful Dead?
Zeigen die Datensätze der NASA Schädigungen der Sojaernte durch sauren Regen?

Sobald die Benutzer sich über ihren Informationsbedarf im Klaren sind, besteht der erste Schritt darin, zu entscheiden, wo man suchen soll (Marchionini, 1995). Die Umwandlung der Informationsbedürfnisse, formuliert in der Terminologie des Aufgabenbereiches, in Aktionen der Benutzerschnittstelle ist ein großer kognitiver Schritt. Aber er muss getan werden, bevor ein Umsetzen dieser Aktionen in eine Suchsprache oder über eine Reihe von Auswahlen mit der Maus beginnen kann.

Zusätzliche *Suchhilfen* können den Benutzern helfen, ihre Informationsbedürfnisse abzuklären und zu verfolgen. Beispiele sind Inhalts- oder Sachverzeichnisse in Büchern, deskriptive Einführungen, Konkordanzen, Listen von Schlüsselwörtern (*key-word-in-context; KWIC*) und Themenklassifizierungen. Sorgfältiges Verstehen von früheren und potenziellen Suchanfragen und eine Aufgabenanalyse können die Suchergebnisse verbessern, weil das System dann entsprechende aktuelle Themenlisten und nützliche Gliederungsschemata bereitstellen kann. Beispielsweise hat der Suchdienst des U.S. Kongresses eine Liste von etwa 80 aktuellen Themen über laufende Gesetzentwürfe und 5.000 Ausdrücke in seinem Suchvokabular zur Legislative. Die *National Library of Medicine* unterhält eine Liste medizinischer Themen (*Medical Subject Headings* – MeSH) mit 14.000 Items in einer Hierarchie über sieben Ebenen.

Dieses Kapitel behandelt kurz die Datenbankanfrage und Textdokumentensuche, zeigt dann innovative Richtungen für die Suche von Multimediadokumenten auf und stellt einen vierstufigen Rahmen vor. Der Hauptbeitrag ist eine Gliederung der Strategien zur Informationsvisualisierung nach Datentypen und Benutzeraufgaben. Der letzte Abschnitt untersucht fortgeschrittene Filtermethoden.

15.2 Datenbankanfrage und Suche in Textdokumenten

Die Suche in strukturierten relationalen Datenbanksystemen ist eine vertraute Aufgabe. Dafür ist die Sprache SQL zu einem verbreiteten Standard geworden (Reisner, 1988). Benutzer schreiben Anfragen, die Treffer auf Attributwerte wie Autor, Datum der Veröffentlichung, Sprache oder Verlag spezifizieren. Jedes Dokument hat Werte für die Attribute, und die Methoden zum Datenbankmanagement ermöglichen einen schnellen Abruf selbst von Millionen von Dokumenten. Hier ein Beispiel für einen SQL-ähnlichen Befehl:

```
SELECT DOCUMENT#
FROM JOURNAL-DB
WHERE    (DATE >= 1994 AND DATE <= 1997)
     AND  (LANGUAGE = ENGLISH OR FRENCH)
     AND  (PUBLISHER = ASIS OR HFES OR ACM).
```

SQL ist sehr leistungsfähig, aber die Verwendung erfordert Training (2 bis 20 Stunden), und selbst dann machen die Benutzer häufige Fehler bei vielen Typen von Anfragen (Welty, 1985). Alternativen wie Anfrage durch Beispiele (*query-by-example*) kann den Benutzern helfen, einfachere Anfragen zu formulieren wie z.B. eine Anfrage nach allen englischsprachigen ACM-Artikeln, die während oder nach 1994 publiziert wurden:

JOURNAL	DOCUMENT#	DATE	AUTHOR	LANGUAGE	PUBLISHER
	P.-X	>=1994		ENGLISH	ACM

Eine vollständige Reihe Boolescher Ausdrücke läßt sich jedoch schwierig ausdrücken außer in einer speziellen *Bedingungsbox*.

Fragen über das Ausfüllen von Formularen (*Form-fillin queries*) können viele Anfragen substanziell vereinfachen und, wenn es die Benutzeroberfläche erlaubt, einige Boolesche Kombinationen können leicht auszudrücken sein (üblicherweise eine Verbindung mit Trennworten (ORs) innerhalb von Attributen mit ANDs zwischen Attributen):

```
JOURNAL DATABASE
  DOCUMENT#:
      DATE: 1994..1997
    AUTHOR:
  LANGUAGE: ENGLISH, FRENCH
 PUBLISHER: ASIS, HFES, ACM
```

Obwohl SQL Standard ist, wurden viele Varianten für Formulareingaben bei Anfragen an relationale Datenbanken vorgeschlagen, um Anfängern zu helfen. Diese Vielfalt behindert eine leichte Suche, aber die Designer gehen davon aus, dass die Benutzer gewillt sind, Minuten oder Stunden zu investieren, um jede Benutzeroberfläche kennen zu lernen. Diese Annahme ist aber bei Webseiten nicht berechtigt, die Suche in Textdokumentbibliotheken anbieten, in denen die Benutzer in der Regel Schlüsselwörter oder *Anfragen in natürlicher Sprache* in einen Kasten eintippen und dann auf eine Taste zum Starten klicken können. Diese Präsentation sollte die Benutzer ansprechen, aber die Kapazität des Computers für Antworten auf Fragen in natürlicher Sprache ist häufig darauf beschränkt, häufige Ausdrücke oder Befehle in der Anfrage zu eliminieren (»bitte liste die Dokumente auf, die von ... handeln«) und nach den verbleibenden Worten zu suchen. Eine nach Rangfolge aufgelistete Reihe von Dokumenten wird üblicherweise dargestellt, und die Benutzer müssen ihr Bestes tun, die relevanten Eigenschaften aus der Liste herauszusuchen.

Eine leicht benutzbare Benutzeroberfläche ist prinzipiell eine gute Idee. Wenn aber die Benutzer ihre Intentionen nicht ausdrücken können oder unsicher hinsichtlich der Bedeutung ihrer Ergebnisse sind, dann bedarf die Benutzeroberfläche einer Verbesserung. Es ist derzeit eine Herausforderung, Möglichkeiten für eine leistungsfähige Suche zu finden, ohne die Anfänger zu überfordern. Existierende Benutzeroberflächen verbergen häufig bedeutende Aspekte der Suche (infolge schlechten Designs oder um eigene Schemata zu schützen) oder machen Anfragespezifikationen so schwierig und verwirrend, dass ihr Gebrauch eher abschreckt. Empirische Untersuchungen belegen, dass Benutzer besser arbeiten und eine höhere subjektive Befriedigung erfahren, wenn sie die Suche sehen und kontrollieren können. (Koenemann und Belkin, 1996).

Eine Analogie zur Entwicklung der Bedienungselemente von Autos könnten die Ziele bei Benutzeroberflächen verdeutlichen. Frühere Konkurrenten boten eine Fülle von Steuerungsmöglichkeiten an, und jeder Hersteller hatte sein eigenes spezifisches Design. Einige Designs waren sogar gefährlich, wenn etwa das Bremspedal weit vom Gaspedal entfernt ist. Wenn man daran gewöhnt ist, ein Auto mit dem Bremspedal links vom Gaspedal zu fahren und das Auto des Nachbarn das umgekehrte Design hat, dann mag es riskant sein, Autos zu tauschen. Es brauchte ein halbes Jahrhundert, um ein gutes Design und angemessene Konsistenz bei Autos zu erreichen. Bleibt zu hoffen, dass der Übergang bei Benutzeroberflächen für Textsuche schneller erfolgt.

Verbesserte Designs und Konsistenz bei vielfältigen Systemen können schnelleres Arbeiten bewirken, falsche Annahmen reduzieren und den Erfolg bei der Auffindung relevanter Items steigern. Beispielsweise können Benutzer mit Internetsuchmaschinen wie Lycos, Infoseek und AltaVista davon ausgehen, dass man bei einer Suchzeichenfolge `direct manipulation` Folgendes anwenden kann:

- Suche mit nach exakter Wortabfolge `direct manipulation`
- Wahrscheinlichkeitssuche nach `direct` und `manipulation`
- Wahrscheinlichkeitssuche nach `direct` und `manipulation` mit Gewichtung, ob die Begriffe in enger Nachbarschaft stehen
- Boolesche Suche nach `direct` AND `manipulation`
- Boolesche Suche nach `direct` OR `manipulation`
- Fehlermeldung, dass die Operatoren AND/OR oder andere Abgrenzungen fehlen

In vielen Systemen gibt es kaum oder gar keine Anzeichen dafür, welche Interpretation gewählt wurde, und ob Wortstämme, Fallübereinstimmungen, Stopworte oder andere Transformationen angewendet werden. Häufig werden die Ergebnisse in einer Relevanzreihenfolge angezeigt, die vielen Benutzern ein Mysterium bleibt (und manchmal auch ein Eigentümergeheimnis ist).

Um die Designpraxis zu koordinieren, können wir ein Vierstufenschema verwenden, um den Bedürfnissen von erstmaligen, periodischen und häufigen Benutzern nachzukommen, die in verschiedene Text- und Multimediabibliotheken gehen (Shneiderman et al., 1997). Gemeinsamen Boden zu finden, wird schwierig sein, ihn nicht zu finden, wird tragisch enden. Obwohl die »*early adopters*« von neuen Techniken gewillt sind, Schwierigkeiten zu überwinden, sind die mittleren und späteren nicht mehr so tolerant. Die Zukunft der Suchmaschinen im Internet und anderswo mag von dem Grad abhängen, bis zu dem Frustration und Verwirrung der Benutzer abgebaut werden kann, während die Möglichkeit steigt, zuverlässig gewünschte Items in der wogenden See der Information zu finden.

Das Vierstufenschema (Rahmen 15.1) ermöglicht Designern große Freiheit in einer geordneten und konsistenten Weise:

1. *Formulierung:* die Suche ausdrücken

2. *Eröffnung der Aktion:* die Suche starten

3. *Durchsicht der Ergebnisse:* Meldungen und Ergebnisse lesen

4. *Verfeinerung:* den nächsten Schritt formulieren

Formulierung bezieht sich auf die *Quelle* der Information, die *Felder*, die Information eingrenzen, die *Ausdrücke* und die *Varianten*. Selbst bei technischer und wirtschaftlicher Durchführbarkeit ist es nicht immer angebracht, alle Bibliotheken oder Sammlungen einer Bibliothek zu durchsuchen. Benutzer ziehen es häufig vor, die Quellen auf eine bestimmte Bibliothek, eine Sammlung in einer Bibliothek oder das Spektrum von Items in einer untergeordneten Sammlung einzugrenzen (sie können Datenbereiche, Sprachen, Medientypen, Verlage usw. wählen). Die Benutzer können ihre Suche auf spezifische Felder von Items in einer Sammlung begrenzen (z.B. Titel, Zusammenfassung oder kompletter Text eines wissenschaftlichen Artikels). Üblicherweise ziehen Benutzer, die nach gewöhnlichen Ausdrücken suchen, es vor, nur diejenigen Dokumente abzurufen, deren Titel diese Worte enthält. Quellen können auch durch strukturierte Felder eingegrenzt werden (Jahr der Publikation, Bandnummer usw.).

Rahmen 15.1: Das Vierstufenschema für Textsuche.

- Formulierung
  - Suchen Sie nach entsprechenden Quellen in Bibliotheken und Sammlungen.
  - Benutzen Sie Felder, um die Quelle einzugrenzen: strukturierte Felder wie Jahr, Medien oder Sprache und Textfelder wie Titel oder Kurzfassungen von Dokumenten.
  - Finden Sie Phrasen, um die Eingabe von Namen wie *George Washington* oder *Umweltbundesamt* sowie Begrifflichkeiten wie *Reform des Abtreibungsgesetzes* oder *Galliumarsenid* ermöglichen.
  - Lassen Sie Varianten für die Erweiterung der Suchbeschränkungen zu – wie Fallsensitivität, Stammworte, Teiltreffer, phonetische Variationen, Abkürzungen oder Synonyma aus einem Thesaurus.

- Aktionen
  - Lassen Sie ausdrückliche Aktionen zu, die mit Tasten mit konsistenten Beschriftungen (wie »Suche«), Ort, Größe und Farbe eröffnet werden.
  - Lassen Sie uneingeschränkte Aktionen zu, die durch Änderungen an einem Parameter der Formulierungsphase eröffnet werden, die sofort einen neuen Satz an Suchergebnissen bilden.

Rahmen 15.1: Das Vierstufenschema für Textsuche. (Forts.)

- Ergebnisse
  - Lesen Sie erklärende Meldungen.
  - Schauen Sie Textlisten durch.
  - Verändern Sie Visualisierungen.
  - Geben Sie an, welche Größe der Satz Ergebnisse haben soll und welche Felder angezeigt werden sollen.
  - Ändern Sie die Reihenfolge (alphabetisch, chronologisch, nach Relevanz usw.).
  - Untersuchen Sie die Bündelung (nach Attributwert, Themen usw.).
- Verfeinerung
  - Machen Sie sinnvolle Meldungen, um die Benutzer bei einer kontinuierlichen Verfeinerung anzuleiten. Wenn beispielsweise die beiden Worte in einem Ausdruck nicht nahe beieinander gefunden werden, bieten Sie eine leichte Auswahl von Einzelworten oder Varianten an.
  - Vereinfachen Sie eine Änderung der Suchparameter.
  - Ermöglichen Sie, dass Ergebnisse und die Umgebung jedes Parameters gespeichert, mit E-Mail verschickt oder in andere Programme eingebaut werden kann.

In Textdatenbanken suchen Benutzer häufig Items, die bedeutungsvolle Ausdrücke enthalten (Bürgerkrieg, Umweltschutzorganisation, George Washington, Luftverschmutzung, Kohlenmonoxid). So sollten mehrere Eingabefenster für vielfältige Ausdrücke zur Verfügung gestellt werden. Suche nach Ausdrücken haben sich als genauer erwiesen als Suche nach Einzelworten. Weil manche relevanten Items durch eine Suche nach Ausdrücken übersehen werden können, sollten Benutzer die Option haben, Ausdrücke in separate Worte trennen zu können. Ausdrücke erleichtern auch Suche nach Namen (beispielsweise sollte bei Suche nach *George Washington* nicht *George Bush* oder *Washington, D.C.* erscheinen). Wenn Boolesche Operatoren, Eingrenzungen durch Nähe oder andere Kombinationsstrategien spezifizierbar sind, dann sollten die Benutzer in der Lage sein, sie auszudrücken. Benutzer oder Dienstanbieter sollten Sperrlisten steuern können (gewöhnliche Worte, Einzelbuchstaben, Obszönitäten).

Wenn Benutzer über den genauen Wert des Feldes unsicher sind (Fachausdruck, Schreibweise oder Groß/Kleinschreibung), könnten sie die Suchbeschränkungen erweitern, indem sie *Varianten* zulassen. In strukturierten Datenbanken können die Varianten einen größeren Bereich eines numerischen Attributes einschließen. Bei einer Textdokumentsuche sollten Benutzeroberflächen Benutzerkontrolle über Großschreibung von Varianten (Fallsensitivität), Stammversionen (das Schlüsselwort *Lehre* findet Variantensuffixe wie *Lehrer, Lehren, Lehrt*), Teiltreffer (das Schlüsselwort *Biologie* findet *Soziobiologie* und *Astrobiologie*), phonetische Varianten (das Schlüsselwort *Johnson* findet *Jonson, Jansen, Johnsson*), Synonyma (das Schlüsselwort *Krebs* findet *Onkologie*), Abkürzungen (das Schlüsselwort *IBM* findet *International Business Machines* und umgekehrt) sowie breitere oder engere Ausdrücke aus einem Thesaurus bieten (der Schlüsselausdruck *New England* findet *Vermont, Maine, Rhode Island, New Hampshire, Massachusetts* und *Connecticut*).

Die zweite Phase ist die *Ausführung der Aktion,* die ausdrücklich oder uneingeschränkt sein kann. Die meisten Systeme haben eine Suchtaste für ausdrückliche Ausführung, für verzögerte oder für regulär geplante Ausführung. Tastenbezeichnung, -größe und -farbe sollten unter den verschiedenen Versionen konsistent sein. Eine ansprechende Alternative ist eine *uneingeschränkte Ausführung,* bei der jeder Wechsel einer Komponente der Formulierungsphase sofort zu neuen Suchergebnissen führt. *Dynamische Anfragen,* bei denen die Benutzer die Widgets zur Abfrage kontinuierlich aktualisieren, haben sich als effektiv und zufriedenstellend erwiesen. Sie erfordern angemessenen Platz auf dem Bildschirm und schnelles Arbeiten der Hardware, aber ihre Vorzüge sind recht groß.

Die dritte Phase ist die *Durchsicht der Ergebnisse,* bei der die Benutzer die Ergebnisse lesen, Textlisten anschauen oder Visualisierungen verändern. Den Benutzern kann eine Steuermöglichkeit eingerichtet werden, welche Größe der Ergebnisblock haben soll, welche Felder angezeigt werden sollen, wie die Ergebnisse aufgereiht werden sollen (alphabetisch, chronologisch, nach Relevanz eingestuft) und wie die Ergebnisse gebündelt werden (nach Attributwerten, nach Themen) (Pirolli et al., 1996).

Die vierte Phase ist die *Verfeinerung.* Suchmaschinen sollten sinnvolle Meldungen anbieten, um die Suchergebnisse zu erklären und laufende Verfeinerung zu ermöglichen. Wenn beispielsweise ein Sperrwort, eine Obszönität oder eine falsche Schreibweise aus einem Sucheingabefenster entfernt wird, oder wenn Stammworte, Teiltreffer oder Variantengroßschreibung eingeschlossen werden, sollten die Benutzer die Änderungen an ihren Anfragen auch sehen können. Wenn zwei Worte bei einem Schlüsselausdruck nicht nahe beieinander gefunden werden, dann sollte zurückgemeldet werden, dass die Worte nur einzeln vorkommen. Wenn viele verschiedene Ausdrücke eingegeben werden, dann sollten Items, die alle Ausdrücke enthalten, zuerst gezeigt und identifiziert werden, danach erst die Items mit Untergruppen. Wenn keine Dokumente mit allen Ausdrücken gefunden werden, dann sollte das Fehlergebnis angezeigt werden. Es gibt einen recht ausführlichen Entscheidungsbaum (vielleicht 60 bis 100 Verzweigungen) von Suchergebnissen und Meldungen, der spezifiziert werden muss. Weiterhin sollte das System, wenn Suchen vorgenommen werden, in einem Puffer (*history buffer*) aufgezeichnet werden, so dass man frühere Ergebnisse durchsehen kann. Stetige Verfeinerung der Ergebnisse einer Suche durch die Änderung der Suchparameter, sollte einfach zu handhaben sein. Suchergebnisse und die Umgebungen aller Parameter sollten Objekte ergeben, die gespeichert, durch E-Mail versendet oder in andere Programme wie beispielsweise in Visualisierungs- und statistische Werkzeuge eingebaut werden können.

Das Vierstufenschema kann von Designern angewendet werden, um den Suchvorgang sichtbarer, verständlicher und mehr durch die Benutzer steuerbar zu machen. Dieser Ansatz harmoniert mit der direkten Manipulation. Bei dieser wird der Status des Systems sichtbar gemacht und vom Benutzer gesteuert. Anfänger wollen vielleicht anfangs alle Komponenten der vier Stufen sehen. Wenn sie aber mit den Suchergebnissen unzufrieden sind, sollten sie in der Lage sein, die Hintergründe zu prüfen und ihre Anfragen leicht zu ändern. Das revidierte Suchsystem THOMAS der *Library of Congress* (Abb. 15.1) zeigt, wie das Vierstufenschema auf eine Volltextsuche nach Gesetzesvorlagen angewendet werden kann.

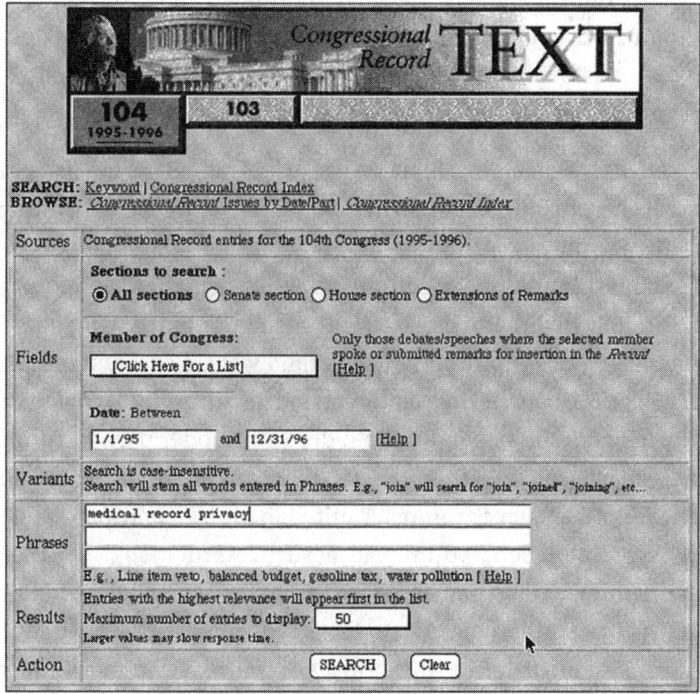

Abb. 15.1: Das revidierte Suchsystem THOMAS der Library of Congress. Der Bildschirm zeigt, wie das Vierstufenschema auf die Textsuche nach Kongressaufzeichnungen angewendet werden kann. Implementiert von Bryan Slavin vom Human-Computer Interaction Laboratory der Universität von Maryland (Shneiderman et al., 1997).

15.3 Suche nach Multimediadokumenten

Suchsysteme für strukturierte Datenbanken und Textdokumentbibliotheken sind gut und werden besser, dagegen steckt die Suche in Bibliotheken mit Multimediadokumenten noch in den Kinderschuhen. Derzeitige Ansätze, Bilder, Videos, Tondokumente oder Animationen aufzuspüren, hängen von einer parallelen Suche in Datenbanken oder Dokumenten ab, um die Items zu lokalisieren. Beispielsweise kann Suche in einer Fotogalerie nach Datum, Fotograf, Medium, Ort oder Abbildungstext erfolgen, aber das Auffinden von Fotos etwa einer Eröffnungszeremonie oder Videos vom Sonnenuntergang kann schwierig sein. Besser gesagt, Leute, die Multimediadokumente suchen müssen, sollten auf einen ausführlichen Abbildungstext und Attributaufzeichnung drängen. Klassifikation nach brauchbaren Suchkategorien (Landwirtschaft, Musik, Sport, Persönlichkeiten) ist hilfreich, wenn auch kostenaufwändig und nicht perfekt.

Jüngste Fortschritte mit Computeralgorithmen könnten einen größere Flexibilität ermöglichen, Items in Multimediabibliotheken aufzufinden. Die Designs von Benutzeroberflächen, um zulässige Treffer zu spezifizieren, sind unterschiedlich. Manche Systeme haben ausführliche Textbefehle, die meisten gehen jedoch zu einer grafischen Spezifizierung der Anfragekomponenten über:

- *Fotosuche* Aufspüren von Fotos mit Bildern wie die Freiheitsstatue ist eine erhebliche Herausforderung für Bildanalytiker, die diese Aufgabe als Anfrage nach Bildinhalt (*query by image content – QBIC*) beschreiben. Das charakteristische Profil der Freiheitsstatue kann identifizierbar sein, wenn die Orientierung, Linsenbrennweite und Lichtverhältnisse konstant gehalten werden, wird aber in großen und vielfältigen Fotosammlungen schwierig. Zwei erfolgversprechende Ansätze bestehen darin, nach erfolgversprechenden Einzelmerkmalen zu suchen, wie die Fackel oder die sieben Stacheln der Krone, oder nach bestimmten Farben zu suchen, wie das blasse Grün des Grünspans auf dem Kupfer. Die Benutzer können Merkmale oder Farbmuster mit Standardzeichenwerkzeugen spezifizieren und sogar angeben, wo im Bild gesucht werden soll. Beispielsweise können die Benutzer rot, weiß und blau im oberen Drittel eines Bildes festlegen, um nach einer amerikanischen Flagge über einem Gebäude zu suchen. Natürlich ist es nicht leicht, die britische, französische oder andere Flaggen auszusortieren.
- Mehr Erfolg versprechen eingegrenzte Sammlungen wie Glasvasen, bei denen die Benutzer ein gewünschtes Profil zeichnen und etwa Vasen mit langen engen Hälsen abrufen können. Andere mögliche Sammlungen sind Fotos von Sternbildern, subatomaren Partikelspuren oder roten Blutkörperchen. Benutzer kön-

nen ihre Anfragen dadurch spezifizieren, dass sie aus einer Reihe von Vorlagen auswählen und die Vorlagen so anpassen, dass sie ihre Anfrage beschreiben. Bei kritischen Anwendungen wie Fingerabdruckvergleichen hängen derzeitige Erfolge noch von der Identifikation von zwanzig verschiedenen Merkmalen durch eine Person ab, aber die automatische Erkennung wird immer besser. Selbst wenn eine vollständig automatische Erkennung nicht möglich ist, ist es noch sinnvoll, die Computer filtern zu lassen, wie etwa beim Auffinden aller Portraits mit neutralem Hintergrund in einer Fotogalerie.

■ *Kartensuche* Computererstellte Karten sind zunehmend online erhältlich. In einer strukturierten Datenbank kann man eine Karte nach Längen- und Breitengrad auffinden, aber auch Suche nach Einzelmerkmalen wird möglich, weil die Werkzeuge zur Erstellung der Karte strukturelle Aspekte und Mehrschichten in Karten bewahren. Beispielsweise können Benutzer eine Suche nach allen Hafenstädten mit einer Bevölkerung von mehr als einer Million und einem Flughafen innerhalb von 10 km Entfernung starten. Suche in einfacheren Karten wie Fluglinienrouten können Flüge an einen gegebenen Zielort mit nicht mehr als zwei Verbindungen mit der gleichen Fluglinie auffinden. Ein weiteres Beispiel sind Wetterkarten, bei denen strukturierte Daten wie Temperatur, Winde oder Luftdruck die Sucheingrenzung praktikabel machen.

■ *Design- oder Diagrammsuche* Manche Software-Pakete für computergestütztes Design bieten den Benutzern beschränkte Suchmöglichkeiten in einer einzelnen oder über mehrere Designsammlungen an. Rote Kreise in blauen Quadraten zu finden, mag in manchen Fällen hilfreich sein, aber ausführlichere Strategien, um Motordesigns mit Kolben unter 6 cm zu finden, könnten sich als vorteilhafter erweisen. Werkzeuge zum Erstellen von Diagrammen wie Flussdiagramme oder Organisationsschemata können Suchmöglichkeiten hinzufügen, um Organisationen aufzuspüren, die mehr als fünf Managementebenen haben oder wo die Vizepräsidenten mehr als sieben Projekte managen. Zeitungslayoutsoftware kann die Suche nach allen Schlagzeilen ermöglichen, die Schriftgrößen von mehr als 48 pts haben, oder solchen, die über die gesamte Titelseite gehen.

■ *Suche nach Tondokumenten* Man stelle sich einmal ein Musikdatenbanksystem vor, das reagieren würde, wenn Benutzer nur wenige Töne summen, und dann eine Liste von Symphonien ausgäbe, die eben diese Tonfolge enthalten. Dann könnten die Benutzer mit einem einzigen Klick die gesamte Symphonie hören. Diese Idee in die unstrukturierte Welt von analog kodierter und sogar digital kodierter Musik einzuführen, ist schwierig. Aber man stelle sich vor, dass die Partituren von Sinfonien mit der Musik gespeichert werden, und dass die Suche über die Partituren möglich ist. Dann wird die Anwendung leichter realisierbar. Die Identifikation der gesummten Eingabe des Benutzers mag nicht zuverlässig sein. Wenn aber visuelle Reaktion vorgesehen ist oder wenn die Benutzer die Noten auf einem Notenliniensystem eingeben, dann kann die Vorstellung durchaus machbar werden. Ein gesprochenes Wort oder eine Redewendung in Datenbanken oder Telefongesprächen aufzufinden, ist noch schwierig, wird aber sogar auf einer sprecher-unabhängigen Grundlage möglich.

- *Videosuche* Suche nach einem Video oder Film bedeutet mehr als nur einfach durch jedes der Einzelbilder zu suchen. Die Benutzer wollen vielleicht ein Video haben, das in Szenen oder Schnitte eingeteilt ist und durch Zoomen und horizontales Verschieben identifizieren. Einen Überblick über ein zweistündiges Video durch eine Szenenabfolge würde besseres Verstehen, Redigieren oder Auswählen ermöglichen. Kombinationen von strukturierten Datenbanken und Textdokumenten mit Videoarchiven führen zu leistungsfähigen Diensten. Archive von Fernsehnachrichten und Sportereignissen enthalten strukturierte Datenbanken und Textdokumente, um die Suche etwa nach Auftritten des Präsidenten, Katastrophen oder Fußballspielen zu ermöglichen, die sorgfältig für einen schnellen zukünftigen Abruf mit einem Index versehen sind.

- *Animationssuche* Animationswerkzeuge sind zwar noch in einem frühen Entwicklungsstadium, aber dennoch ist es möglich, Suche nach bestimmten Animationstypen zu spezifizieren, beispielsweise sich drehende Globen, wehende Fahnen, springende Bälle oder bewegliche Gesichter. Wenn es auch vielleicht wenig brauchbar ist, sollte es relativ einfach sein, nach Folien in einer Präsentation zu suchen, die Text haben, der von links hereinkommt oder bei denen der Übergang von einer Folie zur nächsten über eine horizontale Türöffnungsanimation erfolgt.

15.4 Informationsvisualisierung

Das Ganze zu begreifen, ist eine gewaltige Aufgabe. Verbal gesehen, ist die Geistesgeschichte ist am wichtigsten. Das übliche Schicksal der Menschheit ist die Ameisenperspektive; aber das Ganze zu sehen, ist das Bestreben jeder denkenden Person.

David Gelernter, Mirror Worlds, 1992

Visualisierung ist eine Methode der elektronischen Datenverarbeitung. Sie wandelt das Symbolische ins Geometrische um und ermöglicht damit den Forschern, ihre Simulationen und Berechnungen auch zu beobachten.

Visualisierung bietet eine Methode, das Unsichtbare sichtbar zu machen. Sie bereichert den wissenschaftlichen Erkenntnisprozess und ermöglicht tiefgreifende und unerwartete Einblicke. Auf vielen Gebieten ist es schon revolutionär, wie Wissenschaftler ihre Wissenschaft betreiben.

McCormick et al., 1987

Der Erfolg von direkt manipulativer Benutzeroberflächen zeigt das Leistungspotenzial des Einsatzes von Computern auf mehr visuelle oder grafische Weise. Ein Bild sagt häufig mehr aus als tausend Worte, und bei manchen Aufgaben ist eine visuelle Präsentation (etwa eine Karte oder ein Foto) erheblich einfacher zu benutzen und zu verstehen als eine Textbeschreibung oder ein gesprochener Bericht. Weil Computer schneller werden und die Bildschirmauflösung sich ständig verbessert, werden Informationsvisualisierung und grafische Oberflächen wahrscheinlich weiter zunehmen. Wenn eine Karte der USA angezeigt wird, sollte es möglich sein, schnell auf eine von tausend Städten zu zeigen, um Touristeninformation zu erhalten. Jemand, der einen Stadtnamen kennt, aber nicht seine Lage, wird natürlich schneller eine alphabetische Liste durchscrollen. Visuelle Anzeigen werden sogar noch attraktiver, wenn sie Orientierung und Kontext anzubieten haben, eine Auswahl von Regionen ermöglichen und dynamisch auf identifizierbare Änderungen reagieren (z.B. auf einer Wetterkarte). Wissenschaftliche Visualisierung hat das Potenzial, atomare, kosmische und gewöhnliche dreidimensionale Phänomene sichtbar und verständlich zu machen (wie die Wärmeleitung in Motoren, Luftströmung über Flügeln oder das Ozonloch). Visualisierung abstrakter Information ermöglicht, Muster, Cluster, Lücken und Ausreißer in statistischen Daten, Börsenhandel, Computerverzeichnissen oder Dokumentsammlungen aufzudecken.

Insgesamt gesehen ist die Bandbreite der Informationspräsentation im visuellen Bereich potenziell höher als für Medien, die andere Sinnesorgane erreichen. Menschen haben bemerkenswerte Wahrnehmungsfähigkeiten, die bei den derzeitigen Designs noch weitgehend ungenutzt sind. Benutzer können schnell Bilder aufnehmen, erkennen und abrufen und kleinste Änderungen in Größe, Farbe, Form, Bewegung oder Struktur ausmachen. Sie können sogar in einer Megapixelanzeige auf ein einzelnes Pixel deuten und ein Objekt auf ein anderes ziehen, um eine Aktion durchzuführen. Benutzeroberflächen sind bislang weitgehend textorientiert gewesen, so dass ansprechende neue Möglichkeiten aufkommen, seit visuelle Ansätze erforscht werden.

Es gibt viele Richtlinien zu visuellem Design. Das zentrale Grundprinzip könnte man als ein solches *Mantra zur Erfassung visueller Information* zusammenfassen:

Zuerst Überblick, Zoomen und Filtern, dann die Details nach Bedarf

Zuerst Überblick, Zoomen und Filtern, dann die Details nach Bedarf

Zuerst Überblick, Zoomen und Filtern, dann die Details nach Bedarf

Zuerst Überblick, Zoomen und Filtern, dann die Details nach Bedarf

Zuerst Überblick, Zoomen und Filtern, dann die Details nach Bedarf

Zuerst Überblick, Zoomen und Filtern, dann die Details nach Bedarf

Zuerst Überblick, Zoomen und Filtern, dann die Details nach Bedarf

Zuerst Überblick, Zoomen und Filtern, dann die Details nach Bedarf

Zuerst Überblick, Zoomen und Filtern, dann die Details nach Bedarf

Zuerst Überblick, Zoomen und Filtern, dann die Details nach Bedarf

Zuerst Überblick, Zoomen und Filtern, dann die Details nach Bedarf

Jede Zeile steht für ein Projekt, in dem ich selbst dieses Prinzip wiederentdeckt und daher zur Erinnerung aufgeschrieben habe. Das Mantra erwies sich als hervorragender Ausgangspunkt, als ich versuchte, die vielfältigen Innovationen bei der Informationsvisualisierung zu charakterisieren, die in Forschungslabors an Universitäten, öffentlichen Instituten und der Industrie gemacht wurden. Um die zahlreichen Prototypen zu sortieren und Forschern zu neuen Möglichkeiten anzuregen, ist in Rahmen 15.2 eine Gliederung von Datentypen nach Aufgaben (*type by task taxonomy; TTT*) für Informationsvisualisierung zusammengestellt.

Rahmen 15.2: Gliederung von Datentypen nach Aufgaben (Type by Task Taxonomy; TTT), um die relevante Datentypen und Aufgaben bei Visualisierung zu identifizieren.

Gliederung von Datentypen nach Aufgaben	
Datentypen	
1-D linear	Document Lens, SeeSoft, Information Mural
2-D Karte	GIS, Arcinfo, ThemeMap, LyberWorld, InfoCrystal
3-D Welt	Desktops, WebBook, VRML, CAD, Medical, Molecules
Zeitlich	Perspective Wall, ESDA, MSProjects, LifeLines
Mehrdimensional	Parallel Coordinates, Starfield, Visage, Influence Explorer, TableLens
Verzweigungsbaum	Outliners, Superbook, FileManager, Cone/Cam/Hyperbolic, TreeBrowser, Treemaps
Netzwerk	Netmap, SemNet, SeeNet, Butterfly

Rahmen 15.2: Gliederung von Datentypen nach Aufgaben (Type by Task Taxonomy; TTT), um die relevante Datentypen und Aufgaben bei Visualisierung zu identifizieren. (Forts.)

Gliederung von Datentypen nach Aufgaben	
Aufgaben	
Überblick	Verschaffe einen Überblick über die gesamte Sammlung.
Zoomen	Zoom interessante Details hoch.
Filtern	Filtere uninteressante Details heraus.
Details nach Bedarf	Wähle eine Einzelheit oder eine Gruppe aus und rufe Details ab, wenn notwendig.
Beziehung	Schaue nach Beziehungen unter den Items.
Ablauf	Zeichne die Reihenfolge der Aktionen auf, um Annullieren, Wiederholung und fortlaufende Verfeinerung zu ermöglichen.
Extrahierung	Ermögliche Auszug von Untergruppen und Anfrageparametern

Wie im Fall der Suche wird angenommen, dass die Benutzer Sammlungen von Items sichten, bei denen die Items verschiedene Attribute haben. Bei allen sieben Datentypen (ein-, zwei-, dreidimensionale Daten, zeitliche und mehrdimensionale Daten, Verzweigungs- und Netzwerkdaten) haben die Items ein Attribut oder mehrere. Eine grundlegende Suchaufgabe besteht darin, alle Items auszuwählen, zu denen die Zielattribute passen, beispielsweise alle Abteilungen in einer Firma zu finden, die ein Budget von mehr als 500.000 Dollar haben.

Die Datentypen der TTT charakterisieren Informationsobjekte im Aufgabenbereich und sind durch die Probleme organisiert, welche die Benutzer zu lösen versuchen. Beispielsweise versuchen Benutzer bei zweidimensionaler Information wie Karten Nachbarschaften zu erkennen oder Pfade zu verfolgen, während Benutzer bei in einem Verzweigungsbaum organisierten Informationen versuchen, Eltern-Kind-Geschwister-Beziehungen zu verstehen. Die Aufgaben bei TTT sind aufgabenbezogene Informationsaktionen, welche die Benutzer ausführen möchten.

Die sieben Aufgaben sind auf hohem Abstraktionsniveau. Verfeinerungen und Zusätze zu diesen Aufgaben sollten die nächsten naheliegenden Schritte bei der Erweiterung dieser Gliederung sein. Die sieben Aufgaben sind Überblick, Zoomen, Filtern, Details nach Bedarf, Beziehung, Ablauf und Extrahierung. Weitere Diskussion dieser sieben Aufgaben ergibt sich bei den folgenden Beschreibungen der sieben Datentypen:

15.4.1 Eindimensionale lineare Daten

Zu *linearen Datentypen* gehören Textdokumente, Quellcodes von Programmen und alphabetische Listen von Namen, die alle in einer Reihenfolge organisiert sind. Jede Einzelheit in der Sammlung ist eine Textzeile mit einem Zeichensatz. Zusätzliche Attribute können das Datum der jüngsten Aktualisierung oder ein Autorenname sein. Zum Aufbau der Benutzeroberfläche gehört, welche Schrifttypen, Farbe und Größe verwendet und welche Methoden für Überblick, Scrollen oder Auswahl benutzt werden können. Benutzeraufgaben könnten darin bestehen, die Anzahl von Items herauszufinden, zu sehen, ob Items bestimmte Attribute haben (zeige nur Zeilen eines Dokumentes an, die Titel von Unterkapiteln darstellen, Programmzeilen, die sich gegenüber der früheren Version geändert haben, oder Leute in einer Liste, die älter als 21 Jahre sind) oder ein Item mit all diesen Attributen anzuschauen.

Ein früher Ansatz, große eindimensionale Datensätze zu behandeln, war die *bifokale Anzeige*, die detaillierte Information im Kernbereich zeigte und weniger wichtige im umgebenden Kontextbereich (Spence und Apperley, 1982). Eine gewählte Ausgabe einer wissenschaftlichen Zeitschrift enthielt Details über jeden Artikel; die älteren und neueren Ausgaben der Zeitschrift standen immer kleiner werdend links und rechts im Bücherregal. Ein anderer Ansatz, eindimensionale Daten zu visualisieren, zeigte die Attributwerte Tausender Items in einem Bereich mit fester Größe mit einer *Wertbalken*-Anzeige ähnlich einer Bildlaufleiste (Abb. 15.2) (Chimera, 1992). Sogar noch größere Komprimierung wurde in kompakten Anzeigen zehntausender Zeilen von Programmquellcode in *See Soft* (Farbtafel B1) (Eick et al., 1992) oder von Zeilen in *Hamlet* (Abb. 15.3) erreicht. Andere Beispielen von eindimensionalen Daten sind große Textdokumente in *Document Lens* (Abb. 15.4) (Robertson und Mackinlay, 1993) und historische Daten über Sonnenflecken (Abb. 15.5) (Jerding und Stasko, 1995).

```
-rw-r--r--   1 root       10660 Feb  8  1990 libnbio.a
lrwxrwxrwx   1 root          29 Aug 28  1990 libnetmgt.sa.1.0 ->
/usr/snm/lib/libnetmgt.sa.1.0
lrwxrwxrwx   1 root          29 Aug 28  1990 libnetmgt.so.1.0 ->
/usr/snm/lib/libnetmgt.so.1.0*
-rw-r--r--   1 bin         3528 Feb  8  1990 libnls.a
-rw-r--r--   1 root       81582 Feb  8  1990 libns.a
-rw-r--r--   1 bin        34902 Feb  8  1990 libnsl.a
-rw-r--r--   1 bin       405502 Feb  8  1990 libpixrect.a
-rw-r--r--   1 bin          950 Feb  8  1990 libpixrect.sa.2.8
-rwxr-xr-x   1 bin       294912 Feb  8  1990 libpixrect.so.2.8*
-rw-r--r--   1 bin       418458 Feb  8  1990 libpixrect_p.a
-rw-r--r--   1 root        8924 Feb  8  1990 libplot.a
-rw-r--r--   1 root       29116 Feb  8  1990 libplot2648.a
-rw-r--r--   1 root       13194 Feb  8  1990 libplot7221.a
-rw-r--r--   1 root       12058 Feb  8  1990 libplotaed.a
-rw-r--r--   1 root       10194 Feb  8  1990 libplotbg.a
-rw-r--r--   1 root       10026 Feb  8  1990 libplotdumb.a
-rw-r--r--   1 root       11160 Feb  8  1990 libplotgigi.a
-rw-r--r--   1 root       11052 Feb  8  1990 libplotimagen.a
-rw-r--r--   1 root         562 Feb  8  1990 libposix.a
-rw-r--r--   1 root       31708 Feb  8  1990 libresolv.a
-rw-r--r--   1 root       31082 Feb  8  1990 librpcsvc.a
-rw-r--r--   1 root        5788 Jul  5  1990 libsuntool.sa.0.50
-rwxr-xr-x   1 root      737280 Jul  5  1990 libsuntool.so.0.50*
-rw-r--r--   1 root     1061372 Jul  5  1990 libsuntool_p.a
-rw-r--r--   1 root      289328 Mar  2  1990 libsunwindow.a
-rw-r--r--   1 root        1988 Mar  2  1990 libsunwindow.sa.0.50
-rwxr-xr-x   1 root      229376 Mar  2  1990 libsunwindow.so.0.50*
-rw-r--r--   1 root      339994 Mar  2  1990 libsunwindow_p.a
-rw-r--r--   2 root        7522 Feb  8  1990 libtermcap.a
-rw-r--r--   2 root        7872 Feb  8  1990 libtermcap_p.a
-rw-r--r--   2 root        7522 Feb  8  1990 libtermlib.a
-rw-r--r--   2 root        7872 Feb  8  1990 libtermlib_p.a
-rw-r--r--   1 root        6712 Feb  8  1990 libvt0.a
-rw-r--r--   1 root         680 Feb  8  1990 liby.a
drwxr-sr-x   2 bin         1024 Jul  5  1990 lint/
lrwxrwxrwx   1 root          19 Oct 17  1990 lispworks ->
/usr/imports/harlqn
-r-xr-xr-x   1 bin        16384 Nov 15  1990 locate.bigram*
-r-xr-xr-x   1 bin        16384 Nov 15  1990 locate.code*
-r-xr-xr-x   1 bin         2095 Nov 15  1990 locate.updatedb*
-rws--s--x   1 root       65536 Feb  8  1990 lpd*
-rwxr-xr-x   1 bin        16384 Feb  8  1990 lpf*
-rwxr-xr-x   1 bin        16384 Feb  8  1990 lpfx*
-rwxr-xr-x   1 bin        16384 Feb  8  1990 makekey*
-r-xr-xr-x   1 bin         1078 May 13 16:19 makewhatis*
-rw-r--r--   1 root        3761 Jun 26  1990 mcrt0.o
lrwxrwxrwx   1 root          15 Jul  9  1990 me -> ../share/lib/me
```

S   Y

Quit

Abb. 15.2: Jeder Wertbalken repräsentiert ein Attribut in einer linearen Liste von Items. Bei diesem Beispiel eines Unix-Verzeichnisses stehen die beiden Wertbalken auf der rechten Seite für Dateigröße (S) und Neuheit einer Datei bzw. ihrer Änderung (Y). Die gerade ausgewählte Datei ist eine der größten und einigermaßen neu.

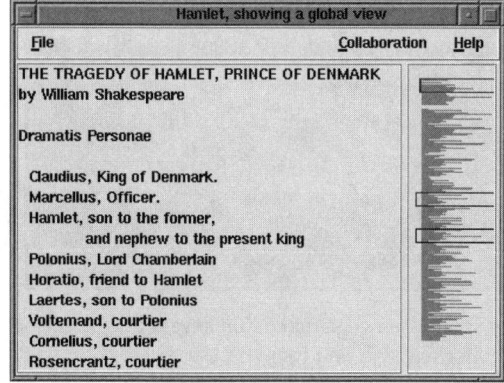

Abb. 15.3: Shakespeares Hamlet mit einer eindimensionalen Übersicht auf der rechten Seite, mit der angezeigt wird, wo drei Benutzer das Dokument lesen. Ein Rahmen für das Sichtfeld jedes Benutzers zeigt ihren Standpunkt an. Dieser Benutzer steht am Anfang (Mit Erlaubnis der Universität Calgary, Alberta, Kanada).

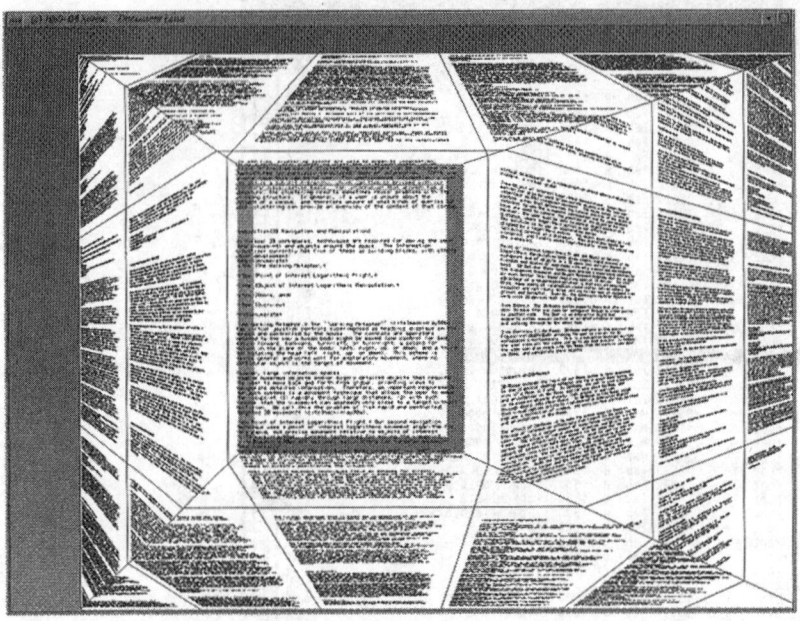

Abb. 15.4: Bildschirmanzeige aus dem Programm Document Lens, das viele Seiten eines Dokumentes in Miniaturform zeigt. Die Benutzer können leicht und schnell jede Seite hereinzoomen. (Mit Erlaubnis von Xerox PARC, Palo Alto, Kalifornien).

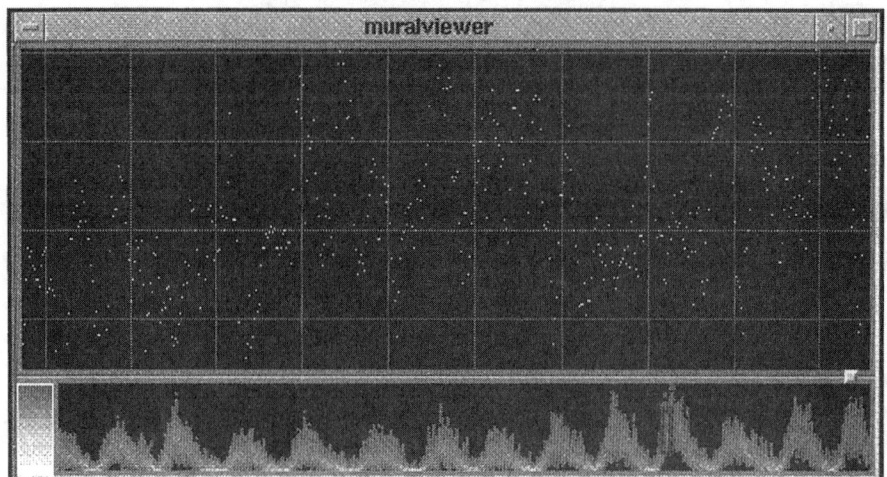

Abb. 15.5: Der Informationsüberblick unten stellt einen geglätteten Kurvenverlauf von 52.000 Messungen von Sonnenflecken zwischen 1850 und 1993 dar. Der Sichtfensterrahmen unten gibt den Kontext für die Detailsicht oben an (Jerding und Stasko, 1995) (Mit Erlaubnis der Georgia Tech University, Atlanta, Kalifornien)

15.4.2 2-D Kartendaten

Zu ebenen oder Kartendaten gehören geographische Daten, Pläne und Zeitungs-layouts. Jedes Item in der Sammlung nimmt einen Teil der Gesamtfläche ein und kann rechteckig sein oder auch nicht. Jedes Item hat Aufgabenattribute wie Name, Besitzer und Wert sowie Elemente der Benutzeroberfläche wie Größe, Farbe und Undurchsichtigkeit. Viele Systeme verfolgen einen Ansatz mit mehreren Ebenen, um Kartendaten zu behandeln, aber jede Ebene ist zweidimensional. Benutzerauf-gaben sind das Auffinden von benachbarten Items, enthaltenen Items und Verbin-dungen unter ihnen sowie die Ausführung der sieben grundlegenden Aufgaben.

Beispiele sind geografische Informationssysteme, die einen großen Anwendungs-bereich in Wissenschaft und Forschung haben mit zahlreichen verfügbaren Syste-men (Laurini und Thompson, 1992; Egenhofer und Richards, 1993) (siehe Abb. 6.5). Erforscher von Informationsvisualisierung benutzten räumliche Darstellun-gen von Dokumentsammlungen (Farbtafel B2) (Korfhage, 1991; Hemmje et al., 1993; Wise et al., 1995), die nach Vorkommen von Ausdrücken eng gruppiert waren.

15.4.3 3-D Welt

Reale Objekte wie Moleküle, der menschliche Körper und Gebäude haben Items mit einem Volumen und mit potenziell komplexen Beziehungen zu anderen Items. Computergestützte Designsysteme für Architekten, Modellbauer und Maschinen-bauingenieure sind darauf ausgelegt, mit komplexen dreidimensionalen Beziehun-gen umzugehen. Benutzeraufgaben haben mit Nachbarschafts-, Oben/Unten- und Innen/Außen-Beziehungen zu tun und auch mit den sieben grundlegenden Aufga-ben. Bei dreidimensionalen Anwendungen müssen die Benutzer ihre eigene Lage und Orientierung bei der Betrachtung der Objekte berücksichtigen und auch mit ernsthaften Problemen bei Verdeckungen umgehen. Bei vielen Prototypen werden Lösungen mit Techniken wie Überblicke, Orientierungspunkte, Perspektive, Stereo-anzeige, Transparenz und Farbkodierung vorgeschlagen.

Beispiele für dreidimensionale Computergrafik und computergestütztes Design sind zahlreich, aber Arbeit mit Informationsvisualisierung in drei Dimensionen ist noch völlig neu. Manche Erforscher virtueller Umgebungen haben versucht, Infor-mation in dreidimensionalen Strukturen zu präsentieren (siehe Abschnitt 6.8). Navigation durch hochauflösende Bilder des menschlichen Körpers ist die Aufgabe des *Visible Human Projects* der amerikanischen *National Library of Medicine* (Abb. 15.6) (North et al., 1996). Architektonische Rundgänge oder Durchflüge können den Benutzern eine Vorstellung davon geben, wie ein fertiges Gebäude aussehen sollte. Ein dreidimensionaler Desktop wird für Benutzer ansprechend gestaltet, aber Probleme der Desorientierung, Navigation, und versteckter Daten bleiben weiter bestehen (Abb. 15.7) (Card et al., 1996).

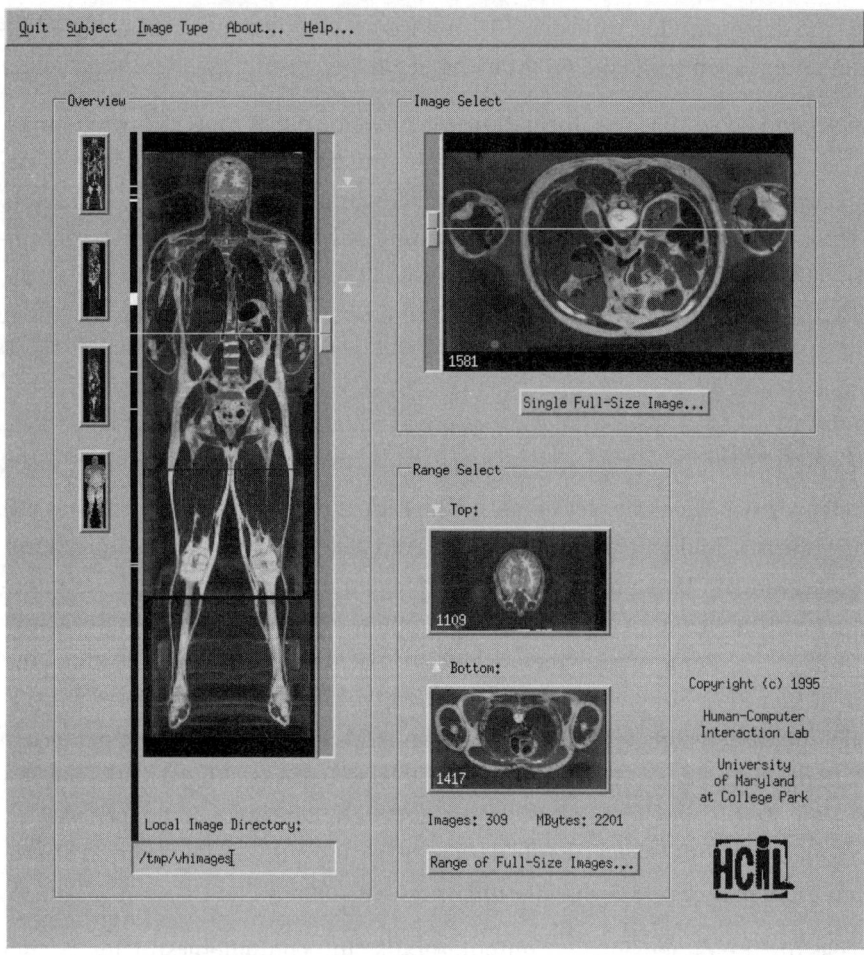

Abb. 15.6: Benutzeroberfläche des Visible Human Explorer mit einer rekonstruierten Längsschnittübersicht (links) und einem Querschnitt durch die obere Bauchregion (rechts). Versetzen der Schieber animiert die Querschnitte durch den Körper (North et al., 1996) (Erhältlich unter http://www.nlm.nih.gov)

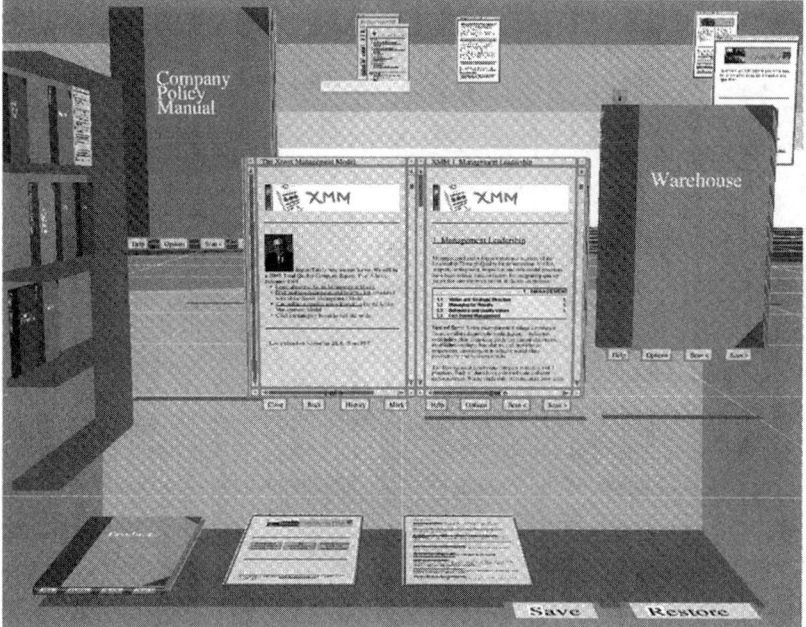

Abb. 15.7: WebBook und WebForager. Diese dreidimensionalen Welten werden zum
Duchsuchen und Aufzeichnen von Webseiten benutzt. (Mit Erlaubnis von Xerox
PARC, Palo Alto, Kalifornien).

15.4.4 Zeitliche Daten

Zeitlinien sind in der Anwendung weit verbreitet und besonders wichtig bei medizinischen Berichten, Projektmanagement oder historischen Darstellungen, so dass man einen Datentyp geschaffen hat, der von eindimensionalen Daten getrennt ist. Der Unterschied der zeitlichen Daten besteht darin, dass die Items einen Start- und einen Endzeitpunkt haben und dass die Items überlappen können. Zu häufigen Aufgaben gehört es, alle Ereignisse vor, nach oder während eines Zeitraums oder Augenblicks herauszufinden sowie die sieben grundlegenden Aufgaben.

Es gibt zahlreiche Projektmanagement-Werkzeuge. Zu den neuartigen Visualisierungen von Zeit gehört die perspektivische Mauer (Abb. 15.8) (Robertson et al., 1993) und LifeLines (siehe Abb. 1.5 und Farbtafel B3) (Plaisant et al., 1996). LifeLines zeigt die Lebensgeschichte eines Jugendlichen zurechtgeschnitten auf die Bedürfnisse des Maryland Department of Juvenile Justice, ist aber dafür gedacht, medizinische Krankengeschichten als kompakten Überblick mit anwählbaren Items darzustellen, mit denen Benutzer nach Bedarf Details erhalten können. Zeitliche Datenvisualisierungen gibt es in Redaktionssystemen von Videodaten, Musikkomposition oder Animationserstellung wie bei Macromedia Director.

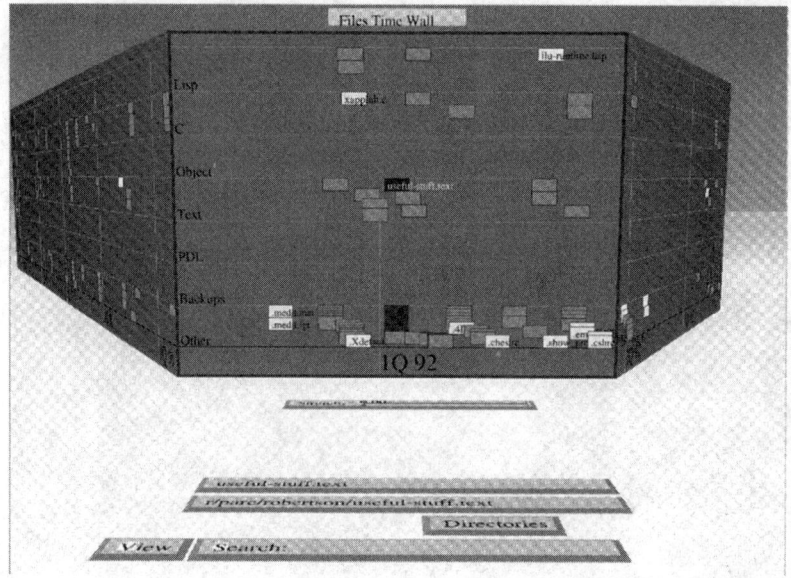

Abb. 15.8: Eine perspektivische Mauer, die Zeitbewegung von links nach rechts mit einem Fokus auf der Mitte anzeigt. Verschiedene Kategorien von Programmen werden auf jeder Ebene der Mauer angezeigt. Farb- oder Größenkodierung kann verwendet werden (Mit Erlaubnis von Xerox PARC, Palo Alto, Kalifornien)

15.4.5 Multidimensionale Daten

Die meisten Inhalte relationaler und statistischer Datenbanken werden am besten als multidimensionale Daten behandelt, bei denen Items mit n Attributen zu Punkten in einem *n-dimensionalen Raum* werden. Die Wiedergabe auf der Benutzeroberfläche können dynamische zweidimensionale Streudiagramme sein, bei denen jede zusätzliche Dimension mit einem Schieber kontrolliert wird (Ahlberg und Shneiderman, 1994). Tasten können für Attributwerte benutzt werden, wenn die Kardinalität klein ist – unter 10. Aufgaben sind das Auffinden von Mustern, Clustern, Korrelationen unter Paaren von Variablen, Lücken sowie Ausreißern. Multidimensionale Daten können in einem dreidimensionalen Streudiagramm wiedergegeben werden, aber Konfusion (besonders, wenn der Sichtpunkt des Benutzers innerhalb einer Punktwolke liegt) und Verdeckung (besonders, wenn nahe beieinander liegende Punkte größer dargestellt werden) können Probleme bieten. Die Technik zur Benutzung paralleler Koordinaten (Abb. 15.9) ist eine kluge Innovation, die bestimmte Aufgaben erleichtert, für deren Verständnis die Benutzer aber Übung brauchen (Inselberg, 1985).

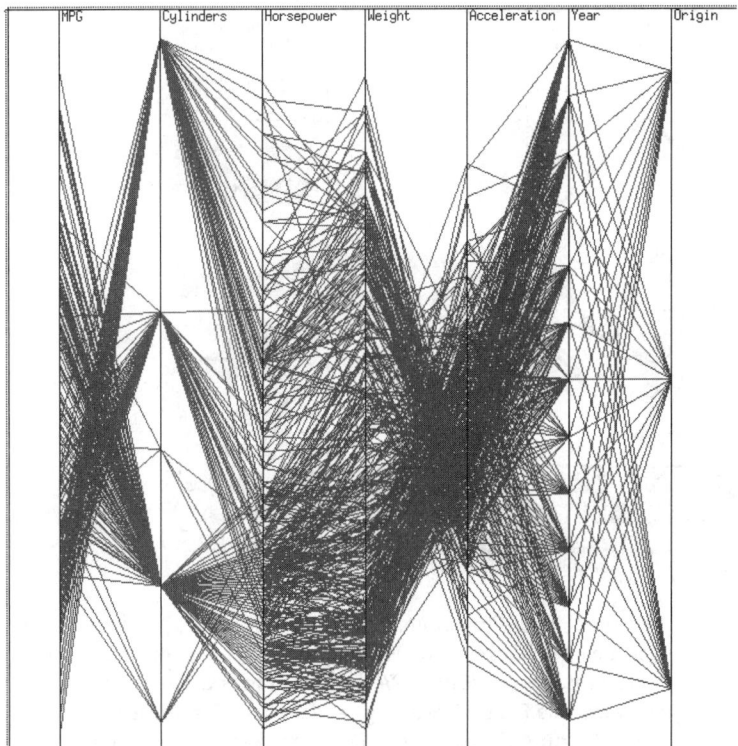

Abb. 15.9:   Parallele Koordinatendarstellung von sieben Dimensionen von Automobildaten
(CARS Datensatz aus StatLib an der Carnegie Mellon University). Trotz eines
Bereiches von MPG-Werten (miles per gallon) sind deutliche Bündel für Zwei-, Vier-,
und Sechszylinderautos erkennbar. Mehr Zylinder führen in der Regel zu mehr PS.
Bemerkenswert ist auch generell die umgekehrte Beziehung von Gewicht und
Beschleunigung (Mit Erlaubnis von Matt Ward, Worcester Polytechnic Institute,
Worcester, Massachusetts).

Das frühe Programm *HomeFinder* (Fig. 15.10) entwickelte dynamische Anfragen
und Schieber für benutzerdefinierte Visualisierung multidimensionaler Daten
(Williamson und Shneiderman, 1992). Das Folgeprogramm *FilmFinder* (Color
Plate B4a–c) verfeinerte die Techniken (Ahlberg und Shneiderman, 1994) für
zoombare, farbkodierte und benutzerdefinierte Streudiagramme (*starfield displays*)
und legte die Grundlage für das kommerzielle Produkt *Spotfire* (Farbtafel B5) (Ahlberg und Wistrand, 1995). Erweiterungen waren der *Aggregate Manipulator* (Goldstein und Roth, 1994), bewegliche Filter (Fishkin und Stone, 1995) und die *Selective
Dynamic Manipulation* (Chuah et al., 1995). Verwandte Arbeiten sind VisDB für
Visualisierung von multidimensionalen Datenbanken (Keim und Kreigal, 1994),
das spreadsheet-ähnliche *Table Lens* (Fig. 15.11) (Rao und Card, 1994) und die vielfach verknüpften Histogramme im *Influence Explorer* (Tweedie et al., 1996).

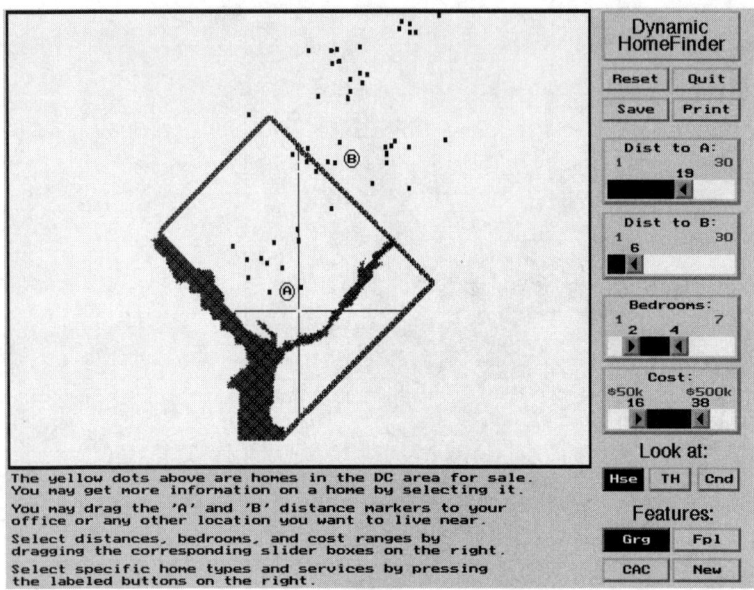

Abb. 15.10: Das dynamische HomeFinder-Programm, eine frühe Anwendung für dynamische Anfragen. Häuser, die in der Gegend von Washington DC zum Verkauf anstehen, werden als 1.100 Lichtpunkte dargestellt. Wenn die Benutzer die Schieber nach rechts bewegten, wurde die Bildschirmanzeige augenblicklich aktualisiert, um die Punkte anzuzeigen, die zur Anfrage passten. Durch Klicken auf einen Punkt konnten die Benutzer eine detaillierte Beschreibung bekommen (Williamson und Shneiderman, 1992).

15.4.6 Verzweigungsbaumdaten

Hierarchien oder Verzweigungsbaumstrukturen sind Sammlungen von Items, bei denen jedes Item (außer der Wurzel) eine Verbindung zu einem übergeordneten Item hat. Die Items und die Verbindungen können vielfältige Attribute haben. Die grundlegenden Aufgaben können auf die Items und die Verbindungen angewendet werden. Anfragen, die sich auf Struktureigenschaften beziehen, werden interessant – beispielsweise wie viele Ebenen gibt es in dem Verzweigungsbaum oder wie viele Abkömmlinge hat ein Item. Während es möglich ist, ähnliche Items an den Enden und internen Knoten zu haben, ist es auch üblich, verschiedene Items auf jeder Ebene in einem Verzweigungsbaum anzutreffen. Verzweigungsbäume mit festen Ebenen und allen Enden gleich weit von der Wurzel entfernt und Verzweigungsbäume mit fester Verzweigung mit der gleichen Anzahl von Abkömmlingen für jedes übergeordnete Item sind leicht zu verstehen. Dagegen sind breite Verzweigungsbäume mit großer Verzweigung und Tiefe mit kleiner Verzweigung wichtige Spezialfälle. Für Darstellung von Verzweigungsbäumen durch Benutzeroberflächen können eingerückte Kennzeichnungen, wie sie in Inhaltsverzeichnissen benutzt werden (Chimera und Shneiderman, 1993), ein Knoten-/ Verbindungsdiagramm oder eine Verzweigungsbaumkarte verwendet werden, bei der untergeordnete Items Rechtecke innerhalb von Rechtecken für übergeordnete Items darstellen.

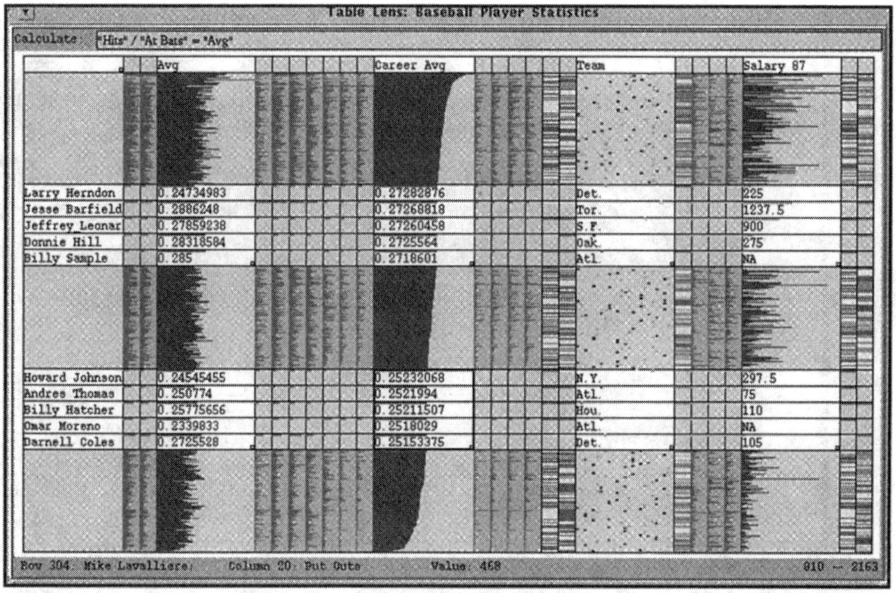

Abb. 15.11: TableLens, ein Programm, das spreadsheet-artig aufgebaut war und auch Methoden zur Visualisierung von Information bot, um Reihungen und Korrelationen unter Baseballspielern herauszufinden (Mit Erlaubnis von Xerox PARC, Palo Alto, Kalifornien).

Daten, die durch Verzweigungsbäume strukturiert sind, wurden lange mit eingerückten Konturen (Egan et al., 1989) oder mit Verbindungslinien wie in vielen Computer-Dateimanagern dargestellt. Ansätze zur Darstellung großer Verzweigungsstrukturen als Knoten/Verbindungsdiagramme in kompakter Form sind die dreidimensionalen Verzweigungsbäume im Kegel- und Nockenwellendesign (Abb. 15.12; Robertson et al., 1993; Carriere und Kazman, 1995), dynamisches Abschneiden im TreeBrowser (Abb. 15.13; Kumar et al., 1997) und die ansprechend animierten hyperbolischen Verzweigungsbäume (Abb. 15.14; Lamping et al., 1995). Der bildschirmfüllende mosaikartige Ansatz, die Baumkarten, zeigt einen Baum beliebiger Größe in einem festen rechteckigen Raum (Shneiderman, 1992; Johnson und Shneiderman, 1991). Der Ansatz mit Baumkarten wurde erfolgreich auf Bibliotheken (Abb. 15.15), Computerverzeichnisse (Abb. 15.16), Umsatzdaten, kommerzielle Entscheidungsfindung (Asahi et al., 1995) und Internetsuche angewendet (Mitchell et al., 1995; Mukherjea et al., 1995). Allerdings brauchen Erstnutzer 10 bis 20 Minuten, um sich an Verzweigungsbaumkarten zu gewöhnen.

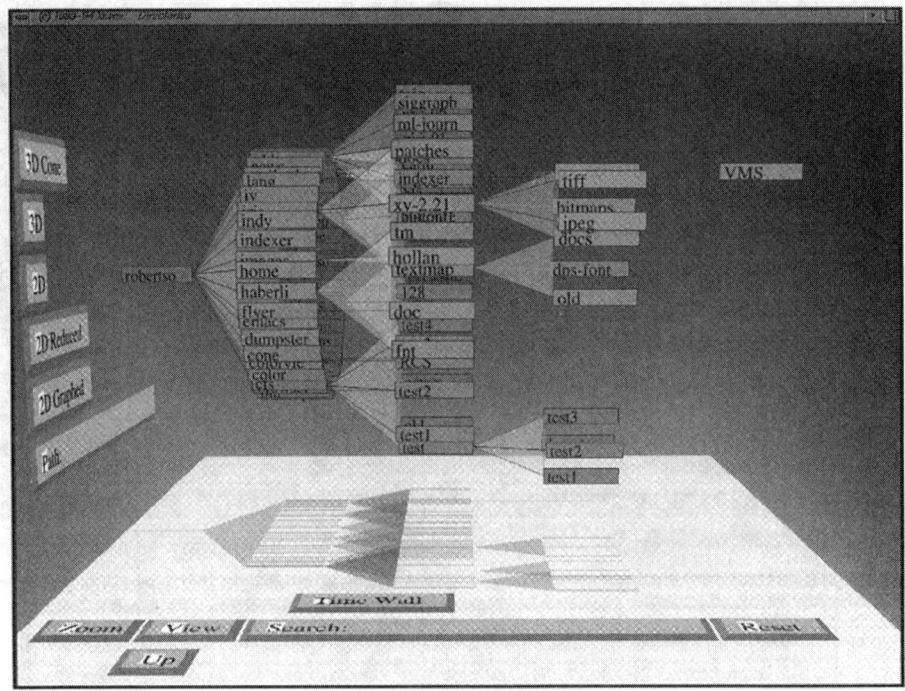

Abb. 15.12: Ein Verzweigungsbaum im Nockenwellendesign zeigt ein hierarchisches Verzeichnis von links nach rechts. Die Benutzer können die Bäume in dieser dreidimensionalen Ansicht leicht drehen. Wenn die Wurzel des Baums oben dargestellt wird, spricht man auch von einem Kegelbaum (Mit Erlaubnis von Xerox PARC, Palo Alto, Kalifornien).

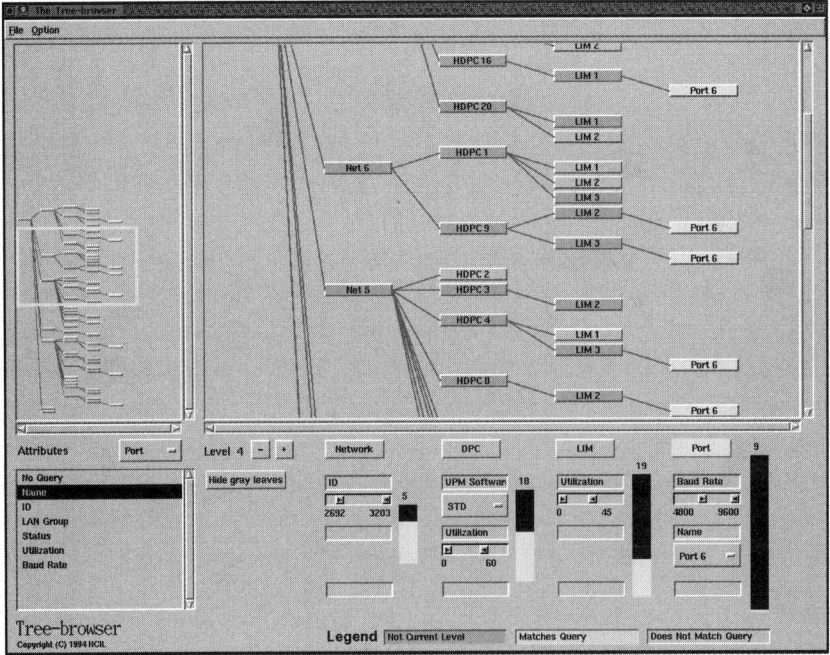

Abb. 15.13: Das Programm PDQ TreeBrowser ermöglicht Abschneiden von Knoten auf jeder
Ebene eines Verzweigungsbaums. Ein Benutzer hat einen Baum mit 1.100 Knoten
eines Satellitennetzwerks mit Schiebern für dynamische Anfragen auf vier Ebenen
beschnitten; nur neun mögliche Ports (Endknoten) verbleiben im Ergebnissatz
(Kumar et al., 1997).

15.4.7 Netzwerkdaten

Manchmal können Beziehungen unter Items nicht einfach mit einer Verzwei-
gungsstruktur erfasst werden, und Items müssen mit einer beliebigen Anzahl
anderer Items verbunden werden können. Wenn auch viele Spezialfälle von Netzwerken existieren (azyklische, Gitter, verwurzelte gegenüber nichtverwurzelten,
gerichtete gegenüber ungerichteten), ist es doch sinnvoll, sie alle als einen Datentyp anzusehen. Zusätzlich zur Ausführung der grundlegenden Aufgaben mit den
Items und ihren Verbindungen wollen Netzwerknutzer häufig wissen, welches die
kürzesten und billigsten Pfade zwischen zwei Items oder durch das gesamte Netzwerk hindurch sind. Darstellungen mit der Benutzeroberfläche sind ein Knoten/
Verbindungsdiagramm und eine quadratische Matrix von Items mit dem Wert
eines Verbindungsattributes in einer Zeile und Spalten, die eine Verbindung repräsentieren.

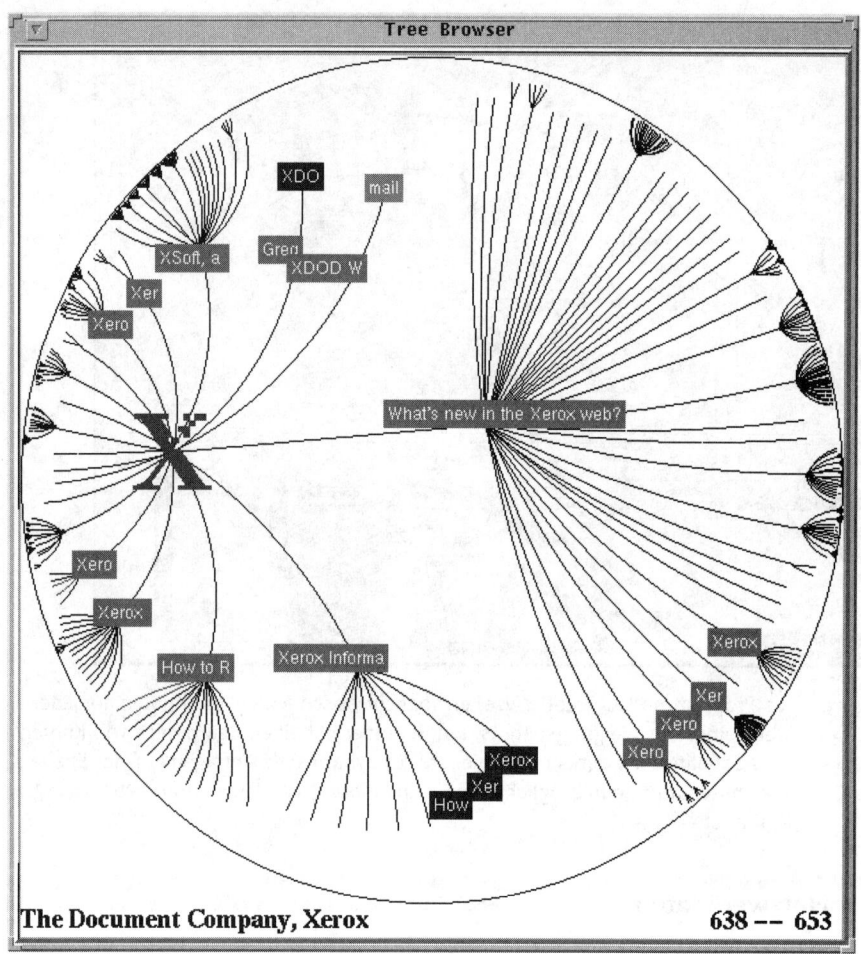

Abb. 15.14: Ein hyperbolischer Baumbrowser, mit dem man 10 bis 30 Knoten nahe am Zentrum deutlicher sieht. Die Zweige werden graduell reduziert, je näher sie an die Peripherie kommen. Diese Anzeigetechnik garantiert, dass große Bäume einer festen Bildschirmgröße angepasst werden können. Wenn der Fokus auf die Knoten verlagert wird, wird die Anzeige laufend aktualisiert, was zu einer zufriedenstellenden Animation führt. Orientierungspunkte oder andere Merkmale können eingeführt werden, um Fehlorientierung bei der Bewegung zu vermindern (Lamping, Rao et al., 1995) (Mit Erlaubnis von InXight Software, Palo Alto, Kalifornien).

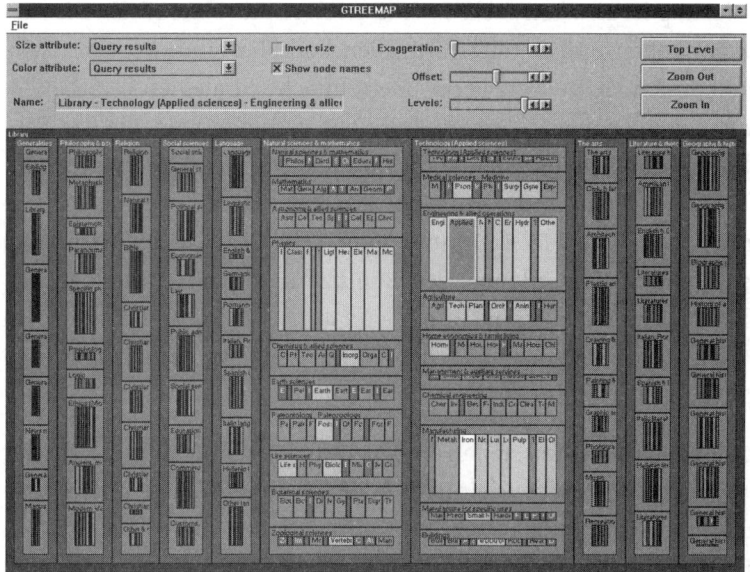

Abb. 15.15: Die ersten drei Ebenen des Dewey Decimal System zeigt eine
Verzweigungsbaumkarte, in der die Größe für die Anzahl von Büchern steht, die in
jeder der 1.000 Kategorien stehen. Farben geben die Benutzungshäufigkeit an,
dunkle Farben häufige Benutzung und hellere geringere Benutzung. Implementiert
durch Marko Teittinen am Human-Computer Interaction Laboratory der Universität
von Maryland

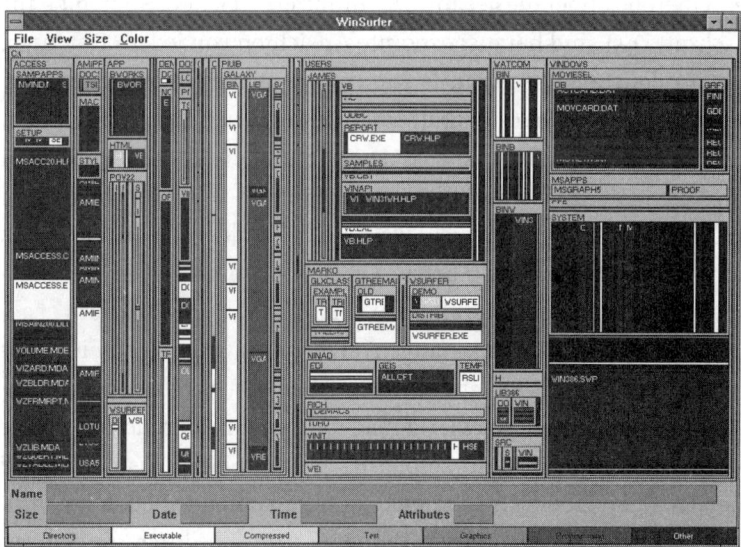

Abb. 15.16: Verzweigungsbaum von Winsurfer zeigt seine 4.900 Dateien auf einer Festplatte
auf verschiedenen Ebenen. Die Fläche ist proportional zur Dateigröße und die
Farbe zum Dateityp. Bewegung des Cursors über eine Fläche erzeugt unten eine
sofortige Anzeige der Attributwerte. Entwickelt von Marko Teittinen am Human-
Computer Interaction Laboratory der Universität von Maryland

Netzwerkvisualisierung ist eine alte, aber immer noch nicht vollkommene Fertigkeit, weil die Beziehungen und Benutzeraufgaben komplex sind. Kommerzielle Programmpakete können kleine Netzwerke oder einfache Strategien verarbeiten, wie Netmaps Layout von Knoten auf einem Kreis mit Verbindungen, die das Zentrum kreuz und quer durchziehen. Man kann spezialisierte Visualisierungen entwerfen, die für eine bestimmte Aufgabe effektiver sind, wie etwa ein Netzwerkdiagramm, das starke Telefonnutzung an Feiertagen anzeigt (Farbtafel B6). Ein fortschrittlicher Ansatz erlaubte den Benutzern, in ein Netzwerk zu fliegen und die Visualisierung zu steuern (Fairchild et al., 1988). Neues Interesse an diesem Thema kam durch Versuche auf, das World Wide Web zu visualisieren (Andrews, 1995; Hendley et al., 1995).

Die diskutierten sieben Datentypen stellen eine Abstraktion der Realität dar. Es gibt viele Variationen dieser Themen (zweieinhalb- oder vierdimensionale Daten, Vielfachbäume), und viele Prototypen benutzen Kombinationen dieser Datentypen. Diese Gliederung ist nur dann brauchbar, wenn sie die Diskussion erleichtert und zu brauchbaren Entdeckungen führt. Wir können verpasste Möglichkeiten entdecken, wenn wir Aufgaben und Datentypen tiefgehend betrachten.

15.4.8 Die Übersichtsaufgabe

Wir können einen Überblick über die gesamte Sammlung erreichen. Strategien für Übersichten (Abschnitt 13.5) sind herausgezoomte Ansichten von jedem Datentyp, die dem Benutzer ermöglichen, die gesamte Sammlung neben einer zusätzlichen Detailansicht zu sehen. Der Überblick enthält einen beweglichen Sichtfeldrahmen, mit dem Benutzer die Inhalte der Detailansicht steuern und die Zoomfaktoren von 3 bis 30 zulassen. Durch Wiederholung dieser Strategie mit mittleren Ansichten können noch größere Zoomfaktoren erreicht werden. Ein anderer beliebter Ansatz ist die sogenannte Fischaugenstrategie (Furnas, 1986), die am häufigsten bei Netzwerksuchen angewendet wird (Abb. 15.17) (Sarkar und Brown, 1994; Bartram et al., 1995; Schaffer et al., 1996). Die Fischaugenverzerrung vergrößert ein oder mehrere Bereiche auf dem Bildschirm, aber in Prototypen gibt es nur etwa 5 Zoomstufen. Obwohl Abfragesprachen es schwierig machten, einen Überblick über eine Sammlung zu bekommen, bieten Benutzeroberflächen mit einer Visualisierung von Informationen manche Übersichtsstrategie an oder sollten es jedenfalls tun. Man schaue zusätzlich nach Navigationswerkzeugen, um sich durch die Sammlung durchzuarbeiten.

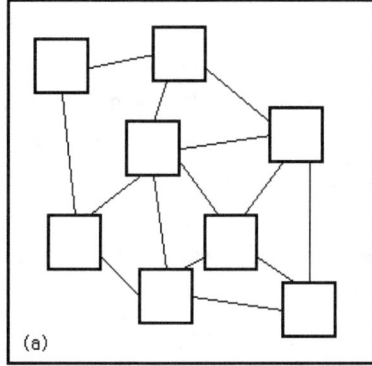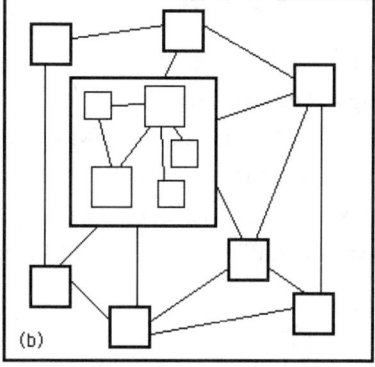

Abb. 15.17: Eine Fischaugenansicht bzw. variables Zoomen auf ein hierarchisches Netzwerkdiagramm. Diese Techniken können dazu beitragen, die Aufmerksamkeit auf Details zu richten, wobei der Kontext erhalten bleibt. (a) Ein zentraler Knoten wurde zum Zoomen ausgewählt. (b) Der Knoten wird mit einem Zoomfaktor 3 erweitert, wodurch fünf Knoten der nächsten Ebene freigelegt werden (Schaffer et al., 1996).

15.4.9 Die Zoomaufgabe

Man kann interessante Items herauszoomen. Benutzer interessieren sich üblicherweise nur für einen Teil einer Sammlung und brauchen daher Werkzeuge, um Zoomfokus und -faktor zu steuern. Leichtes Zoomen hilft Benutzern, ihren Sinn für Lage und Kontext zu bewahren (Schaffer et al., 1996). Ein Benutzer kann auf einer Dimension durch Bewegung eines Zoomschiebers oder durch Größenänderung des Sichtfeldrahmens zoomen. Eine befriedigende Zoommethode besteht darin, auf eine Stelle zu weisen und einen Zoombefehl üblicherweise mit gedrückter Maustaste auszugeben (Bederson und Hollan, 1993). Zoomen in einer Dimension erwies sich bei Streufeldanzeigen als nützlich (Jog und Shneiderman, 1995).

15.4.10 Filteraufgabe

Man kann uninteressante Items herausfiltern. Dynamische Abfragen von Items in der Sammlung gehören zu den Kernideen der Informationsvisualisierung (Ahlberg et al., 1992; Williamson und Shneiderman, 1992; Kumar et al., 1997). Wenn die Benutzer die Inhalte auf dem Bildschirm steuern, können sie sich schnell auf ihre Interessen konzentrieren, indem sie unerwünschte Items ausschalten. Das Ziel ist die schnelle Aktualisierung einer Bildschirmanzeige (weniger als 100 Millisekunden) mit Schiebern, Tasten und anderen Steuerwerkzeugen selbst bei Zehntausenden von angezeigten Items.

15.4.11 Details nach Bedarf

Man kann ein Item oder eine Gruppe auswählen, um Details zu erhalten. Sobald eine Sammlung auf ein paar Dutzend Items reduziert wurde, sollte es einfach sein, nach Details über die Gruppe oder individuelle Item Items zu suchen. Der übliche Ansatz besteht darin, einfach auf ein Item zu klicken, um ein Pop-up-Fenster mit Werten für jedes der Attribute zu bekommen. Bei Spotfire (Farbtafel B5) kann das Fenster für Details nach Bedarf HTML-Text mit Links zu weiterer Information enthalten.

15.4.12 Beziehungen

Man kann Beziehungen unter den Items betrachten. Im Fenster für Details nach Bedarf in *FilmFinder* (Ahlberg und Shneiderman, 1994) konnten die Benutzer ein Attribut auswählen – wie etwa den Regisseur – und am entsprechenden Schieber den Namen eines bestimmten Regisseurs einstellen, um dann nur Filme dieses Regisseurs anzeigen zu lassen. In ähnlicher Weise können die Benutzer in *SDM* (Chuah et al., 1995) ein Item auswählen und dann die Items mit ähnlichen Attributen hervorheben. In *LifeLines* (Farbtafel B3) (Plaisant et al., 1996) können die Benutzer auf eine medizinische Behandlung klicken und den entsprechenden Besuchsbericht, Verschreibungen und Laboruntersuchungsergebnisse ansehen. Es ist immer noch eine Herausforderung, Aktionen auf der Benutzeroberfläche zu entwerfen, die spezifizieren sollen, um welche Beziehung es geht. Der *Influence Explorer* (Tweedie et al., 1996) betont die Erkundung von Beziehungen unter Attributen. *Table Lens* (Abb. 15.11) versucht, Korrelationen unter Paaren von numerischen Attributen zu finden (Rao und Card, 1994).

15.4.13 Aufzeichnung des Ablaufs

Man kann den Ablauf von Aktionen aufzeichnen, um damit Annullieren, Wiederholung und fortlaufende Verfeinerung zu ermöglichen. Es kommt selten vor, dass eine einzelne Benutzeraktion zum gewünschten Ergebnis führt. Aufspüren von Information ist an sich ein Prozess mit vielen Schritten, so dass es wichtig ist, den Ablauf der Aktionen aufzuzeichnen, und damit den Benutzern zu ermöglichen, ihre Schritte zurückzuverfolgen. Jedoch kommen die meisten Prototypen dieser Anforderung nicht richtig nach. Vielleicht geben sie den gegenwärtigen Status der grafischen Benutzeroberfläche wieder, aber die Entwickler täten besser daran, Informationsabrufsysteme zu modellieren, die üblicherweise die Suchreihenfolge bewahren, so dass die Suchvorgänge kombiniert oder verfeinert werden können.

15.4.14 Extrahierungen

Man kann Extrahierungen von untergeordneten Sammlungen und von Abfrageparametern zulassen. Sobald die Benutzer das gewünschte Item oder die Gruppe von Items bekommen haben, sollten sie diese extrahieren und in eine Datei in einem Format abspeichern können, das wiederum die Weiterverarbeitung wie das Versenden von E-Mail, Ausdrucken, Plotten oder Einsetzen in eine Statistik oder Präsentation erleichtert. Als Alternative zum Speichern der Items könnten sie auch den Rahmen für die Steuerelemente speichern, versenden oder ausdrucken wollen. Nur wenige Prototypen ermöglichen solche Aktionen, obwohl Roths jüngste Arbeit an *Visage* eine elegante Möglichkeit bietet, Items zu extrahieren und sie einfach in das nächste Anwendungsfenster zu ziehen (Roth et al., 1996).

Die Attraktivität visueller Bildschirmanzeigen besteht im Vergleich zu Textanzeigen darin, dass sie von der bemerkenswerten menschlichen Aufnahmefähigkeit für visuelle Information Gebrauch machen. Mit visuellen Bildschirmanzeigen können Beziehungen durch Nähe, Verschachtelung, Verbindungslinien oder Farbkodierung verdeutlicht werden. Hervorhebungstechniken (beispielsweise Fettdruck, Aufhellen, inverses Video, Blinken, Unterstreichen oder Einrahmen) kann dazu benutzt werden, Aufmerksamkeit auf bestimmte Items in einem Feld mit Tausenden von Items zu lenken. Auf eine visuelle Anzeige zu zeigen, kann eine schnelle Auswahl ermöglichen. Auge, Hand und Gehirn scheinen locker zu arbeiten, wenn Benutzer Aktionen auf visuellen Bildschirmanzeigen ausführen.

15.5   Fortgeschrittenes Filtern

Benutzer haben sehr unterschiedlichen Bedarf an Filtermöglichkeiten. Der Ansatz dynamischer Anfragen mit Schiebern an numerischen Skalen, Alphaslider für Namen oder Kategorien oder Tasten für kleine Gruppen von Kategorien ist für viele Benutzer bei vielen Aufgaben geeignet (Shneiderman, 1994). Dynamische Anfragen könnten auch als Anfragen mit dynamischer Steuerung bezeichnet werden, da sie die gleichen Konzepte der visuellen Bildschirmanzeige von Aktionen (die Schieber oder Tasten) und Objekten (die Abfrageergebnisse in der Anzeige der Aufgabendomäne) aufweisen sowie schnelle, inkrementelle und reversible Aktionen und eine augenblickliche Anzeige der Reaktion zeigen (in weniger als 100 Millisekunden). Zusätzliche Vorteile bestehen in der Verhinderung von Syntaxfehlern und einem Ansporn zur Erkundung.

Dynamische Anfragen können globale Eigenschaften aufdecken als auch Benutzer bei der Beantwortung spezieller Fragen unterstützen. Wenn die Datenbank wächst, ist es schwieriger, die Bildschirmanzeige schnell genug zu aktualisieren, und spezialisierte Datenstrukturen oder parallele Berechnungen werden erforderlich. Dynamische Anfragen haben Aufmerksamkeit erregt, obwohl viele Probleme von Benutzeroberflächen bleiben. Beispielsweise müssen wir noch entdecken, wie folgende Aufgaben auszuführen sind:

- Wähle eine Reihe von Schiebern aus einem großen Satz von Attributen aus.
- Spezifiziere »größer als«, »kleiner als« oder »größer und kleiner als«.
- Arbeite mit Booleschen Kombinationen von Schieberanordnungen.
- Wähle unter Hervorhebungen durch Farbe, Punkte oder Licht, durch Regionen, Blinken usw.
- Bearbeite auch Zehntausende von Punkten.
- Lasse Kriterien der Gewichtung zu.

Die dynamische Anfrage an ein Verzeichnis chemischer Elemente wurde bei einem empirischen Vergleich auf einer Schnittstelle mit Formulareingabe getestet (Ahlberg et al., 1992). Der Test mit 18 Chemiestudenten zeigte starke Vorteile bei den dynamischen Anfragen in Bezug auf schnellere Ausführung und geringere Fehlerquoten (Ahlberg et al., 1992).

Kommerzielle Informationsabrufsysteme wie *DIALOG* oder *FirstSearch* lassen komplexe Boolesche Ausdrücke mit Klammern zu, aber ihre Verbreitung wurde durch ihren schwierigen Gebrauch gehemmt. Vielfältige Vorschläge sind zur Minderung der Belastung, komplexe Boolesche Ausdrücke spezifizieren zu müssen, gemacht worden (Reisner, 1988). Ein Teil der Konfusion beruht auf einem formlosen Sprachgebrauch, bei dem etwa eine Anfrage wie »Liste alle Angestellten auf, die in New York und Boston wohnen« zu einer leeren Liste führen würde. Denn das »und« würde als eine Schnittmenge interpretiert werden, und nur Angestellte, die in beiden Städten wohnen, wären Treffer. Ein »und« erweitert üblicherweise die Optionen. Bei Booleschen Ausdrücken wird »UND« dazu benutzt, einen Datensatz auf eine Schnittmenge von zwei anderen einzugrenzen. Umgekehrt ist im Satz »Ich hätte gern russisches oder italienisches Salatdressing« das »oder« ausschließend, d.h. Sie wollen das eine oder das andere, aber nicht beides. Bei Booleschen Ausdrücken ist ein »ODER« einschließend und wird dazu benutzt, einen Datensatz zu erweitern.

Der Wunsch nach *vollständigen Booleschen Ausdrücken* einschließlich verschachtelter Klammern und NICHT-Operatoren führte zu neuartigen Anfragespezifizierungen. *Venn-Diagramme* (Michard, 1982) und *Entscheidungstabellen* (Greene et al.,

1990) wurden benutzt, aber diese Darstellungen werden schwerfällig, sobald die Komplexität der Anfrage zunimmt. Um komplexe Boolesche Ausdrücke mit einer grafischen Spezifizierung willkürlich zu unterstützen, wendeten wir das Modell von Wasser an, das von links nach rechts durch eine Reihe von Filtern fließt, wobei jeder Filter nur die geeigneten Dokumente durchlässt und die Fließpfade »UND« oder »ODER« anzeigen (Young und Shneiderman, 1993).

Bei diesem Filterflussmodell werden UNDs als eine lineare Reihe von Filtern dargestellt, also als aufeinander folgende Anwendung geforderter Kriterien. Wenn der Datenfluss durch die Filter strömt, wird er reduziert, und die sichtbare Reaktion ist ein schmalerer Wasserstrom. In Abb. 15.18(a) läuft eine Zeitschriftendatenbank mit 6.741 Artikeln durch das Filter »Datum«, und die Hälfte der Artikel erfüllt die Datumsanforderungen 94-97 (1994 – 1997). Nur etwa ein Viertel dieser Artikel gelangt durch das Filter »Sprache«, das nach Englisch ODER Französisch auswählt. Die Benutzer können auch ODER auf Attribute anwenden, so dass Filter in parallelen Flüssen liegen (Abb. 15.18b). Wenn die parallelen Flüsse konvergieren, gibt die Breite die Größe der vereinigten Dokumentensätze wieder.

Ausschluss wird durch einen NICHT-Operator gesteuert. Er verwandelt alle angewählten Items zu einem Filter (Fig. 15.18b). In dem Beispiel kann durch NICHT 91 etwa 80 % der Artikel durch das Filter »DATUM« gelangen. Bündelung von Filtern und Flüssen (mit einen herein und einem heraus fließenden Strom) können zu einem einzelnen benannten Filter gemacht werden. Eine Bildung von Bündeln stellt sicher, dass die komplette Anfrage sofort auf dem Bildschirm angezeigt werden kann, und ermöglicht, dass bezeichnete Bündel in einer Bibliothek zum späteren Wiedergebrauch gespeichert werden.

Es konnte gezeigt werden, dass der Filterfluss-Ansatz Anfängern und periodischen Benutzern hilft, komplexe Boolesche Ausdrücke zu spezifizieren und Boolesche Konzepte zu lernen. Eine Brauchbarkeitsstudie wurde mit 20 Testpersonen durchgeführt, die kaum Erfahrung mit Boolescher Algebra hatten. Der Prototyp einer Benutzeroberfläche mit Filter-Fluss wurde von allen 20 Testpersonen der Benutzeroberfläche mit Text vorgezogen, und es ergaben sich statistisch signifikante Vorteile bei Verständnis- und Zusammenstellungsausgaben.

Eine andere Form des Filterns besteht darin, eine Anzahl von benutzerdefinierten Schlüsselwörtern auf dynamisch generierte Information anzuwenden wie etwa ankommende E-Mail, Zeitungsartikel oder wissenschaftliche Veröffentlichungen (Belkin und Croft, 1992). Die Benutzer erzeugen und speichern ihre Profile, die jedes Mal, wenn ein neues Dokument erscheint, geprüft werden. Benutzern kann per E-Mail bekannt gegeben werden, dass ein relevantes Dokument erschienen ist oder die Ergebnisse können einfach in einer Datei gesammelt werden, bis die Benutzer sie sichten. Diese Ansätze sind eine moderne Version einer traditionellen Informationsabrufstrategie, der selektiven Verbreitung von Information (*selective dissemination of information – SDI*), die in den frühen Tagen der Verbreitung von Dokumentsammlungen über Magnetbänder benutzt wurde. Weiter ausgebaute Strategien für einen Gebrauch benutzerdefinierter Sätze von Schlüsselwörtern sind die latente semantische Indexierung, der Gebrauch von Thesauri zur Suche von engeren und weiteren Ausdrücken sowie grammatische Techniken in natürlicher Sprache (Foltz und Dumais, 1992). Die Benutzung dieser Strategien und Daten über Ausdruckshäufigkeit können Auflistungen nach der Relevanz abgerufener Dokumente erzeugen, die viele Benutzer ansprechen und erfolgreich eine Wiederholung und Genauigkeit von Suchaktionen steigern. Eine Reihe von Tagungen über Textabrufe (*text-retrieval conferences* – TREC), die von Donna Harman vom National Institute for Standards and Technology (http://potomac.ncsl.nist.gov/ TREC) organisiert werden, ermöglichte Entwicklern von Forschungs- und kommerziellen Produkten, ihre Strategien mit einer großen Testsammlung von Textdokumenten zu vergleichen.

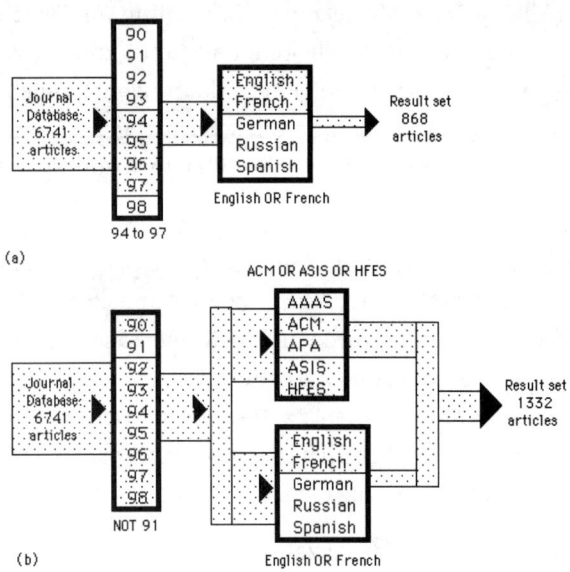

Abb. 15.18: a) Filterfließschema für die Anfrage (Datum zwischen 94 und 97) UND (Sprache ist Englisch ODER Französisch)
b) Filterfließschema für die Anfrage (Datum NICHT 91) UND (Verlag ist ACM ODER ASIS ODER HFES) ODER (Sprache ist Englisch ODER Französisch)

Eine soziale Form des Filterns ist das sogenannte *collaborative filtering*, bei dem Gruppen von Benutzern ihre Evaluierungen miteinander kombinieren, um einander dabei behilflich zu sein, interessante Items in einer großen Dokumentsammlung zu finden (Resnick et al., 1994). Jeder Benutzer überprüft Dokumente im Hinblick auf sein bzw. ihr Interesse. Danach kann das System ungelesene Artikel vorschlagen, die dem Interesse des Benutzers nahekommen, was durch Übereinstimmung mit den Interessen anderer Leute bestimmt wurde. Diese Methode kann natürlich auch auf Filme, Musik, Restaurants usw. angewendet werden. Wenn Sie beispielsweise sechs Restaurants hoch einstufen, wird das Programm Ihnen weitere Restaurants anbieten, die von Leuten hoch bewertet wurden, die Ihre sechs Restaurants auch mochten. Diese Strategie ist sehr ansprechend, und Dutzende von Systemen wurden für Organisationsdatenbanken, Nachrichtendateien, Musikgruppen und Webseiten entwickelt.

15.6 Zusammenfassung für den Praktiker

Verbesserte Benutzeroberflächen für traditionelle Datenbankanfragen und die Such von Text- oder Multimediadokument wird zu ansprechenden neuen Produkten führen. Flexible Anfragen an komplexe Text-, Ton-, Grafik-, Bild- und Videodatenbanken kommen auf. Neuartige grafische und direkt manipulative Ansätze für Anfrageformulierung und Informationsvisualisierung sind jetzt möglich. Während Forschungsprototypen üblicherweise nur mit einem Datentyp arbeiteten (ein-, zwei- und dreidimensionale Daten, zeitliche und multidimensionale Daten, Verzweigungsbaum und Netzwerkdaten), müssen erfolgreiche kommerzielle Produkte mehrere unterbringen. Diese Produkte müssen leicht in existierende Software integrierbar sein und die komplette Aufgabenliste bedienen können: Übersicht, Zoomen, Filtern, Details nach Bedarf, Beziehungen, Ablauf und Extrahieren. Diese Methoden sind attraktiv, weil sie schnell Informationen anbieten und benutzergesteuerte Erkundung ermöglichen. Wenn sie alle vollständig effektiv sind, werden wir nach fortgeschrittenen Datenstrukturen, hochauflösenden Farbanzeigen, schnellem Datenabruf und neuartigen Formen des Benutzertrainings verlangen. Viele Benutzeroberflächen zur Spezifizierung des fortgeschrittenen Filterns werden erstellt und eignen sich zur Prüfung für den kommerziellen Einsatz.

15.7 Ausblick für die Forschung

Obwohl der Computer zur Informationsexplosion beiträgt, ist er potenziell das Magische Auge zum Auffinden, Sortieren, Filtern und Darstellen relevanter Items. Die Suche in komplex strukturierten Dokumenten, Grafiken, Bildern, Tondokumenten oder Videos bietet große Möglichkeiten für das Design fortgeschrittener Benutzeroberflächen und leistungsfähiger Suchmaschinen, um die Nadeln im Heuhaufen und den Wald hinter den Bäumen zu finden. Die neuartigen Informationserkundungswerkzeuge wie dynamische Anfragen, Verzweigungsbaumkarten, Fischaugenansichten, parallele Koordinaten, Streudiagramme und perspektivische Mauern sind nur einige der Erfindungen, die noch von den Erforschern von Benutzeroberflächen erfasst und bewertet werden müssen. Eine bessere Integration der Wahrnehmungspsychologie (um vorbewusste Prozesse und die Wirkung verschiedener Codierungs- und Hervorhebungstechniken zu verstehen) und der kommerziellen Entscheidungsfindung (um Aufgaben und Verfahren ausfindig zu machen, die in realistischen Situationen auftreten) ist ebenso notwendig wie theoretische Grundlagen und praktische Bezugspunkte, um unter den unterschiedlichen aufkommenden Visualisierungstechniken auszuwählen. Empirische Untersuchungen können dabei helfen, spezifische Situationen zu erkennen, in denen Visualisierung am meisten nützt. Schließlich erleichterten Softwarewerkzeuge zum Aufbau innovativer Visualisierungen den Erkundungsprozess.

World Wide Web

Suchmaschinen wie Altavista, Excite, Infoseek und Lycos bieten bemerkenswerten, aber noch ausbaufähigen Zugang zum World Wide Web. Andere Themen zu Informationsabruf wie *collaborative filtering*, Dokumentzusammenfassung und Indexierungsmethoden werden behandelt. Werkzeuge zur Visualisierung von Information werden effektiver und für einen größeren Bereich von Aufgaben einsetzbar.

```
http://www.aw.com/DTUI
```

Quellen

Ahlberg, Christopher & Shneiderman, Ben, Visual information seeking: Tight coupling of dynamic query filters with starfield displays, *Proc. CHI '94 Conference: Human Factors in Computing Systems,* ACM, New York (1994), 313–321 und Farbtafeln.

Ahlberg, Christopher & Shneiderman, Ben, AlphaSlider: A compact and rapid selector, *Proc. of ACM CHI '94 Conference Human Factors in Computing Systems,* ACM, New York (1994), 365–371.

Ahlberg, Christopher, Williamson, Christopher, & Shneiderman, Ben, Dynamic queries for information exploration: An implementation and evaluation, *Proc. ACM CHI '92: Human Factors in Computing Systems*, ACM, New York (1992), 619–626.

Ahlberg, Christopher & Wistrand, Erik, IVEE: An information visualization and exploration environment, *Proc. IEEE Information Visualization '95*, IEEE Computer Press, Los Alamitos, CA (1995), 66–73.

Andrews, Keith, Visualising cyberspace: Information visualisation in the Harmony internet browser, *Proc. IEEE Information Visualization '95*, IEEE Computer Press, Los Alamitos, CA (1995), 97–104.

Asahi, T., Turo, D., & Shneiderman, B., Using treemaps to visualize the analytic hierarchy process, *Information Systems Research*, 6, 4 (Dezember 1995), 357–375.

Bartram, Lyn, Ho, Albert, Dill, John, & Henigman, Frank, The continuous zoom: A constrained fisheye technique for viewing and navigating large information spaces, *Proc. User Interface Software and Technology '95*, ACM, New York (1995), 207–215.

Becker, Richard A., Eick, Stephen G., & Wilks, Allan R. Visualizing network data, *IEEE Transactions on Visualization and Computer Graphics*, 1, 1 (März 1995), 16–28.

Bederson, Ben B. & Hollan, James D., PAD++: A zooming graphical user interface for exploring alternate interface physics, *Proc. User Interfaces Software and Technology '94* (1994), 17–27.

Belkin, Nick J. & Croft, W. Bruce, Information filtering and information retrieval: Two sides of the same coin?, *Communications of the ACM*, 35, 12 (1992), 29–38.

Bertin, Jacques, *Semiology of Graphics*, University of Wisconsin Press, Madison, WI (1983).

Borgman, Christine, L., Why are online catalogs hard to use? Lessons learned from information-retrieval studies, *Journal of the American Society for Information Science*, 37, 6 (1986), 387–400.

Card, Stuart K., Robertson, George G., & York, William, The WebBook and the WebForager: An information workspace for the World-Wide Web, *Proc. CHI' 96 Conference: Human Factors in Computing Systems*, ACM, New York (1996), 111–117.

Carriere, Jeremy & Kazman, Rick, Interacting with huge hierarchies: Beyond cone trees, *Proc. IEEE Information Visualization '95*, IEEE Computer Press, Los Alamitos, CA (1995), 74–81.

Chimera, Richard, Value bars: An information visualization and navigation tool for multiattribute listings, *Proc. CHI '92 Conference: Human Factors in Computing Systems,* ACM, New York (1992), 293–294.

Chimera, Richard & Shneiderman, Ben, Evaluating three user interfaces for browsing tables of contents, *ACM Transactions on Information Systems,* 12, 4 (October 1994), 383–406.

Chuah, Mei C., Roth, Steven F., Mattis, Joe, & Kolojejchcik, John, SDM: Malleable Information Graphics, *Proc. IEEE Information Visualization '95,* IEEE Computer Press, Los Alamitos, CA (1995), 66–73.

Cleveland, William, *Visualizing Data,* Hobart Press, Summit (1993).

Egan, Dennis E., Remde, Joel R., Gomez, Louis M., Landauer, Thomas K., Eberhardt, Jennifer, and Lochbum, Carol C., Formative design-evaluation of SuperBook, *ACM Transactions on Information Systems,* 7, 1 (Januar 1989), 30–57.

Egenhofer, Max & Richards, J., Exploratory access to geographic data based on the map-overlay metaphor, *Journal of Visual Languages and Computing,* 4, 2 (1993), 105–125.

Eick, Stephen G., Steffen, Joseph L., & Sumner, Jr., Eric E., SeeSoft: A tool for visualizing line-oriented software statistics, *IEEE Transactions on Software Engineering,* 18, 11 (1992) 957–968.

Eick, Stephen G. & Wills, Graham J., Navigating large networks with hierarchies, *Proc. IEEE Visualization '93 Conference* (1993), 204–210.

Fairchild, Kim M., Poltrock, Steven E., & Furnas, George W., SemNet: Three-dimensional representations of large knowledge bases. In Guindon, Raymonde (Hrsg), *Cognitive Science and its Applications for Human–Computer Interaction,* Lawrence Erlbaum, Hillsdale (1988), 201–233.

Fishkin, Ken & Stone, Maureen C., Enhanced dynamic queries via movable filters, *Proc. CHI' 95 Conference: Human Factors in Computing Systems,* ACM, New York (1995), 415–420.

Foltz, Peter W. & Dumais, Susan T., Personalized information delivery: An analysis of information filtering methods. *Communications of the ACM,* 35, 12 (1992), 51–60.

Furnas, George W., Generalized fisheye views, *Proc. CHI' 86 Conference: Human Factors in Computing Systems,* ACM, New York (1986), 16–23.

Goldstein, Jade & Roth, Steven F., Using aggregation and dynamic queries for exploring large data sets, *Proc. CHI' 95 Conference: Human Factors in Computing Systems,* ACM, New York (1995), 23–29.

Greene, S. L., Devlin, S. J., Cannata, P. E., & Gomez, L. M., No IFs, ANDs, or ORs: A study of database querying, *International Journal of Man–Machine Studies,* 32, (März 1990), 303–326.

Hendley, R. J., Drew, N. S., Wood, A. S., Narcissus: Visualizing information, *Proc. IEEE Information Visualization '95,* IEEE Computer Press, Los Alamitos, CA (1995), 90–96.

Humphrey, Susanne M. & Melloni, Biagio John, *Databases: A Primer for Retrieving Information by Computer,* Prentice-Hall, Englewood Cliffs, NJ (1986).

Inselberg, Alfred, The plane with parallel coordinates, *The Visual Computer,* 1, (1985), 69–91.

Jarke, M., & Vassiliou, Y., A framework for choosing a database query language, *ACM Computing Surveys,* 11, 3 (1986), 313–340.

Jerding, Dean F. & Stasko, John T., The information mural: A technique for displaying and navigating large information spaces, *Proc. IEEE Information Visualization '95,* IEEE Computer Press, Los Alamitos, CA (1995), 43–50.

Jog, Ninad & Shneiderman, Ben, Information visualization with smooth zooming on an starfield display *Proc. Visual Databases 3* (März 1995), 1–10.

Johnson, Brian, & Shneiderman, Ben, Tree-maps: A space-filling approach to the visualization of hierarchical information structures, *Proc. IEEE Visualization '91,* IEEE, Piscataway, NJ (1991), 284–291.

Keim, D. A. & Kriegal, H., VisDB: Database exploration using multidimensional visualization, *IEEE Computer Graphics and Applications* (September 1994), 40–49.

Kim, H. J., Korth, H. F., & Silberschatz, A., PICASSO: A graphical query language, *Software: Practice and Experience,* 18, 3 (1988), 169–203.

Koenemann, Juergen & Belkin, Nicholas, A case for interaction: A study of interactive information retrieval behavior and effectiveness, *Proc. CHI '96 Human Factors in Computing Systems,* ACM Press, New York (1996), 205–212.

Korfhage, Robert, To see or not to see: Is that the query?, *Communications of the ACM,* 34 (1991), 134–141.

Kumar, Harsha, Plaisant, Catherine, & Shneiderman, Ben, Browsing hierarchical data with multi-level dynamic queries and pruning, *International Journal of Human–Computer Studies,* 46, 1 (Januar 1997), 103–124.

Lamping, John, Rao, Ramana, & Pirolli, Peter, A focus + context technique based on hyperbolic geometry for visualizing large hierarchies, *Proc. of CHI '95 Conference: Human Factors in Computing Systems,* ACM, New York (1995), 401–408.

Laurini, R. & Thompson, D., *Fundamentals of Spatial Information Systems,* Academic Press, New York (1992).

Marchionini, Gary, *Information Seeking in Electronic Environments,* Cambridge University Press, UK (1995).

Marchionini, Gary & Shneiderman, Ben, Finding facts and browsing knowledge in hypertext systems, *IEEE Computer,* 21, 1 (Januar 1988), 70–80.

Mark, Leo, A graphical query language for the binary relationship model, *Information Systems,* 14, 3 (1989), 231–246.

McCormick, B., DeFanti, T, & Brown, R. (Editors), Visualization in scientific computing and computer graphics, *ACM SIGGRAPH,* 21, 6 (November 1987).

Michard, A., A new database query language for non-professional users: Design principles and ergonomic evaluation, *Behavioral and Information Technology,* 1, 3 (Juli–September 1982), 279–288.

Mitchell, Richard, Day, David, & Hirschman, Lynette, Fishing for information on the internet, *Proc. IEEE Information Visualization '95,* IEEE Computer Press, Los Alamitos, CA (1995), 105–111.

Mukherjea, Sougata, Foley, James D., & Hudson, Scott, Visualizing complex hypermedia networks through multiple hierarchical views, *Proc. of ACM CHI '95 Conference: Human Factors in Computing Systems,* ACM, New York (1995), 331–337 und Farbtafel.

North, Chris, Shneiderman, Ben, & Plaisant, Catherine, User controlled overviews of an image library: A case study of the Visible Human, *Proc. 1st ACM International Conference on Digital Libraries* (1996), 74–82.

Pirolli, Peter, Schank, Patricia, Hearst, Marti, & Diehl, Christine, Scatter/gather browsing communicates the topic structure of a very large text collection, *Proc. of ACM CHI' 96 Conference,* ACM, New York (1996), 213–220.

Plaisant, Catherine, Rose, Anne, Milash, Brett, Widoff, Seth, & Shneiderman, Ben, LifeLines: Visualizing personal histories, *Proc. of CHI' 96 Conference: Human Factors in Computing Systems*, ACM, New York (1996), 221–227, 518.

Reisner, Phyllis, Query languages. In Helander, Martin (Editor), *Handbook of Human–Computer Interaction*, North-Holland, Amsterdam (1988), 257–280.

Rao, Ramana & Card, Stuart K., The Table Lens; Merging graphical and symbolic representations in an interactive focus + context visualization for tabular information, *Proc. CHI '94 Conference: Human Factors in Computing Systems*, ACM, New York (1994), 318–322.

Resnick, Paul, Iacovou, Neophytos, Suchak, Mitesh, Bergstrom, Peter & Riedl, John, GroupLens: An open architecture for collaborative filtering of netnews, *Proc. Conference on Computer Supported Cooperative Work '94*, ACM, New York (1994), 175–186.

Robertson, George G., Card, Stuart K., & Mackinlay, Jock D., Information visualization using 3-D interactive animation, *Communications of the ACM*, 36, 4 (April 1993), 56-71.

Robertson George G. & Mackinlay, Jock D., The document lens, *Proc. 1993 ACM User Interface Software and Technology*, ACM New York (1993), 101–108.

Roth, Steven F., Lucas, Peter, Senn, Jeffrey A., Gomberg, Cristina C., Burks, Michael B., Stroffolino, Philip J., Kolojejchick, John A. & Dunmire, Carolyn, Visage: A user interface environment for exploring information, *Proc. IEEE Information Visualization '96*, IEEE Computer Press, Los Alamitos, CA (1996), 3–12.

Salton, G., Automatic Text Processing: *The Transformation, Analysis, and Retrieval of Information by Computer,* Addison-Wesley, Reading, MA (1989).

Sarkar, Manojit & Brown, Marc H., Graphical fisheye views, *Communications of the ACM*, 37, 12 (Juli 1994), 73–84.

Schaffer, Doug, Zuo, Zhengping, Greenberg, Saul, Bartram, Lyn, Dill, John, Dubs, Shelli & Roseman, Mark, Navigating hierarchically clustered networks through fisheye and full-zoom methods, *ACM Transactions on Computer–Human Interaction*, 3, 2 (Juni 1996), 162–188.

Shneiderman, Ben, Tree visualization with tree-maps: A 2-D space-filling approach, *ACM Transactions on Graphics*, 11, 1 (Januar 1992), 92–99.

Shneiderman, Ben, Dynamic queries for visual information seeking, *IEEE Software*, 11, 6 (1994), 70–77.

Shneiderman, Ben, Brethauer, Dorothy, Plaisant, Catherine & Potter, Richard, Three evaluations of museum installations of a hypertext system, *Journal of the American Society for Information Science,* 40, 3 (Mai 1989), 172–182.

Shneiderman, Ben, Byrd, Donald, & Croft, Bruce, Clarifying search: A user-interface framework for text searches, *D-LIB Magazine of Digital Library Research* (Januar 1997), http://www.dlib.org/.

Spence, Robert & Apperley, Mark, Data base navigation: An office environment for the professional, *Behaviour & Information Technology,* 1, 1 (1982), 43–54.

Spoerri, Anslem, InfoCrystal: A visual tool for information retrieval and management, *Proc. ACM Conf. on Information and Knowledge Management* (1993), 150–157.

Tufte, Edward, *The Visual Display of Quantitative Information,* Graphics Press, Cheshire, CT (1983).

Tufte, Edward, *Envisioning Information,* Graphics Press, Cheshire, CT (1990).

Tweedie, Lisa, Spence, Robert, Dawkes, Huw, & Su, Hua, Externalising abstract mathematical models, *Proc. of CHI' 96 Conference: Human Factors in Computing Systems,* ACM, New York (1996), 406–412.

Weiland, William J. & Shneiderman, Ben, A graphical query interface based on aggregation/generalization hierarchies,, *Information Systems,* 18, 4 (1993), 215–232.

Welty, C., Correcting user errors in SQL, *International Journal of Man–Machine Studies,* 22 (1985), 463–477.

Williamson, Christopher, & Shneiderman, Ben, The Dynamic HomeFinder: Evaluating dynamic queries in a real-estate information exploration system, *Proc. ACM SIGIR '92 Conference,* ACM, New York (1992), 338–346. Reprinted in Shneiderman, B. (Editor), *Sparks of Innovation in Human–Computer Interaction,* Ablex Publishers, Norwood (1993), 295–307.

Wise, James A., Thomas, James, J., Pennock, Kelly, Lantrip, David, Pottier, Marc, Schur, Anne, & Crow, Vern, Visualizing the non-visual: Spatial analysis and interaction with information from text documents, *Proc. IEEE Information Visualization '95,* IEEE Computer Press, Los Alamitos (1995), 51–58.

Wurman, Richard Saul, *Information Anxiety,* Doubleday, New York (1989).

Young, Degi & Shneiderman, Ben, A graphical filter/flow model for Boolean queries: An implementation and experiment, *Journal of the American Society for Information Science,* 44, 6 (Juli 1993), 327–339.

Kapitel 16

Hypermedia und das World Wide Web

Langsam beginne ich, mir bewusst zu werden, dass wir etwas fast Organisches in einer neuen Art von Realität entwickeln, im Cyberspace, indem wir es aus der Information heraus erschaffen ... einen pulsierenden Datenbaum, in dem ich gern herumklettern möchte, um Ausschau nach neuem Wachstum zu halten.

Mickey Hart, Drumming at the Edge of Magic: A Journey into the Spirit of Percussion, 1990

Schau jeden Weg genau und sorgfältig an.
Versuch es so häufig, wie Du es für nötig hältst.
Dann stelle Dir selbst und nur Dir selbst allein, eine Frage ...
Hat dieser Weg ein Herz?
Wenn ja, ist der Weg gut, wenn nicht, ist er nutzlos.

Carlos Castaneda, The Teachings of Don Juan

16.1 Einführung

Im Juli 1945 schrieb Vannevar Bush, Wissenschaftsberater von Präsident Franklin Roosevelt, einen provozierenden Artikel (Bush, 1945) mit seiner Vision von wissenschaftlichen Projekten, die nach dem zweiten Weltkrieg machbar schienen. Er erkannte richtig das Problem der Informationsüberlastung und wollte Querverweise in und über Dokumente leicht ermöglichen und durchgängig machen. Sein Desktopwerkzeug zur Informationserkundung, Memex, basierte auf Mikrofilmtechnik. Memex sollte den Lesern ermöglichen, Querverweise mit den Augen zu verfolgen:

Völlig neue Formen von Enzyklopädien werden aufkommen, mit einem Netz assoziativer Pfade versehen, die durch sie hindurchlaufen, und fertig, um sie ins Memexsystem einzugeben und zu verstärken. Der Rechtsanwalt hat Mei-

nung und Entscheidungen aus seiner ganzen Erfahrung und der von
Freunden und Autoritäten zur Hand ... Es gibt dann einen neuen Beruf der
Pfadbereiter, die daran Vergnügen finden, nützliche Wege durch die enorme
Masse an üblichen Aufzeichnungen zu finden. Das Erbe des Meisters wird
nicht nur sein Beitrag zum Weltwissen, sondern für seine Schüler das
gesamte Gerüst sein, durch das sie aufgebaut wurden. (Bush, 1945)

Es brauchte 50 Jahre, um effektive, wenn auch etwas veränderte Modelle von Bushs
Vision zu schaffen. Jetzt ermöglicht Technik eine gemeinschaftliche Umgebung
für nützliches Lesen, Schreiben, Suchen, Verlinken und Kommentieren. Der Ausdruck *Hypertext* oder *Hypermedia* wurde für Netze von Knoten geprägt (auch als
Artikel, Dokumente, Dateien, Karten, Seiten, Bilder und Bildschirmseiten bezeichnet), die Information enthalten (als Text, Grafik, Video, Tondokument usw.), die
durch Links untereinander verbunden sind (auch als Zeiger, Querverweise, Zitate
bezeichnet). *Hypertext* steht üblicherweise eher für reine Textanwendungen, während *Hypermedia* andere Medien, speziell Ton und Video, einschließt. Das World
Wide Web erweitert Hypermedia zu einem riesigen Netz von Computern, in dem
Millionen von Benutzern in Sekunden Multimediamaterial aus der ganze Welt
abrufen und selbst schaffen können.

Ted Nelson prägte den Begriff *Hypertext* in den sechziger Jahren, als er über seine
universelle Bibliothek schrieb und das »*docuverse*« mit »*stretch text*«, der sich aus-
dehnt, wenn er ausgewählt wird. Nelsons Enthusiasmus und Imagination steckten
viele Leute an, die seine Computerutopien teilten. Mit weniger prachtvollen Begriffen schuf dann in den sechziger Jahren Douglas Engelbart sein *Human Augmenta-*
tion System am Stanford Research Institute, das Hypertext Zeige- und Anklick-
Funktionen, expandierende Rahmen, viele Fenster, Kooperation unter entfernten
Benutzern und die Maus vorsah (Engelbart, 1984). Parallel dazu entwickelte
Andries van Dam frühe elektronische Bücher an der Brown University mit bunter
dynamischer Grafik und dreidimensionaler Animation (Yankelovich et al., 1985;
van Dam, 1988).

Schon Mitte der achtziger Jahre hatten viele Forschungs- und kommerzielle Softwarepakete Hypertextmöglichkeiten, um schnellen Wechsel zwischen Artikeln zu
ermöglichen (Conklin, 1987; Halasz, 1988; Shneiderman und Kearsley, 1989; Nielsen, 1995). Unter den ersten Hypertextsystemen waren *NoteCards* von Xerox PARC,
KMS von Knowledge Systems, Inc., *Guide* von OWL International sowie *Hyperties*,
das an der Universität von Maryland entstand (Shneiderman, 1989) und von Cognetics Corporation in Princeton, New Jersey, kommerziell entwickelt wurde (Abb.
7.5, Abb. 12.6 und Farbtafel C1).

Hyperties war als öffentliches Werkzeug konzipiert, mit dem Autoren Hypermedia für Tausende von Lesern erstellen konnten. Es hatte getrennte Werkzeuge für Suche und Erstellung von Dokumenten. Hyperties war als eine elektronische Enzyklopädie gedacht. Jedes Dokument wurde als Artikel bezeichnet, und Querverweise wurden als hervorgehobene Textlinks und Bildkarten eingebaut. Die Idee der Enzyklopädie mit einer Sammlung von benannten Artikeln vereinfachte Akzeptanz und Navigation. In Hyperties eingebaut waren vom Autor erstellte und alphabetische Inhaltsverzeichnisse, die jeden Artikel und eine Liste für den Ablauf der Aktionen enthielt, um reversible Aktionen zu erleichtern. Der *Hyperties Browser* war eines der ersten Softwarepakete, das keine Fehlermeldungen brauchte, weil das Design den Benutzer davon abhielt, Syntaxfehler zu machen.

Ende der achtziger Jahre tauchten die ersten kommerziellen Hypertextanwendungen auf. 1987 lieferte Apple Bill Atkinsons *HyperCard System* kostenlos mit jedem Macintosh. Wenn ihre Broschüren auch Vannevar Bushs Vision zitierten, verwendete Apple den Begriff *Hypertext* bei der Beschreibung von HyperCard nicht (Abb. 16.1a-b). Apple bezog sich auf das Bild eines Kartenstapels und behauptete in seiner Onlinehilfe, dass »Sie HyperCard dazu benutzen können, Ihre eigenen Anwendungen zum Suchen, Organisieren, Präsentieren, Zusammenstellen und Anpassen von Information zu schaffen«.

Im Juli 1988 enthielt die Zeitschrift *Communications of the ACM* acht Veröffentlichungen der ersten Hypertexttagung. Drei elektronische Versionen dieser Ausgabe, zusammengestellt mit KMS, HyperCard und Hyperties (Shneiderman, 1988), wurden von der ACM an Tausende von Profis verkauft. Wir benutzten Hyperties im folgenden Jahr, um das erste kommerzielle elektronische Buch »*Hypertext Hands-On!*« herzustellen (Shneiderman und Kearsley, 1989). Hewlett-Packard benutzte Hyperties dazu, um eine elektronische Dokumentation für ihre LaserJet 4 Drucker in 15 Sprachen zu verbreiten. Dies mag die erste weltweite Verbreitung von Hypertext vor der Einrichtung des World Wide Webs gewesen sein.

Heute benutzt das World Wide Web Hypertext, um viele Millionen von Dokumenten miteinander zu verlinken. Der grundlegende hervorgehobene Textlink kann auf eine Innovation aus dem Jahre 1983 zurückgeführt werden, als Teil von *The Interactive Encyclopedia System (TIES)*, dem Forschungsvorläufer von Hyperties. Das ursprüngliche Konzept bestand darin, Menüs durch direkte Einbettung hervorgehobener Linkausdrücke in den Text zu entfernen (Koved und Shneiderman, 1986). Frühere Designs erforderten Eintippen der Codes, Auswahl aus Menülisten oder Anklicken von optisch störenden Markern im Text. Die Idee, Links in den Text zu

integrieren, wurde von Entwicklern wie Tim Berners-Lee aufgegriffen, der sogenannte »*hot spots*« 1989 in seinem Vorschlag für das World Wide Web (Berners-Lee,
1994) beschrieb.

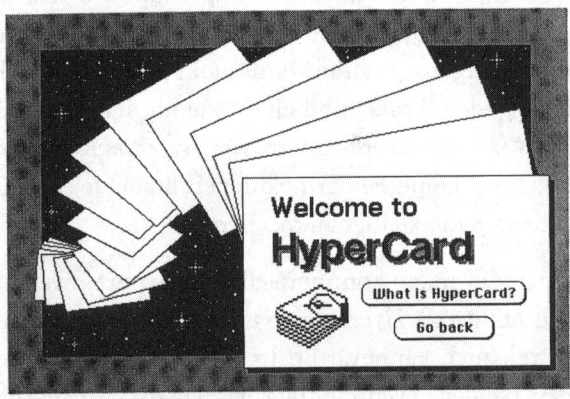

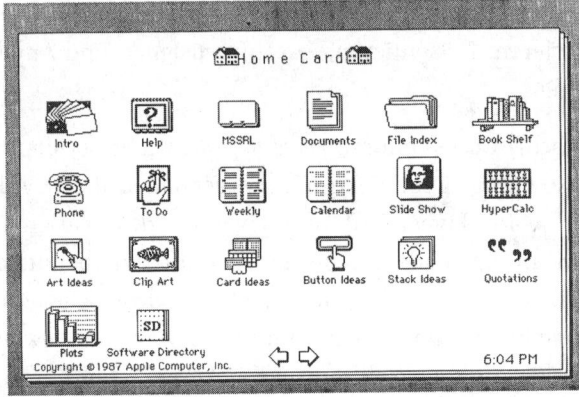

Abb. 16.1: Bildschirmanzeigen von HyperCard aus der ursprünglichen Version von 1987. Ein
Icon-Index ist unten dargestellt (Mit Erlaubnis von Apple Computer, Cupertino,
Kalifornien)

Andere Eigenschaften von Hyperties nahmen das World Wide Web schon vorweg.
Charles Kreitzberg, Whitney Quesenbery und Programmierer bei Cognetics imple-
mentierten Bildkarten, Animationen und eine Markup-Sprache, die sogenannte
Hyperties Markup Language (HTML). Sie ist dem HTML (Hypertext Markup Lan-
guage) der Webbrowser recht ähnlich. Beide basierten auf Konzepten von SGML
(Standard Generalized Markup Language), die weiterhin eine bedeutende Seitenbe-

schreibungssprache im Verlagswesen bleibt. Hyperties hatte auch eine Java-ähnliche Beschreibungssprache, durch die Prozesse an Seiten oder Links gebunden werden konnten.

Hypertext wurde mit dem Aufkommen des World Wide Web zu einem wesentlichen Element der Benutzeroberfläche. Im Web wurden die grundlegenden Visionen von Vannevar Bush, Ted Nelson und den Forschern, die sie aufgriffen, zur Realität. Manche Leute mögen dagegen halten, dass das Web nicht die Vision der frühen Hypertextpioniere aufgegriffen hat, aber die Unterschiede sind eigentlich gering, und Innovationen kommen wöchentlich hinzu.

Mit einem einfachen einzelnen Mausklick können die Benutzer zu verwandten Webseiten springen, die von Millionen von Servercomputern rund um die Welt ausgegeben werden können. Mit Grafiken, Karten, Photos, Tondokumenten und einem steigenden Anteil an Animation, die mit Java-Programmen oder VRML (*Virtual Reality Modeling Language*) erstellt wurden, ist das Web nur noch durch die Größe des Netzwerkes und die Imagination der Designer begrenzt.

16.2 Hypertext und Hypermedia

Der Sinn von Hypertext besteht darin, das es traditionellen linearen Text mit der Möglichkeit erweitert, auf vielfältige verwandte Texte zu springen. Leichtes Zurückverfolgen, anklickbare Sachverzeichnisse, Lesezeichen und andere Navigationswerkzeuge ändern die Erfahrung des Lesers ganz tiefgreifend. Für manche Zwecke kann Hypertext eine willkommene Verbesserung gegenüber linearen Papierdokumenten darstellen, aber es besteht durchaus die Gefahr, dass Springen auch zu Hyperchaos führt. Um Konfusion zu vermeiden, müssen Hypertextautoren entsprechende Projekte auswählen, ihre Artikel passend organisieren und ihren Schreibstil so anpassen, dass sie den besten Gebrauch von diesem Medium machen. Der erste Schritt zur Schaffung effektiver Hypertexte besteht darin, Projekte auszuwählen, die sich an die *Goldenen Regeln für Hypertext* (Shneiderman, 1989) halten:

1. Es gibt eine große Menge an Information, die in zahlreiche Teilstücke gegliedert ist.

2. Die Teilstücke beziehen sich aufeinander.

3. Der Benutzer benötigt jederzeit nur einen Bruchteil dieser Teilstücke.

Die zweifachen Gefahren bestehen darin, dass Hypertext bei manchen Projekten unangebracht ist und dass das Design des Hypertextes schlecht sein kann (beispielsweise zu viele Links oder eine verwirrende Struktur). Ein traditioneller Roman ist linear geschrieben, und vom Leser wird erwartet, dass er den gesamten Text vom Anfang über die Mitte bis zu Ende liest. Die meisten Gedichte, Märchen, Zeitungsartikel und sogar die Kapitel dieses Buches sind in einer linearen Form geschrieben. Natürlich sind auch Hyperromane, Hypergedichte, Hypermärchen, Hyperzeitungen und Hyperbücher möglich, aber sie erfordern kreatives Überdenken der traditionellen Formen, um den Goldenen Regeln des Hypertextes gerecht zu werden.

Schlechtes Design von Hypertext ist üblich: zu viele Links, zu lange Ketten von Links, um relevantes Material zu erreichen oder zu viele lange langweilige Artikel (Rivlin et al., 1994). Ungeeignete Inhaltsverzeichnisse oder Überblicke machen es für die Benutzer schwierig, zu erkennen, was ein Hypertext enthält. Einen Text in verlinkte Teilstücke aufzuteilen, stellt nicht unbedingt sicher, dass das Ergebnis effektiv oder attraktiv sein wird. Ebenso wie die Verwandlung eines Theaterstücks in einen Film es erforderlich macht, neue Techniken von Zoomen, Kameraschwenks, Nahaufnahmen usw. zu lernen, erfordert eine erfolgreiche Erstellung eines Hypertextes, die Möglichkeiten des neuen Mediums zu lernen (Jones und Shneiderman, 1990).

Verfechter von Hypertextsystemen beschäftigen sich häufig mit nichtlinearem Lesen, aber auch das *Schreiben* von nichtlinearen Hypertexten ermöglicht ein Gefühl für Neuheit und Abenteuer. Werkzeuge zur Erstellung von Hypertext sollten wenigstens die Punkte in dieser Liste von Aktionen und Objekten berücksichtigen:

Aktionen	Objekte
Importieren	Einen Artikel oder Verteilerknoten
Bearbeiten	Einen Link
Exportieren	Sammlungen von Artikeln oder Verteilerknoten
Drucken	Geflechte von Links
Suchen	Gesamter Hypertext

Bei der Erstellung des ersten kommerziellen Hyperbuches »*Hypertext Hands-On!*« (Shneiderman und Kearsley, 1989) standen wir zwei wesentlichen Autorenaufgaben gegenüber: die Artikel zu bearbeiten und die Links zu setzen. Hypertextsysteme sollten ein Sachverzeichnis all der Artikel bieten, die zitiert oder erstellt wurden, und sollten eine schnelle Spezifizierung der Links erlauben. Einen Ausdruck oder einen Bereich zu markieren, kann üblicherweise leicht bewerkstelligt werden, aber dann sollte es auch leicht sein, das Ziel des Links anzugeben. Wenn weiterhin der gleiche Ausdruck mehrfach erscheint, sollte es möglich sein, den Link zum zweiten Mal leichter zu setzen. Andere Punkte, die man bei einem Autorenwerkzeug für einen alleinstehenden Text oder das World Wide Web (z.B. Claris HomePage oder Microsoft Front Page) berücksichtigen sollte, sind folgende:

- *Eine Reihe von Redaktionsfunktionen* (z.B. Kopieren, Bewegen, Einsetzen, Löschen, durchgängige Änderung in und über Artikel hinweg).
- *Eine Liste von Links* (innerhalb und nach außen), Indexbegriffe, Synonyma usw.
- *Eine Linkbestätigung*, um die Richtigkeit der Links zu überprüfen.
- *Eine Reihe von Bildschirmformatierungsbefehlen*, Schrifttypen, Größen und Hervorhebungen.
- *Suche- und Ersetze-Funktionen* für durchgängige Änderungen über viele Artikel hinweg.
- *Farbwahl* (Text, Hintergrund) Farbe kann den Text attraktiver aussehen lassen. Da die Benutzer unterschiedliche Aufgaben und Vorlieben haben, sollte es möglich sein, die Farbparameter veränderbar zu halten.
- Eine Möglichkeit zum *leichten Umschalten* zwischen Autoren und Suchmodus, um Ideen zu testen.
- *Einrichtungen für Grafik und Video*, eingebaute Grafikeditoren und Mechanismen, zur Erkundung von Videoabschnitten.
- Eine Möglichkeit zur *Kooperation* Mehr als eine Person sollte in der Lage sein, den Hypertext auf einmal zu redigieren. Verschiedene Leute sollten Komponenten bearbeiten können, die dann zusammengefasst werden.
- *Datenkompression* Kompressionsalgorithmen können die Größe reduzieren und die Verbreitung erleichtern.
- *Sicherheit* Sicherung durch ein Passwort kann Zugang zum Hypertext oder Teilen davon einschränken.
- *Verschlüsselung* sensitiver Knoten steigert die Sicherheit.
- *Zuverlässigkeit* Fehlerfreies Arbeiten ohne Datenverlust.
- *Möglichkeit zur Integration* mit anderer Software oder Hardware.
- *Import und Export von austauschbaren Standardformaten* wie SGML.

Mindestens in den letzten 3.000 Jahren haben Autoren und Redakteure Wege gesucht, Wissen so zu strukturieren, dass es zum linearen Medium des geschriebenen Wortes passt. Wenn angebracht, haben die Autoren Strategien entwickelt, verwandte Teilstücke von Text und Grafik sogar im linearen Text zu verbinden. Jetzt sind mit dem Hypertext nichtlineare, untereinander verbundene Links zwischen Artikeln möglich.

Die erste Aufgabe besteht darin, das Wissen so aufzubereiten, dass den Lesern in einem Einführungsartikel ein Überblick verschafft werden kann. Die Gesamtstruktur der Artikel muss den Lesern einleuchten, und sie müssen sich ein Bild von den behandelten Themen machen können. Dieses Bild erleichtert die Durchsicht, minimiert Fehlorientierung und lässt die Benutzer wissen, was im Hypertext steht und was nicht.

Im Hypertext können Anhänge, Glossare, Beispiele, Hintergrundinformation, Originalquellen und Literaturzitate eingeschlossen werden. Interessierte Leser können die Details verfolgen, gelegentliche Leser sie ignorieren.

Dokumente für eine Hypertextdatenbank zu schaffen, erfordert Arbeit über die bei gutem Schreiben üblichen Überlegungen hinaus. Keine Liste kann vollständig sein, aber diese Liste aus unseren eigenen Erfahrungen mag nützlich sein:

- *Kenne die Benutzer und ihre Aufgaben.* Frage Benutzer während des Entwicklungsprozesses und teste die Neuentwicklungen. Man ist selbst kein guter Kritiker des eigenen Designs.
- *Eine sinnvolle Struktur sollte als erstes entstehen.* Baue das Projekt um die Struktur und die Präsentation von Information und nicht um die Technik. Entwickle *ein übergeordnetes Konzept* für die organisierte Information.
- *Wende verschiedene Fertigkeiten an.* Zum Team sollten Informationsspezialisten (Trainer, Psychologen, Grafiker) gehören, Spezialisten für den Inhalt (Anwender, Verkäufer) sowie Technologen (Systemanalytiker, Programmierer).
- *Respektiere eine blockweise Information.* Organisiere Information in Blöcken, die ein Thema oder eine Idee behandeln. Blöcke können 100 oder 1.000 Worte enthalten. Bei über 10.000 Worten sollte eine Neuordnung in viele kleine Blöcke bedacht werden. Bildschirme sind immer noch klein und schwer lesbar, so dass ein langer Text für Benutzer nicht angenehm ist.
- *Zeige Zusammenhänge.* Schreibe jeden Artikel so, dass er Links zu anderen Artikeln enthält. Zu wenige Links langweilen Leser, zu viele wirken erschlagend und stören. Die Vorlieben der Autoren zeigen das ganze Spektrum von maximal ein bis zwei Links pro Bildschirmseite, über die eher üblichen zwei bis 20 Links pro Seite bis hin zu einem Extrem von Dutzenden Links pro Seite. Obwohl Seiten, die gründlich gelesen werden sollen, wenige Links haben sollten, können Seiten mit Sachverzeichnis Hunderte von Links enthalten.

- *Ein Durcharbeiten sollte einfach sein.* Plane die Linkstruktur so, dass Navigation einfach und durch das System hindurch konsistent ist.
- *Gestalte jede Bildschirmseite sorgfältig.* Gestalte Bildschirmseiten so, dass sie leicht verstanden werden können. Der Gegenstand der Aufmerksamkeit sollte klar sein, Überschriften und Links sollten den Leser leiten. Visuelles Layout sollte in der Vertikalen kompakt sein, damit möglichst wenig Scrollen erforderlich ist. Zwischenzeilen können hilfreich sein, freier Raum aber ist Verschwendung.
- *Halte die kognitive Belastung gering.* Belaste nicht das Kurzzeitgedächtnis des Benutzers. Mache es nicht für den Benutzer erforderlich, dass er sich Ausdrücke oder Codes merken muss. Das Ziel ist es, dass die Benutzer sich auf die Inhalte konzentrieren, während der Computer in den Hintergrund tritt.

Die Hauptfragestellungen beim Design bestehen darin, wie der Hypertext zu organisieren ist, und wie man diese Ordnung dem Leser vermitteln kann. Strategien zum Erstellen des Einführungsartikels können Folgendes beinhalten:

- *Geben Sie einen Überblick.* Gestalten Sie die Startseite oder den Einführungsartikel als einen Überblick, der die Inhalte zusammenfasst und Links zu allen wichtigen Konzepten enthält.
- Verwenden Sie einen *hierarchischen Ansatz*, in dem die Links auf der Startseite nur zu größeren Kategorien führen.
- *Menü* Organisieren Sie die Startseite als ein detailliertes Inhaltsverzeichnis.
- *Suchstrategie* Als einen möglichen ersten Schritt sollten Sie eine leicht durchführbare Suche ermöglichen.

Ein Hauptanliegen von Hypertextautoren ist die optimale Länge von Artikeln. Untersuchungen zeigen, dass viele kurze Artikel einer kleineren Zahl langer Artikel vorzuziehen ist. Ein Experiment an der Universität von Maryland mit dem Hyperties-System verglich zwei Versionen: 46 kurze Artikel (4 bis 83 Zeilen) und fünf lange Artikel (104 bis 150 Zeilen). Testpersonen wurde 30 Minuten Zeit gegeben, um die Antworten auf eine Reihe von Fragen mit Hilfe der Datenbank zu finden. 16 Testpersonen, die mit kurzen Artikeln arbeiteten, beantworteten mehr Fragen richtig und brauchten weniger Zeit, um die Fragen zu beantworten. Die optimale Artikellänge hängt von der Bildschirmgröße, Reaktionszeit, der Art der Aufgabe und der Erfahrung der Benutzer ab. Bei längerer Zeit zum Abrufen von Artikeln im Internet würde die bevorzugte Länge der Startseite größer sein. Eine größere Anzahl von Hinweisen pro Seite kann die Zahl von Schritten zum Auffinden gewünschter Artikel reduzieren.

Software zum Schreiben von Hypertext, angeregt durch Eastgate Systems, die auch das *Storyscape System* verkaufen, ist weiterhin ein kleiner Industriezweig geblieben (Abb. 16.2). Eine umfassendere Anwendung von Hypertext erschien in den Online-hilfesystemen bei Microsoft und anderen Firmen als auch in zahlreichen CD-ROM-Nachschlagewerken und -Enzyklopädien wie Encarta oder Compton's (Farbtafel C2). Diese sind alles ganz hervorragende Systeme, aber ihr Materialvolumen ist verglichen mit den gewaltigen und kontinuierlich expandierenden Inhalten des World Wide Web geradezu zwergenhaft.

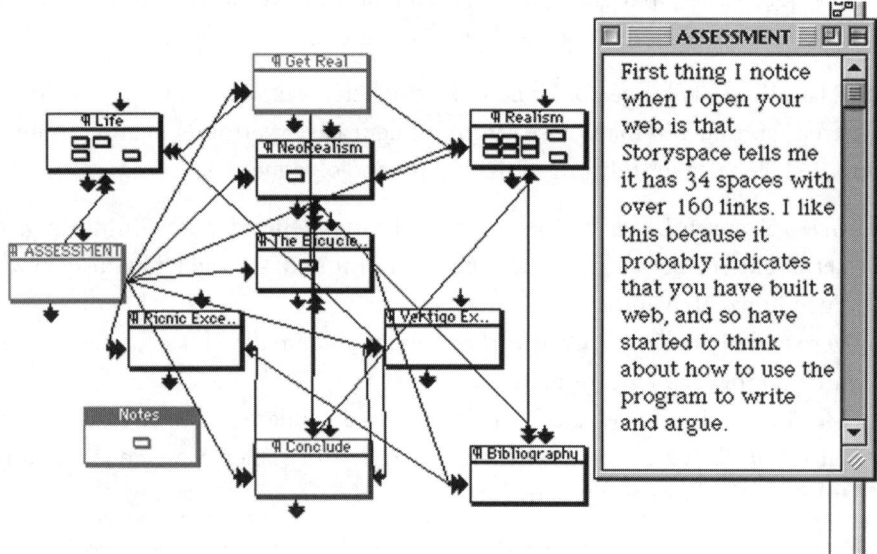

Abb. 16.2: Eastgate Systems Storyscape zeigt Hypertext Linkstrukturen und ein Bewertungsfenster mit einem Kommentar (mit Erlaubnis von Eastgate Systems, Watertown, Massachusetts)

16.3 Das World Wide Web

Die Sintflut der Webseiten hat ebenso apokalyptische Kommentare zur Tragödie der Informationsflut wie auch utopische Visionen zur Benutzbarmachung der gleichen Flut für konstruktive Prozesse hervorgerufen. In diesem Ozean an Informationen gibt es Webseiten als Rettungsboot, die Designgrundsätze anbieten, aber häufig entspricht der Stil den ersten Schriften über Benutzeroberflächen aus den siebziger Jahren. Die wohlmeinenden Noahs, die aus persönlicher Erfahrung als Webseitengestalter schreiben, beziehen ihre Weisheit in der Regel aus speziellen Projekten, so dass ihre Ratschläge unvollständig und nicht verallgemeinerbar sind.

Ihre Erfahrung ist wertvoll, aber der Mangel an empirischen Daten zur Bewertung oder Schärfung des Einblicks bedeutet, dass manche Richtlinien irreführend sind. Mit der Zunahme wissenschaftlicher Belege werden grundlegende kognitive und Wahrnehmungstheorien die Diskussion strukturieren und die Designer in neuen Situationen anleiten können.

Es kann noch zehn Jahre dauern, bis genügend Erfahrung, Experimente und Tests von Hypothesen Designfragen geklärt haben. So sollten wir bis dahin für die frühen und mutigen Ansätze zur Anleitung dankbar sein. Unter den besseren (Lynch, 1995) finden sich folgende Ratschläge:

> *Ordentliches Design von Webseiten besteht größtenteils darin, eine Ausgewogenheit von Struktur und Beziehung von Menü oder Homepages und individuellen Seiten mit Inhalten oder anderen verlinkten Grafiken und Dokumenten herbeizuführen. Das Ziel besteht darin, eine Hierarchie von Menüs und Seiten aufzubauen, die auf die Benutzer natürlich und gut strukturiert wirkt und ihre Art, die Website zu benutzen, nicht stört oder sie irreleitet.*

Dieser Rat ist hilfreich, sagt den Designern aber nicht, was zu tun ist, und wie sie die Effizienz dessen beurteilen können, was sie getan haben. Lynch gibt weiterhin konstruktiven Rat, weder zu breit noch zu tiefschürfend zu sein, die richtige Seitenlänge mit Layoutvorlagen zu finden und »ein ausgewogenes Verhältnis von Internetlinks und in Webseiten eingebaute Grafiken und bewegten Medien zu finden.« Er spricht die Fragestellungen besser als andere an, lässt die Designer aber unsicher zurück.

Jakob Nielsen (1995) geht einen Schritt weiter und berichtet von seiner Fallstudie, eine Website für Sun Microsystems zu entwerfen, mit der die Firmenprodukte dargestellt werden sollten. Sein Ansatz, die Brauchbarkeit zu testen, machte spezifische Probleme deutlich, und die Website stellt neun verschiedene Versionen der Startseite dar. Die subjektiven Daten verdeutlichen Probleme und heben Grundprinzipien hervor, wie beispielsweise »Die Benutzer lobten durchgehend Bildschirmseiten, die Überblick über große Informationsvolumina boten.« Empirische Tests sollten aufdecken, welche Art von Überblick am effektivsten ist und ob Ausführungszeiten, Fehlerquoten oder Beibehaltung durch bestimmte Überblicke verstärkt werden.

Verfeinerung des Internets ist mehr als eine technische Herausforderung oder ein kommerzielles Ziel. Seit Regierungen Information und Dienste online anbieten und Bildungseinrichtungen zunehmend vom Internet abhängiger werden, sind effektive Designs lebenswichtig. Universeller Zugang ist ein wichtiges wirtschaftliches und politisches Thema, aber auch eine grundlegende Fragestellung beim Design.

Bis die empirischen Daten und Erfahrungen aus praktischen Fällen kommen, können wir das Wissen aus anderen Bereichen des Designs von Benutzeroberflächen wie Menüsysteme und Hypertext nutzen (Isakowitz et al., 1995; Shneiderman und Kearsley, 1989). Designer können etwa den theoretischen Rahmen des OAI-Modells anwenden und auch Erfahrungen aus der Erforschung des Informationsabrufs nutzen (Marchionini, 1995). Verbesserte Richtlinien erscheinen regelmäßig (IBM, 1997), so dass man auf der Website dieses Buches neueste Hinweise finden kann.

16.4 Genre und Ziele für Designer

Wie bei jedem anderen Medium variieren Kriterien für die Qualität des Webdesigns mit dem Genre und den Zielen der Autoren. Eine schwindelerregende Vielfalt von Websites kommt durch die kreativen Bemühungen kühner Designer auf, die auf alte Formen zurückgreifen, um neue Informationsquellen, Kommunikationsmedien, Wirtschaftsdienste und Unterhaltungsmöglichkeiten zu schaffen. Websites können nur aus einer einseitigen persönlichen Biographie (Farbtafel C3) bis zu Millionen von Seiten im *American Memory Projekt* der *Library of Congress* bestehen (Farbtafel A5), das durch das *National Digital Library* Programm organisiert wurde (Farbtafel C4). Zu üblichen Zielen auf höherer Ebene gehören ansprechendes Äußeres, Verständlichkeit, Brauchbarkeit, Effizienz und gute Möglichkeiten, sich darin zurecht zu finden, aber feinere Unterscheidungen kommen ins Spiel, wenn wir die Kategorien der Websites untersuchen.

Ein erster Schritt zur Einteilung von Websites erfolgt nach der Identität des Urhebers: Einzelperson, Gruppe, Universität, Unternehmen, gemeinnützige Organisation oder öffentlicher Dienst. Die Identität des Urhebers ist ein einfaches Indiz der möglichen Ziele und sagt aus, welche Inhalte zu erwarten sind: Unternehmen haben Produkte zu verkaufen, Museen stellen Archive zur Verfügung, und die öffentlichen Einrichtungen haben Dienste anzubieten.

Ein zweiter Schritt zur Einteilung von Websites erfolgt nach den Zielen der Urheber, wie sie von den Designern interpretiert werden (Tabelle 16.1). Solch ein Ziel kann eine einfache Informationspräsentation mit selbst gestaltetem Stil sein, bei der die Qualität nicht kontrolliert wird und die Struktur chaotisch sein kann. Die Information kann in einem Sachverzeichnis für andere Websites bestehen oder aus Originalmaterial. Sorgfältig gestaltete persönliche Lebensgeschichten (Abb. 16.3) und beeindruckende Jahresberichte von Organisationen verbreiten sich immer mehr, seit die Erwartungen und die Erfahrung der Designer steigen. Seit der kommerzielle Gebrauch wächst, werden elegante Produktkataloge, augenfällige Werbung und lebendige Newsletter zur Norm. Kommerzielle und wissenschaftliche Verleger werden zunehmend Zeitungen (Abb. 16.4) und Zeitschriften ins Netz stellen, um Zugang zu Informationen zu bieten und Gelegenheiten für Rückmeldungen an Redakteure, Diskussionen mit Autoren und Leserinteressengruppen auszutesten. Verschiedene digitale Bibliotheken sind im Entstehen (Farbtafel C6), aber allgemein erkennt man nur langsam ihre spezifischen Vorteile und Designmerkmale. Unterhaltungswebsites wachsen so schnell, wie das Publikum sich ins Netz begibt.

Tabelle 16.1: Ziele der Websites von typischen Organisationen

Ziel	Organisationen
Verkauf von Produkten	Verlage, Fluggesellschaften, Kaufhäuser
Werbung für Produkte	Autohändler, Immobilienmakler, Filmstudios
Informieren und Ankündigen	Universitäten, Museen, Städte
Zugang anbieten	Bibliotheken, Zeitungen, wissenschaftliche Organisationen
Anbieten von Diensten	Regierungen, öffentliche Versorgungsbetriebe
Diskussionen	Bürgerinitiativen, Zeitschriften
Pflege von Gemeinschaften	Politische Gruppen, Berufsverbände

Ein dritter Schritt zur Einteilung von Websites besteht in der Anzahl von Webseiten oder der Menge an zugänglicher Information (Tabelle 16.2): einseitige Lebensläufe und Projektzusammenfassungen sind klein, Überblicke über Organisationen für internen und externen Gebrauch sind mittelgroß, aber Flugpläne und Telefonbücher sind groß. Eine Einteilung von Websites aus verschiedenen Blickwinkeln ist möglich. Die Homepage von Yahoo mit ihren thematischen Einteilungen bieten einen Startpunkt, der sich mit dem Wachstum des Netzes ändert (Farbtafel C5).

Tabelle 16.2: Website-Typen mit ungefährer Größe und Beispielen

Zahl der Webseiten	Beispiele	
1–10	Persönliche Biographie Projektzusammenfassung	Restaurantkritik Kursusinhalt
5–50	Wissenschaftliche Publikation Tagungsprogramm	Fotogalerie Organisationsüberblick

Tabelle 16.2: Website-Typen mit ungefährer Größe und Beispielen (Forts.)

Zahl der Webseiten	Beispiele	
50–500	Buch oder Manual Jahresbericht von Unternehmen	Stadtführung Produktkatalog
500–5.000	Fotosammlung Technische Berichte	Museumstour Musik- oder Filmdatenbank
5.000–50.000	Universitätsführer	Zeitung oder Zeitschrift
50.000–500.000	Telefonverzeichnis	Flugplan
500.000–5.000.000	Berichte des US Kongresses	Zeitschriftenkurzfassung
>5.000.000	Library of Congress	NASA Archives

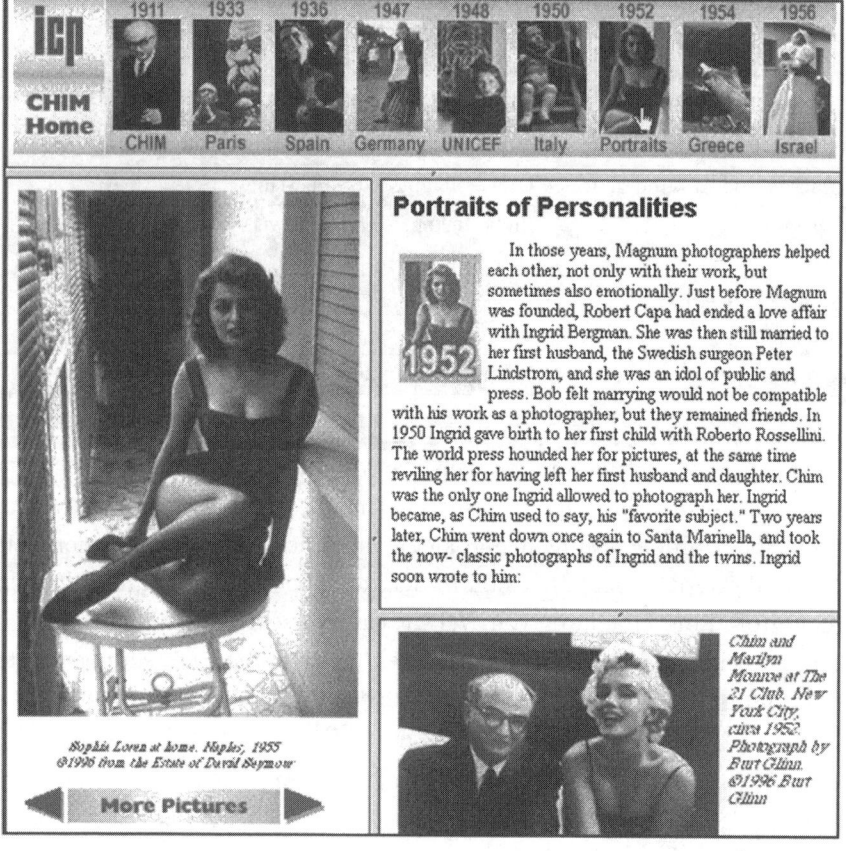

Abb. 16.3: Lebensgeschichte des Photographen David Seymour (»Chim«) mit einer Zeittafel, die acht Teile seiner Arbeit zeigt. Vorgestellt vom International Center of Photography in New York (http://www.icp.org/chim/chim2.html).

Abb. 16.4: Das vertikale kompakte Seitenlayout der *The New York Times* passt auf den Bildschirm eines üblichen Heimcomputers (http://www.nytimes.com). (Abgedruckt mit Erlaubnis © 1997 The New York Times Electronic Media Company)

Ein vierter Schritt zur Einteilung von Websites besteht in der Messung von Erfolg. Für Einzelpersonen mag das Maß für Erfolg einer Online-Zusammenfassung darin bestehen, einen Job oder einen Freund zu finden. Für viele Websites von Unternehmen wird der Beliebtheitsgrad in der Zahl von Besuchen gemessen, die Millionen pro Tag sein können, unabhängig davon, ob die Benutzer davon profitieren. Für andere liegt der Wert direkt in geförderten Verkäufen anderer Produkte wie Filme, Bücher, Veranstaltungen oder Automobile. Schließlich wird der Erfolg der Provider, die Gebühren für stundenweise Benutzung kassieren, in den Tausenden von Benutzungsstunden pro Woche gemessen. Die Vielfalt des Zugangs bietet andere Maße, wie viele Benutzer es gibt, aus welchen Ländern sie kommen oder ob die Benutzer von der Universität, dem Militär oder der Wirtschaft kommen.

16.5 Die Benutzer und ihre Aufgaben

Wie bei jedem Designprozess von Benutzeroberflächen sollten wir mit der Frage anfangen: Wer sind die Benutzer eigentlich und was sind ihre Aufgaben? Selbst bei großen angenommenen Zielgruppen wird üblicherweise impliziert, dass die Benutzer sehen und Englisch lesen können. Genauere Annahmen etwa über Alter oder Bildungsstand von Benutzern sollte Designern als Richtlinie vorgegeben werden. So wie sich beispielsweise Autowerbung an männliche Twens, junge Paare oder weibliche Berufstätige wenden kann, sind auch Websites effektiver, wenn sie auf spezifische Zielgruppen ausgerichtet werden. Geschlecht, Alter, Einkommen, Nationalität, Bildungsstand und Sprache sind vorrangige Zielgruppenattribute. Behinderungen wie schlechtes Sehen, Hören oder Muskelschwäche erfordern spezielles Design.

Spezifische Kenntnisse der Benutzer in Wissenschaft, Geschichte, Medizin oder anderen Disziplinen haben natürlich Einfluss auf das Design. Eine Website für Mediziner, die Lungenkrebs behandeln, wird in Inhalt, Terminologie, Schreibstil und Tiefe sich von einer Website über das gleiche Thema für Patienten unterscheiden. Benutzerzielgruppen können Museumsbesucher, Studenten, Lehrer, Forscher oder Journalisten sein. Das Spektrum ihrer Motive reicht von Faktensuche bis zum freien Surfen, von beruflichen bis hobbymäßigen, von ernsthaften bis zu spielerischen Anlässen.

Wissen über Computer oder Websites kann ebenfalls das Design beeinflussen, aber von noch größerer Bedeutung ist eine Unterscheidung zwischen erstmaligen, periodischen und häufigen Benutzern. Erstnutzer brauchen einen Überblick, um zu verstehen, welche Dienste es gibt, was es nicht gibt, und mit welchen Tasten welche Aktion ausgeführt werden. Periodische Benutzer brauchen eine geordnete Struktur, vertraute Orientierungsmarken, Umkehrbarkeit und Sicherheit während der Erkundung. Häufige Benutzer wollen Abkürzungen oder Makros, die wiederholte Aufgaben beschleunigen und extensive Dienste für ihre unterschiedlichen Anforderungen (Kellogg und Richards, 1995).

Da sich viele Anwendungen auf den Bildungssektor konzentrieren, sollten geeignete Designs Lehrer und Schüler vom Grundschul- bis zum Universitätsniveau berücksichtigen. Erwachsene Lerner und ältere Surfer können auch spezielle Dienste oder Behandlungen bekommen.

Eine Untersuchung von 15.000 Internetnutzern, die vom *Georgia Institute of Technology* (Pitkow und Kehoe, 1996) durchgeführt wurde, zeigte, dass das Durchschnittsalter bei 35, das mittlere Haushaltseinkommen bei über 60.000 Dollar liegt und 69 % männlich sind. Bemerkenswerte 82 % sind tägliche Benutzer und haben wahrscheinlich einen beruflichen Bezug zum Datenverarbeitungs- oder Bildungsbereich. Diese Profile unterschieden sich stark von vorausgegangenen Erhebungen und werden sich vermutlich weiter in Richtung auf eine Erfassung der Gesamtbevölkerung bewegen. Natürlich war die Antwort von der Internetgemeinschaft auf die Erhebung freiwillig, so dass die Probe tendenziell ist, aber die Resultate sind immerhin aufregend. Besser gesteuertes Marketing und Benutzerbefragungen kommen aber gerade erst auf (Hoffman et al., 1996).

Die Aufgaben der Benutzer zu kennen, leitete die Designer auch bei der Gestaltung einer Website an. Zu den Aufgaben kann ein weiter Bereich von spezieller Faktensuche bis zum eher unstrukturierten Surfen in bekannten Datenbanken gehören, um nach verfügbarer Information zu einem Thema zu forschen (Abschnitt 15.1).

Das große Geschenk des Internets besteht darin, dass es all diese Möglichkeiten unterstützt. Spezifische Faktensuche ist die eher traditionelle Anwendung computergestützter Datenbanken mit Abfragesprachen wie SQL, aber das Internet hat die Möglichkeiten für die Benutzer, zu surfen und zu erkunden, dramatisch erhöht. Dies gilt in gleicher Weise für die Benutzer, die nach speziellen Fakten suchen, wie für Benutzer, die mit wenig zielgerichteten Informationsbedürfnissen surfen.

Ein Planungsdokument für eine Website kann anzeigen, dass die Zielgruppe die amerikanischen Hochschullehrer der Umweltwissenschaften und ihre Studenten sind, eine zweitrangige Zielgruppe andere Dozenten und ihre Studenten, Journalisten, Umweltaktivisten, Unternehmenslobbyisten, Polizeianalytiker und Amateurwissenschaftler. Die Aufgaben können das Anbieten von Zugang zu ausgewählten LANDSAT Bildern von Nordamerika sein, zusammengestellt und kommentiert nach landwirtschaftlichen, ökologischen, geologischen und meteorologischen Merkmalen. Direkter Zugang kann durch einen hierarchisch aufgebauten Thesaurus von Schlüsselwörtern über die Einzelmerkmale (z.B. Überschwemmungen, Hurrikans, Vulkane) zu den vier Themen erfolgen. Ein zweiter Zugang kann über ein geographisches Sachverzeichnis etwa nach Staat, Land und Stadt erfolgen, daneben eine Auswahl durch Zeigen auf eine Karte. Eine dritte Möglichkeit könnte im Zugang über die Angabe von Länge und Breite bestehen.

16.6 Das Objekt-Aktions-Interfacemodell für die Gestaltung von Websites

Das Objekt-Aktions-Interfacemodell (*object-action interface* – OAI) (Abschnitt 2.3) wendet eine hierarchische Gliederung von Objekten und Aktionen in die Bereiche der Aufgaben und der Benutzeroberfläche an (siehe Abb. 2.2). Es kann eine hilfreiche Anleitung für Website-Designer sein, ein komplexes Informationsproblem zu zerlegen und eine verständliche und effektive Website zu gestalten.

Die Aufgabe der Informationssuche ist zwar komplex, aber es kann durch Hierarchien von Aufgabenobjekten und -aktionen mit Bezug zur Information beschrieben werden. Dann kann der Designer die Aufgabenobjekte und -aktionen durch

Hierarchien der Objekte und Aktionen der Benutzeroberfläche ersetzen. Beispielsweise kann eine Musikbibliothek als ein Satz Objekte wie Sammlungen, die sich in Regalen befinden, und dann als Lieder dargestellt werden. Die Benutzer können Aktionen ausführen wie eine Sammlung betreten, das Verzeichnis zu einem Regal durchsuchen und die Partitur für ein Lied lesen. Die Benutzeroberfläche für die Musikbibliothek kann Hierarchien von Menüs oder grafischen Objekten haben, die von grafischen Darstellungen der Aktionen begleitet werden (wie eine Lupe eine Suche darstellen soll). Kurz gesagt, das OAI-Modell lässt Website-Designer sich auf vier Komponenten in zwei Bereichen konzentrieren:

1. Aufgabe

   ■ Strukturierte Informationsobjekte (z.B. Hierarchien, Netzwerke)
   ■ Informationsaktionen (z.B. Suchen, Setzen von Links)

2. Benutzeroberfläche

   ■ *Symbole für Informationsobjekte* (z.B. Bücherregale, Enzyklopädien)
   ■ *Erkennungszeichen für Aktionen* (z.B. Suchen, Zoomen)

Die Grenzen sind nicht immer klar, aber diese Aufgliederung in Komponenten kann hilfreich bei der Organisation und Beurteilung von Websites sein. Es war nützlich beim Vergleich von Alternativen und Analyse der komplexen Möglichkeiten für die Library of Congress. Wir werden das OAI-Modell erkunden und Beispiele von Untergliederungen von Objekten und Aktionen geben.

16.6.1 Design der Aufgabenobjekte und -aktionen

Informationssucher verfolgen Objekte, die für ihre Aufgaben relevant sind, und wenden Aufgabe/Aktion-Schritte an, um ihrer Absicht nachzukommen. Obwohl man ein Buch als eine Folge von Kapiteln beschreiben kann und eine Bibliothek nach dem Dewey-Dezimal-System hierarchisch organisiert ist, haben Bücher auch Umschläge, Inhaltsverzeichnisse, Sachverzeichnisse usw. und Bibliotheken haben auch Zeitschriften, Videos, Spezialsammlungen, Manuskripte usw. Noch schwerer wäre es, die Struktur von Vorlesungsverzeichnissen von Universitäten, Jahresberichten von Unternehmen, Fotogalerien oder Zeitungen zu charakterisieren, weil sie noch weniger standardisierte Strukturen und noch unterschiedlichere Zugangspfade haben. Wenn Sie eine Website planen, um komplexe Informationsstrukturen darzustellen, ist eine klare Definition der fundamentalen kleinsten Aufgabenobjekte und der Gesamtheit (Aggregat) hilfreich, die miteinander kombiniert das Ganze aufbauen. Solche Aufgabenobjekte können ein Geburtsdatum, Name,

Jobbezeichnung, Biographie, Zusammenfassung oder technischer Bericht sein. Bei Bilddaten kann ein Objekt ein Farbmuster, ein Icon, ein Unternehmenslogo, ein Portraitfoto oder Musikvideo sein.

Grundlegende Informationsobjekte können auf vielfältige Weise zu Aggregaten kombiniert werden, wie eine Seite in einer Zeitung, einem Stadtführer oder einer Musikpartitur. Klare Definitionen helfen, unter Designern zu koordinieren und die Benutzer über die beabsichtigten Abstraktionsniveaus in jedem Projekt zu informieren. Die Informationsaggregate werden weiter zu Sammlungen und Bibliotheken kombiniert, die ein Ganzes in Bezug auf einen gegebenen Aufgabensatz bilden.

Strategien zum Zusammensetzen von Information sind zahlreich. Hier gibt es eine Startliste von Möglichkeiten:

- *Kurze unstrukturierte Listen*: Highlights der Stadtführung, Organisationsabteilungen, laufende Projekte (und diese Liste).
- *Lineare Strukturen*: Veranstaltungskalender, alphabetische Listen, Scheibenbilder des menschlichen Körpers von Kopf bis Fuß, Orbitalbahnen.
- *Datenfelder oder Tafeln*: Abfahrtsort/Ankunftsort/Datum/Länge/Breite/Uhrzeit
- *Hierarchien, Verzweigungsbäume*: Kontinent – Land – Stadt (z.B. Afrika, Nigeria, Lagos), oder Konzepte (z.B. Naturwissenschaften, Physik, Halbleiter, Galliumarsenid)
- *Vielfachverzweigungen, Aspektabruf*: Fotos sortiert nach Datum, Fotograf, Ort, Thema und Filmtyp.
- *Netzwerke*: Zeitschriftenzitate, Stammbäume, World Wide Web

Diese Aggregate können dazu benutzt werden, um strukturierte Informationsobjekte zu beschreiben. Eine Enzyklopädie wird üblicherweise als eine lineare alphabetische Liste von Artikeln beschrieben, mit einem linearen Sachverzeichnis von Ausdrücken, die auf Seiten verweisen. Die Artikel können eine hierarchische Struktur von Kapiteln und Unterkapiteln haben, und Querverweisen unter den Artikeln bauen ein Netzwerk auf.

Manche Informationsobjekte wie ein Buchinhaltsverzeichnis haben eine zweifache Rolle, da Leute sie lesen, um das Thema selbst zu erfahren, oder sie durchsuchen können, um Zugang zu einem Kapitel zu bekommen. Bei letzterer Rolle repräsentieren sie die Aktionen zur Navigation in einem Buch.

Die Informationsaktionen ermöglichen den Benutzern, Pfaden durch die Information zu folgen. Die meisten Informationsquellen können vom Anfang bis zum

Ende linear durchsucht werden, aber ihre Größe erfordert häufig die Notwendigkeit zur Abkürzung zur relevanten Information. Zu grundlegenden Informationsaktionen gehören:

- Hemingways Namen in einer alphabetischen Liste suchen
- Eine Liste mit Titeln wissenschaftlicher Publikationen durchschauen
- Einen Absatz lesen
- Einem Referenzlink folgen

Aktionen zu Informationsaggregaten setzen sich aus folgenden grundlegenden Aktionen zusammen:

- Durchsuchen eines Inhaltsverzeichnisses einer Textsammlung und dann Springen zu einem Sportkapitel und Suche nach Themen über Skifahren.
- Einen wissenschaftlichen Ausdruck in einer alphabetischen Liste auffinden und Artikel zu diesem Begriff lesen.
- Mit Schlüsselwörtern in einem Katalog suchen, um eine Liste möglicher Buchtitel zu erhalten.
- Querverweise wiederholt von einem rechtlichen Präzedenzfall zum anderen verfolgen, bis keine neuen relevanten Präzedenzfälle mehr auftreten.
- Einen Musikkatalog durchsuchen, um klassische Symphonien von französischen Komponisten des 18. Jahrhunderts zu finden.

Diese Beispiele und die Liste in Abschnitt 15.1 schaffen einen vielfältigen Raum von Aktionen. Einige davon werden schon früh durch Umgang mit Büchern und Bibliotheken erlernt, andere sind durch Ausbildung erworbene Fertigkeiten wie Suche nach rechtlichen Präzedenzfällen oder wissenschaftlichen Publikationen. Diese Fertigkeiten sind unabhängig vom Computer. Sie werden durch sinnvolles Lernen erworben, durch Beispiele belegt und halten sich im Gedächtnis.

16.6.2 Design von Objekten und Aktionen der Benutzeroberfläche

Da viele Benutzer und Designer Erfahrung mit Informationsobjekten und -aktionen auf Papier und anderen traditionellen Medien haben, kann ihr Design für eine Computerimplementierung eine Herausforderung darstellen. Physische Attribute wie die Länge eines Buches oder die Größe einer Karte verschwinden, wenn die Information hinter einem Bildschirm verborgen wird, aber müssen für einen erfolgreichen Gebrauch sichtbar gemacht werden. So haben Websitedesigner die Last, die gewünschten Attribute traditioneller Medien darzustellen, aber auch die Gelegenheit, die dynamische Leistungsfähigkeit des Computers für die gewünschten Informationsaktionen einzusetzen. Erfolgreiche Designer können den Benutzern überzeugende Möglichkeiten bieten, die weit über traditionelle Medien hinausgehen, wie verschiedene Sachverzeichnisse, schnelle Suche, Lesezeichen, Aufzeichnung des Ablaufs einer Sitzung, Vergleich und Extrahierung.

Metaphern für Objekte der Benutzeroberfläche: Der Metaphernvergleich mit traditionellen realen Medien ist ein naheliegender Ausgangspunkt: elektronische Bücher können Umschläge, Einbände, Seitenumbrüche, Lesezeichen, Positionsanzeiger usw. haben, und elektronische Bibliotheken können verschiedene Größe und Farbe von Büchern in Regalen anzeigen (Pejtersen, 1989). Diese können hilfreiche Ausgangspunkte sein, aber es wird noch Nützlicheres aufkommen, wenn Websitedesigner neue Metaphern und Erkennungszeichen finden, um größere Informationsvolumina und leistungsfähigere Aktionen darzustellen.

Informationshierarchien sind die am häufigsten dargestellte Metapher mit wenigstens diesen Beispielen:

- Aktenschränke mit Ordnern und Dokumenten
- Buch mit Kapiteln
- Enzyklopädien mit Artikeln
- Fernseher mit Kanälen
- Einkaufspassage mit Geschäften
- Museum mit Ausstellungen

Dazu gehören auch vielfältigere Umgebungen wie eine Bibliothek mit Türen, Informationsschaltern, Räumen, Sammlungen und Regale und die Stadt des Wissens mit Stadttoren, Straßen, Gebäuden und Orientierungspunkten. Natürlich wird die Informationsautobahn häufig als Metapher beschworen, jedoch selten als eine visuelle Suchumgebung entwickelt. Die Metapher muss nützlich sein, um Konzepte auf hoher Ebene darzustellen, angemessen, um Objekte auf mittlerer Ebene auszudrücken und effektiv, um auf Details auf Pixel-Ebene hinzuweisen.

Das Design von computergestützten Metaphern erweitert die Werkzeuge für den Informationssucher. Manche Systeme bieten Karten von Informationsräumen als Überblick an, um den Benutzern zu ermöglichen, die relative Größe der Komponenten zu begreifen und zu erkennen, was nicht in der Datenbank enthalten ist. Ablaufspeicherung, Lesezeichen, Hilfen und Anleitungen mit Führungen sind in den Informationsumgebungen übliche Werkzeuge. Kommunikationswerkzeuge können dazu kommen, damit die Benutzer Auszüge verschicken, Experten um Unterstützung bitten oder über ihre Funde Kollegen berichten können.

Erkennungszeichen für Aktionen der Benutzeroberfläche: Die Darstellung von Aktionen auf der Website geschieht häufig mit Erkennungszeichen: Etikette, Icons, Tasten oder Bildtafeln, die anzeigen, wo die Benutzer anklicken sollen, um eine Aktion zu starten. Erkennungszeichen für Navigationsaktionen kann eine umgeknickte Seitenecke sein, um einen Vorgang auf der nächsten Seite anzuzeigen, ein hervorgehobener Ausdruck für einen Link, und eine Lupe, um eine Übersicht zu öffnen. Weitere Aktionserkennungszeichen können ein Bleistift für die Kennzeichnung von Bemerkung sein, ein Trichter, um Sortierung anzuzeigen, eine Kohlenlore für »*data mining*« oder Filter für kontinuierliche Anfrageverfeinerung. Manchmal ist das Aktionserkennungszeichen lediglich ein Klappmenü oder eine Dialogbox mit vielfältigen Möglichkeiten. Die Zusammenstellung von Erkennungszeichen sollte es den Benutzern ermöglichen, ihren Aktionsplan auf angenehme Weise in eine Reihe von Klicks und Tasteneingaben zu zerlegen.

16.6.3 Eine Fallstudie bei der Library of Congress

Das OAI-Modell muss noch verfeinert und auf seine Funktionsfähigkeit überprüft werden, aber es kann schon als eine nützliche Anleitung für die Designer und Auswerter von Websites gelten. Es bietet eine Möglichkeit, die vielen auftretenden Probleme zu gliedern, und gibt einen Rahmen für strukturierte Designprozesse und letztlich Softwarewerkzeuge vor. Es ist kein vorhersagendes Modell, aber eine Anleitung für Designer, wie man ein großes Problem in viele kleinere zerlegen kann, und eine Hilfe beim Erkennen angemessener Items, die man in Websites einbauen kann. Meiner Erfahrung nach konzentrieren sich Designer vor allem auf die Aufgabenobjekte oder die Benutzeroberflächenobjekte. Das OAI-Modell war hilfreich, Probleme zulässiger Aufgabenaktionen und sichtbarer Darstellungen von Benutzeroberflächenaktionen anzuschneiden.

In den frühen neunziger Jahren entwickelte das Personal der *U.S. Library of Congress* seine Touchscreenoberfläche mit einem Katalog, um die schwer zu erlernende Oberfläche mit Befehlszeilen zu ersetzen. Bei diesem Projekt war das Design relativ einfach. Die Aufgabenobjekte waren die Katalog-Items, die jeweils Felder über jede Einzelheit enthielten. Die Aufgabenaktionen bestanden darin, den Katalog zu durchsuchen (nach Autor, Titel, Thema und Katalognummer), die Ergebnisliste zu durchzusehen und detaillierte Katalog-Items anzuschauen. Die Benutzeroberflächenobjekte bestanden aus einer Suchform (mit Befehlen und einem einzelnen Dateneingabefeld), Ergebnislisten, kurzen und detaillierten Katalog-Items. Buttons repräsentierten die Benutzeroberflächenaktionen, um die Art der Suche auszuwählen, die Ergebnisliste zu scrollen, und damit ein kurzer Katalogeintrag sich zu weiteren Details öffnet. Zusätzliche Aktionen, auch durch Tasten vorgegeben, bestanden darin, eine neue Suche zu starten, Hilfe zu bekommen, zu drucken und zu beenden. Selbst in diesem simplen Fall verhalf eine ausdrückliche Konzentration auf diese vier Aufgabenbereiche dazu, das Design zu vereinfachen.

Beim anspruchsvolleren Fall der Website der *Library of Congress* wurden viele potenzielle Aufgabenobjekte und -aktionen ausgemacht. Mehr als 150 Items wurden für die Homepage vorgeschlagen. Die Politik und viele Designentscheidungen wurden gemeinsam mit dem *Librarian of Congress*, einem Komitee mit 18 Personen, vier Grafikdesignern und Personal von vielen Abteilungen getroffen. Das resultierende Design (Farbtafel A5) für die Hierarchie der Aufgabenobjekte ist vielfältig: dazu gehört der Katalog, Ausstellungen, Copyrightinformationen, allgemeine rechtliche Information, die Datenbank THOMAS für Gesetzentwürfe für den Kongress und die riesigen Quellen des *American Memory*, enthält aber keine Bücher. Der Ausschluss der Bücher überrascht viele Benutzer, aber das Copyright liegt üblicherweise bei den Verlagen, und es gibt auch keinen Plan, wie man den vollständigen Text der Bücher verfügbar machen könnte. Selbst eine Vermittlung des Fehlens erwarteter Objekte oder Aktionen ist ebenfalls ein Designproblem.

Um es kurz zu halten, konzentrieren wir uns auf die *American Memory* Komponente. Sie wird 200 Sammlungen enthalten, deren Items suchbare Dokumente wie gescannte Seitenbilder und digitalisierte Fotos, Videos, Tondokumente oder andere Medien sein können. Eine Sammlung hat auch eine Aufzeichnung über seinen Titel, Daten der Entstehung, Besitzer, Schlüsselwörter usw. Jedes Item kann einen Namen haben, eine Nummer, Schlüsselwörter, Beschreibung usw. Die Aufgabenaktionen sind vielfältig und kontrovers. Sie beginnen mit den Aktionen, eine Liste der Sammlungstitel durchzusuchen, in einer Sammlung zu suchen und ein Item zur Ansicht abzurufen. Jedoch ist eine Suche über alle Sammlungen hinweg schwierig und gegenwärtig nicht möglich. Eine frühe Analyse zeigte, dass Sammlungsaufzeichnungen keine Daten oder geografische Angaben haben können, wodurch die Möglichkeiten beschränkt sind, mit denen die Sammlungsliste durchsucht und dargestellt werden kann. Ebenso können auf der nächst niedrigeren Ebene die Aufzeichnungen über die Items die Information enthalten, dass man nach Datum oder Namen des Fotografen suchen kann. Auch ist die einschränkende Suche nach bestimmten Feldern nicht immer durchführbar.

Bei der *American Memory* Komponente wurden die Objekte und Aktionen der Benutzeroberfläche ausführlich auf der Homepage dargestellt (Farbtafel C4). Da viele Benutzer spezifische Objekttypen wünschen, sind die wichtigsten ausführlich aufgelistet und auswählbar gemacht: Drucke und Fotos, Dokumente, bewegte Bilder und Tonaufzeichnungen. Die Aktionen der Benutzeroberfläche werden einfach genannt, und man kann sie auswählen: Suchen, Surfen und Lernen (über die Benutzung der Sammlungen zu Bildungszwecken). Bei jedem dieser Objekte und Aktionen gibt es weitere Unterteilungen nach dem, was möglich ist und was eine detaillierte Bedarfsanalyse als wichtig erkannt hat.

Auf der untersten Ebene der Objekte der Benutzeroberflächen waren die Bilder und beschreibenden Textfelder. Auf der untersten Ebene der Aktionen der Benutzeroberflächen waren die Buttons für Navigation, Homepage und Feedback.

Die offene Natur des OAI-Modells bedeutet, dass es zu verschiedenen Ergebnissen führen kann, aber es wäre unvernünftig anzunehmen, dass es überhaupt eine beste Organisation oder Unterteilung einer Website gäbe. Beim Umgang mit komplexen Quellen und Diensten bietet es Designern eine Möglichkeit, wie sie über die Lösung ihrer Probleme nachdenken können.

16.6.4 Detailthemen zum Design

Viele Problem zum Websitedesign sind noch nicht ordentlich gelöst. Der vierstufige Rahmen (siehe Abschnitt 15.2) kann für Designer von Internetsuchmaschinen eine Anleitung bieten, die gegenwärtige verwirrende Situation zu verbessern. Andere Themen sind die Anfrage-Vorschauen, um das Nulltreffer-Problem zu reduzieren, während das Durchsuchen großer Informationsräume erleichtert wird, und das Sitzungsmanagement für Pläne mit mehreren Schritten, wobei die Benutzer unterstützt werden sollen.

Anfragevorschauen: Bei großen Sammlungen, besonders wenn sie über das Netzwerk durchsucht werden, können Suchaktionen in zwei Phasen aufgespalten werden: eine schnelle grobe Suche, die nur die Zahl der Items bei den Ergebnissen der Vorschau wiedergibt und anschließend dann die Anfrage-Verfeinerungsphase, die Benutzern erlaubt, ihre Suche einzugrenzen und das Ergebnis abzurufen (Doan et al., 1996).

Beispielsweise bietet bei einer Suche nach einem Restaurant (Farbtafel C7) die Anfrage-Vorschau den Benutzern begrenzte Auswahlmöglichkeiten, mit Buttons für die Art der Küche (z.B. chinesisch, französisch, indisch), zwei Schiebern, um den durchschnittlichen Preis und die Zeit einzustellen und vielleicht noch eine Karte, um die Regionen anzugeben. Wenn die Benutzer unter diesen Attributen auswählen, wird der Vorschaubalken unten auf der Bildschirmseite sofort aktualisiert, um die Anzahl der Items im Ergebnissatz anzugeben. Die Benutzer können dabei schnell entdecken, dass es keine billigen französischen Restaurants in der Innenstadt von New York gibt oder dass mehrere karibische Restaurants nach Mitternacht noch geöffnet sind. Wenn der Ergebnissatz zu groß ist, können die Benutzer ihre Kriterien eingrenzen. Wenn der Ergebnissatz zu klein ist, können sie ihre Pläne ändern.

Anfragevorschauen machen Pflege von Datenbanken erforderlich, um stets ein aktualisiertes Inhaltsverzeichnis anzubieten, das die Benutzer vom Server herunterladen können. Dann können die Benutzer schnelle Suchen auf ihren Computern durchführen. Das Inhaltsverzeichnis enthält die Anzahl von Items, auf die die Kombinationen der Attribute zutreffen, aber die Größe des Verzeichnisses ist nur das Produkt der Kardinalität der Attribute, die vermutlich sehr viel kleiner ist als die Anzahl der Items in der Datenbank. Bei 12 Arten von Restaurants, acht Regionen und drei Arten von Kreditkartenbezahlung würde ein einfaches Inhaltsverzeichnis nur 288 Einträge enthalten. Das Speichern der Inhaltsverzeichnisse belastet die Benutzer, die eventuell die Inhaltsverzeichnisse (1.000 bis 100.000 Bytes) für jede Datenbank, die sie durchsuchen, aufbewahren müssen. Natürlich kann die Größe des Inhaltsverzeichnisses erheblich gekürzt werden, wenn es einfach weniger Attribute oder weniger Werte pro Attribut gibt. Die Last, Inhaltsverzeichnisse zu speichern, erscheint gering gegenüber den Vorteilen, besonders wenn die Benutzer eine Datenbank wiederholt durchsuchen. Das Inhaltsverzeichnis ist nur so groß wie ein typisches Bild auf einer Website, und es kann automatisch zur Benutzung heruntergeladen werden, wenn Java-Programme benutzt werden.

Anfragevorschauen sind auch für eine komplexe Suche in Umweltdatenbanken der NASA implementiert. Benutzer des alten Systems müssen die zahlreichen und komplexen Attribute der Datenbank verstehen, die über acht Archivzentren verteilt sind. Viele Suchen ergeben keine Treffer, weil die Benutzer sich nicht im Klaren darüber sind, welche Daten verfügbar sind. Breitangelegte Suchen dauern minutenlang und erzeugen umfangreiche und unhandliche Ergebnisanzeigen. Die Anzeigevorschau hat nur drei Parameter: Orte (zusammengestellt nach 15 geografischen Regionen), 171 wissenschaftliche Parameter (Bodentyp, Ozeantemperatur, Ozon usw.) und Daten (zusammengestellt nach zehn Ein-Jahres-Gruppen) (Abb. 16.5). So gibt es insgesamt 15 x 171 x 10 = 25.650 Datenwerte im Inhaltsverzeichnis. Im Prototyp konnten die Benutzer schnell entdecken, dass das Archiv keine Ozonmessungen in der Antarktis vor 1985 enthielt. Sobald ein Ergebnissatz vernünftiger Größe erkannt ist, können die Benutzer die Details über diese Datensätze für die Anfrageverfeinerungsphase herunterladen.

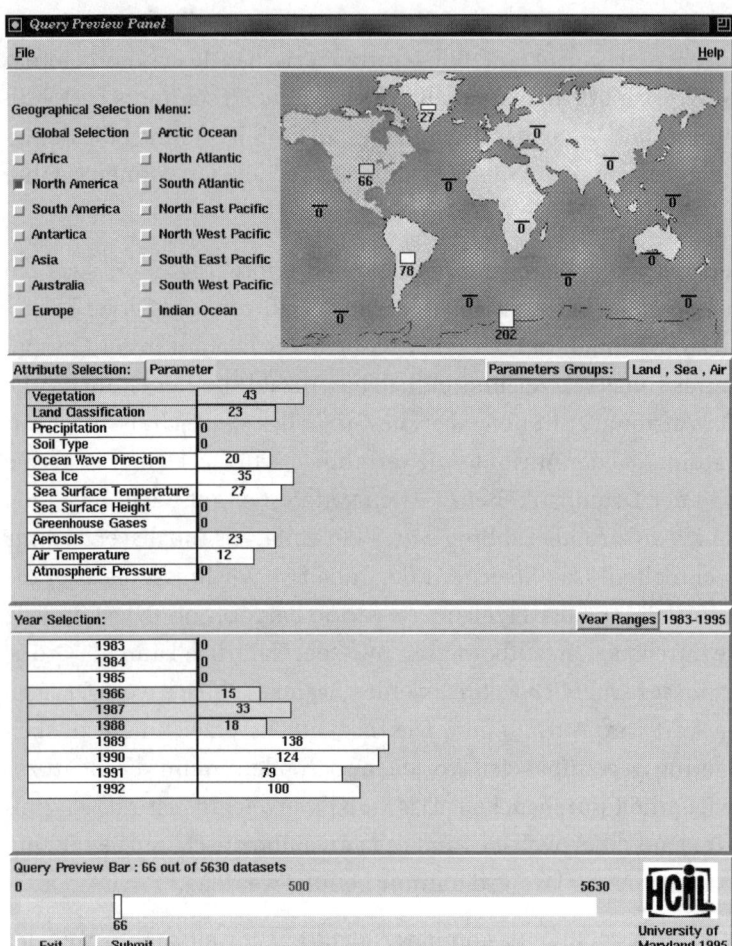

Abb. 16.5: Vorschau einer NASA Anfrage. Das System wendet diese Technik auf eine komplexe Suche für professionelle Wissenschaftler an. Der Satz von mehr als 20 Parametern wird auf drei reduziert, um die Suche zu beschleunigen und vergeudete Zeit zu minimieren. Die Benutzer wählen Werte für die Parameter aus und sehen sofort die Größe des Ergebnisbalkens unten. So werden Anfragen ohne und mit zu vielen Treffern vermieden (Doan et al., 1996).

Sitzungsmanagement: Jede Suche oder Sprung ist eine Aktion, um innerhalb einer Sitzung einer Aufgabe nachzukommen. Wenn Sitzungen viele komplexe Aufgaben umfassen, ist es hilfreich, den Ablauf der Sitzung zu kennen, so dass die Benutzer ihren Fortschritt überprüfen, zu Schlüsselaktionen zurückkehren, aus ihren Fehlern lernen und vorige Aktionen speichern, redigieren oder möglicherweise in verwandten Datenbanken erneut anwenden können. Andere nützliche Dienste erlauben den Benutzern, die Objekte, die sie abgerufen haben, zu kommentieren und Text oder Bilder zu Verwendung in ihren eigenen Projekten zu extrahieren. Kommunikation mit den Eigentümern, Designern oder Pflegern einer Website und mit anderen Benutzern sollte auch ermöglicht werden. Die Benutzer einer Website sollten ermutigt werden, über Fehler zu berichten oder Verbesserungsvorschläge zu machen.

Wie gut eine Website auch immer aufgebaut sein mag, es wird immer einen Bedarf an Online- und menschlicher Hilfe geben. Das Ziel des Designers sollte darin bestehen, den Bedarf nach Hilfe zu reduzieren, aber mit einer immer größeren Zahl an Benutzern mit immer größeren Erwartungen sind sorgfältige Planung und gut geschultes Personal notwendig. Online Tutorials, Beschreibungen von Objekten und Aktionen der Benutzeroberfläche, Dateien mit häufig gestellten Fragen (*frequently asked questions* – FAQs), Hilfestellungen per E-Mail und Telefondienst (möglicherweise mit Gebühr) sollten vorhanden sein.

16.6.5 Design von Webseiten

Nach dem OAI-Modell sollten Designer von Webseiten damit beginnen, Aufgaben in Bezug auf Informationsobjekte und -aktionen zu identifizieren. Dann können die Designer Benutzeroberflächenmetaphern sowie Erkennungszeichen für Aktionen darstellen. Um erfolgreich zu sein, erfordert es auch eine sorgfältige Auswahl während eines detaillierten Designs einer Seite, um Objekte zu zeigen (z.B. Menüs, Suchergebnisse, Schrifttypen, Farben) und Aktionen aufzurufen (z.B. Drücken eines Buttons, Auswahl aus einer Liste). Diese sichtbaren Designelemente sind häufig die am meisten diskutierten Aspekte des Designs und sind am unmittelbarsten durch HTML oder Java implementiert. Anfängliche subjektive Befriedigung wird stark von diesen Oberflächenmerkmalen bestimmt. Daher bedürfen sie auch besonderer Aufmerksamkeit (Horton et al., 1996).

Kompaktheit und Verzweigungsfaktoren: Die am meisten diskutierten Themen sind Seitenlänge und Anzahl der Links (Verzweigungsfaktor). Eine extrem lange Seite ohne Links ist nur dann ansprechend, wenn man von den Benutzer erwarten kann, dass sie den gesamten Text hintereinander lesen. Das kommt selten vor, so dass eine gewisse Form von Start- oder Indexseite notwendig ist, um auf die Teilstücke zu zeigen. Sinnvolle Strukturen leiten die Benutzer zu den Teilstücken, die ihr gewünschtes Ziel darstellen, jedoch stört zu exzessive Unterteilung die Leute, die den vollständigen Text zu lesen oder den vollen Text auszudrucken wünschen. Wenn das Dokument und die Website wächst, kann auch die Zahl der Ebenen von Indexseiten wachsen, aber das stellt eine erhebliche Gefahr dar. Ein höherer Verzweigungsfaktor ist für Indexseiten fast immer vorzuziehen, besonders wenn er eine Extraebene einspart, die der Benutzer durchqueren muss. Extraebenen desorientieren mehr als längere Indexseiten. Bei einer Neugestaltung der Homepage der *Library of Congress* (http://www.loc.gov) (Farbtafel A5) wurden die sieben Links zu den generellen Themen durch eine kompakte Anzeige mit 31 Links zu speziellen Diensten ersetzt. Die Homepage von Yahoo enthält fast 100 Links in einer kompakten zweispaltigen Darstellung.

Innerhalb einer Seite ist ein kompaktes vertikales Design empfehlenswert, damit das Scrollen reduziert wird. Obwohl etwas freier Raum zur Organisation der Anzeige hilfreich sein kann, enthalten Webseiten häufig nutzlosen Leerraum, der die Seite ohne Vorteil für die Benutzer nur verlängert. Ein typischer Fehler ist eine einzige linksbündige Spalte mit Links mit einer leeren rechten Spalte der Anzeige, so dass zusätzliches Scrollen erforderlich ist und die Benutzer schlechter einen Überblick gewinnen können. Ein zweiter häufiger Fehler ist ein allzu häufiger Gebrauch von horizontalen Strichen oder Leerzeilen, um Items voneinander zu trennen.

Sequenzierung, Gruppierung und Betonung: Innerhalb einer Seite – besonders der vielbesuchten Startseite einer Organisation – müssen die Designer sorgfältig die Reihenfolge, die Gruppierung und die Betonung von Objekten bedenken. Die Benutzer erwarten, dass die erste Einzelheit auf einer Seite eine bedeutende ist, und werden sie möglicherweise anwählen. Eine Gruppierung verwandter Items zeigt sinnvolle Beziehungen. Bedeutendere Items können durch große Schrifttypen, Farbhervorhebungen und umgebende Rahmen betont werden. Die Startseite der *Library of Congress* betont die Sammlungen von *American Memory*, indem sie diese nach vorn stellt und ihnen großzügigen Raum zuweist. Öffentliche Dienstleistungen wie der Katalog oder das THOMAS-System (für die Suche nach Gesetzentwürfen) sind in der Mitte angeordnet, und die Bibliotheksdienste stehen auf der rechten Seite.

Allgemeiner Zugang Designer müssen kleine und große Bildschirmanzeigen, Schwarz-Weiß und Farbe, langsame und schnelle Übertragung sowie verschiedene Browser berücksichtigen, die eventuell die gewünschten Eigenschaften nicht unterstützen. Der Druck für ein Design mit dem kleinsten gemeinsamen Nenner ist häufig gewichtiger als die Wünsche nach größerer Bildschirmanzeige, nach dem Gebrauch detaillierterer und zahlreicherer Grafiken, Java-Programmen und Anwendung neuer Browsermöglichkeiten. Glücklicherweise sind ausgewogene Ansätze möglich, bei denen die Benutzer ihr Umfeld und Vorlieben angeben können. Da viele wichtige Designentscheidungen sich mit der Aufgabe selbst befassen, können mehrere Oberflächenversionen bei relativ geringen zusätzlichen Kosten entwickelt werden.

Reine Textversionen für Benutzer mit kleiner Bildschirmanzeige und einem Zugang mit geringer Bandbreite wird wahrscheinlich für viele weitere Jahre empfohlen werden. Ein großer Anteil potenzieller Benutzer wird von Benutzern mit billigen Geräten, Benutzern in Entwicklungsländern mit geringer Kommunikationsinfrastruktur, Benutzern, die drahtlosen Zugang mit niedriger Bandbreite wünschen, Benutzern mit kleinen persönlichen Anzeigegeräten sowie behinderten Benutzern gestellt.

Der große Unterschied bei den Übertragungsgeschwindigkeiten (langsame Modems mit 1.200 Baud bis zu Direktverbindungen mit 4 MB pro Sekunde) hat viele Designer dazu gezwungen, zwei Versionen einer Website zu erstellen: Reiner Text und eine grafische Version. Andere Lösungen bestehen darin, die Textkomponenten zuerst anzuzeigen und die Grafiken zu füllen, falls die Zeit es zulässt, oder aber Miniaturbilder darzustellen, die optional vergrößert werden können. Die Meinungen über den Gebrauch niedrigauflösender Grafik, die bei ausreichender Zeit vergrößert werden kann, sind geteilt.

Sich an die unterschiedlichsten Benutzer anzupassen, sollte ein Hauptanliegen für die meisten Designer sein, da dies den Markt für kommerzielle Anwendungen vergrößert und demokratischen Zugang zu Dienstleistungen der Regierung bietet. Websites sollten auf Schwarz-Weiß-Bildschirmen, Übertragungsleitungen mit niedriger Bandbreite und kleinen Bildschirmen getestet werden. Zusätzlich wird ein Zugang über Telefon oder Sprachein- und Ausgabegeräte behinderten Benutzern dienlich sein und so den Zugang vergrößern. Zugang zu Websites könnte auch von Armbanduhranzeigen, brieftaschengroßen Taschen-PCs oder persönlichen Videogeräten kommen, die an Brillen befestigt sind.

Zeigegeräte können die traditionelle Maus, Trackball, Trackpoint, Touchpad, Touchscreen oder Blickkontaktgeräte sein. Cursorpfeile könnte man benutzen, um zu hervorgehobenen Items zu springen.

Gutes graphisches Design: Viele persönliche Websites werden von Personen gestaltet, die nur etwas HTML lernen oder eine grafische Oberfläche benutzen, um HTML zu generieren. Einfache Websites können erfolgreich mit diesen Werkzeugen gestaltet werden. Jedoch erfordert ein wirklich innovatives und effektives Seitenlayout für eine große Website ebensoviel Sorgfalt und Fertigkeit wie die für eine Zeitung, eine Zeitschrift oder ein Buch. Seitenlayout ist ein weitentwickeltes Fachgebiet für Grafikdesigner, deren Fachkenntnisse für innovatives und effektives Design unabdingbar sind (Cotton und Oliver, 1993; McAdams, 1996; Weinman, 1996). Rasterlayouts und eine folgerichtige Struktur führen den Leser. Besondere Stichworte und Grafiken signalisieren Grenzen und bieten vertraute Orientierungspunkte bei der Navigation beim ersten Besuch und den folgenden. Sachverzeichnisse und Abkürzungen ermöglichen häufigen Benutzern schnelle Durchgänge.

Allein eine Stunde, die man mit Surfen von Websites verbringt, wird die verschiedenen Philosophien von grafischem Design aufdecken. Die Posterdesigner haben zentrierte Titel, große Grafiken, weite Leerräume und eine kleine Anzahl visuell auffallender Buttons, manchmal mit den knallbunten Farben aus der Schule des *Wired*-Magazins sowie extreme bildliche Darstellungen. Buchdesigner benutzen linksbündige Titel, wenige kleine Grafiken, dichten Text über viele Seiten und zahlreiche Querverweise. Zeitungsdesigner beginnen mehrere Stories auf der Startseite, jede mit eigner Überschrift, Schrifttype, Spalte, eingesetzten Fotos und Fortsetzungen. GIF-Freaks zeigen ihre gescannten Fotos, Kunst, wissenschaftliche Bilder oder Logo und stellen diese Grafiken auf die Seite und wenden nur wenig Sorgfalt für Überschriften, Layout oder für Benutzer auf, die nur Zugang mit geringer Bandbreite haben. Hypertextfanatiker teilen Dokumente in Abschnitte mit nur einem Absatz oder kleiner auf und setzen so viele Links pro Satz wie möglich. Traditionalisten stellen einfach einen langen Text in eine einzige Datei und erwarten vom Benutzer, dass er diesen hintereinander durchscrollt.

Jede Designphilosophie zielt darauf ab, bestimmte Benutzer anzusprechen und bestimmte Aufgaben zu unterstützen. Störende Fehler bei der Aufgabenausführung verschwinden mit der Zeit. Seitenlayouts begünstigen eher angenehmes Onlinesurfen, jedoch sind besondere Layouts notwendig, um effektive gedruckte Versionen zu erzeugen.

Traditionelle Regeln des Grafikdesigns gelten auch häufig im Internet. Große Schrifttypen oder Fettdruck zeigen üblicherweise größere Überschriften an, und mittlere Schrifttypen können Untertitel angeben. Text sollte am besten schwarz auf weiß oder grau bleiben, wobei die Links durch Farbe oder Unterstreichung hervorgehoben werden. Ein grafisches Logo ist bei der Startseite einer Organisation üblich. Innerhalb einer Hierarchie kann man die Position dann mit Logos mittlerer oder kleinerer Größe angeben. Vier verschiedene Logogrößen sind vermutlich das, was die meisten Benutzer schnell erfassen können. Für verschiedene Zweige einer großen Hierarchie können variable Logos und Einfärbung von Bannern oder Hintergründen mit bis zu sechs oder acht Variationen effektiv sein. Diese Empfehlungen stammen aus Grafikdesignbüchern für Papierdokumente. Neue Gelegenheiten werden sich für elektronische Dokumente ergeben.

Navigation: Bei einem Buch ist der Fortschritt des Lesers leicht sichtbar. Da dies online nicht möglich ist, entstehen innovative Substitute. Der Ansatz, einfach »Seite 171 von 283« anzugeben, kann effektiv sein, aber verschiedene analoge Fortschrittsanzeiger wie Bildlaufleisten und Seitenlaufleisten sind im Entstehen. Ausführlichere Anzeiger wie ein Verzweigungsbaum oder ein Netzdiagramm, manchmal »*site map*« genannt, hilft den Benutzern, sich auf größeren Websites zu orientieren (siehe Abb. 7.7). Dynamische Anzeiger, die nach Setzen des Cursors mit der Maus reagieren, indem sie eine Hierarchie oder eine detaillierte Information in einem kleinen Fenster öffnen, sind noch völlig neu. Animierte Anzeiger, die darunter gelegene Strukturen aufdecken oder mehr Details bieten, werden wahrscheinlich bald aufkommen, zusätzlich mit akustischem Feedback, dreidimensionalen Bildschirmanzeigen und reichhaltigen Informationsvisualisierungen.

Obwohl Bildlaufleisten das wichtigste Navigationswerkzeug sind, weil sie einen einfachen Standardmechanismus darstellen, ist eine Seitenaufteilung mit Seitenlaufleisten (eine Bildlaufleiste mit seitenweisen Sprüngen) kognitiv weniger anstrengend, weil die Benutzer deutlichere Vorstellung für die Position in einem Dokument haben. Die Designer können Kopf und Fuß der Seiten für Navigationshinweise nutzen (Kopfzeilen, Fußzeilen, Seitenzahlen). Die Benutzer werden mit einem Dokument vertraut, indem sie sich an ein Foto oder eine Abbildung oben auf einer bestimmten Seite erinnern. Unglücklicherweise wird diese Strategie durch die große Variation von Bildschirmgrößen unterlaufen; so dass sich die Designer an eine bestimmte Größe wie etwa 640 x 480 Pixel halten müssen. Dann müssen sich die Benutzer größerer oder kleinerer Bildschirme an den Standard anpassen. Wenn die Designer einen größeren Bildschirm und auflösungsunabhängige Layouts als Standard annehmen können, dann wird auch eine Seitenorientierung viel üblicher werden.

16.6.6 Testen und Pflegen von Websites

Brauchbarkeitstests werden für alle Projekte von Benutzeroberflächen empfohlen. Zusätzlich gibt es noch spezielle Anforderungen an Tests von Websites. Wie immer werden die Designer von den Fragen geleitet, wer die Benutzer sind und welche Aufgaben sie haben. Die Tests sollten mit Personen aus jeder Hauptzielgruppe und aus so vielen Nebengruppen vorgenommen werden, wie Zeit und Geld es erlauben

(Nielsen, 1995). Benutzer verschiedener Altersgruppen, Geschlechter und ethnischer Hintergründe sollten ebenso wie internationale Benutzer berücksichtigt werden. Die Aufgabenhäufigkeitsliste, die bei der Bedarfseinschätzung entwickelt wurde, bietet eine Anleitung für die Zusammenstellung der Testaufgaben.

Die Benutzer sollten in realistischer Umgebung getestet werden, die denen von Heim oder Büro in etwa entsprechen. Zahl der Benutzer und Länge der Tests hängt von der Bedeutung des Projekts ab. Verschiedene Bildschirmgrößen und Übertragungsgeschwindigkeiten sollten getestet werden. Zugang über Sprache sollte für behinderte und andere Benutzer geprüft werden. Da Browser unterschiedliche Eigenschaften haben, sollten Tests mit mehreren Browsern und Versionen vorgenommen werden.

Nach ersten internen Tests mit einer beschränkten Anzahl von Benutzern sollten noch größere interne Tests vorgenommen werden. Dann erst können intensive Feldtests vor einer öffentlichen Bekanntmachung beginnen. Ein abgestufter Einführungsprozess schützt gegen eine Katastrophe, verbessert die Qualität und sichert die höchste Befriedigung bei der größten Anzahl von Benutzern.

Die Arbeit an einer Website wird niemals fertig. Je erfolgreicher sie ist, desto mehr Revisionen und Verbesserungen liegen an. Die Benutzungshäufigkeit sollte bei jeder Seite oder wenigstens für jede Komponente einer Datenbank gemessen werden. Eine solche Statistik kann Muster aufdecken, nach denen man die Websites verbessern kann. Wenn manche Komponenten niemals angesehen wurden, dann können sie entfernt werden, oder aber die Bezugnahme auf diese Komponenten kann verbessert werden, um Aufmerksamkeit zu erregen. Zählsoftware kann auch Benutzungsverhalten über einen Monat, eine Woche oder einen Tag aufdecken und die Pfade zeigen, über die sich die Benutzer der Website nähern und sie durchgehen.

Zusätzlich zu den automatischen Zählern können Websitepfleger auch die Benutzer um Reaktion über E-Mail bitten oder Fragebögen in der Website selbst auswerten. Kenntnisse von Benutzerdemographie und -verhalten kann für die Verfeinerung einer Website hilfreich sein. Um ein tiefgehendes Verständnis zu bekommen, können die Websitepfleger die Benutzer individuell per Telefon oder persönlich interviewen oder unter den Benutzern Diskussionen mit der Zielgruppe durchführen.

Benutzererwartungen und Organisationspolitik bestimmen, wie häufig Oberfläche und Inhalte einer Website geändert werden. Manche Websites sind dauerhaft, und die Benutzer sind von der ständigen Verfügbarkeit der Inhalte abhängig. Bibliotheken, Regierungsarchive und Onlinejournale sind Beispiele. Andere Websites sind flüchtig, und man erwartet einen stündlichen, täglichen, wöchentlichen oder saisonalen Wechsel. Wetterinformation, Zeitungen, Zeitschriften und Zugfahrpläne sind Beispiele dafür.

16.7 Zusammenfassung für den Praktiker

Verlinkte Information von Text, Grafiken, Bildern, Tondokumenten, Animation und Video können in kommerziellen Projekten nach den Goldenen Regeln für Hypertext angewendet werden. Effektive Hypermediaprodukte basieren auf den Grundregeln des Designs von Benutzeroberflächen, betonen aber stärker die Organisation und Präsentation des Inhaltes.

Ein sorgfältiges Design von Websites schafft den Unterschied zwischen »Muss man gesehen haben«, einer Top-10 Website und einem Preis für die schlechteste Webseite. Zunächst sollte man die Zielgruppe im Auge haben und die Ziele setzen, dann erst die Informationsobjekte und -aktionen gestalten. Als nächstes können die Designer Oberflächenmetaphern (Bücherregal, Enzyklopädie, Einkaufspassage) und die Erkennungszeichen für Aktionen (Scrollen, Verlinken, Zoomen) schaffen. Letztlich kann das Webseitendesign in vielfältigen visuellen Formaten und internationalen Versionen mit zusätzlichem Zugang für behinderte oder andere spezielle Leser geschaffen werden. Jedes Designprojekt einschließlich einer Website-Entwicklung sollte einem Brauchbarkeitstest und anderen Prüfmethoden unterzogen werden. Eine Überwachung beim Gebrauch sollte eine Anleitung für eine Revision bieten.

16.8 Ausblick für die Forschung

Hypertext, Hypermedia, Multimedia und das World Wide Web stecken immer noch im Entwicklungsstadium des Ford T Modells. Strategien, wie man Text, Tondokumente, Bilder und Video mischen kann, müssen verfeinert werden. Auch werden effektive rhetorische Grundlagen für Hypermedia erst jetzt entwickelt. Wer wird der erste sein, der »The Great American Hypernovel or Hypermystery« schreibt? Viele Ergebnisse anderer Fragestellungen zur Benutzeroberfläche – wie Menüauswahl, direkte Manipulation und Bildschirmdesign – kann auch auf das Design von Websites angewendet werden. Andererseits bieten die neuen Benutzergemeinschaften, innovative Datenbanken, anspruchsvolle Dienstleistungen, die Betonung von Verlinkung und Navigation sowie der intensive Gebrauch von Grafik den Forschern neue Herausforderungen und reichlich Gelegenheiten, um auf diesem Gebiet Hypothesen zu verifizieren. Theorien zur Informationsstrukturierung kommen auf, ebenso wie Standards zur Darstellung von Aktionen, wie man sich quer durch eine Website arbeitet. Das kreative Austoben im Internet bietet voraussichtlich noch für viele kommende Jahre neue Gelegenheiten zur Designforschung.

Kontrollierte experimentelle Untersuchungen sind bei eng begrenzten Themen effektiv, während Felduntersuchungen, Datenaufzeichnungen und Onlinebegutachtungen alternative Forschungsmethoden im weit offenen Internet bieten. Themengruppen, Untersuchungen kritischer Fälle und Interviews können zur Bildung von Hypothesen effektiv sein. Andere Gelegenheiten sind soziologische Studien über die Auswirkung von Internetbenutzung auf das Leben in Heim und Büro sowie politische Studien über die Auswirkung von Internetbenutzung auf demokratische Prozesse. Weitere Probleme wie Copyrightverletzung, Eindringen in die Privatsphäre, Pornographie oder kriminelle Aktivität verdienen besondere Aufmerksamkeit, seit die Auswirkung des Internets stetig wächst. Wir können die Richtung und die gesellschaftlichen Auswirkungen der Technik nur dann steuern, wenn wir eine wissenschaftliche Grundlage zum Verständnis dieser Themen haben.

World Wide Web

Es sollte kaum überraschen, dass das World Wide Web auch zahlreiche Dokumente über das Internet einschließlich Stilanleitungen für Autoren, zahlreichen Navigationswerkzeugen, Forschungs- und Untersuchungsberichten sowie einer breiten Diskussion enthält.

```
http://www.aw.com/DTUI
```

Quellen

Berners-Lee, Tim, Cailliau, Robert, Luotonen, Ari, & Nielsen, Henrik F., & Secret, Arthur, The World Wide Web, *Communications of the ACM*, 37, 8 (1994), 76–82.

Bush, Vannevar, As we may think, *Atlantic Monthly*, 76, 1 (Juli 1945), 101–108.

Chimera, R. & Shneiderman, B., Evaluating three user interfaces for browsing tables of contents, *ACM Transactions on Information Systems*, 12, 4 (Oktober 1994), 383–406.

Conklin, Jeff, Hypertext: A survey and introduction, *IEEE Computer*, 20, 9 (September 1987), 17–41.

Cotton, Bob & Oliver, Richard, *Understanding Hypermedia: From Multimedia to Virtual Reality*, Phaidon Press, London (1993).

Doan, Khoa, Plaisant, Catherine, & Shneiderman, Ben, Query previews for networked information services, *Proc. Advances in Digital Libraries Conference*, IEEE Computer Society, Los Alamitos (Mai 1996), 120–129.

Engelbart, Douglas, Authorship provisions in AUGMENT, *Proc. IEEE CompCon Conference* (1984), 465–472.

Flynn, Laurie, Making searches easier in the web's sea of data, *The New York Times* (Oktober 2, 1995).

Halasz, Frank, Reflections on NoteCards: Seven issues for the next generation of hypermedia systems, *Communications of the ACM*, 31, 7 (Juli 1988), 836–852.

Hoffman, Donna L., Kalsbeek, William D., & Novak, Thomas P., Internet and web usage in the U.S., *Communications of the ACM*, 39, 12 (Dezember 1996), 36–46.

Horton, William, Taylor, Lee, Ignacio, Arthur, & Hoft, Nancy L., *The Web Page Design Cookbook*, John Wiley & Sons, New York (1996).

IBM, World Wide Web Design Guidelines, http://www.ibm.com/ibm/hci/guidelines/web/web_design.html (April 1997).

Isakowitz, Tomas, Stohr, Edward A., & Balasubramanian, P., RMM: A methodology for hypermedia design, *Communications of the ACM*, 38, 8 (August 1995), 34–44.

Jones, Trish & Shneiderman, Ben, Evaluating usability for a training-oriented hypertext: Can hyper-activity be good?, *Electronic Publishing 3*, 4 (November 1990), 207–225.

Kellogg, Wendy A. & Richards, John T., The human factors of information on the internet, In Nielsen, Jakob (Hrsg.), *Advances in Human–Computer Interaction*, Volume 5, Ablex, Norwood (1995), 1–36.

Koved, Larry & Shneiderman, Ben, Embedded menus: Selecting items in context, *Communications of the ACM*, 29, 4 (April 1986), 312–318.

Lemay, Laura, *Teach Yourself Web Publishing with HTML in a Week*, Sams Publishing, Indianapolis (1995).

Lynch, Patrick J., Yale, *University C/AIM WWW Style Guide*, http://
info.med.yale.edu/caim/StyleManual_Top.HTML (September, 1995).

Marchionini, Gary, *Information Seeking in Electronic Environments*, Cambridge University Press (1995).

Marchionini, Gary & Shneiderman, Ben, Finding facts and browsing knowledge in hypertext systems, *IEEE Computer*, 21, 1 (Januar 1988), 70–80.

McAdams, Melinda, Information design and the new media, *ACM interactions*, II.4, (Oktober 1995), 38–46.

Nielsen, Jakob, *Multimedia and Hypermedia*, Academic Press, San Diego (1995).

Nielsen, Jakob, A home-page overhaul using other web sites, *IEEE Software*, 12, 3 (Mai 1995), 75–78.

Nielsen, Jakob, Using paper prototypes in home-page design, *IEEE Software*, 12, 4 (Juli 1995), 88–97.

Nielsen, Jakob, Sun studies of WWW design, http://www.sun.com/sun-on-net/
www.sun.com/uidesign.

Pejtersen, A. M., A library system for information retrieval based on a cognitive task analysis and supported by an icon-based interface, *Proc. ACM SIGIR Conference* (1989), 40–47.

Pitkow, Jim & Kehoe, Colleen, GVU's Fourth WWW User Survey,
www-survey@cc.gatech.edu (1996).

Plaisant, Catherine, Guide to Opportunities in Volunteer Archaeology: Case study of the use of a hypertext system in a museum exhibit. In Berk, Emily & Devlin, Joseph, (Hrsg.), *Hypertext/Hypermedia Handbook*, McGraw-Hill, New York (1991), 498–505.

Rivlin, Ehud, Rotafogo, Rodrigo, & Shneiderman, Ben, Navigating in hyperspace: Designs for a structure-based toolbox, *Communications of the ACM*, 37, 2 (Februar 1994), 87–96.

Shneiderman, Ben (Editor), Hypertext on Hypertext, Hyperties disk with 1Mbyte data and graphics incorporating July 1988 *CACM*, ACM Press, New York, NY (Juli 1988).

Shneiderman, Ben, Reflections on authoring, editing, and managing hypertext. In Barrett, E. (Editor), *The Society of Text*, MIT Press, Cambridge (1989), 115–131.

Shneiderman, Ben, Brethauer, Dorothy, Plaisant, Catherine & Potter, Richard, Three evaluations of museum installations of a hypertext system, *Journal of the American Society for Information Science*, 40, 3 (Mai 1989), 172–182.

Shneiderman, Ben & Kearsley, Greg, Hypertext Hands-On! An Introduction to a New Way of Organizing and Accessing Information, Addison-Wesley, Reading (1989).

van Dam, Andries, Hypertext 87: Keynote Address, *Communications of the ACM*, 31, 7 (Juli 1988), 887–895.

Weinman, Lynda, *Designing Web Graphics*, New Riders Publishing, Indianapolis (1996).

Yankelovich, Nicole, Meyrowitz, Norm, & van Dam, Andries, Reading and writing the electronic book, *IEEE Computer*, 18, 10 (Oktober 1985), 15–30.

Nachwort: Die Wirkung von Benutzeroberflächen auf die Gesellschaft und den Einzelnen

Die Maschine selbst stellt keine Forderungen und weckt auch keine Hoffnungen. Es ist der menschliche Geist, der Forderungen stellt und Versprechen hält. Um die Maschine untertan zu machen und sie für menschliche Zwecke einzusetzen, muss man sie zuerst verstehen und dann anpassen. Bislang haben wir die Maschine willkommen geheißen, ohne sie wirklich voll zu verstehen.

Lewis Mumford, Technics and Civilization, 1934

A.1 Zwischen Hoffnung und Furcht

Hoffnung ist ein lebenswichtiges menschliches Gefühl, das durch den Wunsch nach einem besseren Leben hervorgerufen und vom Glauben begleitet wird, dass Änderung möglich ist. Hoffnung hat eine stark rationale Komponente, mit der Pläne geschmiedet werden und über mögliche Ergebnisse nachgedacht wird. Aber die Hoffnung hängt von der Leidenschaft für den Fortschritt ab.

Tiefe Hoffnungen kann andere Leute dazu bewegen, an einer zweckgerichteten Handlung teilzunehmen. Martin Luther Kings Rede »I Have a Dream« inspirierte wegen eines herauf beschworenen Bildes von Rasseneintracht. Ebenso bewirkte John F. Kennedys Vision, dass ein Mensch seinen Fuß auf den Mond setzen sollte, dass dies auch eintrat. Seine Leidenschaft war die treibende Kraft für die wissenschaftliche Arbeit der Folgezeit.

Oft muss Hoffnung Widerstand überwinden – etwa die Furcht, dass die Aktion scheitern wird oder alles schlimmer macht. Furcht kann eine abschreckende Hürde für Änderung sein, kann aber auch die Energie zum Handeln bewirken. Ängsten standzuhalten und Mut zu sammeln, um voranzukommen, erfordert Selbstvertrauen und den festen Entschluss, Erfolg zu haben. Wegen dieser Herausforderungen erinnert man sich häufig an Leute und Zivilisationen wegen ihrer tiefen Hoffnungen oder, um es mit den Worten von Ezra Pound zu sagen: »Der Maßstab für eine Zivilisation, sei es ein Zeitalter oder eine Einzelperson, besteht darin, was das Zeitalter oder die Person wirklich zu tun wünscht«.

Computerfachleute können stolz auf 50 Jahre Errungenschaften zurückblicken, und für uns ist es angebracht, unsere tiefen Hoffnungen für die kommenden 50 Jahre zu überdenken. Elektronische Datenverarbeitung hat sich zu einer weltweiten Infrastruktur erweitert, die jedes Land berührt und bald auch jede Person auf der Erde. Was aber sind unsere tiefen Hoffnungen für die nächsten 50 Jahre? Wenn unsere Hoffnungen zum Handeln anregen, wird man unseren Berufsstand dafür schätzten, dass er zu einer besseren Gesellschaft beiträgt (Brooks, 1996; Shneiderman, 1995, 1990).

Während des fünfzigjährigen Bestehens unseres Berufsstandes haben Visionäre zu konstruktiver Entwicklung angeregt. In den vierziger Jahren entwarf Vannevar Bush sein Memex, ein Gerät mit Mikrofilmbibliotheken, um das Gedächtnis durch Zugang zu riesigen Ressourcen von Patenten, wissenschaftlichen Veröffentlichungen oder Gesetzesauslegungen zu erweitern (Bush, 1945). J.C.R. Licklider brachte die Idee einer digitalen Bibliothek in die Welt der elektronischen Computer und erkannte das Potenzial für Telekonferenzen, um Leute zusammen zu bringen (Licklider, 1965). Douglas Engelbart stellte sich Computer als Manipulatoren von Symbolen vor, die den menschlichen Intellekt erweitern könnten (Engelbart, 1968). Er entwarf einen anspruchsvollen Arbeitsplatzrechner mit einer Maus, einer schnellen Tastatur und Links über Dokumente hinweg, die er 1968 auf der *Fall Joint Computer Conference* vorstellte. Spätere Visionäre brachten uns Personal Computer, Netzwerke, E-Mail, grafische Benutzeroberflächen und anderes. Diese Innovationen setzten die moderne Computerindustrie in Gang. Unsere nächste Herausforderung ist, den nächsten Durchbruch zu finden.

Eine naheliegende Hoffnungsvision wird durch eine *technologische Extrapolation* hervorgerufen, vorausgesetzt, dass die technischen Fortschritte selbst für die Gesellschaft von Vorteil sind. Dieser Ansatz führt zu Träumen von Gigahertzprozessoren, die schnelle nutzergesteuerte dreidimensionale Animationen auf Gigapixelanzeigen erzeugen. Die Extrapolation von Technik bedeutet auch Terabytefestplatten und Interneträume mit Petabytes an Information zu unserer sofortigen Verfügung. Fortschritt ist relativ einfach zu erkennen, wenn wir der Extrapolation von Technik folgen, aber ein wesentlich anspruchsvollerer Weg besteht darin zu überlegen, welche Techniken wir eigentlich wollen, um uns selbst und unsere Zivilisation zu ändern.

Eine anspruchsvollere Form der Extrapolation von Technik besteht darin, von künstlicher Intelligenz, Sprachinteraktion oder stets verfügbarer Information zu träumen (Gates, 1995; Negroponte, 1995). Diese Ziele sind technikorientiert, sind aber nicht direkt mit einem deutlichen gesellschaftlichen Gewinn wie dem Weltfrieden, verbesserter Gesundheitsfürsorge oder Menschenrechten verbunden. Große Ziele mit realistischen Szenarien zu verbinden, um sie zu verwirklichen, erfordert eine begeisternde Vorstellungskraft, die mit wissenschaftlicher Strenge gepaart ist.

Fangen wir mit der Phantasie an. Der Fischer, der Aladins Wunderlampe rieb, weckte einen Geist, der drei Wünsche anbot. Wenn Reiben an der Tastatur einen modernen digitalen Geist wecken würde, welche Wünsche würden Sie für die Gestaltung der Zukunft haben? Nach viel Überlegung sind meine Wünsche die nach universellem Zugang zur Computertechnologie, universellen medizinischen Datensätzen und allgemeiner Unterstützung im Erziehungswesen.

Inspiration aus dem Internet: Um die Verbindung zwischen der emotionalen Qualität der Hoffnung und der rationalen Welt der Technik auszuloten, wagte ich mich ins World Wide Web. Eine schnelle Recherche deckte Ermutigendes auf: mehr als eine Million Einträge für Hoffnung und nur 1/3 Million für Furcht. Etwas Surfen führte zu einer jüngsten internationalen Tagung in Japan über »Die Zukunft der Hoffnung« (http://iij.asahi.com/paper/hope/english/index.html). Mit vielen anderen Vortragenden rief Elie Wiesel zur Aufdeckung vergangener und gegenwärtiger Leiden auf. Die abschließende Hiroshima-Deklaration betonte den weiteren Abbau von Kernwaffen und mehr Unterstützung für Menschen- und Bürgerrechte. Sie erwähnte das Potenzial »revolutionärer Techniken«, die »immer weitere Gelegenheiten bieten, Menschen und Führer im Dialog zusammen zu bringen und so ihre Konflikte zu lösen«.

A.1.1 Universeller Zugang zur Computertechnologie

Meine erste Hoffnung ist ein universeller Zugang, bei dem Fortschritt durch den Prozentsatz der Bevölkerung gegeben ist, die einen leichten kostengünstigen Zugang zu speziellen Internetdiensten wie E-Mail, Fernunterricht oder Gemeinschaftsnetzen haben (Anderson et al., 1995). Die Bereitstellung von Elektrizität, Hardware und Kommunikation steht gerade am Anfang. Anwendungen und Dienste werden neu entworfen werden müssen, um den unterschiedlichen Bedürfnissen der vielen noch vergessenen Benutzer nachzukommen. Wir müssen darüber nachdenken, wie E-Mail neuentworfen werden kann, um untrainierten Schreibern und Lesern gerecht zu werden und ihnen gleichzeitig zu helfen, ihre Fertigkeiten zu verbessern. Wie kann Jobtraining und Jobsuche organisiert werden, um den Leuten mit derzeit geringen Fähigkeiten und flüchtigem Lebensstil zu dienen? Wie können Dienste wie Wahlregistrierung, Fahrzeugregistrierung oder Verbrechensanzeige verbessert werden, wenn man von einem allgemeinen Netzwerkzugang ausgehen kann?

Vielleicht können wir damit beginnen, Benutzeroberflächen neu zu gestalten, um gewöhnliche Aufgaben zu vereinfachen. Wir können neuartiges Training und Hilfemethoden zur Verfügung stellen, so dass der Gebrauch eines Computers zu einer befriedigenden Tätigkeit statt zur Frustration wird. Evolutionäres Lernen mit Oberflächen, die in mehrere Ebenen gegliedert sind, würde Erstnutzern erlauben, mit gewöhnlichen Aufgaben Erfolg zu haben und danach ein wachsendes Potenzial für mehr komplexere Möglichkeiten bieten. Mit Millionen neuer Benutzer werden verbesserte Strategien zum Filtern von E-Mail, Suchen von Ordnern, Auffinden von Information und Bereitstellen von Online-Hilfestellungen benötigt. Preiswerte Herstellung ist eine zentrale Anforderung, um allgemeinen Zugang für Amerikaner mit geringen Einkommen oder die vielen Bürger von technisch weniger entwickelten Nationen mit noch geringeren Einkommen zu ermöglichen.

Ein einfacher Zuschnitt von Benutzeroberflächen für verschiedene Bevölkerungsschichten könnte durch Steuerprogramme erreicht werden, die den Benutzern erlauben, ihre nationale Sprache anzugeben, Ausbildungsstand und vieles andere. Die Übertragbarkeit auf nicht dem Standard entsprechende Hardware, die Anpassung an verschiedene Bildschirmgrößen oder Modemgeschwindigkeiten und ein Design für Behinderte oder ältere Benutzer sollte übliche Praxis sein.

Eine Unterstützung für steigende Flexibilität von Information und Diensten ist durchaus technisch machbar, aber die Berücksichtigung dieses Themas ist noch begrenzt. Praktisches semantisches Benennen von Items versetzte Softwareentwickler in die Lage, Präsentationen neu zu formatieren, selektiv unnötige Information zu entfernen oder verwandtes Material dynamisch zu integrieren, um es an die Bedürfnisse der Benutzer anzupassen. Verständliche Softwarewerkzeuge, um plattformunabhängige Hypertexte zu erstellen, wird viel mehr Leute in die Lage versetzen, zur wachsenden weltweiten Informationsinfrastruktur ebenso wie zu ihren lokalen Ressourcen beizutragen.

Universeller Zugang ist ein politisches Thema: Allgemeine Praxis und eine Leitvision helfen, dies zu verwirklichen. Regelungen für Telefone, Fernseher und Autobahnen haben erfolgreich einen nahezu universellen Zugang zu diesen Techniken geschaffen, aber Wirtschaft, Entwicklungen und Dienste in der elektronischen Datenverarbeitung bedürfen offensichtlich einer Änderung, um ein noch breiteres

Publikum zu erreichen. Befürchtungen von unangemessener Intervention in freie Märkte sind berechtigt, aber kommerzielle Hersteller sind vermutlich die Hauptnutznießer eines allgemeinen Zugangs. Wie könnten Entscheidungsträger die Industrie dazu bewegen, universellen Zugang zu unterstützen, um einen expandierenden Markt zu schaffen, der auch den Herstellern kommerzieller Produkte und Dienste nützt?

In Gemeinschaften, wo angemessene Wohnungen, Sanitäranlagen und Nahrung noch Probleme bereiten, sind Telefone oder Computer nicht die ersten Notwendigkeiten. Dennoch kann die Technik als Teil eines allgemeinen Entwicklungsplans hilfreich sein. Techniken gemeinschaftlicher Vernetzung werden in wohlhabenden Orten wie Taos (New Mexico), Seattle (Washington) und Blacksburg (Virginia) ausprobiert, aber eine Anpassung dieser Entwicklungen an das gebirgige Nepal, das urbane Rio de Janeiro oder das ländliche Botswana erfordert kreative Ingenieursarbeit neben finanzieller Unterstützung.

A.1.2 Universelle Gesundheitsüberwachung

Meine zweite Hoffnung besteht in verbesserter Gesundheitsüberwachung. Der Widerstand, die gegenwärtigen papiergestützten Methoden zu ändern, schränkt die Verfügbarkeit medizinischer Information zur klinischen Entscheidungsfindung, Qualitätskontrolle und Forschung ein. Es ist ein Paradoxon, dass Fluglinienreservierungen rund um die Welt verfügbar sind, feindliche politische Grenzen überschreiten und Netzwerke konkurrierender Unternehmen ermöglichen, während Ihre medizinischen Daten sogar dann noch unzugänglich bleiben, wenn sie Ihr Leben retten könnten.

Ein Arzt in jeder Notaufnahme auf der ganzen Welt sollte in der Lage sein, Ihre Krankengeschichte, Ihr jüngstes Elektrokardiogramm oder das jüngste Röntgenbild Ihrer Brust innerhalb von 15 Sekunden nach Ihrer Ankunft über das Netz oder auf einer persönlichen Datenkarte anzuschauen. Die Anzeige sollte in der lokalen Sprache erscheinen, mit vertrauten Maßeinheiten, mit leichten Zugang zu Details und Links zu elektronischer Kommunikation mit Ärzten, denen Sie persönlich bekannt sind.

Ein Fortschritt bei der Standardisierung klinischer Aufzeichnungen, beschleunigte Dateneingabe für Krankengeschichten und das Design von effektiven Überblicken zur Ansicht von Krankengeschichten (Farbtafel B3) (Plaisant et al., 1996) könnten erheblich schneller gemacht werden. Mit einem Überblick über Krankengeschichten auf einem Bildschirm könnten Ärzte schnell frühere Behandlungen oder chronische Krankheiten erkennen, die laufende Entscheidungen beeinflussen können. Datenschutz, Patientenrechte und Kosteneindämmung sind zwar wichtige Probleme, aber das Potenzial für eine verbesserte Gesundheitsvorsorge und reduzierte Kosten ist durchaus überzeugend.

Weitere Vorteile von medizinischen Onlineaufzeichnungen sind Hilfestellungen bei der Aufstellung eines Behandlungsplanes und die medizinische Forschung. Man stelle sich einmal vor, Ihr Arzt könnte die Ergebnisse des vergangenen Jahres von potentiellen Behandlungsplänen von 10.000 Patienten einsehen, bei denen die gleiche Diagnose wie bei Ihnen festgestellt wurde. Oder was wäre, wenn Wissenschaftler in der Lage wären, Fälle nachträglich zu untersuchen, um die Forschung über Behandlungspläne und ihre entsprechende medizinische Ergebnisse zu unterstützen?

Unter sorgfältiger Beachtung der Privatsphäre und der Kosten könnten medizinische Onlineaufzeichnungen die Basis für verbesserte Verantwortlichkeit einzelner Ärzte und Organisationen im Gesundheitsmanagement sowie für ein verbessertes medizinisches Verständnis sein. Ärzte können solch einen Einblick in ihre Entscheidungen verweigern, aber objektive Vergleiche auf Expertenniveau scheinen der gegenwärtigen Komplexität und den Kosten von Rechtsstreitigkeiten über ärztliche Kunstfehler vorzuziehen zu sein.

A.1.3 Universelle Hilfe im Erziehungswesen

Die Erziehung ist die Hoffnung der Zivilisation. Die elektronische Datenverarbeitung ändert sie schon auf dramatische Weise, aber es ist nicht genug, Kinder darin zu unterrichten, im Internet zu surfen, man muss sie auch lehren, daraus Schlüsse zu ziehen (Shneiderman, 1993). Information zu finden, ist nur nützlich, wenn Schüler ein sinnvolles Ziel haben und eine Möglichkeit, Einfluss auf ihre Welt zu nehmen.

Mein Ansatz kombiniert Erziehung mit sozialem Benutzen und lebensnahen Erfahrungen, um Studenten zu lehren, wie man an Arbeitsgruppen, politischen Systemen und Gemeinschaften teilnimmt. Leistungsfähige Informationstechnologien versetzen Studenten in die Lage, effektiv zusammenzuarbeiten, um sinnvolle Ergebnisse zu erzielen, von denen auch jemand außerhalb des Klassenzimmers profitiert. Diese aktionsorientierten und lebensnahen Dienstleistungsprojekte, in Teams durchgeführt, riefen einen hohen Grad an Motivation unter den Studenten hervor, und gab ihnen beim Lernen die Genugtuung, anderen Leuten geholfen zu haben.

Ein Lieblingsprojekt der Studenten umfasste ein Team, das an einem Computerzugang für ältere Leute interessiert war. Sie lasen die Literatur, stellten einen Plan auf, brachten Computer zu einer nahegelegenen Privatklinik und wiesen die älteren Patienten mehrere Wochen lang ein. Dann wurde ihr Endbericht für den Direktor der Klinik zusammengestellt, mit einem wohldurchdachten Plan, was noch getan werden könnte und Hinweisen für Hilfeorganisationen. Ein anderes Projekt entwarf ein Datenbanksystem für eine Gesundheitsorganisation, um Listen von Freiwilligen und Spendern mit mehr als 20.000 Namen zu verwalten.

Studentenprojekte könnten auch ausbildungsorientiert sein, etwa Schreiben eines Onlineleitfadens für ihren Kurs oder Entwicklung einer *Enzyklopädie für X*, wobei X für eine Variable in ihrem Fach steht. Hilfestellungen für andere Gruppen zu leisten, überzeugt Studenten und deckt sich auch mit den Richtlinien in vielen US Staaten, wie Maryland, wo 60 Stunden Gemeinschaftsarbeit für eine Graduierung an Hochschulen gefordert werden.

Dieser Ansatz (»*donate – create – relate*« – *schenken, schaffen, verbinden*) belebt den Lernprozess, bringt die Studenten dazu, die relevanten Grundlagen zu lernen und ermutigt sie, praktische Ziele anzustreben (Denning, 1992). Ich wurde durch Berichte von anderen Lehrern bestätigt, die diese Strategie nachvollzogen und für Grundschulen (Fünftklässler machten einen Multimediakurs über Tiere in Afrika für Drittklässler) bis hin zu Wirtschaftsfachschulen (Abschlusskandidaten machten Webseiten für zwei Dutzend Gruppen) angepasst haben.

Die derzeit zur Verfügung stehende Technik ermöglicht einen solchen Stil von Ausbildung, aber vier Phasen kreativer Arbeit könnten mit fortgeschrittener Technik verbessert werden:

1. Der verlässliche Abruf von vorhandenem Wissen, das für Teamprojekte relevant ist.

2. Kreative Aktivitäten mit Werkzeugen für Brainstorming, Simulationen, Designerkundung und Autorenwerkzeugen

3. Die Beratung mit Altersgenossen und Experten unter der Verwendung von praktischen Werkzeugen für Gruppenarbeit

4. Die Verbreitung der Ergebnisse durch Werkzeuge der Gemeinschaftsinformation.

Man stelle sich Wissenschaftsfestivals online vor, bei denen Studentenprojekte über Jahre aufeinander aufbauen könnten. Neue Studententeams könnten frühere Projekte sehen, Forschung durchführen und kreative Beiträge entwickeln. Dabei können sie sich mit anderen Teams, die an verwandten Problemen arbeiten, oder mit professionellen Wissenschaftlern beraten. Die Ergebnisse könnten von einer Preiskommission geprüft werden, an interessierte Leute verteilt und für künftige Studenten abgelegt werden.

Vorbehalte gegenüber Teamprojekten sind bei Dozenten natürlich, die niemals selbst die Erfahrung gemacht haben, aber viele lernen es, computergestützte Team-projekte zu leiten. Dieser Wechsel ist eine Herausforderung und erfordert Erfah-rung, entsprechende Teamprojekte und Durchführungsstrategien zu finden. Die erfolgreichen Lehrer sind enthusiastisch in Bezug auf die Leistungsfähigkeit von Zusammenarbeit und dem Erleben intensiver Erfahrungen.

Verantwortung für die Zukunft zu tragen, ist eine erhebliche Herausforderung. Es ist mein aufrichtiger Glaube, dass wir als Computerexperten diese Herausforde-rung annehmen sollten, um hinter die Technik zu schauen und eine Vision zu schaffen, die zur Aktion inspiriert. Wenn wir so handeln, wird man sich künftig gut an uns erinnern.

Es gibt so viele wichtige Probleme zu lösen, dass alle mitarbeiten können: Jobs kön-nen befriedigender, Gemeinschaften sicherer und das Leben glücklicher werden. Jeder von uns kann dazu beitragen.

Der universelle Zugang zur Computertechnologie, zu medizinischen Aufzeich-nungen und der universelle Einsatz im Bildungswesen sind meine anspruchsvol-len Hoffnungen. Sicher gibt es noch andere Hoffnungen und Visionen, die mehr gesellschaftlichen Benutzen durch Computereinsatz bringen und Forschern, Unternehmern und Praktikern unbegrenzte Herausforderungen bieten können. Für die Leute, die sich angesprochen fühlen und beitragen möchten, ist es jetzt Zeit, anzufangen, und der Leiter sind eben Sie.

A.2 Die zehn Plagen des Informationszeitalters

Die eigentliche Frage, die vor uns liegt, ist diese: leben diese Instrumente weiter und erhöhen ihren Wert oder nicht?

Mumford, Technics and Civilization, 1934

Es wäre naiv zu glauben, dass weit verbreiteter Gebrauch von Computern nur Vor-teile brächte. Es gibt berechtigte Gründe, sich darüber Sorgen zu machen, dass grö-ßere Verbreitung von Computern zu vermehrter Unterdrückung im privaten, wirtschaftlichen, politischen oder gesellschaftlichen Bereich führt. Leute, die Computer fürchten, haben gute Gründe für ihre Sorge. Designer von Computersystemen haben die Möglichkeit, aber auch die Verantwortung, gegenüber diesen Gefahren wachsam zu sein und durchdachte Entscheidungen zu treffen, die Gefahren zu reduzieren (Huff & Finholt, 1994). Hier ist eine persönliche Liste potenzieller und realer Gefahren beim Gebrauch von Computersystemen:

1. Ängste

   Viele Leute meiden den Computer oder benutzen ihn mit großen Berührungsängsten. Sie leiden unter *Computerschock, Terminalterror* oder *Netzneurose*. Zu ihren Ängsten gehört die Furcht, die Maschine zu zerstören, Sorge, die Kontrolle über den Computer zu verlieren oder als dumm und inkompetent zu erscheinen (»Computer lassen dich so dumm fühlen«) oder eine allgemeine Zurückhaltung, sich mit etwas Neuem zu beschäftigen. Diese Ängste sind real, sollten aber berücksichtigt anstatt beiseite geschoben werden. Sie können häufig mit positiven Erfahrungen überwunden werden. Können wir verbesserte Benutzeroberflächen und Systeme gestalten, die den gegenwärtigen hohen Grad an Ängsten, die viele Benutzer erleben, reduzieren oder beseitigen?

2. Entfremdung

   Seitdem Leute mehr Zeit an Computern verbringen, können sie weniger mit anderen Leuten in Kontakt treten (Sheridan, 1980). Die Computernutzer als Gruppe sind introvertierter als andere Leute, und mehr Zeit, die sie am Computer verbringen, kann ihre Isolation verstärken. Ein Psychologe (Brod, 1984) fürchtet, dass Computernutzer dazu neigen, eine schnelle Arbeit, Antworten mit *Ja/Nein* oder *Richtig/Falsch* sowie einen hohen Grad von Steuerung nicht nur von ihren Maschinen, sondern auch von ihren Freunden, Ehepartnern und Kindern zu erwarten. Der fanatische Videospieler, der selten mit einer anderen Person kommuniziert, ist ein Extremfall. Was aber passiert mit den emotionalen Beziehungen einer Person, die zwei Stunden pro Tag mit E-Mail verbringt anstatt mit Kollegen oder Familienangehörigen zu plaudern (Kraut et al., 1996)? Können wir Benutzeroberflächen bauen, die mehr konstruktive, menschliche und soziale Interaktion fördern?

3. Informationsarme Minderheit

   Obwohl einige utopische Visionäre glauben, dass Computer die Unterschiede zwischen arm und reich verwischen oder soziale Ungerechtigkeiten ausgleichen werden, sind Computer doch gerade ein anderes Mittel, durch das Benachteiligte benachteiligt sind (Friedman & Nissenbaum, 1996). Die Leute, die keine Computerkenntnisse besitzen, haben einen neuen Grund, in der Schule nicht Erfolg zu haben oder keinen Job zu bekommen. Allein schon in der Verteilung von Computern im Erziehungswesen gibt es eine große Diskrepanz. Die Schulen in Gebieten mit hohen Einkommen dürften erheblich eher Computereinrichtungen haben als Schulen in ärmeren Gebieten. Zugang zu Informationsquellen ist also ungleich verteilt und in den Händen wohlhabender und etablierter sozialer Gemeinschaften. Können wir Systeme bauen, die den wenig ausgebildeten Arbeitern ermöglichen, auf Expertenniveau zu arbeiten? Können wir Training und Ausbildung für jedes fähige Mitglied der Gesellschaft erreichen?

4. Persönliche Ohnmacht

Große Organisationen können unpersönlich werden, weil die Kosten für eine Behandlung von Sonderfällen hoch sind. Personen, die beim Versuch frustriert sind, persönliche Behandlung und Aufmerksamkeit zu bekommen, können ihren Zorn gegen die Organisation richten, das Personal, das sie ausgemacht haben, oder die Technik, die einschränkt statt zu helfen. Leute, die versucht haben, den gegenwärtigen Stand ihres Sozialversicherungskontos herauszufinden oder die sich von Banken Unstimmigkeiten ihres Kontos erklären lassen wollten, sind sich dieser Probleme bewusst, besonders wenn sie Sprach- oder Hörschwierigkeiten oder andere physische oder kognitive Behinderungen haben. Interaktive Computersysteme können dazu benutzt werden, den Einfluss von Einzelpersonen zu erhöhen oder spezielle Behandlungen zu ermöglichen, aber diese Art von Anwendungen erfordert aufmerksame engagierte Designer und geneigte Manager. Wie können wir ein Design so entwerfen, dass Einzelpersonen sich stärker unterstützt fühlen und sich selbst verwirklichen können?

5. Bestürzende Komplexität und Geschwindigkeit

Die Zoll-, Wohlfahrts- und Versicherungsregelungen, die von computergestützten Bürokratien getroffen wurden, sind so komplex und ändern sich so schnell, dass es für Einzelpersonen extrem schwierig ist, auf dem Laufenden zu bleiben und Entscheidungen aufgrund der richtigen Information zu treffen. Selbst erfahrene Computernutzer sind häufig überwältigt von der Flut neuer Softwarepakete, jede mit Hunderten von Möglichkeiten und Optionen. Das Vorhandensein von Computern und anderen Technologien kann Manager zum falschen Glauben verleiten, sie könnten mit den Komplexitäten umgehen, die sie schaffen. Schnelle Computersysteme werden teurer, die Geschwindigkeit dominiert und mehr Eigenschaften werden bevorzugt. Diese Situation wird in Kontrollräumen von Kernreaktoren offensichtlich, wo Hunderte von heller-leuchteten Anzeigen, die Ausfälle angeben, die Operateure überwältigen. Ein-fachheit ist ein einfaches, aber leider häufig ignoriertes Prinzip. Ein strenges Beharren auf den Grundlagen des Design kann der einzige Weg in eine siche-rere, gesündere, einfachere und langsamere Welt sein, wo menschliche Belange zählen.

6. Schwäche von Organisationen

Seit Organisationen von komplexer Technik abhängig sind, sind sie verwund-bar. Wenn Ausfälle auftreten, können sie sich schnell ausbreiten und die Arbeit vieler Leute aufhalten. Bei computergestützter Flugticketausgabe, Telefonver-mittlung oder Kaufhausschlussverkäufen können Computerausfälle ein soforti-ges Ende der Dienstleistung bedeuten. Ein subtileres Beispiel ist eine computergestützte Inventarkontrolle, die einen Lagerbestand löschen oder drastisch kürzen kann, so dass sich Störungen rasch ausbreiten. Beispielsweise kann ein Streik in einer Kugellagerfabrik die Schließung eines entfernten Auto-montagebandes innerhalb weniger Tage erzwingen. Computer können eine Konzentration von Expertenwissen hervorrufen, und dann kann eine kleine Zahl von Leuten eine große Organisation lahm legen. Können Entwickler den Gefahren vorbeugen und robuste Designs produzieren?

7. Eindringen in die Privatsphäre

Die weithin beschworene Bedrohung der Privatsphäre ist besorgniserregend, weil die Konzentration von Information und die Existenz leistungsfähiger Abrufsysteme es möglich machen, die Privatsphäre vieler Leute leicht und schnell zu verletzen. Natürlich haben gut geplante Computersysteme das Poten-zial, sicherer als Papiersysteme zu werden, wenn die Manager auf den Schutz der Privatsphäre achten. Fluglinien-, Telefon-, Bank-, medizinische, gerichtliche und Personaldatensätze können viel über eine Einzelperson aussagen, wenn das Vertrauen kompromittiert wird. Können Manager Zustände und Systeme anstreben, mit denen der Schutz der Privatsphäre in einer computergestützten Organisation eher verstärkt als reduziert wird?

8. Arbeitslosigkeit und Entwurzelung

Seit sich Automatisierung ausbreitet, kann Produktivität und allgemeine Beschäftigung steigen, aber manche Jobs können schlechter bewertet werden oder ganz verschwinden. Eine Umschulung kann manchen Arbeitnehmern

helfen, aber andere werden Schwierigkeiten haben, ihre lebenslange Arbeitsweise zu ändern. Die Entwurzelung kann niedrigbezahlte Angestellte oder
hochbezahlte Schriftsetzer treffen, deren Arbeit automatisiert wird, aber ebenso
den Bankvizepräsidenten, dessen Entscheidungen über Hypothekenzahlung
oder Darlehen jetzt von einem Expertensystem übernommen wird. Können
Arbeitgeber eine Beschäftigungspolitik entwerfen, die Umschulung sichert und
Jobs garantiert?

9. Mangelnde berufliche Verantwortung

Gesichtslose Organisationen können unpersönlich auf Probleme reagieren und
die Verantwortung gegenüber diesen Problemen ablehnen. Die Komplexität
von Technik und Organisationen bietet Angestellten hinreichend Gelegenheit,
Schuld auf andere oder den Computer zu schieben: »Leider lässt uns der Computer Ihnen nicht das Buch ohne Ihre maschinenlesbare Karte ausleihen«. Werden die Benutzer von medizinischen Diagnosesystemen oder militärischen
Verteidigungssystemen in der Lage sein, sich der Verantwortung für Entscheidungen zu entziehen? Wird man Computerausdrucken mehr vertrauen als dem
Wort einer Person oder dem Urteil eines Profis? Komplexe und verwirrende Systeme ermöglichen Benutzern und Designern, die Maschine verantwortlich zu
machen, aber mit verbessertem Design wird Verantwortlichkeit und Glaubwürdigkeit vermittelt und von Benutzern und Entwicklern akzeptiert werden.

10. Verschlechterung des Images von Leuten

Mit dem Aufkommen von *intelligenten Terminals, schlauen Maschinen* und *Expertensystemen* scheinen Maschinen in der Tat menschliche Fähigkeiten übernommen zu haben. Diese missverständlichen Ausdrücke erzeugen nicht nur Ängste
gegenüber Computern, sondern können auch das Bild untergraben, dass wir
von Leuten und ihren Fähigkeiten haben. Manche Verhaltenspsychologen weisen daraufhin, dass wir wenig mehr als Maschinen sind. Manche Erforscher
künstlicher Intelligenz glauben, dass die Automatisierung vieler menschlicher
Fähigkeiten bald erreicht sei. Die große Vielfalt menschlicher Fähigkeiten, die
produktive und kreative Natur des täglichen Lebens, die emotionale oder leidenschaftliche Seite menschlicher Bemühungen sowie die eigenständige Phantasie
jedes Kindes scheinen verloren gegangen zu sein oder unterschätzt zu werden
(Rosenbrock, 1982). Statt durch schlaue Maschinen beeindruckt zu sein, die
fehlgeleitete Verfolgung des Turingtests zu akzeptieren oder sich auf die Computerkenntnisse von Leuten zu konzentrieren, glaube ich, dass wir anerkennen

sollten, dass Systeme, die Benutzer befähigen, auch die Wertschätzung der Benutzer gegenüber dem Wert und der Vielfalt einzigartiger menschlicher Fähigkeiten steigern werden.

Zweifellos existieren noch mehr Plagen und Probleme. Jede Situation impliziert eine kleine Warnung an die Designer. Jedes Design ist eine Gelegenheit, Computer auf positive und konstruktive Weisen anzuwenden, die diese Gefahren vermeiden.

A.3 Die Verhinderung der Plagen

Leute, die so fasziniert von den lebensnahen Meisterleistungen des Computers sind – er spielt Schach! Er schreibt Poesie! – dass sie ihn zu eine Stimme der Allwissenheit machen wollen, geben preis, wie wenig Verständnis sie entweder von sich selbst, ihren elektromechanischen Vertretern oder den Möglichkeiten des Lebens haben.

Lewis Mumford, The Myth of the Machine, 1970

Es gibt sicher kein Allheilmittel zur Verhinderung der beschriebenen 10 Plagen. Selbst gutmeinende Designer können sie unbeabsichtigt verbreiten, aber wachsame, engagierte Designer, deren Bewusstsein sich entwickelt hat, können die Gefahren durchaus mindern. Die Strategien zur Verhinderung der Plagen und Minderung ihrer Auswirkungen sind Folgende:

- *Menschenzentriertes Design* Richten Sie die Aufmerksamkeit auf die Benutzer und auf ihre Aufgaben. Rücken Sie die Benutzer in den Mittelpunkt der Aufmerksamkeit und bauen Sie Kompetenz, Beherrschung, Klarheit und Berechenbarkeit auf. Konstruieren Sie gutorganisierte Menübäume, bauen Sie eine sinnvolle Struktur in Befehlssprachen auf, bieten Sie spezifische und konstruktive Befehle und Meldungen, entwickeln Sie übersichtliche Bildschirmanzeigen, richten Sie informative Antwortmöglichkeiten ein, ermöglichen Sie leichtes Erkennen und Korrigieren von Fehlern, sichere angemessene Anzeigegeschwindigkeiten und Reaktionszeiten, und erstellen Sie verständliches Lernmaterial.

- *Unterstützung von Organisationen* Über das Softwaredesign hinaus muss die Organisation den Benutzer auch unterstützen. Entwickeln Sie Strategien für ein gemeinschaftliches Design und sorgen Sie für häufige Evaluation und Reaktion durch die Benutzer. Dazu gehören persönliche Interviews, Themengruppen, Onlinebegutachtungen, Fragebögen und Onlinevorschlagboxen.

- *Jobdesign* Europäische Gewerkschaften haben bereits Regeln für Computernutzer aufgestellt, um Erschöpfung und Stress zu verhindern. Regeln können für die Begrenzung der Betriebsstunden, feste Ruhepausen, leichte Jobrotation und Hilfe bei der Ausbildung aufgestellt werden. Ausgehandelte Maßstäbe für Produktivität oder Fehlerraten können dazu beitragen, vorbildliche Arbeiter zu belohnen und Training zu steuern. Überwachung oder Bemessung von Arbeit muss vorsichtig vorgenommen werden, aber sowohl Manager als auch die Angestellten können von einem durchdachten Plan profitieren.

- *Ausbildung* Die Komplexität des modernen Lebens und der Computersysteme macht die Ausbildung grundlegend wesentlich. Schulen sowie weiterführende Ausbildungsstätten und Arbeitgeber spielen dabei eine Rolle. Besonders sollte man auf ständige Ausbildung, »*Training on the Job*« und Lehrerweiterbildung achten.

- *Reaktion und Belohnungen* Benutzergruppen können mehr sein als lediglich passive Beobachter. Sie können sicherstellen, dass Systemfehler gemeldet werden, dass Designverbesserungen Managern und Designern übermittelt werden, und dass Manuals und Onlinehilfen begutachtet werden. Ebenso sollte exzellente Arbeit durch Preise innerhalb von Organisationen und durch öffentliche Vorstellungen anerkannt werden. Professionelle EDV-Gesellschaften könnten Preise stiften, so wie die Preise des *American Institute of Architects*, des *Pulitzer Prize Committee*, oder der *Academy of Motion Picture Producers*.

- *Öffentliches Bewusstsein* Informierte Benutzer von Personal Computern und Benutzer kommerzieller Systeme können für die gesamte Gemeinschaft von Vorteil sein. Berufsverbände wie die ACM und die IEEE sowie Benutzergruppen können bei Öffentlichkeitsarbeit, Verbraucheraufklärung und professionellen Standards zur Ethik Vorreiter sein.

- *Gesetzgebung* Fortschritte wurde bereits bei der Gesetzgebung hinsichtlich des Datenschutzes, des Rechts auf Zugang zu Information und der Computerkriminalität gemacht, aber es bleibt noch mehr Arbeit zu tun. Vorsichtige Schritte in Richtung auf Regelungen, Arbeitsrichtlinien und Standardisierung kann sehr förderlich sein. Es bestehen zwar Gefahren restriktiver Gesetzgebung, aber ein durchdachter gesetzlicher Schutz wird die Entwicklung eher antreiben und Missbrauch verhindern.

- *Weitere Forschung* Einzelpersonen, Organisationen und Regierungen können die Forschung unterstützen, um neuartige Ideen zu entwickeln, die Gefahren zu minimieren und die Vorteile interaktiver Systeme zu verbreiten. Theorien von kognitivem Benutzerverhalten, individuellen Unterschieden, Aneignung von Fertigkeiten, visueller Aufnahmefähigkeit und organisatorischem Wandel könnten Designern und Systemverwaltern eine hilfreiche Anleitung bieten.

A.4 Überwindung des Animismus

Anders als Maschinen kann der menschliche Geist Ideen entwickeln. Wir brauchen Ideen als Anleitung zum Fortschritt ebenso wie Werkzeuge, sie zu implementieren ... Computer enthalten ebenso wenig ein »Gehirn« wie Stereoanlagen Musikinstrumente ... Maschinen bearbeiten nur Zahlen, Menschen verbinden sie erst zu einer Bedeutung.

Penzias, 1989

Das Aufkommen von Computern ist eine der grundlegenden historischen Wandlungen. Solch ein Aufruhr ist weder insgesamt gut noch insgesamt schlecht, sondern eher ein Produkt vieler Einzelentscheidungen, wie eine Technik angewandt wird. Jeder Designer spielt eine Rolle, welche Richtung eingeschlagen wird. Die Computerrevolution ist den Kinderschuhen entwachsen, aber noch immer gibt es reichlich Gelegenheit für einen Wandel.

Die Metaphern, Bilder und Namen, die für Systeme gewählt wurden, spielen eine Schlüsselrolle bei den Auffassungen der Designer und Benutzer. Es überrascht nicht, dass viele Computersystemdesigner immer noch menschliche oder tierische Formen nachahmen. Die ersten Flugversuche imitierten Vögel, die ersten Designs für Mikrophone folgten der Form des menschlichen Ohrs. Solche primitiven Sichtweisen können nützliche Ausgangspunkte sein, aber Erfolg haben am schnellsten die Leute, die über diese Phantasien hinaustreten und wissenschaftliche Analysen anwenden. Das Ziel ist – außer zum Vergnügen – niemals, die menschliche Form nachzuahmen, sondern den Benutzern einen effektiven Dienst zu bieten, damit sie ihre Aufgaben ausführen können.

Lewis Mumford charakterisierte in seinem klassischen Buch *Technics and Civilization* (1934) das Problem »der Trennung des Animierten und des Mechanischen« als »das Hindernis des Animismus«. Er beschrieb Leonardo da Vincis Versuch, die Bewegung der Flügel des Vogels zu reproduzieren, dann Aders fledermausartiges Flugzeug (noch um 1897) und Brancas Dampfmaschine in Form eines menschlichen Kopfs und Torsos. Mumford schrieb: »Die ineffektivste Art von Maschine ist die realistische mechanische Imitation eines Menschen oder anderen Tieres ... weil Tausende von Jahren der Animismus der Entwicklung im Wege stand«.

Die Wahl menschlicher oder tierischer Formen als Inspiration für manche Projekte ist verständlich, aber ein erheblicher Fortschritt wird viel schneller kommen, wenn wir die Ziele erkennen, die den menschlichen Bedürfnissen dienen und den entsprechenden Attributen der Technik, die angewendet wird. Taschenrechner folgen nicht menschlichen Formen, taugen aber sehr effektiv zum Rechnen. Designer von Meisterschachspielprogrammen ahmen längst nicht mehr menschliche Strategien nach. Erforscher von Sehsystemen verwirklichten die Vorteile von Radar oder Schallwellen und nahmen Abstand davon, menschenähnliche Hilfsmittel zur Stereotiefenwahrnehmung zu benutzen.

Roboter bieten eine informative Fallstudie. Abgesehen von Steinbildern und Voodoopuppen können wir moderne Roboter bis zu den Geräten zurückverfolgen, die von Pierre Jacquet-Droz, einem Schweizer Uhrmacher, von 1768 bis 1774 gebaut wurden. Der erste kindergroße mechanische Roboter, Schreiber genannt, konnte dazu programmiert werden, Mitteilungen mit bis zu 40 Zeichen zu schreiben. Er hatte Befehle, um Zeilen zu wechseln, einen Zwischenraum zu überspringen oder den Federkiel ins Tintenfass zu tauchen. Der zweite, Zeichner genannt, hatte ein Repertoire von vier Bleistiftskizzen: ein Junge, ein Hund, Ludwig XV. von Frankreich und ein paar Portraits. Der dritte Roboter, der Musiker, spielte fünf Lieder auf einer Pfeifenorgel und konnte 1,5 Stunden nach einmaligem Aufziehen arbeiten. Diese Roboter machten ihre Schöpfer berühmt und reich, da sie an den Höfen der Könige und bei öffentlichen Vorführungen gefragt waren. Schließlich wurden jedoch Druckpressen effektiver als der Schreiber und der Zeichner, und Tonbandgeräte und Plattenspieler wurden dem Musiker überlegen.

Roboter der fünfziger Jahre des zwanzigsten Jahrhunderts hatten elektronische Komponenten und eine metallische Haut, aber ihr Design war auch noch stark von der menschlichen Form beeinflusst. Roboter-Arme hatten die gleichen Ausmaße wie menschliche Arme, und die Hände hatten fünf Finger. Designer moderner Roboter überwanden endlich den Animismus und konstruieren jetzt Arme, deren Ausmaße der Stahl- und Plastiktechnologie und den Aufgaben angemessen sind. Zwei Finger sind an Roboterhänden häufiger als fünf, und die Hände können häufig um mehr als 270 rotieren. Wo erforderlich, wurden Finger durch Saugnäpfe aus Gummi mit Vakuumpumpen ersetzt, um Teile aufzunehmen.

Trotz dieser Verbesserungen kann die Metapher und Terminologie menschlicher Formen die Designer und Benutzer von Robotern immer noch irreführen. Programmierer eines industriellen Roboters störten sich so sehr an den Beschriftungen »oberer Arm« und »unterer Arm« auf dem Steuerbord, dass sie die Worte auskratzten. Sie dachten, dass die anthropomorphen Ausdrücke ihre Intuitionen zur Programmierung des Roboters fehlleiten könnten (McDaniel & Gong, 1982). Ausdrücke wie *programmierbare Manipulatoren* und *flexible Herstellungssysteme* sind weniger aufregend, beschreiben aber genauer die neue Generation von Robotersystemen.

Der Bankautomat bietet ein einfaches Beispiel der Entwicklung von anthropomorpher Darstellung zu einer Dienstleistungsorientierung. Frühe Systeme hatten Namen wie *Tillie the Teller* oder *Harvey Wallbanker* und wurden mit Sätzen programmiert wie »Wie kann ich Ihnen helfen?« Diese täuschenden Bilder wurden schnell durch eine Konzentration auf die Computertechnologie ersetzt und hatten danach Namen wie Electronic Teller, CompuCash, Cashmatic oder CompuBank. Mit der Zeit hat sich der Schwerpunkt auf die Dienstleistung für den Benutzer verlagert: CashFlow, Money Exchange, 24-Hour Money Machine, All-Night Banker und Money Mover.

Die Computerrevolution wird nicht nach der Komplexität oder der Leistung der Technologie beurteilt, sondern eher nach der Dienstleistung für menschliche Bedürfnisse. Durch Konzentration auf die Benutzer werden Forscher und Designer leistungsfähige, aber einfache Systeme entwerfen, die Benutzern bei der Ausführung ihrer Aufgaben helfen. Diese Werkzeuge werden kurze Lernzeiten, schnelle Ausführung und geringe Fehlerraten ermöglichen. Die Benutzerbedürfnisse an die erste Stelle zu setzen, wird zu einer angemesseneren Auswahl von Systemeigenschaften führen, so dass Benutzer ein besseres Gefühl für Beherrschung und Kontrolle und die Befriedigung der Ausführung bekommen. Zur gleichen Zeit werden die Benutzer mehr Verantwortung für ihre Handlungen empfinden und dürften motivierter sein, etwas über die Aufgaben und das interaktive System zu lernen.

Wenn Grenzen zwischen Menschen und Computern schärfer definiert werden, wird man deutlicher die Computerleistungen und die menschlichen Überlegungen erkennen (Weizenbaum, 1976; Winograd and Flores, 1986). Schneller Fortschritt wird auftreten, wenn Designer akzeptieren, dass Kommunikation von Mensch zu Mensch ein schlechtes Modell für die Mensch-Computer-Interaktion ist. Menschen unterscheiden sich von Computern, und die menschliche Bedienung von Computern ist weit entfernt von menschlichen Beziehungen. Lebenswichtige Faktoren, die menschliches Benehmen abgrenzen, sind die Vielfalt der Fertigkeiten und der Hintergrund von Einzelpersonen, ihre Kreativität, Imagination und Erfindungsgabe bei täglichen Handlungen, die emotionelle Beteiligung bei jeder Aktion, der Wunsch nach sozialem Kontakt und die Kraft des Willens.

Diese einfachen, aber anhaltenden Aspekte der menschlichen Natur zu ignorieren, führt einen zu unangebrachter Technik und leeren Erfahrungen. Eine Betonung dieser Aspekte kann hingegen zu leistungsfähigen Werkzeugen führen, zu Freude beim Lernen, zur Möglichkeit, Ziele zu erreichen, zu einem Gefühl der Vollendung und zu gesteigerter gesellschaftlicher Interaktion.

Obwohl Designer von dem Ziel angezogen sein können, beeindruckende und selbstständige Maschinen zu schaffen, die Aufgaben so ausführen, wie Menschen es tun würden, wird eine Umsetzung dieses Zieles nicht das bieten, was die meisten Benutzer eigentlich wollen. Ich glaube, dass die Benutzer eher ein Gefühl für ihre eigene ausgeführte Leistung bekommen wollen als einen klugen Roboter, intelligenten Agenten oder ein Expertensystem zu bewundern. Benutzer wollen durch die Technik in die Lage versetzt werden, ihr Wissen und ihre Erfahrung anzuwenden, um Meinungen zu bilden, die zu einer verbesserten Durchführung und größerer persönlicher Befriedigung führen. Manchmal können vordefinierte objektive Kriterien auf eine Aufgabe angewendet werden, aber häufiger müssen dies menschliche Werte sein, und die Flexibilität bei den Entscheidungsfindungen ist unabdingbar.

Manche Beispiele können uns helfen, dieses Thema besser zu erläutern. Ärzte wollen keine Maschine, die eine Diagnose stellt. Stattdessen wollen sie eine Maschine, mit der sie eine exaktere, verlässlichere Diagnosen stellen können, entsprechende Hinweise auf wissenschaftliche Veröffentlichungen oder klinische Versuche bekommen, schnell beraten werden und diesen Rat genau aufzeichnen können. Ebenso wollen Flugverkehrs- oder Produktüberwacher keine Maschine, die automatisch ihren Job übernimmt. Stattdessen wollen sie eine, die ihre Produktivität steigert, ihre Fehlerquoten reduziert und sie in die Lage versetzt, in Spezial- oder Notfällen effektiv zu handeln. Ich glaube, dass eine Zunahme persönlicher Verantwortung zu verbesserter Dienstleistung führt.

A.5   Auf lange Sicht

> *Wie machen wir Gebrauch von der Leistung der Technik, ohne uns so vollständig an sie anzupassen, dass wir uns selbst wie Maschinen benehmen, verloren in Hebeln und Zahnrädern, verlassen von der Liebe zum Leben, hungrig nach direkter Erfahrung der lebhaften Intensität des stets sich ändernden Augenblicks?*
>
> *Al Gore, Earth in the Balance, 1992*

Erfolgreiche interaktive Systeme werden den Designern viel Gewinn bringen, aber ein verbreiteter Gebrauch effektiver Werkzeuge ist nur das Mittel, höhere Ziele zu erreichen. Ein Computersystem ist mehr als ein technisches Produkt: Interaktive Systeme, besonders wenn sie durch Computernetze verbunden sind, schaffen menschliche gesellschaftliche Systeme. Wie Marshall McLuhan feststellte, »das Medium ist die Botschaft«, und daher ist jedes interaktive System eine Mitteilung der Designer an den Benutzer. Diese Mitteilung war oft eine verletzende mit dem Unterton, dass der Designer sich nicht um den Benutzer kümmert. Unangenehme Fehlermeldungen sind deutliche Anzeichen; dazu gehören auch komplexe Menüs, überladene Bildschirme und verwirrende Dialogboxen.

Die meisten Designer wollen eine freundlichere und fürsorglichere Botschaft senden. Designer, Systemverwalter und Forscher lernen, mit effektiven und gut getesteten Systemen herzlichere Grüße an die Benutzer zu schicken. Die Sprache der Qualität überzeugt die Empfänger und kann gute Gefühle, Wertschätzung für die Designer und den Wunsch hervorbringen, sich mit der eigenen Arbeit zu verbessern. Die Fähigkeit exzellenter Systeme, Mitgefühl und Verbindung hervorzurufen, wurde von (1974) am Ende seiner Richtlinien für Informationssysteme angemerkt: »Auf lange Sicht ist die *Struktur* eines Systems wichtig. Damit ist die Qualität gemeint, mit der das System in den Benutzern ein Gefühl hervorrufen soll, dass das System die Zusammengehörigkeit unter den Menschen erhöht«.

Zunächst erscheint es erstaunlich, dass Computersysteme eine Zusammengehörigkeit unter Leuten schaffen sollen, aber jede Technik hat das Potenzial, Leute in gemeinsamen Anstrengungen zusammenzubringen. Jeder Designer kann eine Rolle dabei spielen, nicht nur für die Benutzer zu kämpfen, sondern sie auch zu trainieren, ihnen zu Diensten zu sein und sich um sie zu kümmern.

A.6   Zusammenfassung für den Praktiker

Zu den hochgesteckten Zielen gehören der Weltfrieden, exzellente Gesundheitsfürsorge, angemessene Ernährung, zugängliche Ausbildung, Kommunikation, Meinungsfreiheit, Unterstützung für kreative Forschung, Sicherheit und gesellschaftlich konstruktive Unterhaltung. Computertechnik kann uns dabei helfen, diese hochgesteckten Ziele zu erreichen, wenn wir deutlich messbare Zielobjekte festlegen, Teilnahme von Profis erreichen und effektive Benutzeroberflächen für die Computer entwerfen. Zum Design gehört auch ein angemessenes Augenmerk auf individuelle Unterschiede unter den Benutzern, Unterstützung sozialer und organisatorischer Strukturen, Zuverlässigkeit und Sicherheit, Vorkehrung für den Zugang für Ältere, Behinderte oder Analphabeten und eine angemessene nutzergesteuerte Anpassung.

A.7 Ausblick für die Forschung

Die Ziele von universellem Zugang, fortschrittliche Anwendungen für medizinische Dienste und Werkzeuge, um Innovation zu unterstützen, enthalten genügend anspruchsvolle Forschungsprojekte für eine ganze Generation. Medizinische Information, Ausbildung und Gemeinschaftsnetze sind die ansprechendsten Kandidaten für eine frühe Forschung, weil die Auswirkung von Änderungen so groß sein kann. Wenn wir neuartige Dienste unterschiedlichen Benutzern anbieten wollen, brauchen wir effektive Theorien und exakte empirische Forschung, um leichtes Lernen, schnelle Ausführung, geringe Fehlerquoten und ein gutes Erinnern über längere Zeit bei hoher subjektiver Befriedigung zu erreichen.

World Wide Web

Organisationen, die sich mit Ethik, sozialen Auswirkungen und öffentlicher Politik befassen, tun ihr Bestes, um den Umgang mit Computern und Informationsdiensten so hilfreich wie möglich zu gestalten. Ihre Möglichkeiten, selbst zu einem Aktivisten zu werden, finden Sie dort ebenfalls.

```
http://www.aw.com/DTUI
```

Quellen

Anderson, Robert H., Bikson, Tora K., Law, Sally Ann, & Mitchell, Bridger M., *Universal Access to Email: Feasibility and Societal Implications,* RAND, Santa Monica (1995). Siehe auch http://www.rand.org.

Brod, Craig, *Technostress: The Human Cost of the Computer Revolution,* Addison-Wesley, Reading (1984).

Brooks, Frederick, Jr., The computer scientist as toolsmith II, *Communications of the ACM,* 39, 3 (März 1996), 61–68.

Bush, Vannevar, As we may think, *Atlantic Monthly* (Juli 1945). Siehe auch http://www2.theAtlantic.com/atlantic/atlweb/flashbks/computer/tech.htm.

Denning, Peter J., Educating a new engineer, *Communications of the ACM,* 35, 12 (Dezember 1992), 83–97.

Engelbart, Douglas C. & English, William K., A research center for augmenting human intellect, *AFIPS Proc. Fall Joint Computer Conference,* 33 (1968), 395–410.

Friedman, Batya & Nissenbaum, Helen, Bias in Computer Systems, *ACM Transactions on Information Systems,* 14, 3 (Juli 1966), 330–347.

Gates, Bill, *The Road Ahead,* Viking Penguin, New York (1995).

Huff, Chuck W. & Finholt, Thomas (Hrsg.) *Social Issues in Computing: Putting Computing in Its Place,* McGraw-Hill. New York (1994).

Kraut, Robert, Scherlis, William, Mukhopadhyay, Tridas, Manning, Jane, & Kiesler, Sara, The HomeNet field trial of residential internet services, *Communications of the ACM,* 39, 12 (Dezember 1996), 55–63.

Licklider, J. C. R., *Libraries of the Future,* MIT Press, Cambridge(1965).

McDaniel, Ellen, & Gong, Gwendolyn, The language of robotics: Use and abuse of personification, *IEEE Transactions on Professional Communications,* PC-25, 4 (Dezember 1982), 178–181.

Mumford, Lewis, *Technics and Civilization,* Harcourt Brace and World, New York (1934).

Negroponte, Nicholas, *Being Digital,* Hodder & Stoughton, London (1995).

Norman, Don, *The Psychology of Everyday Things,* Basic Books, New York (1988).

Penzias, Arno, *Ideas and Information,* Simon & Schuster, New York (1989).

Plaisant, Catherine, Rose, Anne, Milash, Brett, Widoff, Seth, & Shneiderman, Ben, LifeLines: Visualizing personal histories, *Proc. of ACM CHI '96 Conference: Human Factors in Computing Systems,* ACM, New York (1996), 221–227, 518.

Rosenbrock, H. H., Robots and people, *Measurement and Control,* 15, (März 1982), 105–112.

Sheridan, Thomas B., Computer control and human alienation, *Technology Review,* 83, 1 (Oktober 1980), 51–73.

Shneiderman, B., Durango Declaration, *Communications of the ACM,* 38, 10 (1995), 13.

Shneiderman, B., Engagement and construction: Educational strategies for the post-TV era, *Journal of Computers in Higher Education,* 2, 4 (Frühjahr 1993), 106–116.

Shneiderman, B., Human values and the future of technology: A declaration of empowerment, Keynote address, ACM SIGCAS Conference on Computers and the Quality of Life CQL '90, *SIGCAS Computers and Society,* 20, 3 (Oktober 1990), 1–6.

Sterling, T. D., Guidelines for humanizing computerized information systems: A report from Stanley House, *Communications of the ACM*, 17, 11 (November 1974), 609–613.

Weizenbaum, Joseph, *Computer Power and Human Reason*, W. H. Freeman, San Francisco (1976).

Winograd, Terry & Flores, Fernando, *Understanding Computers and Cognition: A New Foundation for Design*, Ablex, Norwood (1986).

Stichwortverzeichnis

sueddeutsche.de

was jetzt gerade passiert,
steht nicht mal in der besten zeitung

ständig aktuelle meldungen, umfassende hintergrundberichte und die sicherheit,
schneller mehr zu erfahren **www.sueddeutsche.de**